新改革经济学

THE GENERAL THEORY OF MARKET, REFORMATION AND TRIALS

（修订版）

连玉明　武建忠　著

社会科学文献出版社
SOCIAL SCIENCES ACADEMIC PRESS (CHINA)

北京国际城市文化交流基金会 资助

作者简介

连玉明 工学博士、教授。中央统战部党外知识分子建言献策专家组成员、全国政协委员、北京市朝阳区政协副主席、北京国际城市发展研究院院长。

连玉明教授是我国著名城市专家，中央统战部党外知识分子建言献策专家组成员、北京市人民政府专家咨询委员会委员、北京市社会科学界联合会副主席、京津冀协同发展研究基地首席专家、基于大数据的城市科学研究北京市重点实验室主任、北京市朝阳区发展研究中心首席顾问。研究领域为城市学、城市治理与大数据战略。主要代表作有《城市的觉醒》《首都战略定位》《重新认识世界城市》等多部著作。

他提出的“城市价值链理论”被誉为世界三大竞争力理论之一。他主持研究2008年北京奥运会重大项目，是北京奥运功能区发展规划首席规划师，北京奥运中心区环境建设总规划师和北京奥运会残奥会奥运医疗卫生保障工作顾问。他也是北京新机场临空经济区首席战略顾问。2016年首提“中央政务区”，受到高层决策者和社会各界的广泛关注。2018年他在全国两会期间提出的“建设中国（雄安）自由贸易港”提案，受到中央领导和京津冀主要领导的高度关注和重要批示。

连玉明教授同时担任贵阳市委市政府首席战略顾问，贵州大学贵阳创新驱动发展战略研究院院长，大数据战略重点实验室主任，主攻大数据战略研究。主要代表作为《块数据：大数据时代真正到来的标志》、《块数据2.0：大数据时代的范式革命》（中文、英文、日文、韩文版）、《块数据3.0：秩序互联网与主权区块链》、《块数据4.0：人工智能时代的激活数据学》、《块数据5.0：数据社会学的理论和方法》和《大数据蓝皮书：中国大数据发展报告》（No.1 ~ No.3）等。

2017年3月，连玉明教授首提“数权法”，主持研究数权法理论，研究出版全球第一部《数权法1.0》（中文、英文、中文繁体版）专著，兼任中国政法大学数权法研究中心主任。

武建忠　《领导决策信息》杂志社社长，北京国际城市发展研究院副院长，首都科学决策研究会会长。著有《决策方法》一书，首创政务景气监测系统理论，倡导并构建“中国领导决策信息系统”，持续推进并不断深化智库研究与信息生产之间的融合发展，实现了智库高度、信息时效、技术手段、终端呈现的共融互通，催化融合质变、放大成果转化效能，开创了决策信息和智力支持系统建设的新模式。

担任大型领导智库丛书《大参考》主编，强调互联网思维，突破内容形态界限，围绕智媒融合进行内容生产、分发和选题设计，按照“刊、网、端、微、屏”多元一体的全价值链格局，打造中国智库多媒体微信矩阵，构建起基于领导科学决策和智库成果转换的创新平台。

主编出版有《中国国情报告》《中国国策报告》《中国国力报告》等，首倡改革场景说，即从改革中的隐秩序——复杂适应系统理论与改革的复杂性分析入手，从传统试点思维到场景思维，以改革场景重塑改革范式的思路框架。通过更广泛改革场景的应用细化改革目标与对象认知，为制度找到路径化应用落点，为治理找到提升性解决方案，让场景中的改革重新塑造改革模式，成为改革认识论和方法论的跃升，是新改革经济学的研究者和倡导者、新型智库信息研究实战派。

自序一　改革是一种国家气质

从“1978”到“2018”，从“1949”到“2019”，看似两组普通的数字，对于中国来说，却是那么的不同寻常。前者横跨40年，后者更是纵贯70载，它们对中国人来说具有特殊的意义。尤其是从小岗村18个红手印开始的星火燎原，从个体户章华妹那本营业执照开始的破冰之旅，打开了一条通往人心之路。70年国家发展以及改革开放40年带给人们的，不仅仅是一种个体价值的释放，更是从站起来、富起来到强起来的国家气质的飞扬。这种气质中不乏深厚的传统文化、历史底蕴，这种气质中激荡着13亿人为梦想持之以恒、自强拼搏的复兴气象。

改革的精神和开放的文化，已经融入我们的血液，内化为一种国家的自信，外见于大国之国民心态。这种自信体现在国家的制度、国家的治理以及公共生活的各个方面。虽然不同文化和制度背景下的人们对现代价值的理解存在差异，但大家并不否认这样的共识：国家和国民的气质的区别并不主要来自文化差异，而更多来自共同命运背景下对全球治理的影响。世界已不再只依据西方规范研判一国的文明、发展和现代化程度。中国开放的大门越开越大，“一带一路”建设正在向纵深延展。中国，作为另一种现代化发展模式的先行者，正在以一个负责任大国的方式融入世界体系并推动全球新秩序的重塑。

“落后就要挨打”，这不只表现为生产力水平的落后，更主要地表现为生产关系或说制度的落后。40年来，中国的经济迅猛发展，而支撑它的，就是四个字：改革开放。这是一系列制度的变革、一系列观念的更新、一系列行动的合力，是一段改革大历史的求索。从宏观的世贸规则、法律法规，到微观的技术创新、企业管理，改革开放的中国敞开胸怀，打开头脑中那扇紧锁的门。“真理标准大讨论”打破了教条式的理论禁锢，“以经济建设为中心”杀出了一条市场经济的血路。我们经历过“改不改”的迷茫，也遇到过“怎么改”的困惑，但正如我们的领导人强调的，“价值先进、思想解放，是一个社会活力的来源”，思想解放带来行动的破冰，让中国一路凯歌、勇猛精进。从这个角度说，在改革开放40年中凝聚而成的那种非先验并历经时间检验的改革气质是中国作为一个成熟大国崛起的重要标志。世界文化具有多样性，人类共同价值在不同的历史阶段、不同的国家，其实现形式和途径当然各不相同，没有统一的模式，但科学、民主、法治、自由、人权并非资本主义所独有，其是中国40年改革开放进程中矢志不移的价值追求。中国之所以受到国际社会的尊重，一方面是经济和科技实力的增强、人民生活富裕幸福，但另一方面更重要的是改革开放所形成的制度优势以及在它所决定和影响下形成的国民素质、民主法治、精神文明和道德力量，以及改革开放、团结进取、平等友好、坦诚负责的国家形象。英国学者马丁·雅克评价中国成功的原因之一，就是能够从不同的地方、不同的经历、不同的传统中汲取不同的元素，然后以一种非常独特的中国方式将它们结合起来。正是这种结合，让古老的中国不仅实现了跨越式发展，也塑造了自己开放包容的精神气质，从而日益走近世界舞台中央，成为国际社会公认的世界和平的建设者、全球发展的贡献者、国际秩序的维护者！

时间充满魔力，常识造就逻辑。只有“世界级”的改革，才能在“世界级”的体量层面处理“世界级”的难题。正如科斯所认为的，没有其他事项能比我们见到的中国改革与发展对人类的将来有更深远的影响。1600多项改革正转化为人们满满的获得感、幸福感、安全感。粮票、布票、肉票等所代表的那个忍饥挨饿、缺吃少穿的时代总体上一去不复返。“复利”被爱因斯坦誉为世界第八大奇迹，如何看待中国经济的“复利奇迹”？按照蔡昉教授的分析，中国40年的改革开放，带来了40年的经济高速增长，以改革开放开始时的预期寿命计算，那时出生的一个中国人，能够在一生见到的人均GDP增速应该是70多倍！这是其他国家的历史上没有出现过的。正是从这个角度看，世界经济中心和经济学研究的重心正向中国转移，而在推动中国经济学理论与世界（主要是西方经济学理论）对话方面，弗里德曼说的“谁能解释中国经济，谁就能获得诺贝尔经济学奖”也许别有深意。①

① 本刊时政观察员：《改革是一种国家气质》，《领导决策信息》2018年第49期。

跳出经济学的范畴，从更大的范围看，中国70年的发展也让我们具有了形成改革思维范式的可能。按照物理学的观点，所有的人类最复杂的思维，最终都要符合和体现人类社会发展最简单的公理，都要“符合简洁、美丽的标准”。科学就是追求用最简单的公式和语言来说清大自然的万千现象和真理。牛顿第二定律、爱因斯坦质能方程，就是大自然最美丽的诗句。中华人民共和国成立70年，特别是改革开放这40年，其实也是一个寻找简单和美的心路历程。而这也正是改革持续推进的基本动力。它留给我们许多关于改革最朴实、最简单的常识。正是这些最基本的常识，成就了中国的改革气质。

（1）民富是国富之源。为中国人民谋幸福，为中华民族谋复兴，是改革开放的初心和使命。所有改革政策的出发点，都是要让老百姓富起来，逐步扩大中等收入群体比重，健全资本、知识、技术和管理等要素的报酬机制，国家才能走向富强、民主、文明、和谐。改革不一定能让每个人都受益，但至少不能让大多数人受损。同时，无“民”不活，民营经济是国民财富的重要源泉。

（2）改革和开放相辅相成，缺一不可。就像两点之间直线最近，改革与开放相辅相成。改革开放并非单纯引进外国的硬件设备，更重要的问题是跟上世界潮流，实现制度创新、技术创新、品牌创新，最终推进结构性调整、结构性改革，而结构性改革必须把改革开放连在一起。生产力和生产关系，改革力和改革关系，这是一个问题的两个方面，是从改革的角度看待改革动力问题的重要出发点。改革力也是一种生产力。

（3）尊重群众首创精神。每个人的实践创造，每个人的发展要求才是改革获得前进的根本动力。正是从寻求公正这个逻辑起点出发，农民获得了基本的土地权利，引发农业生产方式的重大变化，形成了农贸市场，包含了手工业和合作型企业。整个农贸市场培育了一代人，他们本身是农民，但是他们摆脱了过去，在全国掀起了农贸市场热。农民开始认识到什么是市场。真正的市场建设始于农村，农民企业家走在了前面。他们是新建立的农业生产资料市场的第一批尝试者。改革开放在认识和实践上的每一次突破和发展，几乎都是来自人民群众的实践和智慧。接下来的改革开放再出发，依然要靠群众、基层、地方解放思想和积极探索。只有不断激发蕴藏在人民群众中的创造伟力，改革才能获得持久动力。

（4）发展是硬道理。正是“以经济建设为中心”杀出了一条市场经济的血路，我们才实现了从“追赶”到“引领”的跨越。实现国民经济可持续发展是改革的基本出发点和落脚点，是解决我国一切问题的基础和关键。只有经济发展了，社会才能实现根本性的转型和发展。经济发展没有先验的真理，也没有固定的模式，要符合价值规律，按照市场的方式实现资源的优化配置。新时期的发展，定位是高质量，标准是更高质量、更有效率、更加公平、更可持续。发展必须是高质量的发展，这赋予了发展硬道理更深刻的内涵，是对发展问题认识的一个新阶段，也是发展本身发展的一个新阶段。

（5）政策的落实比制定更重要。改革重在落实，也难在落实。很多时候，我们往往重视出台各种各样的改革政策，但“一沓纲领抵不过一个具体的行动”“一步实际行动胜过十沓纲领”。相比改革政策的制定，如何用更多精力、下更大气力抓落实永远是第一位的问题。在这方面，既要加强领导，科学统筹，又要抓好督查检查，强化改革场景创新，把改革重点放到解决实际问题上来。

（6）公众参与的最大化。只有最大化的社会和公众的参与，才能激发社会治理的基层热情，才能使改革永葆青春。影响改革效用的一个非常重要的问题，就是改革信任机制的建立。由于改革不可避免地涉及各个方面利益关系的调整，因而越来越“敏感”。人民是改革的主体，只有建立社会参与机制才能真正有效推进改革。

（7）市场经济就是法治经济。不管是什么政府，前提和基础只有一个，那就是建设法治政府，推进法治经济。康德说：“最好的整体，就是在这个政体内，不是人而是法律去行使权力。”法治经济是对权力经济的革命。除了要求经济领域的有法可依、有法必依、执法必严、违法必究或立法、执法、司法、守法等环节以外，还要求一切政党、组织尤其是政府部门，都必须依法办事、依法行政、依法管理，在法治原则的导引下为经济发展服务，积极地参与经济建设并分享其效益。[①] 也就是说，它所要建立的是法治和改革相统一、相促进的经济法治，即通过整个社会的法治化来发展经济，而不仅仅

① 文正邦：《关于市场经济的法哲学思考》，《法制与社会发展》1995 年第 4 期。

指经济法规体系的完善和经济法律制度的完备。所以，推进新改革，需要一部改革法。

（8）自由的空气和阳光一样重要。世界文化具有多样性，人类共同价值在不同的历史阶段、不同的国家，其实现形式和途径当然各不相同，没有统一的模式，但科学、民主、法治、自由、人权并非资本主义所独有，其是中国改革开放进程中矢志不移的价值追求。创新是自由的函数，只有身处自由的空气中才能自由的创造。熊彼特认为，所谓创新就是要“建立一种新的生产函数”。也许我们现在从 1 到 10、从 10 到 100 都能够做得很好，但是从 0 到 1 的创新还有一段路要走。而从 0 到 1，就需要自由的创造，就需要开拓性的思维。否则，“我们站起的身子结实了，但我们的头颅依旧无法昂起。”通过改革打开自由空间，激发每个人的创造活力，这是一个无法省略的大国国民心态的修炼过程。

（9）一个好的市场经济的关键在政府。“市场是一只隐形的手。”但是政府却总有一只管不住、闲不下的手。用“有形的手”干预市场，短时间内可能会有些效果，但肯定不能打造百年老店，不可能形成千年思想。人类历史上，自发形成的市场经济从未存在过，现代意义上的市场经济必然是国家和政府积极推动的产物[①]；同样，所谓集中的计划经济也并非社会主义的天经地义，无论是计划的方式、还是市场的方式都最终通过改革经济这一新的经济形态而表现出来。在改革经济体中，国家和市场是相互定义的，正是国家的力量，保障了市场经济的有效性。市场是政府的函数，政府是改革的函数。这种函数关系就是推动向改革型政府转变进而实现市场效用最大化的最优路径。市场在资源配置中起决定性作用，要更好但不是更多地发挥政府的作用。政府要以敬民之心，行简政之道、革烦苛之弊，施公平之策、开便利之门。通过制定权力清单和责任清单，降低制度性交易成本。改革需要划清楚政府和市场的边界，把直接控制经济的“全能型”政府改造为提供公共服务的政府，并且将政府机关的官员置于民众的监督之下。只有建立现代国家和市场经济条件下的政府，才能实现经济平稳发展；只有通过改革经济在国家与市场之间找到一个

① 马良灿：《从自发性到嵌入性——关于市场经济本质的论战与反思》，《社会科学研究》2013 年第 3 期。

新的增长点，才能使经济理性服从于人类本性，使市场经济有效嵌入社会之中。

（10）维护社会公平正义。公平正义是改革最深处的价值坐标。国家作为一个非常复杂的体系，必须建立在一个基本的原理上，这个原理就是确保社会的公平和正义。如果不能给老百姓带来实实在在的利益，不能创造更加公平的社会环境，甚至导致更多不公平，改革就失去了意义，也就不可持续。对一个处于现代化过程中的国家来说，由于原始的低效经济与现代的高效经济并存和所谓库兹涅茨曲线的作用，收入差距存在扩大的趋势，而“权力搅买卖”的寻租腐败则更加冲击社会心理底线，最终掉入“中等收入陷阱”。把“蛋糕”做大很重要，但更重要的是把“蛋糕”分好，避免两极分化。公平正义是改革的一面镜子，由此塑造出共享、开放和包容的精神气质。要深入挖掘改革发展成果共享权的道德意蕴、法律意蕴、政治意蕴以及社会意蕴，这是中国日益走向世界舞台中心的底气。

改革的动力蕴含在最简单的观念之中，以最朴实的改革价值观为出发点，凝聚改革的共识，改革就会迸发澎湃的动力。改革的动力要从解决基本问题出发，看似是基本的问题，反而是强大的动力。中国经济社会处于转型时期，要面对的问题非常多，有很热烈的讨论，也有很多成果。但是往往流于现象层面，就事论事，而对于基本问题、问题的本质缺乏透彻的理解，因此没有形成一些大家都能够认可的共识。基本问题没有弄清楚，也就不能从根本上解决问题。就像科技创新的根本动力在于基础研究的创新一样，改革开放的动力也来自改革开放的基本理论的发展，也要从改革的基础研究入手，找到增长模式的转型历史和体制变革的历史脉络，进行诸多长周期问题的梳理，使研究回归基本问题、理清基本原则，探寻改革最简单的道理和最根本的路径，最终推动改革实践不断向前发展。

量子实验颠覆了千百年来牢不可破的因果律：原因反过来由结果决定，历史则被未来决定。中国的改革，撬动了至今仍然在延续的历史，不仅具有理论价值，更有时代意义；不仅关照过去，更面向未来；不仅是观念的时间史，更是时间的未来史。钱穆先生说“无生命的政治，无配合的制度，决然无法长成”，中国的改革史最宏大的价值就在于它的生命性、系统性和未来性，它不计较得失，而只关注长成；不停留在过去，而更在意长远。它有多个侧面，包含着丰富的激发人的力量的制度因子。它是“世界历史的中国时刻”的开启，是一个“人类发展史上最激动人心的例子”。

最后，借用马克思的一句话：“这里有玫瑰花，就在这里跳舞吧!”

连玉明

2019 年春节于美国洛杉矶

自序二　西方经济学遇到的新问题

西方经济学与东方经济学是不同的经济学范式。西方经济学主要是范式概念，而不仅仅是地域概念。① 其包含的内容非常广泛，包括微观经济学、动态经济学、宏观经济学、数理经济学、福利经济学、经济思想史等。其中，微观经济学和宏观经济学是主要内容。

西方经济学是目前所称的“主流经济学”，因特别注重对市场机制的研究，又有市场经济学之称。以 1776 年亚当·斯密《国富论》的出版为标志，西方经济学历经 200 多年的风雨沧桑。在这个不长不短的历史进程中，从亚当·斯密、大卫·李嘉图开始，西方经济学大师辈出：从古典经济学、新古典经济到凯恩斯主义经济学、新古典宏观经济学和新凯恩斯主义经济学，及新制度经济学等，学流派林立，以至于西方经济学文献上有“经济学帝国”之称。

（一）

西方经济学是运用线性非对称思维方式建立起来的经济学范式。以一般均衡理论、配置经济学、价格经济学为基础理论，以理性人都是自私的“经济人”假设为理论出发点，以私有制为经济基础，以价格机制为市场的核心机制，以竞争为经济发展的根本动力，以博弈为经济主体的行为方式，以利润最大化为微观经济的最终目标，以 GDP 经济规模最大化为宏观经济的最终目标，以线性非对称思维方式和还原论思维方法为方法论特征，擅长数量分析，在“实证化”的名义下把经济学的实证性与规范性对立起来，是西方经济学的基

① 陈世清：《对称经济学术语表（三）》，大公网，http：//finance. takungpao. com/mjzl/mjhz/2015 - 06/3030755. html，2015 年 6 月 23 日。

本模式、基本结构与基本功能。线性、抽象性、片面性，是西方经济学范式的基本特征。①

不论是哪一个流派，经济学都是从现实经济的发展过程中，抽象出经济运行的逻辑，或者依据某些行为准则，构建出理想经济的运行模型，归根结底，是相对确定的过程。西方经济学将发达国家的现实经济作为暗含前提，在很大程度上是西方学者对发达市场经济的理论概括和经验总结，是对市场经济的一种比较系统的认识和规范的分析。所以，西方经济学是西方的经济学。更适用于分析西方的经济现象，解决西方的经济发展问题，对于非市场经济体系如原始社会、奴隶社会、封建社会和社会主义计划经济则很容易水土不服。即使是市场经济，由于存在着社会主义市场经济与资本主义市场经济的本质区别，其适用性也是需要仔细斟酌的。②

自亚当·斯密、大卫·李嘉图以来，西方经济学经历了一个不断创新又不断被现实挑战的过程。现在，西方经济学理论在人类社会实践指导中已“力不从心”。至少从目前来看，宏观经济学已经开始倒退了。它对于很多问题的处理并没有比20世纪70年代早期有所进步，相应地，（经济学家们）甚至开始逃避这些问题的挑战。

亚当·斯密的“看不见的手”的经济自由主义思想曾被认为是完美的，但随着1929年西方资本主义国家经济大萧条的到来，人们开始认识到亚当·斯密的理论并非完美。在这种时代背景下，主张国家干预经济的凯恩斯主义诞生了。③ 2008年金融危机发生后，“市场万能”理论再次受到批判，凯恩斯主义重新受到重视，金融监管改革在国际层面和主要国家展开，国际金融监管的新游戏规则形成。然而，虽然在2008年金融危机中，凯恩斯理论再一次获得生命力，但也带来了“后遗症”：人口老龄化、全球产能过剩、资源约束强化所导致的潜在生产能力下降，加上劳动力市场更加“黏性”，使单纯扩张总需求的政策撞到天花板。同时，全球通缩压力、欧洲主权债务恶化等导致的负面效应显现，全球经济又一次进入十分困难和复杂的境地。凯恩斯主义在滞

① 陈世清：《超越中国主流经济学家》，中国国际广播出版社，2013。

② 张宇：《西方主流经济学难以解释中国经验》，《中国社会科学报》2016年2月6日。

③ 王崇光：《跳出传统经济学研究中国经济问题——兼谈马克思主义经济学的现实意义》，《海派经济学》2008年第4期。

胀面前也不得不宣告自己的非完美性。①

几乎同时出现的制度变迁理论作为新制度经济学的一个重要内容，其代表人物是诺斯，他认为，技术的革新固然为经济增长注入了活力，但人们如果没有制度创新和制度变迁的冲动，并通过一系列制度（包括产权制度、法律制度等）构建把技术创新的成果巩固下来，那么人类社会中长期经济增长和社会发展是不可设想的。因此，在决定一个国家经济增长和社会发展方面，制度具有决定性的作用。

金融危机的发生大大影响了人们对宏观经济学的思考。危机只有发展到最困难的阶段，才能倒逼出有效的解决方案，而在经济全球化条件下，解决这个全球性复杂问题的往往应该是重大的理论创新。前一段兴起的心理学、经济学和政治学相结合的不少研究引人注目，目前又兴起关于国家资本主义的呼声，这说明全世界都在等待着理论创新，都在呼唤新的经济学理论。

国际货币基金组织（IMF）原总裁卡恩 2011 年就认为，2008 年的经济危机不仅仅是全球经济的危机，也是经济学家的危机。危机使得适用多年的宏观经济理论面临困境。期待新智慧、呼唤新理论，已经成为经济学家的共识。其间，当时的 IMF 首席经济学家奥利维耶·布朗夏尔还发表了《重写宏观经济学脚本》一文，呼吁全球经济学人共同探讨和推动经济学理论突破。他认为，当前经济学面临困境与挑战。过去学界和政策制定者都认为，仅用货币政策，甚至利率工具，就足以控制通胀和促进经济增长。理论很完美，但次贷危机证明“美丽并不总是与真实相伴”。这是因为，在过去的宏观经济理论和分析框架中，金融监管因素未被认真考虑，货币政策除了关注通胀以外，也没有对资产价格予以更多关注。在未来的宏观经济分析框架中，要把诸如经济不平衡、利率、财政政策、资本流动、国际货币体系、金融安全网、宏观审慎监管工具等均纳入分析框架。同时，诸如资产负债表变动、债务结构、投资者构成等更多影响金融市场变动的因素也需要纳入主权风险范畴。②

① 刘鹤：《两次全球大危机的比较研究》，中国经济出版社，2013。

② 刘丽娜：《后危机时代呼唤经济学理论创新》，《中华工商时报》2011 年 3 月 28 日。

（二）

很多人以为，经济学是西方专属，实际上人类经济学起源于古代中国经济思想，即使以希腊色诺芬与亚里士多德为代表的西方早期经济学也在其后。古代中国经济学就是教人创造价值满足人的需要的经世致用的学问，其中已包含西方经济学发展的合理因素。[①] 例如，《大学》共十章，其中论及理财之处很多，故而有“大学十章半理财”之说。其中讲“生财有大道，生之者众，食之者寡，为之者疾，用之者舒，则财恒足矣”。这与后来亚当·斯密在《国民财富的性质和原因的研究》（《国富论》）里论述资本用途时说的“用以维持非生产性人手的部分愈小，用以维持生产性人手的部分必愈大，从而次年生产物亦必愈多”是近似的。[②] 又如，西方现代经济主要有两个调整手段，一个就是货币政策，另一个就是财政政策。可是当利率趋于零的时候，货币政策就很难发生作用，所以一些经济体在这种情况下会配以量化宽松政策。而最早使用量化宽松政策的其实是管仲，利用货币供应量来调节经济是《管子》的思想，那个时候已经在使用，只是规模比较小。凯恩斯主义强调的政府干预，实际上《管子》也早已提出。20 世纪 30 年代日本经济学者泷本诚一在《欧洲经济学史》一书中还指出，重农学派和近代经济学的思想根源出自中国，而非发祥于法国和苏格兰。[③]

很多影响广泛的西方经济学思想都能在中国找到渊源。但过去很长一段时间，中国成为西方经济学学术训练的“实验室”，成为西方经济学概念的“跑马场”。[④] 中国很多学者陷入了西方主流经济学的思维框架，没有完全做到独立思考、弄清问题实质、做出切中肯綮的理论分析，没有说出自己的话。[⑤] 实

① 解筱文：《呼唤中国经济学登上时代舞台》，《法治周末》2017 年 12 月 12 日。

② 胡培兆：《中国经济学要说自己的话》，《人民日报》2016 年 11 月 21 日。

③ 郑永年：《中国为何说不好“中国故事”》，FT 中文网，http：//www. ftchinese. com/story/001077921？archive，2018 年 6 月 7 日。

④ 周文：《习近平新时代中国特色社会主义经济思想的显著特征与理论突破》，紫光阁网，http：//views. ce. cn/view/ent/201803/13/t20180313_ 28455535. shtml，2018 年 3 月 13 日。

⑤ 郑永年：《中国为何说不好“中国故事”》，FT 中文网，http：//www. ftchinese. com/story/001077921？archive，2018 年 6 月 7 日。

际上，在当今世界多极化和经济全球化发展趋势下，人类社会更迭发展，一些主流的西方经济学理论在人类社会实践指导、趋势把握和形势预见中已“力不从心”。近些年的西方之乱与中国之治形成的鲜明对比充分说明了这一点，中国40年的改革实践和增长奇迹更是颠覆了西方经济学的诸多理论主张。

例如，西方经济学认为，向市场经济过渡必须以休克疗法来推行私有化、市场化和自由化，渐进双轨则是最糟糕的方式，会造成资源错误配置及腐败的恶化。所以他们一度认为，中国由于坚持社会主义制度并实行渐进式改革将走向失败。

按照西方经济学的理论框架，转轨经济学与“制度变迁”（古典制度经济学当中描述从一种制度向另一种制度转变过程的概念）的差别在于，历史上的制度变迁发生时，人们不知道自己究竟会向、要向什么样的目标模式转变。而“转轨经济学”描述的是从一种已经存在的制度向另一种已知的、已经存在的制度进行转变的过程。这其实可以使我们更加清楚地理解邓小平的一句名言“摸着石头过河”——要过河，要去彼岸，这是知道的，不知道的仅在于如何过河，所以要摸着石头加以探索。彼岸的很多细节我们可能也还不是很清楚，但是大致上，当时出国访问过的领导，他们知道我们要搞一个什么样的制度。“市场”这个概念很早就作为一个目标模式提出来，是能说明很多问题的。这也说明，我们正在进行的，是一场历史上很特殊的制度变革。①

20世纪后期，在全世界范围内，很多国家都经历了从计划经济到市场经济的转型过程。其中，很多国家的这种经济转型是以“大爆炸”的方式进行的，也就是说，这些国家的经济自由化是伴随迅速私有化和民主化的一个过程。根据经济学的理论，随着低效率和扭曲的国有计划机制的消失以及市场化力量的引入，一个国家的经济发展应该会产生一个迅速加速的过程。但实际上，很多通过“大爆炸”进入市场经济的国家不但没有出现经济的迅速发展，反而经历了长达几十年的经济停滞甚至衰退，这是一种独特的经济转型带来的衰退期。②

而中国的情况则和这些国家不同。中国的经济改革向市场经济转型的过程

① 樊纲：《制度转轨需要“历史耐心”》，《北方金融》2014年第11期。

② 〔英〕琳达·岳：《中国的增长》，鲁冬旭译，中信出版社，2015。

并不伴随民主化的过程，中国经济自由化是渐进式的，直到市场化改革发起近20年以后，中国才基本完成了私有化的过程。中国的这种渐进式的经济改革模式取得了极大的成功，在30多年的时间内，中国经济一直保持了相对稳健的高速增长势头。[①] 如今，中国更是一跃成为世界第二大经济体，为世界的经济增长做出了巨大贡献，对世界经济的影响与日俱增。

又如，西方经济学家普遍认为，健全的法制和金融系统是经济保持长期稳定高速增长的前提条件，而取得上述骄人经济成就的中国，法律和金融系统却都相当不完善、不健全，经济学文献中记载的法律、制度和金融对经济增长的重要影响在中国几乎完全体现不出来。[②] 然而，就是这样一个在制度上严重落后的中国，却在经济增长速度上轻松地跑赢了很多制度建设相对比较完善的国家，这种奇特的现象成为经济学界的一个谜题，被称为“中国悖论”。正如道格拉斯·诺斯指出的，在技术没有发生变化的情形下，通过制度创新或变迁也可以提高生产效率和实现经济增长。

还有观点认为，中国高速发展是充分利用了比较优势，即我国丰富的、低成本的劳动力。事实上，迄今为止，世界上没有任何一个国家能够依靠比较优势实现长期的成功目标。而中国经济发展的伟大成功，不仅体现在对西方的追赶，还体现在对西方的超越。[③]

所以，西方经济学并不能指导和解释中国经济。为什么呢？

首先是西方经济学本身具有历史局限性。任何一门学科或学问，其目的就是认识客观世界和改造客观世界。然而，由于人类认知能力的有限性和客观世界的复杂性，人们对客观世界的认识往往是肤浅的、片面的，甚至是错误的。人类对客观世界的认识是一个从肤浅到深刻、从片面到全面、从错误到正确的逐渐接近真理的过程。这决定了西方经济学作为一门科学，不会是绝对真理。[④]

---

① 张宇：《为什么西方经济学不能解释中国经济》，《人民日报》2015年3月12日。

② 周文：《习近平新时代中国特色社会主义经济思想的显著特征与理论突破》，紫光阁网，http：//views. ce. cn/view/ent/201803/13/t20180313_ 28455535. shtml，2018年3月13日。

③ 〔英〕琳达·岳：《中国的增长》，鲁冬旭译，中信出版社，2015。

④ 王崇光：《跳出传统经济学研究中国经济问题——兼谈马克思主义经济学的现实意义》，《海派经济学》2008年第4期。

其次是理论范式的原因。当代西方经济学的主要特点是：重逻辑轻历史，重形式轻内容，否认不同社会制度和历史条件下人们行为的差异，排除技术、制度、政治、文化等因素对经济生活的影响，把追求自身利益最大化的经济人假设当作考虑所有问题的出发点，把资本主义市场经济当作人类永恒不变的经济形式，把抽象的数理逻辑当作判断经济学是否科学的主要标准。这样一种理论范式，形式上似乎很完美，但与现实相去甚远。①

最后是理论适用性问题。西方经济学中一些被认为是比较正确的理论，也往往是以一定的假设条件以及时空条件为前提的，并不是像自然科学一样的普遍真理。瑞典经济学家冈纳·缪尔达尔曾指出："这些（西方）经济学术语是从西方世界的生活方式、生活水平、态度、制度和文化中抽象出来的，它们用于分析西方世界可能有意义，并可能得出正确的结论；但是在欠发达国家这样做显然不会得出正确的结论。"②

然而，近几十年来，滥觞于中国的经济学都是舶来品，改革前的计划经济时期几乎照搬了苏联的经济学体系；改革后搞市场经济，许多人又以西方经济学为分析工具。这些理论体系并非中国经济实践的理论概括，因而存在与中国实践脱节的问题。③ 但现在的问题是，我们如何以世界经济和人类经济的发展历史为大背景，与西方市场经济的多类模式相对照，重点从中外市场经济的多种实践中实证地描述出经济事物变动的基本现象，科学地提炼和抽象出合乎经济事物本质的规律性范畴和原理。构造既超越马克思经济学范式，又超越西方经济学范式的新范式，即新建在世界经济大环境中主要反映中国初级社会主义经济独特性的经济学范式。④

和所有后发展国家的经济学一样，改革经济学也可以借鉴别人，但必须脚踏在自己的土地上，在中国的改革实践中不断成熟和完善并逐步走向世界，成为经济学的新主流。经济实践是经济认识的基础和检验经济学真理的唯一标准。当年英国蓬勃发展的时候，德国也是后发展国家，德国经济学家没有盲

① 张宇：《为什么西方经济学不能解释中国经济》，《人民日报》2015 年 3 月 12 日。

② 张宇：《为什么西方经济学不能解释中国经济》，《人民日报》2015 年 3 月 12 日。

③ 张宇：《为什么西方经济学不能解释中国经济》，《人民日报》2015 年 3 月 12 日。

④ 程恩富：《中国经济学的重建与改革流派——在日本经济理论学会和横滨国立大学的讲演》，《文汇报》2013 年 3 月 25 日。

从，而是系统地提出了适合本国实际的经济理论。德国经济学家弗里德里希·李斯特1841年出版的《政治经济学的国民体系》一书，针对斯密经济学中只有“世界”和“个人”的观点，明确提出“国家”对一国经济发展至关重要，提出适度的贸易保护和梯次开放的经济政策，明确宣布财富的生产力比财富本身更重要，而且他所讲的生产力近似于现代制度经济学所讲的制度安排。第二次世界大战以后，原西德又产生了弗赖堡学派，提出并实践了社会市场经济理论。这一理论认为，应当保证市场上的充分竞争，其主体是企业，政府的责任是制定和执行经济政策、维护公平的竞争秩序，而不能直接干预经济，更不能越俎代庖。德国今天的经济成就证明了德国经济学的卓越贡献。①

德国的经验告诉我们，中国亟须提出自己的经济学理论，建立中国自己的话语权体系。在这一过程中，中国要研究和借鉴西方经济学，把西方经济学中那些反映了市场经济共性和一般关系的成果拿来为我所用，对西方经济学中那些不符合中国实际的内容进行“中国化”改造，着力研究我国市场经济发展中出现的新现象和新问题，并把这些研究成果上升为新的经济学理论。西方经济学界最艳羡的就是我们有40年改革开放的实践数据。一旦把市场经济一般规律与中国具体实际结合起来，就能理解和把握中国经济发展实践的实质和内在逻辑，并从中总结经验、构建话语、提炼思想、创新理论，从而构建自己的经济理论体系。

经济学家樊纲在深入分析了新古典主义、凯恩斯主义和马克思主义现代三个主要经济理论体系的基本内容、理论结构、分析方法和主要特征的基础上，指出了它们在研究角度和理论结构两个方面的基本差别，并认为它们之间具有一定的理论“互补性”，可以也应该在科学分析的基础上对它们进行有机综合，获得对经济运动更加全面的认识——经济体制改革的要害就在于要改变人们之间的利益关系。他说，事实上，即使是假定除经济内部的利益关系所形成的约束之外，体制选择没有任何非经济的外部约束，任何一种体制选择都是可能的（选择无约束，不等于实际上改起来无约束）。如果我们把比如说“意识形态”的取舍和政治权力的分配，视为经济系统的“内生变量”，其同样取决于人们的某种利益需要和利益斗争的结果，将各种“非经济约束”和“非正

① 李义平：《中国经济学的时代使命》，《人民日报》2014年3月14日。

式的约束”都看成整个制度的一个组成部分，那么，显然，我们要说明的问题，总是首先在于利益关系本身。

改革是制度的重新安排，是一种制度变迁。用经济学家张帆的话说，在政府主导的经济中创造出一个市场来，这是我们过去40年做的最主要的事情，这个市场给经济带来了激励，因此创造了经济增长的奇迹。新改革经济学在过渡经济学、转轨经济学基础上，融合了新制度经济学、新供给学派即改革经济学的有效内容，结合中国改革的成果，包括教训。既是对中国经济发展规律的认识和归纳，也是对改革相关经济理论的补充和深化，所以新改革经济学的理论研究成果对丰富经济学体系具有重大的理论价值，对推动中国的转型发展具有重要的实践指导意义。更深一步说，市场化改革是制度的变迁，改革是创造市场的过程，如何正确总结中国改革开放的伟大实践，形成系统化、规律化的新改革经济学学说，是当前中国经济学界面临的重大而紧迫的时代课题。中国经济发展的生动实践，也为中国新改革经济学理论研究创造了难得的历史契机。

（三）

西方的问题，恰恰是我们的机遇。对于中国经济学学界来说，我们正迎来历史上最好的时机。早在数十年前，一些著名经济学家，如薛暮桥、于光远、马洪、刘国光、高尚全、刘诗白、谷书堂、董辅礽，就已呼吁创立我国的经济学。有的学者正在努力，例如，以高尚全、迟福林为首的中国（海南）改革发展研究院致力于研究中国转轨经济学，提出中国“转轨”经济以“市场取向、渐进方式”为特征，并于1995年出版了《中国转轨经济研究报告》一书①；又如，王积业等在20世纪80年代提出“国家调控市场，市场引导企业”，并建议将其作为中国社会主义市场经济的基本框架，这一概括被写入党的十三大报告；另如，吴敬琏、周小川、荣敬本于1996年出版了《建设市场经济的总体构想与方案设计》一书，为创立社会主义市场经济学进行了基础

① 黄范章：《探索、建设社会主义市场经济体制的30年——兼论创立中国特色的转轨经济学和社会主义市场经济学》，《经济学动态》2008年第8期。

性准备。林毅夫则从中国经济发展与改革的实际出发，认为许多西方经济理论难以解释中国经济中出现的许多现象和问题，认为国内经济学家在对中国经济的了解程度上比外国经济学家更有优势，提出“独特的国情给中国经济学家带来了千载难逢的研究机遇”。这意味着林毅夫意识到，我国经济的发展与改革是一项“前无古人的开创性事业”，它呼唤理论创新，创立我国的经济学。此外，还有一些经济学家在研究中发现，现有西方经济理论难以解释中国经济的某些情况与问题。例如，中国宏观经济学会王建在《论人民币内贬外升》《中国通货膨胀的长期性因素》等文中，就对西方某些传统理论提出质疑，并提出西方某些传统理论亟须“重新认识和创新”。经济学家黄范章更认为，中国完成三种“转轨”和建成成熟的社会主义市场经济还有很长一段路要走。相信再过30年，当中国完成三种“转轨”之日，也就是成为成熟的社会主义市场经济国家之时。届时，中国将以“转轨经济学”和“社会主义市场经济学”给世界经济学文库增添瑰丽的新篇章，阔步进入诺贝尔经济学奖的殿堂。[①]

“改革开放”是决定当代中国命运的关键一招，也是未来发展的必由之路。基于中国改革的独特历程，不同的经济学理论和流派从各自的角度提出了不同的解释。

新制度经济学（科斯、诺斯、张五常教授等）认为，中国的改革开放实际上就是一场制度变革。这场变革朝着明晰产权、保护产权的方向推进（产权理论），不断降低交易费用（交易费用理论），诱致性制度和强制性制度变迁相结合（制度变迁理论），县际竞争激发了地方政府活力（县际竞争理论），其间文化等非制度因素也发挥了支撑作用。

发展经济学（钱纳里、刘易斯、波特教授等）认为，在改革开放过程中，开放和引进外资发挥了不亚于改革的作用（两缺口模型），后发优势（后发优势论）和人口优势（二元经济发展模型）提供了支撑，使中国经历由要素驱动向投资驱动和创新驱动的升级（三阶段论）。

转轨/过渡经济学（樊纲教授等）认为，由于“改革成本”的存在，渐进

① 黄范章：《探索、建设社会主义市场经济体制的30年——兼论创立中国特色的转轨经济学和社会主义市场经济学》，《经济学动态》2008年第8期。

改革优于激进改革。因此，中国的改革过程始终贯穿着利益诱导、利益补偿、利益替代的主线，由易到难推进，通过利益补偿化解改革阻力，通过“价格双轨制”来演绎市场关系，通过分权来转移改革成本，由局部制度创新带动全局制度创新。

新古典经济学（许小年、克鲁格曼教授等）认为，中国改革实际上经历了两条道路，即前一阶段的“斯密模式”和后一阶段的“凯恩斯模式”。部分国外学者（如克鲁格曼等）认为，中国的成功主要在于政府有针对性地选择了新古典的“药方”，并采取了渐进的实施方式，这种选择性地应用新古典经济学的“药方”并非中国所独有，而是东亚成功经济体的共性。

新结构经济学（林毅夫教授等）认为，改革开放之所以取得成功，是因为中国放弃了赶超战略，代之以比较优势战略，随着资本－要素禀赋的提高，比较优势会发生变化，政府可通过产业政策驱动升级。

政治经济学（姚洋、诺顿教授等）认为，改革开放过程中，致力于增长的中性政府、财政分权理论和双向负责的官员选拔体制都发挥了非常重要的作用。①

而被称为中国本土经济学派的钟永圣更是对西方经济学的六大短板给予了“穷途末路”的断言：似是而非的前提假设，自相矛盾的逻辑体系，自以为是的模型设计，一知半解的现象解释，宏微分裂的经济分析，缺乏诚意的理论辩护。进而提出本土的社会主义市场经济的慷慨激昂的定义：中和经济，或说中道经济的和谐。

总之，起自20世纪70年代的中国改革开放是人类历史最具震撼性的一章。或如科斯所认为的，没有其他事项能比我们见到的中国改革与发展对人类的将来有更深远的影响。而从经济学术方面衡量，传统的经济增长或发展理论被中国的经验全部推翻了。现在的问题是，我们如何重构它，而且是用中国的改革理论与实践。清华大学李稻葵曾有个玩笑说，中国经济学在国际上的影响力可能还不如中国足球。无论如何，经过中国40年的改革开放，40年的经济高速增长，现在是我们的经济学家们打破沉寂的时候了。虽然“世界经济中

① 中国民生银行研究院课题组：《我国改革开放40年辉煌成就的经济学原理分析及启示》，《企业家日报》2018年6月11日。

心和经济学的研究中心将转移到中国来”“21 世纪是中国经济学家的世纪，会是经济学大师在中国辈出的世纪”等的预测稍显乐观，但机遇就在眼前，在推动中国经济学理论与世界，主要是西方经济学理论的对话和对接方面，回应弗里德曼“谁能解释中国经济，谁就能获得诺贝尔经济学奖”，我们和大多数经济学爱好者一样，也愿意承担一份责任，也愿意跟着更多专业学者的后面，在中国的乃至是世界的改革经济学的探索中有所思考。

武建忠

2019 年 4 月于北京金台西路三号院

目　录

第三编　改革周期、改革效用与改革红利

第四编 创新与转型

第五编 后发与挑战

导语　改革史、改革学与改革经济学

当今世界，流行跨界。所谓跨界是指跨越边界，是非常广义的，包括跨行业、跨领域、跨文化甚至跨时空。跨界具有扩展眼界、激发灵感、挖掘潜力等优点。因此跨界与创新具有密不可分的关系，跨界不仅是产业和行业发展的主要趋势，也是学科创新创意的主要途径。事实上，早在20世纪中叶，经济学便开始了一系列的跨界。最先尝试跨界的集大成者是1991年诺贝尔经济学奖得主、美国芝加哥大学教授罗纳德·哈里·科斯。他通过将法学与经济学的有机结合，创造了新制度经济学派，也打开了经济学界的一扇全新大门。在众多的经济学分类中出现的行为经济研究，让经济学的研究对象由经济人变成了非理性的经济主体，从而修正了传统经济学中一些基本假设的问题，让经济学的市场解释能力得到了大的提高。

"以不同的视角看世界经济，会形成不同的理论。"也像瞎子摸象，每个人的看法都不全面，但都能反映事物的某些方面，都算有些贡献。[①] 新改革经济学研究试图通过搭建一个理论架构，来解释过去40年改革的成功密码，并为下一步深层次的改革提供洞见。它是一门综合性的交叉学科，集改革史、经济学、政治史、政党史、社会史、世界史于一体，有史有学、有理有论、有智有库。

新改革经济学是改革史又是经济学。对于中国而言，改革是一个古老的话题，在中华民族的每一个发展阶段都曾发生过不同程度的革新或变法。初步统计，有文字记载的将近3000年的中华民族史中，大小改革变法将近百次，改革和变法从未停止过。历代学人记录、总结和探讨改革发展的规律和得失，给

① 黄有光：《经济学何去何从？——兼与金碚商榷》，《管理世界》2019年第4期。

我们留下了非常宝贵的精神财富。“除非经由记忆之路，人不能抵达纵深。”新改革经济学着重站在时间轴上对改革历史的纵深思考，以时空观对经济社会运行规律进行解构。此外，全球性、国家间、地区间以及学科内部的交流频繁，世界范围内的经济学创新性理论及时传入，可以为我国新改革经济学研究者提供更好的分析视角和理论创造。熊彼特曾经说过，“科学的”经济学家和其他一切对经济课题进行思考、谈论与著述的人们的区别在于掌握了技巧或技术，即历史、统计（也就是数据）和“经济理论”，这三者结合起来才构成“经济分析”。改革经济学也力图这样做。

（一）改革是一部大历史

人类的发展史，从很大程度上可以说是一部改革史。改革是一个国家及社会发展的主要动力之一。世界历史上的改革，比较著名的如古希腊梭伦改革、克利斯提尼改革、伯利克里改革；古罗马塞尔维乌斯改革、格拉古兄弟改革、马略改革、恺撒改革、戴克里先改革，习惯法到成文法、公民法到万民法的改革；法兰克王国宫相查理马特的采邑制改革（714～741 年）；1517 年从德意志开始的宗教改革；1787 年美国制定宪法，变革邦联制为联邦制；英国 1832 年议会改革；日本明治维新；罗斯福新政；以及目前的社会主义国家的改革等。著名的改革人物，如“铁血宰相”俾斯麦和他的“铁血政策”，通过立法建立了世界上最早的工人养老金、健康医疗保险制度和社会保险。其对德国的贡献举足若轻，所以俾斯麦又被称为“德国的建筑师”“德国的领航员”。又如日本明治维新时期的伊藤博文，对日本的贡献主要是通过改革的手段，促成了日本有秩序的进行政治和平演变，并使日本登上了东亚头号强国的地位。他最大的贡献是草拟了明治宪法和组织两院制议会，并为实现日本民族的真正独立、自由铺垫和努力，曾在戊戌变法时期前往北京访问，面见光绪帝和康有为，提供改革方针，是使日本迈入现代化国家、成为近代世界列强之一的功臣。

从亨廷顿的观点来看，在不发达社会当中，改革的特征并不是提高透明度和广泛的公众参与，而是迅速和突然，后者也正是战争的基本原则。改革的计划一旦泄露，势必激起那些利益会受到损害的人的强烈反对，因此改革者只能秘密操作，从一个议题跳向另一个议题，而成功的希望只能寄托在社会内部信息的隔绝上。基于此，罗斯福新政或许是一个意外。在劳赫威看来，罗斯福新政的成功之处至少包含了三点：与公民建立直接联系、奉行实用主义、建立在无视外部世界的孤立主义基础之上。罗斯福“炉边谈话”为其改革的推动提供了极大的助力。虽然罗斯福新政不是全部都成功的，但罗斯福政府注重实效的试验精神，不仅在美国国内，而且在全世界范围内，成为整整一代人对美国模式的信仰基础。赛亚·伯林评价称，“新政堪称一件权衡兼顾的杰作，它能够使个人自由……与最低限度但又必不可少的组织权威和谐共存”。

英国最具代表性的改革大事件是英国议会改革，或者说是英国国会改革。19 世纪的英国通常选择通过改革立法的形式来应对国家面临的难题。随着英国社会的迅速变化，原有国内改革法案等已完全不能满足发展要求。加之大多数改革倡导者都相信，现有的议会制度能够实现英国所需要的必要转变，英国最需要的是扩大公民选举权，基于此，英国颁布了《改革法案》。虽然《改革法案》最初的改革范围仅限于扩大公民选举权，但其对改革史的发展具有重要意义，让改革的执行有了法律依据，即有法可依。此外，从《改革法案》的立法到实施还提供了两个实践意义：一是当时自由党和保守党的政府都进行了数次尝试，想要通过无负面影响的选举权改革法案，但屡次以失败告终；二是英国的改革进程不成体系、不成章法。议会代表常常不得不考虑一些影响力巨大的选举人态度，如果现存制度发生重大变化，这些人的利益将受到影响，导致最终的改革方案往往都是谈判和妥协的结果。对此，卢梭指出，只有在人民作为一个整体，直接参与制定法律，并充分表达“公共意志”的时候，自由才真正存在。在一个小的国家里，这可以通过直接民主来实现，但在更大的国家里，一般需要一个强大的政府来对人民进行指引。不过，由于政府总是不断变得强大，因此人民应该定期地改变政府的形式，并更换其领导人。

日本明治维新西化的成功与彼得大帝主导的俄国西化的失败在改革史上具有一定的代表意义和借鉴价值。明治维新的成功在于其通过改革的手段达到了革命的效果，日本的统治精英们为了维护国家的本质特征，自愿并精心地开始了西方化进程。在接受外部理念时，其并未全盘照搬，而是在借鉴的同时力图保持日本的本质，内化为其发展之所需。但由于日本一直处于借鉴性和被动性的改革，其在前进的过程中具有一定的局限性，显得经验不足、能力有限。而彼得大帝主导的俄国西化改革则是彻头彻尾的失败。托洛茨基认为，落后国家通常要吸收先进国家的物质和知识成就。但这并不意味着它应亦步亦趋，重复历史上的所有阶段……当然，中间步骤不是绝对可以省略的。跳跃的程度归根结底取决于这个国家的经济和文化能力。再者，落后国家在借鉴外来成就、使之适应自身较原始的文化时往往会使这些成就打折扣。因此，这种吸收过程就具有了自相矛盾的性质。他指出，彼得大帝引进了西方的军事和工业方面的技术和训练方法，导致了沙皇制的强化，从而反过来阻碍了俄国的发展。对此，历史学家汤因比指出，俄国在某些方面的西化实际上有碍于全面的进步。强大的传统文化力量的抵制使得沙皇专制政府无法实行充分有效的西化。吸收西方资本主义的技术时也必须实行政治和社会的自由化，这是维护俄国的独立以及军事上与西方的均势而必须付出的代价。但是，由于沙皇政府不能容忍这种自由化，彼得的希律主义政策在实践中就变成了动摇不定的敷衍。对比日俄的西化改革实践，不难得出这样一个结论：日本西化的成功之处在于其在现代化进程中刻意、自觉地在西方化和本土化之间保持了平衡，而俄国却没有做好或者不愿意做好这一点。

南斯拉夫改革是第二次世界大战后东西方“铁幕”背景下世界范围内首个社会主义国家由计划经济向市场经济转型的具有创新性的大胆尝试的样本。南斯拉夫改革的初衷是决定实行新的经济和社会改革，以进一步扩大企业的自主权，在更广泛和深入的范围内进行改革，给传统的官僚主义模式再动一次手术。整个改革进程主要分为工人自治、社会自治和联合劳动三个阶段。南斯拉夫的改革经历了一个曲折而艰难的历程，一开始就受到了苏联的强烈阻挠、反对和制裁，然而南斯拉夫的领导人抵制住了国际共产主义的压力，坚持走符合自己国家和民族利益的道路，在政治制度和经济领域进行了全面的改革，建立了具有特色的社会主义自治制度。在政治体制改革上，南斯拉夫首先提出党政分离，废除党企合一、党包办一切的政治领导制度，冲击了经典社会主义中“党国”的传统观念。虽然南斯拉夫的改革最终以解体告终，但是南斯拉夫在马克思主义理论上的创新，为后来的社会主义国家改革提供了很好的先例，并起到了巨大的借鉴意义。

苏联和东欧社会主义阵营的激进式改革给人们留下深刻的影响。“激进式改革”和“渐进式改革”孰优孰劣，它们各自面临的特殊问题是什么，是体制经济分析和“过渡经济学”研究的一个焦点问题。因此，不能简单说这种改革是不成功的。渐进式和激进式改革要辩证看待，不能绝对化，更不能简单厚此薄彼。在各自政治、经济、社会和文化的初始条件下，也许都是相对最佳选择。中国的渐进式改革和单一经济改革策略确实在一定程度上缓解了激进变革可能引发的社会失序和动荡。但是，这也使得很多问题和矛盾在不知不觉中慢慢累积起来，很多人身在其间却浑然不觉。俄罗斯的激进式改革虽没有取得如中国这样显著的经济增长绩效，短期内也造成了许多社会问题和经济震荡，但通过综合全面整体改革，短短 20 多年奠定了长远发展的制度框架①，且民生问题也处理得很好。

从中国来看，改革的历史更是源远流长。从某种意义上说，中华民族的历史就是一部改革史。从战国时期的魏国李悝变法、楚国吴起变法、赵武灵王胡服骑射、秦国商鞅变法；北宋庆历新政、王安石变法；明朝张居正改革“一条鞭法”；清末的洋务运动和戊戌变法等，这些虽不乏“载入史册”的改革之举，结局却鲜有善终。这就更折射出今天我们正在进行的这场在“世界级”体量层面解决“世界级”难题的改革，具有“史诗般进步”的意义。从 20 世纪 70 年代末 80 年代初由 18 位农民的红手印发端，并在明智的政治家的保护和支持下赢得了在“包”（即租）来的公有土地上建立自己的家庭农场的权利，事实上是开启了中国的“第二次革命”。

进一步对比分析中国改革与俄罗斯、波兰等转轨国家的实践，可以看到，改革与革命不同，应该是“不急迫，不强迫，不革命，也没有休克”。改革不是通过暴力手段把财富从一部分人手中无偿转移给另一部分人，而是通过制度变革进行新的利益安排，构建新的权利和财产关系，所以，其本质是调动大家的积极性，增加社会总财富，实现帕累托改进。所以，改革的核心是利益，没有利益关系调整的改革不是真改革。现在很多时候和很多地方，把发展问题、一些社会建设事项也放到改革这个筐子里，凡言必改革，其实是一种改革的“语言腐败”。为什么 20 世纪 80 年代的国家体改委会成为改革的重要推动力量？就是由于体改委是一个新的部门，没有计划经济下的既得利益，但体改委取消后，对既得利益的重要制约没有了，各部门可以自行制定“改革方案”，

---

① 田国强：《中国改革的未来之路及其突破口》，《比较》2013 年第 1 期。

“深化改革”也就很容易变成一些部门重新攫取权力的借口。[①]

当然我们也注意到，一些坚持新古典主流派立场的学者也有不同观点认为，中国并没有发生真正的制度变革，至多不过是出现某种制度混合或“杂交”，其经济增长主要是来源于“人口红利”、农业经济转型以及出口导向拉动等工业化特定阶段上的资源与政策因素。其中也有人认为，中国近年来的改革措施实际上沿袭了东亚资本主义市场经济模式，因而其经济绩效并未反映出“中国特色”，相反，恰恰证明了新古典学派关于体制转轨趋同的思想。此外，还有不少学者虽然不否认这种改革的成效，但是对于中国向市场经济体制转轨的持久性表示怀疑，对于中国体现渐进改革特色的各种非正规的制度安排［例如农民土地承包权、乡镇企业等被称为“准私有”（quasi-private）或“半公有”（semi-public）的产权制度］难以理解，甚至视为“半生不熟”（halbbaked）的变革。这些半生不熟的论述和观点都反映出他们对于“中国特色”缺乏理解。但毫无疑问，正是西方经济学家所不能理解和悟出的东西，恰恰是中国模式成功的秘籍——实用主义下的包容性改革哲学：不管黑猫白猫，融合中方西方，协同市场政府，融合制度技术，引进外资外智，让处于二元对立状态的经济理论和经济元素各安其位，形成各种元素相互抵消缺点而又彼此激荡优势的叠加优势。它不只具有改革史的贡献，更有助于西方经济学借由中国这块世界上最大的改革试验场来创新和重塑。它是诞生新的改革哲学的沃土，是现代市场经济转型发展的新改革主义的滥觞。

认知的深度来自历史的视野，没有历史的纵深感，就不可能有深刻的大局观。作为人类历史上规模最大国家的市场化改革，被称为中国的又一次伟大革命，是决定当代中国命运的新的长征。从大历史观出发，中国改革史的研究取得了十分可观的成果，改革史著作和论文大量涌现，“改革史”学科范式基本构成，社会改革作用、改革与革命的关系、改革成败规律等史学理论问题有重大突破和发展。[②] 由于改革史有明确的研究对象：众多的改革人物、频繁的改革运动、丰富的改革内涵。这三大要素构建成丰富的改革历史文化资源，使改革史有足够的研究对象和研究内容。辽宁大学历史系教授顾奎相等已提出，改

① 张维迎：《理性思考中国改革》，《新金融》2013 年第 8 期。

② 顾奎相、陈涴：《二十年来中国改革史研究述评》，《史学月刊》2003 年第 12 期。

革史有资格、有条件与前述各门专史一样，成为一门独立的历史学二级学科。

把中国改革放在大历史观下，新加坡国立大学的郑永年教授提出过三个30年的观点，认为我国现任领导人在做与毛泽东和邓小平不同的今后30年的战略布局。其实邓小平早在1985年的时候就曾经说过，“改革不只是看三年五年，而是要看二十年，要看下世纪的前五十年。”也就是，至少要看70年。体现了一种改革史的纵深感。经济学家田国强也指出，长治久安必须有历史纵深感：通过追溯前史、立足现史、放眼后史来深度透视中国改革及其未来。也就是，愿景、目标的长短决定基本制度的顶层设计。只着眼几年，乃至30年、50年、70年都远远不够，至少必须着眼于200年，甚至更长！中国有句古话，富不过三代。更有意思的是，人们可能也没有太注意的是，中国没有一个朝代强过200年（基本到不了200年，即使超过200年，要么就是两个朝代，如东汉西汉、北宋南宋，要么后面就弱下去了，如明朝、清朝）；而英国自“光荣革命”强了320多年，美国自建国强了近240年，为什么还看不出任何明显的衰败信号？着眼于3年、5年，抑或30年、50年、70年，乃至200年，盯住的是短期目标、中期目标，还是长期目标，其所对应的改革措施、方式可能大不一样，所导致的结果也可能大相径庭。这是由于目标的长远和大小决定顶层设计，决定改革的具体举措，从而决定改革的路径和过程……正如一位俄罗斯学者所认为的，在这场历史性的赛跑中，制胜点并非雄心与抱负，而是将实用主义贯彻始终；另外，增强一国在国际舞台上的政治威信的最可靠手段是提升经济指标。现在，关于中国改革的成功秘诀的研究无疑还在深入，而由于中国的全球地位，其他国家可能进入自己的改革开放时代，这个时代甚至被英国一位学者称为“一个伟大的全球学习”过程。①

改革开放的历史性价值是一个值得研究的课题。历史学家钱穆说，历史终是客观事实。历史没有不对的，不对的是我们不注重历史，不把历史作参考。而把历史作参考，最有价值的就应该是中国的改革史。尤其是如马丁·雅克的《大国雄心》所说的，随着西方化热潮的远去，世界已不再只依据西方规范研判一国的文明、发展和现代化程度。中国，作为开自另一种现代化发展模式的

① 凯里·布朗：《为何中国1978年改革对2018年的世界其他国家如此重要》，《参考消息》2018年12月6日。

先行者，已经能够融入世界体系并领导全球新秩序的重塑。中国正在经历的是一种时代的转变，即从改变历史转向引领未来。而只有未来才能改变过去。

中国的改革史恰恰就是这样，它不仅观照过去，更面向未来，不仅是过去的改革史，更是未来的改革史。反证钱穆“无生命的政治，无配合的制度，决然无法长成”的论断，中国改革史的最大价值就是它的生命性、系统性和未来性，它不计较得失，而只关注长成；不停留在过去，而更在意长远。它有多个侧面，包含着丰富的制度因子。因此，它是“世界历史的中国时刻”的开启，是一个“人类发展史上最激动人心的例子”。

（二）改革学再认识

与如火如荼的改革相比，改革学在国内似乎还没有引起太多关注，但无论从历史的意义还是现实的需要看，它都应该是一门显学，一片预示着经济学范式变革的新蓝海。

这不仅仅是因为中国是世界上最大的改革试验场。事实上，自 20 世纪 80 年代特别是 90 年代以来，一大批先前实行计划经济体制的国家纷纷进行社会经济体制改革，向市场经济体制转变，进而形成了当代世界最令人瞩目的一次新的体制大转型浪潮。这次新的体制大转型，实际上标志着人类社会的部分区域在经历了长达半个多世纪不成功的计划经济体制的历史实验之后，重新走向市场经济体制的一种回归运动。同时，它也是继近代史上第一次制度大转型之后约 300 年来绝无仅有的一次制度大转变。几乎与现实中的体制转变相同步，当代经济学界兴起了转轨理论研究的热潮。

围绕改革学，国内已经开始了一些研究并有相应的著作出版。相关研究也提出诸如改革对象论、改革性质论以及改革主体论、客体论等多达 20 个方面的论点，体现了从具体到抽象、再从抽象到具体方法的统一，并将定性分析和定量分析相结合。当然从一个学说建构的要求看，也有体系严谨、逻辑主线鲜明的特点。但同时，由于相关研究才刚刚起步，对更加学理性的深入探究还明显不足。事实上，改革学的研究不仅仅是概念层面的，更重要的是改革学的模型和架构，以及规律的提升。通过改革学，研究和总结中国经验并形成自己的话语体系尤其重要。但中国经验不能局限在仅自己可以驾轻就熟，若中国经验只停留在经验层面，那对于中国和世界，都将失去指导意义。而现下的中国没能讲好中国故事，最根本的原因是因为背后没有一个理论体系的支撑。如果只是经济强，而没有经济学的话语体系作为学理支撑，这种经济不可能走得更远，经济的强盛可能只是昙花一现。同样，中国 40 多年的经济大发展可以看作中国 2000 年经济变革史的一次合理性演进，而我们迄今仍有陷入历史的闭环逻辑的危险，中国经济制度上的“结构性缺陷”是一个“建设性结果”①。“没有一个国家的变革是对历史的亦步亦趋，中国亦不例外。如何在瓶颈和危机中主动寻求突破口，迎难而上、攻坚克难，决定中国未来改革最严峻的命题之一。”不管是为了让世界能够认知真正的中国，还是为了中国未来改革的成败，正逐步迈向世界舞台中心的新时代中国，都急需一个具有高概括性、系统性、前瞻性、普遍适用性和易理解性的经济学理论体系，理性认知自己，并与世界对话。

正如钱穆所说，制度必须与人事相配合。这种配合无不体现在中国整个经济改革的过程中，展现出一种全方位学习的能力：科学技术可以学美国，工业制造学德国，管理学日本，分解房地产的使用权学中国香港，工业园区学新加坡，农业还可以学以色列。进一步分析发现，所有这些配合或学习，最终都汇聚到一点，那就是市场。市场是改革学的焦点，是改革学的考题。就像对人民公社的“大锅饭”，张五常有个形象的比喻：“处理私产有形之手要考市场之试”，人民公社的失败，就是因为干部不需要考市场之试，而今天县际竞争的成功是因为县干部一定要考该试——考土地使用的市场之试——不及格不会有奖金或会被革职。改革学的关键是立足改革的真实历史，洞察主观与客观、制度与转轨、效用与成本之间的一种博弈，或者如张五常所说的，在资源缺乏的竞争下，适者生存是收入极大化的证据。当年科斯在其“科斯定律”中假设交易费用是零，让张五常抓住了他的大错——没有任何交易费用不会有市场——不需要有。市场是因为社会有交易费用或较为广义的制度费用而出现的。继而提出说，交易费用愈高，愈要有权利界定才能达到资源效率使用的效果。

改革学也具有政治学的含义，但我们更多地需要从经济学的角度，把改革

① 周文：《时代呼唤中国经济学话语体系》，《经济研究》2016 年第 3 期。

放到转轨经济的领域，进行制度层面的研究和分析。作为一个独立的理论分支，当代转轨理论也与其他经济学分支（诸如制度经济学、新经济史学、发展经济学等）存在着紧密联系，它与这些领域的研究发生不同程度的相互影响与相互渗透。与“大爆炸”战略不同的渐进主义改革主张，则反映了市场经济是一套制度体系的基本理念。正因为认识到市场经济是一套制度体系，它的构成要素不可能在短期内完整地建立起来，所以才有渐进式改革的战略主张。因此，不能将所谓“激进”与“渐进”之争单纯理解为速度快与慢的问题，那样将会流于表面化。主张渐进式改革的学者大多认为，传统计划经济缺少的不仅仅是价格机制，而是一整套市场制度体系。对于建立市场制度体系的目标而言，单纯放开价格、实现自由化是远远不够的，还需要复杂的制度建设。这涉及两方面内容：一是游戏规则；二是实施机制。游戏规则的任务在于通过改革建立起一个适合市场交换的制度环境，后者的任务是具体构造与这一制度环境相适应的各种治理机制。因此，改革不能以“搞对价格”为重心，更不能仅限于此，而应当以“搞对制度”（get the institutions right）为中心。“搞对制度”的本质含义在于通过完整的制度建设形成有效的治理结构，实现激励相容或“搞对激励”（get the incentive compatible），它不是任何单一改革所能完成的。比如，在没有其他相应制度建设的情况下单独推进企业私有化改革，即使明晰了产权（get the property rights right），也不能实现激励相容。所以，虽然“大爆炸”的政策处方中也包括了企业私有化，但是它与强调制度整体建设的政策主张中所包含的产权改革，仍不可同日而语。

从科斯关于中国改革的角度看，中国转轨实践的发展加深了经济学家们对于制度与制度建设重要性的认识和理解。他曾说，讨论交换过程而不说明它的制度框架，是毫无意义的。没有适当的制度，任何严格意义上的市场经济都是不可能的，这一点“在当今东欧已经变得水晶般清晰”。欧洲银行出版的转轨报告在总结前10年的转轨经验时也明确指出：“转轨的核心教训就在于，如果缺少支持性制度，市场将难以健康运行”。而美国历史学家诺曼·里奇也认为，应对社会和经济的变化，就要对已有的政策、法律和制度进行长远意义的修订，简言之，就是改革。里奇强调，改革的动力源于人们相信社会能发展、人类能进步。改革并不总是能够解决问题，但相较而言，发动革命将可能承担更大的风险，人们常常更愿意以合法手段而非革命运动达成目标，通过有序、合法、合同的方式进行整治和社会的变革。所以，就经济发展而言，从亚当·斯密的《国富论》到晚近的发展经济学，始终都在探讨实现经济发展的道路，这已成为经济学恒久性主题之一。

当代转轨理论是从体制转轨与经济发展相互交织的角度来考察制度与发展问题，他们的研究不仅证明了制度是决定经济增长的重要因素这一众所周知的原理，而且还揭示了体制转轨过程中制度对经济发展的复杂影响：二者并非简单的线性关系，例如，从“差”制度向“好”制度转变可能会导致经济出现或长或短的衰退。不同学者针对转轨过程显现出来的制度与发展之间复杂关系提出的一系列理论解说，将不仅有助于深化制度研究，而且会促使人们进一步深入思考经济发展中的制度约束特点以及经济发展与体制转型的互动关系。当代转轨经济学的研究成果对于中国的经济理论与实践也具有重要的启示和借鉴价值。中国是当代最先启动体制转轨的国家之一，而且就人口、幅员方面来说也堪称世界最大的转轨经济体。然而，由于我们特殊的改革方式，中国的转轨最初在以欧洲为重心的西方转轨经济学中并没有受到普遍重视。只是随着中国转轨以来经济长期持续地保持高增长的局面，与东欧等转轨国家形成了明显反差，才日益引起转轨经济学家以及多个流派经济学家对中国改革的关注，并给出各种各样的解释。

改革学除了具有经济学的意义外，还有一种文化学的意义，而要破译中国改革成功的密码，改革文化和改革精神层面的提炼必不可少。如果从核心价值观点层面看，改革就是中国这40年来形成的核心价值的核心。改革不仅仅是世界各国市场的交汇和资金的流动，更是不同思想、文化和文明的碰撞和融合，是一种文明的升华。在这方面，历史学家汤因比有一段关于“文明在时间上的接触”的堪称天才的论述：同时代文明之间的接触并不是文明与文明发生接触的唯一方式。当一种已经死亡的文明在一场“复兴”中又恢复了生机时，现有的文明也会与之发生接触。“复兴”（renaissance）这个词不应仅限于希腊文化在意大利的“复兴”。复兴是许多社会中相当普遍的现象。许多人似乎把意大利的“文艺复兴”看作一次令人叹为观止的文化再生。但是，一个幽灵远不如一个活生生的存在重要。如果我们考察这些制度、思想和艺术的人为复兴的话，那么就会发现一个社会接受旧事物的复兴，而不是去寻求一种新的创造起点，这个文明本身产生的天才就会被扼杀。

中华文明中有着深厚的改革文明的复兴基因。汤因比认为，虽然不断经历着改朝换代，不断动乱，但这种文明的连续性注定中国模式将是人类社会的最终模式。中国社会经历了不同姓氏的王朝，文明的本源却没有中断。不同于其他民族的文明冲突，中国古代的王朝更替，是一种新的社会对一种旧的社会的代替，是促进社会向前发展的。中国的王朝更替是对旧王朝的批判继承，对自身的完善发展，这种局面造成的结果是，中国的文明越来越先进，所以才会促使中国从原始社会步入奴隶社会再进入封建社会，最后进入现代化的社会主义社会。

中国传统历史文化背景下形成了独特的改革哲学与智慧。这种改革哲学让我们认识到，国家政治领导是国家利益的受托者和首要负责者，其对人民的正确呼应和引导一方面取决于政治才能，另一方面也取决于战略意识和负责精神。一味地全盘接收和复制模仿的实践只会走更多的弯路，并有可能因无法避免地走进死胡同而无路可走。并非置之死地定能后生，在汲取他国优秀经验时也必须结合本国实际。或许，只有寻找和选择适合本国发展的路径才是快速发展的唯一捷径。中国的改革实践和文化传承了“漩涡生长模式”，“古为今用”“西为中用”，通过不断总结和吸收中国以及其他国家成功或是失败的经验不断发展壮大，而中国的“天下体系”对其他国家和民族不可抵挡的吸引力，也促使着中国在世界范围内的受关注度和影响力逐渐扩大。每个国家的改革实践或许都有其历史、社会的局限性和特殊性，但也充分反映了一点，“观念的转变和人类意志的力量，塑造了今天的世界。”改革的遵循绝非于任何历史片段中就能得到充分实现，然而通过研究历史上具有影响力和代表性的改革实践对我们具有重要意义。

（三）改革力与改革关系

改革史研究一个重要的理论成果就是突破“只有人民群众的革命斗争才是推动历史发展的唯一动力”这个禁区，明确肯定了社会改革的历史作用同社会革命一样，也是推动历史发展的动力。这就对我们进一步深入研究“改革力”与“改革关系”提出了新的要求。科技是第一生产力，创新是引领发展的第一动力，而改革就是触及深层次利益格局调整和制度体系建构的第一能力。生产力是人类在生产过程中征服和改造自然界并获得适合自己需要的物质资料的能力，而改革力是生产力中最重要的力量之一，或者说是生产力的本质，它要求人类不仅要改造自然，更要改造自己、改造社会、改造国家。在这种改造中结成的相互关系，就是改革关系。改革关系是第一生产关系，它将重塑政党关系，重塑政府职能，重构社会发展轨迹。目前学界也已经有关于第一生产关系的研究，但仅仅把第一生产关系定义为知识经济背景下围绕脑力劳动者地位提高，科学技术参与分配过程中的所谓知识资本占有制这样的第一生产关系，由此而提出要努力调整和改善第一生产关系，例如建设学习型社会，保护知识产权，分清学术权力与行政权力的界限等。但第一生产关系绝不是技术层面的所有和分配的关系，而是变革、转型和高水平发展的关系，正是通过这个第一关系，才能带来国家和社会治理的根本性、创制性和颠覆性的变化。生产力和生产关系的矛盾是社会发展的基本矛盾，改革力和改革关系是国家发展的基本矛盾。在人类历史上，无论哪一种社会制度都是在改革中不断调整生产关系，以解放和发展生产力，由低级向高级，由不完善向完善发展、进步的。生产力和生产关系的这种调整，最核心的内容和最本质的表现就是改革力和改革关系的调整，就是通过改革实现“制度的自我完善”，而从根本上说，改革要想获得成功，也必须代表生产力发展的要求，反映当时的生产关系的先进性方向。对改革关系的调整和改变解放改革力，也就是起到了推动改革力发展的作用。

改革力与改革关系的相互作用，是生产力和生产关系相互作用的重要内容。并至少表现在三个方面：一是优化和调整社会生产关系，缓和社会矛盾，为社会发展创造一个较为安定的有利环境，使国家得以发展强大；二是发展和完善社会政治、经济、军事、文化等各项制度，如国家行政制度、选官制度、税收制度、教育制度等的基础上，实现国家治理体系和治理能力的现代化；三是通过改革使社会思想理念和文化意识特别是民治政治水平得到全面提升。

改革力作为第一能力，和改革关系作为第一关系同等重要。这种重要性表现为它们有一个共同的性质，那就是革命。改革与革命都是社会制度实现自我完善和发展的两种不同方式，仅仅是方式的不同，其实质是一样的。正如邓小平所说：“改革的性质同过去的革命一样，也是为了扫除发展社会生产力的障碍。”也就是说，两者的目的、意义是相同的，其不同只是行为的主体不同、发生的条件不同、进行的形式不同、时间的长短不同等。这两种方式是交替进行的，却在整个社会发展过程中存在着一种内在的、相互作用也互为补充的因果关系。美国政治学家亨廷顿也认为，改革是革命的催化剂而不是它的替代品。改革相对来说不彻底、温和、范围有限。改革要面对的情况远比革命复杂，要在对立中达成平衡，难于革命在对立中击败一方，建造新秩序。在这个过程中，既要防止改革失误，更要避免改革被扭曲。

当然，改革力作为一种力，并不意味着就可以一拳挥出，打倒一片，相反，改革更多的是一种妥协。既不宜全线出击、暴露全盘意图，树敌太多，也无法有力积聚变革的力量。改革者会招致反对一方的敌视和受益方的不热心；改革一方面会改善现状，另一方面也会暴露政府的软弱，尤其是政策改革。而革命会对社会结构和价值观进行改变，这是社会的根本，而起义、造反只会改变领导权等，触动不了一个社会的根本。事实证明，改革确实不总是能解决问题，改革失败也确实导致了革命的爆发。在此，我们就必须深入认识和研究改革扭曲机制的形成原因，发现社会结构与改革扭曲机制之间的关系。一般来说，结构总是先于体制定型，而这个结构一旦先于体制定型之后，改革的逻辑往往容易被异化，结构会反过来左右改革进程。这种结构的定型包括精英联盟、寡头统治、赢者通吃等。

从理论上看，一个社会要不因发散而失序，必须收敛于自己可以站立和相对稳定的政治基础和框架。① 而这个框架就是要通过新的改革关系最终稳定下来。因此，革命成功了伟大，失败了壮烈，归宿于改革关系最终的完善和妥协。这也是改革与革命最主要的不同。改革力通过改革关系完成利益的协调和目标的协同，确保有妥协的前进，包括承认保护和转化既得利益。就其对传统观念的冲击和它积累变迁的意义而言，这也有积极的进步的意义。但这绝不是说改革关系就是旧有生产关系的延续和复制，相反，正是从第一关系的角度看，改革所形成的新的改革关系，是具有革命性的意义的，或者说是具有颠覆性的力量的，包括一系列新的创制性的制度安排和植入性的法律、规范和政策的形成和确立。例如，吴敬琏就曾分析认为，表面看，“摸着石头过河”常常被称作“中国经济改革的成功战略”，但以中国改革的实际来检验，这个论断

① 华生：《现代化加共同富裕的实践探索》，《21世纪经济报道》2008年12月13日。

是值得怀疑的。如果说恢复家庭农场制度只需要农民对千百年相传耕作制度的切身体验和掌握实际权力的官员的政治睿智就足够了，建立现代市场经济制度则是另一回事。现代市场制度是一种经过几百年演变形成的巨大而复杂的系统，如果完全依靠自发的演进，它的建立和建设至少需要几十年、上百年的光阴。要通过改革行动在很短的历史时期内把这一系统从无到有地建立起来，没有对反映这一系统运动规律的现代经济科学的深切把握，没有改革行动的自觉性，这一艰巨的历史任务是不可能顺利完成的。

在这方面，樊纲已经断言：改革的本质特征在于它是“非帕累托改变”。而张五常也强调：“交易费用愈高，愈需要有权利界定才能达到资源效率使用的效果。”这可以被视作改革这个“硬币”的两面。任何成功的市场经济体都需要足以支撑经济和社会进步的高效政府作为基础。对此，有学者借用“政府能力”（statecapacity）一词来代表三种类型的政府功能：①选择和应对公众的共同需求的集体服务能力；②帮助市场经济发展的生产支持能力；③筹集政府运转所必需的资金的财政收入能力。对任何时点而言，这三个方面的共性在于，现有的政府能力影响着政府能够有效采取的政策行动。例如，为了在未来获得更多税收，现任政府可能不得不改进税收制度，增强财政收入能力，那么一般说来改革将是顺利的，不会遇到多大的阻力，因为这时的改革过程属于“帕累托改进”（现实中的某些具体改革措施在一定范围内可以被视为“帕累托改进”）。但问题在于一般的情况恰恰不是这样：经济体制改革实质就是要改变人们之间的利益关系，或者说是通过形成新的改革关系调整和形成新的利益关系。在这当中总会有人受到一定的损失，而不是只有人获益而无人受损。这包括以下三个方面的原因。一是由于体制变革，一部分人将失去在旧体制下的种种既得利益，既包括权力、地位、特权等少数人才有的既得利益，也包括“铁饭碗”“大锅饭”等相当多数人都能获得的利益；若一个人失去了这样的既得利益，又不可能在新体制中获得相应的替代物，发生了实标收入水平的绝对下降，他就会反对改革。二是由于改革虽然最终说来能使社会上绝大多数人获益，但大家最终获益的相对多少是不同的；即使所有的人收入绝对水平都没有下降甚至有所提高，但从相对收入的角度看，只要有的人在社会收入结构中，与他人相比，收入的相对水平下降了（或者“社会地位”相对下降了），他们也会感到自己受到了损失，也会反对改革。第三，即使把“补偿”的因素考虑进来，人们可以用改革所带来的高额收益对受损失者进行一定的补偿，也还是不能完全解决问题。这首先是由于不可能实现“完全的补偿”，一直补偿到人们的相对收入水平都不变。因为如果进行这样的补偿，利益关系的格局事实上没有发生变化，改革也就根本是一句空话，可以视为没有发生，或者说只是一种“假改革”。其次即使只进行绝对（实际）收入水平的补偿，由于改革总要有一个过程，在“投入”与“产出”之间存在着一定的时滞，使得人们不可能用未来的收益来对在当前改革中受到损失的人们进行及时的补偿（或者说无法进行及时的“赎买”）。这可以视为“这一代人”与“下一代人”之间的相对利益关系变化所引起的特殊问题。对于那些“期望寿命”较短的人来说，可能只有投入，而没有获益，对他们来说，改革只是一种“非帕累托改变”。这正是蔡昉所说的，从“帕累托改进”到“卡尔多改进”，前一种改革机会现在已经很少了，接下来很重要的是看改革的整体收益是不是正的、是不是很大。如果答案是肯定的话，就可以形成“卡尔多改进”，即可以用总的改革收益补偿一部分可能在改革中受损的群体。在这一过程中，就需要使整个社会的情绪化状态转变为理性化状态，而不是意识形态化的状态。

（四）新改革经济学的提出

知难行易还是知易行难，一直是中国哲学争议不止的无解之题。与其他的人类活动一样，改革要做的不外乎也是这两件事：认知和践行。改革，是一项伟大的实践，但更是一项伟大的认知，引领它的是改革学这一正在成为科学的理论。

对中国40多年的经济改革全过程进行鸟瞰，或者再放眼到更早些即从1956年开始提出进行“经济管理体制改革”算起的话，这已经是进行了半个多世纪的改革探索，在这一历史进程中，各个阶段的多种多样的改革穿插错落地进行。吴敬琏根据每个时期的主要改革措施，把中国的改革过程分为三个阶段：①1958～1978年行政性分权改革；②1979～1993年增量改革；③1994年至今“整体推进”，逐步全面建立市场经济制度。如果是这样的话，那么可以认为，从2012年开始的改革新时代，改革全面渗入经济社会各个方面，改革由手段转变为目标，由技术转变为制度，这是一种新的经济制度，即政府与市场有机协同的新改革经济制度。

事实上，从新中国成立之初，中国经济学家围绕经济制度的建立，就开始了艰苦的理论和思想探索。吴敬琏谈到的他的老师顾准，就被称为“中国改革理论发展史中提出市场取向改革的第一人”。他在20世纪50年代中期“左”风肆虐的日子里力排众议，一针见血地指出，社会主义经济的问题是废除了市场制度。因此，为了提高效率，社会主义可以选择的经济体制，是由企业根据市场价格的自发涨落来做出决策。在那样的年代有这样独立而深刻的思想，是非常了不起的。

目前国内学术界还在争论价格改革双轨制的思路变迁，包括价格调整、价格放开等的提出等。而对“体制下放”的思路首先提出批评的是经济学家孙冶方。他在1961年后多次指出，经济管理体制的中心问题，不是中央政府与地方政府的关系，而是“作为独立核算单位的企业的权力、责任和它们同国家的关系问题，也即是企业的经营管理权问题”。孙冶方主张在计划经济的大框架下扩大企业自主权，或者说向企业放权让利。而紧随其后的以国有企业改革为重点的微观改革的最著名的倡导者如马洪等就提出关于“改革经济管理体制要从扩大企业自主权入手”，扩大企业在人、财、物和计划等方面的决策权力的主张，在国有企业领导人的热烈支持下得到了一些政府领导人的采纳。

从西方经济学的视角尤其是新制度经济学（科斯、诺斯、张五常教授等）的观点看，中国的改革开放实际上就是一场制度变革。这场变革朝着明晰产权、保护产权的方向推进（产权理论），不断降低交易费用（交易费用理论），诱致性制度和强制性制度变迁相结合（制度变迁理论），县际竞争激发了地方政府活力（县际竞争理论），其间文化等非制度因素也发挥了支撑作用。另外，很多西方主流的尤其是采取制度主义分析方法的学者也十分珍视中国体制改革与经济发展的经验和成就。他们认为，中国的改革在其特定条件下是成功的，尽管它与通常所认为的标准经济理论模式相距较远。中国的成功证明了演进与实验主义转轨思想。这种情况恰恰表明了体制变迁过程的多样性，更应该引起当代转轨经济学界的高度重视和深入研讨。因此，中西方许多学者试图从不同视角来对中国的转轨实践加以理论化总结，包括像钱颖一、许成钢等一些著名海归学者也对此做出了重要贡献。

马克思曾说，理论在一个国家实现的程度，总是决定于理论满足这个国家需要的程度。按照一些学者的分析，40 多年单一的经济改革已造成强大的利益集团和权贵集团，是当前许多弊端问题，特别是社会公平正义问题的根源，但这些人掌握着很大的话语权，是既得利益者，成为下一步全面深化改革的最大阻力。同时，单一经济改革导致贫富差距过大和社会公平严重不足，广大低收入阶层和弱势群体阶层对当前社会严重不满，许多人甚至将问题归结为是改革带来和造成的，从而很难形成改革共识，也很难平衡好分权和集权的关系。因此，现在亟须引进新的理论，来满足继续全面深化改革日益增长的需要。而新改革经济学就是试图在一些问题上回答现实中国的问题。比如后面内文中将讨论的改革的效用问题、特定时期的渐进（激进）式改革与攻坚时期的增进式改革（改革利益再平衡）问题等。

新改革经济学要研究的问题不是技术性的，而是社会性的。中国延续了 40 多年的高速增长的确是创造了一个历史纪录，同期可比的东亚国家和地区的经济起飞期一般最长也只有 20 ~ 30 年。关于中国经济增长的奇迹的原因，比较主流的说法是因为中国实行了对外开放，搞了市场经济，界定了产权（包括私有产权），从而搞对了激励。这当然很有道理。不过，正如经济学家华生所言，搞开放式的市场经济的发展中国家太多了，为什么独独中国有这样的经济成功？况且要说私有产权界定，许多发展中国家比中国还要彻底得多，搞市场经济也没有那么多框框禁忌，为什么它们几乎很难与中国相提并论？① 华生给出的是一个“四轮驱动”的改革学解释：第一，在确保自我主权的前提下实现了全方位的对外开放，因此充分利用了中国的后发优势和相对比较优势。第二，坚定而又渐进的市场化和有限私有化提供了持续改善的激励和资源配置，避免了国民经济的家族寡头化和大规模的社会对抗。第三，基于既得的城乡二元化经济结构，通过统分结合的家庭土地承包制度，既改善了农民的境遇，避免了土地兼并，又为工业化和城市化提供了源源不断的劳动力供给和土地供给。第四，中央集权下的财政分灶吃饭和地方竞争。但更重要的还是解脱泛意识形态化的羁绊——这是改革开放最重要的思想基础和前提。当然，必须

① 华生、罗小朋、张学军、边勇壮：《中国奇迹的源头与动力何在?》，FT 中文网，http：//www.ftchinese.com/story/001023524？archive，2008 年 12 月 8 日。

清醒地看到的是，解放思想不是说可以怀疑和否定一切，而是有边界和底线的，华生说，这是从改革开放之初就让一些人很困惑和失望的事情。

改革经济为世界提供了一个全新的市场经济国家的模式和标准。改革经济的成功实践向世界表明，中国是一个成功的市场经济国家。中国的成功，不是偶然的，它有深刻的理论和基础。正是建立在这种基础上，中国以一种“看得见的方式”实现了一个大国的发展。这里，给人类心灵和智力带来更大震撼的，也许不仅仅是中国发展本身，而是中国发展的方式和路径。而作为对这种方式和路径研究的新改革经济学，就是探究中国发展之谜、震撼之源的不二优选。改革开放，是中国的第二次革命，也捆绑中国未来命运。它不仅成就了中国之发展，也将是民族复兴的必由之路。探索中国的改革历程，继而构建一个新的经济学理论体系，既帮助中国全方面总结和反思，指导和推动新时代中国继续深化改革，也将有利于世界认知和解读中国。当今的中国是“世界之中国”，新的理论体系，应该要能代表中国面向世界。新的理论体系，既要有助于把中国故事讲好讲透讲全面，也要确保别人能够全面且准确地听清听懂听明白。当然，我们不一定非要把中国改革开放四十年经验写进美国教科书。新改革经济学理论还在路上，还需要加快建构和完成我们的体系，更重要的是做好我们自己的事。

引论　改革经济与中国经济增长奇迹

增长和发展是世界性的热门话题，是人类生存的第一大要务，也是经济学最激动人心的领域，其中又以中国的经济增长最令人着迷。米尔顿·弗里德曼曾说："谁能正确解释中国经济的改革和发展，谁就能得诺贝尔经济学奖。"这也许是一句玩笑话，但充分说明了中国的经济成就在国内外经济学界所引起的重视程度和其具有的研究价值。① 与其他国家相比，中国最近 40 多年的经济发展保持了持续不间断的高位增长，并形成了一种独特的路径和模式。这一模式的核心就是强调以改革的思路和方法，通过解除制度约束，将经济周期延展，切实解决了经济发展中深层次、结构性问题。中国在全球经济产出中所占的比例从 1978 年的 2% 上升至 2017 年的 15%。有 3 亿到 7 亿人在改革开放进程中得以摆脱贫困，被带向中产阶级。研究不平等问题的经济学家布兰科·米拉诺维奇用"这是人类发展史上最激动人心的例子"来描述这一"中国奇迹"。② 相比其他发达国家早年的高速增长，中国经济的高增长是 40 多年没有出现危机或者衰退的连续增长。尽管其间也有周期性的高低波动，但没有发生过大的危机，也没有出现大的衰退。③ 而发达国家早年增长快的时候，十年左右会出现一次经济危机，而且经济会衰退、负增长。为何中国会保持长时间的持续增长，而其他国家会出现经济极度衰退？中国成功的密码是什么？

经济的周期性变化是历史和自然界的本质特征，世界范围内每一个经济体都存在经济周期。但改革有利于克服经济危机或衰退，延展经济增长周期。40

---

① 张晖：《解释中国经济奇迹的增长理论分析》，《石家庄经济学院学报》2011 年第 4 期。

② 《奥媒看中国改革开放 40 周年：人类发展史上最激动人心的奇迹》，《参考消息》2018 年 1 月 2 日。

③ 樊纲：《在一片唱赢中国经济声音中能否看到问题》，http：//www. cdi. com. cn/detail. aspx? cid =5391，2018 年 1 月 24 日。

年前，中国的改革开放起始于现实的危机的强烈共识。此后改革每一阶段的突破，也是用改革克服危机，用改革化解蕴含在经济社会生活中的各种矛盾和风险。40年的历程说明，只有通过改革开放，才能消除危机，也只有通过改革的不断深入，才能防范新的危机。[①] 刘鹤在比较分析两次经济危机时指出，在新技术革命浪潮和经济全球化步入新阶段的历史背景下，相关国家的经济社会结构发生了巨大而深刻的变化。但是从长期看，这些国家的经济社会管理体制本应及时进行相应的变革，以适应变化了的经济社会基础，然而危机前这种体制变革迟迟没有发生。两次大危机的深层次原因都是由于美国等发达国家为暂时的繁荣景象所迷惑，经济社会管理体制改革严重滞后于经济社会形式的变化。因此，两次大危机的共同教训是，改革严重滞后必然导致大危机的爆发。而两次大危机的共同经验是，要想克服大的危机就必须推进大的改革；各国经济发展的同时，必须注重结构调整、经济转型和体制改革。[②] 40年来，中国的成功就在于经济发展始终贯穿了“改革”二字，改革成为经济的解释。可以说，没有改革，就没有中国40年的经济奇迹，也就没有日益走向世界舞台中央的新时代的中国。在这40年中，不仅解决了中央计划经济向市场经济过渡的问题，而且解决了新旧体制的转换这一改革经济学的基本问题，实现了政府与市场的“协同”，画出了一条既为市场筑底，又为政府赋能的完美曲线，我们将这一新的经济模式称为改革经济。每一个国家都需要一种气质。那么，改革经济就是中国的一种国家气质。

历史在时间跨度足够长时会不断重复自己。正如自然界存在着气候变化长周期一样，在经济社会发展领域，只要时间的跨度足够大，就也会发现历史的重复现象或相似之处。经济学界将经济的周期性变化称为经济周期。[③] 在宏观经济学中，经济周期一般指带有一定规律性的由累积性上升和下降构成的经济过程，描述商业的繁荣和萧条。理性预期学派的卢卡斯将经济周期概括为“经济变量对平稳增长趋势的偏离”。[④] 周期性是历史变化和自然界的本质特征。

任何一个经济体都有自己的发展特点，也有各自的经济增长周期，都会出

① 胡舒立：《有危机意识才能避免危机》，《财新周刊》2013年第17期。

② 刘鹤：《两次经济危机的比较》，中国经济出版社，2013，第210~214页。

③ 刘鹤：《两次经济危机的比较》，中国经济出版社，2013，第3~4页。

④ 马光远：《“长周期”才是中国经济的本质》，《新京报》2017年8月15日。

现经济周期性、规律性的扩张与收缩的现象。[①] 从 1961 ~ 2016 年中、美、日三国 GDP 年度增长情况来看，每一个经济体的经济增长都存在繁荣与衰退的规律性交替变化。也就是说，经济存在周期性。毫无疑问，我国经济周期波动也客观地存在，并在改革开放前后呈现不同的特点。改革开放前，我国经济周期的突出特点是随着改革政策和举措的推出而大起大落；实行改革开放以后，我国经济呈现了高增长和波动降低的趋势。相比之下，美国的经济周期波动则始终表现为“微波化趋势”，周期平滑程度比我国高。[②] 引起这种变化的原因是多方面的，美国宏观经济学界曾经对这一问题展开过热烈的讨论，其中涉及外部冲击的减弱、产业结构的演进、社会保障的完善、信息技术的发展、货币政策的成功、金融创新和金融制度改革等诸多因素，这些因素中，除了外部冲击因素之外，其他因素均与一国的宏观经济改革安排有关。实际上，美国自 1929 ~ 1933 年的大萧条以来就采取了宏观调控措施。自 20 世纪 80 年代初以来，从里根政府到克林顿政府，总的政策趋向是将需求与供给相结合。这使美国经济既保持了一定的增长速度，又及时地调整了产业结构，特别是促进了高科技的发展。由此，美国的经济波动出现了微波化趋势。

经济周期为我们厘定了一个时间框架，将研究的视角拉长至 40 年，在历史纵深和国际视野中进行纵横比较，借助历史和国际经验，就可以让我们挖掘出隐藏在经济周期变化背后更深层次的改革周期。中国改革开放以来经济的高增长是 40 年没有出现危机或衰退的连续增长，尽管其间也有周期性的高低波动，但没有发生过大的危机，也没有出现大的衰退。[③] 而美国在 1980 年、1982 年、1991 年、2008 年、2009 年分别出现了负增长。[④] 日本也在 1998 年、1999 年、2008 年、2009 年、2011 年出现了负增长。特别是 1961 ~ 2016 年的 56 年间，美国发生过两次严重的经济衰退，第一次是在 1973 ~ 1977 年，称为石油危机；第二次次贷危机发生在 2006 ~ 2008 年，并波及全球。

---

① 《美国经济周期变化的影响因素分析》，南方财富网，2016 年 7 月 6 日。

② 刘树成、张平、张晓晶：《中国经济周期波动问题研究》，《首届中国经济论坛论文集》，2005。

③ 樊纲：《在一片唱赢中国经济声音中能否看到问题》，http://www.cdi.com.cn/detail.aspx?cid=5391，2018 年 1 月 24 日。

④ 我们也有周期性的高低波动，过热的时候为 14%，低的时候为 6%，但我们没有发生过大的危机，没有出现大的衰退。

中国经济能取得今日之成就，乃在于改革。用改革来解释中国经济增长奇迹在学界并不少见。而且不同的经济学理论和流派都从各自不同的角度对中国改革实践进行了解释。例如，新制度经济学认为，某种程度上说，中国的改革开放实际上就是一场制度变革，而这场制度变革与新制度经济学的产生及传播过程相重合。比较有代表性的是科斯教授提出的产权理论、威廉姆斯教授的交易费用理论、诺斯教授等提出的制度变迁理论。又如，转轨/过渡经济学认为，在中国由计划经济向市场经济的转轨过程中，存在着樊纲教授等提出的“改革成本”问题。相对激进改革，渐进改革实施成本偏大，但摩擦成本较小，因此总成本相对更小，在权衡改革收益和改革成本之后，中国选择了渐进改革的路径，这使得改革进程中始终贯穿着利益诱导、利益补偿、利益替代的主线。再如，新供给经济学认为，中国经济近 40 年的辉煌成就不仅来自全面开放、利用人口红利参与全球分工和竞争，更重要的是依靠改革调动了相关经济资源的积极潜力。[①] 正是由于改革解除了制度约束，才避免经济下行，使得经济增长周期得以延展。总而言之，中国 40 年经济能保持持续增长且没有出现衰退，应归功于改革，西方经济体经济出现倒退的原因也是因为改革不到位。正是由于 40 年历史进程中几次大的以改革的办法突破体制机制性障碍的措施，才在关键时刻挽救了中国的经济。我们将这种改革措施称为“逆改革周期举措”，这种“逆改革周期举措”停滞，经济发展便失去了制度保证；“逆改革周期举措”实施得好，经济的持续性就越强。

改革周期的背后更多地体现为一种国家的宏观调控。宏观调控的主要任务是保持经济总量平衡，促进重大经济结构协调和生产力布局优化，减缓经济周期波动影响，防范区域性、系统性风险，稳定市场预期，实现经济持续健康发展。所谓“经济周期波动在适度高位的平滑化”，就是指通过宏观调控，使得经济在适度增长区间内保持较长时间的平稳增长和轻微波动，使经济周期由过去那种起伏剧烈、峰谷落差极大的波动轨迹，转变为起伏平缓、峰谷落差较小的波动轨迹，提高增长的质量，保持经济平稳增长。[②] 在现代市场经济中，政

① 中国民生银行研究院课题组：《我国改革开放 40 年辉煌成就的经济学原理分析及启示》，《企业家日报》2018 年 6 月 4 日。

② 刘树成、张晓晶、张平：《实现经济周期波动在适度高位的平滑化》，《经济研究》2015 年第 11 期。

府对于宏观经济运行有着不可或缺的作用，科学宏观调控的关键是要正确处理好政府与市场的关系。改革开放以前，我国实施的是高度集中的计划经济体制，在这种体制下，经济中宏观、微观不分，管理方式上直接、间接不分，经济手段和行政手段不分，经济完全受国家行政指令的控制，国家通过强制性干预导致经济大起大落，峰位与峰谷落差过大。从1961年到1976年“文化大革命”结束，经济增长峰位高达20%左右，分别是1964年18.18%、1970年19.30%，同时经济又出现了四次负增长，分别是1961年-27.27%、1962年-5.58%、1967年-5.77%、1968年-4.10%、1976年-1.57%。改革开放以后，我国在处理政府与市场关系的问题上逐步从不成熟趋向成熟，特别是宏观调控方面采取更多的间接性措施，经济周期逐渐表现出微波化趋势。2012年以后，宏观调控措施不只是体现在政策操作层面，而且将实施途径伸展至体制机制层面，宏观调控成为全面深化改革大框架的组成部分，通过放松人口生育控制、放松户籍制度、减少资本与金融管制、优化土地与资源产权结构、推动国有企业等低效率领域的制度改革等措施，解除“供给抑制”，促使经济长期潜在增长率的提高。①

1978年中共十一届三中全会以后，中国经济管理从全面计划转为引入市场机制，针对我国计划经济的弊端和问题，改革主要从以下几个方面入手：农村实行家庭联产承包责任制、东部沿海建立经济特区、农村地区迅速发展乡镇企业。农业生产承包制大大调动了农民生产积极性，使粮食和农副产品的产量开始得到极大的增长，在很大程度上解决了短缺经济问题；深圳经济特区的建立，使得中国有了对内改革和对外开放的窗口，为各地经济发展树立了标杆；乡镇企业的发展打破了国有企业一枝独大的局面，倒逼国有企业改革。20世纪80年代中期，国企开始进入市场，在市场上求生存，随之而来的是城市化、农民家庭化经营。价格双轨制改革使得市场价格调节的范围一步一步扩大，而原来的政府定价的计划价格范围一步一步缩小，比较平稳地过渡到了市场价格。同时，财政分灶吃饭的推行，使得每个地方政府都有一定范围的财权，大大调动了地方政府发展经济的积极性。

20世纪80年代的改革在一定程度上解决了短缺经济的一些问题，为各经

① 张晓晶：《经济新常态下宏观调控的创新与演进》，《学习时报》2015年6月29日。

济主体注入了活力，GDP 增长和居民收入增长迅速进入了快车道。1978 ~ 1990 年平均经济增长率是 9.2%，居民收入年均增长率是 8.8%。但是改革取得成效的同时，也给经济发展带来了财政赤字、通货膨胀等问题。1981 ~ 1986 年，随着城市经济体制改革的深化，企业和地方有了投资自主权以后，经济增长形成了以“投资饥渴”、“需求膨胀”和经济扩张为主要特征的速度型增长模式。面对以上情况，中央政府采取被动“救火”的措施，导致经济大幅度波动。特别是 1988 年通过的价格改革方案，加剧了居民高通货膨胀的心理预期，各大中城市立即掀起了一股凶猛的抢购风潮、银行存款挤兑风潮，信贷规模失控，通货膨胀率更创历史新高。从 1988 年 9 月至 1991 年底，中国开始了历时三年的“治理整顿、深化改革”。①

20 世纪 90 年代的改革进程有一个最具标志性的事件，那就是邓小平南方谈话。南方谈话为制度创新创造了条件，在这一信号的驱使下，经济开始出现繁荣的征兆。紧接着就正式确立了建立社会主义市场经济体制的目标，为中国今后的制度变迁规定了总方向。此后，中国经济在 1992 年、1993 年两年达到了繁荣的顶点。② 这一时期，制度障碍、政策障碍的减少使得民营经济得到快速发展。“抓大放小”③ 的国有企业改革促进了全国国有工业企业利润的提升。同时，经济发展过程中出现了“四热”“四高”“四紧”“一乱”现象④。但是与 20 世纪 80 年代的政府宏观调控相比，这一时期政府对经济的调控逐渐增加了间接手段的运用，如增加消费税、调节利率和准备金率，大大减缓了经济的周期波动幅度。

2001 年中国加入了 WTO（世界贸易组织），经济发展纳入了世界分工体

---

① 姜瑶：《我国宏观调控对平滑周期波动的有效性研究》，四川大学硕士学位论文，2007。

② 赵铨、张林：《制度约束与经济周期——改革后中国经济周期波动的一种解说》，《经济问题探索》1998 年第 2 期。

③ 所谓“抓大放小”，是指将大企业攥到手里，但是要对大企业进行改革，比如引进股份制、推行公司制。中小型企业改革的方式包括租赁、重组、改制成民营企业、关门倒闭等。通过改革，国有工业企业数量从 1996 年的 11 万户下降到 2000 年的 5 万户左右；企业利润也从 400 亿元增加到 2400 亿元，经营状况也大幅改善。

④ “四热”：房地产热、开发区热、集资热、股票热；“四高”：高投资膨胀、高工业增长、高货币发行和信贷投放、高物价上涨；“四紧”：交通运输紧张、能源紧张、重要原材料紧张、资金紧张；“一乱”，经济秩序特别是金融秩序混乱。

系，经济在实现消费升级、世界工厂、城镇化进程加快的同时也出现了一些问题和挑战，主要是政府主导的高耗费增长模式。中国高耗费增长模式是有其特殊的发展背景的，它是政府主导下的赶超策略的发展模式，即全社会补贴工业化。[①] 虽然这种发展模式一度在突破瓶颈过程中做出了巨大的贡献，但无以为继，投资率大幅上升，消费率下降，债务的杠杆率大幅上升，产能过剩越来越严重，经济结构失衡变成一个突出的问题。2000～2010 年十年间，经济年均增长 10.6%，居民收入年增长率为 8.2%。同时，收入差距继续扩大，基尼系数从 0.41 上升到 0.48。2000 年以后，随着市场机制在我国的逐步完善，市场机制对经济运行的作用日益明显，宏观调控政策对经济波动的作用开始减弱。以往过猛的宏观经济政策来刺激或紧缩经济的现象越来越少，各经济主体也更加理性，不再盲目追求扩张了。但 2008 年金融危机，国家采取 4 万亿元投资的强刺激，导致经济周期再次出现大的起伏。

国际金融危机以后，中国的改革周期转向全面深化的新阶段，这个时候的改革更强调顶层设计，一批具有标志性、关键性的重大改革方案出台并实施，一批重要领域和关键环节改革举措取得重大突破，一批重要理论创新、制度创新、实践创新成果正在形成，全面深化改革的主题框架基本确立。[②] 尤其是“市场在资源配置中起决定性作用”的提出，成为 40 年改革最重大的理论创新。以此为推动，整个政府层面的“放管服”改革全面深化，通过减少行政审批事项、改革商事制度、削减职业资格、清理审批中介、实行减税降费、推行清单管理、加强事中事后监管、优化政府服务等举措，破解了多年来存在的难题，清除了改革发展中的障碍，取得了多方面的成效。

然而，改革也面临着执行层面的困难。特别是一些重点领域、关键环节的改革进展不尽如人意。各方面的改革推进和执行程度不一、不平衡。一些改革执行了，另一些改革则没有。[③] 改革开放初期，改革“红利”全民受益，即使获益不均衡，总体上也是普惠性的，大家的生活都在往上走。当时，市场经济中微观主体的力量还不够强大，缺乏对调控的“反作用力”，对改革举措的

---

① 刘树成、张平、张晓晶：《中国经济周期波动问题研究》，《首届中国经济论坛论文集》，2005。

② 《求是》编辑部：《确保全面深化改革重大举措落地见效》，《求是》2017 年第 8 期。

③ 郑永年：《中国目前改革面临的结构性挑战》，《联合早报》2018 年 7 月 3 日。

“吸收能力”较强。而随着改革的深化和利益格局的调整，社会阶层出现分化，利益不同，立场自然不同，看法和诉求也必然不同。[①] 既得利益者会阻止新事物的产生，使有利于社会整体和长远利益的改革举措出不了台或延宕出台，或者使已经实施的改革措施发生变异，成为维护其既得利益的工具。[②] 因此，未来宏观调控的重点是要打破既得利益的阻挠，将改革进行到底，守好经济运行的“上限”“下限”“底线”，确保经济运行在合理区间。

进入2018年，发生在中美之间的贸易摩擦对中国的改革是个巨大的考验。但我们总是要考虑到极限施压情况下最坏的结果，即打到归零会对国家经济造成什么样的影响。这样一种极限思考可以帮助我们更加清醒地判断形势，制定更加有效的应对之策。至少从总体上看，中国经济增长还主要靠内需拉动，2018年内需对经济增长的贡献率达到108.6%。其中最终消费贡献达到76.2%，投资贡献为32.4%。因为顺差比例收窄，外贸净出口对GDP增长的贡献率为-8.9%。另外，中国经济的回旋空间较大，既有发展潜力，又有政策弹性，外贸损失比较容易通过自身努力所弥补或抵消，何况中国对外贸易也并非只能依靠单一的国家。目前来看，比较严峻的一个问题是，美国不断加征的关税造成的外部不确定性冲击与国内正在推动的金融去杠杆“碰头”。这时，处于巨大压力之下的一些金融机构、企业以及个人投资者等，想利用和夸大外部的风险，改变稳健中性的货币环境，通过宽松放水的方式，维持经济稳定增长。[③] 应当看到，在供给侧结构性改革刚刚取得初步成效、市场理念得到强化的改革关键阶段，以任何理由变相暂停改革甚至倒退，都是中国改革事业的巨大损失，也让整个经济重新回到风险积累的轨道上去。因此，如果没有继续深化的改革，在各部门杠杆率都比较高的情况下，即使想要刺激经济已难做到。在产能过剩的环境中，货币政策宽松只会刺激资产泡沫，资金根本流不到实体经济，也会鼓励那些低效部门继续借新还旧，增加杠杆。中国的财政一直是大财政管理，不只管预算，也涉及经济政策，还背负着民生、国防等支出任

① 孙剑：《凝聚改革共识难在哪里》，《求是》2013年第2期。

② 《改革拦路虎　当代中国的七大利益集团》，前瞻网，https：//www.qianzhan.com/indynews/detail/150/130425-d10fa891.html，2013年4月25日。

③ 《稳定的经济增长需要稳定的政策》，全景网，http：//www.sohu.com/a/241607707_115124，2018年7月17日。

务。而保增长政策长期以来都是通过国家发改委、财政部、商务部的政策规划，通过信贷资金支持发展项目。即使像 2008 年“四万亿”计划中，大部分项目国家预算内资金仅占 10%，其他主要是靠银行贷款和发债。因此，央行在防范金融风险攻坚战过程中维护稳健中性的货币政策，必须守住和管好货币总闸门。同时必须要更替过去保增长的惯性思维，不能轻易动摇目前的货币政策。改革要忍受阵痛，否则，就会反复动摇变化，积累更大的危机。除了央行以外，各部门也必须协调努力，执行改革攻坚的重任，首先要继续完成税收减负，继续增强市场信心。同时，也要保证地方政府不能将债务风险抛给金融机构，政府部门必须守信用，维护信用体系安全。[①] 中美贸易摩擦被一些人形容为一场国运之战。无论如何，这场贸易摩擦恰恰是我们进一步深化改革的契机，即通过使市场和经济进一步自由化来实现贸易的多样化和增强国内需求。如果说在中美贸易争端的黑暗中存在一线光明的话，那必定会成为中国加快结构性改革的动力。[②] 在 2018 年的博鳌亚洲论坛上，中国宣布了四项重大开放举措，特别强调了扩大市场准入和扩大进口的举措，力度前所未有。中国市场自由化的速度正在加快。通过开放国内金融系统、削减关税和降低外国直接投资的门槛，中国正在与外部世界进行更多的互动，这与奉行贸易保护主义的美国全然不同。[③]

改革开放 40 年以来，中国从最初向西方成熟市场经济体蹒跚学步，通过不断的试错，逐步摸索出一种独特的市场经济模式，比较有效地解决了经济发展中深层次、结构性问题，促进了经济平稳健康发展。这种发展模式强调要在尊重市场规律的基础上，把“市场决定论”作为基本出发点，按市场规律办事，推进市场化改革。[④] 作为一种后市场经济体制，改革经济的理论最关注的是如何使政府与市场的效用组合达到最大化，实现“帕累托最优”。

按照一般的观点，政府作用的发挥，背后是基于政府官员及其所在地区与

① 《稳定的经济增长需要稳定的政策》，全景网，http://www.sohu.com/a/241607707_115124，2018 年 7 月 17 日。

② 钟轩理：《贸易战阻挡不了中国前进步伐——国际人士看好中国》，《人民日报》（海外版）2018 年 10 月 15 日。

③ 《专家认为：贸易战或成中国推进改革契机》，参考消息网，http://column.cankaoxiaoxi.com/g/2018/0723/2297189.shtml，2018 年 7 月 23 日。

④ 张晓晶：《经济新常态下宏观调控的创新与演进》，《学习时报》2015 年 6 月 29 日。

其他地区的经济竞争中的政绩或利益考量的超理性选择。这也往往被看作中国经济发展奇迹中最主要的一个动力。但与其说这是一种经济竞争，毋宁说这是一种改革竞争。与经济学中的理性人假说相比，政府在市场中往往表现出超理性的一种状态。进一步分析政府超理性可以发现，与私营企业决策中的营利为目标不同，政府不以获取利润为目标。这既是政府的优点，也是政府的缺点。正是这种超理性，政府可以做那些对社会有价值但难以用市场价格和利润指标衡量的事，因而其行为可以不计成本、不惜代价。但超理性的政府也有理性人的“基因”，因而政府总是有不断扩大预算规模和活动范围而不受约束甚至不断设租和寻租的内在冲动，而整个社会却失去了衡量政府业绩和约束政府官员的重要机制。在现实世界中，具体表现就是政府在特定的偏好下，往往偏离自己的职能界限，破坏市场本来的秩序和规则。这也是对当下诸多国家的政府职能缺位、错位问题普遍存在的一种解释。新改革经济的理论强调要进一步加强改革本身的立法，即改革法，使政府与市场能够保持一个相互共生、相互配合和相互协同的临界状态。但就目前来看，一方面，我们还习惯于将政府干预笼而统之，一概加以否定或一概加以肯定；另一方面，我们又常常将政府与市场简单对立起来，视二者为相互替代的关系，非此即彼，并且在两个极端之间左右摇摆。

对政府经济职能进行定义，是一件十分重要而又非常艰难的事。同样，为政府和市场划定一个边界也并不容易。无论是列宁所说的“国家辛迪加”，还是罗斯福新政后美国的“规制资本主义”，政府与市场的纠缠、冲突只是不断改变形式，但又在新的更高层次上进行新的展开。人们总是认为政府能够在市场失灵时及时出手，殊不知，政府毕竟是一种行政机构，它也经常出现失灵。就像吴敬琏指出的，由于政府并不具有能够较之市场更有效地获取信息的优势，所以它在市场机构之外进行活动很有可能造成低效率，政府组织本身也有可能偏离社会的公共目标，政府机构干预派生的外部性，也常常会使政府的活动产生失灵现象。因此，改革经济最核心的要求，就是市场的归市场、政府的归政府。市场决定市场资源的配置，政府决定社会资源特别是利益的协同。

政府与市场的协同，是改革经济最内在的要求。这里，围绕政府与市场的协同关系，新改革经济学构建了形式如下的模型，试图说明政府与市场协同机制：

$$R = r \cdot F(G,M)$$

假设 R 是改革函数，G 代表政府，M 代表市场，F 是映射，代表一种制度关系或改革的合约关系。r 代表改革乘数，它是一个不确定因子，当 $r \geqslant 1$ 时，改革进程加快；当 $0 < r < 1$ 时，改革进程缓慢；当 $r \leqslant 0$ 时，就造成改革受阻（甚至颠覆）。

由于这种协同，市场为政府“赋能”，而政府对市场“皈依”；政府真正成为市场中的政府，而市场不再是政府的市场；市场从“嵌入”到“溢出”。也正是通过这种协同，使两个不同资源和个体，协同一致地朝向了一个目标，推动改革走出了一个筑底后上升的曲线，政府不断纠正其越位、错位、缺位等问题，真正跳出“失灵”的怪圈。

市场是政府的函数，政府是改革的函数。面对市场，政府要“谦卑”，但这种“谦卑”不是“谦卑地站在市场之外”，而是以改革的方式协同于市场之中，通过减事、减权、减钱，以改革的协同行动使政府与市场的匹配达到最优。现实中，当代 70 多个高收入经济体中真正发展中国家不过十几个。大多数发展中国家摆脱贫困，跨过低收入“马尔萨斯陷阱”后，却长期滞留于“中等收入陷阱”之中。① 同样在中国这 40 年，改革并不总是一帆风顺。改革的目的是剔除经济增长的障碍，但这并不意味着一切改革都是有效的，由于知识的限制、信息不完全等因素，一种制度安排很可能是低效率甚至无效率的。同时由于环境改造，原来的一项适宜制度可能在新的环境中不再能够发挥积极作用，可能反而会阻碍经济的发展。因此，改革只有进行时，没有完成时，改革永远在路上。

改革在中国已经进行了 40 多年。事实上，如果从 1956 年中共八大决定进行“经济管理体制改革”算起，中国的经济改革已经进行了不止半个世纪。中国改革是一个庞大的叙事。这并不仅仅是或简单理解为就是从计划经济体制向市场经济的转型，其中蕴含和包裹着的，是一个极其复杂的政治、经济和社会的变迁，是从一种经济社会形态向另一种经济社会形态跃升的过程。因而亟须提出一个清晰的理论线索和分析框架。从行政性分权改革到增量改革到整体

① 刘伟：《习近平新时代中国特色社会主义经济思想的内在逻辑》，《经济研究》2018 年第 5 期。

推进，再到今天的“全面深化”，市场经济开始对计划经济最后的残余进行扫除。虽然这还需要一个较长的过程，但由于有了自政府而市场的改革经济的特征，就根本的不同于以往的制度转型和变迁的特征，而呈现一种自上而下的势如破竹。“要看银山拍天浪，开窗放入大江来。”改革经济不再像转型期的市场在计划中的“嵌入”，而是市场通过改革的全面“外溢”。市场将为政府“赋能”，使政府更娴熟于运用市场的方式而不再是计划和管制，政府将成为市场最积极的协同者，从而实现一国经济社会加速创新、有效治理和高质量发展的目标。

熊彼特曾说，科学分析不单纯是逻辑上前后一贯的一种过程，它毋宁说是与我们自己和我们前辈人头脑里创造的东西的一种永无休止的搏斗；它的前进不是受逻辑的支配，而是受新思想、新观察或新需要的冲击以及新一代人的偏好与气质的支配。① 改革经济，用中国改革开放 40 年的实践加以验证，这是中国历史上可以考证的最长的一段改革史。应该认识到，关于改革经济的研究，不能仅仅停留在经济学学者建造的实验室，或者仅仅是人为炮制一些实际的情况而让不知情的外人进入这种情况中观察各种行为。“空中楼阁的处理需要另一种天赋”，而基于中国改革开放 40 年的改革经济的研究，必须从改革的实践出发。中国改革开放已经进入第 40 个年头，而且是保持了长达 40 年的经济持续增长。没有一个国家可以在这样长的时间内集数代人的努力于一体，延续同一项政策而不发生改弦易辙。何其不易！西方经济学的很多研究都是建立在各种假设上的。唯独在中国，没有假设，只有实践。40 年改革开放的成果就在眼前，给经济学家们提供了最系统的数据、最延续的政策、最完整的改革周期。

① 何正斌:《经济学 300 年》，湖南科技出版社，2000，第 1 ~ 2 页。

第一编
全球化与世界经济变革

全球化提供了观察中国改革开放40年一个新的最重要的坐标。尤其是从长周期的角度审视中国改革开放将以怎样的姿态开启下一个新的周期。全球化本身就是一场深刻变革，处于深刻变革之中的全球化是中国改革再出发的重要环境。要用改革开放的眼光看待改革开放，更要以改革开放的理论将改革开放推向前进，通过理论的创新回答改革开放的全局性、时代性、体系性问题。尤其是面对新的国际形势，中国发展需要凝聚全面改革和更高水平对外开放的新动力。同时，全球化的共识本身就伴随改革共识而存在和不断深化，甚至可以说，没有改革共识这个基础，全球化的共识就将大打折扣。从一定程度上说，目前出现的逆全球化的思潮，保护主义、单边主义抬头，其实就是一种改革共识的危机，包括全球经济治理体系的改革、国际贸易关系的改革等，正是国际治理体系改革面临的停滞和不到位，造成了今天世界经济的诸多不确定性。深化国际开放合作，加快建设改革开放型世界经济，是应对全球化危机的必然选择。新改革经济学理论关注在新的全面开放条件下的改革，关注通过不断提升对外开放水平，以开放促改革、促发展这一条重要法宝背后的根本与规律。

第一章
金融危机十年后的世界经济问题

肇始于2008年的全球金融危机，跌宕十年。[①] 从这场危机中醒来，各个国家都开始审视和反思各自的经济制度和模式，其中包括对全球化本身的思考，因而也出现了某种程度的逆全球化的思潮。这10年间，贸易保护主义层出不穷，全球化受挫。事实上，“多边主义”过去是西方提出来的，西方国家曾经很强势，但今天世界已经变了，需要我们展开新的讨论，一方面，防止单边主义和贸易保护主义对世界经济产生的冲击和衰退性影响；另一方面，也要重视和反深思经济全球化进程的不足，扭转增长和分配、资本和劳动、效率和公平的矛盾，实现经济全球化进程再平衡。

第一节　长周期理论与世界经济再平衡

长周期理论是研究经济发展战略的一个基本视角。面对世界经济全球化和信息化发展的新趋势、新特点，世界经济发展应当关注长周期，只有把握了世界经济长周期内的发展趋势，包括全球化发展趋势、全球科技革命趋势、国际力量对比趋势、国际体系变化趋势、全球治理体系发展方向和趋势、人口增长趋势等，才能更好地把握所谓世界发展大势、全球发展规律，进而才可能更好地适应大势，顺应规律而谋变。

就目前我们所处的这一轮周期来看，总的特征表现为多元化背景下的不确定性。2008年发生的国际金融危机（实为全球经济危机）打断了此前一路狂

---

① 尹应凯、邵宇：《次贷危机十年来发生了什么》，《解放日报》2017年2月8日。

奔的全球化进程。危机发生后，主要经济体采取大规模扩张政策予以应对。这10年间，贸易保护主义层出不穷，全球化受挫。“危机的自我拓展只有走完全过程才能达到新的平衡点，大危机一旦发生就注定是一个较长的过程。我们对可能出现的重大风险必须有充分的思想准备。”十年的阵痛期还在延续，中国仍处于“后危机时代”。我们的经济目前还处在一个周期性波动的低谷阶段，这个过程还没有走完。

1. *两次全球金融危机后遗症*

自1825年英国爆发了第一次经济危机开始，金融危机或经济危机就在全球范围内时有发生，主要包括美国、日本、英国等发达国家。危机的爆发将不仅是影响一国经济，而且是渗透一国绝大部分民众的工作、生活和生存，甚至影响到其他国家。如果说爆发的危机是一些国家的经济“病毒”，那“病毒”极有可能会借助全球化“感染”世界，[①] 不同程度地“传染”到处于同一条或交错相关的全球供应链上的各个国家。从历史上看，19世纪末世界经济经历了第一次经济全球化，但在一系列经济危机的冲击下，突然转向为贸易保护主义，直至引发军备竞赛和第一次世界大战。1929～1933年的大萧条，在美国带来了“新政”、在德国引发了纳粹主义、在日本催生了军国主义，而在苏联巩固了社会主义革命。1990年日本泡沫经济崩溃之后，对日本政治和国民心态造成了巨大冲击。所有这些历史，都在提醒我们，金融危机带来的政治后遗症是不容忽视的。[②] 但也正如经济学家所说的，不管怎么努力，金融危机总会发生。未来经济危机会继续发生，“黑天鹅”“灰犀牛”总是在我们周边徘徊，从未离开，这都是正常现象，经济的发展总是在起伏波动中前进。而我们要做的就是如何精准拆弹，积极推进改革，通过改革确保金融调控的有效，即防止顺周期效应和预期带来的收缩效应，防止跨市场、跨区域市场的风险传染。

迄今为止，对世界格局影响重大、后果持续时间较长、辐射范围最广且比较有典型代表意义的全球经济危机有两次：1929年经济大萧条和2008年美国次贷危机。大萧条重创了世界经济，国际贸易体系和国际货币体系先后坍塌，国际协调的失败使得危机进一步加剧。民粹主义蔓延导致某些危机国家的纳粹

---

① 何建新、王欣：《“后危机时期”党报经济新闻的改进路向》，《中国记者》2010年第1期。

② 何帆：《全球愤怒：金融危机的政治后遗症》，《国际经济评论》2012年第1期。

主义等极端势力上台，并最终走向世界大战。2008 年国际金融危机对世界政治经济格局产生了重要而深远的影响，至今仍处于“后危机时期”中。美国达拉斯联储的两位研究人员于 2013 年 7 月在其发表的文章中对 2007～2009 年金融危机的成本进行了计算。结果表明，即使按照最保守的估算，这一数值也高达 14 万亿美元，大约相当于美国当年的国内生产总值。而按照英国《经济学家》杂志设立的衡量标准，受危机影响最严重的国家中，英国倒退了 8 年，美国倒退了 10 年，希腊倒退了 12 年多，爱尔兰、意大利、葡萄牙和西班牙倒退了 7 年或更多。直到现在，国际货币基金组织的一份报告依然认为，次贷危机遗留问题尚未根本解决。[①] 经济增长乏力、贸易保护主义抬头、财政赤字增加、主权债务危机和通货膨胀等，对全球经济发展产生了明显的负面影响。在此背景下，中国正面临出口增速下降、大宗商品价格上涨和贸易顺差减少、热钱冲击导致资本价格和物价上涨压力增加。同时，过往十年，应对金融危机的一揽子政策恰如一剂猛药，在救治疾病的同时，也产生了“不良反应”和“抗药性”。各国一连串大剂量注入流动性的量宽政策刺激，让世界经济短期内避免了陷入更大的经济灾难，但复苏长期疲软无力的艰难境况远超“大萧条”时代，以致被 IMF 总裁拉加德称为“新平庸时代”，持续影响到加快转变经济发展方式战略任务的实现，向经济转型提出了挑战。[②]

虽然身处这场金融危机的漩涡之中，但中国仍然是经济全球化的受益者，更是贡献者。中国经济快速增长的“快车”“便车”，为全球经济稳定和增长提供了持续强大的推动力。中国同一大批国家的联动发展，使全球经济发展更加平衡。然而，金融危机之后各国经济复苏进程进一步分化，一些主要经济体贸易保护主义不断升温，中国再次成为贸易保护主义的主要目标国、对象国和受害国。[③] 逆全球化思潮继续发展并发挥作用。一些国家不再坚定支持多边贸易体系的政策转变，以增加贸易壁垒和采取报复措施为标志，将威胁到全球增长的力度和可持续性，可能产生潜在的负面影响，特别是对发展中经济体而言。除了贸易政策的不确定性，如英国脱欧等事件也恶化了全球贸易的前景，

---

① 尹应凯、邵宇：《次贷危机十年来发生了什么》，《解放日报》2017 年 2 月 8 日。

② 《让全球金融危机十年之变告诉世界》，《瞭望》2017 年第 50 期。

③ 夏雨、尚文程：《金融危机“后遗症”与中国对外投资的战略选择》，《财经问题研究》2011 年第 8 期。

欧洲的投资活动和信心都受到了影响。美联储退出宽松政策的步伐超出预期，可能引发金融市场的骤然回调。中国对进口需求的变化也会改变全球贸易的前景。中国对大宗商品需求的减少将重伤出口商，但是，“一带一路”倡议等新的多边体系的提出，顺应了全球治理体系变革的内在要求，彰显了同舟共济、权责共担的命运共同体意识，为促进全球治理体系变革提供了新思路、新方案，也为全球贸易提供了新的动力。

2. 美欧的经济复苏和分化

2017年，全球经济被定义为正在经历同步复苏，世界主要的经济板块、主要的经济版图都纷纷地从底部走出来。首先，美国经济继续缓步上行，叠加特朗普税改落地，美国经济有加速上行趋势。其次，欧元区2017年度GDP同比修正值3.7%，欧盟委员会继续上调2018年经济增长预期。量化宽松的货币政策和促进增长型财政政策终见成效，推动国内需求和投资缓步增长。美国经济增长带来的外溢效应同时也促进欧洲的经济发展，结构性改革的进一步深化有利于促进技术进步和产业升级。IMF为此指出，欧洲经济复苏正日益可持续、增强及扩大。①

美国经济在“特朗普新政”带动下，经济增长出现了加速迹象。特朗普税改方案取得重大突破，2018年可能对美国经济产生强刺激。税改是“特朗普新政”的核心政策之一，2017年12月12日特朗普在白宫正式签署该法案。该法案可能对未来美国经济产生重要影响：一是将企业所得税从35%降至21%，可能引发全球企业特别是发达国家企业向美国大规模转移；二是大幅降低美国企业海外利润回流税率；三是大幅降低个人所得税，将较大提升美国民众的消费能力。此外，能源成为支撑美国经济发展、吸纳就业的主要动力。在页岩革命的助推之下，美国原油与天然气产量爆发式增长，成为当今世界最大的资源国。2017年，美国超越沙特阿拉伯成为世界第一大产油国，且目前原油、天然气产量仍在不断上升。回顾金融危机以来的美国经济增长，页岩革命已经成为修复美国经济以及社会矛盾的主要引擎，极大提升了美国能源供给能力，有效吸纳大量低端就业，并且拉低美国能源利用成本，为美国国内企业提

① 肖立晟、袁野：《本轮欧美经济同步复苏的逻辑　警惕再度出现的分化》，http://www.sohu.com/a/234029560_729263，2018年6月4日。

升了国际竞争力。

2008 年金融危机结束至今，美国经济明显走出危机的阴影，正在逐步实现恢复和发展，2009 ~ 2017 年，美国累计现价 GDP 增长 34.5%，其中第一产业增速 25.9%，第二产业增速 33.9%，第三产业增速 34.9%，成为支撑经济恢复发展的主要动力。同时，美国就业率和居民消费水平也达到了近年来的高峰。同期美国新增就业人口约 1400 万，就业率创近年新高；居民消费增速约为 30.24%，持续发挥着消费的巨大拉动作用。从数据来看，美国似乎已经恢复甚至超过金融危机前的生产水平，但其背后最根本的问题——制造业空心化尚未得到真正解决。由于制造业向国外转移后形成的长期空缺，美国本土制造业面临着巨大的技能鸿沟，短期内难以填补劳动力需求缺口。而在长波周期处于萧条期的背景下，核心生产力长期没有得到革新，致使人们的需求渐趋饱和，世界范围内劳动生产率进一步下降，就业人口逐渐由制造业向低端服务业转移，加重了美国的制造业困境。伴随着制造业空心化的持续，美国虚拟经济与实体经济的不平衡也更加明显。2009 ~ 2017 年，第一、第二产业逐渐萎缩，产值持续向占比较高的第三产业集中：农业、采掘业、制造业均有不同幅度的下降，而金融、服务、零售业等行业占比上升，第三产业对经济增长的贡献率达到 70% 以上。与经济发展脱节的实体经济不仅加重了常年贸易逆差带来的财政压力，同时动摇了美国虚拟经济的发展根基。① 尤其是 2018 年以来的资本回流美国，导致新兴经济市场波动和汇率波动。而美国从 20 世纪 70 年代以来一直是贸易赤字，因为财政扩张，政府的赤字上升，今后几年美国会继续有贸易赤字，但贸易战和关税不是解决贸易赤字的关键，相反，它会引起内部资源配置的错配，破坏产业链，所以更需要全世界予以关注。

伴随着世界经济的整体复苏，欧洲经济在经历了次贷危机余波和欧债危机双重打击后，正逐渐走出长期低迷的阴霾。国际金融危机以来，欧盟所有成员国经济都第一次实现了增长。从整体上看，欧盟经济复苏态势向好——就业回升、通胀适度，然而，从深层次看，欧盟特别是欧元区经济面临的结构性问题依然有待解决。② 2017 年欧元区 19 国以及欧盟 28 国的国内生产总值（GDP）

---

① 夏敏仁：《美国经济动能之变》，《中信建投证券》2017 年 8 月 7 日。

② 陈新：《欧洲经济复苏态势仍存不确定性》，《人民日报》2018 年 7 月 19 日。

比上年平均增长2.5%；平均失业率降低到9%以下；通货膨胀率持续稳定在1.3%左右。这是自2008年金融危机以来，欧洲两大经济区GDP增幅最高的一年，同时也小幅超越2017年美国2.3%的GDP增幅。在政府方面，财政赤字明显改善。同时，银行降低了不良贷款，企业负债与GDP之比也持续下降。一系列数据显示，2017年无疑是自一系列欧元债务危机以来欧洲经济表现最为亮眼的一年，而未来两年，区域内经济仍将继续呈现积极扩张态势。

尽管数据显示欧洲经济已经走上复苏道路，但不确定因素犹存。欧盟经济和金融事务委员皮埃尔·莫斯科维奇表示，区域内就业和投资发展不平衡问题凸显，未来将成为欧盟需应对的重要挑战之一。从内部看，欧盟的劳动力市场依然处境艰难。欧盟统计局公布的数据显示，在欧盟范围内，失业人数超过1760万，就业率增长大多来自于兼职和临时工等非正规就业。此外，尽管欧盟的经济增速创下近10年来新高，但欧盟在增加高质量就业岗位上并没有太大改善，经济复苏增长的成果还有待更好地惠及民众。许多欧洲国家的生产力增长也较为缓慢，危机中遗留下来的银行不良贷款也亟待清理。在欧盟成员国债务方面，形势也不容乐观。2017年，欧盟有14个成员国的债务占国内生产总值的比重超过60%。欧盟的平均负债水平从60.8%上升到81.6%。在经历欧债危机之后，重债国家的债务水平依然居高不下。要想消除这些高额债务，欧盟还需付出非常艰辛的努力。此外，尚未完成的银行业联盟仍需继续推进。“这比以往任何时候都重要”，欧盟委员会主席容克近日表示，对于未来经济发展面临的挑战，欧盟除了继续加快推进银行业联盟建设外，还需改革欧洲稳定机制使其更好地发挥支撑作用。与此同时，“优化欧盟预算支持欧元区改革也是推动未来经济增长的途径之一”。从外部看，不断蔓延的保护主义、地缘政治局势紧张以及出口下滑等因素都会阻碍经济增长。特别是美国近期推行的贸易保护主义政策和财政刺激政策无疑将给欧元区经济复苏带来威胁。[①] 短期内，欧洲经济面临复苏进程的可持续性与欧洲逆体化倾向导致的政策协调难度加剧两大问题。复苏的可持续性，既取决于内部需求增长动力的稳固性和可持续性，也取决于外部环境即世界经济的整体复苏进程。中长期欧洲经济将重新回到应对长久以来所面临的人口老龄化、技术进步缓慢、财政赤字恶化、部分高负债

① 吴珺、吴刚：《欧洲经济努力走出危机阴影》，《人民日报》2018年7月13日。

国家债务的可持续性等挑战的轨道上来。此外，欧盟与欧元区内部货币、财政政策协调机制的改革和完善，也是欧洲经济长期所面临和必须解决的问题。

3. 日本真的失去了20年吗

日本经济增长最辉煌的年代和业绩有很多书籍和论文已经有过诸多的总结。第二次世界大战结束后，日本确立了经济现代化的立国目标，开始走上了经济中心主义道路，经过战后十几年恢复，20世纪50年代，日本经济结束了战后恢复阶段，迎来了新的发展时期。直到20世纪70年代，爆发了第一次石油危机，以此为转折点，日本经济结束了持续近20年的高速增长，转入低速增长阶段。此后，日本经济没再出现过以前的高速增长，相反中速增长持续到20世纪90年代初期后，进入了长期超低增长阶段。90年代末期发生了金融危机，泡沫经济破灭以后日本经济一蹶不振，陷入难以自拔的长期停滞阶段。到安倍执政之前，已经被悲观地判定为“失去的10年”“失去的20年”。

与此同时，也有观点认为日本自20世纪90年代以来的经济表现并非如媒体渲染的那般糟糕，这种看法既忽略了客观经济规律，也存在着主观解读误区，更有一些政治因素刻意引导的原因在内。首先，经过数十年的较快成长，之前利于日本经济增长的诸多条件（如后发优势）逐渐丧失，经济增速放慢有客观必然性，就经济增长速度而言，这一时期与日本经济起飞时期（1955～1968年）或者中国当代的高速增长时期不具有可比性；其次，鉴于20世纪80年代以来的教训，日本国内各界有意引导舆论，以“报喜不报忧”的侧脸掩盖真正的实力。事实上，过去20年，是日本成功实现经济软着陆的20年，是日本完成经济转型、产业升级、苦练内功的20年。自2012年12月起，日本经济已经开始复苏，在日本银行大规模货币宽松政策助推下，日本出现了战后第二长的经济复苏期。当然，日本经济长期受困于劳动力要素的供给不足。人口老龄化及与之相应的劳动力减少已经成为日本经济的“罩门”，是日本经济无论怎样“修炼”都难以克服的结构性弱点。[①] 劳动人口的减少对日本宏观经济也将带来很大冲击。日本内阁府2014年表示，如果日本人口以目前的速度继续减少而生产率得不到改善的话，到21世纪40年代日本经济将会陷入负增

① 金京淑、马学礼：《人口老龄化困境中的“安倍经济学”——兼评日本经济增长的前景》，《现代日本经济》2015年第3期。

长。日本总务省2017年发布的人口推算数据显示，截至2016年10月1日，日本总人口数量已经连续6年负增长。日本相关部门公布了截至2065年的50年推算结果。据推算，当前生产年龄人口正以每年超过50万人的速度减少，预计未来20年生产年龄人口将减少300万人，到2040年生产年龄人口将比现在减少两成以上，减至5978万人，到2065年将比2015年减少四成。

事实上，就在媒体对日本"失去的20年"，经济衰退、创新能力丧失竞相报道的同时，日本已经悄悄完成了自己的转型升级，并掌握了下一波经济和技术发展的无数关键领域核心竞争要素布局。《2015全球创新企业百强》榜单里，日本以40家高居榜首，力压美国的35家，而中国内地无一入围。经济实力的比拼，从来不靠GDP，而是技术话语权和产业链掌控力。从这一点上，中国的骄傲来得越早，未来会摔得越重。这些年，全球都在货币放水，也就是用债务刺激经济。但拿日本和中国对比：日本放出的水流进了产业整合、重组、创新、研发环节；而中国的放水流进的大多是地产、基建和"城市化"。简单总结：日本的债务附着的资产是"技术产能"，中国的债务附着的是"土地产能"。日本当时已经构建了世界一流的技术体系，建立了完善的社会保障制度，中国还需要更充足的技术储备作为后劲。

目前，日本企业在全球彩电、手机、冰箱、洗衣机和空调行业的排行榜上不再名列前茅。实际上，日本公司已从家电业摆脱出来，在医疗、能源、机器人领域进行布局。据了解，日本在全球产业机器人市场中所占份额已经超过50%。[①] 当然必须承认，面对人口老龄化日益严重，中国等新兴国家的挑战，现在日本的实力纵向对比20世纪80年代是相对衰落的，但这绝不能成为我们沾沾自喜甚至妄自尊大的理由，我们的媒体更不应该总是敌视我们本该学习和复制的样本。何况，客观来看，中国改革开放的背后，还有日本对华累计超过3万亿日元（约合1770亿元）的ODA援助的贡献。

4. 发展中国家和新兴经济体的崛起

第二次世界大战结束初期，发达国家在世界经济中占绝对主导地位。20世纪60年代第三次科技革命以后，发达国家出于自身经济发展的需要，借鉴比较优势和要素禀赋理论，根据各自要素禀赋的差异，依次将劳动密集型产

① 悦涛：《从全球创新百强榜看日本的创新》，《市场观察》2016年第1期。

业、传统资本密集型产业向发展中国家转移，自己发展资本、技术密集型产业和服务业。80 年代特别是 90 年代以后，随着经济全球化的兴起，要素流动性不断增强，发达国家跨国公司开始在全球范围内配置生产要素，实行全球化生产，以充分利用各个国家和地区在不同环节的要素优势，实现要素配置效益的最大化。其表现形式是产品内分工不断发展深化，发达国家不断地把劳动密集型、传统资本密集型环节向发展中国家特别是新兴工业化国家和地区转移，从而使发展中国家不断融入国际分工体系，获得了经济发展的机遇，经济迅速崛起。发展中国家的整体性崛起是当代世界经济格局变化的一个重要特征。所谓整体性是指这种崛起涉及绝大多数发展中国家，覆盖亚洲、拉美及非洲的众多国家，它们被称为新兴市场国家。这些国家普遍具有增长速度快、增长潜力大的特点，在世界经济决策中的影响力也不断增加。其中最为引人注目的是以中国、巴西、俄罗斯、印度、南非为代表的“金砖国家”，以及以巴基斯坦、埃及、印度尼西亚、伊朗、韩国、菲律宾、墨西哥、孟加拉国、尼日利亚、土耳其、越南为代表的“新钻十一国”。这些国家的共同特点是经济发展总体上都处于上升期，经济贸易快速增长。根据有关国际机构统计，20 世纪 90 年代以来，发展中国家的经济增长速度明显高于发达国家，新兴市场国家的增长速度又高于一般发展中国家。发展中国家经济的快速发展使全球经济增长重心由发达国家向新兴经济体转移，发展中国家相对力量和对世界经济增长的贡献不断上升。例如在金融危机爆发前的 2004 ~ 2008 年，发达国家对全球经济增长的贡献率为 44%，已经低于发展中国家的 56%；危机爆发后的 2008 ~ 2012 年，二者贡献率分别为 13% 和 87%，差距进一步扩大。中国经济在世界经济中的比重将超过 1/4。发达国家和发展中国家经济增长的对比表明，发展中国家将在今后一个时期内充当世界经济增长的重要引擎，国际经济力量也将因此不断发生调整。发展中国家经济实力的提升使得其对世界经济制度演进的影响力不断增强。①

作为从发达经济或者西方经济的角度看待世界经济变化的视角，“新兴经济体”这个术语意味着“全球化”的进一步深入，意味着有“群体性”的国

① 马野青：《当今世界经济新格局与中国开放型经济发展的环境》，《南京大学学报》2016 年第 4 期。

家经济的“崛起”——具有成长为如今天的发达国家那样的经济的潜力，意味着世界经济的历史性结构变化。① 在有利的国际金融环境、大宗商品价格温和回升与发达经济体增长强劲的支持下，2017 年新兴市场和发展中经济体经济增长加快。2017 年新兴市场和发展中经济体经济增速达到 4.6%，比 2016 年提高 0.3 个百分点。中国经济延续稳中向好的发展态势，整体形势好于预期，全年增长 6.9% 左右，继续保持中高速经济增长水平，对全球经济增长继续做出最大贡献。受商品和服务税改革影响，印度经济增速将是全球增长最快的大型经济体之一。2018 年新兴市场和发展中国家经济将保持温和扩张态势。IMF 预测，2018 年新兴市场和发展中国家经济将进一步升至 4.9%，达到五年来的峰值。这将对世界经济增长起到较大的作用。但也要看到，新兴经济体和发展中国家仍面临更为复杂的外部环境，发达国家宏观经济政策调整可能导致的资本外流、货币贬值压力，全球贸易投资保护主义和竞争性减税加剧以及国内政治动荡和地缘政治风险等因素，使得新兴市场和发展中经济体经济增长难言一帆风顺。新兴经济体仍需积极防范发达国家经济政策调整可能带来的外溢效应。另外，2018 年各区域经济之间仍会存在差异性。预计亚洲新兴市场国家和地区经济增速继续保持最快；其次是东欧新兴市场、中东与北非地区；撒哈拉沙漠以南非洲在过去两年经历了人均收入增长总体停滞后，2018 年情况将总体好转。②

近几年，南美最大的经济体巴西陷入困难，政治上则发生了很大变化，巴西不再是那个由巴西中左翼执政的耀眼的“新兴经济体”和“金砖”成员，再次陷入经济困难和政治动荡。当地时间 10 月 7 日，巴西 2018 年总统首轮投票正式开始，13 名各党派候选人展开激烈角逐，争夺下一任总统宝座。根据巴西总统选举官方发布的最新开票结果，右翼候选人博尔索纳罗（Jair Bolsonaro）一举胜出。博尔索纳罗被称为“巴西特朗普”。受美国总统特朗普竞选口号的启发，他提出了“巴西优先”的纲领。但按照彭博社的报道分析，尽管博尔索纳罗立场极端，但他有可能重振巴西日趋衰弱的经济，带领这个国

① 庞中英：《换个角度看“新兴经济体”，如何在崛起危机中寻得出路》，澎湃新闻，https://wallstreetcn.com/articles/3393786，2018 年。

② 陆燕：《世界经济形势新变化及 2018 年展望》，《国际商务财会》2018 年第 1 期。

家与纠缠了数十年的严重腐败和高犯罪率决裂。另外，从其他“新兴经济体”，如南非来看，所谓“新兴经济体的终结”（the end of the emerging economy）之判断在全球市场和智库分析界也越来越流行。其中土耳其的里拉危机似乎又给这一判断添了一份佐证。在工业化国家或者发达国家，由于各个社会中越来越多的人怀疑和抵制“全球化”，甚至想借助政府的力量“去全球化”（de-globalization），例如英国的“脱欧”（brexit）或者美国在全球范围发动贸易战（trade war），“新兴经济体”面对着前所未有的挑战。从全球的角度看，“新兴经济体”本质上是全球化的产物。“全球化”越是困难，“新兴经济体”的困难就越大。“新兴经济体”应该更加寻求各自内在的复兴和创新，即“新发展”，同时也要加强“新兴经济体”之间的合作。[①] 此外，世界报业辛迪加网站发表的麦肯锡全球研究所的文章《新兴世界的高成就者》所称，新兴经济体中的佼佼者都推行了鼓励生产力、收入和需求不断上升形成良性循环的政策。它们的领先企业不仅能推动增长，而且有助于促进商业环境的进步。在过去 15 年里，新兴经济体占了全球 GDP 增长的 2/3 左右。这一趋势很可能会继续。如果各国实施明智的政策，借鉴最具活力的国家的经验，强劲和持续的增长就可以在整个新兴世界盛行。

5. 中国经济新周期

对经济周期权威的定义，应该是美国经济学家 Ar Thur Burns 和 Wesley MiTchell 在其 1946 年出版的《商业周期的度量》一书中给出的，其要义是一个经济体的主要宏观经济变量，如 GDP、就业、工业生产和物价等倾向于同时间波动。在波动的成因研究方面，20 世纪 30 年代以前，主流的新古典经济学认为市场是能有效出清的，供给能快速调整以适应需求的变化，因此，需求的波动只能带来很短期的扰动。经济波动的主要因素是供给侧的，如战争、自然灾害、瘟疫、殖民地开拓、移民和重大科学技术突破等。但 1929 ~ 1933 年的全球大萧条的长期性和破坏性彻底颠覆了经济学家对当时主流的新古典经济理论的认同。大家发现需求的波动，如投资需求不足导致储蓄过剩这个问题，因为不确定性、价格黏性和流动性陷阱等问题，不能很快通过利率和工资的

---

① 庞中英：《换个角度看“新兴经济体”，如何在崛起危机中寻得出路》，澎湃新闻，https：//wallstreetcn. com/articles/3393786，2018 年。

调整来出清。充分就业和产能充分利用未必是唯一的均衡，经济中存在未能达到充分就业的其他均衡。因此，经济波动的幅度和周期是不规则的。凯恩斯开出的“药方”是，政府应该通过货币和财政政策刺激需求来达到充分就业，换句话说，政府可以通过货币和财政政策来降低经济波动的幅度，缩短波动的周期。

近年来，关于中国经济新周期的讨论，来自学界和业界的相关人士展开了一系列颇为激烈和精彩的“多空对决”，多数派认为中国经济将维持“L”形增长路径（甚至有业界经济学人提出2018年中国经济增长下行成定局的悲观论断）；少数派认为中国目前处于新周期的起点。[①] 那么中国经济是否已经进入“新周期”？正方代表有曾任国务院发展研究中心副主任的刘世锦和曾任国家统计局局长的邱晓华。刘世锦先生认为，中国经济在2018年上半年已经触底并转入新的增长平台，主要是终端需求已经趋于稳定：“稳定增长有两层含义，一层含义是它脱离了长达七年的下行轨道，会逐步稳定并进入‘L’形的底部。另一层含义是经济波动幅度比以前明显变窄。过去两年经济波动幅度还是比较大的，今后整个波动幅度可能变窄，进入稳定增长期。”邱晓华的观点不是直接提及周期形态的，但从其讨论的增长驱动因素来看，应该属于上述第一类有关周期形态的争论。他提出“新周期不同于旧周期，它是由非理性增长转到理性增长的”。邱晓华先生认为，新的周期在2018年下半年开启，这个周期更多是以提质增效、美化环境、增进民众福祉为重点的新周期，不同于以往以高投入、高消耗、高污染、高债务、追求高增长的周期。

大部分经济学家都对中国经济十分悲观。清华大学白崇恩教授认为，尽管2018年前7个月宏观经济数据有比较亮丽的表现，但不能说明经济增长已经走完增速换挡期。理由是经济增长还靠投资拉动，尤其是基础设施投资，但基础设施的投资主要由政府主导，投资的动机在一定程度上是保增长，对效率的考虑不够充分。民间投资的增速尽管上升较多，但很大一部分的可持续性和效率并不乐观。当前的投资结构还不合理。中国人民大学刘元春教授则认为，目前增长方式动力没有大的变化，所以经济没有进入什么“新周

① 张成思：《迎接中国经济新周期》，《现代商业银行》2018年第10期。

期”，在他看来，“是否一种增长方式的变化、一种动力机制的转换、一种结构的转换，形成以新增长方式、新结构、新动力相适应的激励体系以及这些激励体系相适应的政治、社会基础等这样一套体系，就意味着要进入新阶段”。此外，学院派代表许小年认为“中国已陷入中等收入陷阱”。姜超表示，中国经济已至“繁荣的顶点”，建议人们未来几年“现金为王”。刘煜辉从债务周期的角度提出了著名的“钝刀与剃刀”说，认为未来几年的日子将会非常艰难；经济学家李迅雷也认为，尽管2018年的经济数据亮丽，但是因为“可怕的时滞”，未来几年，中国经济不容乐观。而此时，经济学家任泽平单枪匹马，振臂高呼：我们正“站在新周期的起点上”。并指出，由4万亿元计划导致不断膨胀的庞大的影子银行体系持续地向地方融资平台、产能过剩国企输血，结果延缓了整个经济系统的出清进程，导致杠杆上升、风险堆积以及金融结构脆弱性增加，也进一步导致了这一轮中国经济新周期滞后于世界尤其美国经济新周期。①

就目前世界经济发展长周期来看，危机后的世界经济面临的首要问题就是“建立一种更平衡、更可持续并可以在全世界范围内推广的国家发展模式”。但同时，我们也要重视和防止陷入一些发达国家所谓“全球经济再平衡”的误区。而是以“一带一路”建设为契机，开展跨国互联互通，提高贸易和投资合作水平，推动国际产能和装备制造合作，即通过提高有效供给来催生新的需求，实现世界经济再平衡。“特别是在当前世界经济持续低迷的情况下，如果能够使顺周期下形成的巨大产能和建设能力走出去，支持沿线国家推进工业化、现代化和提高基础设施水平的迫切需要，有利于稳定当前世界经济形势。”因此，世界经济的“再平衡”不是在原来的生产条件下、旧生产函数框架下谋求新的“供求再平衡”，而是在新旧长周期之变中的再平衡。这个的新的长周期意味着“新动力、新结构、新治理、新规则”等一个全新的发展周期的到来，也意味着世界经济真正的新的发展格局的重构。这个新周期和新格局必须反映未来30年全球化发展趋势、科技革命新态势、国际力量和国际体系新变革、全球投资贸易规则新方向、国际治理体系的变化，进而引领世界范

---

① 任泽平：《为什么中国经济新周期比世界经济新周期晚》，http：//news. cnfol. com/guandianpinglun/20180222/26050187. shtml，2018年2月22日。

围内生产方式变革、消费方式变革和治理模式变革，真正体现世界经济发展进入新的历史阶段。①

第二节　全球化与逆全球化

2008 年的那场国际金融、经济危机爆发至今，反思一直没有停止。今天，世界经济复苏前景依然不明朗，全球仍然充满动荡和不确定性，尤其是过去引领和主导经济全球化的发达经济体出现了诸多新变化——如英国脱欧公投、美国开启“特朗普时代”后采取保障“美国优先”的一系列保护主义措施、意大利公投失败等。世界范围内的反全球化思潮汹涌。面对国际上不同国家间的发展不平衡，国内不同阶层、群体间的贫富差距日益加大，越来越多的人开始反思曾经受到热烈追捧的全球化浪潮，质疑全球化的声音和力量越来越强。尤其是 2016 年以来英国的脱欧公投、美国新任总统特朗普的一系列保护主义政策等，被视为反全球化力量的集中展示。在反球化潮流突起的当下，未来的全球经济、现存的国际经济运作模式都具有了很多不确定性。历史进入了旧秩序已被动摇而新秩序尚未破茧而出的前夕。② 这种变化意味着现有的全球治理架构存在着严重的不足。现有的全球化治理机制已经跟不上全球经济社会结构的变化和科技变化，无法兼顾广大非西方国家的生存与发展需要，也无法反映它们在世界经济中的份额，这必然意味着全球治理机制将发生巨大变化。

1. 全球化挑战、恐慌与“新冷战”危机

衡量全球化最重要也是最客观的指标，是世界进出口贸易额占 GDP 比重。“冷战”结束以来，全球贸易占 GDP 比重不断提高，并于 2008 年达到顶峰。根据世界银行数据，世界进出口贸易占 GDP 比重从 1990 年的 31% 上升至 2008 年的 51.86%，其中美国从 15.23% 上升至 23.49%，欧盟从 42.03% 上升至 64.10%，日本从 16.85% 上升至 31.84%；中国也从 32.16% 上升至 56.23%（最高

① 权衡：《“三大变革”引领世界经济迈向新周期》，《社会科学报》总第 1592 期。

② 朱云汉：《逆全球化潮流与全球治理改革的新动力》，https://www.guancha.cn/zhuyunhan/2017_11_29_436942_s.shtml，2017 年 11 月 29 日。

点为 2006 年的 64.49%），1990～2006 年翻了一番，成为全球化的“最大受益者”。

2008 年国际金融危机的爆发，成为全球化逆转的“分水岭”，随后出现了第二次世界大战以来持续时间最长的“逆全球化”。从目前已有的数据看，世界进出口贸易额占 GDP 比重从 2008 年的 51.86% 下降至 2015 年的 44.99%，下降了 6.87 个百分点，相当于倒退回 21 世纪初的水平。其中，美国、欧盟和日本分别下降了 2.24 个、1.2 个和 0.96 个百分点。根据世界贸易组织最新预测，相比国内生产总值（GDP）2.5% 的增长率，2016 年全球贸易额增长率仅为 1.7%，是近 15 年来全球贸易增长率首次显著低于 GDP 增长率。

著名经济学家拉古拉迈·拉詹借用地质学中的术语“断层线”来解释引发国际金融危机的原因。当地壳岩石承受的压力超过其本身强度之后，就会发生断裂、出现断层，地震往往就沿着断层线发生。拉詹认为，美国收入差距和国内政治之间的冲撞、国际收支失衡以及不同金融体系之间的碰撞导致了美国金融危机的发生，继而引发全球金融海啸。十年过去了，但全球经济“断层线”两侧仍不平静，种种摩擦挑战着“地壳”的承受力。面对经济复苏乏力、跨国贸易投资低迷的新形势，加之南方国家的迅速崛起，美国等北方国家出现了“逆全球化”乃至“反全球化”的思潮。长期以来北方国家民众对战后由美国主导的威尔逊自由主义国际秩序的支持，正在被日益增长的孤立主义、民粹主义倾向所取代，抗议反对资本全球扩张的贸易保护主义重新抬头，曾经的自由贸易倡导者纷纷走上向内的道路，从强调释放市场力量的新自由主义范式向主张社会保护转变。2016 年 6 月，英国脱欧，暴露出欧盟发展的多重困境，形成了“看空”欧洲前景甚至疑欧、反欧的政治势力和社会风向；2016 年 9 月，部分国家抗议《跨大西洋贸易与投资伙伴关系协定》（TrIP）、《跨太平洋伙伴关系协定》（TPP）相应标准并产生不满情绪，表明以美国为主导的两大跨洋区域贸易安排正在产生内部裂痕和“硬伤”；2016 年 11 月，美国新当选总统特朗普多次提出反对全球化、要求重新谈判 WTO 等保护主义言论，给世界经济运行带来更大的不确定性和风险，有可能使“逆全球化”进一步恶化，殃及世界各国，也会殃及中国。从来自美国、欧盟和日本的贸易部长 2018 年 9 月在纽约会面讨论的情况看，其已就 WTO 改革联合提案达成一致。但世界贸易组织总干事阿泽维多随后表示，仅靠双边谈判无法解决中美之间的贸易紧张局势，其他国家也应当参与其中。单纯的双边关系往往造成一胜一败的局面，但目前中美两国的贸易摩擦已经影响许多国家。因此，需要采用多边形式缓解中美两国的贸易紧张局势，在谈判中引入其他国家的意见，以取得更有利于合作的成果。

对中国而言，“逆全球化”使得中国从全球化的最大受益者转而成为最大受害者，但“不确定性”正成为常态。中国商品贸易占 GDP 比重已从 2008 年的 56.23% 下降至 2016 年的 33.1%，降幅明显超过世界平均水平，仅相当于 1999 年的比重（33.1%），意味着倒退了 17 年。中国已经连续三年未能实现进出口贸易增长预期目标，连续两年负增长且超过 1998 年的情形。据海关统计，2016 年中国货物进出口总值为 24.33 万亿元，比 2015 年下降 0.9%，其中出口下降 2%，进口小幅增长 0.6%，外贸形势依然严峻。“十二五”时期，中国外贸实际增速仅为 5.9%，未达到年均增长 10% 左右的预期目标，2015 年货物进出口贸易为 3.96 万亿美元，比 4.8 万亿美元预期目标低了 17.5%，同时外需大幅下降，直接导致了“十二五”经济增长率的下行，为 7.8%，是历次五年计划或规划中最低的。

从全球贸易保护主义抬头趋势看，在 2008 年的全球金融危机冲击之后，全球贸易保护主义有明显抬头并呈愈演愈烈之势。正如 Bown C. P.（2009）的调查报告显示，美国实施的“购买美国货”条款、英国在金融领域出现的保护主义倾向、法国在汽车行业实施的援助计划、欧盟贸易规则所表现出的收紧等种种迹象，均是贸易保护主义在全球范围内抬头和蔓延的明证。而从近几年的发展变化情况来看，不仅危机后出台的贸易保护主义措施多数未被撤销，且新的贸易保护措施还在不断出台。2016 年世贸组织（WTO）发布的报告表明，尽管 G20 领导人一直强调“撤销”现有贸易限制措施，但 2015 年 10 月至 2016 年 5 月，G20 成员新增贸易保护主义措施高达 145 项，月均出台数约为 21 项。这是逆全球化的最直接表现。另据博鳌亚洲论坛 2018 年年会发布的《新兴经济体报告》，2009～2017 年，E11（二十国集团中的 11 个新兴经济体）实施的贸易保护主义措施总计达 3893 项，平均每个经济体为 353.9 项；G20 中 8 个发达国家实施的贸易保护主义措施总计达 3946 项，平均每个经济体为 493.3 项，比前者高 139.4 项。

2. 世界经济的再平衡

世界经济失衡的概念是由 IMF 前总裁拉托在 2005 年“纠正全球失衡——

避免相互指责”的演讲中最早提出的，他认为失衡是指一国拥有巨额的贸易赤字，而与其相对的贸易盈余集中在其他少数国家，即将世界经济失衡主要归纳为贸易失衡。紧接着是2008年，新成立的20国集团领导人论坛将这一问题提上讨论日程并一直持续至今。领导人将“不可持续的全球宏观经济成果”确定为危机的根源，并致力于共同实现“更平衡的全球增长模式”和“平衡充足的全球需求”。除此之外，他们还为强劲、可持续、平衡的经济增长制定了G20框架和相互评估流程，并重点解决全球经济失衡问题。他们认为这是“一个可以让我们一起努力，共同评估我们的政策如何相互配合的协约”，并希望能够“建立一种更平衡、更可持续并可以在全世界范围内推广的国家发展模式”。客观来看，世界经济失衡是一个长期存在的问题，首先是关于贸易顺差与逆差的失衡，进一步来看是经常账户的失衡，然后是国际收支的失衡，最后是世界储蓄与投资的失衡。尽管全球经济的失衡是一种历史常态，引用并延伸经济学中的非瓦尔拉斯均衡，即贸易的顺差和逆差虽然存在，其均衡的状态应当是相对稳定的，但当贸易逆差和贸易顺差大幅变动偏离了均衡时，经济发展就出现了异常的信号。

金融危机爆发以来，世界经济失衡在全世界范围内引起了广泛的关注，并被认为是引致危机发生的导火索。伴随着“全球化”的高歌猛进，也产生了许多棘手的矛盾。首先是全球贫富悬殊拉大。在经济全球化过程中，包括北方国家与南方国家的各国内部利益分配不均衡、贫富差距悬殊，自由贸易果实通常被大企业和精英阶层享有，中小企业和社会中下层人群等弱势群体获得利益少，从而出现反分配不公和反财富鸿沟。其次是各国失业问题凸显。国际劳工组织（ILO）发布的报告显示，2017年全球失业人口将新增340万人，超过2亿人。由于全球产业链、价值链的分工布局，全球生产和外包体系建立，劳动密集型制造业主要分布在广大南方国家，导致欧美日北方国家制造业部门的失业工人增加，成为反全球化的主要群体，尤其反对货物、人员、服务、资本“四大自由”中的人员自由流动。特别需要注意的是，贸易外部失衡加剧了保护主义倾向，而保护主义本身不但无助于贸易外部失衡的缓解，反而加剧了这一问题，成为一个亟须解开的怪圈。因此，接下来的世界经济再平衡，本质上也意味着一场深刻的改革，其不仅是对诱发上一轮全球金融危机相关因素的纠偏和“再平衡”，也是对当前“新失衡”的再平衡。在这一点上，早在1980

年9月联合国大会特别会议通过的《联合国第三个发展十年国际发展战略》中就正式提出世界经济结构改革的问题，其目的在于改变长期殖民统治所造成的以发达国家为中心的世界经济结构，使发展中国家在世界生产和流通领域中摆脱极为不利的地位。

自2008年金融危机发生至今，全球经济处于寻求再平衡的过程之中。美国是世界头号经济强国，又是此次金融危机的肇始国，危机的发生与蔓延暴露了美国经济失衡发展的脆弱性。因此，美国经济的再平衡对整个世界经济的再平衡至关重要。危机发生后的几年间，美国在推出多轮QE（量化宽松政策）刺激经济的同时，通过消费去杠杆化和再工业化推动经济结构调整。目前看来，美国的结构调整初见成效，美国经济在发达经济体中率先复苏，多个方向性指标呈现向好迹象。

2008年以来，面对全融风暴冲击，中国采取一系列积极应对的政策措施，将危机的影响控制在较低限度，维持了较高的经济增长速度，扮演了世界经济“稳定器”的角色。正是在这一时期，中国的经济总量超越日本，成为仅次于美国的世界第二大经济体。其后，中国经济开始走向以速度变化、结构优化、动力转换为特征的“新常态”，其本质也是通过转型升级达到再平衡状态。

然而，在全球经济逐步走出金融危机困境的背景下，实现“全球经济再平衡”成了一些西方国家实行贸易保护和限制发展中国家对外经济发展的重要理由。美国和西方带头实行贸易保护主义，殃及南方国家，中国成了众矢之的。实际上，西方的结构性经济失衡，和新自由主义经济学的崛起有关。当代新自由主义于20世纪80年代，开始流行于英美国家的撒切尔首相和里根总统时代。在新自由主义意识形态主导下，西方各国在不同程度上走上了经济结构失衡的道路，主要表现在国内产业格局的失衡、社会性投资与生产性投资的失衡、金融创新与投机的失衡等，而最终则表现为政府和市场之间的失衡。全球化、资本外流、就业不足、过度福利、弱政府等，所有这些问题是西方经济结构失衡、经济和政治失衡的结果。

过去一二十年的世界经济增长模式，大体可以用“中国生产、美国消费”来概括。这种状况固然体现了特定历史阶段的国际分工，也的确有力地拉动了中美两国以及世界经济的增长，但随着金融危机的爆发，日益被证明不具有可持续性。同美国的结构调整要重点解决消费泡沫化、实体产业空心化等问题相对应，中国的结构调整要着力解决投资与消费比例失衡、片面的出口导向等问题。如果说美国经济再平衡的关键词是“去杠杆，实体化”，中国经济再平衡的关键词就是“去产能，扩内需”。由此视之，中国经济的再平衡实则与美国经济的再平衡密切相关，两者也在相当程度上决定着世界经济的再平衡。与此同时，世界经济体系已经形成了西方发达国家和广大发展中国家差距越来越大的问题。像非洲国家并没有跟上全球化的步伐，或者没有从全球化中间得到发展的机会，也没有真正进入工业化的轨道。这种发展水平的差异越来越大，是世界经济面临的最根本的问题。中国倡导“一带一路”的意义，在于在帮助实现世界经济再平衡的同时，实现中国本身经济的再平衡。在目前美国的反全球化的趋势潮流泛滥，全球贸易面临空前阻力的情景下，中国强调以“一带一路”建设为契机，开展跨国互联互通，提高贸易和投资合作水平，推动国际产能和装备制造合作，以此提高有效供给来催生新的需求，实现世界经济再平衡。

3. 全球治理体系的重构

全球治理体系是一个具有特定含义的概念。全球治理体系是一种以全球治理制度而非中央政府权威制度为基础的，有关全球治理思维、治理方略、治理模式、治理效益和价值评估的理论体系。在一个没有具体的权威政府引领、管控的国际空间范围里，全球治理体系作为国际制度的一种特殊形态，既包含理念、原则、程序、规则和惯例等公认的规范要素，又兼具国际组织、社会团体等性质的组织要素，是一种以全球共治为目的，涵盖治理的主体、客体、方式、效益和价值等规范要素的集合的国际规范体系。全球治理的思维、理念、模式和效益，通常是通过“制度”而非“价值”来实现的。每当人类社会进步与世界发展面临艰难选择的时候，都需要有凝聚国际共识和超常智慧的理念予以引领。全球经济规则实质上是基于国家利益和国家实力的制度选择，前一轮的全球经济规则及其治理体系，实质上是发达经济体为满足自身利益最大化而主导形成的。这种治理结构和利益偏向必然要求随着经济格局和国家间实力的相对变化而随之调整。应该说，当前经济全球化中出现的很多问题，本质上并非经济全球化本身之过，而是全球治理“无力”和“失序”的表现与结果。伴随发展中国家和新兴经济体的崛起，全球地缘经济格局和政治格局出现了重大变化，发达经济体的传统霸权呈渐弱之势，原有的全球经济规则和治理体系既无法继续满足发达经济体的利益需要，也无法被发展中国家和新兴经济体所继续接受。当下的逆/反全球化暗流涌动，贸易保护主义有所抬头，美国相继退出了多个国际组织和国际协定，给全球化的发展带来了不确定性，全球化面临倒退和动力不足及陷入国际公共产品短缺，全球经济混乱和安全失序的“金德尔伯格陷阱”的危险。在全球治理存在赤字、以西方为主的全球治理模式存在诸多弊端且西方大国参与全球治理的意愿不足的背景下，亟待从历史的经验教训中寻求有效的启示。

现代意义上的全球治理大致产生于第二次世界大战结束后，全球治理理念竞争的基本成因，是由英国和西欧肇始的工业化到 19 世纪下半叶后逐渐成为一种全球性现象，在欧洲被普遍卷入工业化的同时，处于欧洲边缘的俄罗斯以及欧洲之外的美国和日本，也相继成为工业化国家。当工业化串联起一种新的全球经济体系，促成一个前所未有的“全球社会”时，不同国家间因市场、资源争夺而引发的纠纷日益严重，因工业生产方式取代农业生产方式而带来的无产者（工人、破产农民等）的被剥削问题也严重凸显。面对这些新的场景、问题与挑战，不仅需要各工业化国家重构国家治理体系，而且需要全球治理体系的构建和维持。

第二次世界大战后的冷战及意识形态对立，延续了之前全球治理理念间的竞争，表现形式是美苏两个大国主导的同盟内的合作和同盟间的对抗。以美国为首形成“资本主义集团”，以苏联为首形成“社会主义集团”，很大程度上是对“到底应实施什么样的全球治理”的竞争，因为看到的问题不同，给出的全球治理方案也不相同。美国看到的是缺乏一个全球性贸易体系，因此战后筹划建立世界银行、国际货币基金组织等新的机构、机制；苏联看到的是一个工人阶级或弱势群体备受侵害的工业化的经济后果，因此力图通过国家与国际制度创新，消除资本主义的弊端。在此时期，苏联由于过度注重军事实力的发展，忽视了全球治理的能力建设。而美国控制了世界银行和国际货币基金组织，构建起了美元本位的国际货币体系，在全球经济治理方面掌握了很强的话语权；美国还利用联合国这一全球性国际组织，实现了对全球安全问题的控制。可以说，在冷战时期，美国在全球治理体系中都居于主导地位。在冷战结束以后，美国成了世界上唯一的超级大国，其在全球治理体系中的地位愈加显赫，主导性更加强势。

进入21世纪，各国实力对比发生变化，各国利益诉求更加多样化，全球治理面临更为复杂的局面，同时，美国在全球治理体系中的主导地位开始弱化。全球治理除了要摒弃集体行动的困境，还要克服意识形态、宗教信仰和经济发展水平差异等因素的干扰。同时，新兴国家的综合实力和国际影响力增强，其他一些发达国家的国际地位提升，加之美国对国际责任的认识发生变化，导致美国在全球治理体系中的权威开始弱化。但是，美国全球治理战略的目标仍然在于主导全球事务，它试图在全球治理过程中操纵一些国家或国际组织，通过发挥它们在全球治理的作用，以便实现美国的国家利益最大化。这样，美国对全球治理的态度十分矛盾。一方面，它是全球治理的重要力量，在诸多领域中的影响十分强大；另一方面，它认为在全球治理过程中付出了太高的代价，这样损害了美国的利益，因而不愿意承担太多的责任。特别是在特朗普当选美国总统后，他奉行“美国优先”的理念，不希望为全球治理产生的成本买单。美国的这种态度和行为，必然进一步削弱其在全球治理中的权威性。这使得在全球治理的一些领域中出现了权威缺失，导致全球治理变得难以达到其预想的效果和目标。

当旧有全球治理体系及背后的知识体系土崩瓦解时，两种现象出现了：一种是回归国家主义，如美国以特朗普主义为代表；二是不同全球治理理念间的新的竞争，“逆全球化”成为话题，其中一个表现就是中国提出的新全球治理方案与美国（西方）主导的既有全球治理方案间的碰撞。中国近几年来提出不少新的全球治理理念，也在对全球治理方案做出新的探索，为全球治理注入了新动力。在治理理念上，中国提出了人类命运共同体的思想，为未来全球社会的发展指明了方向；在体制机制构建方面，中国发起成立了上海合作组织、金砖国家新开发银行、亚洲基础设施投资银行（以下简称亚投行）、丝路基金等，并推进“一带一路”建设，极大地完善和丰富了全球治理的体制机制。总而言之，中国正在全球治理中由参与者、建设者变成引领者，对新型国际关系的塑造起到积极作用。

第二章
新贸易保护主义与多边贸易体制改革

“贸易战”指当两国出现贸易不平等的状况时，贸易顺逆差国为维护自身利益，采取提升关税、反倾销等手段对他国进行制裁的行为。2017 年 1 月，唐纳德·特朗普宣誓就任美国第 45 任总统，在就职仪式上商人出身的特朗普强调其在竞选过程中提出的“美国优先”理念，将“买美国货，雇用美国人”作为其施政纲领。特朗普政府在美国执政一年多以来，迅速兑现了其竞选承诺，在经贸领域直接退出《跨太平洋伙伴关系协定》（TPP），并准备退出与墨西哥和加拿大签署的《北美自由贸易协定》（NAFTA）。在多边国际合作领域，美国单方面退出巴黎气候协定、联合国教科文组织，以及由联合国主导的《移民问题全球契约》制定进程。虽然特朗普的各项经济外交政策遭受了大量国内国际舆论的批评，但美国当选总统的政策制定基本还是建立在选民支持基础之上的，反映出美国社会出于对全球领导力消退的焦虑而泛起的反全球化、反贸易自由化思潮。[①] 2017 年 8 月 14 日，特朗普签署行政备忘录授权贸易代表对中国开展 301 调查，可谓这次贸易摩擦的开端，该条款授权美国政府调查涉嫌不当行为的贸易伙伴，并自行决定相关惩罚措施。2017 年 12 月 2 日，美国国会参议院以 51 比 49 的微弱优势通过了大规模减税法案，减税法案中无论是简化并降低个人所得税税率、降低企业所得税税率，还是对企业海外利润汇回给予大幅优惠的政策，出发点均是试图使制造业和资本回流美国。然而，考虑到美国政府高达 20 万亿美元的外债，减税政策的直接后果将迅速加重美国的财政负担，带来更大规模的财政赤字，进而推高美国市场上的真实利率水

① 姚树洁、汪锋：《西方贸易保护主义思潮为什么愈演愈烈》，《人民论坛》2018 年第 6 期。

平，挤出国内投资，引起美元升值，使美国在国际市场上的贸易条件恶化，并进一步加剧美国的贸易保护主义倾向。2018 年 3 月 22 日，美国签署了 301 调查的结果采取的行动备忘录，规定将对中国航空、贸易通信、机械等领域加征 25% 关税，大致涉及中国出口到美国的 600 亿美元的商品；次日，中国的商务部宣布也将对美国进口的猪肉、鲜水果、干果等农产品加征 25% 关税。自此，被称为有史以来最大规模的中美贸易摩擦拉开序幕。

第一节　新贸易保护主义理论与现实挑战

在全球经济中，贸易保护主义并不是一个新鲜事物，但 2017 年以来，伴随着美国和欧洲发达国家在全球经济总量中份额的进一步缩减，贸易保护主义思潮再次涌现并不断发酵，成为国际政治经济事务中的热点，并给全球经济的可持续发展蒙上了一层阴影。经济学界以贸易保护为基础从多个角度对贸易摩擦出现的原因进行了理论探究。①国际收支平衡的角度：这种观点认为，在全球化背景下，一国消费者出于利益最大化考虑，会优先选择进口产品，如美国消费者选择高性价比的中国产品，从而导致两国间出现巨大贸易逆差。②生产力进步的角度：Gomory 与 Baumol 对传统的比较优势模型进行修正，这种观点认为一个新兴经济体在生产力进步的早期阶段会使发达国家在国际贸易中受益，但当新兴经济体通过技术扩散等手段使得不具备比较优势的部门发生生产率革命时，发达国家的利益就会受损。因此，美国试图遏制中国的技术进步。③政治经济学的角度：还有观点提出了“霸权稳定理论”，认为霸权国家为了维持霸权地位，受到挑战时会对内转向贸易保护主义，同时迫使他国建立开放的贸易体系；迫使中国进一步开放市场便是美国发起贸易摩擦的重要诉求。[①] 此外，还有学者在相关文献中指出如下观点：经济发展不平衡加剧是新贸易保护主义抬头的主要诱发因素；大国的利益集团将引发两国之间的贸易摩擦，政府对政治捐献偏好的增加、产品竞争力的增强将单方面地提升贸易摩擦规模，产品差异化的扩大将带动贸易摩擦的全面升级；贸易摩擦对两国经济而言无疑

① 夏胤磊：《中美贸易摩擦及对策研究——来自日美贸易战的启示》，《国际商务财会》2018 年第 4 期。

是两败俱伤，从长期来看，贸易保护主义不但不能解决问题，还会削弱一国的竞争力，影响就业水平和国民收入，加剧全球经济衰退；经济不景气会导致更大的贸易保护，也会放大贸易保护的负面影响，使经济状况进一步恶化。近代历史表明，凡是闭关锁国的国家都受到了严厉的惩罚。全球化给人类带来了巨大的进步，不仅仅是社会和经济的进步，还有科学和文化的进步。让全球化做得更好，寻找新的可持续的增长方式，推动投资和经济的进步，这才是解决问题的关键所在；避免这种不利情况最有效的方法是通过完成世界贸易组织（WTO）谈判，以加强多边贸易承诺。[①]

西方国家贸易保护主义思潮出现的重要背景在于广大发展中国家经济发展正在重塑全球贸易和政治格局。冷战结束之后，西方国家缺乏新的经济增长点，国际贸易长期处于逆差状态，社会流动性降低，一些人将各类经济社会问题都与经济全球化联系起来，认为贸易自由化带来的全球资源重新配置并没有给发达国家带来直接的经济利益，反而促进了发展中国家的经济发展，使发达国家丧失了经济上的相对优势，需要利用各种贸易壁垒来保护本国面临国际竞争的行业。发达国家的贸易保护主义思潮反映出其经济社会结构存在深层次的危机。[②] 中国已成为世界经济与贸易大国，随着国际贸易利益格局的不断变化，中国将遭遇越来越频繁的贸易摩擦。中美两国所处的经济发展阶段和产业结构的形态不同，而一旦出现双方错位共识的崩塌，即“中国欲在与美国的合作中实现现代化与美国愿意帮助中国现代化使其走向西方化的两种共存意愿的崩塌”[③]，那么，这种摩擦乃至一定时期的冲突和对抗就具有了产生的必然性。

贸易保护本质上是基于美国国情的内在需要。“9·11”之后，美国进行了十余年的反恐战争，先后出兵阿富汗和伊拉克，支出了5.6万亿美元的军事费用。美国还全面卷入中东冲突，除巴以问题之外，又被叙利亚和伊朗问题束缚了手脚。与此同时，美国的战略重心从欧洲向亚太转移，需要花费很大代价重新布局。这都对美国造成了巨大的压力，需要整体经济的复兴与发展。另

① 柯建飞、于立新：《经济全球化背景下的贸易战：理论分析与中国应对策略》，《全球化》2017年第6期。

② 姚树洁、汪锋：《西方贸易保护主义思潮为什么愈演愈烈》，《人民论坛》2018年第6期。

③ 赵穗生等：《从“错位的共识”到竞争对手：美国对华政策40年》，《学术前沿》2018年总第112期。

外，美国国内经济、政治、社会等方面的矛盾日趋突出。社会贫富差距进一步扩大，美国1%的人口目前掌握着近40%的国民财富；美国的中产阶级逐渐“萎缩”，成为美国的少数家庭族群；蓝领阶层则因为产业转移、制造业空心化等面临更严峻的失业挑战；加之非法移民等问题造成美国社会关系中的紧张感上升。种种社会压力促使美国中下层民众强烈要求改变现状，摆脱困境，而政府则寻求通过强硬对外政策缓解内部矛盾。[①] 因此，美国不仅仅是针对中国、俄罗斯等竞争对手挥舞经济大棒，对法国、沙特阿拉伯、德国、英国等传统盟友也毫不手软，可以说，现在已经没有不被美国“敲诈勒索”过的国家了。

通过贸易摩擦或发动贸易摩擦的威胁，迫使贸易伙伴开放市场、让渡经济利益，是美国的惯用伎俩，但更深层的动机，则是战略上的遏制与模式的打压，尤其是为了维护其世界霸权地位，美国一直防范任何可能的追赶国家。当年，面对实力强大、意识形态相异的苏联，美国发动“冷战”，“倾其所有，拿出所有的黄金，全部物资力量”，对苏联进行全方位打压和遏制，成为导致苏联解体的重要外因，美国自诩赢得了“历史的终结”。[②] 20世纪80年代，迅速崛起的日本很快成为美国的“心病”。尽管那时的日本对美国亦步亦趋，社会制度也由美国设计，美国依然不断制造贸易摩擦，1985年9月，美国召开五国财长和央行行长会议，签署“广场协议”，逼迫日元升值。[③] 之后在不到三年时间里，日元对美元升值达50%，严重打击了日本出口，加之日本应对战略出现失误，导致经济持续低迷，经济总量从20世纪80年代相当于美国的60%左右，下降到2017年的25%左右。[④] 而从中国的情况来看，这种遏制和打压的特征就更为明显。2018年版美国国防战略报告提出，“国家间的战略竞争现在是美国国家安全的首要问题”，把中国定义为美国长期的“战略竞争对手”。有人曾总结，在美国国际交往逻辑里，存在一个“60%定律”：当另一个国家经济规模达到美国的60%，并保持强劲的增长势头，甚至有快速赶超美国的可能之时，美国就一定会将其定为对手，要千方百计地遏制住对手的成

---

① 袁宏：《中美贸易战原因及其启示》，《思想政治课教学》2018年第6期。

② 任平：《美国挑起贸易战的实质是什么》，《人民日报》2018年8月9日。

③ 任平：《美国挑起贸易战的实质是什么》，《人民日报》2018年8月9日。

④ 《风物长宜放眼量——从强国兴衰规律看我国面临的外部挑战》，《人民日报》2018年9月11日。

长。很多学者相信，如果不是“9·11”让美国调转了枪头，今天的中美贸易摩擦可能早就开始了。[①] 因此，贸易摩擦不仅是美国获取更多经济利益的手段，也是美国遏制中国的重要手段。美国在发动贸易摩擦时施展出舆论战、关税战、科技战等组合拳，究其动机，就是要通过舆论战把中国发展模式污名化，并通过关税战、科技战等逼迫中国改变原有发展模式。[②] 因此，美国的贸易摩擦战略目标早已超出了简单保护传统产业和减少贸易逆差的传统需要，而是志在遏制中国技术密集型和战略性新兴产业的发展。

从国际上看，战略性贸易战的最大特点是，通过相互伤害击中对手弱点，达到不战或小战以屈人之兵。无论是打击现在的产业或产品，还是对未来战略产业下手，都是试图将对方置于死地。战略性贸易战注重分析交战对方发出的信号是否肯定。但战略性贸易战能否成为现实，决定于双方因打贸易战可能受到的损失。贸易战在经济学上一定是双输的。但是对于大国而言，关键在于谁输得起。美国的霍普金斯研究所对中国所提出的报复手段可能带来的美方损失进行了评估，发现其国内的利益集团很难估计，打击共和党票仓的可能性也是很大的。因此，美国最近改变了策略，针对中国高科技公司实施打击。例如，以中国中兴通讯不遵守美国技术转让的相关法律为由，宣布对该公司零部件实施禁运。而随后发生的华为 CFO 孟晚舟事件就被认为是彻底的有预谋的政治行动，是美国对中国企业的政治“围堵”和“追杀”，是从逆全球化思路转向新冷战思维的标志。而且美国的这一轮出牌就是要从个体出发，遏制企业进而达到打击整个中国产业的目的，并以此为案例，震慑中国高科技产业的发展，迫使中国屈服。[③] 因此，大国之间的较量，更多的不是经济行为，不是以经济利益为目的，而是一种国际政治行为，是以国家利益为目标的。国际政治竞争不是“正和游戏”，而是“零和游戏”。对于今天的中国而言，最大的危机不是贸易冲突，而是世界上最强大的霸权国家已经公开把中国当成了最主要的对手[④]，这是美国发起贸易战的最本质特征。

---

① 任理轩：《逆全球化违背时代潮流》，《人民日报》2018 年 10 月 17 日。

② 隆国强：《理性认识当前的中美贸易摩擦》，《人民日报》2018 年 8 月 29 日。

③ 佟家栋：《中美战略性贸易战及其对策研究》，《南开学报》（哲学社会科学版）2018 年第 3 期。

④ 《国家命运与个人发展——吉林大学李晓教授在 2018 年毕业典礼上的讲话》，2018 年 7 月 5 日。

回望大国兴衰历史，30 年是一个国家可以实现跨越式发展的重要节点，而此后 10 年左右是其兴衰成败的关键性阶段，成败就在一个瞬间。如果发展战略选择正确，实现惊险的一跃，迈入世界强国之列；但如果出现战略性失误或者颠覆性错误，国家将迅速衰落下去，从而失去进一步发展的历史机遇。对于中国来说，恰恰处于改革开放 40 年这个关键性历史节点，决不能在根本性问题上出现颠覆性错误，一旦出现就无法挽回、无法弥补。在这种情况下，尤其需要我们放宽历史视野，在更高层次上“睁眼看世界”，总结世界强国兴衰的经验教训，认清我国所处的历史方位，从大历史观出发[①]，透过强国兴衰规律，避免非理性的狭隘民族主义情绪，妥善应对我国面临的外部挑战。

新兴国家在崛起的关键性阶段，往往会与守成国家发生国家利益的激烈碰撞，无一例外地会受到刻意打压，这是必然遇到的“成长的烦恼”，是发展历程中绕不开的“坎”。[②] 对于新兴国家来讲，在金融危机之后都做了不少的自我调整，包括这一轮的逆全球化和贸易战，这是能够有效抵御贸易战带来不利影响的关键。同时，贸易战只是表面表现出来的东西，是手段和方式，根本的还是不同的发展模式和理念的竞争。包括美国福克斯商业频道主播翠西·里根与中国国际电视台（CGTN）主播刘欣在福克斯电视台直播中进行的“跨洋对话”对中国所谓国家资本主义的争议等，都折射出这样一种双方在认知上的巨大差异。即西方主流意识仍然没有对我们的改革有一个基本的认识，而把我们关于政府和市场的关系的定位为国家资本主义，显现了美国对中国的大量不了解甚至误解。所以，弥合这种道路之争和模式之争，需要我们对改革经济学加以深入研究，通过改革经济学这个钥匙打开心结，进一步缩小与西方认知的差距。

我们要清醒地看到自己同美国之间巨大的技术差距以及对美国核心技术的严重依赖。[③] 所以，单边主义、贸易保护主义上升，逼着我们走自力更生的道

① 《风物长宜放眼量——从强国兴衰规律看我国面临的外部挑战》，《人民日报》2018 年 9 月 11 日。

② 《风物长宜放眼量——从强国兴衰规律看我国面临的外部挑战》，《人民日报》2018 年 9 月 11 日。

③ 《国家命运与个人发展——吉林大学李晓教授在 2018 年毕业典礼上的讲话》，2018 年 7 月 5 日。

路，这不是坏事，中国最终还是要靠自己。另外，更为本质性的，还有我们对“美元体系”的依赖，而贸易摩擦继续发展下去，必将涉及货币金融领域。虽然目前我们已经开始讨论人民币国际化之路，但按照中国人民银行原行长周小川的观点，人民币国际化要保持低调，有所取舍，持之以恒，避免政策摇摆。此外，参考其他国家的一些经验，对人民币进行分析，简单来说要成为国际货币有三个条件：一是国家经济要比较强大，同时要保持高度的开放；二是要有一个比较发达、开放，同时流动性很充裕的金融市场；三是需要有一个相对透明、公平的制度环境。[①] 这三个条件缺一不可。

在贸易摩擦冲击下，世界经济有可能进入一个比较特殊的时期，外部环境趋紧，经济增长及股市、债市、汇市、房市等波动的压力加大。特别值得关注的是，继日本与欧盟达成自由贸易协议之后，美国和欧盟发布联合声明宣称，“要共同致力于零关税、消除非关税壁垒、消除对非汽车工业产品的补贴”。美欧日达成三方自贸协议的动向，将对中国形成新的压力，中国经济发展将面临更严峻考验。2018 年 12 月 13 日，美国还通过国家安全事务助理博尔顿之口，公布题为“繁荣非洲”的新非洲战略。新战略将重点关注三个领域，包括加强与非洲国家经贸合作，以应对其他大国在该地区日益增强的影响力；继续打击“伊斯兰国”等极端组织在非活动；更加有效利用美国援非资金。博尔顿同时透露，美国正在制定一项适用于全球范围的对外援助战略，以确保每一笔援助资金都能强化美国利益。博尔顿还强调所谓的美国对非洲地区的愿景即“独立、自立和增长，而非依赖、支配和债务”。既然国际关系已经发生了实质性变化，那么我们就要以更实质的改革应对这种变化，通过改革经济的深化，让更多国家逐步了解和认可我们的改革经济和改革制度，这种制度本身也是按照“市场规则”行事，从而让各方的喊话放到一个维度上，只有这样，我们才能在这场制度之争、道路之争中转为主动，避免成为“智识上的义和团”。过去一段时间，有些人仅仅是一味地批评而很少认真地研究特朗普本人及其所传递出的特朗普主义的本质特征。早在 2016 年 4 月，特朗普自传的中文版《永不放弃》就在上海出版发行了，但似乎并没有引起多少关注，而恰

① 《加入 SDR：人民币国际化里程碑》，https：//www. wdzj. com/hjzs/ptsj/20181124/894026 - 1. html，2018 年 11 月 24 日。

恰在这本书中，展示出这位美国总统很多鲜明特点，而人们经常小看他，认为他“善变”，但其实是因为我们自己看不懂，没有认真研究他。接下来，要把这次美国挑起的贸易摩擦当作老师，真正以一个复兴中的大国的心态理性认识它，认识我们的差距，也认识加快市场化改革的迫切性，耐心接受，用更坚决的开放改革化解各方面的打压及危机。中国今后一个时期的策略选择应当是继续走和平发展道路，即以韬光养晦为主，并适度的有所作为。① 这里的有所作为，就是要对经贸关系的恶化踩刹车，停止升级关税等贸易限制措施，不搞对抗，不搞冷战。当年毛泽东写的《中国革命战争的战略问题》中讲战略退却，不会战略退却的人，也就不会战略进攻。所以，我们也要具有一定的战略思维，有战略的安排，这个战略就是要把中国的对外开放与中美关系的良性发展统一起来，作为一个问题来看。集中力量维护好这个市场，从而发展自己。也就是说，对外开放，就是要与包括美国在内的大多数国家搞好关系，非理性对抗，会破坏中国更高水平开放的实现。斗而不破是一种大战略思维。只有推动全球多边经贸关系的双赢，才能真正推动开放型世界经济更好的发展。虽然我们已经不可能再回到之前的时代，但融入世界经济是历史大方向，中国经济要发展，就要善于与各国处理好关系，进而真正融入世界市场。

第二节　加快融入全球价值链体系

全球经济正处在全球价值链时代，货物和服务已经形成跨国生产网络。各国在新型国际分工中的产业优势各自凸显，采取贸易保护的办法来采购本国价格更高、质量更差的产品，付出更多的成本来获取更少的收益，无论如何都不是一个成熟市场经济国家应当长期坚持的策略。在未来相当长时间内，全球价值链分工仍然主导国际分工。与此同时，世界贸易的复苏需要给全球价值链分工网络注入新的科技动力、制度动力或区域动力，进一步推进现有分工网络体系进行空间扩张、产业延伸和水平提升，否则世界贸易发展趋势在短期内恐难

① 刘鹤：《两次全球大危机的比较研究》，中国经济出版社，2013。

有明显起色。① 面对西方国家贸易保护主义思潮兴起，最优的应对策略应该是继续深化经济体制改革，不断推动国内产业结构转型升级，做好自己的事情。只要产品技术含量高、生产技术先进、生产管理组织有效、市场有需求，就能在国际市场竞争中脱颖而出，按照经济规律总能找到需要购买产品的客户。

中国经过改革开放40年的发展，成为拥有全球最完整工业体系的“世界工厂”，并拥有全球最大规模的优质人力资源，形成了有较强的国际竞争力的基础制造产业，但在高科技领域和市场营销方面，还没有具备更强的科技创新实力和服务产业竞争力，因而无法占据全球价值链的中高端位置。从消费结构来看，随着中国居民物质生活水平和消费能力的不断提升②，仅仅是天猫2018年“双11”成交总额就高达2135.5亿元，全天物流订单量也首次超过单日10亿件大关，这样的商业奇迹背后，既有中国市场对包括美国在内的高科技产品与服务文化产品的需求快速增加的因素，但同时也反映了中国产业结构转型缓慢，以及市场的低端和消费能力的不足等问题。低价策略、初级产品、恶性竞争等并不会带来真正的消费升级，也不足以弥补传统制造业中商品同质化，缺乏核心竞争力的短板，对实现高质量发展来说更是现实的挑战。因此，中美贸易从获益程度分析，利益大头是在美国。③ 中国的加工贸易，大多是日韩等国为降低生产成本和提高竞争力转移而来的，也就是说，中国目前对美国的贸易顺差很大程度上是从东亚其他国家转移而来的，这些国家对美国的出口也因此转移为中国内地对美国的出口。④ 例如中国自日韩进口商品零部件，加工成成品销往美国，这笔货物顺差中就包含一部分转移顺差，通俗地说，就是零部件的钱被日韩赚走了，却算作了中国的出口额。因此，接下来如何通过进一步的扩大开放，发展开放型经济，推动产业结构的真正调整和优化，是亟须破解的难题，重中之重是培育贸易新业态新模式，推进贸易强国建设，形成面向全球的贸易、投融资、生产、服务网络，为后续更高水平的对外开放集

---

① 张二震、张晓磊：《全球价值链、贸易增长“失速”与中国对策》，《国际商务研究》2017年第1期。

② 董静、黄卫平：《全球价值链分工下中美贸易战的几点思考》，《现代管理科学》2018年第8期。

③ 陈德铭：《把握住全球价值链的真谛》，《环球时报》2018年1月10日。

④ 蒋梦惟、张畅：《中美贸易真相》，《北京商报》2017年8月15日。

聚能量。

在这些年的开放中，中国的利益只是加工组装的增加值，据统计，中国货物贸易顺差的59%来自外资企业，61%来自加工贸易。中国从加工贸易中只赚取少量加工费，而欧美等国家从设计、零部件供应、营销等环节获益巨大。早在2012年，时任世界贸易组织总干事帕斯卡尔·拉米就谈到，现行贸易统计方法只适合于过去出口产品完全产自同一个国家的时代，而在生产全球化时代，这一统计方法的漏洞直接导致了美中贸易逆差被夸大。这种夸大的背后，其实就是中国的差距。表面看，在过去的40年间，全球制造哺育、壮大了中国的制造业，但中国制造不是全球体系中上层，而是低端的、低利润的；很多人乐观地看到中国的制造业正在繁荣、拓展着全球制造，就认为中国制造了不得了，但一个“中兴事件”，就把中国制造打回原形。同时，从全球价值链的视角来分析中美在双边贸易中的获益情况，则更能看到中国制造的短板，过去被认为是低制造业成本的中国，竞争优势在2004～2016年大幅减弱，中国相比美国的制造业成本优势从14%下降到4%，飞涨的劳动力价格和能源成本削弱了中国制造的竞争力，中国制造还被死死地困在中低端产业。如果不能在这次中美贸易摩擦中突围，对中国经济的影响就是现实的，而目前关于民营企业的种种争论背后，本质是实体经济陷入困境的问题，因此，必须通过改革，先让民营企业和实体经济得到支持，加快转型升级和高质量发展。

改革开放以来，中国通过实施出口导向型贸易战略，同时辅以弱势货币战略，逐步发展成为世界第一贸易大国。无限劳动力供给是中国过去30多年经济增长的主要特征。外贸高速增长主要依赖于外商投资和低要素成本驱动，这就决定了我国外贸结构中加工贸易占比高、外资企业占比高。这意味着，中国经济本质上是需求决定型，即经济社会的产量一般由需求（如投资、消费和出口“三驾马车”等）决定，而经济的社会供给（如劳动力等生产要素）通常是过剩的。[①] 而如今，我国人口红利逐步褪去，就必须培育以技术、品牌等方面为核心的竞争新优势，国内庞大的市场和相对完善的供应链对提高外贸竞争力的作用逐步凸显，竞争优势来源逐步内生化，必然带来外贸结构中更加倚

① 龚刚：《推动中国对外经济战略转型》，《中国社会科学报》2016年2月3日。

重一般贸易、国内企业。

目前，中国经济已进入了新常态，与新常态相伴而生的就是“供给侧＋结构性＋改革”，即从提高供给质量出发，用改革的办法推进结构调整，矫正要素配置扭曲，扩大有效供给，提高供给结构对需求变化的适应性和灵活性①，也就是在常态下（即不考虑临时性波动而只考虑经济增长问题时），要通过提高全要素生产率，从“需求决定型经济”转为“供给决定型经济”。这种供给决定型经济是指经济体的产量由其供给或生产能力（由劳动力、资本设备和技术等生产要素组成）决定，而不是为“三驾马车”（投资、消费和出口）所支配。在给定的技术条件下，如果一个经济体是供给决定型的，则其生产要素（如劳动力）的供给基本上接近充分就业状态，从而成为产量的约束。但正如《人民日报》权威人士所指出的，供给侧结构性改革有一个窗口期，但窗口期不是无休止的，问题不会等我们，机遇更不会等我们。因此，要把改善供给结构作为主攻方向，由低水平供需平衡跃升至高水平供需平衡。要加快调整各类扭曲的政策和制度安排，进一步激发市场主体活力，更好地发挥市场在资源配置中的决定性作用。

从需求决定型到供给决定型的变化，要求中国对外贸易战略也应逐渐放弃一味追求出口增长和贸易顺差的战略，即逐渐从出口导向（或追求贸易顺差），转向针对发达国家平衡贸易和针对周边不发达国家追求进口和贸易逆差。② 实际上，早在2017年年中，中国就开始提出了“主动扩大进口，不以追求贸易顺差”，并开始将其付诸实施。2017年7月，中央又提出要在稳定出口市场的同时主动扩大进口，促进经常项目收支平衡。2018年1月，刘鹤副总理在达沃斯论坛上也明确指出，中国将主动扩大进口。2018年6月28日，国务院新闻办公室发表的《中国与世界贸易组织》白皮书也明确提出，中国注重提升出口质量和附加值，积极扩大进口，更好地融入全球价值链。中国不刻意追求货物贸易顺差，客观看待目前服务贸易存在的逆差，支持有利于丰富市场供给、有利于提升人民生活品质、有利于促进产业结构升级的进口。特别

---

① 孙海峰、姚奕、谢磊、万鹏：《供给侧改革：按下经济结构转型的“快进键”》，人民网，2016年3月2日。

② 龚刚：《推动中国对外经济战略转型》，《中国社会科学报》2016年2月3日。

是 2018 年 11 月举办中国国际进口博览会，既是在中国推进高水平开放和经济转型的时点上，又是世界经济需要实现再平衡的时刻举行的，而这场盛会，其实就是一种中国智慧，也是一幅“大写意”：中国没必要硬碰硬，可自行开放市场，降低关税，对外资实行优惠，以柔克刚，可以化解随之而来的其他方面可能出现的更大冲击。

改革开放 40 年，中国积极参与国际分工体系，并首先将制造业领域打造成起步最早、对外开放水平和市场化程度最高的产业和领域，形成了“垂直型”的生产共享型模式。OEM（贴牌生产）模式也使中国一跃成为贸易大国，并冠名以“世界工厂”。[①] 截至 2017 年，在制造业 31 个大类、179 个中类和 609 个小类中，完全对外资开放的产业和领域有 22 个大类、167 个中类和 585 个小类，分别占 71%、93.3%、96.1%。这充分体现了我国制造业较高的对外开放水平和市场化程度。[②] 但与此同时，全球产品内分工也使得中国长期处在价值链中下游，制造业大而不强、发展质量不够高的问题十分突出。与美国相比，在制造业增加值率、拥有的核心技术、劳动生产率、高端产业占比、创新能力、关键零部件生产、产品质量和著名品牌等各方面存在很大差距。在贸易摩擦的情况下，这种以廉价劳动力优势为基础，以消耗能源和污染环境为代价，以加工出口，依赖外需为导向的外向型发展模式已难以维系。近十年来，中国致力于推动外贸发展方式转变，其重点是推动外贸从数量规模型发展向集约效益型发展转变，从价值链低端的加工制造型贸易向价值链中高端的自主创新型一般贸易转变，从以出口导向为主向进出口并重转变。当前，中国经济开始向产业链的两端延伸，ODM（自主设计生产）和 EMS（电子制造服务）模式也随之涌现。[③]

一个国家的崛起必须建立在科技和产业革命的基础上，如英国抢占了以蒸汽机为代表的科技革命，美国抢占了以电器、汽车、飞机为代表的科技革命。世界经济还未完全走出金融危机阴影的背景下，无论是发达国家还是新兴经济体国家，都面临着迫切的产业转型升级课题。发达国家希望重振制造业，实行

---

① 马涛：《全球价值链背景下我国经贸强国战略研究》，《国际贸易》2016 年第 1 期。

② 黄群慧：《推动我国制造业高质量发展》，《人民日报》2018 年 8 月 17 日。

③ 马涛：《全球价值链背景下中国经贸强国战略研究》，《国际贸易》2016 年第 1 期。

再工业化；中国也要更加注重供给侧结构性改革，大力振兴实体经济。中国实施产业升级，意味着中美将逐渐从互补走向竞争。[①] 在301调查报告中，美国明确指出在中国计划发展的十大高科技产业（新一代信息技术、自动执行功能的高档数控机床和工业机器人、航空航天设备、海洋工程装备、高技术船舶、新能源装备、高铁装备、农机装备、新材料、生物医药和高性能医疗器械）中，中国的政策迫使美国公司向中国公司转让技术和知识产权，而这些政策有助于中国在这些高新技术领域中获得领先。这与过去美国在中低端领域的反倾销、反补贴政策完全不同。这意味着美国非常重视中国的产业升级规划，认为抑制中国高端产业的发展已迫在眉睫。面对这种掣肘，中国应将中美贸易摩擦作为全球价值链转型升级的契机，变压力为动力，加强中国自主核心科技研发实力，加快中国产业的转型升级，进一步实现全球价值链分工位置的提升。"一带一路"倡议为中国全球价值链经贸强国建设提供了重要机遇。伴随制成品贸易向"价值链"贸易模式的转变，中间产品贸易将成为未来国际贸易的主流，产品将更具"世界制造"的内涵。"一带一路"沿线国家是中国重要能源进口来源地，中国的工业制成品也受到沿线国家的青睐，中国与沿线国家的资源禀赋和比较优势具有较大的互补性，可以形成优势互补的区域价值链。另外，对于中国内部而言，要靠产权制度改革推动资源要素大幅度地从政府部门、资产部门向私人部门、实业部门转移，实现要素的重构和生产函数的改造；要强力抑制经济租金，包括垄断的租金、土地的租金，把利润留给真正创造价值而非分配价值的主体；要建立稳定货币锚的政治保障。这需要我们推进体制和机制改革，真正将"权力关进笼子里"，把"资本装进盒子里"。[②] 而本质上，这反映了中美两国对紧迫感的不同理解以及突破既有利益结构的坚定意志，单边与多边，孤立封闭与扩大开放，这决定着谁将获得未来新的一轮全球化的主导权。

当然，中国也确实需要深化体制改革，包括技术升级、科研和知识产权保护等。尤其是知识产权保护，是这次美国发动贸易争端的一个核心问题，包括

① 谢亚轩、刘亚：《从贸易结构视角看中美贸易战》，《债券杂志》2018年5月2日。

② 刘煜辉：《贸易战的本质是中美供给侧结构性改革的竞争》，《21世纪经济报道》2018年8月28日。

欧洲和日本等一些国家与地区也开始和中国谈判这个问题。知识产权保护不仅仅影响到西方世界，也在长期影响着中国企业本身。中国企业在研发方面没有足够的动力，主要原因还是没有足够的知识产权保护。如果没有有效的知识产权保护法律、法规和体制机制，那么国家经济发展从数量型转型到质量型几乎是不可能的。这方面，还有大量的深度改革空间。中国企业要学会尊重国际营商惯例，学会对在中国境内注册的各类企业一视同仁、平等对待。要特别重视和保护外资企业合法权益，坚决依法惩处侵犯外商合法权益特别是侵犯知识产权行为，提高知识产权审查质量和审查效率，引入惩罚性赔偿制度，显著提高违法成本。总之，地缘政治的变迁是不以人的意志为转移的，但互赢互利的发展方式有助于中国和其他发展中国家形成共同市场，从而抵消西方的贸易保护主义所带来的负面影响。① 坚持和支持多边贸易体制、推动发展自由贸易，是中国的一贯立场，推动建设开放型世界经济、支持经济全球化，我们也要有更多的实际行动。

第三节　开放型世界经济与中国高水平对外开放

改革因危机而缘起，由危机而推动。相对于危机意识和危机教育最强的日本，中国传统农耕文明形态和现代风险社会危机意识的对立已经被证明是现代化道路上的最大心理障碍。《人民日报》海外版官方微信公众号有过这样的说法：我们占据了管道，人家掌握着开关；我们画好了整条龙，人家不点睛龙就飞不了。对此，中国的最高决策层已经认识到：“互联网核心技术是我们最大的‘命门’，核心技术受制于人是我们最大的隐患。一个互联网企业规模再大、市值再高，如果核心元器件严重依赖外国，供应链的‘命门’掌握在别人手里，那就好比在别人的墙基上砌房子，再大再漂亮也可能经不起风雨，甚至会不堪一击。”严峻局势将激发忧患意识，忧患意识必激发奋斗动力，是时候以一种辩证的思维来看待正在不断走向世界舞台的中国了。它警醒我们，改革不能停步，而开放的大门更要越开越大！应对各种贸易摩擦，恰恰是中国新一轮更加高水平对外开放的契机。

---

① 郑永年：《如何掌握中美博弈的主动权》，《中国军转民》2018 年第 9 期。

1. 中国外贸增长方式的转变

第二次世界大战以后，全球逐渐形成了三个层面的全球贸易体制，第一个层面是以 WTO 为代表的全球体制。主要内容：制定全球贸易规则；开展全球范围内的谈判，相互开放市场，形成更加自由、便利和公平的贸易环境；解决国与国之间的贸易争端。第二个层面是指区域贸易协定，设立的初衷是顾及一些国家之间的经济贸易关系、经济体制的一些特点，进而作为全球贸易体制的一个补充。第三个层面是双边贸易协定。全球最早的双边贸易协定之一是美国和以色列的双边自由贸易协定。目前而言，全球贸易体制的这三个层次都碰到了很大的困难。全球贸易体系的最大的挑战就是美国威胁退出 WTO；区域贸易协定最大的挑战是英国脱欧和美国退出 TPP；双边自由贸易协定对全球贸易体系的最大的危害就是有可能从一个例外变成常态，如果全球贸易体系都变成了双边自由贸易协定，全球贸易体系就面临死亡。面对世界发展的不确定性，维护国际多边主义的理性声音尤显珍贵。“后贸易战”时代，中国致力于推动高水平对外开放，加快转变外贸增长方式，促进世界恢复市场信心、经济合作信心、开放信心，并在维护多边主义、推动 WTO 改革、促进国际合作方面发挥作用。

进一步分析中国的对外开放，其主要历史也可以分为四大阶段：① 1978 年设立经济特区，拉开对外开放的序幕；② 2001 年加入 WTO，开启全面对外开放的新阶段；③ 2013 年“一带一路”倡议，实现中国“走出去”和多边机制合作共赢；④ 2017 年起提出迈向高质量发展的开放新时代（见图 2 - 1）。实践证明，过去 40 年中国经济发展是在开放条件下取得的，未来中国经济实现高质量发展也必须在更加开放条件下进行。在迈向高质量发展、中美贸易摩擦的背景下，中国外贸数量扩张的条件已经不复存在。如果中国想进一步扩大世界市场的出口份额，与其他国家的贸易摩擦压力会进一步扩大，所以必须扎扎实实转变贸易发展方式，加快推动由外贸大国向贸易强国转变（见表 2 - 1）。“贸易强国”意味着更高的产品质量和附加值，产品质量不仅包括科技含量，还应该包括品牌。要在当前外贸问题的基础上，抓紧贯彻实施创新、绿色、协调、开放、贡献的五大发展理念，培育外贸竞争新优势，全面推进外贸调结构稳增长，打造中国外贸升级版。

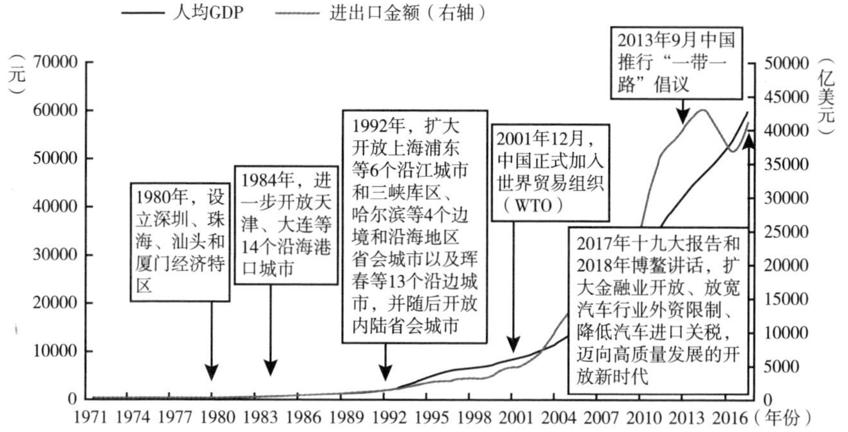

图 2－1 中国对外开放历史回顾

资料来源：中国知网数据库，恒大研究院。

表 2－1 贸易强国基本特征及中国差距

序号	指标	中国差距
1	市场在资源配置中起决定性作用	虽然说中国民营经济已经占据半壁江山，但是资源配置主要在政府、国企和外企手中
2	贸易总量稳居世界前列	中国货物贸易总量已经居世界第一，但是服务贸易数十年逆差，货币贸易只居世界第五
3	拥有大批全球最顶尖人才	中国顶尖人才和顶尖成果均不尽如人意
4	产品处于全球价值链高端	绝大多数产品处于价值链中低端
5	产业国际竞争力和创新能力强	只有高铁、核电、建筑等产业国际竞争力较强
6	拥有一批世界级跨国公司和品牌企业	世界五百强虽较多，但是盈利能力很低，中石油、中石化等巨型企业甚至巨亏，电信业、银行业也面临着亏损挑战
7	具有强大的军事后盾	拥有强大的陆军，但是海军、空军、网军、天军等仍较弱，而各军种融合更是有待加强
8	拥有现代化制度和治理体系	民法典、海外投资法、改革法等重要法律依然缺失
9	对外贸易获益程度高	贸易总额大，但是贸易附加值和获益程度都低于西方发达国家
10	贸易投资融合发展程度深	贸易发展带动了投资，但是主要面向发达国家贸易，投资却主要面向欠发达地区。在某些地区，贸易和投资的匹配度亟须提升

续表

序号	指标	中国差距
11	融入世界市场程度深、全球资源配置能力强	与美国、欧盟等发达地区融入程度还不够，配置资源仅限于低端产业和发展中国家
12	属地化发展能力强	属地化投资、研发、营销、融资、生产、招聘等方面依然十分薄弱
13	拥有贸易定价权	对各种大宗商品没有定价权，中国主产的稀土产品没有定价权，中国作为最大客户的能源产品也没有定价权
14	本币成为世界硬通货	人民币虽然加入了 SDR，但是主要流通于周边小国，人民币还处于全球第六的位置
15	拥有国际经贸制度性话语权、决定权	在货币基金组织、世贸组织、联合国等国际组织中依然话语权不多，尚缺乏支配国际经贸的中国方案、中国议题
16	具有坚强互助的双多边联盟并掌控一些国际组织	只有巴基斯坦、以色列等较友好国家，虽然主导上合组织和金砖国家，但是还没有获取行之有效的成果

欧美不承认中国市场经济地位，但是我们可以用“改革经济”证明自己。“改革经济”站在资本主义和社会主义两大体系基础上，可以全面吸纳两套系统的优秀元素，形成更加高效有力的新市场经济体系。“改革经济”下的市场经济体系就是要借鉴和融会德国式精准调控的现代市场、美国式规范的法治体系、新加坡式不断提升的精英政治以及日式精雕细琢的工匠精神和欧式穷根溯源的科学体系的精髓。

中国要加快外贸增长方式转变，包括大幅降低进口关税，显著削减非关税壁垒，减少不必要的贸易限制，促进贸易透明畅通。同时，要更加全面放开外贸经营权，促进经营主体多元化，激发各类企业开展贸易的积极性。自 2004 年 7 月起，中国对企业的外贸经营权由审批制改为备案登记制，极大地释放了民营企业的外贸活力，民营企业进出口发展迅速，份额持续扩大，成为对外贸易的重要经营主体。接下来，还要进一步打造开放型合作平台，维护和发展开放型世界经济，与其他国家共同构建广泛的利益共同体。同时，要进一步落实对外商投资实行准入前国民待遇加负面清单管理模式，不断适应经济全球化新形势和国际投资规则变化的制度变革。①

① 中华人民共和国国务院新闻办公室：《中国与世界贸易组织》，2018 年 6 月。

国有企业、民营企业和外商投资企业进出口占全国进出口总额比重的变化如图 2－2 所示。

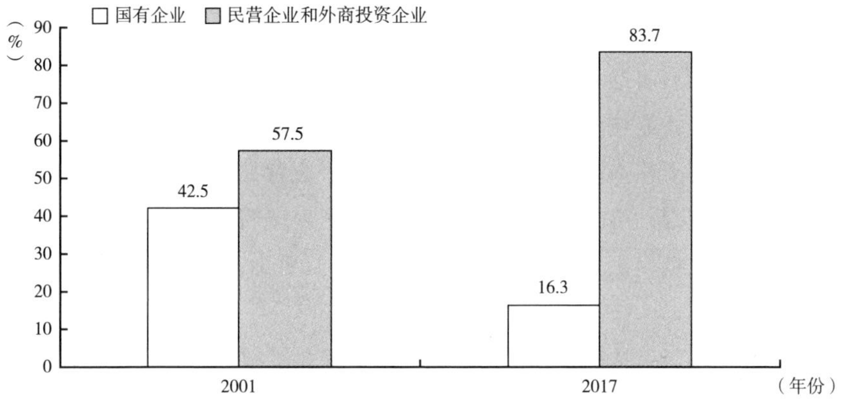

图 2－2　国有企业、民营企业和外商投资企业进出口占全国进出口总额比重的变化

资料来源：中国海关统计。

要着眼于贸易高质量发展，积极推动外贸转型，实现“优进优出”。加快推进经济管理部门的大部制改革，加快推进外贸市场监管部门的顶层设计，建立类似美国商务部、贸易代表职能的大经贸行政管理格局，包括建立具有兰德公司水平的大外贸发展研究智库体系，提高精准应对国内外经贸形势的能力。同时，建立涵盖财政补贴、出口退税、结售汇制度改革、贷款保障、信用担保、大宗商品贸易金融化等在内的大商务发展财税金融支持配套政策体系等。此外，在提高出口竞争力和附加值的同时积极扩大进口，保持进出口平衡，加快培育贸易新业态和新模式。当前，需切实处理好贸易平衡问题，特别是要保持经常项下的相对平衡，一定要将积极扩大进口建立在出口竞争力不断提升的前提下。[①] 目前，虽然中国货物贸易具有 4200 多亿美元的顺差，但中国服务项下还存在 2500 多亿美元的逆差。在削减货物贸易顺差的同时，一定要努力减少服务贸易逆差，避免造成经常项下账户的失衡。[②] 各级地方政府也要加快

① 杨枝煌：《中国成为贸易强国的实现路径》，《西部论坛》2017 年第 2 期。

② 霍建国：《布局高水平开放》，《瞭望新闻周刊》2018 年 5 月 23 日。

打造外贸发展服务促进新体系，尤其是抓住“一带一路”建设的机遇，加快落实已明确的自主开放举措。

2. 新一轮高水平对外开放的理论关注点

新一轮高水平对外开放对中国现阶段经济发展意义重大。通过上一轮的改革开放，中国成为制造大国，在产业链的下游站住了脚跟，但唯有通过更高水平的国际合作，才能使中国的产业结构向全球产业链上端移动。在对外政策上，中国要坚定不移推动全球经济合作，维护多边贸易体制主渠道地位，积极参与多边贸易谈判，贡献自己的成功经验。从国内层面看，新一轮对外开放将为在中外资企业提供更加公平的竞争机会，以及更加透明、更加安全的法律环境。

多边贸易体制秉持的是自由贸易的理念。但是，重商主义、贸易保护主义从未消亡，还在以不同的方式时长时消。特别是金融危机爆发以后，贸易保护主义大幅抬头。作为变种，美国又提出了“公平贸易”理念，其与自由贸易理念有着明显不同。这对构成多边贸易体系的自由贸易基本理念构成了挑战。高水平对外开放的首要任务是维护多边体系，中国应逐渐发出声音，成为多边贸易体系的核心倡导者，积极推动 WTO 改革，倡导从各国的实际出发，摸索合作的路径。要加大粤港澳大湾区、自由贸易区、自由贸易港等自由贸易大平台的改革力度，以吸引西方优质资本。① 同时，积极推进 WTO 改革。WTO 之所以从当年关贸总协定 23 个成员缔约方扩展到现在的 160 多个成员，绝大部分经济体纳入此多边贸易体系，其中一项非常智慧的安排就是“授权条款”，即根据各国发展阶段、竞争力的不同，实行有差别的对待。而现在，美国政府简单地诠释所谓的对等原则，实际上是忽略了 WTO 非常重要的授权原则的基石。另外，随着技术进步，全球化对贸易投资有了新的要求，如投资的规则、数字贸易的规则等，都要求在多边层面上制定新的规则。

融入全球价值链的关键是打造自己的全球价值链。在最近几年召开的 APEC、G20 会议上，各方围绕构建互利共赢的全球价值链达成共识。在此基础上形成和推动的全球制造业发展中，产品模块化程度不断提升，生产过程可分性日益增强，信息技术和交通技术进步带来交易效率显著提高、交易成本明

① 郑永年：《如何掌握中美博弈的主动权》，《特区经济》2018 年第 9 期。

显下降，基于价值链不同工序、环节的产品内分工获得极大发展，制造业全球价值链分工成为国际产业分工的主导形式。随着新一轮科技和产业革命加速拓展、业态创新和产业融合日趋加快，新兴工业化国家不断提升制造业发展水平，提升其在全球价值链中的位置，全球价值链日益呈现多极化发展的新态势。因此，推动制造业高质量发展，加快建设制造强国，必须加快制造业对外开放步伐，积极融入全球价值链分工①，并在这种分工中提升自己，形成一种合规的文化体系。中国要做全球自由贸易的旗手，就需要首先构建互利共赢的全球价值链。中国也需要有更多的企业通过跨国经营，通过海外并购，融入全球价值链的过程，打造真正属于自己的全球价值链。要认识到，中国的转型升级必须是在全球价值链里的转型升级。

另外，围绕发展更高层次的开放型经济体系，主要实践路径包括建立有利于促进我国产品向全球价值链中高端位移的开放型经济新体制，完善有利于放宽市场准入、扩大开放领域和范围的开放型经济新体制，以及形成有利于全面开放的开放型经济风险防控新机制。“开放型经济”理论关注点的核心是市场准入负面清单制度，重点是形成开放规则和宽领域开放体系以及加快自由贸易园区（FTZ）建设，主要任务是推进自由贸易区战略的实施，深化“一带一路”建设，完善陆海内外联动、东西双向互济的开放格局。并最终建立更加开放、包容、普惠、平衡、共赢发展的新机制，实现构建人类命运共同体新目标。无论如何，贸易争端正成为中国新一轮深化改革开放的外部推动力量，中国需要对过去十年的发展历程进行再思考，但不管怎样，中国推动更高水平开放的脚步不会停滞！中国推动建设开放型世界经济的脚步不会停滞！中国推动构建人类命运共同体的脚步不会停滞！② 三个“不停滞”是迄今为止的开放改革最强音。进一步加大改革开放力度，就是要在更高起点、更高层次、更高目标上推进改革开放，共建创新包容的开放型世界经济，这将为30年后的民族复兴铺平道路。

---

① 黄群慧：《推动我国制造业高质量发展》，《人民日报》2018年8月17日。

② 《习近平：共建创新包容的开放型世界经济——在首届中国国际进口博览会开幕式上的主旨演讲》，http：//paper. people. com. cn/rmrb/html/2018 - 11/06/nw. D110000renmrb_ 20181106_ 1 - 03. htm。

3. 深化负面清单管理的改革蕴含

开放促进改革，这是中国40年发展历程中宝贵的经验。实证研究表明，沿海地区之所以比内陆地区发展更快，不仅是因为其先天禀赋更好，而且是因为该地区相对更高的开放水平，推动着更深入的体制改革，进而促成了更快的市场发育。2013年9月，上海市人民政府发布《中国（上海）自由贸易试验区外商投资准入特别管理措施（负面清单）（2013年）》，"负面清单"一时成为热门词语。此前，"负面清单"制度还都只适用于国际经贸领域，是一个相对不为人熟知的制度。从这一刻开始，中国的开放进入负面清单时代，也成就了上海作为开放城市最突出的品格。

外资准入"负面清单管理模式"是指政府规定哪些经济领域不开放或者有限制，除了清单上的领域，其他行业、领域和经济活动都可以享受国民待遇，获得不低于内资的待遇。凡是与外资的国民待遇、最惠国待遇不符的管理措施，或业绩要求、高管要求等方面的管理措施均以清单方式列明。目前世界大多数国家均针对外商投资实行负面清单管理模式。2013年9月30日，中国在上海自贸试验区公布首份《外商投资准入特别管理措施（负面清单）》，开始进行外商投资负面清单试点。在经过了上海自贸试验区及其他自贸试验区三年的试行后，经国务院批准，2016年10月8日，负面清单管理模式正式向全国范围推广。2017年首次颁布了在全国范围内实施的独立的外商投资准入负面清单。2018年版负面清单保留48条特别管理措施，比2017年版的63条减少了15条，进一步缩小了外商投资审批范围。① 通过负面清单管理等吸引外资的措施，构建了更加完善的投资环境。根据联合国贸发会议《世界投资报告》，中国在全球最具吸引力的投资目的地排名中保持前两位，也是全球第二大引资国。

推进负面清单制度改革是最逼近市场化最核心的改革。表面看是限定市场主体不准进入的范围，但本质上是刻画政府与市场边界、区分计划经济与市场经济体制的核心手段和工具，是建设现代化治理体系与现代化开放型经济体系的核心概念。由于负面清单能够重构政府和市场的关系，负面清单制

---

① 《专家解读中国新版负面清单：和贸易战无直接关联》，红星新闻，http://mini.eastday.com/a/180813201521420-2.html。

度创新促进了政府治理能力现代化，所以负面清单制度改革具有推动政府治理体系现代化的重要作用。过去中国虽然在改革开放上取得了巨大进步，但都没有像如今这样触及负面清单这个市场核心。[①] 实践表明，市场准入负面清单制度为发挥市场在资源配置中的决定性作用提供了巨大空间。通过实行市场准入负面清单制度，赋予市场主体更多的主动权，有利于落实市场主体自主权和激发市场活力，有利于形成各类市场主体依法平等使用生产要素、公开公平公正参与竞争的市场环境，有利于形成统一开放、竞争有序的现代市场体系。同时，负面清单不仅仅是在外贸领域，对政府自身改革方面也形成巨大的冲击，负面清单的理念贯穿于新一轮政府改革中，用负面清单的思路倒逼政府“放管服”改革，扩展到“证照分离”“一照一码”等，并在全国复制推广。

由于推行负面清单，从而给中国的改革加上了足够刚性的约束。这个刚性约束主要表现就是对政府的限权，也就是说，“负面清单”不是“编制”出来的，而是“整理”出来的；不是说行政机关自行拿出一个“负面清单”就代表其拥有了相应的权力，而应当是在对现行法律、法规全面梳理的基础上，依据有关市场准入和管制的授权性规定，据此整理出相应的“负面清单”。没有法律、法规依据的，即便列入所谓的“负面清单”，也显属无效；法律、法规规定了应当实施市场准入许可或管制的，即便不在“负面清单”之内，也要切实履行，否则就违反了“法定职责必须为”的基本要求。在国内法范畴内，“负面清单”由法律、法规所决定，不得超出，也不得遗漏。[②] 但目前来看，我国市场准入负面清单和外商投资负面清单仍较多，这表明政府设置的市场准入壁垒仍然存在，每类每项市场活动都可能受到多个管理部门管制，同时，由于国内各省的经济发展和资源分布存在差异，所以很多地方政府对负面清单进行了选择性简化，只列明部分领域和行业的负面清单，呈现第二、第三产业集中管理的特点，且所覆盖的领域和产业有限，不利于地方经济的长远发展。

① 夏先良：《当前深化负面清单制度改革的重大意义》，《人民论坛·学术前沿》2018 年第 14 期。

② 后向东：《如何理解“负面清单”制度》，《学习时报》2016 年 3 月 17 日。

接下来，要通过完善负面清单的配套法律法规，进一步加快负面清单模式的试点与推广。要加快建设权力清单与责任清单，实现政府职能转变。基于法治思维和法治方式，进一步规范政府的行政自由裁量权，进而增强行政行为的合法性与合理性。利用权责法定、权责匹配和简政放权原则，对政府权力实行清理规范，将政府权力纳入负面清单，明确政府、市场、社会之间的权责关系，为市场主体和社会活力的激发奠定基础。通过落实已出台政策措施、加强放管衔接，并且简化行政审批手续和环节，促使政府更好地发挥市场资源配置中的监控作用。必须看到，虽然改革已经深入市场活动的开放自由度这样的核心问题上，但政府对自身管理权力的改革似乎没有跟上时代的脚步，一些行业或地方政府对这项改革的重大意义、对构建国家现代治理体系以及现代化开放型经济体系的改革目标缺乏正确认识。[①] 为此，要通过负面清单改革，倒逼有关职能管理部门放权，消除既得利益集团的阻挠，消除形式主义、官僚主义和保护主义思想，真正把思想统一到贯彻落实改革开放的决策部署上来。

① 夏先良：《当前深化负面清单制度改革的重大意义》，《人民论坛·学术前沿》2018 年第 14 期。

第三章　以改革开放的理论推进改革开放实践：新改革经济学的愿景

深刻理解改革开放以来的中国与世界，首先要面对前所未有的逆全球化的各种挑战。中国的选择是继续开放，而且“开放的大门只会越开越大”。对外开放对于中国的意义已经不仅仅是对外开放本身，它已成为整个改革的生命线。不仅如此，整个中国经济的特征，事实上都源自对内改革和对外开放，而且对外开放先于对内改革。仅仅对内进行改革，无法突破旧有的命令经济体制，更无法打破当权者既有的权力：开放则可以通过与成熟市场经济的对接比较便捷地获得投资、市场、技术（包括管理技术）等收益。因此，开放比改革所遇到的阻力更小，因而容易走到改革的前头，成为推进改革的重要力量。这种“以开放促进改革”，就是中国这40年来经济发展的“秘密”。因此，面向未来，对外开放仍是中国特别看中的红利。随着“一带一路”建设的全面推进，一轮又一轮主场外交活动的次第展开，中国正进入新一轮高水平对外开放的窗口期。面对与40年前完全不同的世界形势，身处新一轮大发展大变革大调整当中，世界各国经济社会发展联系又比以往更加密切，中国的改革开放就更具有了国际价值和世界意义，已然是全球治理体系和国际秩序变革的动力之一。国际货币基金组织总裁拉加德指出，世界正面临新的危机后“断层线”——包括金融监管可能撤销、过度不平等带来不良后果、保护主义和内向型政策实施，以及全球失衡加剧。中国更须以更大的开放应对调整，以更敞开的大门应对保护主义、单边主义抬头的逆流，通过构建开放型世界经济挽救遭遇波折的经济全球化，使多边主义和自由贸易体制受到的冲击和损害降到最低，从而增强中国作为世界经济稳定器的作用，让更多国家从不稳定不确定的担忧中摆脱出来。在纷繁复杂的局势中把握规律，认清大势，坚定开放合作的信心，是下一个40年的核心使命。而这个使命的完成，是建立在新的更大的开放空间布局下的一次再出发。作为这次出发的龙头，粤港澳大湾区、长江三角洲区域等成为新的开放中国的地标。中国的改革开放正以一种“看得见的方式”标志着中国的复兴。其给人类心灵和智力带来更大震撼的，不仅是中国复兴本身，而且是中国复兴的方式和路径。

第一节　改革开放理论研究的重要性

马克思说：“理论在一个国家实现的程度，总是决定于理论满足这个国家的需要的程度。”改革开放40年来，中国所取得的成功需要一个经济学的理论来支撑，新时代的中国也需要一个改革的经济学体系成为未来的指引。经济学界关于中国改革的经济学理论研究已经开始涉及，但还有待进一步破题。但至少我们有了40年的实践，这可以说是人类历史上规模最大、持续时间最长、涉及领域最广的一次改革。中国的改革本身就是一部大历史。而且，从某种意义上说，中华民族的历史就是一部改革史。从战国时期的魏国李悝变法、楚国吴起变法、赵武灵王胡服骑射、秦国商鞅变法；北宋庆历新政、王安石变法；明朝张居正改革“一条鞭法”；清末的洋务运动和戊戌变法等。而今天我们正在进行的这场改革，从20世纪70年代末80年代初由18位农民的红手印发端，并在明智的政治家的保护和支持下赢得了在“包”（即租）来的公有土地上建立自己的家庭农场的权利。而与其他很多国家相比，中国这40年来的改革一直得以持续，并不断取得成功，总体上优于俄罗斯、波兰等转轨国家的实践。其中，既有有效的市场，也有强大的政府；既有公有制经济，也有非公有制经济；既有充当发展“动推器”的城市，也有充当发展“稳定器”的农村，曾被视为相互矛盾的对立元素在中国的改革中不仅并存共处，而且戏剧性地发挥着互补的作用，这可以说是中国古老的中庸哲学的当代运用。钱穆说，制度必须与人事相配合。这种配合无不体现在中国整个经济改革的过程中，展现出一种全方位学习的能力：科学技术可以学美国，工业制造学德国，管理学日本，分解房地产的使用权学中国香港，工业园区学新加坡，农业还可以学以色列。进一步分析发现，所有这些配合或学习，最终都汇聚到一点，那就是市场。

18 世纪 70 年代，亚当·斯密提出了“看不见的手”的思想——市场经济中有一只看不见的手在安排着经济有序而迅速地增长，而政府主要是充当“守夜人”的角色。这只看不见的手在调节着个人的社会行为，促成自我心与同情心的有机融合，构成人性论的基本内涵。亚当·斯密第一次展现了他导师弗兰西斯·哈奇森传授的“人们可以通过发现对人类有益的行为来认识从理论上来说什么是好的”的哲理。以此为出发点，经济学逐渐有了一个比较标准的定义，那就是研究如何分配及使用稀缺资源——这个定义很准确——假如亚当和夏娃从未离开伊甸园，他们就永远用不着经济学家了。随后的 100 多年的时间里，李嘉图、萨伊、巴师夏等都成为自由市场经济的思想导师。事实上，在 19 世纪的大部分时间，“自由放任”主要是一种哲学思想。一直到 19 世纪后半叶，“社会公众，甚至十分贫穷的人，都不指望政府帮助他们摆脱贫困”。当时普遍流行的观点是，“政府根本不可能把事情做好”。

20 世纪 30 年代，西方国家出现了前所未有的经济大萧条，企业破产，工人失业，工资总额减少，农民收入下降。在这一背景下，凯恩斯的《就业、利息和货币通论》出版，被称为“一本著作掀起了一场革命”。凯恩斯主义肯定了政府在纠正市场失灵时表现出的优势，对传统经济学派的自由放任政策发起了挑战。凯恩斯提出的阶级资本主义经济萧条的办法，被后来的凯恩斯主义者发展为调节宏观经济的两大政策，即人们通常所说的财政政策和货币政策。同一时期，新自由主义的“斗士”哈耶克与凯恩斯展开了激烈的论战，指出凯恩斯主义补救措施的弊端。哈耶克对凯恩斯主义的预言，在 20 世纪 70 年代得到了证实。西方世界出现了通货膨胀和经济停滞的双重症状，说明凯恩斯主义药方并没有医好资本主义痼疾，而只是延迟了它。1980 年，里根赢得了美国总统大选。他是继撒切尔夫人赢得英国大选之后，又一位在西方大国赢得大选的新自由主义支持者。随着里根上台执政，美英新自由主义得以从理论走向实践，并发展为一种经济全球化条件下的新自由资本主义模式。至此，西方市场经济理论和实践的大局初定，市场胜出，政府被踩在脚下。

作为一种与新兴的资产阶级浑然融为一体的经济运行方式，市场经济有着与生俱来的诱惑：自主经营、利润最大化、优化资源配置、通过公平竞争激发经营主体发展社会生产力的积极性、运用灵敏的经济信号及时对生产和需求进行协调等。但也存在着难以避免的弊端，如垄断、剥削以及普遍的贫穷等。从最早的托马斯·莫尔、弗·培根、昂利·克劳德·圣西门、罗伯特·欧文、傅立叶等开始，一大批社会精英站在批判的立场，直指现实社会的不正义和不公平，探索他们心目中的美好社会，但都以失败告终。19 世纪 90 年代，三卷本的经济学巨著《资本论》完成，马克思在书中提出未来社会主义社会必须实行计划经济的科学预见，并对如何实行计划经济的问题，做了理论上的提示。第二次世界大战后，当时的苏联、中国等先后建立了社会主义制度，并用马克思、恩格斯构想的消灭了市场经济的未来社会模式来指导经济发展现实，实施了以政府为主导的经济资源配置，政府的规划部门计划、发布计划指令，分配经济资源和产品，并监督计划的实施。随后的整个 20 世纪上半叶，政府权力日益扩大。无论是社会主义的苏联、东欧和中国，还是资本主义的西欧和美国，无论他们采取的干预方式是国家所有制和计划经济，还是凯恩斯主义的宏观调控①，虽然干预的方式和程度有很大不同，但在强调政府代表公共利益组织和管理经济这一点上，颇有异曲同工之处。

按照一般的观点，政府作用的发挥，背后是基于政府官员及其所在地区与其他地区的经济竞争中的政绩或利益考量的超理性选择。与经济学中的理性人假说相比，政府在市场中往往表现出超理性的一种状态。进一步分析政府超理性可以发现，与私营企业决策中的营利为目标不同，政府不以获取利润为目标。这既是政府的优点，也是政府的缺点。正是这种超理性，政府可以做那些对社会有价值但难以用市场价格和利润指标衡量的事，因而它的行为可以不计成本、不惜代价。但超理性的政府也有理性人的“基因”，因而政府总是有不断扩大预算规模和活动范围而不受约束甚至不断设租和寻租的内在冲动，而整个社会却失去了衡量政府业绩和约束政府官员的重要机制。因此，张维迎强调，在一些政府主导经济的社会，通常是老百姓相对贫穷的社会，政府强大的财力并不是社会富足的象征。但我们也不能想当然地认为，存在一个政府的最优经济职能，因为任何一个地方的政府可能是时事促成，也可能是错误铸就。如果将过去的政府职能放在现在就是最优的，随着经济社会的发展变化，政府的经济职能不可能一成不变。也就是说，政府的改革总是伴随着市场的发展而调整的，这种调整达到一定程度，就形成改革。

---

① 吴敬琏：《市场失灵与政府失灵》，《经济研究信息》2009 年第 3 期。

作为一种后市场经济体制，改革经济的理论最关注的是如何使政府与市场的效用组合达到最大化，实现“帕累托最优”。在现实世界中，由于这样或那样的原因，政府往往存在一定的偏好，往往偏离自己的职能界限，有损市场公平公正。与此同时，一些国家的政府职能缺位、错位问题也普遍存在。因此，改革经济的理论核心就是要通过改革这一动力机制，使政府与市场两股力量能够保持一个相互共生、相互配合和相互制衡的临界状态。但就目前来看，一方面，我们还习惯于将政府干预笼而统之，一概加以否定或一概加以肯定；另一方面，我们又常常将政府与市场简单地对立起来，视二者为相互替代的关系，非此即彼，并且在两个极端之间左右摇摆。

对政府最优经济职能进行定义，是一件十分重要而又非常艰难的事。同样，为政府和市场划定一个边界也并不容易。无论是列宁时代的“国家辛迪加”的理想，还是罗斯福新政后美国的“规制资本主义”，政府与市场的纠缠、冲突只是不断改变形式，但又在新的更高层次上进行新的展开。人们总是认为政府能够在市场失灵时及时出手，殊不知，政府毕竟是一种行政机构，它也经常会出现失灵现象。就像吴敬琏指出的，由于政府并不具有能够较之市场更有效地获取信息的优势，所以它在市场机构之外进行活动很有可能造成低效率。政府组织本身也有可能偏离社会的公共目标，政府机构干预派生的外部性，也常常会使政府的活动产生失灵现象。因此，改革经济最核心的要求，就是市场的归市场、政府的归政府。市场决定市场资源的配置，政府决定社会资源特别是利益的协同。

政府与市场的协同，是改革经济最内在要求。由于这种协同，市场为政府“赋能”，而政府对市场“皈依”；政府真正成为市场中的政府，而市场不再是政府下的市场；市场从“嵌入”到“溢出”。也正是通过这种协同，两个不同资源和个体，协同一致地朝向了一个目标，推动改革走出了一个筑底后上升的曲线，从而摆脱了吴敬琏所担心的代表寻租利益的特殊利益集团所主张的在双重体制下保持强化行政权力和扩大寻租环境的权贵资本主义或称官僚资本主义的歧路。而通过改革实现市场和政府的协同，以及政府与市场的有机匹配，真正跳出“失灵”的怪圈。

有关中国自己的经济学理论一直是人们热议的话题。而从经济学术方面看，传统的经济增长或发展理论已经被中国的经验全部推翻。为此，科斯说，没有其他事项能比我们见到的中国改革与发展对人类的将来有更深远的影响。弗里德曼说："谁能把中国的发展和改革说清楚，谁就应该获得诺贝尔经济学奖。"改革在中国已经进行了40年。事实上，如果从1956年中共八大决定进行"经济管理体制改革"算起，中国的经济改革已经进行了不止半个世纪。中国改革是一个庞大的叙事。这并不仅仅是或简单理解为就是从计划经济体制向市场经济的转型，其中蕴含和包裹着的，是一个极其复杂的政治、经济和社会的变迁，是从一种经济社会形态向另一种经济社会形态跃升的过程。因而亟须提出一个清晰的理论线索和分析框架。从行政性分权改革到增量改革到整体推进，再到今天的"全面深化"，市场经济开始对计划经济最后的残余进行扫除。虽然这还需要一个较长的过程，但由于有了自政府而市场的改革经济的特征，就根本不同于以往的制度转型和变迁的特征，而呈现一种自上而下的势如破竹。"要看银山拍天浪，开窗放入大江来。"改革经济不再像转型期的市场在计划中的"嵌入"，而是市场通过改革的全面"外溢"。市场将为政府"赋能"，使政府更娴熟于运用市场的方式而不再是计划和管制，政府将成为市场最积极的协同者，从而实现一国经济社会加速创新、有效治理和高质量发展的目标。

中国用40年的改革实践证明，国家干预的连续性优于危机时期的应急式国家干预。中国成功跳出了传统计划经济的束缚，并在不断的改革实践中，针对不同发展时期的变幻莫测的世界经济形势不停调试和革新中国经济发展"药方"。但为什么西方国家将他们的国家干预称为刺激经济的有效手段，而将中国的国家干预称为破坏性经济模式？于是，也出现了一种具有争议性的概念解读：西方国家认为中国不是市场经济，而中国认为自己就是市场经济。改革理论本身就是一种话语权。"中国为什么说不好中国故事？这里面可能有方式方法的问题，但背后理论体系的问题更为重要。"郑永年认为，现下的中国没能讲好中国故事，最根本的原因是背后没有理论体系的支撑。西方视角看中国本就存在缺陷，而"西词中用"的错误运用更是造成了西方国家对中国的误读。计划经济与市场经济的对立，起源于社会主义与资本主义的对立。而社会主义与资本主义本质上的对立，表现为计划经济与市场经济的不可兼容性。没有一个现成的理论体系或学术观点让双方达成共识，造成的结果是，本是用于彰显民族自信，宣传中国形象的"中国特色""中国经验"

“中国模式”“中国智慧”等词汇倒是成了某些国家或媒体寻滋挑事、误读和抹黑中国的端口。所以，我们今天所面临的不友好的国际环境，与一些经济学家（有中国的也有外国的）对中国过去40年成就的错误解读不无关系，更与中国缺乏能将改革经济学变为科学的理论能力不无关系，在西方人看来，所谓“中国模式”，就是“国家资本主义”，与公平贸易及世界和平不相容，绝不能任其畅通无阻、高歌猛进。哈耶克曾说，尽管事实本身从来不能告诉我们什么是正确的，但对事实的错误解读有可能改变事实和我们所生活的环境。①

让世界理解中国，先从理解中国的改革经济开始。而中国的改革经济理论，也需要融入世界主流认知体系，掌握话语主动权。中国的改革经济学理论，也可以成为一种贡献于世界的最重要的国际公共产品，它是世界经济史上前所未有的、建立在多达13亿人的生产和生活基础上的长达40年的伟大实践的成果。而从中国改革本身来说，对传统经济学理论的改革，也是改革的最根本性的一个问题。不进行理论的改革，不确立改革的理论，改革就无法完成最惊险的一跳。新中国成立以来，我们将斯大林的政治经济学作为唯一的经济学的经典理论，按照这种理论，建立国有制企业及实行集中计划经济体制被认为是社会主义的天经地义，进而上升为一种意识形态而神圣不可侵犯。苏式社会主义给我们最大的警示就是，否认常识就是迈向专制的第一步。其实，社会主义最初作为一种思潮被提出的时候，并没有与之相对应的经济模式或体制，包括早期托马斯·莫尔的“乌托邦”以及圣西门、傅立叶等的“空想社会主义”，都带有浓厚的道德批判和理想主义色彩。随后的马克思提出“科学社会主义”和“社会大工厂”模式以及其对社会主义将在发达的资本主义的废墟上建立的预言也并没有变为现实，只是从列宁的“国家辛迪加”模式的建立开始，当时的经济制度才引入国家概念，并逐渐把国家所有制看作社会主义的唯一经济基础和制度，这已经完全不同于马克思和恩格斯设想的“自由人联合体”。这种国家所有制经过随后的“战时共产主义”体制的进一步强化，经1919年的俄共（布）八大后，最终作为标准的社会主义经济体制写入了俄共

① 《理解世界与中国经济——张维迎给北京大学国家发展研究院MBA/EMBA学员的讲座》，2018年10月14日。

党纲而被固定下来，才形成了世界上第一个计划经济体制。但即使是这种制度下，也并没有完全消灭市场制度，商品交换、商业化原则依然在一定程度上发挥作用。直到斯大林时代所确立的“社会主义 = 占统治地位的国有制 + 计划经济”的公式被写入他亲自指导下的苏联科学院经济研究所政治经济学教科书，把国家所有制和由国家机关组织实施的计划经济列为社会主义最基本的经济特征开始，整个社会主义制度似乎才找到其最重要的经济基础，那就是国家所有制。因此，国家所有制以及建立在其上的计划经济，是针对资本主义制度或说市场经济弊端而提出的反映社会主义社会理想的一种经济制度。但这种被许诺为将把人类带向社会公正和共同富裕的理想王国的经济制度建立起来以后，却因为一步步地具体化为消灭市场经济的国家主导的高度集中的命令经济而逐渐走向了它的反面，不仅缺乏资源配置效率而且完全扭曲供求关系进而导致整个国家经济停滞，成为被否定的罪魁祸首和改革的对象。

中国 40 年的改革，一方面是改革本身的实践，是对市场经济常识的一次回归；另一方面不为太多人注意的，其实是改革理论的探索和颠覆。换句话说，是对扭曲观念下产生的计划经济的彻底抛弃和坚决的改革，尤其是理论上的突破和改革，这才是最根本的问题。包括实践是检验真理的唯一标准的大讨论，以及姓资姓社、姓公姓私的历次思想解放。不进行理论的改革，不确立改革的理论，国家所有和计划经济的理论束缚就不能从根本上打破，市场化取向的改革经济就不能真正建立。正是从经济学的意义上，建立在中国 40 年改革这个时间和空间场域的巨型“实验室”，就是一次以改革经济理论为标志的对市场经济常识的再探索。美国思想家托马斯·潘恩说，常识感是最重要的。按照市场经济的常识，探索属于我们自己的经济模式和制度，那就是“改革经济”。“改革经济”是根本上否定了集中的计划经济，又不是完全复制和照搬西方市场经济的一种独立的经济形态。在新改革经济学中，国家和市场是相互定义的，正是国家的力量保障了市场经济的有效性。同时，由于改革经济在国家与市场之间寻找到了一个新的增长点，使得经济理性服从于人类本性，市场经济有效嵌入社会之中。

新改革经济学是具有中国本土特征的一种经济学的新体系。其理论的重心是展开对中国改革开放的时代性、体系性、全局性改革问题的研究，透视和把握基于中国最大国情、最大实际的，描述从“摸着石头过河”到加强顶层设计的改革开放的基本逻辑和理论。这个逻辑的基础，就是研究那些已经产生和存在的现象中那些能解决问题的新情况、新经验、新办法，把做得对的事情、经验和办法提炼出来并通过改革的方式让这些办法理论化的过程。新改革经济学的研究，有助于形成实现资源最有效配置的制度安排和预期，同时实现这种预期下更大规模更高层次的可复制可推广的一整套改革的制度和理论常识。当然，有些时候，也确如前央行行长周小川所说，有一些政策议题只涉及权力和利益的博弈，没有深刻的经济学内容。但是，多数体制与政策问题仍旧可谓经济学理论知识分析框架的高度综合，也是对研究水平的严肃考验，涉及我们能否找到捷径去实现繁荣富强。

今天的问题，不能用昨天的改革模式来解决，明天的发展，需要有新的改革的理论来指导。通过新改革经济学的研究，准确把握我国不同发展阶段的新变化新特点，在攻坚期向各种顽瘴和痼疾开刀，在深水区突破特殊利益的固化和藩篱，更好地应对世界大发展大变革大调整带来的新挑战新问题。尤其是打破和颠覆传统计划经济理论的束缚，通过思想解放、观念变革和理论创新，形成具有新改革经济学特征的理论体系。就新改革经济本身来说，时代性是其鲜明特征，体系性是其本质属性，全局性是其内在要求。不断深化对新改革经济学及其所包含的从改革认识论、方法论到价值论的研究，才能从改革的总目标、大方向到动力源中，找到改革开放理论的大逻辑。

第二节　新改革经济学理论模型与假说

改革是用来解决问题的。不解决问题的改革不是真改革。问题导向是改革经济学的基本出发点。通过解决问题，实现了改革效用的最大化，体现了经济学的一般规律。现有经济学理论将改革的收益确定为资源配置方式的合理化、经济效率的提高、产出的增加和福利的增进。由于改革过程中的主体不是单一的而是多元的，不同主体的目标函数存在差异，因而不同的微观主体对改革收益会有不同的评价。但无论如何，改革首要的是要获得民众的支持，或者说，改革是有效用的。新制度经济学派代表人物道格拉斯·诺斯曾提出过一个著名的“诺斯标准”，用以衡量社会中每一个人对于改革的态度。诺斯说，社会中的个体，作为理性的“经济人”，如果觉得改革给他的预期收益超过预期成本，那么他就会支持改革，反之则抵制改革。在此基础上，著名的福利经济学家卡尔多进一步提出“卡尔多标准”。按“卡尔多标准”，每个人是否支持改革取决于改革是否能给其带来预期净收益，而真正现实中的改革对于社会有以下可能性：第一种可能性，改革社会中每个阶层成员的福利都得到增进；第二种可能性，改革使得社会中某些阶层成员的福利得到增进，而不损害其他社会阶层成员的福利；第三种可能性，改革使得社会中某些阶层成员的利益得到增进，而损害了其他阶层成员的福利；最后一种情况，则是改革使得社会所有阶层的利益都受到损害。在改革实践当中，第一种可能性和最后一种情况很难出现。第一种可能性，即社会上每个成员的福利都得到增进，这是每一个改革的倡导者和每个社会成员都希望得到的结果。最后一种情况，即改革使得社会所有阶层的利益都受到损害，这种情况很难出现，这样的改革只能胎死腹中。最复杂的就是第三种可能性的改革，即改革使得部分人福利得到增进，一部分人福利受到相对损失。福利得到增进的社会阶层成员显然是支持改革的，而福利受到损失的社会成员显然是反对改革的。

利益调整是中国过去 40 年改革最为重要的激励杠杆之一。以“分权让利”为主线的地方政府改革为例，中央政府为了调动地方政府的积极性，把越来越多的利益下放给了地方，一是回避了改革可能带来的激烈的摩擦成本。渐进式改革不仅可以在改革中扩大资源总量，把改革和风险控制在最小的程度上，而且可以提高可供各种利益主体分配的份额，并导入或引进一个有利益激励和利益竞争的市场体制，从而有利于经济的增长。这样的改革不仅容易赢得体制内和体制外各利益主体的广泛支持，也能反映各方利益诉求，还一定程度上弥合了改革过程中的利益冲突。因此，在中国整个地方政府的改革过程中，各种相关利益主体之间总体上处于一种相对和谐的状态。二是极大地调动了地方政府的积极性。利益调整的渐进式改革，始终把地方政府作为一个利益主体来对待，并通过分权让利的方式满足地方政府的利益诉求，这就极大地调动了地方政府在推动地方经济发展中的积极性，地方政府扮演了十分重要的角色，成为地方经济发展的第一推动力。①

当然，制度变迁交易的达成总是要付出一定成本，渐进式改革中，任何较

① 沈荣华、宋煜萍：《我国地方政府体制改革路径的反思》，《理论探讨》2009 年第 4 期。

为剧烈的局部改革措施一旦超过某个很容易达到的临界点，都会导致同旧有利益格局的激烈冲突，改革就会中止或取消。社会学家李强根据中国改革以来人们利益获得或受损的状况，“将中国公民分为四个利益群体或利益集团，即特殊获益者群体、普通获益者群体、利益相对受损者群体和利益绝对受损者群体(社会底层群体)”。改革开放初期，经济改革总体上是“帕累托最优”改进。然而，从改革中期开始，改革过程中出现了某些阶层成员的利益得到增进，而损害了其他阶层成员福利的阶段。这个阶段，中国出现利益受益者群体、利益相对受损群体、利益绝对受损群体和特殊获益者群体并存的局面。现实表现就是分配不公平和收入差距日趋拉大，贫富两极分化现象等开始出现。① 特别是在医疗、教育、住房等社会领域改革并不令人满意。与此同时，相较于政治改革而言，社会改革并未涉及政治精英的核心利益，加上容易取得共识，因此比较容易进行。改革的渐进性决定了改革成本增加的渐进性，所以说越往后越多“硬骨头”。

理论和实践都证明，市场配置资源是最有效率的形式。亚当·斯密在《国富论》中提出“每个人在追求自己利益的时候，为别人创造的价值，比主观上想着为社会做贡献时创造的价值更大”。“看不见的手”能够将个人对财富的追求转化为创造社会财富和推动社会进步的强大动力。然而，在现实世界里，实现帕累托佳境的瓦尔拉斯均衡将无法达到。于是，建立在市场完全性假设基础上的“最优”“均衡”便成为一个逻辑严密的虚构，而饱受制造了虚幻的“市场神话”之诟病，并似乎成为否定市场对资源配置起决定性作用最为有力的理论依据，在实践中带来很大误导。然而，正如另一位诺贝尔经济学奖得主萨缪尔森所言：“纯粹的完全竞争的条件和物理学上完全无阻力的钟摆的条件同样是难于实现的。”我们能够逐步接近于完全，但永远不能达到它。

现实中存在着两种非瓦尔拉斯均衡状态。第一种非均衡状态是指：制度性的前提条件具备，有合格的市场主体和成熟的市场体系，但存在垄断、信息不完备、交易费用为正等技术性的约束条件，资源配置的最优均衡无法完全实现。这种非均衡是市场经济的常态，故可以称为一般非均衡。第二种非均衡状

---

① 谢海军：《改革开放以来中国利益结构变迁的轨迹和模式》，《云南社会科学》2009 年第 2 期。

态是指：不仅存在上述技术性的约束条件，而且制度性的前提条件也不完备，一方面市场主体不合格，微观经济单位不是自主经营、自负盈亏的独立商品生产者，不是标准意义上的市场主体；另一方面市场体系不成熟，市场决定价格的机制和公平竞争的市场规则都未完全成形。这种非均衡是市场经济的非常态，也可称为特殊非均衡。[①] 从非均衡到均衡的实现过程，就是改革的制度优势形成的过程。当政府与市场能够保持较好的均衡和协同，经济社会发展就能取得较好的成效，资源就能得到充分而有效的配置，改革的效用就可以实现最大化。事实上，在人类社会中，所谓自生自发的市场经济从未存在过，现代意义上的市场经济必然是国家和政府积极推动的产物；同样，所谓集中的计划经济也并非社会主义的天经地义，无论是计划的方式还是市场的方式都必须“嵌入法律、政治制度、道德之中”。

新改革经济学的理论强调，改革效用的最大化必须是通过市场与政府关系的最优化，进而实现资源配置效益的最大化。“效用”（utility）概念是经济学的理论基石之一，原指用来衡量消费者从一组商品和服务之中获得的幸福或者满足的尺度。有了这种衡量尺度，就可以在解释一种经济行为是否带来好处时有了衡量标准。[②] 英国功利主义哲学家边沁认为，追求幸福是人的天性，每个有理性的人都为自身谋求大幸福。边沁的这一功利原理和自利原理，为西方效用理论奠定了哲学基础。萨伊从人的需求来分析效用，指出物品满足人们需要的内在力量叫效用，人力创造的不是物质而是效用。新制度经济学认为，国家是追求利益最大化的“经济人”，具有福利最大化或效用最大化倾向。[③] 经济改革作为一项重大的制度创新，其发生与否及其进行的方式实际上是一个“成本—收益”问题。只有当改革（制度创新）的预期收益大于预期成本的时候，这一过程才可能发生。[④] 任何一项制度选择和制度安排都不是随意决定的，而是人们依据成本—收益分析权衡和选择的结果。

---

① 吴红雨：《市场决定资源配置的理论逻辑和历史逻辑》，《中共浙江省委党校学报》2015 年第 4 期。

② 龙迪：《效用理论回顾》，《科技信息》（科学教研）2007 年第 36 期。

③ 江曙霞、罗杰：《国有商业银行改革中政府效用函数的动态优化——基于租金偏好和效率偏好的选择》，《财经研究》2004 年第 11 期。

④ 刘利峰、王梅：《激进式还是渐进式——对两种改革方式的成本和收益分析》，《辽宁财税》2002 年第 7 期。

由于不同主体具有不同的偏好，相应的效用函数也存在差异。新制度经济学在研究“诱致性制度变迁”和“强制性制度变迁”理论时研究了不同制度主体在制度变迁的效用函数上的差异。新制度经济学认为，以“初级行为团体”自发行动为特征的“诱致性制度变迁”和以国家的自觉行动为特征的“强制性制度变迁”不同，前者完全以经济上的成本－收益比较为出发点，并以超过制度变迁成本的最大收益为目标函数；后者既考虑经济收益（产出最大化），又考虑非经济收益（诸如统治的最大稳定、政党利益最大化等，制度经济学将此称作政府的租金最大化），只有当产出最大化与租金最大化的综合收益大于成本，制度变迁才会发生。当存在着高度集权的政体和不完善的政治市场时，制度变迁以掌握最高决策权的核心领导者的偏好及其利益与制度变迁的基本取向两者之间保持一致为前提。[①] 以此类推，该理论也表明政府的目标函数与公众的目标函数存在差异。公众的目标函数较为单一，产出的增加和福利的增进是其主要内容。而政府的目标函数则要复杂得多，除了经济因素之外，非经济因素中政治的稳定、统治的稳固、权力的分配、政党的利益等都是重要组成部分。而且，非经济因素往往优先于经济因素。目标函数的差异使改革的收益难以简单评价。当政府与社会公众两者的效用函数差异较大时，即社会公众实现社会收益最大化的行动同上层目标相冲突时，即使该项制度变迁的程度并不激烈，并可能意味着较大的收益，但因为与政府的目标相冲突，因而或不能付诸实施，或带来较大的摩擦。[②] 改革前的体制中，由于高度集权的政体和完全没有资本市场运作，政府的效用函数同社会的效用函数差异很大，表现为政权的稳固和经济增长同消费者福利的相关度过低。改革开放以后，政府通过分权改革，赋予基层政府和人民群众更多的经济自主决策权，经济发展过程中，政府与人民群众有了更多的利益共同点，政府的效用函数同社会的效用函数差异开始缩小直至趋同。

制度变迁能否发生取决于市场主体（个人或个人的某种集合）对制度变迁收益（效用）和成本的估计，取决于新制度的“外部净利润”。如果预期的

---

① 王跃生：《不同改革方式下的改革成本与收益的再讨论》，《经济研究》1997 年第 3 期。

② 刘利峰、王梅：《激进式还是渐进式——对两种改革方式的成本和收益分析》，《辽宁财税》2002 年第 7 期。

净收益超过预期的成本，一项制度安排就会被创新，所以制度创新的一般性动因在于制度创新可能获取的潜在利润大于为获取这种利润而支付的成本。任何一项制度选择和制度安排都不是随意决定的，而是人们依据成本－收益分析权衡和选择的结果。中国改革开放始于小岗村的“红手印”，虽然没有精确收益的测算，但能活下来的巨大收益是促使小岗村农民冒着极大的政治风险进行改革和创新的原因。此外，根据新制度经济学理论，获取潜在的制度收益的方式有两种：一种是诱致性制度变迁，即个人或一群人在给定的约束条件下，为确定预期能导致自身利益最大化的制度安排和权利界定而自发组织实施的创新；另一种是自上而下的强制性变迁方式，即权力中心凭借行政命令、法律规范以及经济刺激来规划、组织和实施制度创新，强迁性变迁的主体是国家及其政府。改革开放前夕，人们对既定的制度安排和制度结构是一种不满足或不满意状态，或者说是制度供给不足。同时，由于微观主体（团体和个人）与地方政府之间存在很多的利益共同点，地方政府就可能对微观主体的制度创新活动给予鼓励和秘密扶持，从而实现制度创新。经济改革过程中，既有强制性变迁，也有诱致性变迁。当制度创新效益显现出来，得到中央政府认可的时候，制度变迁就成功了，甚至作为经验上升为国家制度在全国推广。① 产出的增加和福利的增进均为改革的目标，政府效用函数与社会效用函数无限接近是中国40年改革的重要特征。

有关政府与市场的辩论，是贯穿现代经济史不变的主题。② 新改革经济学的核心议题，也是研究如何处理好政府与市场的关系，解决好“有形之手”与“无形之手”之间的平衡问题。政府与市场并不是天然对立的，它们有各自独立的活动空间，而在共同的活动空间里它们是可以有机结合的。把政府和市场对立起来，不仅在理论上不准确，在实践中也是有害的。③ 与俄罗斯、波兰等转轨国家相比，中国走的是一条渐进式改革的道路，带来了一种混合的经济形态：既有有效的市场，也有强大的政府；既有公有制经济，也有非公有制经济；既有充当发展“助推器”的城市，也有充当发展“稳定器”的农村。

① 张谋贵：《小岗村改革的新制度经济学解释——纪念改革开放30周年》，《经济理论与经济管理》2008年第8期。

② 李拯：《中国的改革哲学》，中信出版社，2018。

③ 范恒山：《关于政府与市场的关系的若干思考》，《企业家日报》2014年9月7日。

一直以来，经济学界总是强调制度的供给理论，其实，制度改革的理论才是根本性问题。新改革经济学理论框架模型中，市场对资源的配置不是必然发生的或效用最大的，只有通过改革这个制度安排，或者说改革的供给，才能最终得以实现，其核心就是对经济结构的内生性要素实现有效配置，并最大化这个国家在制度、技术、资金、产业、人力等方面的整体性优势。因此，并不是所有的政府的或政治的工具和手段都可能推动制度创新的供给，只有改革的制度供给才可能达到“帕累托最优”，而没有改革的供给，仅仅依赖知识基础与创新成本，制度变迁的供给曲线就难以实现向右的移动。

改革经济作为一种新的经济制度，是以法治和市场化为基本取向的具有静态和动态资源配置效率的经济制度，既包含经济体制适应市场经济的需要，也包含政治体制适应市场经济的需要，并通过不断的制度创新形成改革侧的结构优化。这种改革侧的优化的主要表现就是制度的供给跳出了社会、个人、政界企业家与既得利益集团的多次的多重的利益博弈，在更好地发挥政府作用的基础上，通过以规划引领市场行为、用法治规范市场行为、用政策调节市场行为，使市场配置资源的能力和效用在制度和创新的供给中实现最大化。

一个国家的经济活动，有各种参与者，其中，政府是主体之一，无时无刻不在参与市场的活动，因此，需要被判断、被识别、被认知。人是具有理性的动物，因而每个人在市场中的活动，都有行为的逻辑。那政府的逻辑是什么？西方古典经济学提出“经济人”假设认为，人具有完全的理性，“理性”指的是人的一种高级的认知能力和行为能力，可以做出让自己利益最大化的选择。同时，经济学也认为，政府是具有“自利性”的理性主体。组织行为学认为，“理性”是所有组织都具有的特质，政府作为一种正式的权力组织，更具有“理性”的特质。长期以来，新古典经济理论和以之为底蕴的传统主流经济理论在完全信息或完全理性假设上，一直将政府看成与个体无本质差异的抽象行为主体。[①] 通常认为，政府理性是指政府在参与经济—社会活动的过程中，其行为是理性的或合乎理性的。一方面，政府把追求社会的公共利益作为自己的行为目标；另一方面，由于政府是一个非营利组织，它又不能只把追求政府组织自身的经济利益作为自己的行为目标。具体而言，其一，作为非营利组织的

---

① 何大安、杨益均：《大数据时代政府宏观调控的思维模式》，《学术月刊》2018 年第 5 期。

政府，它要追求的利益不仅是经济利益（财政收入），更包括社会利益、公众利益等。这种利益是包括经济利益、社会利益在内的各种利益的综合利益或“利益集合体”，是一种均衡利益。目前一个比较概括且易接受的提法是社会福利最大化，这应该是最大的公共意志。其二，政府所追求的利益的本质，不是政府机构自身的利益，而是政府所代表的并为其服务的社会公众的利益，具有利益的超越性和超脱性。[①] 这种超越性和超脱性是政府有别于其他经济组织或社会组织的根本标志。围绕改革经济学的研究，构建基于政府改革行为的经济学的基本模型，我们在此提出基于超理性政府的假说，即政府不仅是理性的，而且具有超理性的特质，即政府与一般的理性人相比，往往具有超越一般约束条件的超理性偏好和趋势，表现在具体的目标和决策中，往往也具有不同于一般理性和完全理性的超理性特点，即激进的或渐进的改革的刚性。区别于其他经济主体的一般理性，超理性赋予政府以最大化改革偏好。超理性是一种改革的内在驱动，强预期是超理性的外在表现，反映在制度供给上就是宏观政策的预调或干预，即对可能的政治或经济社会风险的不同于一般理性（或边际成本）的反应。

西方古典经济学理性人的假设已经被 1978 年度诺贝尔经济学奖得主赫伯特·亚历山大·西蒙进行了修正，他提出了“有限理性”的概念，认为人是介于完全理性与非理性之间的“有限理性”状态。西蒙认为，任何主体在行动过程中都必须承认自身的理性是非常有限的，因此，人们在做决定的过程中寻找的并非“最大”或“最优”的标准，而只是“满意”的标准。他指出，经济学家们给“经济人”赋予的全智全能的理性，是荒谬的和不存在的。[②] 但没有全智全能的理性，不等于没有超理性的可能。尤其对政府来说，其定位和功能，包括其存在的合法性，都决定了政府必须是超理性的。它必须不同于社会和市场中的个体的人的理性水平，而表现为其职能所能具有的全部的理性，尤其是在面临国际国内的各方面发展压力的情况下，政府的超理性就表现得更为明显。它需要以超理性来保障整个社会的公益并为未来背书。与经济学中的理性人假说相比，政府在市场中往往表现出的这种超理性的状态表明，政府总

① 黄清华：《政府理性与理性执政》，《团结》2016 年第 6 期。

② 冯含睿：《治理视角下的政府理性分析》，《城市问题》2015 年第 3 期。

是超越于一般的理性之上。地方官员的经济政绩冲动背后，目的也很明显，就是以经济版图的优先权创造政治版图的可能权。所以，在中国，直到现在，每个地方政府都有“产业集聚、结构调整与空间布局优化”的色彩，每一个地方政府驻地的迁移，甚至都会引发资源配置效应的变化。因而，超理性的政府的假设，就解释了政府作为改革的动力机制的核心及其运行的基本原理，也就是说，建立在超理性基础上的政府，通过其超理性的行为，构建一整套的超理性的机制，最终实现超理性的和最大化的经济社会的效用。用超理性的假设分析 1978 年以来中国的改革开放，这种超理性就表现为一种强烈的理念和信念，即中国只有实行市场经济和融入国际社会，才能实现最有利于广大民众、最有利于国家的发展和兴盛。[①] 正是这种超理性，塑造了改革开放前 30 年的中国致富逻辑。

但进一步分析政府的超理性可以发现，超理性既是政府的优点，也是政府的缺点。正是这种超理性，政府可以做那些对社会有价值但难以用市场价格和利润指标衡量的事，因而其行为可以不计成本、不惜代价。因而政府总是有不断扩大预算规模和活动范围而不受约束甚至不断设租和寻租的内在冲动，而整个社会却失去了衡量政府业绩和约束政府官员的重要机制。这样，那些政府主导经济的社会，通常也是老百姓相对贫穷的社会，政府强大的财力并不是社会富足的象征。因此，不能想当然地认为，这种超理性假设下政府的经济职能就是最优的，因为当前的政府可能是时事促成，也可能是错误铸就。也不能想当然地认为，如果将过去的政府职能放在现在就是最优的，因为随着经济社会的发展变化，政府的经济职能不可能一成不变，但其超理性总是不变一成的。[②]

超理性政府假说也并不表明政府就没有可能不掉入非理性的决策陷阱。非理性决策陷阱主要有两种：一是恶性博弈，二是独断专行。政府组织是由公务员自然人个人（官员）构成的，个人理性永远是一种有限理性；如果政府决策是由个人理性甚至个人感情支撑的决策，那就必然缺少顾及长远和维护整体全局利益的科学依据。政府独裁的原因，是不合理的权力结构使得处于权力之

---

① 张维迎：《利益是重要的，但不是唯一重要的——在北京大学国家发展研究院智库品牌论坛的演讲》，https：//mp. weixin. qq. com/s/CJ－s42aVfqYvyjSQMB0TuA，2018 年 8 月 23 日。

② 〔美〕维托・坦茨：《政府与市场——变革中的政府职能》，商务印书馆，2014。

上的个人有限理性过度发挥。因此“超理性”政府的实现基础就是要健全重大决策的科学机制，坚持和完善专家咨询制度、社会听证制度和决策责任制度，推进依法决策、科学决策和民主决策，实行执法责任制和执法过错追究制，这样才能避免政府非理性决策的重大失误。就长远来说，可通过政治体制改革改善权力结构，从制度上有效制约有限理性和非理性个人权力的过度作用，从根本上把理性政府建设好。①

第三节　新改革经济学的研究新范式

根据科学哲学的代表人物库恩的“范式”标准，任何理论或学说都是建立在某种范式基础上的。所谓“范式”是指“公认的模型或模式”，他承认在“公认的模型或模式”这个意义上“找不到更合适的用语”，只能借用“范式”这一术语。简单地说，库恩所说的范式是指一套概念体系和一组假设前提以及研究的准则。拥护某种学说的人总是接受这些假设和研究准则。范式对于一个学科的创立和发展具有极为重要的作用。库恩在《科学革命的结构》中指出，“有了一种范式，有了范式所容许的那种更深奥的研究，这是任何一个科学分支达到成熟的标志”。一个学科有了范式，即有了“公认的模型或模式”，就有了该学科向纵深发展的基础。②

范式是理论的灵魂。第二次世界大战结束以来，遵循新古典范式的主流经济学在西方世界取得了主导地位，经济学逐渐形成了被称为“新古典霸权”的一元化局面。在数学形式主义和追求所谓“客观、中立的科学”信念的驱使下，经济学走上了一条“重技巧、轻思想，重模型、轻现实，重形式、轻应用”的发展之路，以至于今日之西方主流经济学成为名副其实的“沉闷的科学”，固步自封，盲目自大，对于重大现实问题，既不能预测，也难以解释。尽管如此，主流经济学还是凭借其掌握的大量资源牢牢控制着经济学的主导权，吸引着世界各地的莘莘学子趋之若鹜，盲目迷信。不过，经济学中一直存

① 陈嘉珉：《科学发展必须建设理性政府》，《中共贵州省委党校学报》2007 年第 4 期。

② 黄勇：《产权、交易成本与资源配置：新制度经济学的新范式》，武汉大学硕士学位论文，2005。

在着一股与主流经济学抗衡的力量，它来自马克思主义、制度主义、斯拉法主义、后凯恩斯主义等新古典范式的替代性范式。这些替代性范式在 20 世纪 70 年代集体爆发，向新古典范式发起了挑战。经过数十年的积累，它们在不断完善自身理论体系的同时，开始倡导经济学的多元发展，力图打破新古典经济学的一元化格局。1992 年，以杰弗里·霍奇逊为首的 44 名经济学家，联名在《美国经济评论》上以付费广告形式刊登倡议书，呼吁经济学的多元发展，拉开了“经济学多元化运动”的序幕。随后，法国学生发起的“后我向思维经济学运动”（国内多称为“经济学改革国际运动”），剑桥大学博士生的请愿，堪萨斯城大学发出的呼吁，曼昆在哈佛大学遭到学生集体罢课等事件，表明这场运动的范围在不断扩大。①

2008 年全球金融危机的爆发，引发了对主流经济学前所未有的质疑，也将“经济学多元化运动”推向新的阶段。② 每一场经济危机的终结，都离不开经济学信条的革新。终结 20 世纪 30 年代的全球“大萧条”，离不开凯恩斯主义；摆脱“滞胀”，离不开里根经济学；治好“英国病”，也离不开撒切尔主义。同样，中国经济要走出今天的困境，完成转型升级，也必须依靠一种全新的经济学理论。尤其在进入改革深水区的今天，已没有什么现成的实例可以参照，而世界都在看着中国将交出怎样的新答卷，这意味着中国需要探索新型的经济学范式。③ 改革经济学就是一种新的经济学范式，这种范式的核心，就是探讨政府与市场的终极关系。

改革经济学，用中国改革开放 40 年的实践加以验证，这是中国历史上可以考证的最长的一段改革史。从一定意义上说，中国用 40 年的时间，建造了人类历史上最大规模的一座改革实验室。在此之前，关于改革经济的研究，还仅停留在经济学者脑子里，或者仅仅是人为炮制一些实际的情况而让不知情的外人进入这种情况中观察各种行为。“空中楼阁的处理需要另一种天赋”，而基于中国改革开放 40 年的改革经济的研究，已经从改革的实践中开始出发了。

当然，现代市场经济是个经历了几百年（有人说是上千年）演进形成的

① 孟捷：《经济学范式的革命》，《中国社会科学报》2016 年 11 月 16 日。

② 孟捷：《经济学范式的革命》，《中国社会科学报》2016 年 11 月 16 日。

③ 管清友：《中国改革的新经济学范式》，《上海证券报》2013 年 5 月 16 日。

精密的巨系统。中国的改革不是通过成百上千的自发演进而是通过了数十年的自觉行动来建设一个能够有效运转的市场经济系统，显然需要有广泛而充分的理论准备和多门类专业知识的支持。这也正像青木昌彦教授在他的重要著作《比较制度分析》中所说，在一个“整体性制度安排”中，各种具体制度之间具有相互关联和相互依存的特性。“只有相互一致和相互支持的制度安排才是富有生命力并可维系的”。[①] 从这个角度说，中国的改革是一种前所未有的探索性的整体性制度安排。传统的经济增长或发展理论已经被中国的经验推翻破除，尤其是所有制问题上的传统观念束缚的打破。科斯说，没有其他事项能比我们见到的中国改革与发展对人类的将来有更深远的影响。弗里德曼说：“谁能把中国的发展和改革说清楚，谁就应该获得诺贝尔经济学奖。”中国改革开放已经进入第 40 个年头，而且是保持了长达 40 年的经济持续增长。没有一个国家可以在这样长的时间内集数代人的努力于一体，延续同一项政策而不发生改弦易辙。何其不易！西方经济学的很多研究都是建立在各种假设上的。唯独在中国，没有假设，只有实践。40 年改革开放的成果就在眼前，给经济学家们提供了系统的数据、延续的政策、完整的周期，为他们建立起关于改革的新的经济学理论体系奠定了基础。

2018 年是改革开放 40 周年。恰恰是在改革全面深化的今天，围绕改革出现了前所未有的担忧、彷徨和争议。由于一些地方和领域的逆改革现象，以及计划经济遗留下来的诸多体制性矛盾，“所有制鸿沟”问题深层交织，政府与市场等的冲突暗流涌动。

① 吴敬琏：《中国经济改革进程》，中国大百科全书出版社，2018，第 368 页。

第二编
政府与市场

改革经济是经济发展的新形态、新模式、新趋势。其核心内容就是基于改革场景重构新的政府与市场关系。从亚当·斯密的《国富论》开始，政府是市场秩序的“守夜人”的角色就得到普遍认可与尊重。尤其是从19世纪后期开始到20世纪上半叶，随着世界各国经济体量的增大和经济活动复杂性的凸显，政府权力日益扩大，国家所有制、计划经济甚至凯恩斯主义等都曾风靡一时。在这一过程中，虽然政府干预的方式和干预的程度有很大不同，但有一个共同特点，那就是都强调政府要代表公共利益组织和实施对经济的管理（或宏观调控）。但随着社会主义国家计划经济体制改革的兴起，市场与政府的关系被不断重新认识。政府和市场的关系不再仅仅是“有形之手”“无形之手”那么简单。同时，政府与市场这对矛盾也并不是只要按照有利于市场的方式就能一劳永逸地解决，它们总是不断地改变冲突的形式，并在新的更高的层次上展开新的“斗争”。随着这种“斗争”的发展，二者的定位越来越清晰了，但边界则越来越模糊了，这时的政府已经不是原来的政府，市场也不再是传统的市场。一部市场经济的理论发展史，就是一部政府与市场关系争论和地位转换的历史。① 而新改革经济学的提出，不再囿于“有形”与“无形”的窠

① 秋石：《论正确处理政府和市场关系》，《求是》2018年第2期。

白，而是试图通过构建一种新的协同关系，以一种更加反映整体性政府特征的方式，通过横向和纵向协同的思想与行动，跳出非此即彼、此消彼长的零和博弈，形成和谐共生、缺一不可的耦合嵌入格局，在改革经济的层面实现二者的辩证统一，并在更体现市场逻辑的改革场景中实现政府再造。

第四章　基于改革场景的政府与市场关系的一般原理

“市场与政府是中国改革的核心博弈。”中国的改革40年，就是围绕政府与市场关系这个宏大的改革场景展开的。研究中国的新改革经济，与研究政府和市场的关系在本质上是一个问题。也许，理解中国40年强劲的经济增长的现状和未来并不是一件容易的事情，但如果我们换个角度，从政府与市场的关系入手，有些问题就变得容易一些了。“政府与市场的关系一直是经济学研究的核心命题。从思想理论和政策实践的发展历程看，政府与市场的关系像一个钟摆，总是在政府多一点和市场多一点之间摆动，难点是在不同的发展阶段如何实现有效平衡、发挥最大合力。”① 在对转型国家的改革比较研究中，无论是早期的曾经流行一时的所谓激进的和渐进的改革理论，还是国际上关于“后社会主义”的转型的研究，都把政府与市场的关系问题作为重中之重。但总体来看，新自由主义经济理论所强调的过度的自由化、过度的私有化和过度的市场化已经被证明是一剂“苦药”，甚至是“毒药”。最终，中国用40年的探索，走出了另外一条道路，当然，中国围绕政府与市场关系的探索事实上也是不同利益取向的人群之间反复博弈之后的产物。这期间最为惊心动魄的是由20世纪70年代末改革初期的维护命令经济与主张市场取向改革者两种社会势力，分化出主张在双重体制下保持强化行政权力和扩大寻租环境的第三种社会势力。这种代表寻租利益的特殊利益集团试图绑架那时还比较弱小的不识市场水性的政府，进而扭转市场化改革的历史车轮，使它偏离法治市场经济的方

① 〔荷〕乔安妮·凯勒曼、雅各布·德汗、费姆克·德弗里斯：《21世纪金融监管》，张晓朴译，中信出版社，2016，第12页。

向，走上权贵资本主义或称官僚资本主义的歧路。[①] 最终，我们避开了这条歧路，在改革开放35周年的时候进行了一次新的突围，找到了“市场决定性作用”这把改革的金钥匙——市场在资源配置中起决定性作用，更好地发挥政府作用，“看不见的手”和“看得见的手”都要用好。这一改革场景突围的背后，尤其是20世纪社会经济制度变迁的基本脉络提示我们：仅仅是划定政府与市场的边界可能还不够，甚至，政府与市场的关系，本身就不是一个简单的边界问题，即无边界而有定位，“看不见的手”和“看得见的手”的更为深层次的制度化的融合，是保证市场有效和社会公正的根本。

第一节　政府与市场博弈中的困境

囚徒困境是博弈论中非零和博弈的代表性例子。囚徒困境说明当合作对双方都有利时，为什么双方保持合作也非常困难，反映了个人最佳选择而非团体最佳选择。政府与市场即是博弈的双方，对于政府来说，与市场合作显然是更加明智的选择，但是在政府实际的运作过程中往往面临很多问题。从西方经济学的观点看，包括有组织的利益集团、农场主和零售商等在内的这些集团是在损害消费者和纳税者利益的情况下受益的，“只要一方是团结一致的集团，对政府的保护具有直接而强烈的兴趣，另一方是一盘散沙的大众，对此事不那么关心，民主政治机器似乎就会对特殊利益集团让步”。市场呼唤包容审慎，而现实又急需严刑峻法，古人讲“能攻心则反侧自消，自古知兵非好战，不审势即宽严皆误，后来治蜀要深思”，政府与市场的关系也有一个宽严的把握，更需要审时度势，最终实现双赢而不是双输。尤其是当平台经济、共享经济等新经济的出现，新经济与旧制度之间的矛盾就更为突出，传统的体制机制已经明显滞后于培育新动能的需要，存在着既得利益集团借体制“篱笆墙”展开利益博弈、制度缺失和监管手段新人穿旧衣、部门管理碎片化、有限资源分散化等问题，不利于要素的自由流动和高效配置，不利于新经济的发育与成长。[②]

---

① 吴敬琏：《当代中国经济改革教程》，上海远东出版社，2010，序言第4页。

② 樊纲、许永发：《新经济与旧体制》，中国经济出版社，2018，前言。

1. 从准入的角度看市场与政府的关系

改革经济学所研究的市场，不同于一般意义的市场，其主要是从改革背景下以“准入”为特征的市场开始的。这是因为，改革前的市场不是完全的市场，存在高度的进入壁垒。因此，改革经济的形成首先是从放开市场，消除准入障碍，打破政府管制开始的。“市场准入”，在英语中与其对应的是“Market Access”。它在 WTO 法律框架下是一种特殊的国际贸易法原则。其含义基本为“可自由地进入某国市场”，引进中国以后其含义是指调控或规制市场主体和交易对象进入市场的有关法律规范的总称，是一种制度安排。在本书中，市场准入即是一种制度安排。

任何国家的市场都需要一定的准入条件，这对于竞争的形成、产业的发展具有十分重要的作用，它不仅决定了一个国家产业的组织形式，同时也决定了一个产业的平均企业规模，是政府规制产业的重要手段。中国的市场准入制度是随着改革开放而逐渐建立起来的，在计划经济向市场经济转变的这段时间，即 20 世纪 70 年代末到 80 年代后期的这十年，市场准入制度非常不成熟，这一时期刚刚恢复工商企业的登记制度，但由于民商法体系尚未建立完善，工商企业的登记主要是营业登记，而非资格登记，这意味着政府并没有对成为市场主体的条件和资格加以管理。“从交易对象的市场准入制度来说，这一时期还没有颁布产品质量法和产品责任法，对产品和服务的许可、认证制度也才起步。”① 在 20 世纪 80 年代后期到 90 年代中期的社会主义市场经济确立时期，确立了社会主义市场经济体制，法制建设取得了初步成就，市场准入制度初步确立，1988 年《中华人民共和国企业法人登记管理条例》的出台和 1993 年《中华人民共和国公司法》的颁布标志着我国市场主体的登记从营业登记向资格登记转变。1986 年颁布的《中华人民共和国外资企业法》和 1988 年颁布的《中华人民共和国中外合作经营企业法》拓宽了境外主体进入我国市场的范围和组织形式。在交易对象的市场准入方面，1988 年颁布了《中华人民共和国标准化法》，1993 年出台了《中华人民共和国产品质量法》，这两部法律的出台标志着我国在进入市场的许可和认证制度方面取得了长足进展。20 世纪 90 年代以后市场准入制度进入了一个稳步发展时期，特别是中

① 刘丹、侯茜：《中国市场准入制度的现状及完善》，《商业研究》2005 年第 12 期。

国加入 WTO 以后开放了零售、旅游、运输等领域，这些行业允许境外主体进入。

市场准入制度是纠正市场偏差的重要手段，准入要求低还是高，放松还是严管，应该根据不同行业的具体情况，同时也应该考虑到国家行业的整体发展。在市场经济条件下，企业以最大盈利为目的，为了盈利，企业可能不会在乎生产安全、环境污染和资源浪费问题，这些问题就需要政府的监督，但是在市场经济体制下政府又不应该对企业进行直接的干预，这时，由政府设立市场准入门槛就成为世界大多数国家通用的控制企业投资和生产的主要手段。市场准入要求太低会造成过度竞争无序经营，市场准入要求过高，又会导致垄断经营和效率低下问题。因此要根据不同的产业发展的特点制定相应的市场准入标准，保证产业顺利成长。

但与市场准入伴随而生的也有无处不在的政策和利益的博弈。如我国民营银行的市场准入与退出机制中的博弈问题、农产品质量安全市场准入过程中利益相关者的博弈等。与市场准入相关的一个问题是市场的“不”准入，对政府而言也面临很多利益的博弈。例如，处置“僵尸企业”就经常会出现某种程度的囚徒困境：各地不希望成为第一批探路者，甚至希望别的地方清退后释放出优质资源或改善行业生态；另外，处置低效企业本身的确要承受“阵痛”，除了人员安置外，坏账损失可能将压力转移至金融行业，这与地方政府的心态并不符合。要解决这一问题，就需要可行的制度设计。如在中央层面成立企业退出基金，并灵活处理这类不良贷款的考核机制等，就是从资源和制度上激励地方积极作为。

实行市场准入负面清单管理制度是发挥市场在资源配置中的决定性作用的重要基础。一般来说，政府对市场干预过多，导致市场准入开放性不足、公平性不够、透明度不够、管理程序复杂等问题，但很多这样的情况也是深刻的历史原因和现实原因造成的。目前中国正在不断推进市场准入制度改革，以期能够形成更加有利于市场经济发挥作用的制度安排。其中，市场准入负面清单制度即是针对完善市场准入制度做出的重要尝试。市场准入负面清单管理制度，最早是国际上针对外商投资准入的一种管理模式，中国最早在自贸试验区内试行外商投资负面清单制度，进而将之引入国内经济治理，实行市场准入负面清单制度。目前，中国已经给出了实施市场准入负面清单动态调整机制的时间表。市场准入负面清单制度的实施，引申出一系列制度创新和制度创新体系，因而这是龙头性的制度。由于负面清单，把企业搞活了；由于负面清单，政府的管制进一步放松了；由于负面清单，政府审批制度必须进行颠覆性的改革；由于负面清单，必须建立事中事后监管制度。[①] 所以，负面清单制度是一条根本性的制度。[②] 当然，市场准入负面清单并不是单独推进就可以实现改革目标的，必须配合行政审批制度改革、商事登记制度改革、市场监管体制改革等措施才能取得效果，就目前四个试点来看，这些配套制度作为一项单独的改革事项取得的进展更多，而必须提出的是，行政审批制度、商事登记制度改革、市场监管体制、社会诚信体系建设等每项配套制度的改革推进工作不能代替它们与市场准入负面清单制度的配套推进工作。比如，行政审批制度改革作为当前“放管服”改革中的重头戏，各地就此项改革都取得了较大的进展，但是必须注意，行政审批事项里仅有 1/4 到 1/3 的部分是涉及市场准入管理的，因此在具体工作中，各试点应更加重视了解、布置与负面清单相关的行政审批事项进行了哪些具体改革，并且这些配套改革将使市场准入负面清单制度取得何种效果。

2. 为什么统一大市场的形成这么难

虽然中国的市场化改革已经有 40 年了，但真正意义上的全国统一大市场并未形成。目前，商品市场大部分实现了市场化定价，可以说是“大半个市场”，要素市场化尚在途中，是“半个市场”。总体来说，我们目前仍然是个较低水平、不完善的市场经济。[③] 一直以来，资源分配不合理导致地域差距扩大、贫富差距加大等深层次问题层出不穷。最典型的就是物流成本高企，另外，全国统一电力市场建设也在深化之中。2016 年 6 月 1 日，国务院印发《关于在市场体系建设中建立公平竞争审查制度的意见》，旨在规范政府有关行为，防止出台排除、限制竞争的政策措施，逐步清理废除妨碍全国统一市场和公平竞争的规定和做法。但据不完全统计，公平竞争审查意见的落实在地方和部委之间发展并不平衡。

① 《上海自贸区突围“负面清单”》，《21 世纪经济报道》2015 年 1 月 1 日。

② 韩正：《探索政府与市场关系这一根本改革》，《解放日报》2014 年 9 月 29 日。

③ 刘世锦：《中国需要建设高标准市场经济》，《中国经济时报》2019 年 3 月 13 日。

所谓全国统一市场，是指在社会分工和商品经济高度发展的基础上，把国内各地区的经济融合成一个互相依存的有机统一市场，包括资本市场、土地市场和劳动力市场。所谓供给侧结构性改革应成为建立全国统一市场之手段。制约全国统一大市场形成的根源是传统体制中的垄断问题。经济学中的垄断可以分为三种类型：自然垄断、行为垄断和政府垄断。自然垄断指由于资源条件的分布集中而无法竞争或不适宜竞争所形成的垄断，在现代这种情况引起的垄断已经不多见。行为垄断是由少数厂商合谋而导致的垄断行为。政府垄断是由政府规制导致的垄断现象。在市场发挥决定性作用的背景下，如何破除传统的政府垄断问题一直广受关注，而这种垄断难以破除，需要从深刻的历史和现实问题入手才能找到有效的解决方案。

国家作为一种人类社会的组织方式，从一开始就和土地、空间、不动产、货币、武装等密不可分。因此，政府从产生之初就带有垄断的性质。中国在历史上有很强的政府对经济的垄断传统，一种是先秦儒家提出的自由经济思想，另一种是法家提出的统治经济思想，先秦的自由经济思想自秦始皇统一中国后便不能适应统治者治理国家的需要从而逐渐式微，法家的统治经济思想成为主流。自秦始皇统一中国开始，各个朝代只要建立起统一的中央政权、社会经济达到初步繁荣以后，政府就开始控制民众的经济活动，只允许民众在有限范围内自主经营，政府控制着国民经济的命脉，垄断关键行业和重要资源。在历史上国家垄断市场是因为维护政治稳定的机制与私人产品的生产方式紧密相连，国家需要借助经济手段，取得对民众的经济支配地位，政治才能稳定。传统的政府垄断方式是专卖制度，汉武帝时期实行盐铁专卖，随后酒业加入了专卖的行列，从唐代开始茶叶进入专卖行列，铁退出了专卖的范围，明代的专卖商品是盐和茶，海外贸易也是明代政府的专卖范围，清代继续对盐茶实行专卖。晚清时期从洋务运动开始，国家开始对重工业进行垄断。到了民国时期在重工业之外国家开始对金融业进行垄断。由此可见，中国在历史上存在很强的政府垄断传统。

新中国成立之初，中国实行计划经济体制，政府几乎垄断了所有的行业，1978 年中国开始实行改革开放，市场经济的地位逐步得到确立，政府逐步放松了对市场的管制，倡导实行政企分开。但是政府对一些处于垄断地位的行业仍未按市场经济的规则加以限制。另外，各级政府部门常常以行业管理或维护市场秩序为名，通过法令、政策、行政手段从事各种各样的反竞争活动。[①] 土地、空间、不动产、货币、武装这些领域和政府有很多重叠，政府官员很容易实施干预、控制，并且正当的政府管理和越权的干预市场二者之间很难区分。这些领域及行业的生意很难摆脱政府官员的控制和影响。另外，市场总被认为是不完善的，政府应该进入市场以控制市场可能出现的问题。“扩大政府职能必定基于两个重要假设。第一个假设，也是最重要的假设：社会公众是短视的，缺乏深谋远虑。如果任其自由行动，无论个人还是集体都不会采取必要的风险防范行为，比如，不会为老年而积累储蓄，不会花钱送孩子上私立学校，也不会买保险（或积蓄资产）以备疾病和失业的不时之需。第二个假设是，即使他们有此意愿，各种私营协会（包括慈善和宗教组织）也没有能力满足他们的需要，只有政府才能把这件事做好。正是基于上述两个假设，政府的作用被认为理应是家长式的，政府的职能应该不断扩展。”[②]

统一国内市场，是一个经济大国和强国的“标配”，也是中央与地方各利益相关主体的利益博弈过程。要消除各种阻碍市场化的因素，破除各种歧视性、隐蔽性的区域市场壁垒，扭转不当竞争带来的国家政策的碎片化和市场的分割化，进一步提升资源配置的效率，大力降低市场竞争成本，实现经济的有机统一。同时，加强区域间的合作，在区域大战略下从竞争走向竞合。全国统一大市场的核心要义是促进城乡要素平等交换。当前的重点和关键，是促进城乡公共资源均衡配置，加强基础设施建设。要以乡村振兴战略为支点，大幅提高城乡之间、区域之间的交通通达能力，为促进城乡生产要素自由流动和公共资源均衡配置提供基础条件。

3. 政府管制性壁垒的消除

“为什么要像戒毒一样戒除管制？”2001 年春天，赵晓博士受托就放松管制问题对张维迎教授进行了长篇访谈，19 年过去，可以发现当时谈到的很多内容仍然非常适合今天。这是因为，管制者消灭了市场秩序中自我维持运转的力量和机制后，会不断为自己创造需求，管制的引入和加强将形成一种恶性循

---

① 张维迎、盛洪：《从电信业看中国的反垄断问题》，《经济研究参考》2001 年第 48 期。

② 〔美〕维托·坦茨：《政府与市场变革中的政府职能》，王宇等译，商务印书馆，2016，第 15 页。

环。当时举的一个例子，就是弗里德曼曾经研究过的美国政府医药管制的实例：负责医药管理的那些官员，负有极大的责任——如果他们审批后，发出许可的药出了问题，那是有责任的，但是药卖了多少钱，他们并没有收益。这样，对一个理性的官员来说，把新药的申请报告压在抽屉里，就是最合理的选择。只要不批准，就不会有新药，当然也就不会有假药。因此，在实行药品管制后，美国新药上市的速度大大减缓，导致了很严重的后果，用弗里德曼的话说，大量患者吃不到更新、更有效的药，其导致的死亡人数可能远远超出了政府防假药减少的死亡人数。这可以说是管制失败的一个具体例证。① 所以，当时的张维迎甚至表示："把大部分管制取消，中国国民生产总值可以提高30%，腐败减少50%。"②

市场经济是人类迄今为止所找到的最好的创造财富的机制。同时，市场失灵理论也给干预市场提供了借口，但"市场失灵的理论本质上是市场理论的失灵"③。政府管制和审批制下不断出现的怪胎，恰恰是权钱腐败的温床。《第一财经日报》就曾对中国资本市场上的"壳资源"问题刊发报道指出，这些坐待被收购的存在于各种领域的"壳资源"，如上市公司的壳、税收优惠公司的壳、取得了工业区低价土地的公司壳、烟草和汽车金融机构的壳……按中国汽车工业协会统计，2012 年中国有产品生产公告的汽车集团有 70 多家，但其中有 9 家汽车厂商生产和销量为零，还有 10 多家汽车厂商年销量在千辆以下。其背后的根源就是中国汽车行业只有生产准入机制，缺乏退出机制，不少车企即使连续多年不生产和销售汽车，也仍然"死不掉"，无法淘汰零产量企业。当然，这背后也有地方政府保护等各种利益夹杂在里面的可能性。与此同时，由于利益的博弈，这些僵尸企业反而成为"壳资源"待价而沽。按照国家发改委产业政策的现行要求，汽车企业异地建厂必须在兼并现有汽车生产企业的基础上进行。在实际操作中，演变成任何新上汽车合资项目，首先要收购一家具有汽车生产资质的企业（即"壳资源"）才能进行，这也使得"借壳"成为

---

① 张维迎：《管制最多的地方一定是骗子最多的地方》，和讯网，2013 年 12 月 31 日。

② 张维迎：《政府要像戒毒一样戒掉政府管制》，《领导决策信息》2001 年第 1 期。

③ 张维迎：《纠正市场失灵谬误　勿陷政府管制陷阱》，北大国发院 BiMBA 官网，https://m.hexun.com/bschool/2015-11-19/180680768.html，2015 年 11 月 19 日。

一些企业扩张的必经步骤。① 可见，只有对命令经济弊病根源的彻底反思，形成对改革经济理论的广泛共识，才能铲除种种脱胎于命令经济思维、强调政府对经济的高强度控制的统制经济模式在理论层面获得的或明或暗的支持②，从根本上避免政府权力的过度扩张及对企业和市场的过度管控。

取消不合理的政府管制，加快“放管服”改革，实现政府职能的转变，本质上是一场刀刃向内的自我革命。③ 其主要内容就是要用政府权力减法换取市场活力乘法，也是处理好政府与市场关系的重中之重。大道至简，有权不可任性。一个自由放任的气氛将鼓励产生不同分工结构的自发社会试验，包括无效的试验。这将加速组织信息获得的进程，从而加速经济发展。政府对产业发展和贸易模式的计划与试验各种分工结构（包括无效结构）的提法不相容，所以它将放慢组织信息的获得过程，从而阻碍经济发展。④ 各级政府都要加强简政放权、转变职能，给企业松绑，为创业提供便利，营造公平的竞争环境。所有行政审批事项都要简化程序，明确时限，从政府部门“端菜”变为人民群众“点菜”。处理好政府与市场的关系，放松管制、降低税负是很多国家面对经济下行压力的共同选择，中国还处于社会主义初级阶段，实体经济是国民经济的根基所在，必须保持一定的实体经济规模并加快转型升级。面对当前国际竞争激烈的新形势，要让中国产品具有国际竞争力，很重要的就是要加大减税降费的力度⑤，把实体经济的成本切实降下来，让企业轻装上阵。

第二节　市场与政府关系的非对称均衡

政府是一些问题的解决办法，也是另一些问题的产生根源。政府组织的内

---

① 王丽歌：《九家车企去年产销为零，或变成壳资源坐待被收购》，《第一财经日报》2013 年 2 月 7 日。

② 吴敬琏：《中国经济改革进程》，中国大百科全书出版社，2018，第 2 页。

③ 《李克强在全国深化简政放权放管结合优化服务改革电视电话会议上的讲话》，http://www.xinhuanet.com/2017-06/29/c_1121236906.htm，2017 年 6 月 13 日。

④ 杨小凯：《经济学——新兴古典与新古典框架》，社会科学文献出版社，2013，第 483 页。

⑤ 中央党校周天勇认为，中国作为一个发展中国家，2005 年的宏观税负水平为 26.43%，其后每年负担平均增加 1 个百分点，2010 年达到了 36.22%。比照世界水平，中国宏观税负应降到 30%；如果三年中宏观税费水平降到合理水平，需要减税共 56000 亿元。

在缺陷及政府供给的特点决定了政府活动易产生高成本、低效率和分配的不公平现象。[①] 因此，“关于政府与市场关系的讨论，应该从市场失灵开始。从理论上讲，市场是资源配置的最佳方式，但在现实中，由于存在公共物品、自然垄断、外部效应、信息不完全等问题，市场无法实现资源配置的帕累托最优。为此，弥补市场不足、提高资源配置效率成为最初的政府职能。”[②] 政府与市场存在着博弈，在博弈的过程中政府由于对公权力的掌握往往占有优势地位，因此，政府面临囚徒困境问题，但是政府和市场不止有博弈，还存在着均衡，即政府与市场也存在着合作。

“经济的均衡（瓦尔拉均衡）是假设存在着完善的市场和灵敏的价格体系条件下所达到的均衡。如果市场完善，价格灵敏，价格随供求变化而调整，那么需求与供给必然相等，社会中的超额需求和超额供给都不会存在。但这是一种纯理论的假设。现实经济中，市场既不完善，价格又不灵活。现实经济中存在的是非均衡，即在价格不能自行导致供求相等的条件下，各种经济力量会根据具体情况而调整到彼此相适应的位置上，并保持一定的供求缺口，也就是保持着一定的失业率或一定的通货膨胀率。对我国经济实际状况的研究表明，我国经济目前正处于非均衡状态。”[③]

目前来看，影响政府与市场关系的均衡的问题，反映在经济上，主要表现为企业作为自主经营、自负盈亏的独立商品生产者，它们有活力，但由于国内统一市场没有完全形成，而政府又控制了绝大部分的资源供给，加之各种利益集团的干扰或其他因素的影响，造成市场决定性作用无法正常发挥，无法形成有效市场竞争，超额需求或超额供给依然存在。另外，在市场不完善、价格不灵活之外，大量国有企业还没有真正成为自主经营、自负盈亏的独立商品生产者，缺乏市场竞争优势。而更要害的是，许多民营企业也被迫或自觉地走上了“结交官府”的寻租道路，这也是对形成和构建竞争性市场体系的破坏。

---

① 朱大旗、李蕊：《经济法治视阈下政府与市场的协同联动》，《江西社会科学》2015 年第 7 期。

② 〔美〕维托·坦茨：《政府与市场变革中的政府职能》，王宇等译，商务印书馆，2016，第Ⅶ页。

③ 厉以宁、孟晓苏、李源潮、李克强：《走向繁荣的战略选择》，经济日报出版社，2015，第 172 ~ 174 页。

1. “柯立芝繁荣”为何难以持续

“柯立芝繁荣”是第一次世界大战以后在美国出现的短暂的繁荣时期，即1924～1928年，因这一时期刚好处在美国第三十任总统卡尔文·柯立芝执政期间，故称为“柯立芝繁荣”。“柯立芝繁荣”以工业的快速增长为主要表现，主要有建筑业、汽车业和电气业，这三个行业可以称为美国的三大经济支柱。

美国柯立芝时期的繁荣是由当时美国所具有的国际和国内环境共同造成的，“柯立芝繁荣”的原因可以从以下三方面来看。

首先，第一次世界大战时期，美国极大地扩张了自己的经济实力。第一次世界大战是人类历史上的一次浩劫，却是美帝国主义发展的黄金时代。战争初期，美国没有直接卷入战争中去，于是美国充当战争双方的兵工厂，迅速扩大军工生产和重工生产。美国还在战争时期对英法进行贷款，“战前美国共欠欧洲各国的债务达六十亿美元，而战后欧洲协约国各国共欠美国债务达一百零三亿三千八百万美元，1913～1924年：美国掌握的黄金总量自十九亿二千四百万美元上升到四十四亿九千九百万美元，达世界黄金贮存量的二分之一”。[①]这直接造成了世界的金融中心从英国变为美国。

其次，技术革命也是造成美国“柯立芝繁荣”的重要原因。第一次世界大战时期，美国机器设备更新缓慢，住宅老旧。美国利用第一次世界大战积累下来的资金进行了生产设备的更新和生产规模的扩大，推行“工业生产合理化”运动，其中最为著名的是泰罗制和福特制，泰罗制要求科学的管理和组织生产，福特制要求流水线作业和装配线作业，新的管理方式和生产方式的应用极大地降低了生产成本，提高了生产效率。对住宅的更新和建设也促进了建筑业的发展。

最后，国内外市场的扩张是造成美国经济繁荣的又一成因。美国利用战后欧洲各国的恢复期大力掠夺国外市场，实行资本输出和商品输出，使自己的资本渗透加拿大和拉丁美洲等地区。在国外市场扩张的同时，美国的城市化得到了迅速的发展，造成了人口从农村向城市的迁移，商业界大力采用分期付款的赊销方法和广告来推销商品，刺激了消费，促进了经济的繁荣和发展。

柯立芝执政时期的经济繁荣曾让柯立芝总统自豪地宣称美国人民已经达到

① 许国林：《浅析美国“柯立芝繁荣”的原因》，《许昌师专学报》（社会科学版）1988年第2期。

了“人类历史上罕见的幸福境界”，但是这个幸福是短暂的，短暂的繁荣过后，美国迎来了旷日持久的经济危机，“柯立芝繁荣”难以为继的原因主要有：第一，产业发展不平衡，“柯立芝繁荣”以工业的繁荣为基础，在汽车业、建筑行业大力发展的同时，纺织业、运输业都处于停滞和衰退状态，尤其是农业，国内农产品消费市场狭窄，农业收入低得可怜，劳动人民生活水平提高缓慢。第二，柯立芝是一个自由主义者，奉行“小政府，大社会”，并把经济利益放在第一位，西方用法语词“Laissez－Faire”（让他去、让他做、让他走）通称，意思就是政府放手让商人自由进行贸易。高度的自由主义尽管导致了经济的高度繁荣，却缺乏政府的必要调控和治理，生产处于盲目的状态。

柯立芝时期的经济政策实际上完全是自由放任主义，短暂的繁荣过后，是漫长的经济萧条，因此美国的经济政策也从自由主义转向了国家干预，美国迎来了罗斯福新政。柯立芝时期短暂的繁荣告诉我们，市场虽好，但是市场也有不值得信任的时候，在社会经济中政府和市场应该同时存在并发挥各自的作用，这样的均衡发展才是可持续的。同时，经济政策的选择必须着眼于长期趋势，在政府与市场的均衡中寻求经济持续发展的最终动力。在这方面，随后发展起来的凯恩斯主义的理论和政策所针对的主要都是经济学所说的短期问题。凯恩斯对这一点也说得很清楚。他在回应自由主义经济学家关于市场能够自动出清而无须政府干预的批评时承认，从长期来说市场的确能使它恢复平衡，但是他说：“从长期看，我们都死了。”这就是说，尽管从长期看市场经济会经过波动自动实现再平衡，但如果不采取救助措施，就会在短期内造成难以补救的损失。①

2. 市场与政府的制度化融合

亚当·斯密1759年完成了第一本著作《道德情操论》，1776年完成了第二本著作《国富论》之后，从伦敦转回到了他父亲生前工作过的海关，对当时被认为财富的真正源泉之地，并作为国家与国家之间利益高度集中的进出口贸易要地一边观察一边思考，期望能够写出关于“政府与法律”方面的第三本著作。但很遗憾的是，1790年他与世长辞了，并且所有手稿资料被销毁。按照一般的分析，在前面这两部书里，对于个人道德行为，亚当·斯密揭示出

① 吴敬琏：《中国经济面临的挑战与选择》，《中共浙江省委党校学报》2016年第1期。

“一只看不见的手”是自我心与同情心的融合引导着人们的道德情操；对于企业商业行为，亚当·斯密揭示出“一只看不见的手”是利己性与利他性的融合引导着企业的商品、价格、供求和竞争机制。按此分析，如果亚当·斯密的第三部书能完成，那么，对于政府的管理行为，他将揭示的这只“看得见的手”绝对不会仅仅停留在《国富论》的描述上。[①] 除了保护国家、维护公正与秩序之外，针对政府提供公共物品，其也绝对不会停留在或局限在只有道路、桥梁、运河和海港这四种类型基础设施，而且是由资本家私人经营无利可图的工程这一概念范畴上。然而，令人遗憾的是，200 多年后的今天，各类经济学仍然把政府的职能和管理行为滞留在亚当·斯密《国富论》的描述上。而改革经济学的提出，最主要的一个内容，就是试图从改革的角度，重构政府与市场的关系，跳出简单的“守夜人”的定位，重新探索和构建政府与市场的关系。

政府与市场是现代市场经济体系中两个重要手段，各有长处但功能不同。政府这只“看得见的手”和市场这只“看不见的手”，都能对资源配置产生作用，但资源配置和利益调节的机制、手段、方式不同。在市场作用和政府作用的问题上，要讲辩证法、两点论，“看不见的手”和“看得见的手”这“两只手”都要用好。表面上看，驾驭好这“两只手”是一个经济问题，或者现代国家治理问题，但从认识论来讲，驾驭好这“两只手”是一个方法论和哲学观问题。在应对经济运行的矛盾机制上，政府与市场就是一对对立统一的矛盾体。

在西方市场经济 100 多年的历史中，处理政府与市场的关系一直是一个核心话题。在漫长的市场调控与政府调控的博弈当中，市场与政府始终处在一个对立的状态。在西方，比较主流的观点如美国的托马斯·潘恩就认为，政府，即使是在它最好的情况下，也是一个免不了的祸害；而一旦碰上它最坏的时候，它就成了不可容忍的祸害。从经济思想史的角度看，对市场与政府关系的认识可以分为五个阶段。第一阶段是从 15 世纪到 17 世纪重商主义阶段。在这一阶段政府职能被认为是保护资产阶级利益、推动经济发展的十分重要的因素，因而这一阶段大力主张政府干预。第二阶段，当西方经济思想进入以亚

① 陈云贤：《中国特色社会主义市场经济：有为政府 + 有效市场》，《经济研究》2019 年第 1 期。

当·斯密为代表的自由市场主义阶段时，其要求政府充当“守夜人”的角色，强调市场的作用。第三阶段是以凯恩斯为代表的政府干预主义，因为凯恩斯的政府干预理论拯救了20世纪30年代的经济大危机，所以政府干预在当时受到了极大的追捧。第四阶段，西方国家出现了“滞胀”，政府干预在这次经济危机中显得无能为力，因此以新货币主义经济学家弗里德曼和哈耶克为代表的新自由主义成为经济界的主要呼声。第五阶段是20世纪80年代后期和90年代初期，第二次世界大战后世界范围内出现了长时间的经济衰退，但是新自由主义无济于事，因此强调经济的新凯恩斯主义又得到了发展的机会和空间。从西方国家经济发展的这五个阶段来看始终存在着政府和市场的二元对立。

随着经济周期运动和市场经济不断发育，如何平衡好利用市场内在机制对资源的配置和利用宏观调控手段干预经济运行、平抑经济波动之间的关系始终是摆在政府面前的一个主要宏观管理课题。纵观中国40年来的改革开放历程，其实我们也是在不断探索如何处理好政府、市场、企业和社会的关系。每次重大经济改革领域，都离不开对政府管理职能和发挥市场作用的关系的讨论。而改革每前进一步，我们对政府和市场的关系认识也就前进一大步。市场方式主要是通过供求、价格、竞争等机制功能配置资源，调节利益关系，市场主体自主决策、自主经营和自担风险。政府方式则主要根据全局和公益性需求，从宏观层次和全局发展上配置重要资源，促进经济总量平衡，协调重大结构和优化生产力布局，提供非竞争性的公共产品和公共服务，维护市场和社会秩序，弥补市场缺陷和失灵。

在过去一个相当长的时期内，中国所采取的凯恩斯式的刺激政策来拉动经济增长，已经带来两个问题：第一，经济学所说投资回报递减规律的作用已经充分显现出来；第二，债务的过度增加和杠杆的迅速升高使风险加速积累。[①] 这时，政府的政策选择必须跳出凯恩斯主义的短期分析框架的陷阱，从传统的需求端的短期刺激政策转向供给端的政策和改革，而不是过分注重投资、消费、净出口“三驾马车”的短期拉动。我们现在所面临的问题更多的不是周期性的、短期的，而是趋势性的、进入中等收入阶段后的增速下滑和结构调整，这些问题不是需求端的简单的刺激政策所能应对的，必须靠政府转变职

① 吴敬琏：《改革大道行思录》，商务印书馆，2017，第81页。

能，成为服务型政府，与市场协同，通过提供公共服务的“软件”而不是直接投资和建立科技园“硬件”。正是因为信息的不完全性、利益主体的多元性，既要尊重市场决定资源配置这个市场经济的一般规律，又要充分发挥政府能够从社会整体利益和长远利益出发来引导市场和社会经济发展方向、调节经济利益关系方面的积极有效作用。二者作用是相互依托、相互弥补、不可割裂的。

在政府与市场的深层次的制度化的融合关系中，把市场作为大型搅拌机和政府作为搅拌机的管理者的假设看来是长期适用的。① 把市场比喻为资源组合的大型搅拌机，搅拌过程就是资源组合的选择过程。正是通过市场这个大型搅拌机，各种资源或说全要素的组合和使用才能更加符合资源配置的效率标准。但正如对搅拌机的管理与搅拌机本身的运转不是一回事一样，对市场的管理与市场的运行也不是一回事。机器的管理者必先熟悉机器，方能管理好机器、保养好机器，而市场的管理者必先熟悉市场机制的性质和作用，才能管理好市场，使之有秩序，使市场上的竞争更趋于公平。而当市场这个搅拌机运转不灵或者需要加油时，就需要政府来做工作。而市场机制的运行动力在于参与市场活动的企业对自身利益的不断追求，因此，政府的工作，就是要从改革这个关键点切入，通过政府与市场的协同，推动改革经济的不断深化。

3. 更好地发挥政府作用——政府与市场的协同

从市场在资源配置中的基础性作用，到市场在资源配置中的决定性作用，是政府与市场关系的认识的一个巨大飞跃。很多人对“使市场在资源配置中起决定性作用”比较容易理解，但针对如何更好地发挥政府作用，却有不同的观点。事实上，更好地发挥政府作用，强调的就不是一个数量上的多和少的问题，而是一个效率上的有效问题，以及如何防止出现无效，甚至负效和反效。资源总是稀缺的，但有效的政府可以促进“资源生成”。“资源生成”与“资源稀缺”是资源配置中的一对孪生儿。② 政府的作用就是促进资源的不断

① 厉以宁、孟晓苏、李源潮、李克强：《走向繁荣的战略选择》，经济日报出版社，2015，第188页。

② 陈云贤：《中国特色社会主义市场经济：有为政府 + 有效市场》，《经济研究》2019年第1期。

盘活和生成，激活沉睡的资源，进而通过市场来放大资源的价值，这是政府所能起到的不同于市场的作用。因此，要“把错装在政府身上的手换成市场的手”。同时，更好地发挥政府作用，就是要对区域资源进行最有效的激活和调动，包括对各种可经营性资源、非经营性资源以及准经营性资源等的统筹规划、政策引导、扶持调节、监督管理。当然，在这个过程中，政府所有的经济行为都必须遵循基本的市场规则，在微观上强调竞争性选择，在宏观上突出公平性保护。在实现国家或区域利益最大化的同时，促进社会和谐可持续发展。正是通过有效的经济参与和有效的制度保障，实现了改革背景下政府与市场“双重参与”的辩证统一，这也修正了传统经济学体系或传统市场理论的缺陷，让政府与市场在一个共同的市场经济的场域中找到了各自发挥作用的共同基础。政府与市场都是有效市场的协同者，都是经济有效运行、资源有效激活和生成必不可少的协同主体。

市场是由不同利益主体组成的一个生态圈，是一个命运共同体。更好地发挥政府作用，主要是围绕利益的实现以及利益主体间的权利关系，通过更好的社会管理和公共服务职能，增进政府与市场的协同效用。这种协同的关键是对各类有形资源或无形资源的有效调节和配置。即使是公共基础设施等，也必须通过引进市场机制把其交给市场，动员社会力量去投资、开发和管理。因此，没有完全脱离开市场的政府，也没有完全不在政府调控下的市场。不论是政府独资或者合资、合作、股份制、国有民营，还是通过 BOT、PPP 类似的基础设施建设项目特许经营权，抑或通过产业基金、债券、股票发行上市，政府和市场、企业都是利益相关方和协同者。只要是运用市场经济的办法，符合公平、公开、法治的原则，政府与市场的有效协同就“可以集中力量办大事”。所以，我们这里也可以进一步延伸超理性政府假设，即政府不仅是理性的，而且更具有理性的放大和集聚。超理性的政府参与竞争具有内在必然性。超理性政府作为市场的协同者，具有发挥好的作用，或说提升能级的内在需要。在现实世界中，市场经济并不以纯粹的形式存在，因为比起允许市场力量进行自我管理，社会和政府总会在不同程度上对其进行管理。没有一个国家是在其境内所有市场都自由的经济体，当今世界几乎所有经济体都是具有不同程度的自由市场和计划经济特征的混合型经济体。所以一些经济学家甚至认为，中国的“社会主义市场经济”比西方许多市场经济体更加资本主义。[①] 但这些特征的发展并不意味着中西方在市场和国家关系的根本原则上达成了一致。事实上，“自由经济”和“市场经济”这两个术语有时被作为同义词使用。然而，正如德国社会市场经济的思想和实践所证明的那样，自由经济可以在政府为坚持社会公正，平衡导向过度集中的市场力量而进行大量干预的情况下运作甚至繁荣。而一旦政府取代市场充当或者是扮演了主体的角色，不管市场运行得如何有效，最终难免还是陷入国家控制的深渊并最终导致所谓“贫穷的社会主义”局面。而且，在这个制度下，政府官员占用了太多的权力，腐败就不可避免。为此，有经济学家还提出“场内国家”（state in market）和“制内市场”（market in state）的概念，前者是西方资本主义的概念化表达，表现为一种市场（经济）原则规制国家（政治）原则的系统。相反地，则将中国的政治经济体系归纳为后者。也就是说，不仅在场，而且在体，是深深植入市场的“制内”，因而必然异化为一种管治政治经济学。因此，目前所进行的让位于市场、还权于市场的改革的一个根本性任务，就是要求政府从“制内”转到“场内”。从哲学的在体性和在场性的角度看，在体性否定虚无，在场性超越平庸。作为“制内”的政府从虚无的否定中转身，而在市场经济的“场内”造就自己的伟大。用经济学者陈志武的话说，现在我们唯一缺少的就是一个一以贯之的“故事”——营建前后一致的价值体系、制度体系和文化体系，用西方人听得懂的语系讲述一个贯穿社会、政治、经济、文化的“中国故事”。

现在的问题是，由于缺少这样一个“故事”，中国的市场经济被政府过于强势的表现所掩盖。这些年，学术界一直对中国式的所谓资本主义持有极具批判性的态度，对于这种制度的运作的研究却不充分。首届诺贝尔经济学奖得主简·丁伯根曾从资源配置的角度为人们探讨市场与计划的互补关系进行了“市场收敛于计划”的数学揭示，从数学机制上展示着市场与计划必须结合的前景。作为优缺互补的对应力量，政府和市场在资源配置中都有机会促进和改善对方。两种机制作用的发挥领域亦存在较大范围的衔接。协同联动的实质在于在坚持市场机制在资源配置中发挥决定性作用的前提下，通过合理分工，实

---

① 郑永年、黄彦杰：《当代中国政治经济体系的架构》，搜狐网，http://dy.163.com/v2/article/detail/E06DECA10514C94J.html，2018 年 11 月 9 日。

现两者的有机配合与协调。[1]

关于政府与市场的协同关系，现有的理论研究仅仅局限于对二者功能互补的剖析，或者强调协同路径的选择，或仅仅从组织和管理学的角度强调政府部门的协同，总的出发点还是传统的市场与政府边界的思维，还满足于所谓政府弥补市场失灵的作用。清华大学李稻葵等经济学家已经在着手够构建一个新的经济学的分支，叫政府与市场经济学。其出发点还是强调经济发展的前提是要把政府的激励和行为搞对，政府应该成为市场经济发展的一个推动者、一个利益相关者，而不是阻挡者。但这种思路没有揭示政府与市场发挥各自优势的协同特征，也没有揭示政府与市场互补互动的协同内容和协同效应。事实上，政府与市场的协同联动，更重要的是政府机制与市场机制的协同，它反映的是二者在整个市场经济中相互弥补、共同发展的动态变化以及相互提升，在更高水平实现平衡的总体过程。[2]

政府与市场是特定改革场域中的协同体，所谓的边界问题在一定意义上说是个伪命题。现代市场经济体中，没有什么边界问题，所有的事物都是你中有我我中有你的，即使我们能穷尽政府与市场关系的所有组合，一旦到了操作层面上，也找不到任何真正有效的弥补政府与市场强弱对比关系的组合模式。同样，也不存在所谓政府弥补市场失灵的问题，因为市场本身就不具有也不能发挥利益协同的功能，而这恰好是留给政府的，是政府作用本来的体现。经济学的研究应该跳出边界思维，在整个市场经济的生态圈中重新确定政府与市场各自的定位和价值，重塑政府与市场的体系格局。

布坎南强调："个人的行为天生要使效用最大化，一直到他们受到抑制为止。"[3] 每个市场主体都具有自身利益，在既定约束条件下都有追求自身利益或效用最大化的冲动。在市场体制下经济人自由地追逐利益，实现自身利益的最大化，可以促进市场资源配置效率的提高。[4] 但是，正如亚里士多德所言：

① 朱大旗、李蕊：《经济法治视阈下政府与市场的协同联动》，《江西社会科学》2015 年第 7 期。

② 朱大旗、李蕊：《经济法治视阈下政府与市场的协同联动》，《江西社会科学》2015 年第 7 期。

③ 〔美〕詹姆斯·M. 布坎南：《自由市场和国家》，北京经济学院出版社，1988。

④ 朱大旗、李蕊：《经济法治视阈下政府与市场的协同联动》，《江西社会科学》2015 年第 7 期。

“凡是属于最多数人的公共事物常常是最少受人照顾的东西，人们关怀着自己的所有，而忽视公共的事物；对于公共的一切，他至多只留心到其中对他个人多少有些相关的事物。”在市场机制下经济人基于成本－收益核算进行行为选择，这必然导致外部性、垄断、贫富差距等问题的产生以及公共物品供应的不足等。同时，根植于交换体系中的生产和消费的外部效应，也使竞争均衡和最适条件受到严重影响，使竞争者的个别边际成本脱离社会边际成本，从而也使得个别边际利益脱离社会边际利益。这时，政府与市场在资源配置中的协同和联动就显得更为重要。其目的就在于有效地消除生产与消费之间的外部影响，平衡协调各方利益关系，实现共同利益的目标。① 而政府与市场的协同的核心，不是传统的宏观调控科学、政府治理有效的范畴，而是围绕利益关系的非对称均衡的实现，这种建立在一定规制基础上的利益关系的协同，才是政府作用更好发挥的主要方面，是政府与市场的一般关系的核心。

协同型政府具有宏观和微观的双重属性。宏观强调协调，微观指向利益。当市场决定资源配置，而政府实现了利益协同，这时的市场经济才进入最理想的轨道。这种基于利益关系的协同治理可以简单理解为：围绕保障私人利益，以及更好地增进公共利益，政府部门和非政府部门等多元治理主体共同合作，协同并最终实现利益最大化的公共管理和利益结构的总和。它包括但不仅仅限于政府内部各部门之间，政府与其他主体间通过各种关联方式所实现的协同状态和协同效应②，以确保资源最优化利用与公共利益最大化的实现。因此，这种协同使政府从具体形态转换为一种运行机制，具有了与市场经济的对等性和适配性。

利益关系的协同，是通过协同社会整体利益和长远利益来引导市场和社会经济发展的方向。因此，利益关系的协同还有硬币的另一面，那就是限制各市场主体的“不当得利”。资本追逐价值增值是一条不变的规律。它会使资本（企业）家变得十分贪婪和冷酷，以至于为了追求价值增值而不惜突破道德和法律的底线（如吉林长生疫苗案件）。西方经济学所列举的种种市场失灵现象，主要就是疯狂追逐价值增值最大化所产生的恶果。只要是市场经济，只要

① 夏兴园、万东铖：《我国资源配置方式的理性选择》，《经济研究》1997 年第 1 期。

② 李辉：《论协同型政府》，吉林大学硕士学位论文，2010。

有资本运动，追求价值增值的规律就会起作用。发挥其正面作用，消除其负面作用就需要政府有效把握和调控利益关系，解决诸如假冒伪劣产品、不正当竞争、欺行霸市、权钱交易、环境污染等问题，形成正常和有效的利益导向机制。当然，在政府之手与市场之手的协同过程中，固然要以政府之手弥补市场主体的有限理性，以市场机制和必要的制度设计来约束政府对于自身利益的追求也是必然的选择。

让市场的归市场——配置资源，让政府的归政府——利益协同，是政府与市场关系的一般规律，是政府与市场的非对称均衡关系的基本内容。只有让市场配置资源，而由政府协同利益，通过最大化的利益协同，才能创造一个优质的发展环境，生产更多优质的公共服务，维护社会普遍的公平正义。

选择市场还是政府，应该是由政府和市场在配置资源时效率更高的一方决定。社会发展的特殊性让我们不能像科学实验那样设置基准组和对照组，通过控制其他变量的方式来评价哪种方式更优。然而，我们总是在不断总结以往经验的基础上选择下一步发展的方式和策略。① 纵观世界各国的经济发展历程，市场是迄今为止最有效的资源配置方式，但是在利益的分配（小利）和社会的公平正义（大义）上，则需要政府出手。市场化改革的目标，就是在保持市场决定性作用发挥的同时，通过政府对利益关系的协同实现改革的边际效应递增。

目前，学界关于改革中的利益关系的协调主要还是基于经济及社会阶层结构的变化方面的研究，而没有把政府作用与市场的关系统筹起来，作为一个问题进行整体研究。其实，政府协调社会利益关系，实现社会利益格局均衡的根本目的，是实现对市场配置资源的最大程度的协同，即通过利用政府对社会利益关系的调整，反作用于市场及其资源配置的全过程，让市场的决定性作用发挥得更顺畅、更充分和更有效。我们既不能把政府与市场割裂开来，也不能把利益与资源割裂开来，政府与市场是有机协同的关系，就像太极图的阴阳两仪一样，资源与利益更是你中有我我中有你的命运共同体。

利益关系是社会关系的实质，也是经济关系的根基。所谓“天下熙熙，皆为利来；天下攘攘，皆为利往”。更好地发挥市场在资源配置中的决定性作

---

① 胡小侠：《中国模式：基于政府和市场协同关系的分析》，《理论经济学》2013 年第 2 期。

用和更好地发挥政府在利益关系中的协同作用，是一个问题的两个方面，二者共同指向的都是一个字：“利”。所不同的是，市场通过“看不见的手”驱动利益主体追求并获得直接利益，政府通过“看得见的手”进行利益关系的协同，包括产权保护等，最终找到政府与市场可以共同发挥作用的“最大公约数”，这是对市场与政府关系的最本质的认知。

政府与市场的协同是一个复杂的过程，何况协同的还是利益这个最为敏感的问题。但由于其本质要求是以二者的共同目标、共同利益为基础，两者各个要素整合放大和功效倍增，两者以优势互补为前提，其发生作用的机制就在于这两者资源要素特定属性之间的协同，即这两者要素属性之间的匹配性协调，从而支配国民经济系统向有序方向发展，强化国民经济系统的整体功能，形成互利合作、益损与共的联盟模式，进而产生协同效应。[①] 从这个角度说，最大限度地满足人们日益增长的对美好生活的需要与市场主体追逐利益的动力手段也具有协同性。这个协同性的过程，既需要靠以利润为生产目的的市场主体在竞争中实现，又要靠代表全体社会成员利益的政府引导资源配置和合理地分配收入来实现。

第三节　制度与法律的有效性

随着政府与市场关系的深化，如何让市场经济的各方有一个共同的行为准则，有一个可预见和确定性的未来，法律制度就是一个度量衡，就是维护共同行动的底线。改革开放越深入越要强调法治，只有强调法治，才能推动改革向深水区迈进，从而构建一个好的市场经济。市场经济首先是法治经济。传统经济理论认为，经济增长源于生产要素投入的增加，以及影响生产率的技术变迁。而近年的实证研究发现，相较于其他解释变量，诸如资本积累、科技创新、地理因素、经济开放度以及文化因素等，制度特别是法律制度被认为是实现经济增长的决定性条件。法律制度的最大功效，在于构建并强化某种激励机制，使微观主体通过经济努力，其收益率更接近社会收益率，从而保持对未来

① 周志太：《基于经济学视角的协同创新网络研究》，吉林大学硕士学位论文，2013。

经济行为的稳定预期。[①] 法治经济是对权力经济的革命。它不仅指经济领域的有法可依、有法必依、执法必严、违法必究或立法、执法、司法、守法等环节，而且要求一切政党、组织尤其是政府部门、政府工作要全面纳入法治轨道，都必须依法办事、依法行政、依法管理，在法治原则的导引下为经济发展服务，积极地参与经济建设并分享其效益。也就是说，它所要建立的是法治和改革相统一、相促进的经济法治，是指通过整个社会的法治化来发展经济，而不仅仅是指经济法规体系的完善和经济法律制度的完备。所以，康德说："最好的整体，就是在这个政体内，不是人而是法律去行使权利。"[②] 只有法律的权利得到施行，企业的市场活动才能获得法律的维系，市场经济的发展才能得到法治的支撑。市场和法治须臾不可分，一个健全的市场经济制度有赖于法治，而法治是保护市场主体利益、推动市场经济发展的基石。这是改革开放以来，中国社会"摸着石头过河"得出的最重要结论。

1. 产权保护是市场经济的根基

产权是指财产所有权，所有权人依法对自己的财产享有占有、使用、收益处分的权利，是经济所有制关系的法律表现形式。它包括财产的所有权、占有权、支配权、使用权、收益权和处置权。产权还是社会属性的法律概念。当一个主体拥有的财产得到法律的确认和保护，这才是拥有产权。以法权形式体现所有制关系的科学合理的产权制度，是用来巩固和规范商品经济中财产关系，约束人的经济行为，维护商品经济秩序，保证商品经济顺利运行的法权工具。从历史维度来看，我国的市场化改革过程就是与解构和再造所有制关系、与资本化改革同步进行的。"市场"已经充分展示了其手段属性以外的生产关系属性，包括"国有资本"概念的提出，以及混合所有制经济的提出等。

产权理论有马克思主义产权理论与西方产权理论两个派别，它们的共同点在于都将产权的本质看成人与人之间的关系，把经济利益问题作为产权的核心问题进行研究。[③] 但是二者的区别更为明显，从研究目的来讲，马克思产权理论目的在于揭露资本主义根本产权制度的本质，阐明它生产、发展和灭亡的规

① 杨英杰：《改革开放越深入越要强调法治》，《学习时报》2019 年 3 月 25 日。

② 康德：《法的形而上学原理》，商务印书馆，1991，第 192 页。

③ 贾娜：《产权理论研究综述》，《法治与社会》2010 年第 7 期。

律，为社会主义公有制的建立指明道路。[1] 现代西方产权理论研究的主要目的是维护自由的市场制度，提高其运行的效率。从研究方法上来讲，马克思产权理论主要采用辩证唯物主义与历史唯物主义的方法，而西方产权理论则主要采取成本－收益分析方法，辅以均衡分析法和边际替代法开展研究。从产权变革的动因上来讲，马克思产权理论将生产力与生产关系、经济基础与上层建筑之间的矛盾归纳为制度变迁的根本动因，西方产权理论则将效率作为产权制度变迁的动因。[2]

产权是附着于财产上的社会承认和法律认可，保护产权就是保护财产的依法获得过程和结果。依法保护产权，实际就是在保护法律自己的权威与尊严。所以说，在社会主义社会，产权由社会主义法律许可的方式获得，依法保护产权，就是保护社会主义法律制度，就是保护改革开放政策的实施过程及其结果。

产权具有激励功能、约束功能、资源配置功能、协调功能。产权的充分保障是社会信心得以坚定的基础。人们为什么愿意在这个社会中生活、生产并寻求发展，是因为对社会有信心，而社会信心最基本的建构基础之一是财产安全感。一个人只有知道自己合法财产不会被非法侵犯，自己的创业规划、经营活动不会被非法干预，才会形成一个安全预期，才会有信心寻求发展。在社会安全体系中，财产安全是最基本的安全。可见，产权保护在维护社会安定、坚定社会信心方面起到最基础的作用。

产权保护是市场经济的基石。在新一轮科技革命的大背景下，在发展中国家转型升级过程中，保护知识产权可以说是更加重要的产权保护，是实现创新发展的必然要求。“中国将采取更严格的知识产权保护制度。”李克强总理2018年8月28日在会见世界知识产权组织总干事高锐时强调，“保护知识产权就是保护创新、保护创新人才的热情，这对国家发展乃至世界文明的进步都具有重要意义。”但近年来，中国因技术转让和知识产权问题饱受美国和其他国家的指责。在西方国家眼里，尤其是美国，认为中国获得技术的主要途径是强制在中国投资的跨国企业技术转让，以及盗用。由于行政审批不透明，在此

① 尹德洪：《马克思产权理论和现代西方产权理论的比较》，《现代经济探讨》2007年第1期。
② 贾娜：《产权理论研究综述》，《法治与社会》2010年第7期。

过程中某些部门、某些地区可能非正式地要求外国企业转让技术。外国企业担心不能获得行政许可而同意转让技术，或者中国合营方利用由其办理审批手续的机会向外国合营方声称审批部门提出了技术转让要求，外国合营方由于信息不对称而接受该要求。对此，李克强强调："对强制转让知识产权的行为，发现一起惩处一起，对侵犯知识产权的行为一经查实将加倍严厉处罚。""这不仅是中国进一步扩大开放、融入世界经济的紧迫需要，也是中国经济实现转型升级、向高质量发展的内在需求。"

加强产权保护，根本之策是全面推进依法治国。要在事关产权保护的立法、执法、司法、守法等各个环节体现法治理念，要坚持平等、全面、依法保护、共同参与、标本兼治的原则。坚决杜绝民事问题刑事化，以刑事执法介入经济纠纷，任意混淆企业家个人行为与企业行为的乱象。张文中案①、顾雏军案②之所以发生，恰说明当时我们对国企改革、产权保护等问题还有不清晰、不明确的地方，在如何从法律上保护企业家合法权益、维护企业家精神方面，也有不到位、不完善的地方。正因如此，作为经典商业案例的张文中案、顾雏军案再审、改判，也就具有了特殊的、重要的意义。这说明，今天我们对市场与法治有了更深刻的理解，也说明对如何维护企业家合法权益、激发企业家精神有了更深刻的认识。总之，产权改革的社会心理意义在于，它是一颗定心丸。当我们有了积累财富的空间，有了寻求美好生活的积极预期，还需要产权

---

① 张文中案在我国企业产权保护和企业家合法权益维护上具有重大的标杆意义。张文中，中科院系统科学博士，美国斯坦福大学博士后，曾任职国务院发展研究中心研究宏观经济，物美集团创始人。2008 年 9 月，因涉嫌单位行贿、挪用资金及诈骗一案被判处有期徒刑 18 年。2018 年 5 月 31 日，最高人民法院对原审被告人物美集团创始人张文中诈骗、单位行贿、挪用资金再审一案进行公开宣判，撤销原审判决，改判张文中无罪，同时改判原审同案被告人张伟春、原审同案被告单位物美控股集团有限公司无罪，原判已执行的罚金及追缴的财产，依法予以返还。

② 顾雏军为格林柯尔集团的创办人。格林柯尔在香港创业板上市，一度成为香港创业板盈利状元，并成为内地制冷业巨头。2004 年 8 月，经济学家郎咸平指责当时格林柯尔董事局主席顾雏军在收购科龙、美菱等 4 家公司中，使用欺骗手段侵吞国有资产，由此引爆"顾雏军案"。2005 年 9 月顾雏军被正式逮捕，被判多项罪名。2019 年 4 月 10 日，最高人民法院对备受关注的顾雏军案再审宣判，判决撤销原判对顾雏军犯虚报注册资本罪，违规披露、不披露重要信息罪的定罪量刑部分，判决顾雏军犯挪用资金罪改判有期徒刑五年。顾雏军案多名同案人被宣判无罪。

来确认和巩固成果，并获得进一步创造的动力。①

2. 政商关系的政策和法律保障

中国社会一直以农业文明为主，尽管一些朝代商业也曾兴盛一时，却没有发展成商业社会，直到改革开放由于内部经济发展和外部全球化的影响，中国才真正进入了商业社会。商业社会产生以后导致了社会利益的高度分化，不同的利益反映到党和政府的政治生活中，就产生了政商关系的问题，政商关系需要规制。

国家作为公共资源的分配者，商人作为商业资源的分配者，二者必然在社会资源分配领域发生重要的联系，这是政商关系产生的逻辑起点。构建健康的政商关系需要有政策支持。改革开放以来，党和国家始终重视培育企业家群体、发挥企业家作用。1997 年我们国家正式把坚持公有制为主体、多种所有制经济共同发展，确定为中国社会主义初级阶段的基本经济制度，提出个体、私营等非公有制经济是社会主义市场经济的重要组成部分。《中共中央关于全面深化改革若干重大问题的决定》中就提到，要“建立职业经理人制度，更好发挥企业家作用”；公有制经济和非公有制经济都是社会主义市场经济的重要组成部分，都是我国经济社会发展的重要基础。

全面推进依法治国，建立市场经济法律制度，重点是实现六个导向，即保护产权、维护契约、统一市场、平等交换、公平竞争、有效监管。这六个导向都涉及企业家群体的价值取向、利益需求、经营机制和行为规范，是构建新型政商关系的基础。

构建新的政商关系要以法治规范政商关系的行为边界，一方面进一步推进依法行政，防止官商勾结，通过行政法有效限制政府的权力，防止权力滥用；另一方面还要推进政府“放管服”建设。发展社会主义市场经济，很重要的一个政策导向就是培育、保护企业家，因为企业家是市场经济中非常具有创业、创新能量的群体，既是社会主义市场经济运行必然形成的能动要素，也是社会主义市场经济进一步发展的推动力量。在商业社会，商的作用比历史上任何一个时期都要重要，为了商业社会的良好运转，一是建立完善市场服务管理相关法律法规，用法律规范政府行为与企业行为，为政商交往提供可操作的法

① 李少危：《40 年，一直面向更好的生活》，《南风窗》2018 年第 17 期。

律依据与法律保障。二是坚持法无授权不可为，法定职责必须为的原则。厘清权利和责任的边界，制定责任制和权利负面清单，用法律规范相关部门的岗位职责。三是健全民营企业权利运行监督机制。

构建好的政商关系还需要政治吸纳，党和政府对某些非公有制经济人士进行政治安排，在一定程度上实现了政治与经济关系的统合发展。有助于保持我国经济生活的有序运行及政治秩序的基本稳定。企业家是国家事业的建设者，是在改革开放中成长并拥护改革的社会阶层，是改革开放政策的受益者和社会事业的建设者。“执政党采取了体制吸纳策略，即对私营企业主阶层中的代表人士进行政治安排，给予他们工商联会员、人大代表、政协委员等头衔，进一步提升他们的政治参与水平和深度。与组织吸纳相比，这种安排性的体制吸纳具有更久远的历史。”① 他们希望被吸纳进政治体制主要是为了寻求党政部门支持、积累政治社会资本、体现参政能力、实现社会价值、提高社会地位、制约官员权力、维护企业利益。

构建良好的政商关系还需要合作治理。现代社会复杂性和不确定性的增加，要求多元主体在合作框架下开展共同治理，政府是公共治理的主体，对社会问题有不可推卸的责任，企业则具有较强的外部性，也需要履行社会责任。所以政府和企业要进行合作，合力来解决社会问题。政府和企业的合作还有利于实现利益共赢，政府可以适当将部分公共服务外包出去，一方面可以提高公共服务的效率与质量，另一方面也可以开辟新的市场领域。构建新的政商关系还要以制度创新拓展政商关系的合作空间。制度创新要求以一种全新的“互补共生”关系来打造新型政府与市场关系，使其成为全新政商关系的基础。从政府的角度来说，政府要提供各种公共服务，进一步深化经济体制改革和行政管理体制改革，进行适当的宏观调控和制定中长期发展规划等。从企业的角度来说，“民营企业的发展当前遇到的更多的是制度上的障碍，因而面临着制度创新的紧迫任务”。② 但恰恰在这方面，存在一个制度上的短板，而根源于深层次的理论的制约又是一个难以逾越的鸿沟。

---

① 韩阳：《健康政商关系的基本内涵、实践经验与建构路径》，《重庆社会主义学院学报》2016 年第 1 期。

② 韩阳：《健康政商关系的基本内涵、实践经验与建构路径》，《重庆社会主义学院学报》2016 年第 1 期。

构建新的政商关系还要以核心价值引领政商关系的观念变革。要引导政府和企业家对自身地位、价值、作用形成清醒的认识。而对政府的引导就是对政府官员的引导，通过政党自律和腐败案例学习，使官员从“不敢腐”变成“不想腐”。对非公有制经济认识的引导则要使其既懂得保护自身的合法权益，又注重规范自身的行为选择。

3. *法治经济与法治政府*

健全的市场经济必须以非市场的制度条件为存在前提，接受规则之制。这种规则之制就是要让投资者、贸易者、劳动者、消费者明确无误地知道各自的行为准则以及违反规则的后果。而约束所有这些行为主体的必须是法治秩序，或者说，法律的统治，它是一种在法律规制基础上的治理理念和治理制度安排。自从秦始皇统一中国、法家成为占统治地位的思想以后，中国的大多数朝代都强调刑法和法制（有时也称为法治）。这就是毛泽东所说的“百代都行秦政法”。但帝王们所说的法制或法治，只不过是把法律作为自己统治臣民的工具。即使有的帝王玩弄“儒表法里”的手法，也不过在严刑峻法的外面加上一件薄薄的“王道教化”的外衣，使之更具有欺骗性。这和现代社会的法治，即以体现公认基本正义的宪法为依据的法律的统治，完全是两回事。[①] 因此，从法治入手推进经济和政治体制改革，也就成为衡量真改革还是假改革的基本坐标系。同样，辨别真改革还是假改革，最终都汇集到一点，那就是看是否真正建立起法治的市场经济，而非政府管制的所谓市场经济，甚至走向权贵资本主义的泥沼。

现代市场经济的一个重要特征就是崇尚经济法治，把法律作为对经济运行实行宏观调控和微观调节的最主要手段，其他各种手段也都必须纳入法治的范围，并要求整个社会生活的法治化与之相适应。只有这样，才能确立一整套完备的市场规则，形成和维护高度规范化的市场秩序，保障市场机制的良性运行。所以，现代市场经济必然是法治经济，而法治是现代市场经济体制的基础。争取建立一个法治的“好的市场经济”，而警惕一个官商勾结的“坏的市

① 吴敬琏：《当代中国经济改革教程》，上海远东出版社，2010，第 396 页。

场经济”在中国出现。[①] 这正是整个中国改革设想的彼岸目标。

“法治经济”不同于通常所说的“法制经济”。“法制经济”与“法治经济”这两个概念虽密切联系，但又有严格区别，这正如“法制”和“法治”有严格区别一样。“法制”的含义是“统治阶级按照自己的意志，通过国家政权建立起来的法律制度和根据这种法律制度建立的社会秩序”。它是上层建筑的重要组成部分，由经济基础决定，并为经济基础服务。“法治”的主旨是“依法治国”，包括规定明确的法律，并公布于众。法律要统一、稳定，并要随着社会情况的变化而加以修订。[②] 因此，“法治”更加强调依法而治，它与人治相对立，由民主相融而共存。作为一种先进的治国方式，法治乃是近代民主制度的产物，它必须以民主政治为前提，它与任何形式的人治和专制绝难并存。换言之，有了国家和法律也就有了法制，只不过其健全和完善程度不同而已。但有了国家和法律，建立了法制，却并不等于就实现了法治，它还须在法制健全的基础上充分实现民主政治，即彻底弃绝人治，禁绝专制，从而使良好的法律得到有效的执行和一体遵行，国家和社会生活的各个方面，包括最高权力层的行为都无例外地纳入法治的轨道和范围。

法是一套行为规则的体系，也是进行社会控制的框架和装置。所以，“法制”最重视的是法律体系的完善和立法、执法、司法、守法等过程和机构的健全，其关注点是维护公共秩序和约束公众行为；而“法治”所强调的则是整个国家体制和社会机制必须依法而治，其关注点是确保人民权利，有效制约和合理运用公共权力。因此如果仅提市场经济是“法制经济”，还只能是从形式上说明了市场经济要依靠法制（这是不言而喻的，因为在市场经济体制确立之前，我们也都知道改革和经济建设离不开法制），但没有揭示出市场经济需要什么样的法制，是适应市场经济客观规律，合乎民主、自由、公平、正义及效益的法制？还是适应计划经济体制要求的很大程度上是搞人治的法制？只有明确地提市场经济是“法治经济”，才能更确切地表明社会主义市场经济规律特征及其根本属性，才能准确地概括市场经济对法的内在的深刻的本质需

① 向朝霞：《吴敬琏与郎咸平法治思想之比较》，《武汉理工大学学报》（社会科学版）2011年第1期。

② 萧惑之：《吴敬琏由“吴市场”到“吴法治”的思想升华》，《中关村》2014年第9期。

求，也才能体现市场经济对法律的价值选择和理想追求。[①]

全面依法治国具有基础性、保障性作用。其核心的功能不仅仅是治民，更主要的是治官。从一定意义上说，政府的依法行政，某种程度上比个体的知法守法更为迫切和重要。目前，全国大部分法律、地方性法规草案和全部行政法规、政府规章都是由设区市以上人民政府提出或制定的，大约 80% 的法律、90% 的地方性法规和几乎所有的行政法规、规章都是由各级政府执行的，因此，法治政府建设在法治国家建设中居于十分重要的位置，是共同推进的"着力点"、一体建设的"支撑点"，法治国家建设的水平和程度直接取决于法治政府建设的水平和程度。建设法治国家、法治社会，需要充分发挥法治政府建设的先导、示范、支撑和带动作用。

在西方经济学中，政府是一种恶，因而必须通过法治来管束这种恶。正如美国思想家托马斯·潘恩在他的《常识》一书中写道的，社会在任何状态下都是人民的福祉，然而政府，即使在其最好的状态，也不过是一个无法避免的恶魔；在其最坏的状态时，则令人无法忍受。为了消除政府的恶，西方建立了完善的法律体系。借鉴人类发展的文明成果，对于我们来说，也要加快实现政府的法治化，建设法治政府，重点是健全依法决策机制，深化行政执法体制改革，尤其是完善党政主要负责人履行推进法治建设第一责任人职责的约束机制。在这个过程中，既要依法治国、依法执政、依法行政共同推进，也要法治国家、法治政府、法治社会一体建设。政党要坚持依法执政，政府更要依法行政，着力建设职能科学、权责法定、执法严明、公开公正、廉洁高效、守法诚信的法治政府。"人心似铁，官法如炉。"只有当遵纪守法成为一种自觉，当依法办事成为一种自然，法治的正能量才能源源不断释放出来。只有让人心经历法律之炉的淬炼，让群众相信法律、依靠法律，依法治国进程才能"蹄疾而步稳"。[②] 在这方面，2018 年初开始的新一轮政府机构改革中，已将司法部和国务院法制办公室的职责整合重新组建司法部，把中央全面依法治国委员会办公室设在司法部。接下来，如何提供多样化、个性化、多层次、高品质的"法律公共产品"，以良法促进发展、保障善治，为推进国家治理体系和治理

---

① 文正邦：《关于市场经济的法哲学思考》，《法制与社会发展》1995 年第 4 期。

② 《人民日报》评论部：《习近平用典（第二辑）》，人民出版社，2018，第 223 页。

能力现代化提供完备的制度保障就成为新的司法体制改革的重中之重。

法治的高明之处就是把政府和经济人都置于法治的框架之下，这样，法律既通过政府实施，同时也约束政府。法治的第一个作用是约束政府，这是“以法治国”（rule by law）与法治（rule of law）之间的根本区别。只有通过独立、公正、理性的司法，才能重新塑造政治的权威体系，以自愿的服从来减少权力运作的制度成本。只有靠法律的力量才能制衡作为权力主体的国家（政府）的干预与作为权利主体的市场参加者（生产、经营者）的行为之间的关系，才能使之均不失度、越轨。市场决定资源配置，政府调整利益关系。这种利益关系的调整方式就是法律。要对各种利益倾向、利益主体、利益集团施以统一、协调、制衡，包括采取社会福利政策和社会保险措施来缓解社会矛盾，维护平等的竞争环境，打破条块分割及地方保护，确保机会均等而且又是风险均等的竞争。而这一切都离不开法律和法治。法治既可以保障自由竞争和效率，又利于保障和协调社会分配，平衡利益冲突，达到必需的社会公平，避免出现类似陕西千亿矿权案那样政府干预司法的案例。世界主要资本主义国家的法治的市场经济制度的建立和发展已历经数百年，我们完全可以通过人类共同体的“获得性遗传”作用，通过尽快地与现代法治市场经济的接轨，形成以经济法治观念、经济法治制度、经济法治秩序、经济法治环境为基础的经济法治体系，彻底打破权力经济的羁绊。

法治的市场经济中，政府一定是一个有限的政府，同时也是一个有效的政府。有限政府是说对政府掠夺要有约束，有效政府是说对私人掠夺要有约束。“转变政府职能，就是从一个全能、无限的政府转变到一个有限、有效的政府。”① 法治是为了产权的安全、经济和社会的长期稳定，以及创新的活跃。法治改革是一个眼前成本高，将来收益大的事情。法治建设好，公民的产权就是安全的，就不需要拉关系、找庇护。社会的稳定建立在法治的基础上，就不需要大量的维稳费用。“法治就是制度的基础设施。这里的建设成本是制度改变的成本，这是游戏规则的改变，包括观念的改变、利益的调整。如果从短期来看，可能成本很高。但是法治的建立会大大减少将来的交易成本，最重要的成果是带来产权的安全、社会的稳定和创新的活跃，进而把程序正义嵌入社会

① 钱颖一：《现代经济学与中国经济》，中信出版社，2017，第309页。

关系网络，求得社会最大公约数。一段时间以来，社会分配不公、利益博弈的权利保护不足导致的社会稳定风险不断加剧，上访、罢工以及多种形式交杂在一起的群体性事件高企，使得维稳与保发展促民生一起，对政府构成现实的压力，也对正在进行的司法改革形成一定挑战。要加快构建权责一致的司法权运行新机制，将法治的普遍规律与中国特定国情创造性结合起来，坚持审判独立和程序公正的原则，克服司法的政治化，以法律解释共同体限制裁量权，摸索出一条适合中国国情的、树立法律人职业威信、树立司法机关正当尊严的法治之路。"①

第四节　第三方力量的"非常"作用

市场以及政府的力量功不可没，但是在市场以及政府之外的第三种力量在中国经济发展过程中也起着至关重要的作用，这就是道德的力量。常见的经济学理论书总要提及亚当·斯密在《国富论》中提出的"看不见的手"。但是，恰恰是在《国富论》面世的 13 年前，亚当·斯密出版了《道德情操论》一书，该书高度强调了道德、自我克制以及政府的重要性。而亚当·斯密的导师弗朗西斯·哈奇森就被奉为苏格兰启蒙运动之父，他传授给亚当·斯密最著名的哲理就是："人们可以通过发现对人类有益的行为来认识从理论上来说什么是好的。"也正是通过分析社会个人的自我心与同情心，亚当·斯密勾画出人性论的基本内涵和人的道德行为特征。今天，人们越来越深刻地认识到，苏格兰启蒙运动"发明"了现代世界，它不仅创造了观念的现代性，而且在政治学、经济学、道德科学、哲学、历史、宗教、艺术、工程、数学、医学等很多方面为欧洲文化，也为人类文化的发展增添了光彩，更为重要的是，它塑造和建构起了一个现代社会。遗憾的是，我们过去一直忽视苏格兰启蒙运动的意义和价值。

1. 秩序、文化与改革的漩涡力量

每一个民族都有自己文化心理的历史结构。所有人们的生活的体验形式和生命形式不可避免地受制于自己民族的文化心理的历史建构和文化传统的塑

① 季卫东等：《中国的司法改革》，法律出版社，2016，绪论第 4 页。

造，这种塑造从改革的角度看，至少对于中国来说，更加深远和深刻。从一定意义上说，它是让人们识别中国特色的新起点，就是在这个新的起点上，改革开始占有、决定和创造未来。这被称为一种“历史秩序”，即一种历史性和政治性的“聚点”。而当这种秩序试图规定未来必须如此发生，秩序就是在创造历史。由此可以理解沃格林所谓“历史的秩序来自秩序的历史”①。

中国40年的改革，从荆棘中劈开一条道路，具有置之死地而后生的生命价值。而生命权利与历史一旦结合，历史的发展就有了一个合理的理性法则，依据这个法则，历史也就有了意义。历史的意义不在某种价值形态的实现，而在人的本然生命力的更新。② 从文化的意义上说，正是改革让人的自由和本然生命力得到释放，正是改革，激活了“万类霜天竞自由”的群体的生命意志，让几代人从物质和精神的极度压抑中解放出来。正如鲁迅写道的：“革命有血，有污秽，但有婴孩”“只要有新生的婴孩，‘溃灭’便是‘新生’的一部分”③。同样，改革也有曲折，也有艰辛，但更有“婴孩”，这个“婴孩”就是正在建立的秩序文化基础上的市场经济制度和体系。

我们经常谈效率，效率是一个经济学范畴，是指资源的有效使用与有效配置。④“效率其实有两个基础，第一个是物质技术基础，包括现有的厂房设备，也包括劳动力等。第二个就是道德和文化的基础。如果仅仅有物质技术基础，只能产生常规效率，而超常规效率来自何处？来自效率的道德基础。”⑤ 因此，经济学中提出了所谓的制度惯性的问题，即路径依赖，就是说人们习惯了老办法，所以人们不想变，也不准备变。而改革就是要打破这种路径依赖，实现利益关系的重构。这种利益关系，必须以新的效率和制度文化为基础。其中，核心是实现新的力量调节。市场经济，必须有完善的文化力量的调节、有效的道德约束，这样，市场也才能更好地起作用。

文化是一种社会现象，也是一种历史规律，因而它又被认为是一种持续力

① 赵汀阳：《惠此中国：作为一个神性概念的中国》，中信出版集团，2016，第38页。

② 刘小枫：《拯救与逍遥》，上海三联书店，2001，第326页。

③ 鲁迅：《译文序跋集》，人民文学出版社，2006，译后记。

④ 厉以宁：《超越市场与超越政府——论道德力量在经济中的作用》，苑爱玲译，外语教学与研究出版社，2015，第65页。

⑤ 厉以宁：《大变局与新动力：中国经济下一程》，中信出版社，2017，第250页。

量，是人们长期创造形成的产物，为个体提供了特定时代公认的、普遍起制约作用的行为规范。把文化、秩序理解为普遍的行为规范，实际上就是特别强调传统、习惯、习俗等自在的行为规范的作用。秩序和文化对于人来说不仅是一面直观自己行为及其后果的镜子，而且以其对人的客观作用直接给人带来实际后果以引导人调节其行为。同时，秩序和文化还与当时整个社会的思想凝结在一起，共同导演改革的历史。所以，“只要我们肯睁开眼睛看看人类的历史，则思想的能动性是非常明显的事实。”[①] 同样，只要我们看看这40年的改革的历史，思想解放的力量就无处不在，无时不在，无所不在。这种思想解放，包括几次大的改革思想碰撞，也都具有历史和文化的意义和价值。其中，大的争论的波峰出现了三次，这就是吴敬琏先生所说的迄今为止的三次改革大争论。[②] 另外，1984年9月，一群富有时代责任感的青年人相聚莫干山，就改革展开了一场激烈讨论，霎时思想火花四溅，热潮涌起。这是新中国成立以来的第一场中青年经济科学工作者学术讨论会，在改革历史上产生了重要影响：向决策层递交了若干重要建议，促进“调放结合”的价格改革思路的形成，在理论界形成了浓厚的改革理论探讨氛围，使得一大批有志改革研究的青年学者崭露头角，推动中国经济改革理论研究的深化。这次会议后来被誉为“中国改革开放三十年三十件大事之一”。现在，改革开放40周年了，但这样的思想大碰撞好像已经不再出现了，这不是说我们不需要了。相反，只有新的思想大碰撞、大解放才能激发新的改革文化，创造新的改革历史。现在的问题，是我们缺乏这样一个思想的市场。在一个开放的社会，错误的思想很少能侵蚀社会根基，威胁社会稳定。只有思想市场的发展，才能使中国经济的发展以知识为动力，更具可持续性。更重要的是，与多样性的现代世界相互作用和融合，能使中国复兴和改造其丰富的文化传统。[③]

中国的改革就是一种新的秩序的文化，也正因为这种文化，使之具有了强大的漩涡效应或说“漩涡模式”。我们可以将中国从商周到清末这几千年的生长方式解释为有着强大向心力的漩涡。这个漩涡的向心运动不断把中原周边各

① 〔美〕余英时：《历史与思想》，联经出版社，2015，自序。

② 马国川：《大碰撞——中国改革纪事》，新华出版社，2006。

③ 吴敬琏：《改革大道行思录》，商务印书馆，2017，第302页。

个地方各种文化卷到一起而成为一体。① 西方学者研究中国时必然提到的所谓朝贡体系，其实也是这样一种思想体系，费正清把它解释为“中国的世界秩序，是一整套思想和做法。千百年来中国统治者们不断将这套东西加以发展，使之永久保存下来”。从这个角度说，来自体制内部最深层的秩序的历史性重构，就是一个国家的基因的力量，而基于这种秩序的文化展开并外化为制度层面的东西，就是改革后形成的国家的治理体系。文化是国家存在和展现的形态，没有文化的国家难以成就其国家。而改革作为一种新的秩序和文化的存在，具有很典型的“漩涡”的意义，它会将一切制度的东西裹挟到一起，而漩涡一旦形成，就具有无法拒绝的向心力和自身强化的力量，从而使大多数参与者既难以脱身也不愿意脱身，终于形成一个巨大的漩涡，这就定义了改革文化的现象特征和实质概念。②

“改革漩涡”的形成一方面和市场与政府在决定资源配置核心作用的博弈游戏有关，另一方面也与利益关系的协同并最终形成有效的制度安排有关。因此，包括文化和道德在内的改革利益关系的协同能够化解漩涡的激烈冲突而形成兼收并蓄的共建共享制度，它开创了多元市场主体的共在模式，也有助于创制市场资源高效配置的一体模式。

“改革漩涡”的文化意义还需要进一步深入研究，但无论如何，改革不仅仅是一种经济和社会现象，更是一种文化存在，它是群体的和共同的行为规范体系，明显具有超越个体的整体性。如果只有一个人想某个问题或做某件事，那么这个行为代表的是个人习惯，而不是一种文化模式，因为凡被认为是文化思想和行为的必然是被某些人共同享有，即使不被共同享有，只要大多数人认可，也可以被视为文化的观念和行为。③ 改革文化是我们身外的东西——它存在于个体之外，而又对个人施加着强大的强制力量。在生活中，我们往往很难感受到文化的这种强制性，因为在大多时候，我们的所思所言所行都已潜移默化地自觉地与文化模式保持一致。只有当我们试图反抗时，文化的强制性才显现出来。这就是为什么对于特定的文化中的个体来说，如果违背其所生于斯长

---

① 赵汀阳：《惠此中国：作为一个神性概念的中国》，中信出版社，2016。

② 赵汀阳：《惠此中国：作为一个神性概念的中国》，中信出版社，2016。

③ 衣俊卿：《文化哲学的主题及中国文化哲学的定位》，《求是学刊》1999 年第 1 期。

于斯的文化，必然陷入困境、遭受谴责的原因。在中国，改革已经成为一种约束条件，成为一种思维方式和行为方式，这也是改革漩涡的力量的体现，既是自在自发的文化规范体系，也是自由自觉的时代精神。任何文明都需要某种精神信仰，这是一个文明的安身立命之处，也是自身确认的绝对依据。① 而改革何尝不是一种精神和信仰的力量。

中国文化里不存在人与神的约定模式，所以确实没有西方意义上的宗教，但另有信仰形式，即人道与天道的相配，这种相配，在很大程度和很多时候，就是“苟日新，日日新，又日新”的创新思想，就是“穷则变，变则通，通则久”的改革意识。这种改革文化表现于文字文章，潜藏在大众心里，塑造着国家的气质，决定着民族的命运。周虽旧帮，其命维新。“凡是达到配天的存在皆为神圣存在，也就成为信仰。中国的精神信仰之所以隐而不显，是因为被默认而不知，其实，中国的精神信仰就是中国本身，或者说，中国就是中国人的精神信仰，以配天为存在原则的中国就是中国的神圣信念。”②

因此，不仅是文化的意义，中国的改革更具有哲学上的价值。这种价值的体现，就是3000年来主导中国漩涡的一个以“变在”为存在方法论的文明。③ 变在拒绝固守本质，而以方法为本，因而可以接受各种异质。就是这种变与不变的哲学，催生了像谭嗣同那样“无不从流血而成”的志士。经过2000多年衍化沉积之后的孔学，已经是一种丰富性和庞杂性俱在的意识形态了。其中，既有《易经》所谓“穷则变，变则通，通则久”那样的朴素辩证法；也有董仲舒掺和进去的“道之大原出于天，天不变，道亦不变”那样的凝固独断论。变与不变，曾经不止一次地为后来的社会提供过仁者见仁、智者见智、各取所需的便利。中日甲午战争失败后，近代中国人又一次拾起了这些东西：借助于传统的范畴，从现实中产生的争论，被译成了思辨语言的交锋。

从变法到改革，贯穿始终的都是一个变的哲学。戊戌变法（百日维新）作为一场政治运动失败了，但作为一场思想文化运动才刚刚开始，一大批具有近代意义的知识分子出现，他们怀忧国忧时之思，向西方追求真理，为中国寻

① 赵汀阳：《惠此中国：作为一个神性概念的中国》，中信出版社，2016。
② 赵汀阳：《惠此中国：作为一个神性概念的中国》，中信出版社，2016，第138页。
③ 赵汀阳：《惠此中国：作为一个神性概念的中国》，中信出版社，2016，第138页。

找出路，成为最自觉的承担时代使命的社会力量。他们在维新运动中的种种实践活动，为后来的改革留下了历史起点。因此，从哲学的意义上认识改革，就是要在“变在”的基础上寻求“变革”。“变革”高于“变在”，变革更强调否定自我，突出自我革命。它并不划界以守护自身同一性，也就不会拒绝本质的变化，故能卷入一些异己而化为一体。这也正是“不管白猫黑猫，逮住老鼠就是好猫”的改革哲学所传递出的智慧。从这个意义上说，空间性的中国之所以能够长存而不被外力所解构，实得益于时间性的中国方法论，即自古“以变而在”的生长方式。中国初民选择了以变而在的存在方法论，就预示了中国的命运：在主动变化的得失与被动改变的磨难中不断生长。因此说，中国存在之本在于其变在的方法论，或可称作为方法论的中国。变在的方法论也促成了经史为一、经史互证的中国精神世界。以史为经，史不绝则经可续；以经开史，经循道而史作实。①

2. *超越市场与超越政府的道德力量*

道德，一般被称为第三种调节，就是超越市场调节和政府调节的另一种调节：“按习惯力量或道德力量进行的调节，生产要素是按照习惯方式提供的，生产要素的使用是按照习惯方式进行的，生产的成果也按照习惯方式分配，所以理所当然地称作习惯调节。习惯来自传统，来自群体的认同，而群体的认同的基础是道德信念、道德原则，道德支持了习惯的存在与延续，因此，习惯力量的调节与道德力量的调节是不可分的。”②“习惯与道德调节是在市场调节与政府调节出现以前唯一起调节作用的调节方式，也是在市场力量与政府力量达不到的领域内唯一起调节作用的调节方式。”③

市场调节与政府调节是两种不同的资源配置方式，但是，人类社会的产生要早于政府和市场，“形式经济学将市场视为一种自发制度，将交换、货币和市场视为不可分割的整体，这不符合历史真实。这种观念错误地认为，有交换存在的地方，就存在市场，有货币的地方，就有交易存在。作为市场经济制度

① 赵汀阳：《惠此中国：作为一个神性概念的中国》，中信出版集团，2016，第138页。

② 厉以宁：《超越市场与超越政府——论道德力量在经济中的作用》，苑爱玲译，外语教学与研究出版社，2015，第7页。

③ 厉以宁：《超越市场与超越政府——论道德力量在经济中的作用》，苑爱玲译，外语教学与研究出版社，2015，第9页。

的定价机制，在18世纪以前并不存在。”① 在市场调节和政府调节出现之前，人类社会是靠习惯与道德来调节经济行为的，在习惯与道德力量的支配下形成一种人们普遍认同并共同遵守的传统文化，人们依此来调整彼此之间的关系，处理彼此之间的问题。

即使在市场与政府形成之后，市场可能失灵，政府可能瘫痪，政府调节和市场调节都有可能丧失其功能或者起着非常小的作用，此时唯有道德力量依然存在，仍可以起到调节的作用，所以，道德力量可以说是超越市场与超越政府的存在。② 在市场调节与政府调节都能起作用的范围内，虽然市场调节和政府调节可以互补，市场调节可以弥补政府调节的不足，政府调节也可以解决市场调节无法解决的问题，但是社会的纷繁复杂总有政府调节与市场调节无法作用到的地方，这时候只有依靠道德力量来弥补政府调节与市场调节的不足，道德力量便成为一种超越政府与超越市场的第三种调节。

另外，政府调节和市场调节都是在交易活动中起作用，但是这个社会中除了交易活动还有非交易活动。政府调节和市场调节都无法在非交易活动中起作用，这时候就要依靠道德的力量来进行调节。“在人类社会中，除市场经济外，以义务为基础、以对称性为原则的互惠经济，以自给自足为特征的家计经济，以中心性为原则的再分配经济，都是重要的社会整合机制，并同相应的正式和非正式制度嵌合在一起。”③

道德力量的调节介于市场“无形之手”与政府“有形之手”之间，当道德力量的约束力较强时它接近于政府调节，当道德力量的约束力较弱时它又接近于市场调节。④ 当某一道德规范受到群体内各个成员的认同并遵守，那么它的力量就比较强，反之则比较弱。

3. 社会的觉醒和公众参与

“优良社会风尚的形成与来自政府的、个人的、群体的信念引导往往是相

① 马良灿：《波兰尼对形式经济学的批判与实质主义传统的创生》，《青年研究》2013年第3期。

② 厉以宁：《道德力量超越市场超越政府亟须重视》，人民网，2011年7月12日。

③ 马良灿：《波兰尼对形式经济学的批判与实质主义传统的创生》，《青年研究》2013年第3期。

④ 厉以宁：《道德力量调节的重要和独特作用》，《北京日报》2011年7月18日。

互促进的。社会风尚本身有一种潜移默化的功能，它能够使人们产生某种信念，或加强某种信念，或转变某种信念。而信念引导又会对社会风尚的培养产生积极作用，进而通过社会风尚的发扬对社会的资源配置发生作用。”① 所以，在市场经济中如果要充分发挥道德的力量也少不了社会的觉醒和公众参与。发挥公众的作用一方面要发挥普通大众的群体力量，另一方面也要发挥企业家的带头作用。

随着市场经济体制、行政体制改革的推进，及基层社会结构的变化，其要求群众不断增强政策观念、效率观念、公平竞争观念和民主意识、平等意识、竞争意识、权利意识，群众的政治参与诉求越来越高。党和政府在开展群众工作时要充分尊重人民群众的自主性和首创精神，“让民做主”。在充分“让民做主”的情况下，要充分发挥党组织的领导核心和主体作用，在此基础上充分发挥人民群众的价值主体和实践主体作用，尊重群众意愿、扩大群众参与、完善群众监督。

企业家是社会主义市场经济的重要一员，市场经济的发展少不了企业家的参与，因此，应该重视企业的道德在市场经济中的作用。中国企业家有非常积极正向的一面，比如他们非常勤奋，有创新精神和应对风险的勇气，甚至有比较强的冒险精神。但中国企业家自身也存在一些问题。第一，民营企业家在信任感方面，更信任血缘亲属关系，人情社会的色彩在他们身上体现得比较浓；第二，在经营活动中，中国的企业家过度依赖公权力，尤其是公权力中的私人关系，甚至将公权力关系私人化；第三，在经营手段、纠纷处理手段方面也存在失度的地方；第四，对法律缺乏充分了解和有效利用，尤其对于如何有效运用法律，企业家在这方面的水平有待提高。

当前企业家对公权力过强有担忧。企业家过度依赖公权力和他们对公权力过强的担忧是同时存在的两个方面。一是要保持信心，企业家要相信改革开放的大政方针坚定不移，相信依法治国的基本方略坚定实施，相信社会在不断进步。从中国改革开放近40年的历程来看，我们应该有这个信心，因为经济要发展、社会要稳定、法治要进步、人民要追求幸福生活，这是历史潮流。这个

① 厉以宁：《超越市场与超越政府——论道德力量在经济中的作用》，苑爱玲译，外语教学与研究出版社，2015，第55页。

信心特别重要，是企业家勤于创业、勇于创新的心理基础。现在很多企业家只看到困难的一面，总是讲经商不易，这是可以理解的。但企业家应当做大势判断、大局分析，真正优秀的企业家不仅仅是经营性管理类人才，也是对国家、社会、历史、人性有深刻领悟的人。改革开放以来，中国涌现出了一大批企业家，可以说中国是企业家成长速度最快的国家。虽然我们在制度上环境上还存在某些缺陷，还不够完善，但从大的趋势、大的环境来看，中国仍然是非常有利于企业家成长和发展的国家。二是要提高能力，企业家要提高有效经营、依法经营的能力，还要有建构健康政商关系的能力。三是要增强勇气，增强应对市场风险和境遇困难的勇气，增强创业创新的勇气，增强依法维护权益的勇气。四是要培养素质，优秀企业家要做到能力与修养兼具、利益与责任平衡，既为社会创造有效的经济价值，也为社会提供积极的文化价值，真正成为与其经济贡献相当的国民表率。五是要赢得信任，通过企业家个人的和群体的努力，为企业家自身赢得国家信任、社会信任和员工信任。

科技进步带来的新的资源红利可以替代旧的资源红利，同理，旧的人口红利消失了，可以依靠教育培养新的人口红利。“发展方式的红利很重要，发展方式的改变就产生了新的红利。但是所有这些红利还不是最大的，最大的红利是社会和谐的红利。”① 社会和谐红利是中国不同于其他发展中国家和发达国家所独有的，中国的社会制度决定了中国有这个红利。“社会和谐要依靠信用体系建设，要使人成为有道德、有信念、有信仰的个体，这样，社会就有动力了。社会和谐红利要靠我们去创造。‘市场在资源配置中起决定性作用’跟人的素质有关，假如人都是讲信用的、有信念的，这就能建成，否则就建不成。”②

但社会和谐的红利要跳出单一和固化的维稳思维，而引入法治的和共治共享的理念。同时，还要协调中国法律职业自治的关系，形成司法机关与各级党政机关之间明确而有效的互动规制。目前，司法机关内部的权力依然是按照中国独特的行政方式运转的，这使得中国司法过程的可预测程度处于一个相当低的水平。一方面，社会精英阶层可以通过钱、权等手段，控制司法程序的运

① 厉以宁：《大变局与新动力：中国经济下一程》，中信出版社，2017，第255页。

② 厉以宁：《大变局与新动力：中国经济下一程》，中信出版社，2017，第255页。

行，来影响司法结果；另一方面，无权无势者认识到司法机关受控于其他党政机关的现实后（包括要求律师在代理案件时要“顾全大局”或者“不能代理敏感性的群体性事件”），则利用政党和政府“维稳至上”的心态，通过花样繁多的形式如集会、游行和罢工、暴力威胁和自残行为（如自杀）、无休无止和无理由的上访抗议等暴力或潜在暴力威胁，来求得问题的解决或者额外利益的获取。[①] 为此，有学者提出通过“互赋的权利观”促进维稳的观点，[②] 无论如何，协调各利益相关者的利益关系是至关重要的。

4. 共享经济与共享社会

“共享经济”是一个早在1978年就由美国得克萨斯州立大学社会学教授马科斯·费尔逊和伊利诺伊大学社会学教授琼·斯潘思提出的术语。时至今日，互联网技术的飞速发展成熟，降低了信息的触达成本，解决了“最后一公里”的难题，“共享经济”的概念获得了突破性的影响力，共享开始走向规模化。2013年以后，共享经济真正进入主流商业，中国共享经济呈现迅猛发展之势。特别是2012年以后，中国经济处于剧烈转型期，共享经济的出现对于提高资源利用率、扩大就业空间和推动新旧动能的转换具有重要意义。在“大众创业、万众创新”的鼓励下，在“互联网+”行动计划的支持下，在“包容审慎”的监管主张中，共享经济迎来了前所未有的发展机遇。可以说，伴随着经济改革的逐步深入，共享经济的出现和发展兼具了必然性和可能性。据国家信息中心分享经济研究中心估算，2016年中国共享经济市场交易额约为34520亿元，比上年增长103%。参与者总人数达到6亿人，比上年增加1亿人左右。提供服务者人数约为6000万人，比上年增加1000万人。平台就业人数约585万人，比上年增加85万人。[③]

共享经济依托互联网技术，能有效减少供求信息的不对称，在去产能、去库存和降成本等方面具有天然优势。尤其是在“大众创业、万众创新”的鼓励下，在“互联网+”行动计划的支持下，“滴滴出行”“摩拜单车”“小猪

① 李学尧：《转型社会与道德真空——司法改革中的法律职业蓝图》，《中国法学》2012年第3期。

② 季卫东等：《中国的司法改革》，法律出版社，2016，第101页。

③ 《经济改革五年考：共享经济为中国经济转型提供新路径》，央广网，http：//www.ce.cn/xwzx/gnsz/gdxw/201707/05/t20170705_ 24045604.shtml，2017年7月5日。

短租”“回家吃饭”等具有共享经济理念的企业如雨后春笋般涌现。作为全球新一轮科技革命和产业变革下涌现的新业态新模式，共享经济所蕴含的巨大商机被敏锐的资本嗅到，受到热捧。即便是在“资本寒冬”之中，共享经济依旧保持着逆势增长，2016 年其融资额同比增长 173%。2018 年 8 月，全球知名风投调研机构 CB Insights 公布 2018 年全球独角兽企业榜单，榜单囊括了全球覆盖人数最多的 13 个经济领域，以 10 亿美元市值为考核基准，共有 260 个新兴创业公司入围。其中，中国共有 76 家企业上榜，滴滴、VIPKID、知乎、丁香园、老虎证券、魅族科技等各领域的前沿创新企业均在其中。① 有关专家预测，未来共享经济年均增长率将达到 40%，2020 年共享经济交易规模占 GDP 比重将达 10% 以上，而制造业、农业、教育和养老四个领域或将成为共享经济的新“风口”。考虑到中国当前很多领域的资源配置效率还比较低下，未来分享经济发展仍具有广阔的空间，尤其是在具有准公共属性的交通、医疗、教育、住房等领域。

《失控》的作者凯文·凯利曾针对未来的发展趋势提出 12 个关键词，“分享”便是其中之一。随着共享经济成为世界性的潮流，一些问题也随之产生，比如共享经济与传统的“独享经济”的冲突，带来各自行业的某一段时间的颠覆、无序和博弈；对传统经济从业者的冲击，也带来很多就业问题与社会矛盾；还有基于共享经济本身的不成熟而带来的一些市场负面影响，如共享电动车的昙花一现，都在为共享经济敲响警钟。目前绝大多数的共享经济企业，本质都只能说是搭上“互联网 +”列车的传统经济模式，只是在服务形式、效率、成本等方面进行了更新升级，并没有改变实质。共享经济的未来在哪里？

《第三次工业革命》作者、美国趋势学者杰里米·里夫金在 2014 年出版的《零边际成本社会》中谈到开发新能源并实现与传统能源的供电自动互补方案，以协同分享经济模式迎来零边际成本社会；20 多年后，通过开源式的协同分享实现接近免费方式分享新能源的商品和服务，有望实现零边际成本社会；具有利他主义价值观的分享、协同、共有模式将冲击利己主义或资本主

① 《2018 年全球独角兽企业榜单公布　中国共有 76 家企业上榜》，腾讯科技，http：//www. chinairn. com/hyzx/20180821/163532585. shtml，2018 年 8 月 21 日。

义。他认为“趋近于零的边际成本让这种新的经济模式成为可能。人们转变为产消者，在消费的同时也制作和分享自己的产品”。以这个为标准，共享经济将逐步从物品的分享发展为技能分享。更进一步的话，未来更多的分享经济，将能够促进人们更好地寻找到志同道合的同类人，人们开始分享自己最宝贵的时间、最核心的价值观，寻找到除了经济收入之外的社会温度，真正实现人与人连接的美好社会。归根结底，分享经济分享的人与人的交流，是具有哲学与社会学意义的新型社会形态的构建，而不是共享经济下便利、高效、优惠等经济学层面的价值。①

“共享经济最显著的地方，在于促进包容性的增长，而共享经济最有效的监管方式，也许是平台与政府之间的相互协作。”《共享经济的爆发》一书的作者、纽约大学斯特恩商学院教授阿鲁·萨丹拉彻说。共享经济在中国能够迅猛发展，除了平台自身的完善外，离不开政府的大力支持。2016 年，“分享经济”第一次被写入《政府工作报告》。2017 年，“分享经济”再次被写入《政府工作报告》，报告提到“支持和引导分享经济发展，提高社会资源利用效率，便利人民群众生活。本着鼓励创新、包容审慎原则，制定新兴产业监管规则”。在“包容审慎”的监管原则下，共享经济获得了广阔的成长空间。以网约车为例，中国是世界上首个网约车合法化的国家。2017 年 7 月，国家发改委等八部门联合印发《关于促进共享经济发展的指导性意见》，其中明确表示要避免用旧办法管制新业态，破除行业壁垒和地域限制。政府的“放管服”改革、包容审慎的监管都为新旧动能的转换营造了宽松的环境，在此背景下，以共享经济为代表的新经济将释放更大的潜能。

从“共享经济”到“共享城市”是未来发展的主流。过去城市的开发经历了两种模式，一种是行政主导的增量开发，另一种是资本主导的增量开发。发展共享经济对一座城市最大的启发是城市开发模式的进化。“未来世界，即便你一无所有，却可拥有整个世界。”这句话看似矛盾，却正说明了共享时代带来的无限可能。共享重要的不是所有权，而是人们可享用的资源有哪些。在青岛，市民对“共享经济”不再陌生，从打头阵的共享单车之后，共享汽车、充电宝、共享停车、共享办公室等项目纷至沓来。在未来，共享经济将不局限

① 张天潘：《共享经济日渐独享，分享经济才是未来》，《南方都市报》2017 年 4 月 2 日。

于“产品”，更多的是空间、资源、文化、信息等“智慧共享”。对城市和生活在其中的人们来说，共享经济最后的落脚点可能是“共享城市”，它将给城市中的生活工作方式、经济社会组织、城市形态结构乃至空间治理模式等方面带来影响。智慧城市的实质是利用先进的信息技术，实现城市智慧式管理和运行，进而为城市中的人创造更美好的生活，促进城市的和谐、可持续成长。①在这个过程中，会有技术、信息、资源，甚至是文化的共享出现。在智慧城市建设当中，后台技术和信息的“共享”，以及建成后所呈现的“共享”无处不在。“共享城市”是未来共享经济在一座城市的体现。城市在不断地更新迭代，背后是技术的革新，但最终技术的进步还是为了不断地满足人的需求。基于共享理念，城市开发应该进入第三种模式，即基于信息主导存量的开发。互联网环境下的共享经济应该是企业（管理平台）将供给者和需求者进行配对，资源与需求得到更好的对接。站在城市发展的角度，未来可以共享的“产品”分成以下几类：生产资料，包括共享工厂、共享办公室；生活资料，包括共享单车、共享汽车、共享居住；还有人力资源的共享。到最后一定是城市的共享，为城市提供更多的公共空间，给大家更多的交往。从这个角度来讲，越来越开放的共享，一定是发展主流。换句话说，生产力水平极低的时候非交易领域几乎覆盖全部的社会生活，交易领域几乎不存在，其后随着生产力的发展交易领域逐渐扩大，非交易领域缩小。而随着生产力的进一步扩大，即在经济高度发展之后，人们的价值观念随之转变，非交易活动也将随之增多，非交易领域内的各种关系也会因此得到发展。道德力量既然在非交易领域起着主要作用，那么随着非交易领域的扩大，道德力量的调节在社会中的作用也将越来越大。

“共享经济”迅速崛起，“此种新经济模式以个体消费者之间的分享、交换、借贷、租赁等共享经济行为为基本特征”，②“共享经济”的概念可以追溯到20世纪70年代的“协作消费”。但是直到互联网技术的进一步发展，共享经济才真正走进人们的生活。共享经济的倡导者博茨曼和罗杰斯认为协作消费

① 《智慧城市建设的理念与其定义》，https：//www. sohu. com/a/157785855_ 827742，2017年7月17日。

② 谢志刚：《“共享经济”的只是经济学分析——基于哈耶克知识与秩序理论的一个创新合作框架》，《经济学动态》2015年第12期。

的核心是共享，里夫金也强调“共享经济”的本质在于“协作多于竞争”，他认为“资本主义市场在私利基础上受功利性驱动，而社会共有受集体利益和与他人分享的精神驱动”。共享经济是对整个资本主义经济模式的一次颠覆。共享经济的崛起给人们日常生活带来了直接的改变，也对经济学理论提出了新问题。[①]“从规模经济、范围经济的角度来看，共享经济主要利用了规模效应，以及不断下降甚至接近于零的边际成本。从产权和交易成本的角度来看，共享经济依靠技术更深入的分解界定产权，并降低交易成本而实现了帕累托效率改善。从信息经济学的角度分析，共享经济则是通过减少信息不对称，弥补了市场失灵。从资源环境的角度来看，共享经济通过资源共享，调动闲置资源，减少了资源浪费，提高了经济效率。”[②]

共享经济概念的提出将近40年了，但是近几年我们才切身体会到共享经济的存在。根据国家信息中心数据，2017年我国共享经济市场交易额约为4.9万亿元，中国的共享经济正处于上升的快车道，在结构改善、创新驱动的同时，成为中国经济发展的新动能。共享经济可以分为两大类型，“一类是涉及个人闲置物品出租，即只为物品使用权付费而不购买物品所有权。个人闲置物品的租赁并不会破坏所有者的权益，相反可以使其取得相应的收益。另一类是个人冗余资源使用权的转让与合作，即个人所拥有的生产要素（如资本、土地、技术以及时间等）之间的合作，收益共享，如春雨医生。”[③]虽然，共享经济还存在一系列的问题，但是在现代信息技术的推动下我们享受的产品和服务企业不再是主要的提供者，共享经济使得消费者成为市场上商品与服务的供给者。

共享经济的发展有经济、社会、技术等多方面因素。首先，共享经济信息更加具有透明度，能够避免传统经济环境下由于市场价格波动和商品与服务质量的不确定性带给消费者缺乏消费主权与消费安全之感。其次，共享经济由于交易双方信息披露的更加对等，能够解决传统经济模式由信息不对称造成的交

① 谢志刚：《“共享经济”的知识经济学分析——基于哈耶克知识与秩序理论的一个创新合作框架》，《经济学动态》2015年第12期。

② 谢志刚：《“共享经济”的只是经济学分析——基于哈耶克知识与秩序理论的一个创新合作框架》，《经济学动态》2015年第12期。

③ 刘根荣：《共享经济：传统经济模式的颠覆者》，《经济学家》2017年第5期。

易双方的信任危机。再次，共享经济能够降低交易成本。交易的双方既是商品的使用者，也是商品的提供者，避免了交易的中间环节。最后，共享经济具有绿色环保理念。共享经济不仅使得闲置物品或资源得到重新配置，进而提高资源使用效率，而且可以通过减少商品的生产及资源的过度使用，进而极大地减少人类活动对环境造成的影响。此外，共享经济的发展为共享社会的建设提供了可能，共享社会的建设要构建共建体系。

共享经济是市场及社会道德力量交汇的一个典型应用场景。其中，作为中国“新四大发明”之一，共享单车又被认为是现代市场经济中人们道德水平的晴雨表。作为一种新型的共享经济，共享单车像一匹黑马冲在最前面。但不幸的是，这个市场，从一开始就先天不足以至于日益陷入举步维艰的境地，包括不断爆出的网约车事件等，成为不断被穿透的道德底线的牺牲品。在自私自利、爱贪小便宜的丑陋心理中，在无公德心、无自律精神的小人思想下，我们看到“共享”的美好理念被现实打败，乱停乱放、恶意破坏、强行上锁、人为改装……尤其是政府监管和服务的不到位，很多共享单车被收缴，造成所谓的共享单车“坟场”，这就更是与政府大力鼓励共享经济的政策本意相矛盾。2018 年第 9 期《新周刊》曾专门做过一个图片报道专题，展示了自由摄影师吴国勇在各地拍摄的共享单车“坟场”。

吴国勇以其普通公民的社会责任以及摄影师的敏锐视野，很早就开始关注共享单车的社会话题，用多种记录工具和影像媒介，使其有效聚合形成强大的影像力量，呈现他的文化观看和社会思考。但在这种观看和思考的后面，从市场经济的角度，带给人们的是更深层次的反思，这里面既有资本的狂欢、管制的缩影，又有社会的硬伤、道德的镜像。共享单车是“双创”企业针对公共交通领域“最后一公里”的市场空白的一个有效供给，由于替代品的稀缺，共享单车产业链能够以其自身特有功能的不可替代性在国内甚至国外市场占据一席之地，说明了共享经济的市场前景。但恰恰受制于整个社会的道德水平，加之城管治理、路权改革、信用体系等诸多方面的滞后，使得处于隐性状态道路资源的稀缺问题，因为这个半路杀出的“程咬金”而赤裸裸地显性化。茅于轼说，道德是一种公共服务，它存在的基本意义在于可以极大地降低社会交易费用。长久以来，中国都是现代经济制度的模仿者，共享单车的出现，迫使中国必须成为经济制度的原创者。中国经济要想从追随变为领先，就必须学会设计新的制度和玩法。[①] 在这个意义上，共享单车带给中国经济的影响，除了我们从表面所看到的这些，在更深刻和重要的方面，即作为非契约交换形式之一的社会道德领域，也必然随着人类生存环境和生产方式的变更而变更。政府其实并没有人们想象中的那么全能，而市场的缺陷并不是就要把问题交给政府处理的充分条件。在当前，让市场在资源配置中起到决定性作用、扩大公民有序政治参与、提升政府执政能力和立法降低行善成本都是进行道德重建的现实选择。

共享单车是共享时代到来的一个小小的窗口，却已经照见了部分地方政府的狭隘与短视，其是部门既得利益的维护者，而不是新的利益关系的创设者。此前，一些城市由政府主导的公共自行车只能锁在定点桩位上，在手续上仍然要求居民提供身份证，甚至要求具有本市户籍等，还要有各种限制性因素，因而并没有很好地解决"最后一公里"的出行问题。而由市场和企业提供的共享自行车已经远远超出了人们的想象，既解决了"最后一公里"的方便问题，又不用担心自行车的丢失，而且实现了所有城市人口的方便使用，没有身份界限。可见，市场会提供充足的资源，让城市在智慧领域中发挥巨大的作用，智慧城市和共享经济的结合也是科技创新革命带来的结果。我们应该进一步反思：这个过程中政府该承担什么角色？要看到，政府最大的利益驱动机制，就是政绩，这种驱动机制决定了政府不能成为市场"最后一公里"需求的最终提供者。互联网产业的格局千变万化，一些行业的发展窗口转瞬即逝，为什么很多地方政府的政策总是走在产业调整的后面。从行业整体看，共享单车的成败不仅是商业模式的成败，它更关系到一类新型公共事业的前途命运，对此，公共政策理应积极助力，而不是叶公好龙。

新问题的解决往往是建立在对旧制度的否定之否定上的。针对包括共享单车在内的新经济、新模式，应该给予建立在有效服务基础上的包容，在尊重市场决定性作用的前提下，促进政府对于相关各方进行利益协同的治理理念和方式方法的全面创新。例如，充分运用大数据技术，通过与企业的数据共享，加强对平台企业的管理，实现"政府管平台，平台管单车"的目的；还可以从

① 赵燕青：《共享单车成灾，如何设计有效管理制度》，财新网，http：//www.sohu.com/a/162112261_ 99960504，2017 年 8 月 1 日。

构建诚信经济的角度出发，把共享单车纳入社会信用体系等。因循守旧，采取为市场设置准入障碍、要求获得许可或者牌照、为产品或服务设置严格标准等早已习惯的办法，其实是对共享经济的绞杀。很难设想我们会回到没有微信、支付宝的日子，也不愿看到共享单车真的退出市场。因此，传统的管制办法短时期内可能收到一些效果，但从长远看，却阻碍了市场的内生动力和创造创新能力，不利于经济社会的发展。共享经济是提高经济发展质量和效益的新动力，政府要全面认识并遵循共享经济发展规律，建立健全政府主导、多主体合作的治理体制机制，形成规范、包容、高效、和谐的政府治理环境，以促进共享经济健康发展。

第五章
市场决定性作用的发挥

尽管市场经济有各种各样的不足，但是市场依旧是配置资源最有效的方式，所以依旧要让市场在中国经济发展过程中起决定性作用。从最早的“使市场在国家宏观调控下对资源配置起基础性作用”，到“在更大程度上发挥市场在资源配置中的基础性作用”及“从制度上更好发挥市场在资源配置中的基础性作用”，再到“更大程度更广范围发挥市场在资源配置中的基础性作用”，最终，我们把政府与市场的关系定格在——使市场在资源配置中起决定性作用和更好地发挥政府作用。市场决定资源配置的优势在于可以引导资源配置符合价值规律以最小投入（费用）取得最大产出（效益）的要求。市场决定资源配置的本质要求，是在经济活动中遵循和贯彻价值规律。使市场在资源配置中起决定性作用，其实质就是让价值规律、竞争和供求规律等市场经济规律起决定性作用。在此，市场就不仅仅是一种手段，它更多地含有生产关系的属性，即市场生产关系。如果说，经济体制改革的核心问题就是处理好政府和市场的关系的话，那么，充分的市场生产关系的形成，其所涉及的深层次制度变化，“属于人类所能想象到的最复杂的经济和社会过程之列”①。由此也形成对当代资本主义经济规律的一系列新的认识，包括从传统的“资本和劳动两主体”向“政府、资本和劳动三主体”的认识的重大转型。当然，在改革经济学的背景下，“三主体范式”也有改革本身的特殊性，并在实践中构建符合初级阶段特征的新的动态结构，有效引领和驾驭市场生产关系属性。

① 罗兰：《转型与经济学》，北京大学出版社，2002，第6页。

第一节 让“看不见的手”看得见

“看不见的手”是对市场调控的形象比喻，市场调控是市场经济中的行为主体自发根据市场行情做出的选择，人们并没有办法精确预见行为主体自发行为造成的后果，所以市场调控是“看不见的手”。尽管市场调控难以把握，但是我们依旧要洞悉“看不见的手”，努力掌握市场调控背后的规律，才能更好地促进社会经济的发展。一方面，市场配置资源的决定性作用是市场经济的一般规律，发挥市场决定性作用就是要求政府把市场能够发挥作用的事项一律放给市场，切实做到不干预，把政府越位的地方退出来；另一方面，发挥市场决定性作用并不具有排他性，而是具有协同性，包括与政府的协同、与社会的协同乃至区域的以及内外的协同等。可以说，没有协同性就没有决定性，而没有决定性，也就无法实现协同性。

1. 经济规律和市场规则再认识

经济规律亦称“经济法则”，是反映社会经济内在要求的客观机制。在市场经济中，人们所认识到的价值规律、供求规律、竞争规律、比较优势规律等，都是这种客观机制的概括。如同自然规律一样，经济规律亦是无处不在、无时不起着作用，谁都不能抗拒。改革开放 40 年，对于市场经济的规则和逻辑，我们从认识、了解到遵循，经历了一场“洗礼”，从单一计划经济体制，到计划经济为主、市场调节为辅，再到让市场在资源配置中发挥基础性调节作用，又到让市场在资源配置中起决定作用的递进，市场作用从过去的“基础性”到今天的“决定性”的转变，意义重大。需要消除对市场遗留的干预和扭曲，让资源由市场进行配置，而在这个过程中，政府应该在保护产权、维持宏观稳定、克服市场失灵上发挥作用，推动技术、产业、制度等结构的变迁。①

市场规则是国家为了保证市场有序运行而依据市场运行规律所制定的规范市场主体活动的各种规章制度，包括法律、法规、契约和公约等。市场规则可以有效地约束和规范市场主体的市场行为，使其有序化、规范化和制度化，保

① 林毅夫：《有效市场也需有为政府》，《金融时报》（中文网）2013 年 11 月 27 日。

证市场机制正常运行并发挥应有的优化资源配置的作用。没有一个好的市场规则，市场秩序就无从建立，市场难以发挥它在资源配置中的基础性作用，社会主义市场经济体制也不可能真正建立起来。因此，建立和规范社会主义市场秩序，必须建立健全社会主义市场规则。

遵守市场规则，是保证市场交易活动有秩序、按规则进行的基本条件。有了市场规则，市场主体从事各项交易活动便有章可寻；如果没有，市场交易活动就会陷入混乱。市场规则对于规范经营者和消费者的交易活动，具有至关重要的作用。遵守市场规则是遵循市场运行规律的必然要求。也是加强社会主义精神文明建设的题中应有之义。只有具备公平、公正的市场秩序，形成统一开放竞争有序的现代市场体系，市场才能合理配置资源。

2. 契约精神、合规文化和管理

契约精神是西方文明社会的主流精神，“契约”一词源于拉丁文，在拉丁文中的原意为交易，其本质是一种契约自由的理念。契约精神是市场最本质的属性，是市场经济的基本伦理，也是让市场“看得见”的最核心要求。随着西方经济社会和政治的变化发展，契约思想经历了由萌芽到辉煌，再到19世纪中叶被功利主义所取代、走向衰落的过程。但是在当代，随着第二次世界大战的结束，契约思想又获得了很大的发展。1971年，罗尔斯的巨著《正义论》出版发行。他说：“我一直试图做的就是要进一步概括洛克、卢梭和康德所代表的传统的社会契约论，使之上升到一种更高的抽象水平。”① 在书中，他提出了一种新的社会契约理论——作为公平的正义论。他指出要以“公平正义”取代“功利主义”原则，作为“社会体制的第一美德”“社会制度的首要价值”。罗尔斯以理性人为研究的出发点，认为人是自由平等的，拥有不可侵犯的正当权利，具有天生的正义感，并以此来缔结社会契约。

2016年诺贝尔经济学奖授予了奥利弗·哈特（OliverHart）和本特·霍姆斯特姆（Bengt Holmström），以表彰他们对契约理论做出的贡献。中国是一个发展中国家，发展中国家最大的特点就是法律法规不完善，即面临更多的不完全契约问题，哈特教授开创的不完全契约理论对中国改革具有广泛的启迪。一旦遇到法律没有规定的问题，政府不能简单地去禁止或堵截，而应该考虑一下

① 罗尔斯：《正义论》，何怀宏等译，中国社会科学出版社，1988。

在新情况出现时如何管理才能最大化社会总福利水平。[①] 要从社会福利最大化的角度出发来制定有效的政策，鼓励地方政府大胆创新，鼓励企业创新。以“网约车”为例，一些地方政府以治理城市病为由，出台了网约车政策，对司机户籍、车辆配置等进行了严格的要求，限制了网约车的健康发展，忽视了机动车数量增长快、路网结构不合理、无效交通量高等拥堵主因。因此，政府应该站在增加社会总体福利的角度，调配各方利益，而不是一味地禁绝网约车，陷入“网约车行业凋零、司机失业”“打车难打车贵”“传统出租车格局无法撼动、司机挣得少”的零和博弈局面。

契约无处不在，它可能是短期的或长期的，也可能是正式的或非正式的、显性的或隐性的。中央政府和地方政府之间也是一种复杂的隐形契约关系。在中央和地方的契约关系中，如果地方政府只在 GDP 方面跟中央政府存在契约关系，那很容易导致经济的单向发展，地方政府往往会在社会福利及环境方面不作为。因此，在契约中加入这些变量，并设立一种机制来激发各利益方的积极性成为契约理论要研究解决的重要问题。

此外，政府在处理与市场的关系时，应将剩余控制权配置给私人，保证足够的激励使资源配置优化。同时，摆正自己的位置，从契约精神出发，通过一定的制度设计营造一个公平、信用、安全，有利于创新的市场环境，保证市场秩序。深改小组第 27 次会议审核通过了《关于创新政府配置资源方式的指导意见》，提出要创新政府配置资源方式，要发挥市场在资源配置中的决定性作用和更好地发挥政府作用，大幅减少政府对资源的直接配置，更多引入市场机制和市场化手段，提高资源配置效率和效益。根据契约理论，市场是不完全的（即存在交易成本），契约也不可能完全。因此对企业的剩余收益权和企业的剩余控制权进行配置以保证足够的激励显得至关重要。市场代表着私权，政府代表的是公权，如果剩余控制权为公共所有，则政府拥有企业资产的剩余控制权；如果私人所有则私人拥有剩余控制权。对于政府而言，它并不是一个独立主体，而包括行政人员、民选官员及公民自身；也不是企业，它所得到的回报是税收而不是利润，它的职责不是利润而是提供保护服务。因此，剩余控制权应该配置给私人。而政府的职责在于，基于“契约理论”去设计一套契约机

① 聂辉华：《不完全契约理论怎么用？》，澎湃新闻，2016 年 10 月 13 日。

制来保证市场的秩序，营造一个有利于创新的市场环境，而不是过多地关心市场的资源分配、价格定制等问题。从某种程度上讲，契约理论为市场经济提供了理论基础，通过将剩余控制权配置给私人，促进政府放权让利、还利于民。同时，通过政府契约行为的倡导，有利于在社会上树立起规则意识、契约意识和信用意识。

契约的精髓是诚信。但在略显浮躁的社会之下，契约精神逐渐淡化：一些经商者不是按市场游戏规则正当竞争，而是巧取豪夺，以次充好；甚至连做学问的知识分子也难免靠剽窃别人的学术论文捞取学位、职称。因此，市场的培育及良性发展不仅需要厂商、消费者、政府等各方力量的契约制约，更加需要完善有效、躬行不殆的法治与监管环境。同时，加大对契约精神的宣传力度，使社会成员能够全面建立起契约关系，将行为规范于社会信用体系之内，从本源上打造更为牢固的社会信用体系。“如果人人在市场经济中和非市场活动中都坚持诚信原则，大家的社会资本都会增加，物质资本、人力资本和社会资本的结合就更顺利了。”① 这种顺利，就是市场的可见，就是市场运行的规范，就是市场各相关主体的利益有了基本保障。

3. 信用社会及征信体系的建立

“征信”一词源于《左传》：“君子之言，信而有征，故怨远于其身；小人之言，僭而无征，故怨咎及。”其中所提到的“信而有征”，即可征验其为信实也。征信通过对信用资源的系统性收集、集中汇总和开放型开发利用，成为实现信息充分共享，提升信用管理水平的最有效制度安排之一，达到了提供决策参考、降低交易风险的目的。信用是以偿还为条件的价值运动的特殊形式，包括货币借贷和商品赊销等形式，如银行信用、商业信用等。

征信为信用活动提供信息服务，实践中表现为专业化的机构依法采集、调查、保存、整理提供企业和个人的信用信息，并对其资信状况进行评价，以此满足从事信用活动的机构在信用交易中对信用信息的需要，解决借贷市场信息不对称的问题。

信用社会的形成，是让市场“看得见”的最重要路径，是保证市场主体公开、透明、可信赖的关键。只有在一个充满信用和信任的市场中，风险才是

① 厉以宁：《大变局与新动力：中国经济下一程》，中信出版社，2017，第263页。

可预见的、可预防的和可控制的。在这方面的一个反证，就是中国资本市场的赌博本质，让市场扭曲，让投资者被轮番“割韭菜”。由于中国资本市场完全开放，而相关监管机制一直处在不健全的阶段，对套利、套现监管不严，内幕交易、操纵市场等违法违规、损害投资者权益的行为一直存在。其中，发生在 2018 年中的崔永元、范冰冰事件，以及在“高勇操纵精华制药案”中涉及的影视明星黄晓明直接或间接持股数十家公司的问题等，都是资本市场管控缺失的典型案例。

按照目前的观点，虚假陈述、内幕交易和操纵市场是造成资本市场秩序失衡的三大行为。[①] 在这样的市场，投资者被蒙在鼓里什么都看不清，或者说看到的都是表象，而操纵者却屡屡突破道德底线，翻云覆雨，空手套白狼，是对市场经济主义的反动。社会信用程度决定了金融生态环境的优劣，金融生态环境映衬着社会信用的总体水平。当前我国金融生态环境中信用缺失正如 WTO 前任总干事穆尔先生所说：“中国加入世贸组织后，从长远看，最缺乏的不是资金、技术和人才，而是信用，以及建立信用和完善信用体系的机制。”[②] 穆尔先生的话并非危言耸听，而是直接点明了当前我国在优化金融生态环境中信用因素的重要性。在此，套用一句话，“如果我们不能有效地解决透明度问题，不能解决上市公司和中介机构如实地向社会披露信息的问题，那么资本市场就没有发展前途。”[③] 延伸开来，如果我们不能有效解决整个市场经济的透明度问题，不能让市场这只“看不见的手”在契约的意义上看得见，那么我们的市场化改革也就没有前途，甚至走向它的反面。

只有在契约得到遵守的市场中，市场才是可见的，市场决定性作用的发挥才是有效的和高效的。这是因为，契约关系是权利与义务的确定和延伸，关系到所有权及其转移的保障和规则，并关系到维护自愿合作和守信的制度基础。随着市场交易的发展，越来越多的交易及信用关系通过契约表达和实现。契约化以法的形式对信用与利益关系做出了规定，取代了单纯的伦理道德形式，这使交易过程的信用行为不仅具有伦理的要求，也具有了法的要求。契约化的整

---

① 吴晓求、许荣、解志国、李悦：《构建以市场透明度为核心的资本市场秩序》，《中国人民大学学报》2004 年第 1 期。

② 刘莎：《“无信不立”海外启示录》，《农村金融研究》2005 年第 10 期。

③ 吴晓求：《当前中国资本市场面临的三大问题》，《经济理论与经济管理》2004 年第 9 期。

个过程就是要求按约行事，涉及信用行为和信用关系调整，以及信用制度的建设。契约化的方向是增加可预见性，减少不确定性带来的信用风险和交易费用。契约对市场经济的发展意义重大，能够推动包括政治、经济和法律制度在内整个市场经济制度的建立和完善。①

社会信用协同治理，是政府与市场协同的重要方面。要围绕信用制度、社会征信体系的建设完善，强化社会信用治理的外在约束力，并推动制度、技术与文化等的共同协作，实现从“计算信用”到“诚实信用”。

征信体系主要指由与征信活动有关的法律规章、组织机构、市场管理、文化建设、宣传教育等共同构成的一个体系。要进一步完善统一的行政管理征信体系，并在国家层面新成立一个能够互联互通的国家级行政管理征信体系。国家级行政管理征信体系建设的目的是把各政府职能部门、地方政府的数据库连起来，实现信用信息共享。能够达到这个目的的手段有很多种，其中最经济、最有效率的就是建立信用信息交换平台，而不是建立大型的、全国的、实体的综合数据库。

第二节　市场体系和市场力量

市场是商品流通的场所，市场体系是相互联系的各类市场的有机统一体，如果按照市场流通商品属性划分，市场体系可分为一般商品市场、生产要素市场、金融市场、劳动力市场等，商品市场、金融市场和劳动力市场是现代市场体系的核心。市场赋予力量，竞争带来繁荣。建设现代化国家，须匹配现代市场体系。建设现代化经济体系必然要求构建一个体系完整、机制健全、统一开放、公平竞争的现代市场体系。

1. 现代市场体系的建立和完善

市场和市场体系是商品和服务交换的载体，它是衡量一个国家市场经济发展水平的重要标志。围绕对市场体系标准的认定，美国《1930 年关税法》对市场经济规定了 6 个标准，以确定一国在反倾销调查中是否应被视为市场经济

① 程民选、唐雪漫：《现代信用社会的内涵及其与现代市场经济的关系》，《天府新论》2010 年第 1 期。

国家。[1] 总体来看，虽然每个国家的情况不同，但对形成比较完整的市场体系来说，基本的标准是一致的，或者说至少应该包括这样几点：①通过市场实现商品与要素交换；②至少在一个国家内，市场是一个统一体；③市场是市场价值、市场价格、供给和需求、市场竞争诸因素的统一体。西方一些国家不愿承认中国是市场经济国家，这在某种程度上与我们的市场体系还不健全和完善有关。我们反对这种单方面将市场经济问题政治化的标准，同时也要看到，我国从20世纪末开始建立了社会主义市场经济体制，但是这个体制带有很沉重的旧体制的遗产，特别是在21世纪初，很多领域的改革出现反复甚至某种程度的倒退。所以，应进一步健全和完善市场体系，消除城乡之间、区域之间、阶层之间等的市场割裂和壁垒，实现多元市场的协同，理顺宏观政策在各市场体系之间的传导机制。结合我国具体国情与国际上较为流行的标准，界定我国市场经济体系的标准包括：①生产要素和资源的市场化配置；②企业主体地位及有监管的自由；③行政垄断的打破、政府对经济控制的减少；④全国统一大市场的形成；⑤金融、利率和汇率机制的公平和效率；⑥价格体系及作用的发挥；⑦市场经济法律体系的健全；⑧财税制度中市场经济原则的体现；⑨社保体系的健全和完善。

现代市场体系有效地解决了政府和市场的关系问题，使市场在资源配置中发挥着决定性作用的同时又兼顾政府的作用。[2] 建设现代化经济体系是跨越关口的迫切要求和我国发展的战略目标。而现代化经济体系的核心是现代化市场体系。一般说来，现代化市场体系，应具备资源配置、平衡供求、服务沟通、利益调整以及信息传递反馈等一系列功能。在社会主义市场经济条件下，市场

---

① 这六个标准分别为：①货币的可兑换程度；②劳资双方进行工资谈判的自由程度；③设立合资企业或外资企业的自由程度；④政府对生产方式的所有和控制程度；⑤对资源分配、企业的产出和价格决策的控制程度，要求该产业的产品数量和价格决策没有政府介入，所有重要的产品投入都是以市场价格支付的；⑥商业部认为合适的其他判断因素。欧盟在1998年颁布了905.98号法令规定了5条判定市场经济地位的标准：①市场经济决定价格、成本、投入等；②企业有符合国际财会标准的基础会计账簿；③企业生产成本与金融状况，不受前非市场经济体制的歪曲，企业有向国外转移利润或资本的自由，有决定出口价格和出口数量的自由，有开展商业活动的自由；④确保破产法及资产法适用于企业；⑤汇率变化由市场供求决定。参见周达《中国双市场体系理论探讨——对双市场体系下的低消费率与最终消费的模型分析》，《北京工商大学学报》（社会科学版）2005年第7期。

② 丛晶：《加快完善现代市场体系　提高资源配置效率》，《中国市场》2014年第26期。

在资源配置中起决定性作用，市场体系健全与否决定资源配置效率高低、关系发展质量优劣，这已为我国改革开放40年的发展经验所证明。① 现代市场体系推动经济发展质量变革、效率变革、动力变革，要求市场“看不见的手”与政府“看得见的手”进行有机组合，形成强大的制度优势，从而推动整个经济的制度效率变革。②

现代市场体系成熟的标志是市场体系的基本要素在市场中的建立、成长、发展和壮大，而我国市场经济改革过程中，市场决定商品价格这一机制已经基本完善，薄弱环节主要集中在劳动力、土地、科技等要素市场的发展。这些要素和资源的配置从古典经济学的角度讲，就应通过市场的方式实现。但从新改革经济学的观点分析，优化资源的配置也是政府的首要目标，而这个目标函数由财政决定。只有充足的财政收入的支撑，所有的包括扶持产业经济、保底提升民生经济以及推动城市经济发展等，才能得到基本的保障。而财政目标的实现，客观上又需要形成一定规模和层次的与政府有关的准经营性资源。这些资源生成领域的准经营性资源也存在着动态性、经济性、生产性和高风险性。因此，区域政府必然作为第一投资参与者的身份出现。包括对项目的竞争、对产业链条配套的竞争和进出口的竞争、对人才科技的竞争以及财政金融的竞争等。这种竞争，主体是各级政府，它不同于企业竞争，从改革经济学的角度上看，其主要内容就是要形成与市场竞争主体互相弥补又互相支撑的市场竞争体系。

2. *新消费与消费者选择问题*

消费者能买得起什么，消费者如何做出选择，这是经济学关于消费者选择理论着重研究的问题。但消费者真正的想法是什么，这些想法发生变化背后的真正机制是什么，其实并不是那些模型所能表达清楚的。所以，深入分析消费及其变化和影响，是完善市场体系建设的一个新的课题。对市场体系正确的判别是国家分析经济运行情况与准确制定宏观经济政策的前提。而这种判别首先的一个切入点，就是消费以及消费的各种变化。只有消费才是最忠实反映经济增长实际情况的指标，只有消费实现了真正的转型和升级，才能表明市场体系

① 黄泰岩：《以现代市场体系保障高质量发展》，《人民日报》2018年7月19日。

② 黄泰岩：《以现代市场体系保障高质量发展》，《人民日报》2018年7月19日。

建设的真正成果。

改革开放40年，中国在消费领域发生的变化最为明显，从最初的消费短缺到消费相对过剩，消费升级的浪潮汹涌，并逐渐褪去过去明显的模仿型排浪式特征，个性化、多样化消费渐成主流。当前国内很多人把制约经济快速增长的关键因素归于内需不足，而影响内需的主要因素又归结为较低的消费率与最终消费能力不足。[①] 但实际情况是，随着中国经济的不断发展进步，老百姓越来越富裕。2011年，中国人均GDP首次迈过5000美元，短短四年之后的2015年便突破8000美元大关，而《2017年国民经济和社会发展统计公报》显示，2017年我国人均GDP已经达到8836美元，距离“中等收入陷阱”上限（人均GDP为12000美元）越来越近，而这也让国民具备了足够的消费底气。尤其是在“消费主义”浪潮影响下，人们的消费意愿越来越强烈。这在宏观数据上似乎也得到了印证：自2014年第二季度起，消费对于GDP增长的贡献率超过投资，此后便一直居高不下，已然成为拉动国民经济增长的绝对主力。[②] 很显然，我国经济增长的动力转换确实已经出现，消费主导的时代正在来临。其中，2017年，北京市在全国率先开创“商品消费+服务消费”的总消费统计新纪元，通过出台系列“商品+服务”促消费政策，推动消费规模持续扩大和结构优化调整，目前消费格局已经实现根本性转变。最新数据显示，2017年1~11月，该市总消费突破2万亿元，其中服务消费占比达51.9%，增长11.6%，在全国率先步入服务消费主导时代。[③]

在政策层面，国家始终将“扩大内需”作为一项长期的基本国策，其目的就是要通过积极的政策手段来开启国内消费市场，刺激居民消费，从而确保国民经济增长的韧性与稳定性。但从客观情况看，现实的增长情况又不令人乐观。学界围绕“消费升级VS消费降级”之争日趋热烈。事实上，消费升级的本质在于消费总福利的提升。居民收入引致的“财富效应”和科技发展引致的“进步效应”，是消费升级的根本机制。两者共同构建了消费升级

---

① 周达：《中国双市场体系理论探讨——对双市场体系下的低消费率与最终消费的模型分析》，《北京工商大学学报》（社会科学版）2005年第4期。

② 付一夫：《数据揭示真相：这一轮消费升级屏蔽了80%的人》，苏宁财富资讯，https://baijiahao.baidu.com/s?id=1594192443103019228&wfr=spider&for=pc，2018年3月7日。

③ 马婧：《北京率先步入服务消费主导时代》，《北京日报》2018年1月19日。

的“蛇形路径”，并衍生出复杂的价格现象和市场行为，是当前种种迷思的成因。

消费升级是个多维度的过程，主要包括内容升级和品质升级。从宏观层面看，目前我国各类市场主体增加近 80%，已超过 1 亿户，新增市场主体活跃度保持在 70% 左右。城镇每年新增就业超过 1300 万人。但与此同时，居民生活成本和负担加重，收入增长仍然不足以支撑新一轮消费升级，供给能力和结构均对消费结构升级的支撑力度不足，导致了消费升级的“小马拉大车”。未来要围绕收入分配政策、消费者分层、市场化改革等解除需求和供给侧的制约因素，切实推动消费升级。从新消费到大消费，减税势在必行，但从 2018 年 10 月 1 日开始调整到 5000 元的个税起征点并不足以令人欣慰。事实上，早在 2014 年，国务院副总理刘鹤就曾经撰文指出，在未来我们要做好两件大事：①中国要加快调整储蓄和消费的关系，逐步成为内生性的需求大国，为全球提供巨大市场；②要促进产业结构升级，加快技术进步和提高投资效率，提升服务业的比重，使产业结构和国内资源禀赋相匹配。[①] 可见，在刘鹤心中，消费是与创新同等重要的“大事”，中国的经济发展动力一直强烈依赖于以美国为代表的出口需求拉动，也就是说，中国人民辛辛苦苦生产的商品，很大程度上需要外国人来购买，这在我们极度缺乏资本的时候是一种无奈，但是不得不做出的选择，那么在经济已经获得了多年增长之后，尤其是中美贸易摩擦导致外部贸易环境恶化之后，如果我们还坚持依赖出口而不去发动内需市场，那其中的逻辑的确有些不可理解了。但为什么国内居民的内需始终提升不上去呢？简单一句话，就是没钱。根据 2018 年 8 月上海财经大学田国强领衔发布的中国家庭债务状况报告：中国家庭债务已经超过可支配收入，比例高达 107.4%（意味着入不敷出），已经超过美国当前水平，更是接近美国金融危机前峰值。在中国经济高速增长过程中，居民所切到的蛋糕比例却越来越小，这是人们抱怨“获得感”不足的根源，所以要提升国内市场的消费能力，我们所面临的选择就是下决心真正给居民减税。这种减税，从更极端一点说，要从对工薪阶层的“无税推定”的角度出发，而不是现在的“有税推定”。

① 《这是刘鹤，他对中国最高领导人非常重要》，和讯网，http：//news.hexun.com/2015－06－25/177025002.html，2015 年 6 月 25 日。

160多年前，德国人克劳修斯和英国人开尔文，几乎同时发现了热力学第二定律（热二律）：热不可能自发地、不付代价地从低温物体传到高温物体。一杯热水常温放置，自然变凉。但是，一杯凉水肯定不会自发变成热水，必须得付出代价——加热才行。今天看来，“热二律”是无须证明的常识。它的威力不仅仅限于物理世界，也深刻影响改革的全面深化。近期，改革进程中出现一种奇怪的现象——鼓励类的措施难以落实，限制类的措施却很容易落地。把“热二律”理论套用在包括减税、降低中小企业负担问题上，我们可以发现，让人们有更多的前消费，实现消费升级，或者让更多中小企业健康发展，理论上都已经形成共识。但按照“热二律”，要让凉水变热，必须付出代价。以减税为代表的改革措施是当前社会各个阶层的普遍希望，改革之所以必要，是因为当前国内的利益分配和资源分配太偏斜，抑制了社会的创造力和效率。所以改革的本质是要对资源和利益重新分配，从而激发受益方的积极性和创造性。跳出所谓的改革的“热二律”的陷阱，就是要减缓变凉机制，做实加热政策。

接下来，分析中国消费升级的进退，还应当紧盯两大曲线，具体考察“财富效应”和“进步效应”的强弱变化。而在新消费的形成和消费升级的背景下，要进一步加强消费对经济发展的支撑作用，强化消费者自主消费和“用脚投票”选择机制，这样才能迫使企业推进产品和服务质量变革，争创名优品牌，以完成决定企业命运的“惊险跳跃”。同时，消费者选择机制会引领企业技术创新和产品创新方向，形成创新的需求导向，并推动创新要素在全国和全球范围内自由流动，向创新领先者和创新高地集聚，不断提升创新的效率和效益。[①]

3. 开放型经济的竞争优势

继续扩大对外开放主要包括两个方面的内容：一要全面提高开放型经济水平；二要实行更加积极主动的开放战略。进而实现两个目标：一要完善互利共赢、多元平衡、安全高效的开放型经济体系；二要实现两个转变，加快转变对外经济发展方式，积极参与全球经济治理，转变在全球经济舞台上的角色定位。

---

① 顾严：《改革如何不再遭遇“热二律”》，《财经》2018年第21期。

“开放型经济”的概念与西方国际经济学理论的最大区别是其建立在我国实践经验的基础之上，中国人受到“开放型经济”最全面、最普及、最深刻的知识灌输和实践训练，并不是这些教科书的课程，而是加入世界贸易组织过程中的学习、模仿、价值观转变以及在某些问题上受到的苛刻煎熬。从一定意义上说，对中国自创的“开放型经济”概念的理解，取决于中国对加入世界贸易组织所承诺的广度和深度。世界贸易组织的规则表面上看是中性的、公平的，但它的制定过程实际是由以美国为首的发达国家操纵的，中国接受这种国际规则，当然也要付出让渡部分国家主权的代价。权衡这种让渡成本和开放收益的取舍，就成为“开放型经济”发展过程的一个重要因素。①

“全面提高中国的开放型经济水平，首先是要完善中国的开放型经济体系，这是一个以中国改革开放的实践创造为基础、以国际规则和国际惯例范式为导向的对外经济活动整体运行的制度性框架，它是动态发展的；现阶段它的主要特征是边境开放，解决要素在边境之间的自由流动。完善中国的开放型经济体系，需要解决好与世界之间的‘取’与‘予’的关系，实现互利共赢，并在这个过程中平衡各种矛盾关系，达到国家安全和经济高效运行的目标。此外，全面提高中国的开放型经济水平，还要实现两个转变。转变对外经济发展方式的经济学含义是，不仅要从需求面考虑对外经济活动的绩效，未来还要从供给面考虑改善对外经济活动的成效；转变中国在全球经济舞台上的角色定位，意味着不仅要提高中国为全球提供公共品的能力，还要继续逐步完成从边境开放向境内体制性开放过渡的改革任务，即实现国内体制、经济与社会、环境保护政策与国际规则、惯例和新潮流的深度接轨。”②

第三次全球化的时代正在到来，其特征就是全球配置资源，资本、技术在全球配置，所以我们提出“人类命运共同体”，谁也离不开谁，不再是国际贸易问题，是全球配置资源问题，走向新的全球化。这种新的全球化，就要求中国要全方位开放。但这同时又是新的问题产生的根源。我们正从“站起来”“富起来”的时代进入“强起来”的时代。而“强起来”必须回答好

① 裴长洪：《全面提高开放型经济水平的理论探讨》，《中国工业经济》2013 年第 4 期。

② 裴长洪：《全面提高开放型经济水平的理论探讨》，《中国工业经济》2013 年第 4 期。

与其他国家的关系的问题，也就是新的全球化的问题。新一轮中美贸易摩擦，目的不是打贸易战，而是要推动人类社会的第三次全球化。因此，中国必须在开放上拥有话语权，① 这个话语权的一个重要表现，就是“一带一路”倡议。

从政策性开放到体制性开放，是当前对外开放开启的一个新阶段。由于前40年主要以特殊政策推动而形成了新的政策引致性扭曲，影响了开放效用的提高，包括特区政策、贸易政策和技术转让政策等，也造成今天面对美国贸易保护主义时的被动。同时，这种激励性外资政策下土地、自然资源与劳动力价格的扭曲和生产外部性等也导致了开放中利益的流失。因此，接下来的任务就是要消除区域发展导向型体制中的政策竞争，消除政策引致性扭曲，以负面清单的方式推进体制性开放。目前我们关于开放发展的理论和实践中，“一带一路”倡议是一个最大亮点。从精神和文化层面看，丝路精神是中华文明与世界文明交流互鉴的思想结晶，是当代中国为国际社会贡献的东方智慧。从汉语“丝”字向英文“Silk”一词的演化，到“在欧洲人心目中创造了亚洲”的《马可·波罗游记》；从敦煌莫高窟中融合印度、西域和中原文化的飞天形象，到爪哇海域发现满载中国瓷器的阿拉伯沉船“黑石号”……2000多年前的张骞“凿空之旅”与600多年前的郑和七下西洋，让古丝绸之路见证了“使者相望于道，商旅不绝于途”“舶交海中，不知其数”的辉煌。历史，以独特的密码记录下东西方在古丝绸之路相遇相知、共同发展的动人历程。从历史维度看，人类社会正处在一个大发展大变革大调整时代。和平发展的大势日益强劲，变革创新的步伐持续向前。从现实维度看，我们正处在一个挑战频发的世界。② 世界经济增长需要新动力，发展需要更加普惠平衡，贫富差距鸿沟有待弥合。“执大象，天下往。”从现实形势和需要看，“一带一路”建设的美好愿景，又为发展开放型世界经济提出中国主张。

开放型经济的发展是一盘大棋，“一带一路”倡议是中国承担起推动世界经济增长和全球化发展的重任，是中国对外经济关系发展的一个重大里程碑，

① 魏杰：《中美贸易战一定会打的——在清华文经院课题组〈构建推动国家发展与文化复兴的文化经济学〉研究报告发布会上的演讲》，新浪专栏·意见领袖，2018年5月11日。

② 张旭东、刘华、韩洁、孙奕、丁小溪、安蓓：《大道致远，海纳百川——习近平主席提出“一带一路”倡议5周年记》，新华社，2018年8月26日。

随着规划落地和系列项目的推进，中国对外区域合作的模式和路径探索将进入一个全新阶段。但与此同时也要看到，当前“逆全球化”思潮和保护主义倾向不断抬头，国际经贸规则碎片化问题突出，全球经济治理体系滞后，这些都对我们发展开放型经济提出了新的挑战。开放之路以开放为导向。围绕开放型经济的发展，要主动对接高标准国际经贸规则，构建开放型经济新体制，打造全面开放新格局，提升产业国际竞争力和国际分工地位，建设贸易强国。积极推进自由贸易区战略，大力倡导自由贸易，维护多边贸易体制权威性。要继续推进对外开放平台建设，积极参与全球治理和公共产品供给，扎实推进经贸领域务实合作，把广泛共识转化为共同行动，把系列举措转化为实际成果，携手构建广泛的利益共同体。

第三节　国有企业的战略性改革

企业制度是一种特殊的组织分工交易形式，作为专业化水平和组织交易决策成本考量的一个结果，国企改革的主线是“三化联动”，即资源资产化、资产资本化、资本证券化。核心是通过资产资本化，以细化的方式从根本上理顺并解开政府、市场和企业三方关系的死结。国有资本的预期效能主要通过市场而不是行政力量来实现，最终实现一种市场化重组和战略性出清。这种出清不是简单的退出，而是一种战略上的处置出清，是国家层面经济体制机制改革的深化。目的是使国有资本更好地集中到基础性、资源性、公共性、平台性、引领性等重要行业和关键领域，以及未来可能形成主导产业的行业，从而提升国有资本配置效率。对于政府来说，也不再是企业的直接管理人，而是通过拥有资本实现企业利益诉求，符合前诉市场决定资源、政府利益协同的改革理念和思路。

市场出清是经济学中的一个非常重要的概念，想要明晰市场出清的概念，应该从市场均衡开始讲起，因为人们容易将市场均衡与市场出清混淆。一般来说，市场出清过程中，结构关系会得到较大调整，而市场没有出清意味着结构调整没有完成，这是经济下行压力大的根本性原因。

市场均衡，也可以称为市场交易均衡量。市场交易行为中，当买者愿意购买的数量正好等于卖者所愿意出售的数量时，我们称为市场均衡。市场出清是指在市场调节供给和需求的过程中市场机制能够自动地消除供给大于需求或供给小于需求的状况，市场在短期内自发地趋于供给等于需求的均衡状态。

在一般经济分析中，常常假定通过价格机制，可以自动实现市场出清，即价格的波动影响了消费者的购买量以及厂商的产量，并使得供给量和需求量相等。但是，在现实经济中，市场出清有很多影响因素，例如，在不同产业结构中，产品的同质性、供给和需求的变动性、存货量以及生产的计划性等都有较大的差异，从而导致厂商的不同行为，这些都会对市场出清产生较大的影响。

因此，应把市场均衡理解为一个状态，把市场出清理解为一种机制，在这种机制下，在市场调节供给和需求的过程中，市场能够自动的消除超额供给或超额需求，使得市场在短期内自发趋于供给等于需求的平衡状态。同样，国有企业也需要一种基于市场的出清，即在所有竞争领域的退出，包括通过发展混合所有制经济，实现国有经济与民营经济在更深层次上的融合。

1. 国企改革进入“混改”深水区

政企不分、机制不活、效率不高、腐败高发是国有企业饱受诟病的弊端。[①] 著名的“郎顾之争”，被认为是一起改变国企改革乃至中国经济走向的历史性事件。在“郎顾之争”发生之前，国企改革开展得如火如荼，国有企业的 MBO（管理层收购）也被认为是明确企业所有产权、提高企业经营效率的有效举措，而在“郎顾之争”发生之后，MBO 也被视作洪水猛兽，让国企改革跟侵吞国有资产挂上了钩，让企业正常的 MBO 行为被污名化，其给我们带来的教训非常之深，也再一次提醒我们，一定要从理论上超越那种将法律上的承认当作现实的生产关系的基础，以所有权的法学概念代替生产关系的现实形态，即政治经济学的所有制概念的典型论述。[②] 这是应当坚决摒弃的。从这些年的情况看，由于对国企负责人业绩考核加强，在垄断领域，以国家名义垄断，以市场身份盈利，在资源性质行业，形成国企之间的内竞争格局。这种格局下，国企本身就成为权力寻租的平台。公权并没有远离市场，有时候甚至通过国企更加深度介入。很多行业对民企名义开放，实际限制。[③] 政府项目给了

① 郭冬冬：《混合所有制企业党建工作的思考》，《现代企业》2015 年第 8 期。

② 雷颐：《改革初期的思想历程》，经济观察网，2012 年 7 月 3 日。

③ 丁敏：《我们的故事——中国 40 年经济史》，大风号，http：//wemedia. ifeng. com/74030487/wemedia. shtml，2018 年 8 月 16 日。

国企，即使出现亏损坏账，也是体制内的问题，不会深究。但如果是民企，那就是重大失职，就面临国有资产流失的政治问题的问责。新一轮国企改革的重点是强调混合所有制，为实现政企分开创造了产权条件。在具体操作上，从五级行政逐步改为三级行政，县区政府不再负责辖区内经济增长。除保留极少一部分中央企业外，地方国有企业全部实现混合所有，省以下国资委全部撤并。从长期趋势看，由于混合所有制的普遍实现，各类市场主体在平等条件下共同发展，国企、民企、外企的所有制分类将淡化并最终取消。凡是在中国境内注册的企业，在法律上一视同仁，政策上平等对待。

国企改革是货真价实的供给侧改革。中国现有 14 万多家国企，几乎分布于所有的行业。在国民经济的几乎所有重要行业都占有主导地位。经济学对于国有制的理论研究并没有太多，但对国企效率低下、国有制的代理成本及相关的道德风险的认识是有着广泛共识的。虽然很多公开的报道也能举出搞得好的国企的实例，但也只能说是这些国有企业“做大做强”了，而从资源配置的角度来看，它们既不具有普遍意义，也未必有利于资源的优化配置。因此，要缓解市场扭曲、优化资源配置，国企改革就必须有突破。主流的国企改革政策主张，也是实行国企的市场化。事实是，离开国企产权改革来推行国企市场化改革，不过是水中捞月、镜中摘花。即使在 30 多年前的放权让利时期，国企改革也隐含了所有者的行动，承包制、租赁制、股份合作制、股份制，都包含了产权改革方面的内容。但从根本上来说，这其实不属于真正意义上的国企改革，而是属于政府改革，是政府的去计划化、去管制化改革。① 由于竞争中性原则的缺失，国企并不是与其他类型企业一样平等进入市场，平等获取生产要素，平等竞争并平等接受市场淘汰机制，平等受到国家保护并在特定境况下平等获得国家救助。许多国企经过一些市场化改造之后反而走向了反面，商业意识和自我膨胀的欲望大大增强，但软预算约束的问题又以新的面目出现。这不过是一种“伪市场化”，其实是一种对真正市场体制的破坏。② 正如张文魁所指出的，从逻辑上来讲，如果国家预先设定某些企业的所有权必须由国家拥有，这些企业的所有权被国家事先锁定、永远不变，国家就会排斥产权市场和

---

① 张文魁、朱敏：《张文魁：科学理解混合所有制改革》，《检察风云》2015 年第 2 期。

② 张文魁：《国企民营化过程是民权自由化过程》，《财经》2014 年 4 月 14 日。

控制权市场，就会对这些企业不断注入国有资本以维持国家所有权，不断注入资源以维持经营状态，那么，将不会有平等竞争和优胜劣汰，当然就不可能有真正的市场经济。[①] 因此，从根本上来说，国有制与市场经济是不相容的，国企并没有实现与市场经济的结合，也无法实现与市场经济的结合。

更多地依靠广泛意义上的技术进步来打破经济学上收益递减的魔咒，才能实现经济的再平衡。要转入内生平衡增长的新轨道，我们必须考虑如何处置国家资本主义、国有企业这个问题。[②] 所幸，中国已经发展起来一个规模较大、效率更高的民营部门了，除了极少数提供重要公共产品和真正关系国家安全的领域外，已经没有必要再保留这么多的国企，再使国企在重要行业占有主导地位或者控制地位。当然，国家可在很长时期保留一个现代化的、具有较强流动性和较高满意回报率的混合所有制的国有资产组合，这个国有资产组合应该用完善的国有资本经营预算纳入国家预算和社保体系当中。[③] 也正是在这样的思路背景下，像珠海格力集团这样的明星企业也可以谋划股权转让。由于珠海市国资委已无法向格力电器提供适应未来竞争的战略资源，也没有办法注入更市场化的体制和机制，目前，国资大股东已经开始主动退位，市场资金跃跃欲试，而基于管理层的经营权和所有权统一也在考虑之中。但无论是格力，还是别的国资改革、国企并购，都不是“简单的买卖”。

2. 混合所有与公众公司

按照一般的观点，在只有一个单一所有者的“国家辛迪加”中，是不可能存在真正的市场交换，即不同所有者之间的产权交换的。[④] 改革开放 40 年，中国终于冲破国有制“一统天下”的狂热和迷信，使民营经济从无到有、自下而上地生长出来，并借助民营企业的发展摆脱了苏联模式的束缚，确定了公有制为主体、多种所有制经济共同发展的基本经济制度。但要建立市场制度，接下来还需要以混合所有制来加快国有企业脱胎换骨的改革。进一步跳出公有、民营的局限，形成真正的多种所有制经济共同发展的新基础。

“混合所有制是社会主义要求的‘公平’和资本主义要求的‘市场’相结

---

① 张文魁：《解放国企：民营化的逻辑与改革路径》，中信出版社，2014。

② 张文魁、朱敏：《张文魁：科学理解混合所有制改革》，《检察风云》2015 年第 2 期。

③ 朱敏：《混合浪潮与民营化选择》，《中国新时代》2014 年第 11 期。

④ 吴敬琏：《当代中国经济改革教程》，上海远东出版社，2010，第 151 页。

合的最好的方式。”① 在中国所有制改革这么多年的探索过程中，混合所有制越来越被认为是一种新的路径，是为大型国企改革设计的新理论。虽然只是开了一个小门缝，但也足以打破国有企业的控股权，那是“光照进来的地方”。

与国有企业的改革相伴而生的，是中国民营经济或者说民营企业的成长，其路径是华西村式的乡村集体企业，或鲁冠球式的自主创业企业。当然，“民营企业”是中国目前制度环境下的一个特定称谓。国家工商行政管理总局（现在的国家市场监管总局）的企业注册类型划分并没有“民营企业”这一类，只有国有企业、集体企业、个体工商户、私营企业及外资企业等。这里的民营企业泛指除国有企业以外所有类型的企业。大约在 20 世纪 80 年代，浙江、广东一带出现一大批乡土工厂，很多小五金厂、小化工厂、小塑料厂、小纺织厂、小加工厂蔓延，部分靠走私进行原始积累。1982 年，经济整肃，打击投机倒把，“八大王”（如“线圈大王”“螺丝大王”等）被通缉。但同时，义乌小商品产业出现，货多价廉款式新，前店后厂模式，又像雨后春笋般发展起来。加之资本市场畸形，股市设计目的是拯救国企，通过融资搞活增强国企实力。但大量国企债券变股权，很多上市资本分配给最困难国企，财务指标虚假。国企过去靠财政，接着靠银行，后来靠股市；“一年绩优，二年绩平，三年亏损”现象普遍，形成融资、挥霍、亏损的循环路径。②

在并无成功经验可以借鉴的情况下，国企改革做过很多的尝试，承包制、股份制、“抓大放小”、现代公司治理、境内外上市等措施，推动着国有企业向市场化转换，但国企改革的困难之处绝不是一个是否接受市场经济和自由竞争的态度问题，国企改革是一个需要丰富实践智慧和高度耐心的技术问题。其内在总逻辑，就是从行政型治理向经济型治理转变。混合所有制改革被认为是深化国有企业改革的重要突破口，同时也是完善产权制度和要素市场化配置、建立现代化经济体系的重要途径。国资委数据显示，到 2018 年中，中央所属企业中，超过 2/3 的企业实现了国有资本和社会资本在产权层面的混合。这种

① 丁国明、鲁扬：《混改别太在乎控制权　应一起把日子过好》，《中国企业报》2014 年 11 月 2 日。

② 丁敏：《我们的故事——中国 40 年经济史》，大风号，http：//wemedia. ifeng. com/74030487/wemedia. shtml，2018 年 8 月 16 日。

围绕进一步优化资源配置、转化经营机制、激发发展活力，让主业处于充分竞争行业和领域的商业类国有企业实现了新的转型升级。围绕混合所有，传统的国有企业实现了在竞争性领域的战略性、市场化出清，或者说是国企在竞争领域的退出。但这种退出不是离场，而是在形态上的升级，即从“管企业”转向“管资本”，就是由实物形态的企业管理转向价值形态的资本管控。这样的混合所有制，不是停留在股权结构的混合，而是在公司法基础上建立新的企业制度，是在所有权与经营权分离的情况下，实现治理结构的现代化。彻底解决所有权经营权不分、政企不分问题。

但在推进混合所有的过程中，恰恰是上述“混进”现象还没表现出很明显趋势的时候，反而出现另一种“混退”的“逆”混合的趋势——由于A股市场持续低迷、融资环境收紧、主业转型升级需求迫切，很多上市公司纷纷“借靠大树”，让股引入国有资本，形成一种“国企+民企”的逆向融合。据统计，2018年中期已有约16家上市民企计划或已通过协议转让股权，引入国资背景股东。在这种情况下，证券市场上的“壳资源”也一度受到追捧，接触壳资源的中介费居然达到了千万元之巨。

毫无疑问，非市场行为的国进民退不是帕累托改进，而是缘自制度供给不足的改革边际效应的衰减。正是在这个背景下，2018年舆论场上再次出现关于民营经济的交锋，有观点认为，在中国伟大的改革开放历史进程中，私营经济已经初步完成了协助公有经济实现跨越式发展的重大阶段性历史重任。下一步，私营经济不宜继续盲目扩大，一种全新形态、更加集中、更加团结、更加规模化的公私混合制经济，将可能在社会主义市场经济社会的新发展中，呈现越来越大的比重。[①] 对此，以《人民日报》评论文章《踏踏实实把民营经济办得更好》为代表[②]，《证券日报》、《中华工商时报》、中共中央政法委员会微信公号“长安剑”等纷纷发表评论予以反驳，明确了国家发展民营经济的坚决态度。这些评论强调，国家支持民营经济发展，是明确的、一贯的，而且是不断深化的，不是一时的权宜之计，更不是过河拆桥式的策略性利用。同时，

① 吴小平：《私营经济已完成协助公有经济发展　应逐渐离场》，http：//wemedia. ifeng. com/77918883/wemedia. shtml，2018年9月12日。

② 李拯：《踏踏实实把民营经济办得更好》，《人民日报》2018年9月14日，http：//politics. gmw. cn/2018－09/14/content_ 31163293. htm。

中央明确宣示的“毫不动摇巩固和发展公有制经济，毫不动摇鼓励、支持、引导非公有制经济发展”是长期方针，是历史的抉择，目前看不到任何需要改变的理由。除了上述评论外，9月13日，《经济日报》在时评版头条也刊发了题为《对“私营经济离场论”这类蛊惑人心的奇葩论调应高度警惕——“两个毫不动摇”任何时候都不能偏废》的文章，对此予以强力批驳。随后，《人民日报》微信公众号头条转发《经济日报》文章，题为《高度警惕“私营经济离场”这种蛊惑人心的奇葩论调》。9月13日，《中华工商时报》也发表评论批私营经济离场论：决不能允许错误言论泛滥。私营经济离场？中央政法委官方微信公号“长安剑”评论称“开历史倒车与人民为敌”。当喧嚣暂时沉寂下来的时候，我们似乎更应该反思：这么一个明显的歪理却能在市场上产生那么大的反响，是不是正反映出市场一些耐人寻味的心态和动向，表明市场上确实存在不安情绪和普遍的焦虑，特别是一些民营企业家，对于未来有点不放心？随着国内外市场不确定因素的增多，民营经济在发展中正面临前所未有的困境，国际国内的环境中弥漫着一定的担忧情绪。虽然市场的基本面有了很大的发展和变化，从中央到地方的各级政府都在积极倡导“大众创业、万众创新”。然而，当前年轻人的自主创业热情似有减退之势，更多人重新选择进入国企或报考公务员。这不能说是错的，但对于“双创”却是一种反向激励。从政策层面看，虽然从直接的减税降费，到深层次的降低“制度性交易成本”，高层近年频发“降成本”的信号。但在实际经济运行中，不少企业仍在不同程度地承受着高企的经营成本和资金压力。社会心态的偏差不修补，就不可能重新提振信心。

产权源自所有权，但也可独立于所有权。所谓明晰产权并不是改变所有权，而是明确财产的使用权、收益权和转让权。可见，明晰产权与所有权是否私有无关。但既然不改变所有权何需明晰产权？回答是，财产无论公有私有，所有权清晰并不等于产权也清晰。推进国企改革攻坚的关键是通过混合所有制改革，实现投资主体多元化，同时完善企业法人治理结构，把“混”资本与“混”机制结合起来。[①] 当然，混合所有制不可能一“混”就灵，其间甚至还会有各种各样的反复。推进国企改革要奔着问题去，而不仅仅是表面的形式上

① 王东京：《国企改革攻坚的路径选择与操作思路》，《管理世界》2019年第2期。

的“混”，更重要的是本质上的“合”。要通过混改真正增强企业活力、提高核心竞争力，建立产权清晰、权责明确、政企分开、管理科学的现代企业制度。国有企业改革不仅是一个经济问题、管理问题、社会问题，还是一个政治问题、历史问题。片面地理解所谓国企退出竞争性领域是一种曲解和误读。但通过发展混合所有制经济，推动企业走公众公司道路，即重点推进竞争类企业集团公司或母公司层面通过整体上市、核心业务资产上市或引进战略投资者，成为公众公司，则是一个总的趋势。按照竞争中性原则，企业的所有制边界将逐渐淡化，更多的企业都将是一种混合所有，都具有了公众公司的特点。而“公众公司”的概念完全区别于国内所熟知的一些国资国企改革话语，和西方比较完善、发达的经济体是直接接轨的。考虑到中国多年的计划经济、国有体制的发展历史，把“国有企业”改革为真正的“公众公司”，也体现了市场化取向的改革精神。甚至从某种程度上说，混合所有制能否有真突破，就在于国企最终能不能变身为真正的“公众公司”。

3. 混合所有制中的控制权问题

如上所述，改革的核心问题是处理好政府和市场的关系。而这种关系的处理仅仅靠政府主动“截肢”还是不够的，简政放权先要弄清楚“权”究竟放给谁。如果是在一个国资绝对控制、股权形式单一、垄断占主导的市场下，“放权”实际上还是放给了“隐形”的政府，或放给了垄断集团，总之不是交给市场。其结果必然是竞争弱化，发展质量和效率越来越低。只有大力发展混合所有制经济，降低国有资产在 GDP 中的比重，才能真正改变各级政府与国有资产、垄断集团之间“藕断丝连”的状况。① 因此，混合所有制是国企和民企在所有制层面有机接轨的链条和途径，也是公有制经济能够与市场经济接轨的原因所在。由于混合所有制是由两种或两种以上的原生所有制结合而成的次生所有制，也可以说是由基本的所有制合成的一种所有制类型，它不是一种形式，而是多种形式。不同的原生或基本所有制的不同结合，必然会组合成为多种多样的混合所有制。② 而这些所有制都是基本经济制度的重要实现形式，它的一个总的目标取向，就是通过一定的股权安排，既解决民营企业话语权的问

① 周励：《混合所有制是国企改革突破口》，《西部大开发》2014 年第 3 期。

② 晓亮：《论混合所有制》，《企业活力》1998 年第 3 期。

题，又解决国有资本可能流失的问题，同时使双方利益处于均衡状态。如果国有企业处于绝对控股地位，民营企业在经营管理上就会失去话语权，这对民营企业来说是不利的，其也不会愿意参与进来。但是国有企业考虑到国有资本流失的可能性，让民营企业处于主导地位也存在很大风险。[①] 因此，实现股权比例安排的均衡的结果，也是降低制度风险的一个保障。这里面就有一个“股权结构拐点”的问题。相关研究表明，在一般的混合所有制企业中，特别是非上市的混合所有制企业中，股权结构拐点是非国有股权比例达到33.4%。在国有控股的上市公司中，只要这个非国有股东持股比重达到了国有股东持股比重的1/2，非国有股东就很有可能成为积极股东。[②] 一旦越过股权结构拐点之后，混改的国企可能出现明显的业绩改善，非国有的股东可以发挥实质性的制衡功能。

混合所有制改革的核心，是在股权结构优化基础上，进一步实现公司治理的现代化。从目前一些实现混合所有制的改革案例看，总体还是以国有控股为主要方式。除此以外，争议点最大的是能否采取双方各占50%的股权结构安排，是诸多选项中的一种极端情况。尽管还有很多研究表明这种相近的持股比有利于公司业绩增长和价值增加，但这样的股权结构也是存在隐患的，即当这种混合实质性地触及大型垄断性中央企业的核心业务，或者双方针对一项决策出现意见分歧时，由于双方权利相当，以及公司“重大事项必须事先协商一致”的章程会使企业不能快速做出决策，有可能错失重要的发展和成长机会。另外，由于国有垄断企业大部分资产缺乏市场参考价，无法应用一般的估值方法进行资产和股权的定价。为了防止出现引入资本与股权转让中产生的国有资产流失，就需要找出评估垄断公益性企业的一套科学合理的方法。在这方面，可以借鉴欧美发达的资本市场比较成熟、公认的产权交易经验，多类别、多层次、系统性地探索建立有关资产估值以及股权定价方面的操作模式，从“破除垄断”和“强调国企竞争力”着眼，构建混合所有制模式体系。

在国企改革实践中还有一个重要问题，就是要完善法律法规和规章制度，

---

① 穆林娟、杨扬：《国企混合所有制改革中的股权结构安排问题》，《财务与会计》2015年第6期。

② 张文魁：《混合所有制如何与国资监管兼容》，《中国经济报告》2017年第10期。

防止国资流失和腐败，防止各方合法权益受侵害。同时，当混合后的国有企业出现问题时，判断究竟是违纪所致还是经营判断失误，很多时候往往分不清楚，这导致国有企业家过于谨慎小心。不减轻国有企业家这种思想负担和责任包袱，国有企业改革就难以深入进行。这其中的核心问题是如何区分错误的性质，到底是国有企业家违纪违规所犯的错误，还是商业判断失误所犯的错误。如果涉及的是有令不行、有禁不止、主观故意、独断专行、不当谋利，这属于违纪违规行为，要严厉处置；如果企业家在履职过程中出现商业判断上的失误，要予以容错，对于这种失误的后果可以免责。今后在国企立法和纪律规范上，要以制度形式区分违法违纪与经营判断失误的性质及具体情形，有利于国有企业家敢于创新、勇于履责。要加快推进经营性国有资产集中统一监管，提高监管的及时性、针对性、有效性，建设阳光国企。同时，还要抓紧加强相关立法和建章立制工作，有效解决国资退出渠道遇阻，资产流动受限的问题，使国有股转让定价逐步走上合法、规范、透明、公允的轨道。

4. 国有资本的投资与运营

深化国资国企改革是打造“有为政府、有效市场”的最佳结合点，这个最佳的一个主要体现，就是通过国有资本的投资、运营，形成以管资本为主的国有资本授权经营体制，促进国有资产保值增值，推动国有资本做强做优做大。目前，各地都在探索组建国有资本投资、运营公司，实行国有资本所有权与企业经营权分离，加快国有资本市场化运作。

从各地的情况看，国有资本投资、运营公司均为在国家授权范围内履行国有资本出资人职责的国有独资公司，是国有资本市场化运作的专业平台。这些平台公司以资本为纽带、以产权为基础依法自主开展国有资本运作，不仅仅吸引非国企投资者，国有资本本身也可以以多种方式入股非国有企业。目前包括国资委、地方政府、中央事业单位在内的“国资”主体正在参与或已完成 20 多家 A 股上市公司的控制权交易。通过这种改革，使国有资产管理体制由原来的国资委管人、管事、管企业转为以管资本为主，国资委是国有资产监管机构，国有资本运营和投资公司是国有股权的持股人，混合所有制企业则从事生产经营活动。国有资本运营和投资公司的建立极大地促进了政企分开、政资分开的改革。

接下来，要围绕管资本为主加快转变国有资产监管机构职能，增强企业内部控制体系的整体性、有效性，强化流程管控刚性约束，合理确定国资监管机构、国资运营平台、国有企业权利边界，完善国有资本授权经营体制，完善平台公司运作机制，增强资本运营功能。改组组建国有资本投资、运营公司，是以管资本为主改革国有资本授权经营体制的重要举措。但即使如此，解决现行国有资产管理体制中政企不分、政资不分问题依然任重而道远。在很大程度上，国有资产监管还存在越位、缺位、错位现象；国有资产监督机制不健全，国有资产流失、违纪违法问题在一些领域和企业仍然比较突出。① 同时，即使在一些已经开始混合所有制改革的地方，国有经济布局结构仍然需要优化，国有资本配置效率仍然需要提高。

国有资本投资、运营改革的最终目标是推动国有资本更多投向基础性、公共性、战略性、平台性等关键领域、优势产业和核心企业。因此，除承担国家政策性职能企业、国有资本投资运营公司保持国有独资外，其他企业从有利于发展出发灵活确定国有资本持股比例，核心企业保持国有控股地位。目前，中央企业层面已经选择了10户企业开展投资运营公司试点，各地方国有企业已改组组建国有资本投资、运营公司89家。国资委正研究将更多具备条件的中央企业纳入国有资本投资公司试点范围。各试点企业普遍都在子企业探索了职业经理人制度，建立与市场接轨的薪酬分配制度，对到期考核不合格的经理人予以免职或调岗。国有资本运营公司共发起设立6只基金，总规模近9000亿元。②

从地方的情况看，目前广州等地已经开始探索将部分国有参股公司的国有资本转化为优先股，并在少数文化企业等特定领域探索建立国家特殊管理股制度。数据显示，广州市属国企资产规模已经居全国省会城市首位。截至2018年6月末，市属国企资产总额达3.15万亿元，国有净资产6054.26亿元。目前，广州市属国企中，混合所有制企业占比达到66.67%，其中，混合所有制一级企业9家，占一级企业总数的23.71%。广州市国资委直接监管企业中，纳入合并报表的混合所有制企业资产、所有者权益、营业总收入、利润、净利润、归属于母公司所有者净利润、上缴税费、工业总产值等指标占比分别达22.62%、41.32%、70.77%、66.03%、73.69%、100.96%、72.85% 和

① 陈岩鹏、李锦：《改革国有资本授权经营体制是2018年国资改革的重中之重》，《华夏时报》2018年1月14日。

② 《国资委：更多具备条件的央企将纳入国有资本投资公司》，央广网，https://m.0577home.net/new/news/102016，2018年8月30日。

88.17%。二级及以下企业，混合所有制企业营业收入、净利润、工业总产值占比均在50%以上，净利润、上缴税费占比达70%以上。①

目前，在国有资本投资公司试点中，需要解决的一个重要问题就是国有企业资产负债问题。按照财政部的数据，2018年7月末中国国有企业资产总额1728488.2亿元，同比增长9.4%；负债总额1122240.4亿元，同比增长8.8%，平均资产负债率为64.93%。② 要加快建立和完善国有企业资产负债约束机制，强化监督管理，促使高负债国有企业资产负债率尽快回归合理水平，确保国有企业资产负债率基本保持在同行业同规模企业的平均水平。在这方面，目前可采取的措施包括，根据不同行业资产负债特征，分行业设置国有企业资产负债约束指标标准。同时，通过强化考核、提升企业财务真实性和透明度、合理限制债务融资和投资等方式，加强国有企业资产负债外部约束。在强化内部约束、自我约束的同时，更重要的是强化国有企业资产负债外部约束机制。尤其紧要的是建立科学规范的企业资产负债监测与预警体系，建立高负债企业限期降低资产负债率机制，健全资产负债约束的考核体系，加强金融机构对高负债企业的协同约束以及强化企业财务失信行为联合惩戒机制等。需要注意的是，在加强国有企业资产负债约束的同时，要优先厘清政府债务与企业债务边界，遏制地方政府以企业债务的形式增加隐性债务。

在国有资本投资公司试点方面，国内外类似一流企业有很多成熟经验，如通用电气、淡马锡等企业普遍注重资本投资运营，其中的一些共性特点对国有资本投资公司试点企业有一定的借鉴意义。例如通用电气业务调整频繁，每年会拿出10%~20%的资金用于新收购，而当某项业务达不到“行业领先”和财务目标时，一般会被出售。淡马锡把资本投资运营作为主要职能，主要以所投资业务价值创造能力和潜力决定其“去、留、增、减”，过去10年间投资了近1800亿新元，也脱售了1100亿新元的资产。另外，中国的华为公司在新产业培育和研发管理方面也有很好的经验，主要是：华为公司以提高市场占有率为战略导向，“去中央集权化”，采用矩阵式管理，总部转变为业务支撑、

---

① 《广州国资国企改革“33条”出台　两年打造10家千亿级国企》，中国网，http://mini.eastday.com/a/180821101854801.html，2018年8月21日。

② 《2018年7月末中国全国国有企业平均资产负债率为64.93%》，全球经济数据库，http://www.qqjjsj.com/show69a30901，2018年8月25日。

服务和监管平台，以及时响应“听得见炮火的组织”的需求，及时把握市场机遇。华为公司还在全球设立15个研究院所、36个联合创新中心，拥有8万名研发人员；2016年研发投入764亿元，占营业收入的14.6%，近十年累计投入研发经费3130亿元。[①] 新加坡的国企改革被公认是世界上比较成功的模式，本质是政府控股，而企业则完完全全走向市场。魔鬼就在细节中，而淡马锡的细节就是私有化。以淡马锡为代表的国有控股公司这一平台为基础，对国有企业采取了“政府—国有控股公司—政联公司”（“国有控股公司”类似于我国的“国有资本运营公司”，“政联公司”即新加坡的国有企业）的三级管理模式。该模式之精髓在于将政府定位为一个“无为而治”的投资者，不介入国有控股公司的经营管理，同时保障国有控股公司的独立性与自主性，促使其代表政府股东积极行使对政联公司的股东权益。因此，淡马锡模式的方向肯定是中国国企改革的方向。但中国的国企改革要有条件地借鉴新加坡的国企改革经验，建立属于中国自己的“淡马锡模式”。从目前来看，我们最缺少的是有效的职业经理人制度，包括人才培养、选拔和任用制度，以及公平竞争的环境。可以借鉴淡马锡的做法，遵循市场化原则，通过股权的有序退出，实施产权制度创新层面的改革，引导和促进投资主体的多元化。此外，政府不应过多干涉企业的发展，而应让企业自主经营，确保企业拥有独立决策权。这将有利于企业进行市场化运作，采取积极的投资策略和灵活的资本退出机制，及时应对市场变化做出战略调整，最终实现国有资产保值增值。[②]

① 中共中央党校中青班一班第43期“推进国有资本投资公司试点改革”调研组：《关于推进国有资本投资公司试点改革的思考》，《中国经济时报》2017年12月4日。

② 赵玲玲：《新加坡国企改革启示：政企分开是“淡马锡”模式真谛》，《中国企业报》2014年5月26日。

第六章
政府改革的路径选择

20 世纪 30 年代之前，国家和市场处在一种相对分离的状态，基于亚当·斯密的古典经济学的理论预设，市场处在自由发展的阶段，而政府的职能是充当“守夜人”，故称之为自由资本主义时期。这样的背景下，市场处于强势地位，政府处于弱势地位。但到 20 世纪 30 年代以后一直到 70 年代，市场进入垄断阶段，由大资本家控制的资源型垄断导致市场危机不断，特别是在几次经济大危机之后，市场机制的缺陷暴露无遗。此后，政府开始干预市场的运行，这一时期以凯恩斯为代表的经济学家提倡“政府直接干预市场”的理论，该理论帮助西方国家很快走出了经济困境，实现了经济复苏，特别是第二次世界大战以后，政府干预市场的效果非常明显，国家经济发展迅速。

到 20 世纪 70 年代以后，国家干预市场的弊端浮现，政府干预市场经济出现了经济滞胀和低速发展的忧患。从 70 年代初到 90 年代初的 20 年间，西方资本主义国家连续爆发三次世界性的经济危机，以美元为中心的资本主义货币体系开始瓦解，而作为西方经济管理模式的凯恩斯经济主义，难以解决滞胀经济的危机。

第一节　政府如何才能不“反”市场

政府作为国家统治的核心机器，掌控着国家的各项资源，拥有制定各项经济法规的权力，因而在国家设计中处于顶层位置。在改革经济的背景下，市场对资源配置起决定性作用，但这离不开更好地发挥政府作用。政府和市场两者要交相呼应，形成一个良性互动，而不是对市场“反”其道而行。

1. 政府质量，谨慎与谦卑

对于一个国家来说，经济落后并不一定是因为人们缺乏创业精神，或是没有物资资源，追根究底，是执行法律政策的政府质量低下，包括腐败以及对市场的不合理的干预等。瑞典的哥德堡大学有个政府质量研究中心，成立于2004年，其“作为公平的政府质量”的观点得到普遍认同。① 但这似乎还不足以说明在市场经济条件下政府质量的本质。新加坡被认为是最具有政府质量的国家，但这也不仅仅是因为其公务员队伍的廉洁、法治的成熟和精英治国，在很大程度上，新加坡政府与市场的关系更被人们看好，无论是在经济发展，还是在人民福利方面，政府都发挥着非常积极的作用。同样，新加坡政府也被认为是懂经济的国家。这种懂经济，表现在政府指导市场经济运行的保障是法治，市场经济的有效靠竞争，而价格是调节市场资源有效配置的唯一方法。其政府对市场保持着最大程度的谦卑和尊重，不管是国有控股的还是私人的，新加坡公司都一视同仁、没有特权，参与竞争并盈利，否则就破产倒闭。国家控股的公司更是严格恪守公共服务行业的各项规范，要严格以可接受的价格为市民提供高效的服务，但奇迹般地还能实现盈利运营。例如，发展城市公共交通，成立了三家地铁运营商，进行充分竞争以提高效率而降低成本，不仅为市民提供价格低廉而高效的地铁，而且每家地铁运营商都实现了盈利。而9家私营出租车公司的价格却不受政府管控，每家公司的起步价和里程价都不同，但要求必须明示。民营出租车公司的牌照也不受限制，完全由投资者根据市场的需求自行决定是否参与竞争——在新加坡处处都可以体现政府会市场、懂经济的例子。

从新加坡的例子还可以发现，国家行使权力时体现出的制度质量是决定国民社会福利的核心要素。这种因果关联既有直接的，也有间接的。直接的关联是源自正式建立的公平制度；间接的关联在于公平制度能改善社会信任和社会平等。这两个方面汇聚到一点，那就是政府作为最广大利益的代言人，充当的是最公平的利益协同者的角色，是最具公平意义的利益交汇点。在这里，市场决定资源配置并实现利益最大化，而政府则担当公平分配的保护人，从而形成一个高效的社会制度体系，它不仅能够保障财产权，还能提供企业偿还和信用记录真实信息、确保司法清廉公平和国家政府机构“遵纪守法”、制定反托拉

① 博·罗斯坦：《政府质量》，蒋小虎译，新华出版社，2012，第14页。

斯法保证公平竞争。

从一般的情况看，国家对企业、市场实行全面的管制，政府干预无所不能、无所不在。但是，市场取向的改革一启动，这种全面干预的弊端即刻凸显，企业有走向市场、摆脱政府干预的强烈意愿。整个国有企业改革的历史，就是一部企业如何摆脱全面管制、争夺自主权的历史。改革开放前期，由于历史的局限，学界走不出计划的阴影，跳不出国家主体作用的藩篱，强调国家对经济的主导作用。市场经济体制确立以后，学界提出了适度干预原则。从“适度干预”走向“谨慎干预”是经济法的现代化必然，也是经济法对市场化、法治化、全球化、信息化要求的回应。谨慎干预要求政府（国家）在干预市场时，仅仅以辅助角色出现，不得取代市场；要兼顾冲突双方的利益，采取双赢策略；要尽量采用间接的、经济的手段；要符合法律规定。“干预”一词在汉语中是一个中性词，亦褒亦贬，可褒可贬，很多情况下甚至带有贬义倾向。用这个略带贬义的词语来说明国家和市场的关系，恰恰能客观地反映在市场经济体制下市场和国家的主次关系：市场调节为主，国家干预为辅。它暗示政府对自己不再像过去那样全盘肯定，认识到自己能力的有限性；暗示了国家对如何作用于市场开始变得谨慎。“干预”一词能够时时提醒政府，使政府能够更小心地和市场保持适当的距离，谨慎行使手中权力。而“协调”“调节”“平衡”是明显的褒义，可能容易使政府过于相信自己的能力，走向自负，轻视市场的主体调节作用，过分夸大政府的作用，走向市场的对立面，取代市场的主体地位。

适度干预原则要求政府干预市场的范围和方法应当法律化。最近，有学者进一步提出了“有限政府”理念，对传统的全能政府观念做了彻底的否定和清算。这无疑是经济法理论研究的又一次重大突破，表明经济法学并不拘泥于国家干预本身，开始走向成熟、理性。尽管适度干预对于全面干预（管理）而言是一次巨大的进步，但是，适度干预原则还不能完全体现“有限政府”理念，不能充分表明政府向内用力、收紧的审慎姿态。适度干预原则容易授干预操作者以口实，政府及其部门可以以“适度”为由对市场实施各种非正当强制，随意扩大干预范围、行使干预职权，侵蚀乃至颠覆市场。而且，怎样才是适度，很难确定一个合于理性又易于得到遵守的标准。因此，经济法的现代化，首先就是国家干预的现代化。但笼统地或简单地要求国家干预“少而精”

的说法并不严谨：它虽能反映市场的少干预要求，但不能充分反映市场对国家干预的精确性要求；虽能反映现代市场对政府的“无为”要求，但不能反映现代社会对政府的“有为”要求。说市场本能排斥政府干预，指的是市场排斥政府的非理性干预，并不是说市场一概拒绝政府干预，它只是要求政府在干预市场时应谨慎小心、合理而有效率。可以说，国家干预的现代化就是要求国家干预谨慎化。谨慎干预正是基于有限政府理念而推导出的结果，它不仅反映了政府对自己能力局限性的认识，而且要求政府在干预市场时应当充分论证、合乎理性，使国家干预成为理性自然的产物，同时还表明了政府对市场效率、市场的主体地位的充分尊重。其中，合法性是谨慎干预原则对国家干预的最基本要求。合法性规则要求政府在干预市场时，应按法定程序进行。合法的，才是谨慎的。只有在法律赋予政府干预市场的具体权限时，政府才得以为之。没有法律规定，政府不得轻举妄动。①

如前所述，对于一个健全的市场经济体系来说，它必须接受规则之治，但规则之治并不等同于政府之治。这是因为，政府也要接受规则之治。从一定意义上说，政府接受规则之治比企业接受规则之治更为重要。这是因为，现代法治国家的原理本质上就是以一元化的法律体系来支撑多元化的权力结构，使得分权制衡的制度设计通过统一的法律规则而运转自如、协同相洽。② 市场经济有好的也有坏的，坏的就是“权贵市场经济”，好的当然就是以法治政府为基础的市场经济。所以，政府的质量取决于法治，只有建立在法治基础上的政府才能体现高质量。

谨慎与谦卑，是市场经济中政府的一种美德。政府行为必须尊重市场发展规律，增强社会经济理性，任何凭借主观上的随意性、不计后果的决策既是经济上所不允许的，也是道德上所不允许的。市场经济既是法治经济也是道德经济，需要政府调节，而政府也需要伦理规范。这既是一个经济责任问题，同时还是一个伦理责任问题。这就要求公共政府分清经济与道德的关系，利用经济与道德相互的促进作用发展市场经济。③ 但在现实经济社会生活中，政府的行

① 陈云良：《谨慎干预——经济法的现代新理念》，《法商研究》2001 年第 3 期。

② 季卫东：《通往法治的道路》，法律出版社，2014，第 6 页。

③ 吴晓俊：《论经济活动中的政府伦理》，南昌大学硕士学位论文，2007。

为目标恰恰容易表现出非伦理性特征。要减少政府行为的非伦理性，必须制定和完善法律规则以及政府行为伦理准则，明确政府行为伦理性和非伦理性的界限，提高政府官员遵守伦理规则的自律性。

政府在市场中的谨慎和谦卑体现在对每一个市场主体的工作中，体现在全流程的整合和全环节的监管职责里，体现在公平公正、一视同仁的营商环境下。在市场监管方面，既要体现政府职责，保障市场公平竞争，以市场作用倒逼企业创新和提质，更要以公正监管激发市场活力，防止出现劣币驱逐良币。例如，市场经济条件下的市场监管不同于高度集中计划体制下的市场管理，需要创新监管方式、分类实施。对一般商品和服务领域可全面实施“双随机、一公开”监管。对投诉举报的突出问题或公众关注的产品和服务等要开展重点监管。尤其是对食品药品、特种设备等实行全程监管，严把每一道关口，坚决守住健康和安全的防线，用严管重罚把“害群之马”逐出市场。同时，对新产业、新业态坚持包容审慎监管，支持其创新发展，守住基本规则和安全底线，并坚决破除阻碍市场活力发挥的各类垄断。正如李克强在考察国家市场监管总局时所强调的，“市场”监管不是“计划”监管，要管活不是管死，要管优不是管乱。① 正是在这样的思路基础上，这些年，中国的营商环境有了明显改善。世界银行《2019 年营商环境报告》显示，2018 年中国营商环境改善幅度居全球第三、东亚太平洋地区之首。同时，2018 年我国大力提升营商环境法治化、国际化、便利化水平，其中，进出口整体通关时间分别比上一年压缩 56.4% 和 61.2%；企业开办时间由原来平均 20 天减至 8.5 天内；发布 2018 年外商投资准入负面清单，进一步放宽准入限制，目前以审批方式设立的外商投资企业占比不到 1%。

经过改革开放 40 年的洗礼，市场配置“无形之手”与政府调控“有形之手”的辩证关系，早已成为经济学界和中国社会的常识。只是，长期形成的体制障碍和权力与生俱来的“控制欲”仍然存在。违背市场经济规律的行政作为，往往事倍功半，甚至适得其反，妨碍经济的健康发展。需要重申“学会谦卑一些，利用市场配置资源”的常识，让领导干部时刻保持清醒头脑，对市场经济

① 《李克强为何此时到这个新组建的部门考察?》，中国政府网，http://www.gov.cn/xinwen/2018-09/14/content_5321747.htm，2018 年 9 月 14 日。

规律保持足够的尊重与敬畏，从而遏止他们在市场经济中的种种冲动。①

2. 相机抉择，相机调控

相机抉择也称斟酌使用，是西方经济学中凯恩斯主义的一种宏观经济策略，即政府在进行需求管理、实行经济调节措施的时候，根据经济运行的阶段特征以及政策效果来相机抉择使用宏观经济政策。针对不同时期的市场情况和各项调节措施的特点，机动、灵活地决定和选择一种或几种措施的决策行为，其基本做法是利用财政政策和货币政策逆风向行事。作为国家调节市场的财政政策，相机抉择包括“汲水政策”和“补偿政策”，即扩大或缩小财政的投入。“汲水政策”就像是水泵抽水一样，需要提前在泵中加入适量引水，然后帮助其实现抽水的功能。这也就意味着政府需要在某些方面进行投资，刺激民间经济的参与和活力，实行一种宽松的财政政策。但汲水政策只是一种引导手段，不能长时间处在市场之中，是一种短期的财政政策，一旦市场经济活跃起来，也就随之消失。“补偿政策”则意味着实行收紧的财政货币政策，调节因经济快速发展导致的市场波动，以达到稳定市场经济的波动。与汲水政策相比，补偿政策的涉及范围更加宽广，首先，补偿政策是一种全面的干预手段，无论是在经济萧条还是经济繁荣的时期，补偿政策都会一直存在；其次，其所涉及的内容更多，从政策制定到市场投资等各方面都会被包含进去。

营造稳定可预期的宏观环境，是保持经济平稳运行的重要前提。根据相机抉择的一般原理，政府在保持经济稳定增长过程中要确保相机调控的精准和有效，通过区间调控、定向调控、预微调控等一系列宏观调控方式的创新，以微刺激推进稳增长，其总要求是强调政府要根据市场情况和各项调节措施的特点，灵活机动地决定和选择当前究竟应该采取怎样的政策措施，确保政府宏观调控的框架体系更加科学和有效。其中，区间调控主要指经济增长率、就业水平等不滑出“下限”，物价涨幅等不超出“上限”，就是经济运行的合理区间。这里的经济运行在合理区间，不但要实现经济增长率，而且要实现比较充分的就业，居民收入不断增长，环境有所改善，是一个多重目标的协调发展，体现了政府对于中国经济运行的底线，给了市场主体一个明确预期。定向调控是在区间调控的基础上，进一步强调要保持定力、有所作为、统筹施策、精准发

① 于祥华：《学会谦卑，重申市场认识》，《佛山日报》2012 年 6 月 6 日。

力，抓住重点领域和关键环节。主要是两个方向，即对小微企业、“三农”等市场主体“减负”，同时进一步减少政府驱动的投资，并降低税费，激活民间投资，提升市场效率，并加强金融监管，控制金融风险以及支持公共产品、公共服务建设。其中，金融监管体制改革是整个机构改革的重要组成部分，对解决金融监管交叉和监管空白问题，逐步建立现代金融监管框架，打好防范化解金融风险攻坚战十分重要。这两个方向也被称为“双引擎”。通过更多依靠改革的办法，更多运用市场的力量，有针对性地实施“喷灌”“滴灌”。所以，如果把区间调控比作“航道”，那定向调控就是“舵手”，但“目的地”不变。而确保这种方向和目标的最重要保障，就是预微调控，即通过灵活应变的政策组合，相机而行，适时适度，预调微调，制定不同的政策预案和项目储备，选择好政策意图与政策时点，避免一刀切，在精准的调控中熨平经济的波动，稳定市场预期，提振市场信心。

3. “四万亿投资”及其反思

相机抉择也好，相机调控也好，都需要政府在市场面前保持一种谨慎与谦卑，以及尊重市场规律的基础上的因势利导和顺水推舟。只有这样才能有效缓和市场波动，避免系统性风险。2018 年是全球金融危机十周年，中国在十年前为应对危机而采取的“四万亿投资”政策能否被看作成功的调控，现在还有很多争议。无论是提振信心还是增加有效需求，这个政策在当时都是恰当的，体现了前述“超理性政府”的假设。从实际效果看，这种超理性的举措，也在一定程度上暂时稳定了市场预期，维护了经济大盘的稳定。尤其是其中一度被诟病的所谓“铁公机”的建设，特别是高铁，形成了对上下游，包括旅游、供应链、生活方式、工作方式的拉动，以至于现在的“四纵四横”已经不能满足大家的需求，已开始向“八纵八横”升级。同时诸多高速公路项目的上马，对提升物流效益至关重要。基础设施投资，一个显著的特点是有很强的正外部性，其本身不见得有回报或者说没有很高的回报，但没有它就不可能有它的下游。一些民营企业、国有企业，其很多利润实际上正是来源于这些基础设施。因此，金融危机后的 2012 年 9 月，官方就高调反驳批评者的意见并高度肯定一揽子经济刺激计划对全球经济复苏发挥的至关重要的作用：“对于我们应对危机的一揽子计划，有人不顾事实地歪曲和指责，甚至说是不必要的代价。我想郑重地说明，正是因为当时的果断决策和科学应对，我们才避免了企业倒闭、工人失业、农民返乡，继续保持了中国经济发展的好势头，维护了社会和谐稳定，防止了现代化进程出现大的波折。”① 事实上，我国政府并不是当时唯一出手干预经济的政府。当年10月2日，美国参议院投票表决的救市方案总额从原来的7000亿美元提高到8500亿美元，德国和法国也分别出台了数千亿欧元的刺激计划。事后诸葛亮并不足以解决事前的危机。作为符合完全理性假设的政府，从当时的局面和情形来看，出台经济刺激计划确为应急之举，整个市场主体层面一片人心惶惶，没有基本的发展预期，政府别无选择，必须强力出手。

但与欧美不同，我国政府的强势始终是超越市场的。流动性洪水泛滥，物价随之水涨船高。资产价格即房价明显泡沫化，并由此对实体经济产生了挤压效应。其中楼市泡沫的迅速膨胀对实体经济和制造业的挤压影响直到今天还没有得到消化，随着制造业的利润率越来越低，而虚拟经济的利润越来越高，实体经济资金卷入虚拟经济的恶性循环。这也不难理解随后的政策失控，各个地方层层加码，4万亿变成了20万亿、30万亿，远远超出了市场对政府的可容忍程度。政府意识过分膨胀，失去了应有的谨慎，而由于政府需求管理误导企业家做出错误决策，政府干预货币又导致结构失调。其本质也是政府与市场关系的错位，超出了相机抉择、相机调控的尺度。大规模的金融约束放松使得地方政府可以通过表外业务创建融资平台来获取大量金融资源，进而拥有新渠道支持“关系”企业发展。这使得资源可能从有效率企业流向无效率企业，导致了现在的诸多问题如僵尸企业、过剩产能等。② 而有关行业政府扶持指数的研究表明，产能过剩与政府扶持指数是有高度相关性的，政府扶持指数越高的行业产能过剩越严重。③ 也正是由于这种保增长的政策取向的反复出现，尤其是众多投资项目不断在多领域开花，包括新冠肺炎疫情后新基建背景下提出的数据中心、城市基础设施、5G等领域的稳增

① 《温家宝在2012年夏季达沃斯论坛上的致辞》，新华网，http://www.chinadaily.com.cn/dfpd/shizheng/2012-09/12/content_15751838.htm，2012年9月12日。

② 《“四万亿”是现在经济问题的罪魁祸首之一吗?》，明眼观数据，https://jin.baidu.com/v/article/loan/2692362.html，2017年8月27日。

③ 白重恩：《政府扶持指数越高的行业产能过剩越严重》，新浪网，http://news.hexun.com/2016-06-02/184207101.html，2016年6月2日。

长措施，继 2012 年后，舆论再出现“新四万亿”“四万亿投资 3.0 版”的担忧。

当前，“危机十年一轮回”的说法越来越流行，我们可以不相信这样的魔咒，但我们不能无视这样的风险的逼近，更不能对“大概率陷入发展陷阱”① 的警告无动于衷。很多人认为，发生在 2018 年的很多苗头性问题可能恰恰是下一轮危机的预演。资产泡沫的破灭前景始终是高悬在中国经济头上的达摩克利斯之剑。好在当前美国经济强劲，很多新兴市场受益于美国这个全球需求大国，无论是经常账户还是货币，都由此受益。但不管怎样，危机总会来的，20 世纪 80 年代以来，无论是金融危机，还是经济衰退，全世界还是在用货币政策和财政政策，每一轮放出的水都比上一轮大。因此，相机调控事实上也面临很大的政策风险。正如随后理论界提出的时间一致性理论所揭示的那样，许多政策的决定受固有的时间一致性问题约束，不能坚持时间一致性的相机抉择就不能实现政府事先的承诺。如果政府无法对未来政策做出有约束力的承诺，那么就会面临可信度问题，公众便会认为未来的政府政策并不一定与当前公布的政策保持一致。换句话说，政府的宏观经济政策应当遵守制定的规则，而不能相机抉择。此后，围绕宏观经济政策是应当相机抉择，还是遵守规则，在经济学界一直争论不休，并且影响到了许多国家的宏观经济政策。从总体上看，改革开放以来中国经历了多次经济波动，而每次经济波动，政府都实施了相机财政政策，交替使用“松”或“紧”的手段来作用于经济周期，这些财政政策起到了一定的稳定效果。但由于我国社会主义市场经济体制尚不完善、实际国情、相机抉择原则自身特性及运用相机抉择原则的艺术性和科学性还有待提高等多方面因素，影响了我国宏观调控政策效果，实际效应呈现不同程度偏离预期路径的可能性和现实性。② 这就提醒我们，过分依靠政府投资驱动的经济发展最终都将挤出市场主导投资，进而导致整体效率的下降，最终导致债务不断增加，所以，在未来的经济改革的设计中，仍应继续淡化 GDP 情节，放弃追求过高的经济增速，避免陷入发展陷阱。

① 白重恩：《继续追求经济高速增长可能会坠入陷阱》，凡所见闻，https：//c. m. 163. com/news/a/DPAUV46C0519U0A9. html，2018 年 8 月 16 日。

② 李昉、罗汉武：《中国相机抉择财政政策研究》，《经济经纬》2008 年第 3 期。

第二节 “有形之手”的包容和审慎

为了让市场真正在资源配置中发挥决定性作用，政府除了保持谨慎与谦卑外，还要包容和审慎。“有形之手”很容易对市场经济进行不好的干预。所以政府应该具有包容和审慎的态度，政府要能够包容市场经济，让市场经济得到充分的发展，在行使自己权力的时候也要慎重，不要干预市场经济的正常运转。要通过重新定义政府激励机制，建立新型政商关系。解决政府“不作为”问题的办法不是回到过去那种“作为”，而是转变政府职能，把政府与企业的关系从“关系紧密型”转到“保持距离型”，把政府在经济中的作用从“参与型”转到“服务型”。[①] 在法治经济框架中，重新定义政府激励，既减少政府腐败，又把企业解放出来。

1. 有权不能任性的意涵

“大道至简，有权不可任性”是现代政府的基本特征，有着深刻的政治意涵。从宏观上讲，“有权不可任性”要求优化政府职能，所有行政审批事项都要简化程序，简政放权，把权力关进笼子里；从中观上讲，“有权不可任性”就是建立健全科学合理的政绩考核体系；从微观上讲，“有权不可任性”要求党员干部树立并践行正确的权力观，用政府权力的“减法”，换取市场活力的“乘法”。

“有权不可任性”，要求权力必须有边界。卢梭在《社会契约论》中写道：“任何国家权力无不是以民众的权力（权利）让渡与公众认可作为前提的。”公权力与私权力之间沟通的桥梁是公共利益。当公权力需要介入私权力的时候，必须是基于公共利益的考虑。这就需要重构权力伦理，再塑权力品质。

简政放权是现阶段政府效能建设所倡导的实践思想，简单的理解就是指政府应当减少控制下放权力，让行为主体拥有更多的自主权，从而使政府的管理效果更具活力。对于各级政府来说，都要建立简政放权、转变职能的有力推进机制。

简政放权的核心是调整政府与社会的关系，打造真正的“服务型政府”，

---

① 钱颖一：《新型政商关系：从关系紧密到保持距离》，新华网思客，2015 年 5 月 8 日。

让政府像“店小二”一样为公众服务，而公众也能像在淘宝购物一样更加方便地享受到普惠公平和方便快捷的政府服务。在建设服务型政府的过程中，需要进行政府权力配置结构的调整。具体来讲，这种调整主要体现在三个方面：“一是调整中央政府与地方政府、地方政府之间以及上下级政府职能部门之间的职责权限，解决层级过多、职责不清、重复管理等问题，实现纵向政府权力配置结构的优化；二是合理配置同级政府之中职能部门之间的职责权限，从横向政府权力配置结构方面解决部门林立、交叉重复、扯皮推诿的问题；三是处理好政府系统内部条条和块块之间的关系，改变目前条块分割的状况。”① 腐败现象的一个共同特征就是权力寻租，而权力寻租恰恰是权力任性的深层次根源所在。只有以权力瘦身为廉政强身，紧紧扎住制度围栏，才能打掉寻租空间，有效铲除腐败土壤。

2. 包容性政府与改革

制度决定增长，制度决定未来。当前，我国经济社会发展中面临新的变化，各种矛盾凸显，除了客观背景制约以外，政府治理理念和治理模式是根本原因。中国改革最终的目标是实现包容性发展，重点是营造平等竞争的市场环境，努力提供均等化公共服务，尤其是增加社会纵向流动的公平机会，改善农民工、城市困难群体的生活条件，让更多的人生活有希望、奋斗有回报。包容性政府的建设和包容性改革的实现，是实现包容性增长的制度保证。40 年来中国经济高速增长的背后，既不符合“华盛顿共识”标准，也无法使用主流经济学理论进行解释，这个“中国增长之谜”只有用包容性政府的构建来解释，才能使人感到豁然明亮。

众多国内学者对中国经济发展中的政府作用展开了大量研究，提出了如“晋升竞标赛”“标尺竞争”“资格赛”等理论②，强调地方官员为获得政治晋升而展开激烈竞争。但从这些现象到本质的挖掘可以发现，无论是“为增长而竞争”形成了良好的基础设施，还是“为政绩而竞争”提供了更好的公共物品和增进社会整体福利，客观上都使政府从传统的管制型政府逐渐转向包容

① 祝小茗：《政治语境下“有权不可任性”的意涵探讨——兼谈学习〈政府工作报告〉体会》，《安徽商贸职业技术学院学报》（社会科学版）2015 年第 2 期。

② 杨其静、郑楠：《地方领导晋升竞争是标尺赛、锦标赛还是资格赛》，《世界经济》2013 年第 12 期。

性政府，或者说，从“利维坦政府”转向“包容型政府”。政府法治化和政治民主化构成包容性政治制度的两大支柱，其具体体现就是公正的产权保护和契约保护，是从以经济为中心的政绩考核转向以社会福利为中心的服务考核，改变地方政府单一发展目标和增加行为约束，减少甚至杜绝各类攫取行为。① 制度学派认为，只要政府权力受到制约，它将能发挥扶持之手的作用，“扶持之手”是经济增长的保证。而将掠夺之手、无为之手变为扶持之手，必须通过建立包容性制度，在经济上强调自由进入和公平竞争，分配中强调效率优先与兼顾公平，政治上以集权提高政府效率，同时以政治多元化来制约政府专权。包容性政府、包容性改革、包容性国家三位一体的推进是实现包容性增长的制度保证。

国际上，对包容性国家建设的关注由来已久。韩国政府最新公布了旨在提高全民生活质量的社会政策领域新蓝图——“建设确保全民安居乐业的包容性国家”，并为此出台三年行动规划。该国认为，仅靠现有的社会政策无法有效应对两极分化、低生育率、老龄化等社会结构性问题，且无法灵活应对第四次工业革命带来的变化。而“包容性国家”旨在摆脱以高速增长为主的发展模式，追求高质量发展，谋求共存共赢，建立面向未来的创新社会。围绕建立包容性国家，韩国政府提出了三大蓝图，分别为提升社会和谐水平、建立可持续性社会发展模式、培养社会创新能力。其中，在提升社会和谐水平方面，制定了包括加强社会保险制度、推进收入保障制度改革等目标。在建立可持续性社会发展模式方面，定下了包括改善教育环境、促进医疗费用结构合理化、创造高质量就业岗位等目标。在培养社会创新能力方面，则要求确保教育的创意性及多样性、改善职业培训流程等。截至目前，韩国政府把社会政策的重点放在解决收入分配失衡的问题上，而今后的重点是提高全社会的创新能力，向“创新型包容性国家”迈进。

从中国的情况看，官方的语境中主要突出的还是包容性发展、包容性增长。着眼点还是经济发展的惯性思维，还没有上升到国家治理的层面。因而主要强调三点：就业是包容性增长的根本；“双创”是包容性增长的有效途径；精准扶贫是包容性增长的亮点。但仅仅这些还不够，关键是操作层面而非战略

① 文雁兵：《中国经济发展中政府行为及作用研究》，《社会科学战线》2017 年第 7 期。

层面。只有制度的包容性才是包容发展的根本，政府的包容才是增长的源头，包容性体制创新才能支撑包容性发展。“包容性改革”与“包容性增长”是内涵不同的两个命题。后者属于“经济增长”范畴，前者属于“制度创新”或“体制改革”范畴。包容性改革论包含三点要义：第一要义是包容性思想；第二要义是包容性体制；第三要义是包容性运作。而包容性思想、包容性体制、包容性运作组成的包容性改革理论体系和战略思想，可能是中国在目前情况下比较可行且较富理性的选择，其中，包容性改革的实现方式则需要包容性运作。① 随着经济发展与改革的推进，我国面临“中等收入国家陷阱”挑战。近十年来，基尼系数整体运行在 0.4 的水平线以上，2013 年全国居民收入基尼系数为 0.473，一直超过 0.4 的国际警戒线。当基尼系数超过这条警戒线时，贫富两极的分化较为容易引起社会阶层的对立从而导致社会动荡。亚当·斯密《道德情操论》早就隐含着经济增长的道德意义：如果一个社会的经济发展成果不能真正分流到大众手中，那么它在道义上将是不得人心的，而且是有风险的，因为它注定会威胁到社会的稳定和发展的持续。中国的当务之急，是加快包容性制度的构建，通过包容性政府的改革，破除既得利益集团的阻挠，通过深化垄断性行业改革、资源产品价格改革以及土地流转权改革等，实现社会的公平正义，实现产权的依法保护，实现中等收入群体的普遍增加。

政府类型是经过理性选择的。《国家衰落之谜：权利、繁荣和贫困的根源》一书在考察并分析数百年的历史资料后，提出了“两个凡是”的结论：凡是建立包容性制度的国家和地区，经济都实现了长期的持续发展和人民生活的持续提高；凡是采取汲取性制度（有译为“榨取性”“攫取性”的，或者是“排斥性制度”）的地方，要么长期陷入贫困落后状态，要么增长无法维持而出现大起大落。虽然已经经过 40 年的改革，但中国的经济仍然留有浓厚的改革之前的户籍制度的城乡分割、财税制度的经济分权和关系型社会等明显的特征，如城乡间、区域间和人群间的收入和公共服务差距的扩大，以及与此相关的结构失衡。收入差距的持续扩大不利于经济增长、贫困缓解和社会流动，这使得当代中国的经济持续增长与社会和谐发展面临着巨大的挑战。而《国家

① 常修泽：《包容性改革论探讨——中国中长期全方位改革的战略选择》，《经济社会体制比较》2013 年第 6 期。

为什么失败》一书的作者则提出，中国正处在这样一个关键时刻，除非中国能从更深层次改变自己的经济、社会和政治结构。中国社会、中国企业在上一阶段的经济增长中表现出很强的创造力，但这只有在制度不会成为其严重的限制的条件下才能成真。换句话说，这要求中国的制度升级到包容型经济制度和包容型政治制度，只有这种结合才能支撑创新和“创造性破坏”。①

2013 年联合国人类发展报告强调，经济增长本身并不能自动转化为人类发展进步，只有凭借重点关注教育、营养、健康和工作技能等方面的扶贫政策和旨在提高民众能力的大量投资，才能扩大民众获得体面工作的机会和确保人类持续进步。目前来看，我国政府（尤其是地方政府）仍旧处于经济发展阶段的发展型政府，构建经济增长和社会福利增进共同推进的包容型政府是未来的重要方向。这种包容型政府需同时解决经济增长和发展包容两个核心问题，形成适宜制度、经济增长和社会包容为核心内容的“发展的三角”。② 要通过包容性政府的构建，找到连接经济自由（效率）与社会均衡公平的路径，实现经济增长成果的分享和增长过程的社会和解。而如何勾连效率和公平，是一种政治选择，而非纯经济问题。

中国经济发展面临的要害问题并不是要素的缺乏，而是政府在其中扮演的角色的包容性。当改革的代价日益积累至其临界点时，中国不仅需要通过渐进式制度变革，更需要强制性的政治、经济和社会结构调整来应对自己所面临的种种挑战。只有这样才能应对地缘政治、国际市场乃至意识形态等外部因素造成的环境不确定性影响。中美贸易摩擦倒逼中国包容性改革尤其是包容性政府建设的加快，时间窗口已经打开，但机遇稍纵即逝。要通过包容性改革带来改革红利的最大化，实现改革边际效应的递增。2030 年将实现国家治理体系和治理能力现代化的预期目标，必须在这个时间节点之前真正走上包容性治理的轨道。包容性治理能在更深层次和更大范围内对社会利益分布的结构性不平衡做出回应，从而能够真正地化解社会矛盾，维护社会的和谐稳定，因而也是压力型体制和一票否决制下地方政府的政策选择。③ 它将包括但不仅限于百姓的

---

① 达龙·阿西莫格鲁：《制度视角下的中国未来经济增长》，中信出版社，2014，第 66 页。

② 文雁兵：《包容型政府行为逻辑、治理模式与经济绩效研究——来自中国的经验》，《浙江大学学报》2014 年第 6 期。

③ 王苏苏：《包容性治理的逻辑理路》，《山西师大学报》2015 年第 9 期。

公平权利、企业的平等竞争、各种特权的约束和抑制、思想市场普遍的自由和繁荣、全体人民对发展成果的共享。

3. 负面清单模式下的政府监管

“法无授权不可为”是法治国家通行的法律原则。而负面清单则是“法无禁止皆可为”，规定什么不可以干，从而给企业一个清晰的预期。我国过去主要实行的是以审批为主特别是以前置审批为主的政府管理模式，由于任何事都要审批，所以企业预期比较模糊。实行负面清单，监管就变得清楚了。以上海自贸区为例，2013 年实施的我国第一份负面清单是 190 项特别措施，2014 版减少到 139 项。2017 版负面清单则又根据“国民经济行业分类”划分为 15 个门类、40 个条目、95 项特别管理措施。2018 版则已经减至 45 条。负面清单之外的其他内容，企业可根据自身发展需要自主决定。以负面清单管理为核心的投资管理制度，是与国际通行规则一致的市场准入方式。

负面清单的意义不仅仅是清单本身，解决的也不仅仅是市场准入的问题，更重要的是“负面”的理念，是国家治理体系的深刻变革。它让我们的政府官员第一次有了清单的概念，知道了“不”的意涵——除了“不”以外就再没有“不”了。以往的模糊地带、寻租空间和暗箱操作统统亮到了阳光之下。负面清单既是私法自治精神的具体落实，又是私法自治精神的重要保障。私法自治，又称意思自治，是指私法主体依法享有在法定范围内的广泛的行为自由，其可以根据自己的意志产生、变更、消灭民事法律关系。换言之，民事主体依据法律规定的范围自主从事民事行为，无须国家的介入。社会历史经验，特别是中国从计划经济向社会主义市场经济转变的历史经验，告诉我们一个经验法则，即“保证个人自主决定实现的制度是符合人性的制度，也是最有生命力的制度”。这也如德国学者海因·科茨等指出的：“私法最重要的特点莫过于个人自治或其自我发展的权利。契约自由为一般行为自由的组成部分……一种灵活的工具，它不断进行自我调节，以适应新的目标。它也是自由经济不可或缺的一个特征。它使私人企业成为可能，并鼓励人们负责任地建立经济关系。因此，契约自由在整个私法领域具有重要的核心地位。”[①] 因此，负面清单管理是私法自治理念的回归，也是私法自治理念的彰显，是对传统治理理念

① 王利明：《负面清单管理模式与私法自治》，《中国法学》2014 年第 5 期。

的根本性颠覆变化。

在负面清单模式下加强事中事后监管，是一个兼具理论意义和实践价值的话题。对此，高层给出了“三张清单”，即权力清单、负面清单、责任清单①，这三张清单，体现了简政放权背景下转变政府职能，尤其是充分发挥政府的“市场监管”职能、强化事中事后监管的清晰思路。

政府管理市场的目标包括活力、秩序和安全三个层次，审批部门数量主要影响企业活力，监督执法力度关乎市场秩序，监管效能决定安全水平，三者属性和定位截然不同。建议在监管体制改革中充分考虑“负面清单”的影响，变静态的“一次性认可”为动态的全过程监管。从西方市场经济国家的情况看，其政府主要对终端产品和服务的质量安全进行监管，而涉及主体资格资质以及行为的标准、认证等事务，一般交给市场和社会组织。由于我国政府对经济社会事务的管理模式是基于计划时代行政审批制度建立的，这一体制延续至今，在互联网时代，在“大众创业、万众创新”的背景下，出现了很多的不适应，尤其是“对审批很迷恋，对监管很迷茫”②。具体实践中，一些部门“会批不会管”，以批代管、以费代管和以罚代管的现象普遍存在，对事中事后监管既不熟悉也不热衷。因而总是跳不出“放任”和“管死”之间的反复。在负面清单管理模式下，市场监管职能的要义是把市场管活而不是管死，管优而不是管乱。“争当‘金哨’，不吹‘黑哨’，尽最大可能减少‘误哨’。”③ 尤其是要发挥互联网、大数据技术和应用的优势，推动社会各方积极共治共享，提升政府监管的现代化水平。

政府过去对企业经营活动的许多事中事后监管办法，在如今负面清单的制度之下是不可用的，必须建立起一套全新的事中事后监管体系和政府管理模

---

① “权力清单”明确政府应该干什么，“法无授权不可为”，防止公权滥用，减少寻租现象，使政府真正履行为人民、为大众服务的职责。“负面清单”让企业明了不该干什么，可以干什么，“法无禁止皆可为”，以形成公开透明、预期稳定的制度安排，促进企业创新活力充分迸发。“责任清单”明确政府该怎么管市场，“法定职责必须为”，以建立诚信经营、公平竞争的市场环境，激发企业动力，鼓励创新创造。

② 胡颖廉：《强化负面清单模式下的事中事后监管》，《瞭望》2014 年 10 月 6 日，http：//news. hexun. com/2014 - 10 - 06/169078258. html。

③ 《李克强为何此时到这个新组建的部门考察?》，中国政府网，http：//www. gov. cn/xinwen/2018 - 09/14/content_ 5321747. htm，2018 年 9 月 14 日。

式。包括建立网上政务大厅、综合监管平台和公共信息服务平台等基础设施，充分借助信息化手段提升政府服务能力，推动“技术 + 制度”的全新事中事后监管支撑网络，包括探索形成以信用为核心的链条式监管机制，形成信息公示、风险分类、随机联查、结果告知、联合惩戒为核心的市场主体联合监管系统和市场主体信用信息公示系统两个系统联合监管的事中事后监管体系。

按照博弈理论，监管责任的缺失会造成市场失灵状况下的“囚徒困境”，而片面加大监管力度，并不能使市场主体采取合法经营的策略。政府部门的监管必须是“适度”的，这种“适度”的核心就是“包容审慎”。所谓“包容”，就是对那些未知大于已知的新业态新模式采取包容态度，只要不违反法律法规、不触及安全底线、不损害公众利益，就本着鼓励创新原则，为其成长留下足够空间。所谓“审慎”有两层含义：一是当新业态刚出现还看不准的时候，不要一上来就“管死”，而要给它一个“观察期”，在出台监管措施时认真研究论证，既防止其不良行为，又引导其健康规范发展；二是对有些潜在风险很大、有可能造成严重不良后果的，果断采取措施，严守基本规则和安全底线，对谋财害命、坑蒙拐骗、假冒伪劣、侵犯知识产权等行为，不管是线上还是线下，不管是传统业态还是新业态都要采取严厉监管措施，坚决依法打击。[①] 正是由于这样的监管，网上购物、移动支付、共享经济等新兴产业迅速崛起，新设企业平均每天超过 1.8 万户，城镇调查失业率稳定在 5% 左右，成为中国经济发展新动能蓬勃成长的显著标志。

当前，互联网经济迅猛发展，但传统政府监管存在的地域分割性、行业分割性、资源有限性、产业保护性与互联网经济内生的跨地域性、跨界融合性、大众参与性、产业颠覆性相悖，给互联网经济进一步发展造成了瓶颈。因此，应该采用鼓励创新的谦抑性监管策略，实行政府与企业合作监管模式，建立相对集中且与激励相容的网络经济监管体制，通过政府监管改革为互联网经济拓展空间。真正好的监管，应该能把合理不合法的纳入体制内，而把合法不合理的摈弃出体制外。当前，我国已经进入中速增长期，面临复杂的形势和下行压力，整个社会要有共度时艰的准备，政府的监管尤其要拿捏其中的平衡，调和

① 《李克强在第十二届夏季达沃斯论坛开幕式上的致辞》，新华网，http：//www. xinhuanet. com/politics/leaders/2018 - 9/20/c_ 1123456097. htm，2018 年 9 月 19 日。

监管政策的张力，其中的一个重要着力点，应该是与民生息、与民企生息。而与民生息首先意味着与市场生息，监管政策力度适中，为民众创业和自谋生路提供更为友好的制度空间、社会空间和城市空间，让市场主体少一些进退失据。改革开放的实践证明，只要尊重民众追求幸福的权利，给他们生产的条件和自由，他们就能创造奇迹。采取宽严相济、符合市场的规律更有利于促进创新的监管，是摆在相关部门面前的一个巨大挑战，也是确保与民生息共度时艰的关键所在。

第三节　政府机构的改革

转变政府职能是改革的一个核心问题。改革 40 年，大约每五年都要有一轮比较大规模的政府机构改革，其中包括党中央部门的 4 次改革，国务院机构的 8 次改革，可以说力度都很大，大刀阔斧，但又往往陷入“精简—膨胀—再精简—再膨胀”的循环怪圈。而如果从将撤并和转型统一起来的口径看，国务院机构数量呈现明显的渐进和稳健特征，数量变化并不大，精简—膨胀的起伏也不明显。从 2018 年开始的这一轮改革看，是从整体上推进了党和国家机构的一体化改革，实现了大范围和大规模的党政部门及职能的整合，因此，这一轮的机构改革更“触及灵魂”。以这一轮改革为标志，中国的改革进入深水区。

按照“政简易从”的基本理念，新一轮党和国家机构改革，特别强调要破除制约市场在资源配置中起决定性作用的体制机制弊端，真正建立一个更好发挥作用（但不是最多）的政府。重点是加强和完善政府经济调节、市场监管、社会管理、公共服务、生态环境保护等重点领域和关键环节的机构职能调整和优化，真正构建起职责明确、依法行政的政府治理体系，提高政府执行力，建设人民满意的服务型政府。[①] 在这个过程中，优化协同高效是着力点，改革机构设置，优化职能配置，深化转职能、转方式、转作风，提高效率效能是落脚点。深化机构改革不是就机构而改革，不再仅仅停留于机构和部门数量

① 王勇：《关于国务院机构改革方案的说明》，新华社，http：//www. gov. cn/xinwen/2018 - 03/14/content_ 5273856. htm，2018 年 3 月 14 日。

的增减和撤并，更注重机制的理顺和职能的转型，把机构改革同简政放权、放管结合、优化服务结合起来。通过实行负面清单管理、优化营商环境，化繁为简（减），为企业松绑、为群众解绊，为创新创业创造提供便利条件，从而引导和改善市场主体的预期，提高资源配置效率和公平性。无论是北京等地的“接诉即办”，或是上海的“一网通办”，还是浙江的“最多跑一次”等，体现的都是治理能力的现代化、治理方式的法治化、治理规则的简约化，以简化规则适应发展规律、降低企业成本、释放改革红利。无论是“简”还是“减”，核心都是优化政府和市场的协同关系，建设服务型政府。

1. 机构改革与利益关系调整

改革开放40年，八轮机构改革，国务院的组成部门由43个降至26个。1982年，国务院组成部门减少9个，精简了各级领导班子，促进了干部队伍年轻化。1988年国务院编制减少9700多人，重点是围绕经济改革转变政府职能，淡化经济管理部门的微观管理职能。1993年国务院部门、机构从86个减少到59个，以政企分开为中心，目的是构建社会主义市场经济基本框架。1998年撤销几乎所有工业专业经济部门，以中央政府人员、机构减半为目标，政府职能转变有了重大进展。2003年的改革以加入世贸组织为大背景，提出了决策、执行、监督三权协调的要求。[①] 新设立1个国务院直属特设机构，2008年整合职能相近部门，减少4个正部级机构，2013年继续围绕转变政府职能这个核心，探索建立大部门体制，国务院正部级机构减少4个。2018年国务院机构改革后，除国务院办公厅外，设置组成部门26个，正部级机构减少8个，副部级机构减少7个。改革沿着经济体制和社会管理改革这条主线，围绕“经济调节、市场监管、社会管理、公共服务”等政府基本职能，脉络清晰可见。

治国理政之大小事，无不通过机构和职能进行。以往的改革，或以大幅减少冗杂机构和人员数量，或以适应市场经济的发展，或以转变政府职能和实行大部门制为导向，但真正把国家治理作为机构改革的导向，这次是一个新开端，确立了机构改革是国家治理的主轴，是治国理政的重要保障。与其费了九

---

① 李洪兴：《从1982年至今，国务院机构改革为何高达7次?》，《人民日报》2018年3月16日。

牛二虎之力也管不住政府那只“闲不住的手”，不如索性“断腕”。这是刀刃向内的一场政府的自我革命。为此，新一轮机构改革提出“五个法定化”的规范化要求，要“加快推进机构、职能、权限、程序、责任法定化”。

价值取向决定政府机构改革的内容和效果，评价政府机构改革的成功与否也必须从价值取向出发。政府机构改革的价值取向从属于公共行政价值取向。其总的原则就是实现政府职能的优化协同高效。此外，机构调整不仅是管理职能的重新划分，更意味着对人、财、物等重新划拨，这些看似细枝末节的因素，往往对改革有着极其敏感的牵动作用。所以，从经济学意义上看，机构的改革包括其中的编制在内，都属于体现消费非排他性和竞争性的“公共池塘资源”，如果不加以有效监控和节制，将导致机构资源的“公地悲剧”，造成机构体系运转低效乃至失灵。同时，从过往经验看，凡触及利益之处，亦是矛盾交织所在，更是违法违规违纪问题的高发区。改革本身就是调整权力和利益的，触动利益比触动灵魂还难。① 很多部门改革都会涉及这个部门的职能变动以及这些部门人员的安排，牵一发而动全身。有些权力可能就要下放，有些权力可能就要转移，随着这个调整也可能很多机构面临整合。有的机构调整，方案出台后几个月内就要落实到位；有的改革，可能需要一定时间，这都需要把工作做细做实，精心组织，加强领导，周密计划，做到重点任务重点对待，重点环节深入细致，最终从物理整合转变为“化学反应”。

“上面千根线，下面一根针”，道出了基层工作的艰辛。这“千根线”，说白了就是一级压一级的各种条块力量。随着本轮党和国家机构改革的逐步进行和深入，基层政权机构设置和人力资源调配必须面向人民群众、符合基层事务特点，不简单照搬上级机关设置模式，允许地方因地制宜设置机构和配置职能，既允许“一对多”，也允许“多对一”。对于地方机构改革来说，不仅是一场硬仗，更是一次精细、深入和直接面对人的工作。可以借鉴管理学的“合工理论”进行机构设置、职能配置和流程再造，实现以职能管理为中心向以流程管理为中心的转变、以多层次管理向扁平化管理转变，合理配置各层级机构及其职能，提高政策传导和信息流传的准确性，提高管理效率和服务水

① 《改革在路上，触动利益为何比触动灵魂还难?》，搜狐财经，http：//business. sohu. com/20131218/n391978826. shtml，2013 年 12 月 18 日。

平。要特别重视和运用大数据提升政府治理现代化水平，推进大数据基础上的技术融合、业务融合、数据融合，实现跨层级、跨地域、跨系统、跨部门、跨业务的协同和管理体系。有条件的地方可以试点建立相对实体政府而言的虚拟政府部门。通过数字化、数据化、智能化、智慧化的推进方式与实施路径，促进实体政府虚拟化，进而形成组织架构分布式、政务运行一张网、公共服务无址化、社会治理精准化的新型政府形态，促进平台型、数据型、开放型、服务型政府的创新。

目前的新一轮政府机构改革还处于起步阶段，成效评估还为时尚早。但相关关注点不应该仅仅停留于哪些部门减少了，哪些部门撤并了。相应的，马上办、网上办、就近办、一次办，甚至不用办等，已经成为政府服务的常态。但琳琅满目的花式改革背后，不正反映了政府手中的权力依然很大、政府要管的事情依然很多吗？即使形式上简化了、速度上提升了、项目上减少了，但群众的焦虑并没有根本改变，中小微企业的负担依然很重，设租寻租的根源还没有从根本上铲除。政府改革是一项深层次的治理体系的变革，需要从“发展型政府”“增长型政府”向“改革型政府”的根本性转型。衡量这个改革的只有一个标尺，那就是是不是真正放权给市场，是不是真正着眼于提升市场对资源配置的能力。仅从表面的情况看，这一轮改革后，政府配置资源的能力依然很强，市场对资源配置的能力依然很弱。而各级领导干部的思想深处，还没有发自内心的对市场的敬畏。

2. 基层的焦虑和激励机制

公务员队伍是政府运转的基础。而其运转效率的高低，取决于是否形成一整套有效的绩效评估和激励机制。英国是最早建立文官制度的国家。1805 年，在财政部首先设立常务次官，主持财政部的日常事务，不参与政党活动，不随执政党的变更而变更。1830 年，政府各部门中大量设置常务次官，从而在英国出现了“政务官”和“事务官”的划分，文官制度的雏形已见端倪。美国公务员制度是在借鉴英国文官制度的基础上，经历了从“政党分配制”到“功绩制”的曲折发展而形成的，其公务员绩效激励机制建设成效显著，已建成了包含法律法规、组织机构、监督系统在内的实体性规范机制和包括绩效激励计划、绩效评价、绩效激励结果反馈在内的程序性规范体系的绩效激励机制，推动了政府工作效能和公共服务质量的不断提升。我国的公务员制度从

1986年国务院颁布的《国家行政工作人员暂行条例》开始破冰，1988年我国决定成立人事部，并于1989年起先后在国务院六个部和哈尔滨、深圳试点，为全面推行公务员制度准备了理论上、实践上的经验和方法。1993年8月，国务院颁布了《国家公务员暂行条例》，并于1993年10月1日起施行。这标志着中国公务员制度的正式建立。①

从我国的情况看，政府改革在深化，政府责任在加大。随着整个治理重心越来越向基层倾斜，"上面千条线，下面一根针"，基层工作要把千头万绪的工作穿起来，任务重、压力大。在这种情况下，很多基层干部开始感到"亚历山大"。2018年1月15~22日，在人民论坛问卷调查中心对全国31个省（区、市）的605名基层干部、4284名群众进行的相关调查中，有72.89%的基层干部认为考核机制、财权事权等制度不合理；40.99%的认为前景迷茫，升迁困难，待遇差。

在现行的政府治理体系中，基层干部群体是一个处于行政权力系统末端，在群众面前又代表行政权力的特殊群体，从招商引资到建设开发区、从市政建设到社会建设，基层政府承担着全能政府的功能。尤其是面对决胜全面小康的重任，广大一线干部的工作任务与日俱增、压力不断增大，桩桩件件都需要基层干部打通"最后一公里"。工作条件艰苦，"5+2""白加黑""连轴转"几乎成了固定模式，"抛家舍业"则成了家人形容基层干部的常用词语。"百事通""减压阀""出气筒"之类的绰号，成为基层干部真实状况的反映。

大多数的基层岗位，权力不大但责任不小，再加上工作环境的恶劣、福利待遇欠佳、仕途不顺，使基层干部产生焦虑、苦闷的心情，导致基层干部不仅仅是"辛苦"更是"心苦"。基层干部在履行工作责任方面存在比较大的问题，最突出的是乡镇（街道）一级。

问题出在基层，根子往往还在上面。上级部门将有的事权下沉了，但其配套措施没有跟上，特别是缺乏资金以及人员的支持。如街道的权限、专业能力和人员配备都有限，导致不能很好地承担背街小巷治理、交通治理、防火工作等方面的主责。社区没有相应的执法权、财权，需要与相关部门沟通协商，群

① 徐杰、李爱民：《中、美、英公务员制度产生北京的比较及现实意义》，《地方政府管理》2008年第8期。

众的许多不满都发泄到社区。这些问题是社区工作者的苦恼，也是上级必须正视的问题，要为基层工作解困，切实助力“减负”。

最好的激励是使用，最有效的考评是把改革促进派和实干家选出来、用起来。政府机构改革触及利益之深前所未有，抓改革落实，不仅需要勇气，也需要智慧；不仅需要为改革鼓劲加油、拥护改革、支持改革、推动改革的促进派，更需要为改革动真碰硬、把改革抓在手上、落到实处、抓出成效的实干家。“既当改革促进派，又当改革实干家”，而选拔重用改革促进派和实干家本身就是一项艰巨的改革。改到深处是利益，但“触动利益比触动灵魂还难”。实际工作中要真正给肯改革的人以机会、给会改革的人以舞台，为敢于担当者担当、为敢于负责者负责，营造鼓励改革促进派和实干家的良好氛围，以机构改革推动国家治理实现现代化。

当前，地方政府行为的微观化、企业化和趋利化倾向值得关注。“在我们看来，地方政府过度渗入微观领域、直接参与经济运作，特别是在招商引资、土地经营方面所具有的强烈冲动，都表现出鲜明的公司化行为特征。”① 事实上，这种“地方政府公司主义”很容易产生权力与资本合谋、权力与利益交换的权力市场化倾向，进而内生形成利益集团。这种内生性利益集团不同于市场化过程中由公平竞争产生的一般性利益集团，它们往往受到更强烈的激励去维持现状、抵制某些具有帕累托改进性质的改革政策的引入。由于这些特殊的利益集团具有较一般利益集团更强的行动能力，可以对政治决策过程施加更强的政治影响力，因此更有可能妨碍尚未完成的市场化转轨，使深度介入的政府权力无法随着经济发展阶段和市场成熟度的变化而适时退出，进而使制度安排长期被锁定在低效率均衡状态。

3. 改革的风险与容错机制

改革的风险包括多个方面，如政治风险、治理风险、市场风险、道德风险等。改革是一种对体制的变革过程，是涉险滩，牵涉复杂的利益关系调整，囿于改革者知识和信息的限制，出错是难免的，这一方面是由于改革破旧立新的特点，另一方面是由于当前全面深化改革是全面的改革，涉及面广，内容多，

① 陈佳贵：《中国经济体制改革报告 2012：建设成熟的社会主义市场经济体制》，经济管理出版社，2012。

遇到的问题更多，面临的风险加大。同时这次改革更加深入，触碰到以前没有碰到的问题与矛盾。深入改革就是深入体制、制度、方式的改革，长久的制度制造和保护了利益团体，动摇了他们的利益，就是动摇了他们的根本，所以人为风险明显加大。而历史上，从商鞅、王安石乃至戊戌六君子等，改革者触动的利益最终都引来杀身之祸。由此也可见，动摇损害“既得利益”的风险之大。

“历史从哪里开始，思想进程也应当从哪里开始。”中国改革前40年基本是通过发展生产力来获得最大效益与利益，是做大蛋糕，而现在的改革是将得到的利益“公平分配”，利益是固定的，改革就是要分去既得利益者的利益，这种动摇损害“既得利益”就成为当今改革的最大风险。由于体制与制度的弊端，腐败现象滋生蔓延，并成为一种流行方式波及全党，整治腐败是领导人“管”领导人，措施的落实、力度的大小本身也加剧了风险。[①] 因此，虽然从理论上说，应允许改革出错，但与一般的科学探索不同，改革出错造成重大损失往往不是简单容错就可以解决的，它的后果往往是无法挽回的，代价有可能是生命，包括政治生命。

作为开启“中国的第二次革命”[②] 的改革家，邓小平具有鲜明的改革风险观。他透过改革的复杂性、艰巨性、曲折性，深刻揭示了中国改革的风险问题：首先是理论层面的改革风险，需要我们大胆解放思想，实现对姓“资”姓“社”理论的创新。其次是实践层面的改革风险。邓小平指出，就改革开放而言，在中国前无古人，在国际范围内也可称为“一种试验”。而他给这场试验开出的药方就是“不管黑猫白猫，能抓住老鼠就是好猫”。最后是具体领域的改革风险，这就需要“摸着石头过河”，而这正是富有中国智慧的改革方法，因而最终冲破“两个凡是”的思想束缚，让实践成为检验真理的唯一标准，让市场经济成为我们的手段。

公开报道显示，2012年以来，高层在不同的场合的重要论述中曾经谈到过三个“陷阱定律”，这三个陷阱就是：体现外部忧患的“修昔底德陷阱”、内部挑战的“中等收入陷阱”、政府与群众关系的“塔西佗陷阱”。这三个陷

① 李淑伟：《习近平改革风险思想研究》，湖北省社会科学院硕士学位论文，2017。

② 《邓小平文选》（第3卷），人民出版社，1993，第113页。

阱是我国发展过程中绕不开、躲不过的“坎儿”。而这三大陷阱都和改革紧密相关，是衡量改革的试金石。例如，“塔西佗陷阱”得名于古罗马时代历史学家塔西佗，是指当公权力遭遇公信力危机时，无论发表什么言论、颁布什么政策，社会都会给予负面评价。而针对“塔西佗陷阱”，改革的核心就是增强政府公信力。而公信力恰恰是当前政府改革中的短板。2018 年 10 月开始个人所得税改革和社保征收改革期间，就出现了人们对个人负担明降暗升的担忧，某市人民法院发布一则行政裁定书，行政裁定书显示，该市一公司 2007 年 12 月至 2017 年 11 月欠缴社会保险费合计 201 万元，在社会上引起巨大反响。中央的政策初衷是减轻企业和个人负担，让人民有更多改革“获得感”。但理想很丰满现实很骨感，如何把已定减税降费措施切实落实到位，确保社保费现有征收政策稳定，就是考验政府公信力的一个重大问题。对此，国务院多次开会强调，要把减税降费措施切实落实到位，对落实情况开展检查核实，决不允许拖延和打折扣，决不允许自行其是。要按照国务院明确的“总体上不增加企业负担”的已定部署，在机构改革中确保社保费现有征收政策稳定，有关部门要加强督查，严禁自行对企业历史欠费进行集中清缴，违反规定的要坚决纠正，坚决查处征管中的违法违纪行为。这在一定程度上挽回了政府的公信力，缓解了人们的焦虑。从这个角度看，化解改革风险最核心的就是让群众满意，让弱势群体有获得感，得到人民的支持。在与百姓息息相关的就业、收入分配、社会公平正义、教育、住房、食品安全、医药卫生、安全生产等涉及改善民生的问题上保持清醒头脑，不能触及底线。在牵动千家万户的问题上，“处理不好，就会造成严重的社会问题”。①

通过这次风波，也可以从一个侧面看到当前改革问题的复杂性，这种情况下，改革尤其要统筹考虑，系统谋划，整体推进，不能事情还没弄明白就盲目推进，更不能越界推进，过犹不及，弄不好适得其反。习近平强调，要有序推进改革。该中央统一安排的各地不要抢跑，该尽早推进的不要拖延，该试点的不要仓促面上推开，该深入研究后再推进的不要急于求成，该先得到法律授权的不要超前推进。要避免在时机尚不成熟、条件尚不具备的情况下一哄而上，

① 中共中央文献研究室：《习近平关于全面深化改革论述摘编》，中央文献出版社，2014，第 91 页。

欲速则不达。要协调推进改革。在这方面，自由贸易区就是一种改革与避险兼顾的思路，是一种平衡改革红利和把握改革风险的一项重要的制度创新。以试验区的方式，把风险控制在可控范围内，控制在自由贸易区内，以避免对整体经济产生不必要的冲击和影响。[①] 接下来，对推进改革的系统性、整体性、协同性的要求大大提高，尤其是在土地制度、户籍制度等方面的改革，要更加注重改革的关联性和耦合性，把握全局，注意协调，力争最大综合效益，避免畸轻畸重、顾此失彼，避免各行其是、相互掣肘。

改革的政治风险，一个最典型的如“魏胜多现象”等。但凡改革，特别是像乡镇直选这样的政府体制改革，难免有对既有政策和规定的突破，在改革本身进入法制化轨道之前，改革的成败及改革者的命运，更多取决于政策和掌握政策的上级领导。特别是随着改革的深入，越来越多的法律空白被填补。这使得改革者的创新空间越来越小，从而，改革者也要冒着越来越大的违法和违纪风险。[②]

“改革是由问题倒逼而产生的。”[③] 问题意识是一种改革意识，更是一种风险意识。解决问题的过程，就是深化改革的过程，更是化解风险的过程。因此，最大的风险就是拖延改革、停滞改革，就是假改革。中国今天的改革已步入全面深化的深水区和攻坚期。最需要的是敢于挑战“硬骨头”和“险滩”的勇气和魄力。北京大学经济学家周其仁有此一问：既然改革这么难，那么干脆不改了行不行？干脆宣布中国已经建成了新体制，再也无须改革，行不行？答案是“不行”[④] ——不改革的风险更大——改革不但要跟腐败或溃败赛跑，还要和越来越年轻的社会主体的期望值赛跑，并有能力把大量法外世界的活动吸纳到体制里来。一个国家有希望，一定是一代一代对社会的期望值更高。所以改革还要和正在成为主流人口的期望值相匹配。要是改得过慢，跟不上年轻一代人对社会的期望，也会出问题，也可能让失望情绪弥漫，那就无从动员一

① 朱宁：《上海自由贸易区试验改革风险》，新浪网，2013 年 8 月 23 日。

② 邓聿文：《改革风险如何分散》，《学习时报》，http：//www.china.com.cn/chinese/zhuanti/xxsb/1173061.htm。

③ 中共中央文献研究室：《习近平关于全面深化改革论述摘编》，中央文献出版社，2014，第 8 页。

④ 周其仁：《改革的逻辑》，中信出版社，2013，自序。

代代人面对问题、解决问题。

毫无疑问，现在推进改革的复杂程度、敏感程度、艰巨程度，一点都不亚于 30 年前。有的牵涉复杂的部门利益，有的在思想认识上难以统一，有的要触动一些人的“奶酪”，有的需要多方面配合、多举措并举。[①] 这一连四个“有的”，仅仅是一种举例，实际情况可能不仅是“有的”，而且是“很多”甚至“更多”。寻求确定性未来和避免“风险社会”的改革逻辑，需要从哲学或战略高度“重构”改革路径，突出“公正”这一核心价值在重构改革话语体系中的核心地位，在这一重构过程中，社会主义“民主政治”建设是关键词，只有人民参与权力过程，社会公正才是可以期盼的。在这一点上，有人提出“改革要有价值高度”的观点，[②] 就是说，改革要以最基本的意识形态或“政治价值观”为指导，改革的目的是实现社会主义的价值理想。近些年思想理论界关于改革的争论观点杂陈，难以达成共识，致使改革的目标价值模糊化，社会“基本价值空置”，“概念工具”极为贫乏。因此，要进一步厘清改革核心价值内涵，通过改革核心价值体系夯实改革制度体系、目标体系和衡量评价体系，使“价值理想”与“制度运行”相适应，防止“改革空转”。“备豫不虞，为国常道。”从国家层面看，改革的最大风险是发生战略性、颠覆性错误。“治大国若烹小鲜。”中国经济增量已占全球 30% 左右，尤其要防止在根本性问题上出现颠覆性错误，否则一旦出现就无法挽回、无法弥补。

对于一个社会和它的根本——人民来说，经济的短缺是困苦重重的，而社会公正的短缺则是风险重重的。改革是一场拉力赛，是一场马拉松，但同时要求我们拿出百米冲刺的精神，来一场和风险、危机的赛跑。所以，中国的改革要跳出所谓“价值空置、制度空转”的状态。[③] 避免改革价值模糊和制度不确定，这是使中国进入一个风险社会和不确定状态社会的问题之源。在这里要认识到，法治是最靠得住的制度，也是化解改革危机最有效的路径。改革就是要让绝大多数人的绝大多数行为，在合法的框架里进行。在一个变化很快的社会，改革要提升制度化能力，也就是化解法外行为，把对他人与社会无甚损害

---

① 中共中央文献研究室：《习近平关于全面深化改革论述摘编》，中央文献出版社，2014，第 40 页。

② 竹立家：《未来五年的中国改革》，《中国民商》2013 年第 4 期。

③ 《竹立家讲改革，社会改革风险加大》，《21 世纪经济报道》2018 年 6 月 15 日。

的法外活动，尽可能地纳入法内框架。

为改革者提供一个护身符是必要的。改革的风险评估也在各地开始执行。各地已经注意到问题并采取了相应措施。最早出台关于改革免责条款的是深圳市。该市 2006 年 3 月 14 日通过地方人大常委会审议通过国内首部改革创新法规——《深圳市经济特区改革创新促进条例》，首次将改革纳入了法治化轨道，并明确“宽容改革失败”原则，对在做出重大决策、推进改革创新、严格行政执法、落实重大项目等方面敢闯敢试、勇于担当的，并同时符合以下三种情形的改革失败可免责：改革创新方案制定程序符合有关规定；个人和所在单位没有牟取私利；没有与其他单位或个人恶意串通。可以说，“违法改革”已成为过去时。随着各项制度的建立和完善，“依法治国”方针确立，改革必须在现有法律制度的框架内进行完善，不仅要规范改革行为，更是要用刚性的制度确保持续的改革，实现“依法改革”的基本原则与“依法治国”的基本方针相符合，将改革纳入法治化的轨道，才能最终为攻坚阶段的改革开辟新路。

第七章
让市场为政府“赋能”

在中国改革开放的40年里，政府一直为市场“赋能”，积极推动企业的发展，积极主动的进行宏观调控，并进行有效管理的对外开放，这一系列措施取得了显著成效，中国的经济取得了突飞猛进的发展。走过40年改革之路，如今更应该让市场为政府“赋能”，让政府学会用市场的方法来管理市场、治理社会。有充分理由认为，有凝聚力的治理架构能强化建设政府能力的激励，并把投资引向能产生广泛的共同利益的政府能力建设。[①] 但同时也要认识到，在现实世界中并不存在政治意义上的“最优”政府支出水平，也不存在经济意义上的“最佳”政府职能范围。从这个角度讲，保罗·萨缪尔森所谓“无法从逻辑上推出政府应发挥多大作用”的说法也不无道理。[②]

第一节　市场配置资源，政府“配置”市场

政府与市场既是双重博弈，又是彼此依赖的伙伴关系。将资源配置的决定权由政府还放于市场，是改革经济学理论的重要内容。改革初期，在市场对资源配置仅仅是发挥基础性调节的阶段中，实际上仅仅是两个层次的调节，即国家调节市场，市场调节资源配置，在这种情况下，国家（政府）与市场是割裂的甚至对立的。让市场对资源配置起决定性作用，并且同时更好地发挥政府

① 蒂莫西·贝斯利、托尔斯腾·佩尔松：《中国面临的挑战：通过制度改革提升政府能力》，《比较》2014年第5期。

② 维托·坦茨：《政府与市场》，王宇等译，商务印书馆，2016，第341页。

作用。这意味着不再存在两个层次的调节，市场不再是在政府调节下发挥调节作用，而是自主地起决定性作用。在市场对资源配置起决定性作用的条件下，政府所调控的不是对资源配置起决定性作用的市场机制和市场行为，而是调控影响宏观经济稳定的价格总水平、就业总水平和利率总水平。这其实就是对政府能力的一种投资。对于一个国家和政府来说，财政收入能力较高的政府，往往也有着较高的生产支持能力和集体服务能力。[①] 正是借助于这种能力，政府的调控可以产生某种程度的预期影响和宏观引导，使市场主体更多地做出符合政策导向的更理性的行为和决策，并在一定的区间和底线之上最大限度地容忍市场主体的理性选择。这种容忍更需要政府的超强能力，这种能力不再是建立在传统的管制基础上的对市场的干预，而是一种协同和均衡。正如前所述，政府的谦卑和谨慎保证了政府不是“反”市场的，不但不“反”，而且要协同，即与市场取向相契合，通过自身能力的更好发挥影响市场运行的整个过程，使市场对资源配置的决定性作用得到最有效的发挥，即实现边际效应的最大化。

1. 政府能力本质的哲学意蕴

现有关于市场经济中政府能力的研究更多地聚焦于政府治理、驾驭市场的能力，而对政府协同能力的研究相对还比较欠缺。因而，对于政府能力的本质认识，就仅仅是从需求端去求取，而没有从供给端通过市场去加持和赋能。在这个过程中，能力内在于一种文化价值和精神力量，是脱胎于市场经济的精神内核。能力与价值相连，与市场的本源和精神互为一体。不从文化的意蕴中充实政府的本原能力，市场就难以在精神上与政府合二为一，同样，政府也无法与市场有机一体。市场和政府的“两张皮”，是人们面对市场困惑彷徨和无助最终陷入非理性消极破坏以及市场失灵的文化根源。

市场经济是真实的，是因为我们置身其中。但只有通过和依赖政府之手，我们才有了洞见各种市场经济背后问题的解决方案和发展机遇，市场才有了其价值和更多的意涵。

市场经济的场域中，人生而自由，但无往而不在枷锁之中。这个枷锁与其说是市场的，不如说是政府的。市场的无形之手仅仅是在不知不觉中

① 洪银兴：《论市场对资源配置起决定性作用后的政府作用》，《经济研究》2014 年第 1 期。

影响着人们对各自行为的取舍和决策，你有时真的可以暂时怒怼它或说对它视而不见。但正如人永远无法逃避死亡和纳税一样，政府的“有形的手”却无时无刻不在你的身边，而这种存在又总是表现为一种或强或弱、或大或小、或肯定或否定的能力。这种能力你不仅能看到，比如一项政策的出台，而且能听到，比如一个政府会议的召开。而这些政策的出台和会议的召开就是对你的直接给予或掠夺、直接帮助或限制、直接救济或管束。作为这些能力表现的政府，与每个人的生活福祉息息相关，与社会的公平正义尤其是市场的有序有效关系重大。作为这些能力载体的政府，能否很好地展现和提升这些能力，对整个国家的运行和全部市场主体的利益更是一种直接的命运关联。

市场经济中也需要一种终极关怀，这种关怀的底色就是政府对每一个个体的关怀和救济，就是政府作为一种能力对市场精神的存在。市场是虚无的但提供了人们所有交往活动的基本条件和行为规范，而只有政府能力所外在的约束和规制才真正使之变为人们自觉和习惯的行为。探寻改革的价值本原和本来意义、重新建构改革形态的精神活动，始终与市场发展和变化的现实条件有关，其要求不仅要把市场中的精神还原为普遍事实，更要使市场所能赋予国家、政府的所能和力量中最本源的精神和意义透显出来。意义追寻是人类精神活动的本质。让政府通过能力的建构活动来超越给定的现实，确立自身在未来价值体系中的存在意义，这种能力的实现比对市场经济的文化价值本源的探究更为根本。

市场经济作为一种西方的舶来品，在中国本土的扎根，尤其需要以政府的能力为媒介，通过对政府能力的再造来实现以人为本的市场化的关怀，不仅要避免重蹈“资本来到世间，从头到脚，每个毛孔都滴着血和肮脏的”市场经济的那些东西，更重要的是让市场的内在价值转化为政府在与市场的协同中可以实现的一种价值体系的重塑。政府能力的本质相似于中西方精神在市场中的相遇，犹如一场危及民族生存的争战，内在于传统文化和市场精神的千年未有之变局所外化的各种思潮和文化的冲突最终都将依托于政府在市场经济条件下所能拥有的能力和水平的考验。这种本质的要求直逼长期以来困惑中国的真正问题，包括在西方无论左右派都承认为私人领域的那些地方，“公共权力”偏偏要限制以至管制；而在那些西方无论左右派都认为是公共领域的地方，包括

“公共权力”本身，又偏偏为个人意志和小集团利益所支配。[①] 这种“己域”无自由，而“群域”无民主的所谓特殊情境与共同底线，不正需要通过市场对政府的赋能而推动实现一个最好政府来加以解决吗？换句话说，虽然市场不一定能很容易建起一个好政府，但是好政府的能力是可以通过市场来赋能的。同样，对市场机制的理解除了要认识到资源配置的重要性以外，还应该看到供给与需求背后的激励和约束机制，这是市场经济始终能够保持活力的根本原因。无论改革的最终结果能否实现，首先要做、首先能做的是给政府这样的能力，改变和造就一个不同以往的能力政府。

2. 市场对政府的赋能

高效政府的必要性似乎是显而易见的，可我们并不能想当然地认为各国政府都天然地拥有支撑市场经济正常运转的能力。基于前述政府及其在市场中的能力本质的分析，在给定的改革经济条件下的政府能力的来源，只能来自市场对政府的赋能，主要体现为一种政府与市场的均衡。即政府作为一种协同性力量作用于市场的同时，实际上市场也反作用于政府自身，并通过这种反作用使政府与市场的协同效用达到最优。这种均衡也表明改革经济所实现的不仅仅是政府赋能的市场经济，更是市场赋能的政府经济。正是市场对政府的赋能，使政府有可能通过调控的力度和区间的把握，找到实现精准调控的杠杆的支点。也正是由于有了市场的赋能，政府才有能力使用激励和约束这两件“法宝”，来让市场变得越来越好。所以，钱颖一对改革精髓的概括很简单，就是11个字——“把激励搞对，让市场起作用。”[②] 也正是由于企业获得了更多自由的活动空间，市场机制实现了充分运作，而改革总是帮助人们更多地突破限制，政府便借助市场的赋能推动经济的发展和效率的提高。如果不是市场本身已经发育和生长出来的创新的力量，政府能力的发挥就缺乏所能凭借的支点。对比改革开放前后政府所能发挥的作用和所具有的力量的不同就可以发现，由于市场的赋能所推动的政府的一系列转型和变化，尤其是政府能力提升及对市场越来越有效和精准的调控，在人们谈论政府能力的背后，更多的是市场经济的理念、市场经济的方法和市场经济的手段贯彻其中。如果不是借助于市场的赋

① 秦晖：《同的底线》，江苏文艺出版社，2013。

② 钱颖一：《现代经济学与中国经济》，中信出版社，2017。

能，很难相信脱胎于计划体制下的政府能在市场的周期波动中找到自己所赖以发挥作用的条件，并通过设定相应的约束和激励条件而使政府与市场在相对均衡中实现整个社会经济效用的极大化，让每个企业都在给定的市场环境下达到其利润的极大化。并使每个市场（产品市场和要素市场）都会在这套调控体系下达到总供给与总需求的相等（均衡）。正是在政府与市场充分的和相互的赋能条件下，经济发展才能实现最有效的均衡。

谷歌创始人之一拉里·佩奇说，未来组织中最重要的功能已经越来越清晰，那就是赋能，而不再是管理或激励。身处在改革条件下的政府的最重要功能也已经越来越清晰，那就是实现市场的赋能，而不再是驾驭和管制。通过这种赋能，解决市场失灵问题的同时更主要的是解决政府的失灵问题，使政府既能有效避免对微观经济领域的过多介入、广泛干预中的最终抑制和扭曲市场过程的展开，又能防止由于市场化调控手段的不足而使市场错失化解危机的契机及确保稳定增长的真正动力。正如市场经济与计划经济的区别不仅仅在于是否用价格实现资源配置，更本质的是激励与约束机制的不同。同样，让市场为政府赋能区别与政府总是高高在上驾驭市场经济的最主要的区别，也不仅仅是政府要作为市场的协同者，保持上文所说的充分的谦卑与谨慎，更本质的是调控方式与运行机制的不同。没有市场的赋能，政府行为就无法完成最终的改革，现代政府的建设就是无源之水，当然真正的市场经济也就无从建立。

现代市场经济中的政府是有限政府，即通过法治的作用约束政府，或者将约束政府作为法治建设的重点。但比有限政府更重要的是如何建立有为政府，这就涉及政府与市场的关系的重构，即通过市场对政府的赋能而使政府能力在与市场的协同和均衡中得到最有效的体现。只有建立在市场赋能基础上的政府有为，才能避免有为变为乱为。

由于市场对政府的赋能的关系，政府更多地表现为一种“在场”，即在市场之场域；而市场则成为政府的“在体”，即在政府之体域。由于能够“在场”，政府对市场的协同因为市场对政府的赋能，从而变得充分有效；由于保证了“在体”，市场无缝对接于政府能力体系之中而不再是一种独立于政府之外的自洽。在体性否定虚无，否定了市场经济必然排斥政府的虚无；在场性超越平庸，超越了政府面对市场无能为力或者自以为是的对市场之手的管制和干预的平庸。中国哲学之所以缺乏主体性原则的哲学体系，主要原因就在于缺乏主客分离、对立的历史阶段，缺乏分裂彼岸世界与此岸世界的观念。① 同样，中国的经济学也由于缺乏对政府和市场的主客关系的进一步梳理，而模糊了政府与市场的彼此，导致不是市场脱离政府的能力之外，就是政府强制进入市场的体系之内，总是在一放就乱和一管就死的循环中进退失据。被市场赋能后的政府，将最终摆脱极权的诱惑，实现市场经济中的自我超越，这种超越是一种自我的超越，是对传统政府行为模式的超越。它使我们始终不能忘记市场经济才是发展的真正动力，而非拼命扩展国有企业，它使我们始终坚信创新思想、竞争机制，而不是热衷于“政府加大投入”和用计划经济的思维“搞规划”，办园区，甚至靠“专家”审定高科技含量，用行政方法审批资金或政府直接办“风险投资基金”。② 一旦市场配置资源的作用被政府所取代，政府的权力就不再来自法治和市场，而是来自专制和暴力，人们越是对市场缺乏信心，越是渴望强有力的领导者个人及其无所不管的体制。如果没有一个通过市场赋能而更加有为的政府，就无法避免2008年那样的金融危机大恐慌的重演。我们都要面对的一个现实是，没人希望站在市场的刀刃上过活。我们需要市场经济所独有的活力和灵活性，但我们更需要秩序和保护——一个能有效避免市场崩溃或在这种崩溃前就能提供保护我们家人安全的网络和体系。从这个角度说，有限政府是有效政府的必要条件，而有为政府则是有效政府的充分条件。一个无限政府，即一个无所不管的政府，必然压抑企业与个人的活力和经济的生命力。③ 一个有为政府，能够借助市场的赋能而更好地发挥其支持和增进市场有效运作的巨大能力和最积极的作用。

3. 主权市场概念的重要性

主权对应的英语单词为“Sovereignty”，通常指“国家主权”，具有对内的最高权威和对外的独立权威。对内的最高权威指国家权力高于国内任何公共权力；对外的独立权，是指国家不受外来控制，独立自主地处理国际事务，其中包括政治独立、经济主权和领土主权。④ 市场主权是国家主权的组成部分，用在市场上，则表示市场有在自身领域范围内的最高权威，体现为市场权利的独

① 张世英：《天人之际》，人民出版社，1994，第84页。
② 钱颖一：《现代经济学与中国经济改革》，中信出版社，2018。
③ 郭翠花、刘云：《西北地区人力资源的可持续发展研究》，《甘肃高师学报》2008年第5期。
④ 刘本旺：《参政议政用语集》，群言出版社，2014，第71页。

立性、对国家权威和社会权利的自尊性，应当具有绝对的独立性、自主性。市场主权不应被国家、社会的力量重新分割和共享，并在整体社会体系中，国家、市场和社会三者之间需要有各自的存在、发展逻辑和社会尊严，并在彼此之间形成主权边界和平等的自治权。总之在一个社会整体之中，市场主权应当以独立、平等、自治和共生为其存在的逻辑前提，形成市场、社会、国家间的“三权分立”。[①] 这是在一个国家内部进行概念的厘清。对外而言，现在是经济全球化的时代，一个国家的市场几乎没有办法脱离外部的市场而独立存在，因此在世界范围内，一个国家的市场主权往往更加需要界定、保护和维持独立性。

事实上，国与国之间的空间距离缩小了，外部性和关联性增加了。全球化发展的深入，使得关于政府职能的讨论已经不能仅限于国家层面。随着全球市场中供应链的伸展，越是超出本国政府直接控制范围内的活动对一国的影响反而越来越大，其政府宏观经济政策、结构政策、改革政策、社会政策的制定和实施也不再只是国家层面的问题，而且是越来越具有国际性的问题。在国际层面虽然也有“看不见的手”发挥着作用，但相比在一国之内的作用来说，更需要“看得见的手”来形成和发展全球性政府行为。一国政府必须更加重视对自身职能进行调整，这种基于广义的主权市场之间形成的默契和协调就显得尤为重要。

国家及其政府应当有足够的能力参与到外部世界的国际贸易体系中，而这种能力的获得也来自本国市场与世界市场的互动和交融，并随着这种互动和交融的加深而加强。例如，中国是全球化的受益者，这种受益更多地表现为一种全球市场的赋能，即通过参与多边框架下的全球市场规则而加快自身的变革和转轨。一个国家经济的发展要以有效关注和尊重周边或者世界经济发展为前提，并以国际经济伦理主义为导向，进而通过对外开放引入资金、技术和资源，借鉴先进生产和管理经验，提升自身能力。只有理解和全面拥抱经济全球化，才能从世界经济环流中汲取活力。正是经济全球化给中国的改革开放带来的深刻影响，促使中国自身发展战略与世界发展趋势更紧密地融合在一起。因此，主权市场不是排他的，而是共享的，不是孤立的，而是开放包容的，市场

---

① 姜安：《国际体系与市场主权》，《国际社会科学杂志》（中文版）2014 年第 3 期。

主权是经济落后国家和政府在经济制度、发展模式等方面的反依附性和扶持民族经济发展的独立选择性及其精神尊严的基础，但同时也是主权国家可以与世界市场对话和融合的条件。没有一个国家可以无视经济全球化带来的跨越式发展的机遇。

在全球化时代，不同国家市场主权的实现，与其财富类型及规模、市场模式、规则模式、货币政策、技术能力和教育能力等因素的优劣程度相关。20世纪90年代以来，美国跨国企业的发展过程充分证明了“政府的有效作用是跨国企业提高国际竞争力的重要力量”。作为近年来全球经济发展的引擎，我国政府在促进民营企业“走出去”方面不断采取新的举措，并不断建立和完善有利于跨国企业获得竞争优势的制度和政策，如建立对外交流平台与合作渠道，帮助企业了解国外投资环境和项目；推进行政审批制度改革，减少企业跨国发展的审批环节等。这些政府能力的提升无不与对全球市场的关注有关，而在此基础上的“一带一路”建设、高铁项目出口等，也都是参与和提升全球治理能力和水平的又一种赋能。

第二节　快政府与好市场

利用较长篇幅论述了政府的功能、市场的作用、市场与政府关系以及第三方力量，终于可以提出政府与市场新的关系的构建，那就是快政府与好市场。市场经济分好坏，在好的市场经济中政府不可能是全能型政府，政府一定是“快”的，是快速的、有效的，是与市场形成的函数。当然，政府与市场的这种函数依赖是一种语义特性的表述，而不能由属性构成关系的方式来决定，也不能由关系的当前内容所决定。

1. 快政府有多快——政府能级的提升

快政府是效能政府和效率政府的综合体，表现为政府能级的不断提升。“能级”一词是从物理学中借用过来的概念，由玻尔的理论发展而来的现代量子物理学认为原子核外电子的可能状态是不连续的，因此各状态对应能量也是不连续的。这些能量值就是能级。能级是用来表达在一定能层上而又具有一定形状的电子云的电子。百度百科中延伸出的社会能级论中讲，原子由原子核和核外绕核运转的电子构成，电子由于具有不同的能量，就按照各自不同的轨道围绕原子核运转，即能量不同的电子处于不同的相应等级，这种现象在管理学上同样存在。能级原理是指在现代管理中，机构、法和人都有能量问题，根据能量的大小可以建立一定的秩序，一定的规范或一定的标准。

目前，在一些政府部门，已经开始引入能级管理的理念来进行公务员系统的考核，作为人力资源管理上的一种创新，基于能本管理思路，在行政职务晋升之外开辟了能级提升的新通道，也为公务员能力建设提供了新的视角和思路。但政府能级的问题，不仅仅是一个能级管理的问题，它更强调政府的效率和能力水平的提升，尤其是在与市场的互动关系中，通过政府能级的提升，最大化市场的有效性，进而形成一个好市场。既然市场力量从来都是高度政治化的力量，那么，一个好市场的背后，又何尝不是因为有政府能级作为保障。

政府能级主要表现在政府面对市场的及时有效的反应。比如在金融监管方面尤其是应对可能的危机的时候，需要在微观审慎的同时更加重视宏观审慎，即在监管制度中嵌入逆周期因子，改变“只见树木不见森林”的情况，及时更新和引入新的监管工具和救助工具从而使危机救助方式更具针对性和灵活性等。包括20世纪30年代和这次金融危机一样，都有一个共同的教训就是，改革严重滞后必然导致大危机的爆发。而两次大危机的共同经验则是，要想克服大的危机就必须推进大的改革。换句话说，面对市场中的不确定性和随时都有可能爆发的危机而言，各国比拼的不是一时的增长速度，而是结构调整的速度，是经济转型的速度，归根结底还是体制改革的政府的能级和速度。因此，也有观点认为目前的大国之间的竞争本质上更是一场改革的竞争。

改革的竞争的一个突出特点就是“快”——不只是速度和时间的快，更是见微知著、未雨绸缪的政府预见和应对的快。“备豫不虞，为国常道。”从更微观层面分析快政府的要义，其还强调政府效能的提升及对市场主体的服务能力和水平问题，以及由此而产生的对政府自身改革的倒逼机制。说市场是政府的函数，是指政府的有效性对市场而言是一种映射。而政府本身又需要在这种映射中以市场为自己的救赎。西方政治学者一直认为，政府是一种必要的恶。“恶”的政府需要在市场经济的炼狱之中拯救。强控制只能是维持一种脆性的平衡，而市场内在所具有的强大的修复功能，恰恰是政府所能发挥作用的关键所在。这其中包括无组织的组织力量即市场、有组织的组织力量即政府的功能耦合，由此形成现代市场经济结构的自耦合系统。所以，当我们说市场经济是最为有效的一种经济制度，其实就是说政府是有效的，或者说是快的；如果没有政府的快，市场其实就是一种中性的状态，就无所谓好。市场本来是没有好坏分别的。这就是竞争中性的原则。“竞争中性”，“竞争中性”原则最早是澳大利亚政府在20世纪90年代提出的，经济合作发展组织（OECD）后来对其进行了进一步的发展。在TPP（跨太平洋伙伴关系协议）的第十七章，专门有一章的篇幅对国有企业竞争中性进行了规定。作为一种有操作性的管理框架，它强调要从经营业务区分、成本监管、回报率要求、补贴监管、税收中性、监管中性、信贷中性以及政府采购中性等方面来规制国有企业。竞争中性原则是一个理论体系，更是实践体系，需要在国资改革中具体推进，也需要党政大系统的保障。其中重点是要通过混合所有制改革模糊国有企业和民营企业的界限，统一纳入规制。当然，鉴于当前中国国情，尤其是国有企业在要素、补贴、税收，与政府关系上要优于民营企业，市场在资源配置中的作用受到了限制，因此，国有企业竞争中性的规制更为迫切、更为严重。但如果没有全体系的变化，“竞争中性”还是难免流于形式。这从一个侧面表明，市场经济从它作为一种自然的经济法则的出现开始，就是与政府紧紧联系在一起的。市场所能发挥作用和产生效果的最终极原因，本质上是需要通过政府作为衡量标尺的。因此，快政府观点的提出，不能仅仅是从一个作为动词的“快”的层面的理解，而是作为一个名词“快政府”的完整概念，是市场经济条件下政府能级、政府效率等的综合反映。

从地方层面看，改革视角下快政府的特征，则主要表现为三个层面的意义，即纵向打通、横向整合和中枢联动。从地方层面看，政府的改革创新主要有两条路径：一是中央统筹规划、权威决策，推动改革执行，职能部门自上而下落实；二是地方先行先试，或依托中央赋权进行政策试验、创新试点，地方创新形成可复制、可推广经验，自下而上向决策层提供有益参考，同时扩散到其他地区学习借鉴。① 在实践中的快政府，如北京市的“街乡吹哨、部门报到”“接诉即办”和浙江省“最多跑一次”改革就是认识快政府价值的标本。

街乡是城市治理的枢纽，许多基层治理难题需要街乡去面对和解决，但由于责大权小、权责不清，往往有心无力，特别是面对拆除违建、整治违法经

① 许耀桐：《让“最多跑一次”改革跑得更远》，《浙江日报》2018年3月8日。

营、治理开墙打洞和环境污染等“硬骨头”时，既没有执法权，又无法有效调度各执法部门，处于进退两难的尴尬境地。为此，北京市通过为街乡明责，给街乡赋权，以及优化街乡内设机构，建立综合执法平台，推进“吹哨报到”改革，着力增强街乡统筹协调功能，以快速调动执法力量解决问题。这项改革源起于2017年上半年，平谷区金海湖镇为根治金矿盗采多年屡禁不止难题，探索了乡镇发现盗采线索及时上报，各相关执法部门30分钟内赶到现场综合执法的机制，效果很好。从2018年初开始，北京市在全市16个区的331个街乡中，选取169个街乡试点推广。随后，北京市又利用机构改革契机，完善基层管理体制，把党建和治理结合起来，在赋权、下沉、增效上下功夫，以“吹哨”反映群众诉求、发出集结令，以“报到”引领各部门响应、解决群众问题，形成了行之有效的做法。

“快”是北京市这次街乡改革的一个突出特征。2019年后，北京市又将“街乡吹哨、部门报到”写入《北京市街道办事处条例》，并将“吹哨报到”和“接诉即办”相衔接，建立群众诉求快速响应机制，街道办事处对职责范围内的事项实行“接诉即办”。街道办事处对市民服务热线（12345热线）、媒体、互联网及第三方评估机构等反映的市民合理合法诉求，应当及时受理，属于其职责范围内的，接诉即办；对于跨地区、跨部门的事项，负责统筹调度市、区人民政府职能部门及公共服务企业办理。

与北京市“吹哨报到”举措相比，浙江省“最多跑一次”改革的出现不是偶然的，而是浙江作为民营经济的大本营和市场经济最为发达的地区之一，面对市场经济的倒逼，政府与之良性互动和反映的结果。因此，从一开始，“最多跑一次”就是作为一种政府的自我革命的面貌出现的。它和以往的行政审批制度改革的不同之处主要在于：一是改革理念不同。改革“跑一次”作为快政府的效率指标，形成对办事便利化的政策导向，包括要求地方政府的领导亲自去体验政务服务，把改革方案落实到如何提高企业和群众办事的便利化程度上。二是改革力度不同。改革突出强调“最多”，形成了对以往“最少”的倒逼机制，把政府部门的效能逼到了墙角，把政府能级的提升逼到了台前。在这种情况下，按照时间表、路线图和任务书，通过明确政府管理服务标准化，解决了不同标准之间相互打架、制度标准不科学等问题，“最多跑一次”纵深推进，势如破竹。三是改革条件不同。以移动互联网、大数据、云计算等为代表的新一代信息科技释放的“技术红利”，为政府改革提供技术保障，将“互联网+”运用于政务服务创新，通过构建政府信息共享的政务云平台打通“部门壁垒”，用大数据技术实现不同部门异构数据的标准统一，确保政府服务通过使用移动服务端App就可以随时办理业务，以数据“多跑路”换来企业“跑一次”。四是改革指向不同。从以往“单一部门式”的改革转变为跨部门、整体性、协同性、系统性改革，由以往政府部门“各自为政”进行简政放权改革到跨部门联动协作、并联审批、信息共享、业务协同、全程代办等，形成高效集成的政务服务。“最多跑一次”改革撬动一系列的政府改革，也被认为是撬动其他领域改革的抓手，是快政府建设的系统工程。其所推动的一系列改革，不但推动了服务型政府和法治政府的系统性优化，而且在推动政府流程再造、强化政府数据协同和重塑政府市场社会关系方面都产生了一系列深刻影响，对思考地方治理体系和治理能力现代化建设具有重大意义。① 正是在“最多跑一次”的激励下，杭州作为互联网之都，成为中国的“双创”策源地，不仅重塑了政府，也重塑了社会，拓展和打通了社会纵向流动的通道，为更多人尤其是“草根”创业者提供了极大的发展平台。

“一项政府改革能否取得成效，关键是从上到下改革者的理念能否发生真正转变。”② 快政府是好市场的外在体现，而“最多跑一次”的快政府的价值还在于撬动市场治理体系改革。快政府本质上是供给侧结构性改革中的一种制度供给，核心思想是降低制度性交易成本，既是政府的自我革命，也是重构政府、市场和社会关系的过程。按照古典经济学的思想，市场是最有效的资源配置手段。但是科斯有所怀疑，他假设如果市场最有效率，那为什么还要有企业呢。进一步说，如果企业最有效率，那还要政府做什么。这背后所指向的就是交易成本问题。事实上，人类到今天仍然未能证明市场和计划孰优孰劣。只能从总体上说，市场是相对计划而最有效率的，这种效率就表现为制度性交易成本的降低和效率的提高。

2. “放管服效”四位一体的现代政府模型

迄今为止，全世界重大的、具有革命性的行政体制改革有三次。第一次从

① 许耀桐：《让“最多跑一次”改革跑得更远》，《浙江日报》2018年3月8日。

② 赵光勇、辛斯童、罗梁波：《“放管服”改革：政府承诺与技术倒逼——浙江“最多跑一次”改革的考察》，《甘肃行政学院学报》2018年第3期。

18 世纪 50 年代开始，主要以英国制定公务员考试和择优录用的制度为标志，以及韦伯强调行政科层制必须遵从法规、实行法治，突出了依法行政。第二次从 20 世纪 50 年代开始，西方国家发起了“新公共行政运动”，强调政府也要按照市场规律，讲成本，强调管理的成效，注重市场导向和顾客导向。第三次从 20 世纪 90 年代中期开始，提倡“新公共服务”，塑造服务型政府，改变了政府漠视公民权利的弊端，强调“公民至上”“公益至上”，突出了以人为本。我国的行政审批制度改革发端于 20 世纪 80 年代初，是针对传统的高度集中的计划经济体制行政管理领域实行严格审批造成的体制性障碍，转变政府职能，实行简政放权。[①] 具体可以分为三个阶段，第一阶段是面向市场经济转型的“放管服”改革阶段，这一阶段是从 20 世纪 70 年代末期到 20 世纪 90 年代末期，主要是针对计划经济高度集中的全能型、管制型的行政管理体制进行的改革，下放政权、政企分开。第二阶段是从 21 世纪初期至 2012 年，这一阶段是市场经济体制发育完善时期的“放管服”改革阶段。这一时期我国的市场经济不断发育完善，为了更好地发挥市场在资源配置中的基础性作用，加大了行政审批制度改革力度，2004 年 7 月《行政许可法》正式实施。第三阶段是 2012 年至今，这一时期的改革是“市场决定性作用”时期的“放管服”改革阶段。这一时期政府放权给市场主体，放权给社会组织，放权给地方政府并且探索了负面清单制度，优化了政府职能配置，提高了政府服务效率。自国务院成立行政审批改革工作领导小组启动行政审批制度改革以来，十多年间在国家层面已取消 2600 多项行政审批项目，调整、下放的行政审批项目达 440 多项，取得了可喜的成果，非行政许可审批则成为历史。

中国改革开放的经验之一，就是政府分权与放权，社会结构从“单中心”走向“多中心”，激活市场，“松绑”社会，权力下放。一个“放”字深得改革精髓。[②] 在全球经济持续低迷、我国经济面临结构性调整优化的时期，政府提出了“互联网 +”“大众创业、万众创新”等一系列战略发展规划，以转变增长模式、激发更广泛的社会创新、打造经济发展新引擎。这要求各级政府进

① 许耀桐：《让“最多跑一次”改革跑得更远》，《浙江日报》2018 年 3 月 8 日。

② 赵光勇、辛斯童、罗梁波：《“放管服”改革：政府承诺与技术倒逼——浙江“最多跑一次”改革的考察》，《甘肃行政学院学报》2018 年 3 期。

一步简政放权，减少对市场和企业具体事务的干预，让市场回归市场，激发底层活力，为企业特别是中小微和初创企业创新创造能力的发挥提供良好的政策环境和体制机制保障。总之，需要加快推进政府简政放权和职能转变，让市场“法无禁止即可为”，让政府“法无授权不可为”，从而激发出社会和企业的更大活力。[①] 当下的“放管服”改革，是新时期的政府系统性改革的简称，即简政放权、放管结合、优化服务。“放权”不是“不管”，而是政府不该管的不要去管，该管的要有效地管起来，即我们常说的政府“有所为有所不为”，有效发挥政府的市场监管、公共管理和公共服务功能。

“放管服效”是简政放权、放管结合、优化服务、提高效能的简称。其中，“放管服”是手段，“效”是目的。“放管服效”是对《放管服》改革的更深一步的要求，既在简政放权、放管结合、优化服务的基础上更加注重改革的效用，即取得实效、建设效能政府。因此，要推进“放管服效”改革，首先，要厘清政府的经济管理职能和市场监管职能，确定社会管理和公共服务的边界，在“放”字上出活力。减少多元协同的障碍与壁垒，让企事业单位、非政府组织、新闻传媒、社会大众普遍参与到社会治理的格局中，承担起应有的职能职责，让多元的社会活力充分释放、治理动力充分涌流。其次，要限权、减权、放权，规范权力运作，该减的减，该放的放，大幅削减行政审批事项，在“管”字上严秩序。[②] 在宪法以及法律法规的框架下，严格履行地方政府的监督问责责任，加强对社会风险的源头治理，强化各级地方政府和部门对风险发展的驾驭能力和风险处置的应对能力，确保经济社会总体保持健康稳定发展。[③] 最后，要提高政府效能，行政效能目前没有统一的定义，但是它包括三个要素，分别是目标、能力与效益。“首先，目标是行政效能的前提，行政效能通过目标的指向反映出来。科学合理的目标能够反映事物本质揭示事物发展的规律，只有政府行政的目标正确，才能最终有成效地实现目标。其次，能

---

① 李征坤：《互联网 + 政务服务：开启智慧政府新时代》，中国铁道出版社，2017，第 58 ~ 59 页。

② 赵光勇、辛斯童、罗梁波：《“放管服”改革：政府承诺与技术倒逼——浙江“最多跑一次”改革的考察》，《甘肃行政学院学报》2018 年第 3 期。

③ 兰旭凌：《风险治理视域下地方政府组织结构变革与运行机制创新》，《行政论坛》2018 年第 2 期。

力是行政效能的基础。政府只有具备这些能力才能选择较好的手段实现行政目标，才能做到依法行政、做出有效益的行政行为，实现与行政相对人的权利义务关系。最后，效益是行政效能的集中反映。在一定消耗的基础上取得最大的成效、效果一直是行政效能管理的追求。效益是效率与效果的统一，是过程与结果的统一，是速度与质量的统一。”而效能政府就是富有行政效能的政府。属于政府职责范围内的职能，为优化服务，政府要做到有为有效，在“服”字上添接口。拿出如“让数据多跑路、让群众少跑路”的人本关怀，在提升市场运行和社会运转的效率质量上增添更多的“接入口”，不断提升社会主体对地方政府治理水平的满意度。“放管服效”是一个整体系统，不论是社会治理还是经济治理，都需要一套完善、规范和健全的监管体系。因此，行政审批权力下放后，政府职能要更多地转向监管和服务。要把监管和服务融为一体，在服务中监管，在监管中增强服务，确保改革落到实处、取得实效。①

效能政府具有高效益、高能力、正确目标导向三个特点。提高行政效能建设效能政府必须坚持以下原则：第一，行为合法原则，因为效能政府必须是依法而治的政府。第二，目标正确原则，行政决策必须以正确的目标和动机为出发点，如果政府不能把握好每个行为的目标和目的，就难免做出不恰当的行政行为。第三，过程效率原则，“该原则强调行政机关及其行政人员在从事行政活动的过程中要讲求效率，一方面劳动成果或社会效益同所消耗的人力、物力、财力等要素之间的比例关系要合适恰当，另一方面行政行为的做出要符合时效的限制，防止时间的故意延误造成迟来的‘非正义’。”② 第四，结果有利原则，该原则侧重于强调行政机关在做出每个行政行为时都要考虑和衡量结果是否有利。以防止错误的行政决策造成社会资源的错位或者产生不良的负面影响。第五，社会效益原则，该原则是指判断政府效能的高低要以对整个社会和全体人民是否有益为标准。

“放管服”改革，是政府对自己的革命，“刀刃向内”：“削手中的权、去部门的利、割自己的肉”，难度可想而知。从改革的必要性上来说，政府之所以要简政放权，就是因为政府的职能定位不合理，权力界限不清晰。“放管

① 《“放管服”改革》，《经济参考报》2017 年 7 月 4 日。

② 万颖：《效能政府基本问题研究》，《泰山学院学报》2009 年第 9 期。

服”是一个难点，其实“放管服”改革最大的问题就在体制转换上，政府的决策到底怎么变，政府的审批权如何真正放开，下放到位，这是一个比较复杂的体制和机制转换的过程。因此，在“放管服”的同时还要注重效能政府的建设。改革开放近四十年来，中国大地发生了天翻地覆的变化。中国经济和社会事业的飞速发展，离不开政府的改革与创新。正如俞可平所言，中国的改革开放，是一个整体性社会变迁进程，这一变迁在政治领域便是“治理改革”。实质而言，政治即为人类的集体合作，政府则为集体合作的机制。用新公共管理理论的话语来说，我们面临的根本问题不是政府的大小，而是政府是否有效。“没有一个有效的政府，文明社会就不能有效地运作，”所以要改革政府。一个有效的政府，同时也是一个有能力的政府。有效政府，才能实现有效治理。”①

3. 政府组织结构的现代化

“有凝聚力的治理架构都可以推进政策更具公益性质，这有助于防止政治动荡。而在缺乏有凝聚力的治理架构时，政治稳定的重要性会显得更加突出。”② 中国巨大的规模导致必须把经济和政治任务分配给不同地区的不同层级。“中国广泛采用的分权化经济架构其实是发展战略的核心组成部分。同时，共产党组织又在所有各级政府中扮演着核心角色。”③ 改革进入攻坚期和深水区，以减少行政审批实行简政放权、加强宏观管理和改善公共服务为重点的政府职能转变，需要迈出更大步伐。与市场的需要相比，现行政府组织结构还存在诸多不相适应的方面，需要进一步优化政府组织结构。④ “过去，我们在政府机构改革中，强调精简比较多，而对优化政府组织结构重视不够。实践证明，机构改革如果不与政府职能转变和优化政府组织结构结合起来，并不能解决体制的深层次问题，也难以实现改革的预期目标。因为，对于深化行政体制改革和构建公共行政体制来说，精简机构、压缩政府规模并不是一个根本性

① 赵光勇、辛斯童、罗梁波：《“放管服”改革：政府承诺与技术倒逼》，《甘肃行政学院学报》2018 年第 3 期。

② 蒂莫西·贝斯利、托尔斯腾·佩尔松：《中国面临的挑战：通过制度改革提升政府能力》，《比较》2014 年第 5 期。

③ 蒂莫西·贝斯利、托尔斯腾·佩尔松：《中国面临的挑战：通过制度改革提升政府能力》，《比较》2014 年第 5 期。

④ 王峰：《优化政府组织结构》，《经济日报》2013 年 11 月 21 日。

的问题，根本问题是在转变政府职能的基础上，优化政府的组织结构，使政府管自己应该管的事，管好自己应该管的事。机构精简必须服从政府组织结构的优化。只有按照科学发展观、构建和谐社会和建立健全社会主义公共行政体制的要求，真正做到政府组织结构优化，才能巩固政府机构改革所取得的成果，也才能使行政体制改革取得新的实质性的突破。”① 优化政府组织结构有利于提高政府效能，系统论强调：结构合理、运行有序的系统，其整体功能大于各个部分功能的代数和。

从快政府到好市场，最终要落实到“能社会”，即社会是能动的，是有强大动能的。能社会是将快政府和好市场二者结合在一起的一个平台。正是从这个角度看待政府功能和结构的重组、结构和组织的优化，现代政府的组织方式的变革就必然需要融会于社会组织和社会结构的变革中，与社会的能级的提升有机结合起来。换句话说，政府结构的优化和政府职能的转型，有赖于社会结构的优化和社会职能的提升，尤其是社会组织的发育，只有社会转型到位，政府的转型才能最终实现。不先从社会入手进行体制和机制的改革，单纯进行政府机构的改革，往往事倍功半，甚至劳而无功。改革开放以来我们的几次政府机构改革，几次精简 - 膨胀 - 再精简 - 再膨胀的反弹就折射了这个问题。

社会改革的兴起与政府改革相伴而生，是对政府改革的深化。政府组织结构的现代化必须以社会组织和结构的现代化为基础。这种对社会改革的既有理解，就不同于以往仅仅把社会改革理解为一种修复，即为那些与其同胞相比物质方面处于劣势的个人和群体提供帮助；或者是仅仅把社会改革理解为对社会的重建或重新规划，以便在所有社会成员当中实现伦理价值。这里的社会改革就更强调社会能力的建构，即与政府能力相互匹配和耦合的对市场弱势者的政策加持。

第三节　数字治理成就未来政府

人类社会信息化进程可以划分为四个时代：计算机时代、互联网时代、大

① 薄贵利：《论优化政府组织结构》，《中国行政管理》2007 年第 5 期。

数据时代和人工智能时代。大数据是人类认识世界、改造世界能力的一次飞跃。数字货币的数字身份，已经成为改变世界的两种力量，它将重构整个社会治理模式。大数据是国家治理现代化的有效媒介，具有催生治理模式创新的效果。智能政府正上升为国家战略，包括推动数据治国、数据创新、数据开放和数据立法。在推进国家治理体系和治理能力现代化中，大数据作为治理现代化的必由之路，它具有催生管理革命和服务模式创新的效果。大数据之治是领导干部应该具备的重要本领。拥有数据资产的政府是比传统的只拥有土地的政府更“富有”的政府，深化数据治理、加快治理科技革命是未来政府能力重塑的重中之重。

1. 大数据推动政府治理现代化

大数据不仅是一场技术革命，一场经济变革，也是一场国家治理的变革。牛津大学教授维克托·迈尔·舍恩伯格在其著作《大数据时代》中说：“大数据是人们获得新的认知、创造新的价值的源泉，还是改变市场、组织机构，以及政府与公民关系的方法。”政府拥有整个社会数据资源的80%以上，是数据最大的生产者和拥有者。大数据时代的来临，对政府机构的管理和发展提出了新的挑战。作为一项庞大、繁杂、涉及面广、投入资源大、科技含量高和时间跨度长的系统工程，大数据政府的建设需要顶层设计，这是一个重要且必要的起始环节。大数据时代是一个将数据当作核心资产的时代，数据呈现战略化、资产化和社会化等特征。随着数据作为国家战略资产意识的增强，以及越来越多的国家将数据管理上升到战略层面，大数据势必以更加积极的姿态进入公共管理和政府治理范畴内。

从存量改革到增量改革，是中国改革的基本路径，这条路径现在已经进入一个新的转折路口，接下来改革的新动力机制将表现为一种变量改革，这个变量，就是大数据背景下的智能政府。体制性的问题仅仅依靠体制自身是无法打开突破口的，只有技术的力量才能带来颠覆、形成突变。透过真正的数字化政府，促进公众参与，深化数字民主，欧洲国家正在实现“电子参与”，即通过多样的在线工具来促进公民参与，从而让每位欧盟公民都能参与制定欧盟的各项政策——从在线签署森林保护请愿书到评论某位市长的学校整修议案，他们能够以多种多样的形式参与方方面面的政策事务。在他们看来，公共管理事务日益复杂，仅凭个人感知已经很难全面了解情况，必须掌握数据驱动的管理方法，依靠海量的数据搜集和精准的数据分析增强决策的科学性。① 不仅如此，世界上不少国家政府已经在电子政务的第三、第四阶段真正提供服务，而中国大部分政府仍然还在第一阶段，也就是怎么把信息放到网上，怎么把政府的文件、政府领导人的活动、领导人的讲话放到网上，要加快数字政府建设，真正从一个离线的政府转变为在线政府，从一个自我中心的政府转变为客户导向的政府，让老百姓在网上办事和逛超市一样方便。

大数据时代，数据已成为政府治理能力和治理体系现代化的决定性因素。政府治理的核心是数据治理。在此之前，普遍的观点还认为“政府治理是指政府履行政府职能对公共事物的治理”②，但现在，政府治理的基础已经转移到基于大数据的智能化治理上来，这将塑造全新的政府治理模式。数据是政府重要的治理资源，这些资源将对潜在的、静止的和沉淀的政府数据进行激活，这将是一种多渠道的、多层次的、跨部门的、无缝隙的、全方位的政府功能的全面整合和创新，通过平台化，形成聚合力，提高关联度，推动形成政府治理数据价值链，从而开创政府治理的新蓝海。

数据作为政府的重要资产，同时也是政府治理的重要手段，更是政府治理的成果体现。通过块上集聚形成一种具有内在关联性的数据，预示着广泛的公共需求和公共问题，蕴含着巨大的价值和能量。这些数据深刻地改变着政府的治理理念、治理范式、治理内容和治理手段，将彻底改变传统的以信息控制与垄断来维护威权的治理模式，真正建立起一套用数据说话、用数据决策、用数据管理和用数据服务的全新机制，从而重塑政府形态。传统的政府组织也将逐步向网络状组织的高级形态转变。数据力是未来的数据化组织的核心竞争力，数据力和数据关系的变化、平台领导力重塑，最终实现政府数据功能最大化。大数据是共享型组织的新范式。大数据时代的政府组织，是共享型组织新范式的集中代表，是共享型组织发展的高级形态，是一个实现了数据集聚、数据开放和数据充分共享的组织，体现共享型组织的所有特点。同时，大数据时代的政府依赖数据驱动，反过来又通过自身不断产生和集聚的新数据形成组织新的

---

① 杜小勇、冯启娜：《“数据治国”的三个关键理念——从互联网思维到未来治理图景》，《人民论坛·学术前沿》2015 年第 2 期。

② 邓子云、陈磊、何庭钦、孟涛：《发达国家用大数据实施政府治理 X 现代化的模式与借鉴》，《经济体制改革》2017 年第 5 期。

驱动力，其组织结构和组织方式将依照数据功能而改变，组织资源将围绕数据效益最大化而重新配置，成为大数据政府的核心功能体现。

2. 大数据推动政府组织结构和组织形态现代化

政府作为一种组织，具有基本的组织形态，包括政府组织结构和组织活动的某种形式与运行状态。政府组织形态现代化是适应为了政府发展和能级政府建设要求，不断改革创新政府组织模式、制度安排和运作方式，促进政府治理能力与治理水平的现代化，并确保政府组织结构和组织活动适应新技术要求的动态发展进程。在这个进程中，加快政府数据化转型，建立大数据政府的基本模型，重点是推动政府组织结构和形态的优化与再造，实现国家治理体系与能力重构，形成数据政府治理新模式。未来政府的数据治理，既有灵活多样且有效的治理机制，更有基于数据的科学预测、科学决策，乃至延伸到司法领域的数据审判、行政管理领域的数据审批等，将推动形成一种全新的大数据政府模型。

政府建模作为整个电子政务研究的基础和依据，有利于我们更好地理解复杂的政府管理和运行方式，从而为大数据政府建设提供参考，并为现行政府向大数据政府的顺利转型提供思路。

用数据说话：开放政府模型。政府只是其所搜集的信息的托管人，私营部门和社会对数据的利用会比政府更具创新性，提取政府数据价值最好的办法是允许私营部门和社会大众访问。开放政府数据，打造阳光政府，已成为席卷全球的趋势、理所应当的常态。

数据开放需要形成跨部门数据资源共享共用格局，建成国家政府数据统一开放平台。实现上述目标，要在行动和意识上打通“三关”。第一关是消除信息“孤岛”。第二关是互联互通。互联互通不仅是指资源放到同一平台要达到“可查”，还要求有关联的数据内容和数据结构必须有严密的逻辑联系以便实现能实时更新的“可转”。第三关是服务意识，打通政府数据开放的“心门”。在政府建设基础数据的权威性和数据信息安全性的前提下，鼓励互联网企业运用大数据技术建立市场化的第三方信用信息共享平台，用市场和创新的“活水”满足人民群众对政府大数据的个性化需求。在最终产品的呈现上，“服务意识”也要挂在前头，要让用户数据界面亲切、友好、方便使用。

数据开放能够激发全社会的智慧和创意，产生巨大的数据红利。只有将割裂存储于不同部门的数据在统一平台上开放，才能使数据创新应用不断涌现，使政府信息的附加价值被充分挖掘。在数据开放工程中，不仅要重视政府内部各个层级以及统计、档案、保密、监察、行业监管等跨部门的协调性、系统性和整体性，还需要加强与社会征信、信用评级、商业资讯、学术研究等其他各项社会性信息源的协同推进，以推动形成广域的信息共享、链接、匹配以及参照等功能组合的动态差序格局，盘活整个大数据世界。要大力推动政府部门数据共享，在依法加强安全保障和隐私保护的前提下，稳步推动公共数据资源开放。

推动建立政府部门和事业单位等公共机构数据资源清单，按照“增量先行”的方式，加强对政府部门数据的国家统筹管理，加快建设国家政府数据统一开放平台。制定公共机构数据开放计划，落实数据开放和维护责任，推进公共机构数据资源统一汇聚和集中向社会开放，提升政府数据开放共享标准化程度，优先推动信用、交通、医疗、卫生、就业、社保、地理、文化、教育、科技、资源、农业、环境、安监、金融、质量、统计、气象、海洋、企业登记监管等民生保障服务相关领域的政府数据集向社会开放。其中的重中之重是建立政府和社会互动的大数据采集形成机制，制定政府数据共享开放目录。通过政务数据公开共享，引导企业、行业协会、科研机构、社会组织等主动采集并开放数据。推动政府数据资源共享。制定政府数据资源共享管理办法，整合政府部门公共数据资源，促进互联互通，提高共享能力，提升政府数据的一致性和准确性。其中包括明确各部门数据共享的范围边界和使用方式，跨部门数据资源共享共用格局基本形成。并在此基础上形成政府数据统一共享交换平台。

用数据决策：开放决策模型。大数据政府建设，需要建立以数据为基准的决策方式。信息是国家治理的重要依据，要发挥其在推进国家治理体系和治理能力现代化进程中的重要作用。要以信息化推进国家治理体系和治理能力现代化，统筹发展电子政务，构建一体化在线服务平台，分级分类推进新型智慧城市建设，打通信息壁垒，构建全国信息资源共享体系，更好地用信息化手段感知社会态势、畅通沟通渠道、辅助科学决策。

实践表明，大数据正不断改变着公共决策议程，为民主与协商的政策制定过程建构提供了切实有效的分析工具。然而受公民素质、信息技术和管理体制影响，迫切需要在政府决策的总体规划过程中，借助大数据信息技术，落实相应的决策机制。引入大数据监测系统，清晰定位决策动议的触发。挖掘大数据信息，及时响应公民的政策诉求，进一步完善公共决策的协商机制。

政府要实现精细化管理，就要提高决策的科学性、正确性，使其贴近民心，符合民意。这一切都要以丰富、准确的数据信息资源的获取为基础。在传统模式下，政府的统计技术及信息分析与处理技术比较落后，采集部门很难为政府提供大量的数据信息资源，因而，决策过程缺乏信息依据。通常情况下，决策者只能依靠以往的经验或者仅有的统计数据来制定决策、出台规划，在这种模式下出台的规划与决策很难“对症下药”，效果十分有限。在大数据时代，政府可以根据需要，获得丰富的数据资源，随时了解各个领域的发展状况即总体走势，并进行各类信息的深度处理与挖掘，不仅能解释事物的发展规律及特点，还能对事物在后期发展过程中所处的具体状态进行模拟。[①]

用数据治理：开放治理模型。目前我国正在加速向数据资源挖掘和应用方面转变，利用大数据提升政府治理能力和公众服务水平，已成为社会共识。尤其是随着智慧城市建设的加快，大范围的数据应用模型正在对政府治理，尤其是智慧城市治理产生深远影响。其中，百度建设智慧城市的逻辑在于打通智慧交通及智能家居环节；阿里的最大优势在于商业能力，着重打造基于大数据与云计算的城市运算大脑；腾讯则将落足点放在其所擅长的社交上，强调连接器作用。在这方面，2016 年在杭州启动的城市数据大脑强调打通政府部门和企业的信息关卡，为智慧城市治理建设共享数据大平台。即让数据帮助城市来思考和决策，将杭州打造成一座能够自我调节、与人类良性互动的城市。经过一年多的推进，在杭州市萧山区 2018 年 10 月的落地场景演练中，一场救护车从萧山区的市心路－晨晖路路口到市心路－利华路路口全程近 7 公里的行进，救护车出行被优先 21 次，平均行驶速度达 36km/h，相较该路段常规通行时间节省 854 秒。对于一个城市来说，特种车辆优先调度是一个非常精细的调度系统，对路段的预判将会提前好几个路口，以秒级单位的分析判断，对特种车辆所经路口进行提前排空，确保特种车辆最快速在绿灯状态下通行，并用最短时间恢复该路段的常规红绿灯设置。目前，杭州城市大脑 2.0 也已经正式发布，将覆盖主城区、余杭区、萧山区共 420 平方公里，一年扩大 28 倍。接管 1300

① 李征坤：《互联网＋政务服务：开启智慧政府新时代》，中国铁道出版社，2017，第 66 页。

个路口信号灯、接入4500路视频，通过七大生命体征全面感知城市交通，并通过移动终端直接指挥杭州200余名交警。与杭州的城市大脑项目相比，华为自2015年开始，也将智慧城市作为重点战略方向大规模投入，目前已正式发布EI城市智能体，作为城市物理世界与数字世界相互映射、协同交互的融合系统，可以实现城市全要素数字化、城市运行实时状态可视化、城市管理决策协同化和智能化，被称为未来城市的新形态。同时，华为还强调，智慧城市只有大脑是不够的，通过智慧大脑、智能边缘平台和无处不在的端侧感知，将物理城市的人与人、物与物、人与物的大数据综合分析、回传，将复杂的物理海量信息与行业智慧，经过智能体的计算分析反馈作用于物理城市，实现智慧城市。

用数据服务：开放惠民模型。服务型政府不仅是一种理念，更需要的是一种实践。理念很丰满，但一旦没有有效的大数据技术的支撑，就会变得“骨感”。“围绕社会需求制定更为科学、合理、人性的政策，增强决策能力、优化决策水平，离不开对大数据信息的深度挖掘、分析与整合。而建设高效、透明、便民的治理和政务服务体系，更需要政府借助互联网信息化技术对自身的管理运行进行流程优化与再造，基于不同部门建立权责明确的清单，利用信息化互联网技术实现对内部权力的有效约制和监管，简政放权，激发社会和市场更大的创新创造潜能。”① 在这方面，要围绕服务型政府建设，利用大数据洞察民生需求，优化资源配置，丰富服务内容，拓展服务渠道，扩大服务范围，提高服务质量，提升城市辐射能力，形成公平普惠、便捷高效的民生服务体系。包括推动传统公共服务数据与互联网、移动互联网、可穿戴设备等数据的汇聚整合，开发各类便民应用，优化公共资源配置，提升公共服务水平。

用数据创新：开放创新模型。着力推动互联网和实体经济深度融合发展，以信息流带动技术流、资金流、人才流、物资流，促进资源配置优化，促进全要素生产率提升，为推动创新发展、转变经济发展方式、调整经济结构发挥积极作用。包括发展工业大数据、新兴产业大数据、农业农村大数据等，大力发展与重点行业领域业务流程及数据应用需求深度融合的大数据解决方案，以及支持企业开展基于大数据的第三方数据分析发掘服务、技术外包服务和知识流

① 李征坤：《互联网+政务服务：开启智慧政府新时代》，中国铁道出版社，2017，第42页。

程外包服务等，建立和完善大数据产业公共服务支撑体系。

3. 大数据推动政府模式现代化

数据作为国家的基础性战略资源，也是一种宝贵的治理资源。从全球范围看，“运用大数据推动经济发展、完善社会治理、提升政府服务和监管能力正成为趋势”。通过块上集聚形成的具有内在关联性的数据，预示着广泛的公共需求和公共产品，蕴含着巨大的价值和能量。这些数据深刻地影响并改变着政府的治理理念、治理范式、治理内容和治理手段，已经和正在彻底颠覆传统的以信息控制与垄断来维护权威的治理模式。

数据治理是一种极致扁平、开放共享、高效运作的政府治理。主要表现为：数据治理突破政府不同部门间的数据壁垒，打破原有公权力对数据传播流向和内容的控制与垄断，极大地提升政府治理的“能见度”，构建政府和社会数据资源之间的全连接、全流程和全覆盖框架，打通政府部门、企事业单位之间的数据壁垒，实现合作开发和综合利用，有效促进各级政府数据治理能力提升。

数据治理打破政府治理的时空界限，为公众直接参与政治经济生活提供平台，加速政府权力向社会的流动和让渡。大数据与互联网、微信、微博等新媒体深度融合，突破了时间和空间的限制，从更深层次、更广领域促进政府与民众的互动，形成多元协同治理的新格局。数据的治理以数据科学为基础，以统计软件和数学模型为分析工具，以数据的汇聚整合和关联分析为支撑把握现在和预测未来，不断提高监管和服务的针对性和有效性，尤其是对突发事件的预测和应急响应以及普遍的风险防范，从而实现政府决策的数据化、精准化和科学化。尤其是随着区块链技术的发展，为推动公众的民主参与提供了无限可能。区块链技术的透明度，允许通过不同途径进行投票和统计，同时，由于区块链的匿名交易特性，选民依然可以保护个人隐私。对于选举的公平性来说，安全也是关键之一，而区块链技术有助于为选举进程带来更高水平的透明度、公平性和效率，尊重并保护选民的每一票。目前，在日本、瑞士等一些地方已经开始尝试利用区块链技术进行选举。也有报道称，英国脱欧事件发生之后，许多英国人对投票结果都非常后悔，认为这都是由于传统的投票系统无法为投票人提供实时的投票数据。而一旦将区块链加入投票系统中，可以支持来自智能手机的提前投票；支持实时查看投票，公开透明的审核投票数量；在投票开始前也可以改变主意；当场就可以提供实时的投票结果。2018 年 5 月，美国西弗吉尼亚州的政党初选（竞选公职人员）据称就完成了美国历史上首个由政府组织的区块链选举活动。大多数选民都采用常规的投票方式，而一些身处其他地区的特殊选民则是通过一个区块链平台参与本次投票的。这些关于区块链的场景应用虽然还比较初级，但从另外一个侧面反映出大数据、互联网技术对未来政府的改变将是必然的趋势，对政府治理的革命将不可避免。同时，对个人数据主权、数据权益的保护也将具有非常重大的意义。

数据的治理造就数字政府，这是一种未来的政府形态。2005 年，美国学者威廉·艾格斯指出，“网络技术正在改变整个政府机构的行为和使命”，新的技术发展给政府治理创新带来了无限可能。这不仅是指数据驱动决策、驱动管理、驱动创新，更重要的是实现基于数据的极致扁平、无限开放、高效运行的政府治理。它应该包括但不局限于以下特征：一是打破原有公权力对数据流向的控制与垄断，通过数据化反映不同事物之间的关系，极大地提升政府治理的“能见度”。二是为公众直接参与民主提供平台，政府权力逐渐流向社会。从过去一个主体变为多个主体，由上至下的单向管理变成各方协同治理，推进政府治理水平现代化。三是以数据科学为基础，以统计软件和数学模型为分析工具，提高监管和服务的针对性、有效性，实现决策数据化和科学化。四是推动政府治理精准化，通过数据的自组织和自激活，推动政府组织结构和形态的优化与再造，实现国家治理体系与能力重构。大数据时代的到来，为国家治理体系和治理能力现代化提供了一种革命性工具，通过对数据的全面感知、采集、处理、分析，为政府治理模式创新带来新机遇和新动能。其主要表现在以下几个方面。

治理体制从碎片化向融合化转变。当前，政府治理体制存在的突出问题就是治理碎片化，使治理实践陷入高成本和低效率并存的困境。碎片化的具体表现为：部门主义和地方主义盛行，职能交叉和重叠，数据孤岛和“数据打架”现象并存。通过块数据全治理链，提升数据使用效能、效率和效益，可以有效破除壁垒，实现治理数据的开放共享，推动多元治理主体之间的合作与协同，进而促进治理体制从碎片化向融合化转变。

治理模式从静态向动态转变。社会治理的目标之一就是维持稳定，表现在治理实践中就是一种静态的治理模式。全球化、信息化和网络化，急剧改变着经济社会的变迁速度。面对许多新问题新挑战，块数据可以帮助治理主体及时全面地掌握相关数据的变动情况与趋势，促使静态的治理模式向动态转变。

（1）数字政府的全治理链体系

全治理链协调多元利益相关方，从提升治理能力和发挥治理体系效能两个方面入手，通过完善共治、善治、自治、德治和法治这 5 种能力建设，构建治理结构体系、治理功能体系、治理制度体系、治理方法体系和治理运行体系这 5 种治理体系，以块数据为价值中枢，以数据流动规范和优化信息发布、决策流程和绩效评估等环节，形成用数据说话、用数据决策、用数据管理、用数据创新的治理新格局。从全治理链的驱动机制看，治理体系和治理能力是一个有机整体，推进治理体系的现代化及增强治理能力，是同一政治过程中相辅相成的两个方面。有了良好的治理体系，才能提高治理能力；反之，只有提高治理能力，才能充分放大治理体系的效能。块数据全治理链可以分别或同时从发挥治理体系效能和提升治理能力两个方面入手，带动整个链条的升级。

通过块数据全治理链推进治理体系和治理能力现代化，一方面，要突出治理结构体系、治理功能体系、治理制度体系、治理方法体系和治理运行体系这 5 种体系构建；另一方面，要完善共治、善治、自治、德治和法治这 5 种能力建设。这“五治”，并不是孤立的、零碎的，而是有机的、统一的整体。共治是多元主体通过协商民主等手段发起集体行动以实现共同利益的过程；善治则是强调公共利益最大化的管理过程；自治是基层民主的重要实现形式；法治思维强调以权利义务为中心；德治则是确立有利于社会发展的社会价值观基础，以建立有利于国家强盛与人民幸福的社会隐秩序。“五治并举”是系统治理、综合治理、依法治理、源头治理的具体表现形式，是块数据全治理链构建多元参与、良性互动治理格局的核心环节。

（2）块数据治理的精细化和精准化

块数据全治理链，将推动政府治理由直觉经验决策模式向数据驱动决策模式转变，体现政府治理与治理能力的精细化与精准化。耶鲁大学埃斯蒂教授指出，“数据驱动决策”将使政府更高效、开放和负责，更多地在事实基础上做出判断，而不是主观判断或者受利益集团干扰进行决策。全治理链模式中，块数据通过对每个个体人格的数据化，塑造了其主体性公民身份，这一身份认同流动于治理链不同层次和不同环节的数据集合体之内与之间。数据化的人格更容易与其周围的人、事、物建立联系，进而促进多元价值主体共同形成价值链网络结构。在这个价值网络中，没有单独的中心权威，决策的关键成为多元主体间的共同经验、学习过程和话语赋权。块数据全治理链中，更多的跨越传统边界的参与主体加入公共决策过程中来。公共决策的目标更加强调覆盖群体的多元性、复合性和整合性，推动公共事务治理过程的民主化决策，实现多元共治的目标。

缺乏对现实信息的全面认知，是造成传统决策经常滞后于决策需求的主要原因之一。基于数字政府的公共决策过程，可以有效实现决策的前瞻性、战略性、操作性，也将之带入“预测性决策”的新时代。同时，数据感知、数据采集、数据存储水平的进步，让原本不可识别的数据如身份数据、行为数据等变得可以被识别，许多原来不能量化的评估内容变得更容易量化，这大大拓宽了评估的范围和内容，也让构建更加精细的政府绩效评估体系成为可能。例如美国政府的“绩效仪表盘”项目，就是通过更大范围的数据评判构建的政府绩效评估机制。“绩效仪表盘”涵盖了对美国政府机构的绩效、联邦政府资金使用情况、地方政府资金使用情况、政府法律法规制定流程等多个方面，从不同角度对美国政府绩效进行量化评估与追踪。此外，数字政府全治理链还可以对决策执行的过程和结果数据进行动态评估监测。治理链的网状结构简化了监督数据反馈的传输渠道，降低了反馈失真的程度。由于数据感知的范围覆盖广泛，可以对传统媒体、新媒体的媒体数据流和智能硬件的感知数据流等进行综合汇总和研判，对存于其中的公共需求集合进行挖掘分析，找准痛点，变革决策反馈机制，进而不断优化评估考核体系。

（3）区块链重塑未来治理

目前，高速发展的区块链技术对数字政府的建设也具有非常重要的意义。如果说，互联网带来了信息的民主化，区块链技术则带来了价值的民主化并对传统产业的核心产生了冲击。区块链技术是“一个如实记录事实的大型链条”。区块链作为一种社会思潮，它的诞生绝不是偶然。在社会学上，区块链的诞生基于生物进化论，经济学上基于自由主义经济学，政治学上基于无政府主义，最重要的是分布式网络技术发展的成熟。区块链能够对经济社会运行规律进行立体呈现，降低政府治理偏差概率，提高政府治理的精细化和科学化水平。区块链改变政府治理的理念向度、工作方式和决策思路，将基于经验、观念和习惯的“多数决”原则的治理，推向覆盖更广泛、涉及更多过程和行为主体的更加标准化的多“数”决。从大数据中预测需求、预判问题，探索政府治理的多元、多层、多角度特征，提升政府治理能力。例如，移动互联产生海量数据，这些大容量的、多样化的并且快速流动的信息看似杂乱无章，但它记录着个体的生理活动与心理活动，是公众用“手指”投票。据此建构一个数据化的沟通管道，从而发现新的公众关注的议题。

美国前总统里根在1981年的就职演讲中说：“政府并不是问题的解决方式，政府就是问题所在。”区块链是技术理念，可以推动这些问题的转变。区块链支持极高的透明度，它可以重建公众对政治机构的信任，让民选官员正直行事；区块链保证了每个人都有直接或通过投票来参与政府事务的权利，公民通过互联网承担了更多社会责任，从民选官员中得到信息并对其产生影响；区块链让选票更有价值，它为所有利益相关者设定激励机制，并通过技术实现更高效的绩效、更良好的运作及更低的成本；区块链还保障人们信息的安全和隐私不被随意干涉和监视，以及平等地享受公共服务及社会保障。凡此种种，都在告诉我们一个趋势，那就是从现在开始，应用区块链技术推进智慧政府的建设越来越显得重要。人工智能有计算、感知智能、认知智能三个发展阶段。目前，人工智能处于“感知智能”发展阶段，即让机器听懂人类的语言、看懂世界万物，通过技术更好地辅助人类高效完成任务。随着区块链技术的迅猛发展，智能政府可以是一种建构在数据模块之上的机器人政府。政府的一些部门完全可以成为一个数据交互终端，通过智能化的数据关联提供公共服务，政府部门的精简、权力的公开透明都已经不再是问题，庞大的实体政府被真正的数据政府所替代也许不再是一种“乌托邦”。政府将来可能会消失，但是，具有管理社会职能的机构依然会存在，由全体社会成员共同推选之人来担任，为公众的利益而工作。

（4）数字“无”政府主义假说与数字政府的未来

数字经济背景下，无人超市已经出现，无人驾驶正在路上。接下来，会不会就是机器人政府，甚至“无人政府”？会！无政府主义正在数字世界重新兴起，区块链最初就是一些无政府主义价值观的人创造出来的。其核心理念，就是去中心化，而去中心化指向的就是政府，就是对政府中心的否定。因此，未来政府的形态，也许就是区块链中的一个环节，就是一个智能模块，或者说是一个以大数据和人工智能为支撑的模块化智能网联体。模块化政府是政府部门在网络空间的一种组织形态，通过组织扁平化、业务协同化、服务智能化等方式，以及与实体政府的有效衔接和相互驱动，打造一种新型政府运行模式。推动政府模块化可以通过推动实物虚拟化、人员虚拟化、组织虚拟化、服务虚拟化等进程，减少实体政府在一些环节的存在，在更大范围和更深层次上实现数字部门、数字办公与数字公务员以及组织架构虚拟化、网上服务与移动服务等新的场景应用。互联网已经成为最重要的基础设施，但只有计算才能唤醒沉睡的数据。智能化模块政府的构建，不仅仅是唤醒，而且将是激活——作为激活数据学最重要的应用场景，模块政府将让庞大数据资源通过计算和交互真正转化为领导力、决策力和治理力。就像智能网联汽车一样，一旦类似毫米波雷达、激光雷达等核心的传感器等关键技术实现突破，整个横向和纵向的驾驶辅助决策和控制功能就可以完整呈现。同理，未来城市和政府层面的块数据归集共享平台一旦形成，支撑数据治理的城市大脑关键技术一旦突破，建立在多维数据神经元调度系统下的数字政府就应运而生，智能化决策预判、执行预警、全景运行等模块化智能治理成为可能，并将从根本上推动数据驱动、计算驱动和场景驱动下云脑时代政府治理能力和治理体系的现代化。

在大数据和人工智能的技术环境与社会环境下，社会治理的理念和范式正发生重大变化。这个时代是去中心化的网络时代，去中心化有两个核心：一是服务过程当中主客体关系的模糊和角色的不断对接与互换。另一个是管理、监测、监管过程中主客体关系的模糊和角色互换。在此，我们提出一个数字“无”政府主义的假说，即有形的实体政府的消亡和未来政府的数字化、模块化与虚拟化。它从本质上反映了网络信息技术与公共权力互动中的不同侧面。一是网络社会管理中的无政府主义，二是网络社会管理中的利维坦，三是政府行为在网络社会与现实社会管理中的互动与强化。未来的虚拟政府将是一个数字平台，未来，政府的所有部门都可能被高度智能化的机器人代替，政府的所有部门也完全可以成为一个数据终端，通过完全智能化的数据关联提供服务。现在我们所要做的，就是加速数字经济与社会、政府的联通，增加数字红利，加快政府的数据化转型，推动政府组织结构和形态的优化与再造。世界正处在根本结构性变革中，模块化数据（无人）政府正在向我们走来，我们必须具备这样一种能力，即下意识地适应和发现因为不适应我们的旧习惯而被忽视的事情。

第三编
改革周期、改革效用与改革红利

中国改革的周期与中国政治的周期密切相关，改革周期和经济周期存在高度耦合。随着领导人任期的更迭，每 9～10 年就会有一个重大改革决定出台。改革的周期又在很大程度上促成了经济增长周期的波动。如果说国际上很多国家主要是经济周期带动政治周期性变化的话，在中国则更主要地体现为改革周期推动经济周期性发展。改革开放以来国民经济的几次高增长的实现，都呈现为每 9～10 年的一个大周期，而在每一个经济周期的背后，主要的推动力量就是每 10 年左右一个重大改革决定的制定。其中最突出的四个周期分别为建立有计划的商品经济的十年（1984～1993 年）、建立社会主义市场经济体制的十年（1993～2003 年）、全面融入经济全球化和完善社会主义市场经济体制的十年（2003～2012 年）以及目前正在进行的全面深化改革和实现第一个百年奋斗目标全面建成小康社会的十年（2012～2021 年）。① 而从 1978～2018 年 40 年的改革长周期看，中国更是实现了任何其他国家都未能达到的年均 9.4% 的经济增长。

① 黄泰岩：《我国改革的周期性变化规律及新时代价值》，《经济理论与经济管理》2018 年第 11 期。

第八章
改革周期与改革效用问题的提出

从中国改革的周期性变化规律看，大约每5年为一个重大改革决定出台的时间节点，而每一轮改革的触发又基本是在经济运行进入调整和谷底阶段。如1981年经济增长降到了5.2%的低谷，1982年1月，标志农村改革全面启动的《全国农村工作会议纪要》肯定了农村实行的各种责任制，到1983年进一步肯定家庭联产承包责任制是我国农民的伟大创造，1984年又出台了第一个经济体制改革决定，即《中共中央关于经济体制改革的决定》，把农村改革的经验向城市推广，形成了全国性的第一次改革浪潮。但当体制红利逐渐衰减，加之外界环境出现不利影响导致经济增速下滑，甚至达到1990年3.8%的谷底时，1992年邓小平南方谈话提出加快改革，冲破思想束缚，在此基础上酝酿形成了1993年《中共中央关于建立社会主义市场经济体制若干问题的决定》，当年经济增长速度就达到了14.2%的本周期高点。但经过5年左右的高速增长后，由于内在的结构问题以及亚洲金融危机的叠加影响，1999年的经济再次下行至7.6%的本周期谷底。在这种情况下，我们抓住加入WTO的新机遇，开启了融入全球化的改革新周期，尤其是2003年《中共中央关于完善社会主义市场经济体制若干问题的决定》的出台，推动中国经济再次站上了10%的整数关口，形成新一轮的发展周期。也是在大约5年后，2008年世界金融危机对我国经济造成严重冲击，经济下行压力加大。2012年经济增长率破八。随着2013年12月发布《中共中央关于全面深化改革若干重大问题的决定》，新一轮的全面深化改革开启，但这时大的长期经济增长的条件已经发生改变，经济新常态的提出，标志着中国开始放弃前40年单纯追求GDP增长的发展模式，开展转向重视经济增长的质量，而经济的高质量发展反过来也是改革效用得以优化的一个重要内容。

改革的周期性变化，推动和实现了生产关系的变革和调整，或者说形成了新的改革关系的优化升级，实现了改革效用的最大化。改革周期与经济周期的优势叠加，迭代创新的周期性深化，助力中国有效应对了经济面临的下行压力，而每一次经济的下行，又恰恰是改革最佳窗口期。所以，中国每一轮改革的触发基本都在经济运行进入调整和谷底阶段。换句话说，在经济发展高歌猛进、大干快上的时候，改革往往呈现一种徘徊和低谷的状态，恰恰是经济的下行，带来了危机，把很多问题逼到了墙角，从而为改革创造了条件，而这时的改革，也更容易实现在更深层次的推进。因此，改革周期孕育经济周期①，经济周期放大改革效用，就是中国改革 40 多年持续不断深化的最重要的规律。而认识这个规律，或说认识中国经济改革促进经济增长的效用，就是要观察改革如何通过周期性的深入，实现激励机制的改善、实现各种体制机制障碍的消除，最终促进政府与市场发挥各自应有作用，双到位的良性互动实现资源配置效率的提高。

衡量改革的效用，本质上是判断每个改革周期中形成的制度突破对资源配置所产生的影响，进而反映在市场中交易成本的增减损益。集中的计划经济缺乏效率，是由其制度决定的，并不是单单通过一些技术的改进就能解决的。因此，即使早期新古典经济学家提出一系列假设前提，试图证明通过所谓科学的计划就可以实现资源的优化配置，即求解一组经济均衡方程，以求得各种稀缺资源的相对价格。这些假设包括认为信息充分、不存在交易成本等，但终究无法证明计划可以达到市场竞争所带来的同样的效率。

第一节　改革函数及其收敛、效用分析

深圳是中国改革开放的窗口，能够解析深圳，就是破译中国发展的改革密码。② 在这方面，有关专家以“开放、人才、管理（法治）、科技、市场、地

① 黄泰岩：《我国改革的周期性变化规律及新时代价值》，《经济理论与经济管理》2018 年第 11 期。

② 罗金海：《深港公式》，https：//mp. weixin. qq. com/s/MQiYzhCDyd4OxysdPZcUbQ，2019 年 8 月 20 日

理位置”为关键要素，提出一个独属于深圳的公式，而这个公式，正好揭示了深圳的发展秘密：

$$S(t)=\int_{1978}^{t}\frac{P^{\alpha}L^{\beta}T^{\lambda}}{(1-O_d)(1-M_d)}GH\mathrm{d}t$$

其中，O_d：Degree of Openness，开放度、包容度，$O_d\in$ （0，1）。

M_d：Degree of Marketization，市场化程度，$M_d\in$ （0，1）。

P：Population，人口、人才。

L：Law，法治、产权保护。

T：Technology，科技。

α、β、λ 为指数，标志人口、法治、科技对总结果的边际影响力，三者相加表示完全的影响，故而 $\alpha+\beta+\lambda=1$。

G：Geography，地理，常数。

H：Hong Kong，香港，常数。

改革开放 O_d 是发展之根，市场化 M_d 是力量之源，而人才 P 是深圳的立身之本，法治 L 则是长治久安的保障，科技 T 是深圳第一生产力，沿海城市深水港口地理位置 G 也是深圳助力，而香港 H 则是深圳能够发展至今的联盟军。

我们以此类推，并结合以上章节的分析，参考上述公式，提出一个更能反映新改革经济学特点的公式，而这个公式，也正好揭示了中国改革经济的秘密：

$$R(x,y)=\iint\frac{T^{\alpha}F^{\beta}P^{\gamma}}{(1-G_d)(1-M_d)(1-J_d)}\mathrm{d}S$$

其中，T：Technology，代表“科学技术”。

F：Finace，代表“金融体系”。

P：Production，代表“人口、资源等要素红利”。

α、β、γ 为影响因子，代表科学技术、金融体系、要素红利对改革的边际影响力，且 $\alpha+\beta+\gamma=1$。

G_d：Openness Degree of Government，代表“制度开放度、包容度”，$G_d\in(0,1)$。

M_d：Degree of Marketization，代表“市场化程度”，$M_d\in(0,1)$。

J_d：Degree of Juridification，代表“法治化程度、司法力度”，$J_d \in (0,1)$。

考虑积分区域，$S \in$（政府 × 市场），代表每一次改革进程中，政府与市场的协同博弈，双重积分则象征着一次次改革成果的叠加。

收敛假说是经济增长经验研究的核心问题之一。在经济增长理论中，新古典经济理论假定技术外生，由于资本边际收益递减，得出了经济增长收敛的结论。该理论奠定了经济增长收敛理论的基础。新增长理论在其基础上，将知识、技术内生化，得出了相反的结论，即经济增长不会出现收敛，而是呈发散趋势。[①] 而生产要素领域的市场化改革能够加速我国打造经济增长升级版，特别是在人才、知识、技术成为企业重要的生产要素的时代，改革有利于提高技术水平和人力资本水平，促进生产率持续增长，确保中国经济持续增长势头。

对从计划向市场转变的改革进程中的改革效用的分析以及转型为市场经济后依然存在的改革效用问题的分析，是改革经济学研究的一个重要问题。这个问题突破的重点，是如何使市场经济作为一种具有静态和动态资源配置效率的经济制度的同时，使政府与市场发挥协同效用，或者说发挥政府更好的（但绝不是更多的）效用，从而使社会资源的配置建立在更有效的更可靠的指引之上。从改革周期与经济周期的视角分析，每一个改革周期内，改革所产生的效用是逐渐递减的，改革曲线呈收敛趋势。在一个改革周期内，当改革所产生的效用为零的时候，经济增长陷入动力不足、下行压力加大的局面。随着新一轮的改革开始酝酿，经济就进入另外一个改革周期，这种进入分为两种情形：一种是顺利进入；另一种是受到阻力。前者因为受到的改革阻力小，因而改革能够得到顺利实施，从而对经济社会产生一定的效用。而后一种情形下改革措施的推出会受到各种利益集团的阻碍从而产生改革成本，短期内会不利于经济的增长。但是，从长期来看，其对经济仍然有正向促进作用（见图 8－1 至图 8－4）。

当今世界，大部分国家趋向于一种混合型的市场经济模式，即政府调控与市场一体融合和协同的模式。在这种模式下，一国政府区别于他国政府最大的不同，在于市场机制与政府治理有效协同的程度，特别是作为政府的机构运行及其规模、成本条件下的边际效用，包括一国政府经济意义上的规模选择问题。既有研究中，往往将政府规模界定为一国政府支出占该国国民生产总值的

① 李璐：《政府行为与区域经济收敛》，湖南师范大学硕士学位论文，2010。

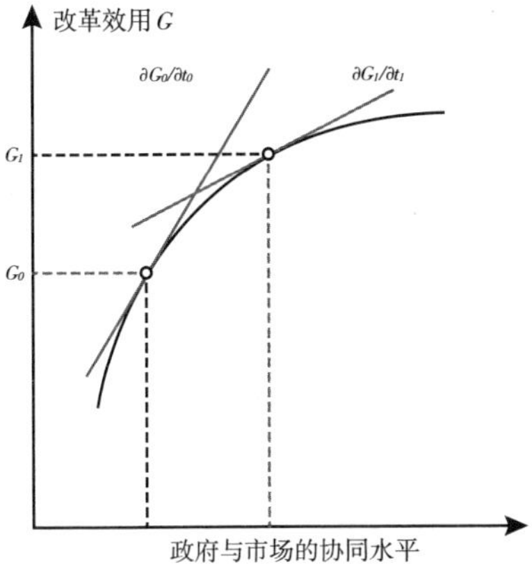

图 8－1　无阻力改革效用函数曲线

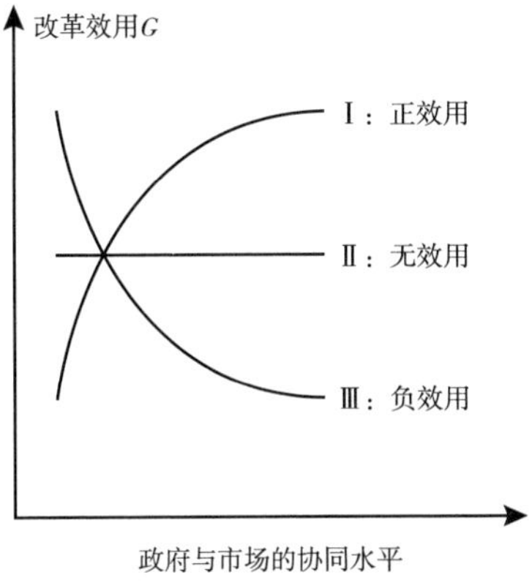

图 8－2　改革效用的三种类型

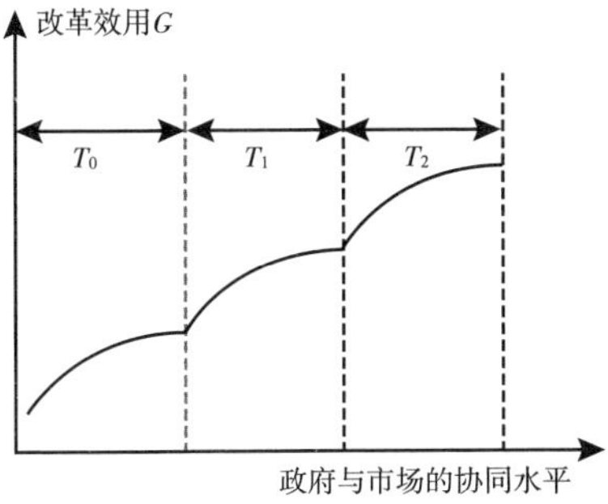

图 8－3　良性改革周期示意

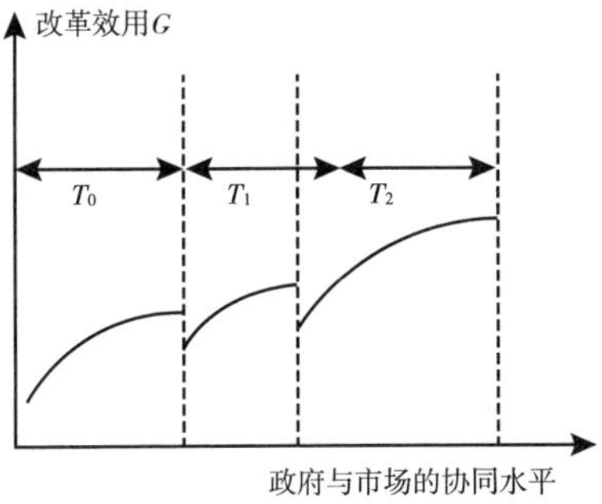

图 8－4　有成本的改革周期示意

比重。然而，政府支出不仅单指行政性开支，而且也应包括政府财政性收入的投资支出等。前者是对政府行政规模的直接衡量；后者是对一国政府对经济干预程度的衡量，反映出经济活动过程中政府规模的大小。① 政府规模和经济增长的关系，涉及政府在经济增长中所扮演的角色。事实上，改革效用最终取决于政府和市场的良性互动和最佳配比。在这方面，从张五常所研究的合约理论角度分析，改革的效用问题其实也包含一种合约的精神或者说合约的效用。合约的目的是要约束竞争，如果约束受到干预，会增加交易费用，而这些费用的增加过高会为祸整个经济。从改革经济的角度看，政府也可以是一种市场，只

① 陶晓龙、刘江丽：《政府规模选择与机构改革》，《学术评论》2000 年第 7 期。

是合约的安排不同，或者说政府的产出不同，政府也可以是不同合约形式的市场。在逻辑上，自由的市场永远是在争取降低交易或制度费用，而政府就是要通过制度的创新安排尽可能地降低交易费用。富兰克林的有句名言："世上只有两件事不可避免：死亡和纳税。"纳税的背后其实就是政府。既然政府是一种无法逃避的存在，那么，如何让它通过合约的办法来增加效用，这个效用最好状态的取得，是政府与市场逐渐聚于一点，向某一个值靠近。因此，改革的目标就是通过永远在路上的改革使得政府与市场始终处在最佳的互动和协同状态。

图 8－5 是对改革条件下政府与市场协同的改革过程所做的图示说明。图②与图④是两种极端状态，其中，图②的状态是完全计划经济模式，这种模式下政府对经济完全支配。第二次世界大战后，当时的苏联、中国等先后实施了以政府为主导的经济资源配置，政府的规划部门计划、发布计划指令，分配经济资源和产品，并监督计划的实施。图④是完全自由市场经济，这种模式下政府扮演守夜人角色。20 世纪 30 年代经济大萧条之前，西方国家普遍信奉自由市场，它们流行的观点是，"政府根本不可能把事情做好"。然而，理论和实践都证明，政府与市场不是二元对立、相互替代、此消彼长的关系，而是有机统一、相互补充、相互协调、相互促进的。图①和图③是对政府主导的经济体的市场化改革所做的图示说明。在实践和理论探索中，我们既努力实现市场作用和政府作用有机统一、相互促进，又强调政府对市场的顶层设计和有效监管，使市场在资源配置中起决定性作用，更好地发挥政府作用，保证政府能够弥补市场失灵、开展有效市场建设、克服市场运行的自发性与盲目性，从而突破了西方经济学 200 多年来形成的政府与市场二元对立观，有力推动了经济学创新发展。

1. 基于收敛假设下的改革效用分析

从经济收敛的假设角度研究改革的收敛问题，可以发现，改革效用的实现过程，其实就是政府与市场在最大程度上的"协同"过程。政府与市场的协同，是改革经济最内在的要求。由于这种协同，市场为政府"赋能"，而政府对市场"皈依"；政府真正成为市场中的政府，而市场不再是政府下的市场；市场从"嵌入"到"溢出"。通过这种协同，一个经济体中的政府逐渐与市场形成最佳配比，从而达到效用最大，使后发地区乃至整个国家在经济水平上最终赶上和超过先发地区和国家。也正是通过这种协同，使两个不同资源和个

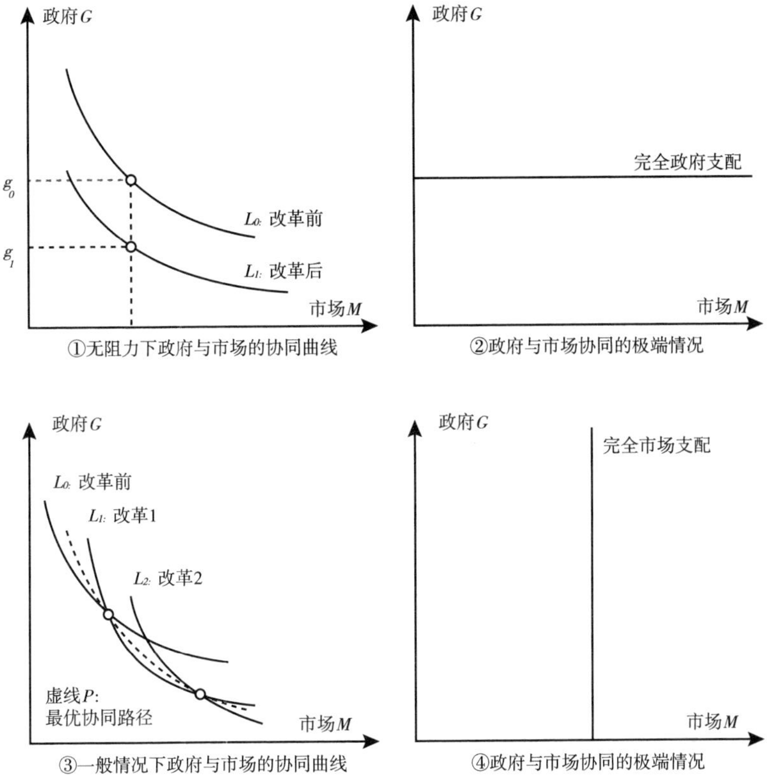

图 8-5　改革条件下政府与市场协同

体，协同一致地朝向了一个目标，推动改革走出了一个筑底后上升的曲线，政府不断纠正其越位、错位、缺位等问题，真正跳出“失灵”的怪圈。

在改革经济学中，如果用改革 GDP 代表一个国家的经济水平，用改革 GDP 的增长率代表一个国家的改革增长，就可以体现出由于政府与市场对资源的优化配置，使改革的效用实现最大化。这个最大化的过程，就是在制度层面实现资源配置差距不断缩小的趋势。因此，把经济收敛的概念移植到改革经济及改革关系的分析上，或者将改革中的政府与市场看作一种合约条件下的相向趋近，是对改革效用分析的一个深化。

从中国改革的情况看，改革效用主要表现为由存量改革到增量改革的变化之中。即把改革的重点从国有部门转移到非国有部门去，通过市场导向的民营企业的发展，使政府与制度安排更直接地对接市场，形成市场导向的制度安排，包括从价格双轨制到最后的并轨，都是一种向市场的趋近，从而实现经济增长。这种“开口子”利用市场经济的规律来寻求最优路径的方式最为经济，效率也较优。另外，通过政府向市场的资源配置权利的让渡，政府向市场的制度化的趋近，也是实现改革效用最大化的必要途径，而增量改革战略的背后，本质上也是一种政府和市场的合约，即政府用合约退出（contracting out）的方法，政府允许体制外的市场化方式议定的要素流动合约，使原有的市场关系被新约替代从而保障体制外的市场配置资源的先行。在这种趋近过程中，在保持国有经济主体地位的条件下，逐步放开对私人创业活动及外资开放国内市场的限制，为市场经济的形成打开空间，使非国有经济（民营经济）得以自下而上地发展起来。

从20世纪50年代中期发展起来的新古典增长理论的经济收敛的理论解释看，其将经济增长的差异归结为技术进步政策的差异。这种分析角度对于研究发达国家之间的经济增长差异或许是合适的，因为发达国家具有类似的经济结构和制度结构。① 但对后发国家表现出的强劲的追赶趋势和另一些发展中国家长时间的增长停滞的解释就显得十分乏力。事实上，恰恰是改革经济中政府与市场建立在某种程度上的合约关系，产生了后发地区的改革效用，实现了不同地区间收入不平衡趋于减少。换句话说，即使技术政策的选择有着不可忽视的影响，那也需要回答是什么原因使得不同的国家选择了不同的技术政策这一问题。那就是制度，或说政府和市场的协同情况。新制度经济学认为经济增长的根本动力来自对工作、投资和创造性的激励，而激励的机制与效果则是由制度决定的。② 因此，后发地区的经济收敛过程背后其实就是一种由改革产生的制度的激烈变化，那种不包含制度因素的增长理论显然无法对发展中国家的经济收敛与发散做出完满的解释。基于此，改革经济学收敛假设下的改革效用的分析，还需要从理念向制度结构和制度选择的模型推进。

2. 不确定因素与颠覆性失误预防

不确定性原理是德国科学家海森堡于1926年提出的，其思想可以简述为：

---

① 李小宁：《经济收敛的逻辑》，北京航空航天大学出版社，2006。
② 李小宁：《经济收敛的逻辑》，北京航空航天大学出版社，2006。

人们永远不可能同时准确知道粒子的位置和速度，对其中一个知道得越精确，则对另一个就知道得越不准确。自然科学的许多分支都建立在不确定性基础之上，比如20世纪60年代中后期兴起的模糊理论和70年代兴起的混沌理论。不确定性思想在社会经济科学领域中较早可以追溯至奈特，他从概率的角度区分了风险与不确定性。在奈特之后，经济学家对不确定性进行了持续的研究，比如哈耶克等。沃勒斯坦则指出，在现代世界体系中，存在着知识结构的危机，各种学科都被一种信念笼罩着，仿佛知识是确定性的；但是近几十年来的理论演进和社会发展表明，知识是永远不确定性的。显然，这是对我们用以决策依据的知识确定性的质疑。甚至有人宣称唯一可以确定的是不确定性。

不确定性一直是个比较模糊的概念。在概率论中，把发生概率为0和1的情况称为确定性，把发生概率介于0和1之间的情况称为不确定性（或可以称为概率不确定性）。经济学家奈特把未来的结果分为三种：一是结果的概率可以用数学表示，比如抛硬币游戏出现正面的概率就属此类；二是单个事件结果的概率无法知道，但结果可以分组，并且各组结果的可能性可以确定，比如某一房子着火的概率我们不可能知道，但是对某地住房着火的概率则可以通过经验数据求出；三是不能归组而且其可能性也不能从历史的数据中计算出来。前两种结果可以用数学概率或统计概率来表示，虽然最终结果不知道，但通过保险组合还是可以规避的，因此被视为风险；最后一种是奈特意义上的真正不确定性。显然，奈特把概率不确定性分为三种形式，只不过他认为估计概率才是真正的不确定性。因为没有完全的知识，事件的结果不存在客观的概率或统计概率，只能靠主观判断。在凯恩斯的经济理论中，概率是知识或信念的所有物，而不确定性对应着一种数学上不可测量的概率情形。罗森博格也曾说过，不确定性是指无法预计求索的结果或无法预先决定一条通往特定目标的最快捷的途径。上述不确定性概念有一个共同点，即不确定性是一种无法计算结果发生的客观概率的情形。[①]

改革的问题有诸多不确定性，如果把改革比作盖房子，一切都在掌控中，那一切都是确定的。盖房子是确定的，为什么？它有力学原理的支撑，但是改

① 朱光华、王贺东：《不确定性视角下的国企改革研究》，《南开学报》（哲学社会科学版）2009年第6期。

革是一项社会工程，还没有找到一个原理进行准确计算，对于各个方面的利益怎么平衡、怎么协调，哪有一个原理能很准确地计算出来？实际上这是非常困难的。面向改革这样的社会工程必须从不确定性出发，才可能收获到确定性。[①]

改革中不断有纲领性文献出台，是指导未来改革的蓝图。但这并不等于各项改革都已经有了详细的具体的施工图，实际进程跟改革时间表也许会有差距，因为可能会出现很多不可预料的情况，经济、社会的变化可能会影响改革的节奏和步伐。回到现实来看，对改革不确定性的认识有一个过程，各个方面利益的协调也不是那么轻而易举就能实现的，我们要认识到这么一种状态，要极力改变这种状态，对于现有的改革方式方法，我们要不断进行总结、调整、完善，这样“空转打滑”的现象就可以大大减少，车就往前走了，改革就能更加靠近预期的目标。[②] 这也体现了一种符合市场逻辑的改革的逻辑。

经济发展和社会改革的推进，化解了不确定性和颠覆性错误的潜在风险，经济体的民主化进程也就水到渠成。但这并不意味着，经济社会发展程度低的社会不能进行民主化，而是说民主的质量是大不同的。从简单的投票行为来说，一个人均 GDP 1000 美元的社会可以投票，一个人均 GDP 10000 美元的社会也可以投票，但人均 GDP 1000 美元与人均 GDP 10000 美元的民主行为完全不一样。人穷的时候，大部分人还没有受过高等教育，还没有理性思考的能力，投票的行为很容易受左右。到了人均 GDP 10000 美元的时候，投票行为就不一样了，大部分人已经受过高等教育，可以理性思考了，而且至少人们不会采用暴力的形式。所以日本、亚洲“四小龙”的发展，是世界历史上最为和平的，这些社会都避免了欧美早期发展过程中所出现的大规模的暴力行为。

从改革效用的角度看，增强改革的确定性的关键是形成公认的合乎公平正义的法律和独立的司法，保障私有产权和个人财产不受非法剥夺和侵犯。对于一个所谓“非人格化交换”占主导地位的现代市场经济来说，没有法治保障，经济中的不确定性就会增加，合同的执行就难以得到有效的保障。例如，从 20 世纪 90 年代初的“放权让利”，到 90 年代中期的“租赁承包”再到后来的“价格双轨制”等，都是以让渡国家财政收入来进行的。另外，审批制、价格

---

① 刘尚希：《改革要考虑到“不确定性原理”》，《北京日报》2016 年 8 月 22 日。

② 刘尚希：《改革要考虑到“不确定性原理”》，《北京日报》2016 年 8 月 22 日。

“双轨制”的长期存在，都给旧的政治架构中利益集团的“寻租”行为带来了巨大的利益。在这种情况下，经济活动的参与人为了保障自己财产的安全，就只有去“结交官府”。于是，形成了从事寻租活动的“新动力”。由于寻租规模的扩大，腐败活动日益猖獗。根据1988年以来若干学者的独立研究，中国租金总数占GDP的比例高达20%～30%，年绝对额高达4万亿～5万亿元。[①]巨额的租金总量，自然会对我国社会中贫富分化加剧和基尼系数的居高不下产生决定性的影响。[②] 而更大的不确定性则在于反腐力度存在于政治周期性波动之中。政治改革的进展迟缓，一方面会阻碍经济改革的进程和经济增长模式的转型；另一方面公法不彰、社会失范、腐败蔓延，又会使社会安定和谐受到严重威胁。[③] 因此，认真积极推进政治改革，已经成为改革的一项主要任务，也是消除改革不确定性的主要选择。包括国有企业政企不分，产权所有者缺位问题等，离真正做到现代企业制度第一要义的要求还相差甚远，事实上，所有制可以有多种实现形式，而且必须是摆脱旧利益集团的控制的形式。同样，计划经济也并不会因为某种技术条件的改变就可以死灰复燃。正如清华大学公共管理学院院长江小涓所言：所谓基于信息技术的计划体制目前还不具备现实意义。

最后，改革的不确定性还表现为政治体制、社会体制如何与经济改革协同或互动，或者说是改革的改革，至于是“先政治、后社会”，还是“先社会、后政治”，存在各种改革路径的讨论。首先，无论哪种路径，社会改革是绕不过去的一道坎。西方实现“一人一票”民主之前，首先就解决了法治国家的问题，高度的社会自治、社会组织的自运行已经确保了政府向市场收敛过程的稳定，否则民主化就可能带来灾难。日本、亚洲“四小龙”在经济起飞的20多年以后，不仅经济从“第三世界”提升到“第一世界”，社会发展上更是取得了巨大的成就，最重要的标志就是把中产阶级做大到超过70%。[④] 这是一个伟大的成就。与此同时，政府不再是无所不能、无所不在、无孔不入的存在，

---

① 吴敬琏：《中国市场经济改革教程》，上海远东出版社，2010。

② 吴敬琏：《寻租膨胀无以复加 改革需要顶顶层设计》，《中国改革》2011年12月1日。

③ 吴敬琏：《政治改革，已经成为改革的一项主要任务》，《沪港经济》2010年第5期。

④ 每一个经济体在发展中产阶层过程中所采用的方法是不一样的，日本采取工资倍增计划和社会政策，中国台湾大力扶持中小企业，新加坡发展政府企业和社会政策，中国香港也是在促进中小型企业的发展基础上推行社会政策。

而是通过公民社会的形成最终实现与市场的收敛。不能说这种收敛最终就是走向国家和政府的消亡，但有可能是某种程度和形式的马克思理想中的“自由人的联合体”。在这个过程中，我们需要重新发现社会，需要弥补社会改革的短板。熊培云说，讨论一个国家是否稳定，政治是否文明，社会是否功能正常，首先需要观测的就是在政府出现危机时社会能否秩序如常。[①]

3. 改革的边际效用及改革多数人受益原则

奥地利经济学家门格尔、英国经济学家杰文斯、法国经济学家瓦尔拉先后于1871～1874年提出边际效用价值论，认为商品的价值取决于人们对它的效用的主观评价；人们在消费一种商品时，每增加一个单位，增加的效用就递减；最后一个消费单位的效用最小；决定商品价值的，不是它的最大效用，也不是它的平均效用，而是它的最小效用。门格尔的学生、奥地利经济学家维塞尔首先称这最小效用为“边际效用”。

对于风险爱好者而言，货币的边际效用是递增的；风险厌恶者的货币的边际效用是递减的。假如，改革的价值取决于人们对改革效用的主观评价，在一定的改革周期内，某种程度的改革每进行一定的时间，人们的幸福感就增加一个单位，直至最近一次的改革，其获得感和幸福感最强。决定改革价值的不是最小效用，也不是它的平均效用，而是它的最大效用。然而，这里忽略了一个基本的事实，就是改革对于不同的利益集团或者不同立场的个人而言，效用存在差异。改革开放初期，经济改革总体上是帕累托最优改进，几乎每一个人都是受益者。但是，从改革中期开始，改革过程中出现利益受益者群体、利益相对受损群体、利益绝对受损群体和特殊获益者群体并存的局面。因此，改革对于不同的对象而言，效用存在极大的差别。

对于利益受益者而言，每增加一个单位的改革，效用是增加的，因此边际效用是逐渐递增的。但是对于利益受损者而言，改革越多，负向效用就越多，改革边际效用是递减的，且推进阻力较大。因此，改革过程中需要注重改革中的利益分析，充分评估改革的各种阻力，寻找排除阻力和化解矛盾的最佳方案，更好地实现改革的预定目标。要在每一项改革出台前、出台中、出台后都要用“利益”这把标尺进行衡量和评估，讲清楚每一项改革的利益构成，即

① 熊培云：《中国新革命》，香港中和出版有限公司，2011。

改革会促进哪些人的利益，哪些人的利益会受到影响；改革会对现有的利益格局会产生什么样的影响，又会形成什么样的利益格局。正如我国政府提出的“要高度重视全面深化改革引起的利益关系调整，通盘评估改革实施前、实施中、实施后的利益变化，统筹各方面各层次利益，分类指导，分类处理”。

美国思想家托马斯·潘恩在他的《常识》一书中就指出过，管得最少的政府是最好的政府。但我们历次的政府机构改革，主要停留在机构的撤并、部门的整合、人员的精简，真正职能的调整尤其是围绕让市场对资源配置发挥决定性作用却一直没有破题，相反，每一轮的改革，最终都以进一步强化这些政府部门对资源的控制甚至垄断为结果。我们迄今没有一个真正客观的对包括政府机构在内的改革效用的第三方评估，看看每次的改革，减少了多少政府的资源配置能力，或说把多少资源配置的权利让渡给了市场。改革的主要标的物都是利益，因此，每一次的改革，也都应该进行相关的利益损益的评估。否则，很多地方和部门，就会把什么工作都说成是改革，改革就成了一个“筐”，什么都能往里装。但事实上，目前见诸报端的一些地方改革经验，很多都是发展问题，而不是改革问题，都是没有真正触动利益格局和利益关系的，都是没有把利益向市场、社会和公众让渡的。政府机构改革进行了许多轮，但并没有解决政治职能强而社会职能弱、经济职能强而公共服务职能弱、管制职能强而服务职能弱等问题。

影响改革效用的另外一个问题，就是改革信任机制的建立。由于改革不可避免地涉及各个方面的利益关系的调整，因而越来越“敏感”。本来，人民是改革的主体，建立社会参与机制才能真正有效推进改革。同时，改革信息公开也是改革获得民意支持的第一步。信息公开的程度和获取信息的途径直接影响公众参与的广度和深度，如果大多数公众对改革政策制定的背景材料没有充分掌握，在参与决策的公众与决策者之间拥有的信息量出现差异，双方就无法平等对话，影响改革共识的形成。另外，提高改革决策的科学性，很重要的一点就是要广泛听取群众意见和建议，及时总结群众创造的新鲜经验，充分调动群众推进改革的积极性、主动性、创造性，把最广泛的智慧和力量凝聚到改革上来。① 只有及时公开改革信息，才能让人们对改革的整个过程予以全面监督和客观评判，化解公共利益与个人利益的冲突，从而最大限度地提高改革的科学性，避免改革决策

① 冯秀军：《始终不渝坚持改革的人民立场》，《光明日报》2018 年 1 月 26 日。

的失误。必须看到，“秘密”进行的改革，事实上把人民排斥到改革的对立面，这样的改革极有可能变成少数人的利益交易，最终会走到改革的反面。

第二节 改革的经济剩余

1. 改革的剩余与改革的效用延伸

经济剩余的概念最早出自美国激进经济学派的代表人物保罗·巴兰，他在《成长的政治经济学》（1966 年）中论述了经济剩余在发达资本主义国家的作用。他把社会现有的生产物和社会现有的消费之间的差额称为实际经济剩余；把“在一定的自然环境和技术环境内，借助可资利用的生产资源所能生产出来的生产物和可能的基本消费之间的差额”称为潜在的经济剩余。后来保罗·巴兰和保罗·斯威齐在他们合作完成的著作《垄断资本》中给经济剩余的“最简短定义就是，一个社会所生产的产品与生产它的成本之间的差额”，并系统提出了经济剩余理论，即关于经济剩余产生和吸收的理论。这一理论不仅成为他们分析垄断资本主义理论的一个中心概念，而且还成为美国激进政治经济学派的核心理论。

在农业社会时期，社会生产不足，人类通过奴役牲畜加强生产，而需求得不到有效满足；进入工业社会后，人类开始驾驭机器，在各种各样机器的协助下，生产力大大提升，而需求却常常不足，因为很多领域消费过度开发而产生了过剩现象。比如，20 世纪 80 年代初期，家里原先没有电视机，买一台都要排队；后来家家户户都有电视，当你家里有了两台或者三台的时候，你还有继续购买的理由吗？但厂商依然在大量生产，很容易形成积压。有的厂商或许会说本厂零库存，但事实是，有相当一部分产品没有送到终端用户手里，而是积压在各种渠道商的仓库里。社会化大生产发达之后，大家兜里的钱随之多了起来，于是购物不再因需要而产生，而是成了一种习惯，想买就买，于是许多商品在生命周期还没走完的时候，就被抛入了路边的垃圾箱。这是一种消费剩余。因此，经济剩余，在企业层面表现为闲置库存和闲置产能；在个人层面表现为闲置资金、物品和认知盈余，通俗地说也就是闲钱、闲物、闲工夫。[①]

① 《经济剩余解决的问题》，搜狐网，https://www.sohu.com/a/164500270_742314，2017 年 8 月 14 日。

改革的剩余体现在“顶层设计”与“底层落实”的不匹配。与大部分西方国家只有战略愿景相比，中国持之以恒地制定和实施中长期计划，渐进性调适规划，集思广益、民主决策，“言必行、行必果”地推动目标实现，确保中国航船沿着预定的社会主义现代化方向，乘风破浪、不断前行。从 1953 年至今，中国已经制定和实施了十三个五年规划。凡事预则立，不预则废。中国的五年规划，可以说是中国经济社会发展的“指南针”。毫不夸张地说，中国经济奇迹之路是以一连串的五年规划为基石而铺就的。① 从 2015 年 3 月以后的一段时间，习近平至少六次向外国领导人或外国友人介绍过中国的“十三五”规划。六次介绍“十三五”规划有四次在国外。从这六次介绍“十三五”规划的时间来看，有四次都是发生在 10 月，其中有三次为访问英国期间；另外的两次分别为 2016 年的 9 月和 3 月。从地点来看，六次介绍“十三五”规划的地点有四次都是在国外，一次是在美国西雅图出席第三届中美省州长论坛；另外三次是在访问英国期间，分别为同英国首相卡梅伦在契克斯乡间别墅举行会谈，在英国白金汉宫会见英国工党领袖科尔宾和在伦敦金融城举行的中英工商峰会的致辞中，习近平都提到了“十三五”规划。此外，还有两次都是在国内，一次是会见出席亚洲政党丝绸之路专题会议外方主要代表；一次是会见欧洲议会议长舒尔茨。②

相比之下，西方国家提出的宏伟愿景，其实现情况远没那么理想。奥巴马 2008 年上台以来的历年国情咨文表明，他所承诺的大部分目标都没能顺利实现。他在第一届任期的最后一次国情咨文中哀叹，整个华盛顿已经处于四分五裂、一事无成的困境之中。欧盟的目标实现评估同样不容乐观，2000 年欧盟提出新世纪头 10 年的里斯本战略，其三大目标都没有实现。③

---

① 《改革规划体制，更好发挥规划的作用——杨伟民在规划与中国发展研讨会的演讲》，搜狐网，http：//www. sohu. com/a/271721997_ 99917590。中国五年规划制定的目标，总体上都能够实现。以中国“十一五”规划为例，在规划制定的 22 个指标中，有 19 个指标完成，其他 3 个虽然没有完成但也取得了进展；以 2011 ~2014 年的数据进行评估，“十二五”规划的 28 个指标中，预计只有 2 个指标完成比较困难，估计“十二五”规划目标完成率将达到 91. 7%，这刷新了历史纪录。

② 《习近平为何多次向外国介绍“十三五”规划?》，搜狐网，http：//news. sohu. com/20151027/n424341055. shtml，2015 年 10 月 27 日。

③ 鄢一龙：《“五年规划”与西方国家战略愿景的不同》，《人民日报》2015 年 11 月 11 日。

从经济剩余的角度看中国强大的目标实现能力，就是要有效利用改革的剩余，更有效地形成和调动各种各样的资源和方式来缓和、减轻随着改革的深化而引发的各种利益重组的冲击，克服各种各样的抵制和阻碍。换句话说，就是在经济实现增长的同时，利用充足的改革剩余，形成具备基础性国家能力的有效政府。这种基础性国家能力包括强制能力、汲取能力、濡化能力等，在更高层面形成改革的共识，包括民族国家认同感和内化于心的改革核心价值。因此，经济发展在很大程度上还不是改革开放的结果，更多的改革剩余需要挖掘和延伸，换句话说，仅有改革开放，没有公民社会的形成，没有国家能力的构建和完善是不行的。要通过改革的剩余促进改革边际效用的提升，从而为改革开放奠定比较坚实的基础，提供制度保障、人力资本、基础设施等。当然，由于改革并不是要按照一个速率、朝一个方向走，有时必须要绕道走、要调整步伐，这就更需要国家利用改革剩余更好地调节改革开放造成的损益分配，对利益受损群体进行必要的、适度的补偿，避免社会矛盾激化，防范政治上的风波。

2. 剩余损失与利益博弈

剩余损失（residual loss）指委托人通过建立恰当的机制来减少代理人的越轨行为的程度，但是机制设计本身会产生成本，使得委托人的福利受到损失，这种损失就是剩余损失。剩余损失的产生源于委托人所有权与控制权的分离，当监督成本和约束成本的边际成本大于实施监督和约束预期能够产生的收益时，剩余损失就产生了。

马克思主义认为“利益不仅仅作为一种个人的东西或众人的普遍的东西存在于观念之中，而且首先是作为彼此分工的个人之间的相互依存关系存在于现实之中”。对利益的追求是人类的天性，也正是这种天性推动了人类社会的进步与发展。但是根据经济学理论，任何资源都具有稀缺性。自然界有限的资源和人类无限的欲望之间的矛盾，使个别人或个别集团得到全部利益的愿望成为空想。出于现实的考虑，为避免因为过度竞争而导致竞争者之间出现鱼死网破、玉石俱焚的惨剧，一定程度上的策略和妥协成为必要。于是利益博弈应运而生。①

在一个利益分化和利益博弈的时代，任何一个具体的经济社会事务都可以成

① 达昱岐：《论利益博弈机制的制度化对于保障公共利益的作用》，《社科纵横》2010 年第 1 期。

为一种利益，从中滋生出一群分享这种利益的人，并围绕这种利益进行博弈。所谓的利益博弈机制就是针对利益博弈行为而制定的游戏规则。而美国人博弈机制的制度化就是为了达到排除人为干扰、保障公共利益的目的，而通过立法、司法、行政等手段将利益集团的博弈行为约束起来，并将其条文化、制度化的过程。①

改革是一场制度与利益的博弈。要想改革落到实处，必须冲破利益的固有藩篱。同时，改革更多的应该是解决问题，因为牵涉大量的利益博弈。如三农问题的核心就是红利谁分享、如何分享，成本谁承担、如何承担等问题。应该从技术的角度，花大量的时间和精力在一个长期的过程中来建立一个良性的利益博弈机制，靠推倒重来是没有用的。各种群体有不同的需求，在不同的时候也有不同的需求，需要建立利益表达机制，以及博弈机制。② 解决问题不能靠相互绑架，"不能像晚清时期那样，你用民意绑架我，我用刀把子、枪杆子绑架你，最终只能陷入暴君和暴民的恶性循环"③。流行的理论告诉我们，亚当·斯密只强调市场这只"看不见的手"，而强烈反对国家干预，但这是对他极大的误读。④其实亚当·斯密更强调："任何国家，如果司法体系不能正常运作，人们对其财产的拥有缺乏安全感，契约的履行缺乏法律的支持，国家的权威不能被用来强制有支付能力者偿还债务，那么，那里的商业与制造业很少能够长久繁荣。"换句话说，有效国家是亚当·斯密政治经济学的基本前提；只有在有效国家的保障下，市场才能运作；没有一个有效国家，市场主体根本无法正常运作。⑤

---

① 黄恒振：《非均衡博弈与社会公共组织发展》，《价值工程》2010 年第 19 期。

② 《改革要建立良性的利益博弈机制》，《南方都市报》2014 年 3 月 14 日。

③ "晚清后期改革，包括新政时期大规模的改革，以及此前的洋务运动，大量的改革成本都是农民在承担，"中国改革史专家、文化部恭王府"近代改革史研究室"主任雪珥认为，改革要建立良性的利益博弈机制，解决红利谁分享、如何分享，成本谁承担、如何承担等问题。雪珥用"不改革等死，乱改革找死"来总结晚清改革史。雪珥认为，清政权从 1860 年开始改革，到 1911 年崩溃。非常重要的一点，是农村的传统结构被打乱，国家机器不能适应。雪珥说，晚清大量的改革成本主要是农民在承担，早期官方还投入，还靠商人筹一些。1901 年开始新政改革，大规模开始修建铁路，政府出台政策，对 18 家铁路公司给予不少的特殊政策，强行向老百姓租售资本金，爆发了川汉保路运动。建设的改革成本变成了农民的负担。

④ 《改革开放、国家能力与经济发展——王绍光在清华大学国情研究院"国情讲坛"的讲话》，爱思想网，2018 年 11 月 18 日。

⑤ 《改革开放、国家能力与经济发展——王绍光在清华大学国情研究院"国情讲坛"的讲话》，爱思想网，2018 年 11 月 18 日。

3. 改革获得感的共享及权益机制

改革的真谛是共享，不仅仅是共享劳动产品，同时更能公平分享社会的公共成果。全体劳动者为自己生产劳动产品，也为他人生产劳动产品；为自己提供服务，也为他人提供服务。构建有获得感的共享经济机制，就是要平衡各种利益关系，实行多元化的分配方式。另外，劳动形式和劳动组织结构越复杂，劳动成果的分享方式也越复杂。无论是按劳分配、按需分配还是按技术、资本、土地等生产要素分配，单一的分配模式都不能实现生产成果的有效分配，都难以满足不同利益主体的心理预期。故而在分配机制的构建过程中，既要反对平均主义，又要防止差距悬殊；既要激励强者、能者，又要体恤弱者、困者；既要体现公平正义，又要融合公序良俗；既要有法理规则的权威，又要有道德教化的力量。总之，要让每一个劳动者充分体现自身的价值，享受到公平社会正义的阳光。①

构建有获得感的共享经济机制，需要考虑众多的人文元素，均衡众多利益关系，是一项复杂的系统工程，极大地挑战着人类的智慧。要依靠政府的力量，通过宣传、教育、协商，建立各种社会利益调节机制，化解多局博弈，形成多元化的分配模式，充分满足广大民众合理的利益诉求。同时，社会成员还需要对自身利益和公众利益有清醒的判断和认知，正确看待当前利益和长远利益，妥切处理局部利益和整体利益，理性对待利益分配中的所得所失，让获得感、满足感建立在责任、良知、道德、伦理及信仰之上。②

第三节　改革的供给与需求

改革经济学研究的核心问题是体制改革，解决一系列结构性问题，促使资源合理配置。制度是改革供给与需求的重要载体。制度经济学认为，微观经济学中，需求和供给是基本组成部分，同理，“制度”作为一种稀缺要素，也可通过“需求－供给”分析框架将其拓展到其研究领域。

制度需求诱致并决定制度供给。各个阶层的行为主体作为“理性人”具

① 李金华：《构建让人民有获得感的共享经济机制》，《光明日报》2016年5月11日。

② 李金华：《构建让人民有获得感的共享经济机制》，《光明日报》2016年5月11日。

有追求利益最大化的特质，为了谋求更有利的制度安排和权利分配，他们会最先提出制度和体制上的改变，产生制度变迁的需求。[①] 然而制度需求虽为必要条件，但是并不是制度变迁的充分条件，制度变迁还受统治精英的成本——收益分析情况决定。西方国家在以市场经济为基础的分散决策体制内，制度的演进通常表现为自上而下的制度变迁规律。但在中国，制度变迁表现为自下而上或自上而下。罗纳德·科斯就在《变革中国》一书中指出，中国的改革之路既是自上而下的、由政府推动并主导的过程，也是自下而上的、由市场自发推进的过程。后者可以概括为在旧制度边缘部分的四种新事物：家庭联产承包责任制、乡镇企业、私营企业与经济特区。以小岗村的改革为例，带头人严俊昌领头的小岗村改革在当时是冒了很大的政治风险的，安徽地方政府在帮助小岗村改革创新的过程中起到了关键性的作用。[②] 再如，改革开放前夕浙江民营经济的发展也是受到了高层的支持，才不至于被消灭在萌芽状态。

制度供给的主体涉及主权政府和一些非政府组织，在制度安排和制定的博弈中，利益关系的调整形成了改革的动力和阻力。实践证明，任何一项改革措施的成功与失败，几乎都同动力与阻力的力量对比有关。[③] 因此，改革要进行相关者利益分析，就是要在每一项改革出台前、出台中、出台后都要用“利益”这把标尺进行衡量和评估，讲清楚每一项改革的利益构成，即改革会促进哪些人的利益，哪些人的利益会受到影响；改革会对现有的利益格局产生什么样的影响，又会形成什么样的利益格局。正如中央全面深化改革领导小组第十二次会议所提出的，“要高度重视全面深化改革引起的利益关系调整，通盘评估改革实施前、实施中、实施后的利益变化，统筹各方面各层次利益，分类指导，分类处理。”改革要照顾大多数人的利益。改革中要注重考量改革的利益和风险，将什么作为改革的对象，如何设定改革的内容、时间表和路线图，如何控制改革的结果，都离不开对改革进行利益权衡。

---

① 吴佳欣：《西方经济学中关于“制度供给决定制度需求，还是制度需求决定制度供给”问题的探讨》，《经贸实践》2018 年 6 月 15 日。

② 张谋贵：《小岗村改革的新制度经济学解释——纪念改革开放 30 周年》，《经济理论与经济管理》2008 年第 8 期。

③ 厉以宁、孟晓苏、李源潮、李克强：《走向繁荣的战略选择》，经济日报出版社，2015。

第九章
从帕累托改进到卡尔多－希克斯改进

纵观1978年以来的改革开放历程，在相当长一个阶段遵循的是一个“帕累托改进”的规律，从而朝着“帕累托最优”逼近。所谓“帕累托改进”是指，在资源配置的过程中，在没有使任何人境况变坏的前提下，使得至少一个人变得更好。“帕累托最优”是“帕累托改进”之后的一种最优状态：或者是所有人的境况都变好；或者是有一部分人的境况变好，另一部分人的境况至少没有变坏。由此，想到我们耳熟能详的邓小平的一句话，“允许一部分人先富起来”。但是，每次提到让一部分人先富起来，邓小平又会强调，让一部分人先富起来，是为了带动大家一起富裕，走共同富裕之路。

在改革开放的相当一个阶段，我们都是对增量进行改革，存量基本不动，以争取改革的平稳推进。但随着改革特别是经济体制改革的不断深入，市场的作用日益广泛和深入。《中共中央关于全面深化改革若干重大问题的决定》指出，经济体制改革的核心问题是处理好政府和市场的关系，使市场在资源配置中起决定性作用和更好发挥政府作用。无论是以放权让利为主的行政管理体制改革，还是打破垄断实现公平竞争的经济体制改革，无不是为了更好地发挥市场的积极作用。

使市场在资源配置中起决定性作用，必然会有一部分市场主体因比较优势不突出而在竞争过程中受到损失，甚至破产。在市场竞争中，如果没有比较优势或比较优势不足，就很难获得市场均值以上的收益。一部分市场主体的受损，不符合“帕累托改进”。这样的时刻，很容易出现利益受损者得不到合理的补偿而导致改革延宕停滞甚至倒退。此时就需要不同于“帕累托改进”的另外一种改进，即“卡尔多－希克斯改进”。如果一种改革使受益者所得足以补偿受损者所失，这种改革就叫“卡尔多－希克斯改进”。所以，“卡尔多－希克斯改进”强调的是总财富的最大化。如何进行补偿，就需要更好发挥政府作用，通过加强制度建设等做好收入的再分配，缩小因市场竞争导致的不断拉大的收入差距。[①]

第一节　改革的成本收益测量

改革作为一项重大的制度创新，其发生与否及其进行的方式实际上是一个“成本－收益”问题。只有当改革（制度创新）的预期收益大于预期成本，这一过程才有可能发生；在几种可供选择的改革方式（一步到位式的激进改革、分步进行的渐进改革或者偏向于两极中某一极的中间状态）中，被选中的方式应该是改革组织者（制度主体）在现有信息条件、有限理性以及其他约束下成本最小、收益最大的方式。

对改革成本概念存在狭义和广义的解释。狭义的理解强调成本即国民收入的损失。一项制度变迁带来了社会成员的紧张不安或收入分配差距的急剧扩大，带来消费者的不满和抱怨，带来社会动荡等，但只要这种不满、抱怨或动荡没有造成国民收入的实际损失，就可以不算作改革的成本。[②] 只有当国民收入因此而受到损失，才把损失额计入改革成本。广义的改革成本是在上述国民收入的损失的基础之上，产生的社会成员利益和福利的损失。

任何改革都不是“免费的午餐”，都含有试错成本。没有人能够保证一项改革一定会是成功的，因此当试错成本过大时，改革的相关方就很难去推进改革。[③] 为什么人们感觉到现在的改革高层推动得轰轰烈烈，但到了底层往往无动于衷，就是因为改革的成本已经很大，或者说试错的成本太高，已经与当年的小岗村或者深圳完全不可同日而语。深圳的改革能够成功，是因为深圳当时只是一个小渔村。成功与否，对国家、对地方影响并不大。中国改革到今天，并不缺改革，改革的广度有了，所缺少的是深度和力度。而具有深度、力度的

---

① 杨英杰：《改革和发展是不矛盾的》，《学习时报》2016 年 4 月 7 日。

② 樊纲：《两种改革成本与两种改革方式》，《经济研究》1993 年第 1 期。

③ 郑永年：《中国目前改革面临的结构性挑战》，爱思想网，2018 年 7 月 3 日。

改革必然涉及试错成本。① 但从目前的情况看，由于舆情和社会对于改革的认知体系的残缺，一个市县甚至一个乡村，都难以或者说不具备独立承担改革风险的能力。

1. 渐进式改革的成本效益分析

“实施成本”的分析。经济体制改革是以新体制代替旧体制的过程。制度本身可以看成是一种人与人之间相互制约的社会契约，因而，体制改革实质上是人们相互之间废除旧“契约”签订新“契约”的过程，“重新签约”本身就是要花费成本的，如谈判费用、信息费用等。如何重新界定人们之间的权利和义务，以及人们学习、适应新的规则或关于新体制的“知识”等都需要花费成本。“一步走”的方法，目标明确，省去了中间环节，减少了签约次数，因而有利于签约成本的节约。但同时因为制度变化剧烈，增加了社会成员认知新制度的难度，而使实施成本增加。“多步走”需要有多次签约的过程，每次签约都需要重新谈判，改革目标本身也会在此过程中不断被修正，新签订的契约往往是各方妥协的结果而不是最优的，因而会使实施成本增加。“多步走”改革所历经的环节较多，时间较长，会使改革停滞甚至发生逆转的风险增加。但是，“多步走”的渐进改革是“边际性的”，每一次改革的深度都会达到而且仅仅达到边际收益与边际成本相等的一点。也就是说，阻力大或程度过深的改革措施（边际成本超过边际收益）或被推迟，或被分散为许多次更小的行动，因而每一次的签约都较容易达成，又有利于签约成本的降低。

“摩擦成本”的分析。摩擦成本又被称为“政治成本”，它源于改革的利益再分配，同反对改革的言论和行为相联系。激进式的改革使旧体制迅速瓦解，人们之间利益分配关系被打破，而代之以新的分配关系，因而对公众利益的损害和权利、利益的再分配非常剧烈，由此而引发的不满、抵触和反对也非常强烈，在这一时期，也最可能出现复辟、战乱等使改革夭折。如果改革能顺利、迅速地推进，摩擦成本会逐渐减小。渐进式改革，因其每一步都发生在旧体制危机最甚的地方，在每一阶段上的“打击面”较小，引发的社会冲突也就较小，因而每一步付出的代价也较小，但随着改革的不断深入，改革收益和成本之间的缺口逐渐减少，改革所遇阻力也会逐渐加大，越到后期越要进行所

① 郑永年：《中国目前改革面临的结构性挑战》，爱思想网，2018 年 7 月 3 日。

谓的攻坚战，因而使改革摩擦成本增大。改革的总成本是随改革的推进所发生的实施成本和摩擦成本的综合。由于改革本身的复杂性，难以简单判断两种改革方式的成本大小。既要保证每一步改革措施都在社会承受的范围之内，以保证改革能够顺利推行下去，又要尽量使改革的总成本最小。

改革成本理论的另一方面内容是改革的收益问题。改革的收益从宏观上来讲，可以被认为是资源配置方式的合理化、经济效率的提高、产出的增加和福利的增进。但由于改革过程中的主体不是单一的而是多元的，不同主体的目标函数存在差异，因而不同的微观主体对改革收益会有不同的评价。

新制度经济学制度变迁理论认为，制度变迁的根本原因在于制度变迁主体为了获取在现有制度条件下无法获得的外部利润。如果预期的净收益超过预期的净成本，一项制度安排就会被创新。以“初级行为团体”自发行动为特征的“诱致性制度变迁”完全以经济上的成本－收益比较为出发点，并以超过制度变迁成本的最大收益为目标函数；而以国家行动为特征的“强制性制度变迁”既考虑经济收益（产出最大化），又考虑非经济收益（如统治的稳定、政治利益的最大化等，制度经济学称其为政府的租金最大化）。只有当产出最大化与租金最大化的综合收益大于成本的时候，制度变迁才会发生。制度变迁方式的激进或渐进的选择也以此为准绳。该理论表明统治者的效用最大化并不必然与社会财富最大化相一致。社会财富最大化的目标只是被推进到统治者自身目标的边际贡献等于零为止。因而，当我们将产出的增加和福利的增进作为改革的目标时，促使政府效用函数同社会效用函数的接近也是改革内容的一部分，政府效用函数向社会效用函数的趋近也应被视为改革收益的增加。

作为大规模制度变迁的改革，必然由国家机器充当组织者和推动者，尽管在其中会有许多自发的、局部的次级组织甚至个人为主体的制度创新。政府的目标函数与公众的目标函数往往存在差异。公众的目标函数较为单一，产出的增加和福利的增进是其主要内容。而政府的目标函数则要复杂得多，除了经济因素之外，非经济因素中政治的稳定、统治的稳固、权力的分配、政党的利益等都是重要组成部分。而且，非经济因素往往优先于经济因素。目标函数的差异使改革的收益难以简单评价。当政府与社会公众两者的效用函数差异较大时，即社会公众实现社会收益最大化的行动同上层目标相冲突时，即使该项制度变迁的程度并不激烈，并可能意味着较大的收益，但因为与政府的目标相冲突，因而或不能付诸实施，或带来较大的摩擦。当两者的效用函数差异较小时，政府通过增加产出和增进社会福利来实现其租金，因而改革会被推进下去，而无论在这一过程中的摩擦是否强烈。

改革如果能够促进政府的目标函数与社会公众的目标函数相接近，就能增进改革的收益。“剧烈地震式”的激进改革，不仅使原有经济制度发生剧烈的根本性变化，也将使与之相关联的政治制度和社会制度在短时间内发生相应的变化。这种短时间、剧烈的变化有可能使原有的政治制度和社会制度中不利于经济改革目标实现的因素迅速而且较彻底地被剔除，促进政府目标函数与社会目标函数相接近，从而大大增加改革的收益。渐进式改革分步进行，改革每推进一步都要进行谈判，其结果往往是多方妥协的结果而不是最优选择，这就使原有体制中阻碍改革目标实现的因素有了更多活动的余地，有条件获取更多的利益，甚至使改革偏离目标，使改革的收益大打折扣。①

2. *改革的潜在增长分析*

过去的40年，是我国渐进改革的40年，同期我国经济高速增长。一个有意思的问题是，我们能把二者结合起来从而考察渐进改革经济中的最优增长吗？进一步说，我们能把制度变迁纳入标准的经济增长模型吗？尽管转轨经济研究表明，不仅制度是至关重要的，而且制度的演进是内生的，但纵观现有的经济增长文献我们发现，人们还没有把渐进改革等制度因素纳入标准的经济增长模型。新经济增长理论强调的是R&D类型的新经济增长理论，把垄断竞争纳入标准的经济增长模型，技术创新可以得到垄断利润。但令人遗憾的是，正如新古典经济增长理论无法解决技术创新的报酬来源问题一样，新经济增长理论无法解决制度变迁的报酬来源问题，从而无法把制度内生化。

无法把制度内生化并不代表制度在经济增长中不重要，其实人们在这方面已做了大量的尝试。20世纪90年代中后期以来，主流经济增长文献开始从制度的角度解释各个经济体经济增长绩效的差异，其中最具有代表性的是社会基础设施假说（the social infrastructure）。客观地说，人们目前还停留在收集跨国证据和历史证据方面，正如D. Romer（2001）所指出的“如果我们要进一步

① 刘利峰、王梅：《激进式还是渐进式——对两种改革方式的成本和收益分析》，《辽宁财税》2002年8月10日。

考察社会基础设施的决定因素，那么会不幸地发现目前还没有什么进展”。

另外，在经济增长文献中还存在一个有趣的现象：市场缺失（missing market）。众所周知，在标准经济文献所描述的每一个经济体中，生产要素如劳动、资本和技术进步等都有其相应的要素市场，经济体的产出有其相应的产品市场。经济增长本身是人均产出持续的提高，作为经济增长理论的研究对象，有其相应的市场吗？现有的经济增长文献还没有描述过这个经济增长市场。也许我们只要描述产品市场就够了，没有必要理会是否存在经济增长市场。但从现实看，毋庸置疑，经济增长率关系到政府官员的政绩甚至升迁。

徐现祥把政府实施渐进改革与经济增长市场结合起来，以我国改革开放以来的经济增长事实和社会基础设施假说为基础，揭示了渐进改革经济中最优经济增长路径的变动态势。① 在改革措施实施初期，如果得到一个较高的经济增长率，可以获得居民的拥护、支持。但在渐进改革过程中，随着改革措施的实施，新旧体制的不适应性所带来的摩擦成本会逐渐上升。在改革不可逆的情况下，政府通常会调整改革措施以减少新旧体制的摩擦，从而降低改革成本。在改革与经济增长一一对应的情况下，显然随着对改革措施的调整经济增长放慢。当经济增长放慢到一定程度时，政府就会选择改革旧体制以降低新旧体制的摩擦，从而降低改革成本，相应地把改革推向一个新的阶段。这样，在渐进改革过程中，随着政府降低改革成本的努力，最优经济增长路径将会重复呈现从较高经济增长率平稳下降这一过程，即经济增长中出现了周期性波动。②

另外，还有两点值得注意。第一，渐进改革经济中最优经济增长路径的最低点，其实也就是政府的保留经济增长率，具有很强的经济含义。当经济增长接近该保留增长率时，政府会考虑采取新的有效改革措施，从而使渐进性改革进入一个新的阶段。因此，最低经济增长率可视为经济体制改革进入一个新阶段的先验性指标。第二，这样的结论与林毅夫教授等人的贡献是一致的，林毅

① 徐现祥：《渐进改革经济中的最优增长》，《数量经济技术经济研究》2005 年 8 月 5 日。

② 这种经济周期是由改革所引起的，有点类似于政治商业经济周期，可视为改革经济周期。从国内相关文献看，改革经济周期这个概念早就存在，如周振华（1999）就明确提出了改革经济周期这个概念，并做了一定的描述。

夫教授及其合作者（1995）以比较优势理论为基础，从改革三位一体的传统经济体制入手，在逻辑上令人信服地揭示了中国改革开放后出现的经济增长奇迹以及经济增长的“活－乱循环”。但需要强调的是，在经济增长市场的框架内把渐进改革等制度变迁纳入经济增长模型，证明了渐进改革经济中长期增长趋势以及增长中的波动是政府最大化其居民支持的结果。

3. 全要素改革效率的定义

在西方经济学中，全要素生产率是指“生产活动在一定时间内的效率”，是衡量单位总投入和总产量的生产率指标。通俗地讲，全要素生产率是产出大于投入的差值。因为这个差值很难归纳是哪个生产要素产生的，所以称其为全要素生产率。财政部财政科学研究所所长刘尚希说，全要素生产率是基于要素投入的整合，有形的生产要素包括劳动力、资本、土地，这也是三个基本生产要素；无形的生产要素包括管理、技术。

新改革经济学的研究中延续这个理念，认为改革本身也存在着效率的问题，改革效率有其特殊规定性，即“全要素改革效率”的问题，并认为，全要素改革效率是基于改革要素投入的整合，并且无法严格界定到底是哪个要素产生的。全要素改革效率的研究，对于丰富新改革经济学理论、指导各种改革实践活动、促进改革的成功推行，具有极为重要的理论和现实意义：其一，丰富新改革经济学理论和管理科学中的决策理论。改革，作为一种决策活动，属于管理科学的决策研究范畴。从一般意义上对全要素改革效率问题的研究，对决策理论发展是一种有益拓展，对改革理论和管理科学理论的发展有着积极意义。其二，从现实角度来说，对全要素改革效率的研究，首先，就明确认知改革的适时性而言，有利于增强改革的时效性，即改革既不能超前也不能滞后，避免或减少条件不成熟即强行改革，或者条件已经具备却迟迟不推行改革所造成的不良后果、不利局面。其次，有利于完善改革方案，促进改革活动的科学化和理性发展。其三，把握提高全要素改革效率的途径，对于成功推进改革实践活动、增强改革时效性具有十分重要的现实意义。其四，有利于降低改革风险、减少改革成本，最大限度地实现改革目标，促进社会组织科学、有序发展。①

① 王晖玲、廖保华：《改革效率问题初探》，《湘南学院学报》2008 年第 6 期。

第二节　改革的挑战与风险

改革与风险是相伴随的。这种风险的大小，与社会正义、政治正义的实现息息相关。一般来说，改革在社会层面要实现社会的公平正义，实现普惠共享，迈向社会全体；在政治方面，则更强调权利与权力的动态平衡，推动政治文明。任何危及这种正义和平衡的挑战，其实都是对改革本身的破坏，都是改革所面临的挑战。

1. 权贵资本主义的危害及预防

在世界上很多改革不到位的国家，权力与资本的结合，造成了严重的腐败，极大地危及执政党的威信和执政地位。其中最突出的表现就是权贵资本主义，又称“裙带资本主义”。我们完全有理由把发展高标准市场经济、高水平对外开放的旗帜举得比西方国家更高，走到全球市场经济体系竞争和发展的前列。这方面，一定要汲取以往的教训，不能把体现人类经济社会发展共同规律的好东西让到别人手里，而使自己处在被动地位。

2. 腐败、反腐败与廉政风险防控

中国共产党反腐倡廉思想包括腐败和不正之风的形势、产生原因以及治理策略等方面的内容。改革开放以来，中国共产党一直高度重视反腐倡廉，在改革之初就认识到“执政党的党风问题是攸关党的生死存亡的问题”。回顾改革开放以来中国共产党反腐倡廉思想的发展历程，可以看到中国共产党反腐倡廉思想有一个清晰的演进轨迹。

从意识形态的角度分析腐败的成因，腐败是阶级斗争的表现，是剥削阶级遗留的产物；到跨世纪期间从作风建设的角度分析腐败的成因，腐败是领导干部思想道德败坏、权力观错位等因素造成的；再到新世纪以来主要从权力的角度分析腐败的成因，腐败主要是权力缺乏监督制约等因素造成的。由于对腐败成因认知的不同，中国共产党采取的反腐败策略也有不同。第一阶段主要是意识形态式反腐，第二阶段侧重于作风建设反腐，第三阶段则是权力反腐。当然，反腐倡廉思想的演进不是前后替代的关系，而是逐步深化和日益全面的关系。每一个阶段的反腐倡廉思想都在继承或者扬弃前一段思想的基础上得到了进一步深化。

随着腐败行为的隐蔽性、复杂性越来越强，反腐败工作面临着巨大考验，加强廉政风险的排查和控制，将风险消除在萌芽状态成为反腐倡廉工作的重点和趋势。廉政风险防控就是借鉴金融和保险业比较成熟的现代管理科学理念，将风险管理理论和质量管理方法引入预防腐败工作之中。廉政风险就是指拥有公共权力的公务人员在执行公务或日常生活中发生谋求私利等腐败行为的可能性，廉政风险具有客观性、不确定性、高危性三个特点。客观性是指人具有为自己谋私的本性，任何掌握公共权力的个人都有发生腐败行为的风险；不确定性是指在公共权力行使过程中，只要有疏漏的环节和瑕疵，任何人只要直接或间接地掌握着人、财、物等资源的配置权力，至少是有参与配置这些资源分配的权力，腐败行为就随时有可能发生；高危性是指廉政风险一旦发生，造成的后果将极其严重，腐败行为本身将造成资源不合理配置和非生产性消耗，给公共利益造成损失，同时降低公共部门的公信力，侵蚀社会的诚信度。[①]

廉政风险真正转变为实质性的腐败行为具有以下三个条件：第一，主观意识上的放松，对于物质享受、金钱获得等过高欲望的追求，会使公务人员放松对廉政的思想认识，通过腐败谋求不正当利益；第二，制度程序上的不规范，腐败行为的发生往往利用规则的缺失和疏漏，如果各项制度完善、办事流程严格，腐败所付出的成本和代价是高昂的；第三，监督机制的失灵，透明、高效的监督机制使公务人员在腐败机会面前望而却步，有力地震慑腐败分子，作为预防腐败最后一道闸门，监督机制一旦出现问题，腐败行为将不可避免地发生。

廉政风险防控机制构建的目标对象主要是公共权力和公共资源以及掌控者，即腐败风险潜在领域的发生对象，旨在掌握廉政风险发生的基本特征和本质属性，查找风险点。一是目标设定。由于目标对象是构成腐败行为的原始条件，因此目标设定可确立为风险管理流程的首要步骤，并成为廉政风险防控机制构建结构的一部分。二是风险识别。风险管理的理论框架中，对设定的目标对象存在的现实的和潜在的风险性质，采用一系列策略进行鉴别的过程称为风险识别。主要是通过感知、调研、情境分析、历史数据和资料的整理与分析

① 徐逸伦：《廉政风险防控体系建设：反腐败工作的新路径》，《上海党史与党建》2010 年第 12 期。

等，明确引起风险的不确定因素，并记录风险特征的过程。廉政风险识别主要是分析廉政风险的发生规律，归纳出廉政风险的发生环境和机会条件，进行风险分类。廉政风险识别是廉政风险管理的基础工作，风险识别有助于提高风险分析的有效性。同时，由于风险具有演变性，因此，在廉政风险防控机制构建中，风险识别是一项系统性和连续性的任务。三是风险评估。风险评估是对风险发生概率以及产生影响或损害程度的考量。腐败作为一种权力寻租行为往往被称为“负和博弈”，对廉政建设产生极大危害。“作为传统社会公共政策重要组成部分的腐败控制机制，之所以在腐败治理中屡屡失灵，评价的滞后性与控制的单向性是其根本原因。”廉政风险评估主要是寻找腐败漏洞，确立风险等级，要求设法控制可以预测的不合理风险，对于无法控制的风险，要尽量衡量风险程度，降低风险损害。风险评估是针对廉政风险采取有效的防控措施以及进行正确风险决策的前提条件，对于构建有效的防控机制具有积极的意义。四是风险治理。管理职能可分为计划、组织、人事、领导和控制五部分，控制是管理理论的精髓部分。风险治理的先决条件主要是对风险的监控。廉政风险治理是从风险管理理论角度设定廉政风险管理的计划、目标及策略等，监控风险处理策略的实际效果，实施考核和修正，达到降低风险发生概率和损失的目的。目前，明晰的权责体系、规范的权力运行、完善的制度体系等前期和中期的监控手段已很好地应用于廉政风险防控机制建设的过程中。①

3. 政治生态与经济生态重塑

政治生态是地方政治生活现状以及政治发展环境的集中反映，是党风、政风、社会风气的综合体现，核心是领导干部的党性、党纪、党规、党悟、作风问题。经济生态是经济运行和经济发展的综合环境。从生态学视角看，人类社会是一个由政治体系与经济文化体系组成的动态社会网络系统，这个系统的特殊结构是各个体系被分割为孤立的组成部分或与其他体系不协调时，整个系统的特性就会遭到破坏。人类历史表明，在各个系统相互适应居于主导地位时期，社会就会发展进步，如果政治系统以牺牲社会整体利益为代价，换取其特殊利益，那么经济文化发展的政治生态就必然会被破坏，最终导致整个社会的

① 徐双俊：《廉政风险防控机制构建范式及理论基点》，《廉政文化研究》2013 年第 11 期。

发展受到阻碍，出现停滞。[①] 政治作为社会的上层建筑，对经济文化的作用是通过公共权力来实现的，它对经济文化起着十分重要的作用。

权力运行生态是建构政治生态的主渠道。公权力本质上是从公权利的存在和延续中产生的，摩尔根（Lewis H. Morgan）的《古代社会》和斯塔夫里阿诺斯的《全球通史》都认为，原始社会首领依靠自身品质和能力而获得的公权力来自部落群体的授权。现代社会公权力的授权来自公法的授予，公法对岗位的公权力进行了界定，但执行公权力的个人在岗位间任免、流转、调换的方式，难免依然受到人的意志因素干扰，人的品质和能力会干扰公权力执行的质量。公权力相互间交互的方式很大程度决定了权力运行的生态，集中反映为公权力在执行过程中的决策、传导和显现形式。权力运行生态主要受到权力行使过程的影响，也就是公权力已经被用作不当使用，这种不当使用事实上已经发生。

非权力运行交往秩序生态是政治生态的隐结构。非权力运行的政治交往是一种剔除了公权力运行因素的人际交往，考究的是将作为类存在物的人，从权力运行的程序逻辑中脱离出来，如八小时之外的一概都是非权力运行的政治交往。[②] 非权力运行的交往秩序生态，反映的是作为掌握公权力的人的主体性与公权力本身的工具性、价值性的对立，公权力本身是相对独立于任何个体而存在的，其不是为了某个个体而专门产生的，党政干部不管怎么更换，一种公权力只伴随着它的岗位而存在。从某个程度上讲，当掌握公权力的个体脱离于岗位的公权力而仅以人为主体性进行政治交往时，他的政治行为就不代表公权力的价值取向，而只显现他作为人的独立的政治取向。领导干部脱离于公权力运行的全部政治行为构成了非权力运行的政治交往生态，这是内嵌在政治生态维度体系中的隐藏结构。习近平不仅强调在权力运行中要严守党内规矩，还特别强调在非权力运行的政治交往中要谨言慎行，不要用权力的幌子牟取私人利益，要把党纪党规挺在法律之前，自觉以上率下做好表率。

---

① 赵周贤：《不断优化政治生态是实现中华民族伟大复兴的政治保证》，《理论学刊》2010 年第 9 期。

② 这种情况不少，如八小时之外的一概都是非权力运行的政治交往；如在领导干部培训中，不同地域、年龄的个体集聚一起，这个过程没有涉及公权力，但同样形成了政治交往。

监督惩戒生态是破题政治生态的主支撑。公权异化的程度受到党纪国法的完备情况和执行力度的直接制约，公法的不断健全和完备能够构建抑制公权异化的制度框架，压缩公权力设租和寻租的空间，但制度框架建立后，必须得到强大的执行、监督和问责，让“问责型福利观”成为改革动力[①]，否则制度起不到约束公权力和维护公权利的基本作用。惩戒监督生态的状况，受到诸多方面的影响和制约，一方面从执行主体角度来讲，包括执行主体对制度体系的认同和守护、对制度规定的理解和掌握程度、对执行主体的普遍宣讲教育、执行的准确性和力度强弱等；另一方面从制度体系本身而言，包括制度的完备情况、上下位规章制度的衔接、制度本身是否简明具体以及制度表述上是否意存分歧等。基于这些诸多方面的交叉影响，制度体系在现实的复杂环境中存在着不少问题，主要有人为干预、制度空缺、制度虚置、制度陈旧、监督缺位、执行不力等。[②]

4. “J 曲线”理论与“塔西佗陷阱”

政治开放与国家稳定是正向关系。在第二次世界大战后特定的社会背景之下，詹姆士·戴维斯（James Davies）突破了马克思主义革命理论和现代化理论，以心理学的独特视角发展了关于社会革命的新的理论，创立了 J 曲线理论。它是一种描述革命为何发生，而不是如何演进的理论。即随着一个国家从封闭转向开放，它的稳定度会先下降再上升。大多数国家一开始都是封闭而稳定的（就像朝鲜），许多国家最后是开放而稳定的（例如英国），但在这之间则是动荡的转型期。一些政府（例如结束种族隔离制度后的南非）成功完成了转型，而苏联、君主立宪时期的伊朗和南斯拉夫等国则失败了。戴维斯认为，贫穷本身并不足以引发革命，革命发生的一个前提条件是对未来更好生活的憧憬。如果现实生活和期待之间的差距太大，那必定会导致人们心中的挫折感增加。而挫折感增加会带来敌意和攻击行为的增多，而后引发革命。该理论的核心是：经过持续繁荣之后，人民的生活水准突然下滑，在这种情况下，革命很容易发生。该理论最基本的思想是：面对突如其来的经济萧条，人民的期

① 刊登在 2013 年 1 月《中国改革》上清华大学历史系教授秦晖的一篇文章认为，“只许感恩，不能问责”的时代应该走向结束，一个“权力受限，责任可问”的新时代终究会来。

② 邓志宏：《论习近平政治生态思想的三个维度》，《前沿》2017 年第 9 期。

望却没有做出相应的同步调整。根据以往的繁荣经验，人们的期望会继续发展，而决定因素即为这个标准。因此当实际发展状态和人民的预期之间的矛盾达到某一个极限时，革命就会爆发。从历史的角度来看，革命是一个相对现代化的现象。他的论断支持了20世纪五六十年代的现代化理论。革命不会发生在那些非常落后的或非常先进的地区，只会发生在处于现代化过程中的国家。①

政治开放与政治信任的不确定关系。"塔西佗陷阱"，得名于古罗马时代的历史学家塔西佗。这一概念最初来自塔西佗所著的《塔西佗历史》，是塔西佗在评价一位罗马皇帝时所说的话："一旦皇帝成了人们憎恨的对象，他做的好事和坏事就同样会引起人们对他的厌恶。"之后被中国学者引申成为一种社会现象，指当政府部门或某一组织失去公信力时，无论说真话还是假话，做好事还是坏事，都会被认为是说假话、做坏事。当代中国的具体社会信任问题可以从政治、经济和社会三个层面来分析：政治层面，信任危机表现为由来已久的"官民"信任，即政府（官员和公务员）与民众以及社会与国家之间的信任问题；经济层面的信任问题，即市场各个利益主体间的信任，主要是在商品与服务提供者和广大消费者之间；最后是社会层面的信任问题，也就是一般社会成员之间，包括公司和家庭成员之间的信任问题。② 从他们之间的关系看，第一种信任又是最重要的，因为在中国的文化传统中，国家是规则的制定者和维护者，国民对国家的信任，很大程度是一般意义上的社会信任的基础。③

第三节　广义政府及改革的有效传导

1. 广义政府理论与内涵

自近代以来，党政关系可以说是中国政治最为核心的问题。西方式民主政治在中国的实践惨遭失败之后，孙中山先生提出了"以党立国"和"以党治

① 〔挪威〕斯坦因·U. 拉尔森：《政治学理论与方法》，上海人民出版社，2006。

② 郑永年：《中国改革三步走》，东方出版社，2012。

③ 董文卿：《社会信任与政治信任》，《文汇报》2010年5月12日。

国”的概念。这一概念之后就转变成政治实践，国民党和共产党尽管在意识形态上不同，但两党都是这一概念的实践者。

从“广义政府”的制度设计和实践趋向来看，就是要处理好内部三权之间的分工、协调和合作关系，即决策、执行、监察。内部三权分工和合作体制，是中国传统和现在政治体制的混合版。鉴于中国所具有的考试和监察制度传统，孙中山先生当时就把西方的三权和中国传统的这两权结合在一起，塑造了一个“五权体制”，即立法、行政、司法、考试和监察。

孙中山先生尽管强调“以党治国”，但其所设计的这个体制过多地受西方影响，并没有充分考量到执政党在这“五权”中的位置，并且对如何把考试和监察两权有机地和前面的三权整合起来也欠缺考量。

而今天中国的“三权体制”可以说是根据传统和现实的制度创新或者再造。在2012年之前，如前面所讨论的，执政党所要解决的是“党政不分、以党代政”的问题。邓小平曾指出：“着手解决党政不分、以党代政的问题。中央一部分主要领导干部不兼任政府职务，可以集中精力管党，管路线、方针、政策。这样做，有利于加强和改善中央的统一领导，有利于建立各级政府自上而下的强有力的工作系统，管好政治职权范围的工作。”

这里邓小平强调的是“党政分工”，并没有“党政分开”的意思。党要管政治，管决策，即党自身、路线、方针和政策等最重大的问题，而政府则是管执行，即行政。尽管党政分工和合作关系仍有待改进，但在这方面已经积累了不少经验。

2012年以来，尽管没有公开明确讨论党政关系，但在实践方面则取得了相当的进展，至少在理论上如此。可以从以下几个方面来看。

首先，最重要的是“以党领政”，即党的领导位置的法理化。如上所述，提出“广义政府”概念意在厘清党和政、党和军、党和法等的关系。在“基层”方面则表现在党在企业（包括国企和民企）、社团组织、基层农村等组织中的正式法理位置。一个简单明了的事实是，既然党从来没有离开过任何组织，到今天为止无所不在，那么就不能忽视党的存在。一个理性的做法就是给党一个法理的领导位置。从这个角度来说，党便是“广义政府”的一部分。

其次，监察权的建设。2012年之前，党的纪律检查委员会和政府之间的关系没有理顺和处理好。党的纪律检查委员会属于党的机构，其有足够的政治权力，但在执行过程中没有足够的法理依据（例如对党政干部的“双规”）。同时，设置在政府（国务院）的监察部既缺乏权力又缺少独立性，很难对政府实施有效的监督，往往是“左手监管右手”。近年来，在北京、浙江和山西试点实行的国家监察委员会，则是通过整合党政这两方面的组织，重建监察权。国家监察委员会从属于最高权力机关（全国人大）但独立于执行机关（国务院），在内部是独立一级权力机关。这就类似孙中山先生所设计的“五权”中的一权。

最后，更为重要的是“大法治概念”的确立。2014 年 10 月确立的“法治”改革中的“法治”，并非学术界所讨论的狭义法治概念，即立法和司法领域，而是广义法治概念，因为其适用范围更为广泛，包括执政党本身在内的所有组织机构和个人。“大法治”极其重要，因为法要调节内部三权（决策、执行和监察）之间的关系。

“以党领政”体制下的三权分工、协调和合作制度构架基本确定。可以预见，今后相当长的一段时间里，如果不发生激进民主化或者革命，中国政治制度的改革、调整和调适都会在这个构架内进行。或者说，这三权的分工和合作，构成了中国未来改革的宏观制度背景。

2. 改革的传导和落实

“行动最有说服力”，要把改革的宏伟蓝图变为现实，唯有实干。2017 年 12 月，新华社刊发的《形式主义、官僚主义新表现值得警惕》一文指出个别地方和部门的改革工作中存在的一些问题。比如，抓改革实招少、效果差，用会议落实会议，以文件落实文件；抓改革坐而论道，不重实效重包装，把精力放在“材料美化”上，搞“文字上的改革”；抓改革习惯于造“花瓶”、搞“噱头”。出现这些现象，根子是政绩观错位、责任心缺失，用轰轰烈烈的形式代替了扎扎实实的落实，用光鲜亮丽的外表掩盖了矛盾和问题。对此，习近平还做出重要指示，强调纠正“四风”不能止步。各地各部门都要引起重视，找找差距，抓好整改。各级领导干部要带头转变作风，不仅要当好改革的组织者，更要当好改革的施工队，不仅要当好改革的促进派，更要当好改革的实干家，说到做到、立言立行，实实在在解决问题，一步一步往前推，真正做到干在一线、改到实处。

全面深化改革既要快马加鞭推改革方案，又要持之以恒抓改革落实。让改革真正落地生根，确保“改到位”，除了具备担当和实干的品质，还必须特别注重抓好督察，按照中央“改革推进到哪里、督察就跟进到哪里”的要求，督在实处、察到要害。要建立改革项目检查验收制度，把改革政策落实纳入干部考核评价体系，按照“谁主管谁负责”的原则，明确各级责任主体的相关责任，并对各改革项目实行专项考核，将考核结果作为干部综合考评任用的重要依据。进一步拓宽和畅通监督渠道，通过公开改革项目进展情况、开通监督举报电话等，接受群众监督。同时，又建立鼓励改革创新的激励机制，既鼓励创新、表扬先进，也允许试错、宽容失败，使更多的人成为改革促进派和改革实干家。

3. 改革的公众参与

改革要强调公众的参与。法国启蒙学者卢梭曾说，控制利益集团最好的办法之一，就是通过增加利益集团的数量来控制利益集团的野心。由于不同利益集团的利益诉求存在差异，只有当社会上绝大部分人归属于不同的利益集团，且各个利益集团之间具备讨价还价的条件时，政府决策才有可能平衡并反映全社会的利益。而培养新的利益群体则是形成合理利益集团格局的有效方式，具体而言，就是要重点培育和优先发展行业协会商会类、科技类、公益慈善类、城乡社区服务类社会组织。社会组织是今天高度分化的利益群体表达诉求的渠道，要通过放开搞活、减少管制，让社会组织充分发展起来，通过有效地汇聚和整合分散的局部的利益诉求，再通过座谈、会面、听证、参政和议政等方式理性地向政府或有关方面表达。

4. 转型社会的风险、群体性事件及冲突

随着转型期社会改革的不断深入，民众生活方式及价值观念的不断改变，人们的各种需求也呈现多样化及日益增多的趋势，一旦人们的需求与利益诉求得不到满足和有效解决，就容易产生非理性的集群行为，最突出的表现就是群体性事件。转型期群体性事件的特征除了具有一般特征外，也有我国转型时期的独特特征。一般特征有群体性、突发性、危害性等，独特特征主要有：一是事件数量、参与人数、事件规模呈上升、扩大趋势；二是涉及领域广泛，参与主体多元化。近些年来，随着社会变迁的不断深入以及城市化进程的推进，参与群体性事件的主体既有农民及工人阶层，也包括学生、干部及工人群体。群体性事件发生的范围已经波及全国大部分地区的农村、城市、学校、企业和各党政机关。因此，找寻合适的理论视角对转型期群体性事件进行解读显得尤为重要。

自德国学者贝克的著作《风险社会》1986年问世以来，“风险社会”逐渐成为描述现代社会人们生存状况的流行术语。[①] 进入工业化时期后，虽然人类防范各种灾难和传统风险的能力因科学技术的进步而大大增强，但全球化的推进、社会结构的变动与科学技术的发展所带来的新风险伴随着对传统风险的规避已更大规模、更大范围地涌现和再生产。身处风险社会时代，各种自然灾害频发，风险已经渗透到人们生活的方方面面。“风险社会也是世界风险社会，全球化的过程就是风险社会在世界生成和扩张的过程，是一个不管人们愿不愿意都必然会被风险社会绑架并作为风险社会的承受者而存在的过程。从这个角度看，中国已经被拉入到世界风险社会的进程之中。经验地看，中国的确成功地跻身于全球生产体系，不仅承受而且生产着各种全球问题，世界风险社会的种种表征也都在中国社会表现了出来，如全球金融风险、恐怖主义、核灾难、大气变暖、大气污染、能源危机等。这些都证明风险社会的分析框架对于中国的风险研究具有一定的适应性。”全球风险社会绝不仅仅是一个耸人听闻的概念，现代性的系统风险必然逐步显现。在中国，由于发展的不均衡，其表现会更加复杂，一方面是现代性的自我危害，另一方面是现代性获得的必然代价。在未来若干年内，由于贫富、阶层、城乡、地区等结构性差异继续严重存在，以此为根源的群体性事件仍然会经常发生。因此，转型期群体性事件本质上是贫富、阶层、城乡、地区等结构性差异所造成的社会风险的现实表现。

中国社会频发的群体性事件已经成为影响社会稳定的最为突出的问题，成为中国社会风险的信号。贵州瓮安“6·28”事件、云南“孟连事件”，这两个群体性事件具有标志性的意义，从中可以看到这样的信息：一是从社会冲突的角度来看，群体性事件引发的社会冲突，在等级的强度与手段的烈度上加剧了。民众与警力的直接冲突、与政府的直接对抗，表明群众性事件的冲突对象出现由具体对象向政府转移的趋势。二是从政府管理方面来看，与以往处理群

① 张小红、刘静丽：《社会转型期群体性事件的成因、后果及治理策略探究》，《安徽理工大学学报》（社会科学版）2014年第3期。

体性事件相比，无论是事件真相报道，还是处理过程，都在传播媒介中曝光，这是史无前例的。[①] 它标志政府对社会冲突事件处理模式的转换，即由封闭的、僵硬的内部处置转向开放的、弹性的公开处理，这种危机处理的巨大进步，为以后透明地处理群体性事件树立了良好的榜样。

① 朱力：《中国社会风险解析——群体性事件的社会冲突性质》，《学海》2009 年第 1 期。

第十章
开启改革的新周期

改革作为生产关系的变革和调整，必须遵循生产关系适应生产力发展变化而变化的运动规律，并在此基础上形成改革力与改革关系的新升级。由于我国采取的是渐进式改革的方式，这就使生产关系（改革关系）的变化具有了阶段性特征，并引起了生产力（改革力）发展的阶段性变化。当前，我国迎来了从富起来到强起来的新时代，在强起来的新发展阶段，虽然我国作为世界上最大的发展中国家的地位没有变，仍处于社会主义初级阶段的地位没有变，但决定我国经济社会发展全局的社会主要矛盾已经转变，不平衡不充分的发展更加迫切。因此，就需要进一步加强全面深化改革的系统性、整体性、协同性，围绕加强顶层设计，从“摸着石头过河”到“摸着法律过河”，加强顶层设计、整体设计、统筹设计，增强改革的系统性、整体性、协同性，只有这样才能建立起系统完备、科学规范、运行有效的制度体系。

第一节　作为社会主要矛盾的变化分析

社会主要矛盾是社会生产力发展水平和社会发展阶段的客观反映，判断社会主要矛盾要注重两点：一是社会主要矛盾的变化是一个自然的历史过程，不可能因主观好恶随意选择；二是对社会主要矛盾的判断要科学理性、及时敏锐，既不能超前也不能滞后。对社会主要矛盾的认识不准确、不到位会极大阻碍社会生产力的发展，进而损害社会发展进步。理清社会主要矛盾，是党和国家制定正确路线方针政策的基础，是确立发展理念和发展战略的依据。

1. 社会主要矛盾的转化

关于我国社会主要矛盾的表述，源于1956年党的八大关于政治报告的决议。当时处于实现社会主义改造任务的阶段，中国进入全面建设社会主义时期新的历史方位，党的八大明确指出："国内的主要矛盾，已经是人民对于建立先进的工业国的要求同落后的农业国的现实之间的矛盾，已经是人民对于经济文化迅速发展的需要同当前经济文化不能满足人民需要的状况之间的矛盾。"我国社会主义是从物质极为匮乏、商品短缺的历史条件下起步的。在商品短缺、物质匮乏的时代，所谓的人民日益增长的"物质文化需要"，更多的是"物质"需要，是解决吃饭穿衣等基本生存问题。这一表述突出了我国生产力还很落后这一基本国情，要求全党集中精力去发展生产力，把我国尽快地从落后的农业国变成先进的工业国。

1981年十一届六中全会通过的《关于建国以来党的若干历史问题的决议》，对社会主要矛盾做了正式概括："社会主义改造基本完成以后，我国所要解决的主要矛盾，是人民日益增长的物质文化需要同落后的社会生产之间的矛盾。"这一论述表达的是需求方和供给方，且从需求状况和供给状况集中反映和体现一定历史时期社会发展的整体状况。无论是从需求方来看，还是从供给方来看，这一矛盾都是在我国"欠发展"历史方位中的社会主要矛盾，所以邓小平同志讲"发展才是硬道理"，江泽民同志讲"发展是党执政兴国的第一要务"，胡锦涛同志讲"第一要义是发展"。①

1981～2017年的36年间，我国社会主要矛盾是人民日益增长的物质文化需要同落后的社会生产之间的矛盾。2017年，我国对社会主要矛盾做出新判断——人民日益增长的美好生活需要和不平衡不充分的发展，这是自1981年以来的首次改变。这一新的表述，将"需要"和"生产"的矛盾，改为"需要"和"发展"的矛盾，表明社会主义现代化建设的内容更丰富、更充实、更升华，在社会主要矛盾的两个方面，都切实和及时地反映了中国进入新时代。②在经济发展上，由过去的要素驱动、投资规模驱动转向更加注重创新驱动。

改革开放以来，我国解决了十几亿人的温饱问题。按照世界银行统计，

① 韩庆祥：《如何理解新时代中国特色社会主义的发展逻辑》，求是网，http：//www. qstheory. cn/2018－01/02/c_ 1122199799. htm。

② 陈晋：《深入理解我国社会主要矛盾的转化》，《北京日报》2017年11月13日。

2016 年中国 GDP 为 11.2 万亿美元，人均 GDP 达到 8123 美元。中国已经成为世界 GDP 第二大国，贸易第一大国。随着物质条件的不断改善，国民的消费需求正逐步从数量满足转变为品质享受。

从“人民日益增长的物质文化需要”到“人民日益增长的美好生活需要”，从“落后的社会生产”到“不平衡不充分的发展”，反映的是构成社会主要矛盾的需求方和供给方同步转化的历史逻辑与现实逻辑、理论逻辑与实践逻辑的统一。从构成社会主要矛盾双方的升级和深化再到社会主要矛盾的转化，体现的是社会主要矛盾的辩证革命，是社会主要矛盾的质的飞跃，亦是社会主要矛盾发展属性的具体体现。

“人民日益增长的美好生活需要”有着非常丰富的内涵。“人民美好生活需要日益广泛，不仅对物质文化生活提出了更高要求，而且在民主、法治、公平、正义、安全、环境等方面的要求日益增长。”

一是人民对物质文化生活提出了更高要求。例如，对于大多数中国人来说，现阶段的物质需要，不再是填饱肚皮、维持生命即“吃”的问题了，而是吃得好、吃得安全放心、摄入营养均衡、有利于健康长寿的问题。近年来“中国人到国外买奶粉、买电饭煲，甚至买马桶”的新闻不绝于耳，这并不是因为中国国内生产不了这些产品，而是因为国内消费者对生活品质的重视程度越来越高，为产品“质量”这一特性支付的意愿越来越强。除了到国外“买买买”之外，英国《金融时报》2016 年的一篇报道还指出，中国人出境消费中购物占比首次出现下降：已经从 2013 年时的 47% 降至 2016 年的 37%。而同期的住宿、餐饮和娱乐开支占比却从 31% 上升至 44%，这表明中国人在旅游方面越来越注重精神层面的“体验式”消费。此外，中国人对于高质量教育的需求也越来越强，出国留学人数屡创新高：2016 年我国留学人数为 54.45 万人，是 2008 年时 17.98 万人的 3 倍多，2008 ~2016 年出国留学人员年平均增速超过 15%。

二是超越物质领域的新的需要，包括“民主、法治、公平、正义、安全、环境等方面的要求”。换言之，人民的“美好生活需要”，不仅包括物质上的满足，也包括“民主、法治、公平、正义、安全、环境等方面”的内容；人民不仅对物质文化生活提出了“更高要求”，而且对民主、法治、公平、正义等的要求“日益增长”。以国民大健康问题为例，对于城镇居民而言，医疗保健支出占消费性支出比重已经从 20 世纪 90 年代初的 2% 左右上升至目前的

6%～7%。不仅如此，“健身”这个词正越来越频繁地出现在人们日常语境中。中国企业研究院数据显示，2016年中国健身俱乐部的会员人数较2008年增长一倍，达到660万。同时，“跑步”这一运动方式也为越来越多的人所喜爱。中国田协数据显示，2015年中国马拉松参赛人次超过150万，是2011年40万人次的近4倍。全国跑团数量超过12万个，常年参与跑团活动的总人次超过1000万。另一组有趣的数据是百丽国际控股的销售数据，这家中国第二大鞋企2016年在华鞋类销售同比下降9%，但运动鞋销售收入却上升了16%。这一降一增背后反映的是人们对运动的重视，以及民众观念的转变，即越来越多的人接受在工作、休闲场合穿着随意、舒适。

2. 民生领域改革的迫切性

中国自古以来就将“民生”与“国计”相提并论，民生问题一直与国家发展存在不可分割的关系。“民为邦本，本固邦宁”是《尚书·五子之歌》中所说的，它构成了儒家治国理政思想的核心，而《管子·霸业》指出“以人为本，本治则国固，本乱则国危”，《左传·庄公三十三年》强调“政之所兴，在顺民心”，《孟子·梁惠王下》则提出“忧民之忧者，民亦忧其忧”，《孟子·尽心下》主张“民为贵，社稷次之，君为轻”等议论，亦客观反映了古代先贤对民生问题的重视。然而，翻开历史典籍，却发现民生问题在中国历史长河中很少受到过真正的重视，反而，民不聊生似乎成了中国历史的一种常态，官本位的文化更是积淀得异常深厚。只有到了中华人民共和国成立后，民生问题才真正受到关注，“全心全意为人民服务”即是毛泽东同志倡导并逐渐发展成为中国共产党的宗旨的。

改革开放40年来，民生问题受到普遍关注，40年改革开放的进程，其实就是不断重视民生、改善民生的过程。邓小平同志对此有很多讲话，其中明确提出要把是否有利于提高人民生活水平作为判断是非得失的重要标准，强调一切政策的出发点和归宿始终要看“人民拥护不拥护”“人民赞成不赞成”“人民高兴不高兴”“人民答应不答应”。江泽民同志提出“三个代表”重要思想，强调要“代表最广大人民的根本利益”。胡锦涛同志提出以人为本、立党为公、执政为民的理念，“权为民所用，权为民所享，利为民所谋”日益深入人心。进入新时代，习近平明确提出，中国共产党“必须始终把人民利益摆在至高无上的地位”“永远把人民对美好生活的向往作为奋斗目标”。“永远”“至高无上”等极为罕见的关键词被用在民生领域，表明在新时代的今天，改善民生被摆到价值的最高层面。也就是说，民生改善将是以人民为中心的发展思想的主要呈现之一，也是评估中华民族伟大复兴进程的主要指标之一。

坚持在发展中保障和改善民生，民生与发展之间相辅相成、互相促进。正如习近平指出的，要全面把握发展和民生相互牵动、互为条件的关系，通过持续发展强化保障和改善民生的物质基础，通过不断保障和改善民生创造更多有效需求。发展的目的是解决民生问题，民生的改善也为发展提供源源动力。当民生与社会发展相协调相适应，二者就能实现良性循环、互促共进。当前我国民生领域受到了发展不平衡不充分的制约，为此要在发展中针对“不平衡”“不充分”问题抓重点、补短板、强弱项，保持民生与发展的良好互动关系。

3. “不平衡、不充分”的制度性分析

我国经过改革开放后近40年的高速发展，在取得一系列成就的同时，也面临矛盾累积、隐患叠加的复杂局面，集中体现为种种结构失衡问题。特别是从改革开放开始一直到2000年，政府根据我国国情和经济发展的特殊需要，实施了向沿海倾斜的非均衡发展战略。在国家政策导向下，东部地区的投资急剧增加。改革开放前20年国家投资的主要重点集中在东部沿海地区，国家投资具有很强的集聚效应，吸引大量民间资本向东部区域流动。另外改革开放以来，我国在区域布局上实行的是“梯度推进战略”，各项改革开放措施的出台基本上都采取了由沿海向内地逐步展开的梯度推进方式。这种推进方式给东部沿海地区带来了明显的先发优势，在原有优势的基础上，加上沿海开放政策的贯彻实施，东部地区的经济获得了高速发展。此外由于沿海地区还享受国家财政、税收、金融等方面的优惠政策，不但吸引了大量的外资，同时，中西部地区大量的资源、资金、技术、人才等也流向了东部发达地区。这进一步加剧了中西部与东南沿海的差距，形成“马太效应”。①

为进一步大踏步跟上时代，突破“行百里者半九十”的现代化瓶颈期即关键的冲关期，必须在“目标定向”与“问题导向”下，着力以提高供给侧改革及供给体系质量和效率，化解“社会矛盾和问题交织叠加”的潜在威胁，

① 张秀生、陈慧女：《论中国区域经济发展差距的现状、成因、影响与对策》，《经济评论》2008年第2期。

在制度结构、产业结构、区域结构、收入分配结构、人文与生态结构等方面，有效地克服“不平衡不充分”的问题。

以往的宏观“需求管理”，更多侧重的是总量问题，而现在必须强调的“供给管理”，更多侧重的是结构优化问题。依“主线”而推进的供给侧结构性改革，实为以改革为核心、以现代化为主轴攻坚克难的制度供给创新，以及以制度创新打开科技创新和管理创新巨大潜力空间、形成动力体系和供给体系转型升级的系统工程式创新，它将以“全要素生产率”支撑我国的现代化进程在“追赶—赶超”的路径上继续实现超常规发展，这样才能在化解社会主要矛盾的动态过程中，在2020年实现全面建成小康社会，之后更进一步对接在2035年基本实现社会主义现代化和到本世纪中叶建成富强民主文明和谐美丽的社会主义现代化强国。总之，深化供给侧结构性改革，就是我们着力化解社会主要矛盾而为中国梦奋斗的经济发展的主线。

第二节　政治体制改革的关键和重点

执政党的长期执政和社会的长治久安要通过政治改革来实现。从以经济体制改革为主到全面深化经济、政治、文化、社会、生态文明体制和党的建设制度改革，党和国家机构改革、行政管理体制改革、依法治国体制改革、司法体制改革、外事体制改革、社会治理体制改革、生态环境督察体制改革、国家安全体制改革、国防和军队改革、党的领导和党的建设制度改革、纪检监察制度改革等一系列重大改革扎实推进，各项便民、惠民、利民举措持续实施，使改革开放成为当代中国最显著的特征、最壮丽的气象。在全面深化改革的大背景下，中国政治体制改革侧重于国家治理体系和治理能力的现代化。从中国未来的发展来看，不改革没有出路，很多复杂问题的解决有赖于改革，甚至是政治体制方面的改革。

1. 民主政治制度建设与公民的改革参与

公民参与不一定都是以参与的形式出现，也可以“不参与”。这种“不参与”有时是以躲避或者消极的状态出现的，但改革者恰恰要从积极的意义上予以理解和包容，从而在这种不参与、不合作甚至是逃避的现象中找到其积极的意义，形成另外一种积极的效应。

2. 改革的顶层设计与底层落实

鉴于我国改革开放初期的特殊国情，邓小平同志大胆进行了独特的改革规划并制定了具体可行的措施，即“先易后难”“先外围后核心”。以安徽凤阳小岗村的家庭联产承包责任制为开端，从计划体制相对比较薄弱的农村开始推进改革，经过一定时间的积累和推行后再扩展到计划经济比较严重的城市，逐渐迈开改革步伐，使改革循序渐进，逐步深入。同时，采取“先试点后推广”的规划，选择经济基础较好的城市建立经济特区和实验区，鼓励部分地区先行探索，先富起来，以先富带后富，最后实现全国的推广。这些独特的改革规划改变了中国落后的经济社会局面，为中国的全面发展拓宽了视角，打开了市场。

改革措施贵在落实，越到基层越重要。如果没有落实，理想的蓝图、宏伟的目标、完善的制度、正确的政策都会落空。基层同志常说：“上面千条线，下面一根针。”是的，只有这“一根针”插得巧、插得实、插得牢、插得准，才能让所有的改革措施通过这“一根针”注入大地，扎根发芽，枝繁叶茂。所以，改革措施落实这“一根针”何时插？如何插？谁来插？插何处？不仅需要丰富的实践经验，更需要改革精神和创新精神。

基层在落实改革政策、改革措施中积极探索，并允许在探索中试错甚至失败。但这种“试错和失败”是有条件的，是以积极推进改革措施落地为目的、在改革政策规定的框架内行事并没有任何个人私利的探索，这样的探索为改革积累经验，为发展寻求新路。

基层在对接改革政策、改革措施中勇于创新，并允许创新失败。但这种“失败”也是有前提的，是以迅速打开改革局面为目的、在中央设计的改革蓝图上用开拓性思维创新理论和方法并不掺杂任何个人私欲的创新，这样的创新，为改革拓展空间，为发展铺平道路。

3. 打破“不可能三角”

“不可能三角”（impossible trinity）是指经济社会和财政金融政策目标选择面临诸多困境，难以同时获得三个方面的目标。在金融政策方面，资本自由流动、汇率稳定和货币政策独立性三者也不可能兼得。“不可能三角”即一个国家不可能同时实现资本流动自由、货币政策的独立性和汇率的稳定性。也就是说，一个国家只能拥有其中两项，而不能同时拥有三项。如果一个国家想允许资本流动，又要求拥有独立的货币政策，那么就难以保持汇率稳定。如果要求汇率稳定和资本流动，就必须放弃独立的货币政策。①

1978～2011年，中国在改革开放长达33年的时间里，实现了年均9.9%的国内生产总值（GDP）增长率，是世界经济发展史上的一个奇迹。当人们习惯于这个高速增长之后，对2012年以来中国增长减速，就容易产生疑惑。那些对中国经济前景的误判，一定是产生于错误的观察方法和偏颇的理论依据。

宏观经济学本来是由周期理论和增长理论两部分构成的，但是，专注于周期问题研究的学者往往缺乏增长视角。主流经济学家习惯于把观察到的经济增长减速，作为需求不足导致的周期现象来进行分析，因此，他们往往寄希望于刺激需求的政策能够扭转经济下行趋势，而在增速下行的势头始终未能触底的情况下，便会表现出过分悲观的情绪。然而，把这个方法论应用于观察中国经济增速的减缓，无疑犯了经验主义的错误，因为中国经济面临的不是周期现象，而是经济发展阶段变化的表现，从高速增长到中高速增长是经济发展规律作用的结果，是进入经济新常态的特征之一。

如果我们把世界各经济体按照人均GDP进行排列，可以看到，经济体从低收入到中等收入再到高收入，经济增速递减只不过是规律性的现象。处在更高收入水平上的中国，与之前自身处在较低收入水平时比较，增速有所降低无疑再正常不过。更应该关注的是，按照世界银行的分组标准，中国无论是在2000年以前处于低收入水平阶段时，还是在2000～2010年处于中等偏下收入水平阶段时，以及目前处于中等偏上收入水平阶段（人均GDP接近8000美元）时，其经济增速都显著高于同样发展阶段里所有国家的平均水平。因此，无须从周期性、需求侧着眼追求短期的V字形反弹，从供给侧认识新常态，才会看到中国经济政策定力之所在。

也有国外经济学家如巴罗教授，从增长视角观察中国经济减速。他们认为，中国长期的高速增长是一种赶超现象，是经济增长趋同的成功案例，从趋同递减假说出发，不可能长期保持高速赶超，中国增长终将减速。中国以往实现赶超型高速增长，原因在于改革开放消除了妨碍资源配置的体制性障碍，释放人口红利，现在虽然增长减速，但中国经济赶超的条件依然存在，仍能保持中高速增长的底气。并且，通过供给侧结构性改革，挖掘传统发展动能，培养新的发展

① 李迅雷：《央行工作重心已从人民币国际化转到“稳汇率”》，财经网，2016年1月22日。

动能，我们还可以收获看得见摸得着的改革红利，进一步提高潜在增长率。

毋庸讳言，中国经济也存在着自身的问题。然而，问题不在于增长的速度而在于增长的内涵，即存在着发展的“不平衡、不协调、不可持续”。符合经济发展阶段变化的减速，不仅没有恶化这些问题，反而有利于解决此类问题。事实上，恰恰是在增长速度下行的同时，中国经济才能腾出手来，以更好的调整走向更加平衡、协调和可持续的发展轨道。

经济增长平衡性提高。从拉动需求的“三驾马车”看，消费需求对经济增长的贡献率从2010年的43.1%提高到2015年的66.4%，这5年的提高速度是2010年之前5年的5.2倍。第三产业发展加速，第二、第三产业之间更加平衡，2015年第三产业产值比重首次过半，在过去5年中的提高速度是此前5年的2.7倍。此外，中国正在形成新的区域经济增长点，一些中西部省份后起赶超，地区发展更加平衡。

经济增长新动能加速形成。新常态下的经济增长必然是一个创造性破坏的过程，即在传统增长动能变弱的同时，新动能开始蓄势而发。例如，有的国内智库根据人力资本含量、科技密集度、产业方向和增长潜力等因素，识别出一些行业以代表新经济，并构造了一个“新经济指数”，发现该指数与传统的采购经理指数并不同步，即使在后者呈现下行趋势的情况下，新经济仍然保持逆势而上。又如哈佛大学学者用“经济复杂度指数”衡量经济体的出口多样性和复杂程度，中国该指标的全球排位从1995年的第48位和2005年的第39位，显著提高到2014年的第19位。

经济发展的分享性明显提高。在政府再分配政策和发展阶段变化的共同作用下，收入分配开始朝有利于劳动者和低收入群体的方向变化。居民收入提高速度快于GDP增速，农民收入提高速度快于城镇居民。以不变价格计算，城乡居民收入差距于2009年达2.67∶1的峰值后，逐年缩小至2014年的2.40∶1，与此同时，全国基尼系数从2009年0.49的峰值下降为2014年的0.47。

穆迪分析人员斯卡特表示，中国确立并寻求的改革、增长和金融稳定三个目标，不可能同时达到，终究要有所取舍，至少在一定时期内放弃其中一个。之所以把三个目标割裂开，赋予其彼此独立且对立的性质，也是由于作者因循了流行的观察视角和方法，因而未能抓住中国经济面临问题的本质。一旦我们从供给侧观察现象、分析问题和寻找出路，就会发现，改革、增长和稳定三者之间并不存在非此即彼或者此消彼长的关系。恰恰相反，正如三角形是力学上最稳定的结构一样，从供给侧入手，正确选择结构性改革方向和优先领域、分寸恰当并精准地推进这些改革，既可直接达到保持经济中高速增长的目标，又有助于防范金融风险，实现经济和金融稳定。

供给侧结构性改革的性质，可以从其目标即提高潜在增长率来理解。有利于生产要素供给和全要素生产率增长的改革，即属于此类改革，应该放在改革日程的优先位置。例如，在劳动力总规模不再增长的情况下，提高劳动参与率是今后一个时期扩大劳动力供给的重要选择。我们的分析表明，劳动参与率每提高 1 个百分点，可以为潜在增长率赢得 0.88 个百分点的改革红利；而全要素生产率增长率每提高 1 个百分点，则可以赢得 0.99 个百分点的改革红利。这方面的改革包括户籍制度改革、降低企业成本和交易费用的政策调整、从体制上拆除不利于竞争的进入和退出障碍等。由于这类改革着眼于供给侧，无须过度倚重需求侧的刺激政策，因而也降低了金融风险，这种风险的底线，就是“建立良好的行为制约、心理引导和全覆盖的监管机制，使全社会都懂得，做生意是要有本钱的，借钱是要还的，投资是要承担风险的，做坏事是要付出代价的”，从而打破所谓的改革、增长和稳定“不可能三角”①。

第三节　从法制到法治

1. 改革与法的关系问题

2012 年以来，全面深化改革和全面依法治国成为两大时代主题。如何正确认识和处理好全面深化改革与全面依法治国的关系，不仅是一个重大的理论问题，更是一个重大的实践问题。

改革与法治是一个硬币的两面，二者相伴而生、相辅相成，既具有深刻的内在统一性，又具有明显的形式差异性。

改革与法治具有深刻的内在统一性。改革与法治无论是从本质上看，从体现人类进步的精神上看，还是从推动历史发展的作用上看，都是统一的。二者相互交织、交融、交汇，你中有我、我中有你，谁也离不开谁。从古今中外历

① 蔡昉：《如何打破改革、增长和稳定的“不可能三角”?》，《智慧中国》2016 年第 7 期。

史看，实施“变法”“新政”的过程实质上就是改革与法治统一实施的过程。在人类发展史上，改革总是一马当先，冲破束缚生产力发展的旧的体制和制度；法治则紧随其后，建立适应生产力发展的新的体制和制度。中国历史上的历次变法，都是改革与法治紧密结合，变旧法、立新法。从商鞅变法明刑正典、诸葛亮治蜀整肃纲纪、孝文帝改革摒弃鲜卑旧俗、王安石变法富国强兵、张居正变法实现“万历中兴”等，莫不如此。尤其是中国古代汉武盛世、开元盛世、康雍乾盛世的形成，更是彰显了改革与法治并施的关键性作用。

从我国改革开放以来的发展历程看，改革和法治如鸟之双翼、车之两轮，共同推动经济社会的快速发展。我国 1978 年以来波澜壮阔的改革开放进程，也可以说是古今中外历史上覆盖人口最多、持续时间最长、取得成就最大的一次“变法”和“新政”。在改革开放 40 年的历史轨迹中，镌刻着若干具有里程碑意义的重大历史事件，它们既标志着我国改革进入新的历史阶段，也标志着我国法治进入新的发展时期：1978 年安徽省凤阳县小岗村的“大包干”及其后召开的党的十一届三中全会，揭开了新时期改革开放的大幕，也开启了社会主义法治建设的新时代；1992 年邓小平同志的南方谈话及其后召开的党的十四大和十四届三中全会，明确了建立社会主义市场经济体制的改革方向，同时推动了社会主义市场经济法律体系的建立、依法治国基本方略和建设社会主义法治国家目标的确立；2001 年我国加入世界贸易组织及其后召开的党的十六大和十六届三中全会，推动我国社会主义市场经济体制改革不断扩展和深化，同时推动了我国法律体系的形成；2012 年、2014 年分别做出了全面深化改革和全面依法治国的决定，标志着我国的改革和法治都进入了历史新时期。

总结我国改革开放历程和具有标志性意义的重大历史事件，我们可以清晰地看到，贯穿其中的主线就是彻底打破权力高度集中的计划经济体制和制度的严重束缚，逐步建立充满生机与活力的社会主义市场经济体制和制度，形成我国的法律体系，最大限度地激发和释放全体中国人民勤劳致富、创业创造的积极性和主动性，从而极大地解放了人们的思想、解放和发展了社会生产力、解放和增强了社会活力，开辟了一条独具特色的道路，这是中国 40 年改革开放创造举世瞩目的世界奇迹的关键所在。所以我们说，改革的红利就是制度的红利，就是法治的红利，改革和法治如鸟之双翼、车之两轮，共同推动我国经济社会快速发展，这既是 1978 年以来我国改革开放和法治建设的鲜明特征，更是2012年底以来我国执政兴国和治国理政的基本方式。

改革与法治具有明显的形式差异性。改革与法治虽然在本质上是完全一致的，但就外在形式而言，二者的差异又是十分明显的。从一定意义上说，改革是破、法治是立，改革是变、法治是定，改革更多强调冲破现有不合理的体制机制和制度的束缚，法治则更加重视维护现行法律权威和经济社会秩序的稳定。具体而言，二者的形式差异主要可以从以下几个方面来分析和探讨：一是从思维特征看，改革表现得更为主动和活跃，不大受条条框框的约束，而法治则表现得更为审慎和稳定，要求在规则之下思考问题和解决问题。二是从行为特征看，改革更强调创新性和突破性，要求敢闯敢干，法治则更强调确定性和规范性，强调依法决策和依法办事。三是从功能特征看，改革主要表现为推动经济社会发展的动力功能，而法治则主要表现为维护经济发展和社会稳定的保障功能。四是从评价特征看，对改革更加重视从促进经济社会发展和提高人民生活水平的角度评价其成效，对法治则更加重视从维护国家社会稳定和保障公平正义、人民权益的角度去评价其成效。

“在法治下推进改革，在改革中完善法治”，这是习近平对如何辩证认识和处理当前我国改革与法治的关系做出的深刻论断，也是新形势下互动推进改革和法治的正确路径。当下的中国，正处于改革与法治的共生期、共进期、黄金期。我们正处在最好的全面深化改革时代，我们也正处在最好的全面推进依法治国时代，做好改革与法治有机结合这篇大文章，是历史赋予当代中国人的重大使命。

我国当前的改革只能是在法治之下的改革，而不可能是抛开法治另搞一套的改革。经过中华人民共和国成立以来70年特别是改革开放40年的不懈努力，以宪法为核心的法律体系已经形成，截至2015年6月底，我国现行有效的法律243部、行政法规744部、地方性法规9580部，国家经济、政治、文化、社会、生态文明建设等各个方面总体实现了有法可依。同时，随着立法的不断精细化，立法内容越来越全面、越来越具体，操作性越来越强。如1979年《刑法》只有192条，1997年修订增加到452条，并先后通过了9个修正案，进行了10次解释。《刑事诉讼法》1979年制定时是164条，1996年修改增加到225条，2012年修改增加到290条。其他方面的法律修订一般也都不同程度增加了新的内容，如2009年制定的《食品安全法》是104条，2015年修订后增加到154条。与我国法律体系相适应，严格执法、公正司法、全民守法取得显著进步，依法治国、依法执政、依法行政共同推进，法治国家、法治政府、法治社会一体建设的工作布局全面确立，社会主义法治精神逐步深入人心，这些都要求新形势下的全面深化改革不能像改革开放初期那样，可以在一些领域冲破法律禁区搞改革，那样的话，不仅法治权威和法治精神受到极大损害，而且经济社会秩序和发展稳定环境也会受到极大损害，甚至会造成剧烈的社会动荡，后果将十分严重。因此，新形势下的全面深化改革应当是在法治之下有序、渐进、稳步推进的改革，以最大限度地用法治凝聚改革共识，完善改革决策，规范改革行为，推动改革进程，固定改革成果，保证改革始终在法治的轨道上全面推进和不断深化。

我国当前的法治仍然是在改革进程中不断完善的法治，而不是已经尽善尽美、无须改革和发展的法治。法治作为特定社会的上层建筑，其内容只能由生产力的发展水平和经济基础的完善程度所决定，而不可能相反。我国的法律体系虽然已经形成，但还是一个“毛坯房”，需要进行“精装修”，需要根据改革发展稳定的新实践和新要求不断进行修改完善，科学立法、严格执法、公正司法、全民守法等各方面都面临着十分艰巨和繁重的改革任务。2012 年，胡锦涛作题为《坚定不移沿着中国特色社会主义道路前进　为全面建成小康社会而奋斗》的报告，第一次并列提出了全面建成小康社会的发展目标和全面深化改革开放的制度目标，并强调全面建成小康社会必须构建系统完备、科学规范、运行有效的制度体系，使各方面制度更加成熟更加定型，这就明确把通过改革不断完善制度的任务提了出来。《中共中央关于全面深化改革若干重大问题的决定》把“完善和发展中国特色社会主义制度、推进国家治理体系和治理能力现代化”确立为全面深化改革的总目标，部署了 336 项改革任务，最终大多要固化为法律制度，法律法规立改废释的任务极其繁重复杂，特别是从市场的“基础性作用”到“决定性作用”，从“国家管理体系”到“国家治理体系”，从“社会管理体制”到“社会治理体制”，都是深层次、全方位的革命性变革，必将引发和带动法律体系、法律制度、法律实施等各方面的深刻调整与变化；《中共中央关于全面推进依法治国若干重大问题的决定》部署了 190 项法治改革任务和举措，明确了全面推进依法治国的总目标、总蓝图、路线图和施工图，无疑将对全面推进依法治国、建设社会主义法治国家产生重大而深远的影响。这些都充分表明，新形势下的法治应当是以改革为动力快速推进、日渐完善的法治。要使法治如一江春水，伴随着改革和发展的脚步而浩荡前行。①

2. 改革失败的危险从何而来

中国历史上，成功的改革少，成功的革命多。② 任何一项改革都会冒险，要么成功，要么失败。成功案例，我们要总结经验；失败案例，应汲取教训。改革发展历史进程中，许多事情没有先例可循，只能是摸着石头过河。改革进入深水区和攻坚期，改革的风险和压力越来越大，而豁免"改革失败"的责任则可以解除改革者的"后顾之忧"，可以让改革者解放思想，放下包袱，轻装上阵，可以在一定程度上激发社会改革创新的积极性和创造力。③ 在全面深化改革实施背景下，2016 年政府工作报告中容错纠错机制的提出，给改革创新者撑腰鼓劲，给真正的改革创新者吃下了一颗"定心丸"，提供了正能量。健全激励机制和容错纠错机制，让广大干部愿干事、敢干事、能干成事。例如，2013 年 6 月 19 日，上海市第十四届人民代表大会常务委员会第四次会议上就通过了《关于促进改革创新的决定》，鼓励排头兵、先行者担当起改革先锋的责任，提出在法治框架下为"试错"护航。随后，深圳、天津、杭州等地也出台了鼓励创新、宽容失败的规章制度，对容错免责做了明确，推动各级干部"为官有为"。

---

① 袁曙宏：《正确认识和处理新形势下改革与法治的关系》，《社会治理》2015 年第 3 期。

② 改革面临的最大危险是缺失动力。当年邓小平等推动的改革，是以一场真理标准大讨论为突破口而开启的。那场举国上下包括党政干部、专家学者乃至普通公民等广泛参与的大讨论，对于激发改革激情、凝聚改革共识起到了至关重要的作用。并且，从改革开放 40 年历程看，每到改革的关键时期，领导层面都有意识地主动引导乃至广泛发动涵盖社会各个阶层在内的大讨论，在大讨论中寻求共识、凝聚力量，从而推动改革的持续进行。在当前信息社会已经到来、社会公共舆论的形成更加多元多样的条件下，建设改革的民主化讨论机制更为重要。实际上，当前包括平面媒体、电子媒体和网络媒体及其相互融合在内的多元多样的舆论场已经形成。问题已经不是要不要进行对于改革的公开讨论，而是如何进行对于改革的公开讨论的问题。不必担心社会不满情绪借讨论宣泄过度。讨论可以引导人们发表建设性意见，从而减少负面的不满和怨气。倡导对于改革的公开讨论，就是要鼓励和提倡任何公民和群体发表关于改革的任何理性的建设性的观点、看法和主张，对于这些观点、看法和主张，既要坚持不打棍子、不抓辫子、不扣帽子，更要慎定标准、慎立界线、慎设禁区、慎下结论。让错误的认识在广泛的讨论中销声匿迹，让正确的认识在广泛的讨论中成为共识，这比任何先入为主式的宣传教育都有效，从而更能够统一思想、凝聚力量。改革要有共识，这固然很重要，但怎样形成改革的共识，更为重要。没有经过公开的、理性化的讨论，所谓的改革共识如果不是虚假的，就是强加的，也就不成其为共识，难以获得社会的广泛认同和支持。参见蒋作斌《改革是化解当前各种矛盾的钥匙》，《学习月刊》2013 年第 3 期。

③ 李英锋：《可豁免"改革失败"不可豁免"瞎折腾"》，《济南日报》2013 年 4 月 11 日。

3. 法治的市场经济与市场的法律秩序

市场和法治被称为现代文明的两大基石。一般认为，市场经济具有平等性、竞争性、开放性等特征，是适应社会化大生产、推动经济社会发展的有效机制。实际上，市场经济还有法治性特征，法治是市场经济的内在要求。

经济的市场化要求社会的法治化。也就是说，市场经济越发达，法治也就越发展。马克思认为："先有交易，后来才由交易发展为法制……这种通过交换和在交换中才产生的实际关系，后来获得了契约这样的法的形式。"这深刻说明，法律产生于市场交换的实践，并随着市场交换实践的发展而不断发展和创新。恩格斯指出："在社会发展某个很早的阶段，产生了这样的一种需要：把每天重复着的生产、分配和交换产品的行为用一个共同规则概括起来，设法使个人服从生产和交换的一般条件。这个规则首先表现为习惯，后来便成了法律。"由此可以看出，市场经济是法治产生和发展的基础。

马克思说："社会分工则使独立的商品生产者互相独立，他们不承认任何别的权威，只承认竞争的权威，只承认他们互相利益的压力加在他们身上的强制。"在现代市场经济条件下，市场运行法律秩序可理解为法律制度在规范市场主体行为和保障市场运行过程中所形成的一种稳定的、良好的社会秩序。市场运行法律秩序的建立，一方面需要国家制定维护市场运行的法律制度，另一方面需要市场主体对法律制度的遵守。

市场经济的健康运行，需要有完善的法律制度来保障，即建立良好的市场运行法律秩序。市场运行法律秩序具有以下属性。

市场运行法律秩序中的平等性。市场运行法律秩序是一种良好的社会秩序，首先表现在平等性方面。由于市场经济的自然属性是商品经济，它以社会分工为前提，以社会消费为结果，以社会交换为实现方式，但交换是需要一定条件的，因为交换要建立在平等自愿的基础上，没有平等就不会有广泛真实的交换关系，所以在市场运行过程中，首先，要维护市场主体资格的平等性，在法律制度上具体表现为市场主体之间的人格是相互独立的，他们之间是平等的，无相互隶属和附属关系，不受法律规定之外的控制和干预；其次，市场主体在进入市场参与市场交换或市场竞争机会上的平等性，虽然每个市场主体资源占有情况不同，但每个市场主体参与市场的机会不能被剥夺，即法律制度必须保护市场主体具有形式上的平等性；最后，市场主体在市场经济规则面前的平等性，法律制度确保不同的市场主体在市场经济规则面前都是平等的。

市场运行法律秩序中的自由性。市场运行法律秩序中的自由性表现为市场主体的意思自治。在市场经济条件下，市场主体获得了独立、平等的人格，其对外经济交往主要靠契约（合同）来完成，因此，需要法律制度保障市场主体能按照自己的意愿自由做出选择，真正实现契约自由。探究契约精神的内涵能够发现，人们缔结契约关系，进行赠与、交换、交易等，系出于理性和必然，导致人们缔结契约的毕竟是自在的理性，即自由人格的实在理念，是一种表达自身意志，让渡自由权利的自由，这种契约自由表现在法制原则中就是意思自治，市场主体在给出意思表示进行市场选择时，是独立审视的结果，而不是相对方或第三方强制的结果。①

市场运行法律秩序中的竞争性。市场经济是竞争经济，竞争是市场经济的内在属性和固有规律。因此，在市场运行过程中，法律必须保障良好的市场竞争秩序。在市场经济条件中，市场主体为获取更多的经济利益或创设对自己有利的存续条件，就需要同其他市场主体展开竞争，竞争者在彼此的竞争过程中势必要与其他竞争者发生经济利益的冲突，以满足社会需求为目的，向社会提供物美价廉商品或服务的市场主体将存续于社会，反之则被淘汰出局，这就是市场运行的表现。为了维护竞争的局面，需要法律制度进行规范，以形成一种良好的市场竞争秩序。市场经济发展的历史表明，无论是主张自由竞争理论还是有效竞争理论，竞争性都是市场运行法律秩序中的基本属性。

市场运行法律秩序中的统一性。市场运行法律秩序中的统一性表现在以下两个方面：第一，发展市场经济，需要建立全国统一的市场，既要打破地区垄断，也要打破行业垄断，实现这一目标，除进行经济体制改革外，更需要不断完善法律制度，建立统一的市场运行秩序。此外，伴随全球经济一体化的进程，国内国外市场统一性的问题也越来越突出。第二，市场经济的本质是民主经济，经济民主相对于经济集中而言，它所强调的是市场主体合法权利的保护。同时，市场经济具有法治化的特点，与市场经济的民主性相对应，人权孕育了法治观念中的权利思想，自由则集中在契约关系中得以实现，可见市场经济是民主与法治的统一。②

---

① 代伟才：《我国市场运行法律秩序问题研究》，山西大学硕士学位论文，2009。

② 代伟才：《我国市场运行法律秩序问题研究》，山西大学硕士学位论文，2009。

4. 重塑互联网时代的公民意识、公众生活和公共政治

公民意识①是公民社会的重要内容，建立在“公民”概念基础上，体现了对个人与国家之间的固定法律关系的认识，是在对自身的公民身份认同的基础上产生的心理自觉。公民意识需要在不断的教育培养中形成，目前主要的培养途径有家庭教育、学校教育与社会教育，社会教育又可以通过社会团体和媒体等多种途径进行。网络作为一种新兴手段，为我国公民意识觉醒和培养提供了一个新的平台。②

当下，越来越多网络公共事件出现在公众面前。古希腊著名思想家亚里士多德曾说，“人天生是一种政治动物，在本性上而非偶然地脱离城邦的人，他要么是一位超人，要么是一位鄙夫。”这一名言形象地指出，参与公共政治生活对人存在的意义，即谁都离不开政治，并且都应参与政治。改革开放以来，由于经济的迅猛发展和社会的普遍进步，我国公民参与政治的热情也随之高涨。与此同时，互联网技术的蓬勃发展和普及，也为公民参与政治提供了新的渠道和平台。随着政府国家层面的支持和群众民间层面的参与，“网络政治参与热”已然兴起。公民通过网络关心自己的政治权利和利益，关注各种社会公共事务，积极表达自己的政治观点，并在这个过程中逐渐习得自由、民主、平等、协商、宽容等公民社会的基本价值准则，推动了我国公民社会的成长，并日渐深刻地影响着我国民主政治发展的进程。

网络政治参与协助现代公民精神的完善。互联网是一个自由、开放的虚拟

① “西方公民意识”被当作一种具有大众性的“现代文明意识”在中国出现与传播，对此我们要保持警醒。虽然中西方公民意识的产生与推进有某些共性，但是受制于资本主义社会发展的历史局限性与阶级局限性，“西方公民意识”本身就是一个存在多重矛盾的复杂结构，它与我国的国家制度、社会性质并不契合，无法成为中国公民意识建构的有效参照。中国公民意识的建构应以马克思主义基本原理为指导，符合本国国情、满足社会发展要求，并与国家制度、社会性质互洽。中西方公民意识分属于不同历史文化、不同政治形态、不同发展状况的社会，两者呈现的状况、意义并不相同，公民意识培育应当采取的价值立场、秉承的方法论也不一致。由于时代背景、环境、主题的差异，马克思主义经典作家未曾对公民意识问题做出直接的论述，不过，源自历史唯物主义的基本原则和关键性范畴，却为中国公民意识的建构提供了思想指南和科学分析的理论框架。即“社会存在决定社会意识”是中国公民意识建构的理论基石；“人的社会关系本质”是中国公民意识建构的立足点；“历史的、具体的权利”是中国公民意识建构的关键点；“国家与社会的统一”是中国公民意识建构的现实支撑；“人的自由全面发展”是中国公民意识建构的价值指向。

② 薛子文、唐璇玉：《网络公共事件与公民意识的发展》，《声屏世界》2014 年第 6 期。

空间，其平等、宽容的氛围为公民参与政治，进而完善现代公民人格提供了新的技术可能。首先，网络政治参与有助于公民形成独立人格。互联网的无中心节点性、开放性，能够使公民依据自己的经验和理性判断事实真相、发表观点见解，而较少出现现实中“被代表”“被投票”的悲剧。这样就保障了个人的独立性、自主性。其次，网络政治参与有助于公民养成平等的精神。在现实的政治参与中，人们常常因为身份、地位、年龄、文化等因素的差异而造成“不平等”，而基于计算机网络技术之上的政治参与，却从一开始就具有“网络面前，人人平等”的民主特征。在网络政治参与中，“人们一般不会遵照现实生活中的严格等级观念，不论上网者在现实生活中是高官富豪，还是平民百姓，在网络世界都是平等的一员，只要遵守最基本的法律规范，谁都平等享有网络权利和义务”。再次，网络政治参与有助于公民形成民主的精神。网络政治参与能充分发挥集体的力量，发出大众的声音，通过不同政治观点的争鸣，突破现实政治参与中精英分子的话语霸权，有利于形成民主的政治格局。复次，网络政治参与有助于增强公民的政治责任感。公民通过参与社会公共事务讨论、对各级政府进行网上问政、发表含有个人政治见解的博文等网络政治参与方式，提升了公民的主体意识和权利意识，密切了公民个人与国家社会的关系，增强了公民的政治责任感。最后，网络政治参与还有助于公民养成宽容的心态。网络世界纷繁复杂，各种政治观点激烈碰撞，公民正是在互动中才培养出宽容的心态。但这并不意味纵容，而是如启蒙思想家伏尔泰所主张的“尽管我不同意你的观点，但我誓死捍卫你说话的权利”。总之，我国公民在网络政治参与中对独立、平等、民主、责任、宽容等公民精神“温故而知新”，促进了公民精神的升华和完善。

网络政治参与锻炼公民政治参与的能力，积累政治参与的经验。我国是一个国土面积广阔、人口数量众多、人口素质参差不齐的发展中国家，受各种复杂国情的影响，公民在现实中参与政治的机会较为贫乏。另外，我国宪政政治体制还不够完善，尤其是作为我国公民在现实中参与政治的主要渠道的人民代表大会制度、政治协商制度、信访制度和基层群众自治制度都有不同程度的堵塞。再加上利益表达、政治参与的欲求有增无减，公民自然转向新的政治参与方式。互联网的出现，正是给公民提供了这样一种政治参与的机会。匿名、平等的网络环境，给公民提供了一个施展群众智慧的舞台。通过关注网络政治舆论，参加政治性贴吧论坛，与人大代表和政协委员进行网上互动等，公民不仅逐渐培养了独立自主的辨别是非的能力，还学习到各种政治活动常识和理论知识，进而形成了较为理性和科学的政治参与方式。在反复多次的参与和学习过程中，公民锻炼了政治参与的能力，为在现实中进行政治参与积累了有益的经验。

网络政治参与促进现代政治价值共识的形成。公民社会的成长过程是公共利益形成、公共精神彰显的过程，也是权利、法治、协商等现代政治价值不断传播、深入人心的过程。由于改革开放和市场经济的发展，我国社会贫富分层严重失衡，协调不同社会阶层的利益和观念较为困难；而没有各阶层的互相信任与合作，公民社会将难以维系。而网络的开放性、无中心性、迅捷性等特点，使得网络政治参与较现实政治参与更自由平等。在网络政治参与中，公民无须在乎身份、财富等的束缚，通过合作、协商、博弈等方式达成意见一致，共同推动现实中社会政治问题的解决。正是在不同意见的协商过程中，公民才不断地发现问题、解决问题，增强了其群体的归属感，推动了权利、法治、协商等现代政治价值共识的形成。正是各政治参与主体间的相互支持和信任，才建立起稳定的政治参与模式，加强了对政治共同体的认同，更有利于维护社会的公平正义。

网络政治参与引发政府对公民社会的关注。公民通过网络政治参与，无论是网络反腐，还是舆论监督，都既反映了现实中政治参与路径的不顺畅，也一定程度上弥补了现实中政治参与的不足，是对政府工作的有益补充。因此，网络政治参与热的兴起也引起了国家层面的重视。国家越来越重视在网络中形成的民意，网络政治参与在维护公民权利、以舆论制约国家权力方面发挥着越来越重要的作用。在网络政治参与的良性互动中，国家－社会的权力资源开始重新配置，公民社会的作用越来越凸显。①

① 李妍：《简论我国网络政治参与与公民社会的互动关系》，《理论观察》2011年第1期。

第四编
创新与转型

20世纪50年代，英国近代生物学家李约瑟曾发出这样的叩问，即“中国的科学为什么持续停留在经验阶段，并且只有原始型的或中古型的理论……中国的这些发明和发现往往远远超过同时代的欧洲，特别是在15世纪之前更是如此……而中国文明却未能在亚洲产生与此相似的近代科学，其阻碍因素是什么？”李约瑟关于中国科技停滞的思考立即引发了世界各界的关注和讨论。在新时代的今天，重新思考这一问题，寻找科学发展的条件和规律，对于中国创新驱动发展战略的实施，促使其重新回到世界科技的前沿，具有重大的理论意义和现实意义。正如习近平在2018年两会广东团讨论时所说的：中国如果不走创新驱动道路，新旧动能不能顺利转换，是不可能真正强大起来的，只能是大而不强。改革经济学要解决的议题之一，就是遵循促进高质量发展的思想和框架的要求，设计有助于推进经济转型的经济体制和机制，形成有利于创新创造的制度和文化环境。

第十一章 国家创新体系与全球科技治理

技术进步是经济长期稳定增长的核心动力，是促进经济增长方式转变的根本途径，这已经成为共识。① 历史上，我国的科技创新水平一度领先于世界，但由于文化、制度环境等因素，自明朝以后，中国闭关锁国，科技创新明显停滞，同世界科技发展潮流渐行渐远。鸦片战争之后，中国更是一次次被经济总量、人口规模、领土幅员远远不如自己的国家打败。新中国成立后，特别是改革开放40年以来，中国发展科技，重视创新，致力于追赶西方发达国家的步伐。由于制度约束被解除，劳动力、土地等生产要素得以解放，在“科技是第一生产力”的理论指导下，中国开始通过扩大开放，以“市场换技术”，虽然颇受争议，但从一定意义上看，这个政策还是具有改革开放精神的。尤其是随着中美贸易摩擦愈演愈烈，呈现不断扩大和升级态势。其中，中国在引资过程中曾经提出的“市场换技术”是美方责难的重点之一，存在被污名化的倾向。实际上，利用外部资金、先进技术和管理经验，融入国际化生产体系和销售、服务的网络，加快自身发展，这是许多国家尤其是后发国家在市场开放初期的普遍做法。正是这40年的改革开放，形成了我们今天的开放创新体系。因此，接下来，就是要抛弃“市场换技术”的“追赶”模式，换道自主创新路径，通过技术的体系化自主创新。

从“十三五”开始，面对高速度、高投资、高出口、高投入、高能耗、高污染的“六高增长模式”，中国做出经济发展进入新常态的总体判断，并开始推动以创新驱动为主战略的全面转型，其主要特点是速度变化、结构优化、

① 何胜：《技术创新、技术引进与经济增长方式转变》，《中外企业家》2018年第16期。

动力转化，并伴随着消费需求、投资需求、生产要素相对优势、市场竞争特点、环境承载能力、产业组织等九个方面的变化趋势。在战略导向上，不再以GDP增长论英雄，而是以创新驱动为先导构建经济发展新的动力体系，以创新引领加快新旧动能转换。创新成为“五大发展理念”之首。推动经济由高速增长转向高质量发展成为新时代的主要标志。而从根本上提升经济发展的质量和效益，创新这个第一动力也有了新的内涵——这是在大数据、物联网、人工智能、量子技术等新的技术经济条件下推动我国经济向高水平发展演化的内在动力机制，是围绕数字经济、人工智能、纳米技术等前沿领域全面推动的新技术、新产业、新业态、新模式的创新发展。重点是加快建设创新型国家，加强国家创新体系建设，强化战略科技力量，培养造就一大批具有国际水平的战略科技人才、科技领军人才、青年科技人才和高水平创新团队。要积极参与新一轮全球科技革命和产业变革，实现由“跟跑者”向“并行者”甚至是“领跑者”的转变，包括深度参与全球科技治理。同时，我们也要注意到，在国家整体科技更加接近前沿水平，许多领域已经处于前沿的条件下，技术如何进一步渗透到整个经济，如何进一步打通技术渗透中的梗阻现象，消除包括数据垄断、体制障碍和产业政策等在内的影响。这要求政府的科技政策和产业政策应该更加体现竞争中性原则，加大监管和反垄断力度，使国民经济整体均衡地获益于技术变革和全球化。

第一节　技术创新对经济增长的贡献

技术创新是人类财富之源，是经济增长的根本动力。重大的技术革命总是使生产力得到极大程度的解放，它既改变着生产函数，也产生“毁灭”创新效应。200多年前，亚当·斯密就曾指出，发明和机器的改进可以大幅提高生产效率，而劳动分工可以大大提高劳动效率。[①] 随后，科学管理的先驱者查尔斯·巴贝奇（Charles Babbage）提出了技术分类、发明、技术的国际转移、技术造成的失业、R&D支出、技术替代等一系列技术经济问题，[②] 得益于科技实

① 王宏伟：《技术经济学的理论基础述评》，《数量经济技术经济研究》2009年第11期。

② 王宏伟：《技术经济学的理论基础述评》，《数量经济技术经济研究》2009年第11期。

力的增强，两次世界大战以后，美国取代英国成为世界霸主。这一时期，创新理论研究的主要奠基人熊彼特提出了技术创新概念，并进一步提出了技术进步与经济增长之间的关系。自技术创新概念被提出之后，技术创新领域的研究备受关注，技术创新理论已经成为现代西方经济理论中的一个重要分支，在分析经济增长方面起着重要作用。近年来，技术进步因素由新古典增长理论中的外生变量，发展成为新经济增长理论的内生变量，即人力资本积累和知识积累所引致的内生技术进步是经济长期持续增长的重要源泉和决定因素。[①] 20 世纪 50 年代，随着中国经济建设和工业化进程的展开，中国境内还兴起了一门新的学科——技术经济学。技术经济学运用经济学的理论和方法研究技术生成规律性、新旧技术替代过程的规律性、技术进步和创新的规律性以及技术资源配置与经济增长之间的关系及其运动规律。[②]

科技创新对经济增长具有重要的作用。①技术创新产品创造丰厚利润。李嘉图的商品价值论认为，具有效用的商品，其交换价值源自两个方面：一个是它们的稀少性，另一个是所必需的劳动量。具有稀缺性商品的价格，取决于购买者的购买力和嗜好，而不取决于于生产商品所必要的劳动时间。创新产品在知识产权的保护下，一定时间之内具有稀缺性，短期之内处于垄断地位，能够获得丰厚的垄断利润。然而，创新产品的垄断和稀缺是暂时的，创新产品具有生命周期（分别为创新期、垄断期、扩散期、模仿期、淘汰期），随着商品稀缺性的消失，创新商品市场就会蜕变成普通商品市场。因此，我国企业要获得高额利润，就必须进军创新商品市场；我国经济要高质量发展，也必须进军创新商品市场。②技术创新带来价值链两端“高附加值”产品，进而促进经济结构调整。价值链是指企业从提出产品概念到销售并实现价值的全过程。价值链上各个活动创造的价值是不一样的。其中，价值链的前端（包括研发和设计）和后端（包括营销和服务）创造的价值更高，价值链的中端（即生产环节）创造的价值较低。我国企业要想抢占竞争高地，我国经济实力要想进一步提升，就必须专注于高附加值活动，更加注重原始创新。科技创新的不断推进，配合各国产业和科技政策，会引导社会资源向新的产业流动，增

① 王乃静、王立平：《技术创新对山东经济增长的贡献研究》，《山东经济》2007 年第 6 期。
② 田浩：《国家创新体系：从概念到研究方法》，《兰州学刊》2017 年第 6 期。

加投资，扩大规模，从而形成新的经济增长点。以不断的科技进步为契机，引导一国的经济结构缓慢而有方向性的调整，最终实现经济结构的调整。③技术创新打破生产要素报酬递减规律，促进经济持续平稳发展。经济发展的关键在于诸多要素（比如资本、劳动力、技术等要素）的投入，但是仅靠这些要素的投入无法解决经济发展中的两个基本问题：一是生产要素报酬递减，经济发展会趋于停滞；二是稀缺资源的瓶颈影响经济发展。而创新可以通过不断地提高单一或者综合要素的生产率来抵消因为要素投入数量的增加而导致的单一要素或者全要素报酬递减的趋势，还可以通过生产要素的新组合来突破经济发展中迟早要发生的、由要素或资源的短缺所造成的瓶颈。创新能够“把一种从来没有过的关于生产要素的‘新组合’引入生产体系”。无论是引进新产品、采用新技术，还是开辟新的市场、控制原材料新的来源、实现一种工业的新组织，都会打破要素报酬递减的趋势或者突破要素和资源的瓶颈，从而增强企业核心竞争力，提高经济增长的质量，并且持续不断的科技创新能够缓解经济周期而带来的经济危机，促进经济持续而平稳的发展。[①]

走创新驱动发展之路是世界经济发展的必然趋势。创新型国家将科技创新作为基本战略，大幅提高科技创新能力，形成日益强大的国家竞争优势和国际话语权，它们在发展中占得了先机，以最小的代价，获取了最大的实惠，甚至主宰着世界经济的命脉。[②] 英国、德国、美国、日本等国家的历史经验表明，科技创新是大国崛起的基石。[③] 17 世纪至 19 世纪中期，英国是当时的世界科技创新中心，科学研究、技术发明和创新呈现欣欣向荣的气象，不仅涌现出培根、达尔文等一批伟大的自然科学家和社会科学家，还涌现出以瓦特为代表的一批伟大的发明家和创业者，产生了蒸汽机、电报机、机动轮船、铁路机车等一批影响世界的伟大发明。但从 19 世纪后期到 20 世纪初期，英国科技创新的领先优势逐步丧失，以电力为代表的第二次工业革命兴起的时候，技术发明和

---

① 《技术创新成为 G20 各国促进经济增长的主要选择》，人民网，world. people. com. cn/n1/2016/0825/c1002 - 28665492. html，2016 年 8 月 25 日。

② 张来武：《论创新驱动发展》，《中国软科学》2013 年第 1 期。

③ 王昌林、姜江、盛朝讯、韩祺：《大国崛起与科技创新——英国、德国、美国和日本的经验与启示》，《全球化》2015 年第 9 期。

创造的主要国家已不是英国，而是后起的德国和美国，全球科技创新的中心开始向德国、美国转移。日本之所以能在19世纪末实现崛起，是国内国际多种因素作用和一定历史条件的结果，其关键的科技因素是通过大胆引进和吸收西方先进技术使之本土化并着力培育人力资本，从而在亚洲率先建立起近代产业体系，实现了经济和军事实力的快速提升。[①] 长周期理论认为，技术创新引起繁荣，繁荣又是萧条的原因，重大的科技革命引起大的繁荣，毫无疑问也会引起大萧条。[②] 2008年金融危机后，新一轮的科技革命正在孕育兴起，当前，全球各国都普遍把经济复兴的希望寄托于技术创新的道路上，许多国家将创新战略提升为国家战略，以期通过技术创新实现国家经济体的复苏。正确认识当前全球新一轮科技创新的趋势与特点，把握机遇，顺势而为，对我国打造全球竞争新优势具有重大战略意义。

1. 跳出李约瑟之谜和韦伯疑问

自秦“灭六国”伊始，尽管中央高度集权“长治于世”的初衷从未实现，但其周期性的复归与加强反映了中国古代封建制度体系旺盛的生命力。强势的皇权、繁荣的经济以及深厚的文化底蕴促使中华文明成为世界第一个千年里人口、科技与经济增长的主导力量之一。[③] 根据麦迪森教授的估计，在公元1世纪，中国的汉朝和欧洲的罗马帝国处于同一发展水平，人均收入水平基本一致，而且直到1820年，中国仍是世界最大的经济体，国内生产总值（GDP）仍占世界份额的32.4%。但是，中国在宋代达到鼎盛时期以后人均收入就开始停滞不前，欧洲却在肇始于14世纪的文艺复兴中逐渐走出了中世纪的黑暗，并于18世纪首先在英国发生了工业革命[④]，科学技术与经济增长出现了指数化的加速趋势，并通过工业革命传导至整个欧洲大陆。而正值鼎盛时期的中国既未停止增长也不缺乏“早期工业化”的证据，却出现了科技成果、经济产出不足以支撑人口增长的相对衰落趋势。这段承载着巨大反差的历史过程引发

---

① 王昌林、姜江、盛朝讯、韩祺：《大国崛起与科技创新——英国、德国、美国和日本的经验与启示》，《全球化》2015年第9期。

② 刘鹤：《两次全球大经济危机的比较研究》，中国经济出版社，2013。

③ 王津津、任保平：《重释李约瑟之谜：经济转型路径演化视角下的兴盛与衰落》，《经济学家》2016年第6期。

④ 林毅夫：《李约瑟之谜、韦伯疑问和中国的奇迹——自宋以来的长期经济发展》，《北京大学学报》（哲学社会科学版）2007年第4期。

了学术界对中西方“文明分岔”“经济大分流”等众多命题的探讨。① 工业革命为何没有首先发生在孕育了资本主义萌芽的中国？此即韦伯提出的疑问。20 世纪 50 年代，这一问题又在英国近代生物学家李约瑟编写的 7 卷本《中国科学技术史》中被提及，该书第一卷的序言中发出了这样的叩问：“中国的科学为什么持续停留在经验阶段，并且只有原始型的或中古型的理论……中国的这些发明和发现往往远远超过同时代的欧洲，特别是在 15 世纪之前更是如此……而中国文明却未能在亚洲产生与此相似的近代科学，其阻碍因素是什么？”李约瑟关于中国科技停滞的思考立即引发了各界的关注和讨论。②

迄今为止，国内外学者关于李约瑟之谜已有大量的探索，相关争论和解答众说纷纭，各有千秋，形成了诸如中央集权说、制度说、人口英雄说、思维方式说、资源 - 经济约束说等不同派别。在新时代的今天，重新思考这一问题，寻找科学发展的条件和规律，对于中国创新驱动发展战略的实施，促使其重新回到世界科技的前沿，具有重大的理论意义和现实意义。中国没有发生工业革命以及科学技术没有在中国发展，有许多原因纠缠在一起，它们都阻碍着科学按其所期待的进程发展，在建设世界科技强国的今天，有些原因仍然存在着，前进的道路仍被阻碍着。譬如，即便是今天的互联网行业，领先的也是应用方面的创新，而在基础研究领域，中国与世界的差距还不同程度的存在。科睿唯安发布的《2017 年全球百强创新机构》报告中，中国仅有华为技术有限公司一家继 2014 年、2016 年上榜之后，实现第三次登榜。

中国没有发生工业革命以及科学技术没有在中国发展，是地理环境、宗教文化、国家体制等多种综合因素的结果。就地理环境而言，中国自古以来是一个大陆国家，东边绵长的海岸线使得中国自古以来的防御都将重点放在了西北方向，人们生活在“相对安全”和“相对隔绝”的土地上。国家高度统一，中国中心论与文化优越论不断升温乃至急剧膨胀，使得中国人相对于周边民族国家而言有一定的优越感，竞争意识变得淡漠，并完全失去了征服自然的理想

① 王津津、任保平：《重释李约瑟之谜：经济转型路径演化视角下的兴盛与衰落》，《经济学家》2016 年第 6 期。

② 柯大文：《破解 70 多年前的“李约瑟之问”》，《解放军报》2015 年 6 月 4 日。

而完全从外部世界撤退回来，技术开发领域几乎没有竞争。而在同一时期的欧洲，技术开发领域存在着较强的竞争，比如欧洲国家之间的竞争使得欧洲在中国火药的基础上发明了火药武器，因此有动力和欲望去追求财富和开展掠夺。在这方面，自秦朝以后的中国不但比不上相同时期的欧洲，甚至比不上春秋战国时期的中国。春秋战国时期，由于不同诸侯之间的竞争，整个中国产生了大量智力成果，出现了历史上罕见的诸子百家争鸣。宗教也是原因之一。汉朝罢黜百家，独尊儒术以后，宗教思想在巩固皇权的同时扼杀了创造力，儒家思想将科学视为“末学”，主张“君臣、父子、夫妻”等伦理纲常，注重强调社会的等级秩序以及论证这种秩序的神圣性和永恒性。加上科举选拔人才的做法，使得新观念很难被社会接受。而在国外，思想大解放运动使得各种学说纷纭，派别林立。18 世纪的法国，个人主义思潮来势凶猛，出现了伏尔泰、卢梭等大思想家。大百科全书出版，天赋人权等思想得以表现。大百科全书不但提供了知识情报，而且形成了舆论，对教会和专制政府都进行了抨击，推动了一次思想大解放运动，为从人性和人的权利出发研究所谓自然而然的社会经济制度奠定了哲学思想基础。再有，明朝以来，闭关锁国的中华大地一直做着“天朝上国”的美梦，以为自己生活在世界的中心，传统的“和”文化、“有朋自远方来”的思想，导致国家对海上贸易不重视。从事海上贸易的商人与国家支持下的西方商人在开展贸易过程中，往往处于劣势地位，导致中国海上贸易始终处于规模小、实力弱、分散化的状态。郑和下西洋，也不是为了开展贸易，而是为了宣扬皇帝的国威。亚当·斯密在《国富论》中阐释了为何要进行对外贸易：“由于交换的力量而引起了分工，所以分工的范围必然总是受到交换能力范围的限制。换言之，受市场范围的限制。”“一国的内陆，不可能长时期内为自己的大部分货物找到其他市场，除非这个国家的内陆四周有海岸和通航的大河，或被这样的大河分开。”① 西方的贸易采取的都是国家殖民主义、重商主义，使用国家掠夺的手段来获取金银，而中国是用大量的丝绸、瓷器、茶叶贸易来实现财富的增长，这些产业多属于传统手工业的范畴，未能形成机械化和规模化生产。亚当·斯密说：世界上有些文明古国，如中国在很久以前，“财富就已经达到了该国法律制度所允许的程度”，但在后来的漫长年

① 〔英〕亚当·斯密：《国富论》，郭大力、王亚南译，商务印书馆，2015。

代却一直停滞不前，就是因为制度限制了经济的进一步发展。[①] 中央集权体制、重农轻商的"开放型政治体制"导致下层通往上层的唯一通道就是科举考试，重文轻理，或者将理用于鬼神占卜方面，导致科学技术上的成就终止于"四大发明"。同时，这种科举考试不允许考生自由发挥，中国皇帝仅仅希望他的臣民保持沉默并接受王朝的正统观念，通往财富和权力的道路是背诵经籍和学会文明地讲话，而不是研究天文学。这种奴化教育使知识界以科名为尚，对科技则不闻不问，科技人才无法培养。长此以往，广大群众往往以考取功名为荣，科技创新便失去了社会基础。集权的政治体制导致了大量的寻租行为，精英阶层内耗。户籍制度导致人口不能自由流动。而在国外，国家之间是可以自由移民的，思想交流也容易发生。古代中国，农业耕作在空间上的稳定性和在时间上的固定性特征，使华夏民族很早便形成了根深蒂固的稳定观念。上至帝王将相、士大夫阶层，下至黎民百姓，都将稳定秩序视为自然、社会和个人行为的最高准则。封建社会中以稳定秩序为核心的观念必然具有封闭、保守和僵化教条的特征。封闭保守的观念体系直接限制了人们对外界客体的不断追问，这种观念体系不是将人们的思维活动引向自然界，而是引向主体自身，主要是去感悟主体行为与周围环境是否吻合，即是否符合道德实践的行为标准问题。因而与中国农耕文化相适应的这种僵化固守的观念形态表现出重道德而不重自然、重人伦而不重科学的特征。这种思维方式所塑造的民族精神和国民性格必然会抑制科学的发展。就是由于中国自有其固守的一套文化，而在这一套文化上，中国人不必更换观点就能应付各种环境，也就不必再有创新的需要。所以外国学者批评中国文化有自足性，想必就是因为如此。至于西方则不然，科学的产生虽不是偶然的，但是科学却始终在斗争中滋长。所以西方文化是一个内部有冲突的文化，而冲突的发动机就是科学。难怪有人说西方的全部文化史就是科学与宗教的冲突史。[②]

"以古为镜，可以知兴替"，回顾过去、总结历史和教训，是为了更好地走向未来。随着中国经济的持续高速发展和综合国力的迅速提高。"李约瑟之问"，不只是一个英国学者的个人学术兴趣问题，也不仅是对现代科技起源的

① 何正斌：《经济学三百年》，湖南科学技术出版社，2015。

② 王立斌：《"李约瑟难题"的由来、解答及理论启示》，吉林大学硕士学位论文，2005。

诘问，更是文明转换背景下的经济转型问题和重大文化命题。毫无疑问，今日之中国的发展环境与古代、近代已经大为不同。随着技术的发展，世界变成了地球村，各种资源在全球进行配置，中国在世界经济体中的位置也大为提升。改革开放40年，伴随着一系列体制障碍的清除，物质资本和人力资本得到巨大的积累和有效的重新配置。中国终于把自己在几个世纪“大分流”中的落后地位，逆转为向发达经济体的“大趋同”，并以成为世界第二位经济体为象征，取得了世人瞩目的经济社会发展成就。[①] 在科学技术方面，一些重要领域开始跻身世界先进行列，某些领域正由“跟跑者”向“并行者”“领跑者”转变。特别是中国的高铁科技创新，已经抛弃“市场换技术”的“追赶”模式，换道自主创新路径，通过高铁技术的体系化自主创新，短短4年就研发出被称为“中国名片”的时速350公里的CRH380系列高速列车和配套技术与装备体系，支撑了中国史无前例的高速铁路建设和运营，[②] 形成了被西方发达国家称为“高铁革命”的中国高铁大发展。

从国际经验看，一个国家要崛起为大国并持久保持大国地位，主要是靠科技创新能力及其主要载体——制造业的竞争力，而不是靠自然资源，更不能靠殖民掠夺。历史上，葡萄牙、西班牙、荷兰曾经是占有大量殖民地的“大国”，但由于缺乏科技创新的支撑，只能“昙花一现”。检视历史上大国崛起的科技创新因素，归根到底是这些国家较早建立了一套比较完善的激励创新的制度，包括知识产权制度、教育制度、反垄断制度、投融资制度等，以及在全社会形成了尊重知识、尊重科学、尊重人才、崇尚成功、宽容失败的文化氛围。因此，推进科技创新，其根本在于建立有利于充分激励创新的制度环境和社会文化。今天，中国正处于伟大的历史复兴进程中。从经济总量看，我们已经堪称世界大国。但必须看到，中国经济快速增长很大程度上是靠大量低效消耗资源和物质资本投入取得的，科技创新能力不强，经济发展不可持续的问题日趋突出。当前，新一轮科技革命和产业革命正在孕育兴起，与中国全面建成小康社会、实现中华民族的伟大复兴形成历史性交汇，是中国和平崛起难得的

---

① 蔡昉：《破解中国经济发展之谜》，中国社会科学出版社，2014。

② 《创新引领发展建设科技强国——科技专家学习贯彻党的十九大精神》，《经济日报》2017年11月3日。

历史机遇。值得重视的是，中国要像历史上一些成功崛起国家那样后来居上，必须破除许多深层次的体制机制障碍。否则，将难以真正抓住、抓好世界新一轮科技革命和产业革命带来的历史机遇。对此，我们必须以高度自觉的历史使命感和强烈的忧患意识，着力推进全面深化改革的体制机制创新，着力营造建设创新型国家的社会文化生态和土壤，努力在新一轮科技革命和产业革命中抢占先机。①

2. 创新文化与创新制度的双重变迁

历史就像是大国兴衰更替的链条，一环扣一环，有始无终，兴亡无常。比较近代世界科技发展的历史，18 世纪以来，世界科技中心和工业中心从英国转到德国，再到美国，表面上是地理位置的更替，实质上是创新能力由弱向强的转移，是有利于创新的体制机制和文化相互作用的结果。② 工业革命之所以在英国开始，主要是得益于英国的制度环境、较为宽容的宗教背景、先进的市场意识和商贸手段；德国的迅速崛起，则归功于德国哲学思想的活跃以及宗教改革以后一系列政治、经济、社会方面政策措施的实施，归功于对教育和科研的重视；世界科技和经济“超级大国”美国，成功的最大因素是以市场机制为基础，不断营造和优化有利于创新的文化氛围，竞争意识、冒险精神、创业胆识和宽容失败的传统是美国文化的底蕴。古今中外的例子充分证明：一流的成果需要一流的人才，一流的人才需要一流的环境。就客观环境来说，体制机制、政策措施、社会风尚、文化氛围都会对创新活动和创新者产生正反两方面的影响。这不仅是逻辑的必然，也是历史发展的规律。③

为了促进科学繁荣和技术创新，制度供给是十分重要的。从一般的意义上来说，制度的基本功能就在于为人类迎接挑战提供一种手段或保证。相对于西方发达国家而言，中国在经济发展水平、市场经济体制建设、科学技术进步和创新等方面，都是属于后发国。新中国成立后，为适应计划经济体制，建立和形成了以行政管理为主的集中、封闭、垂直型科技体制，科技管理机构权限高度集中，人事制度僵化，科研机构远离生产系统。40 多年前（1978 年）召开

① 王昌林、姜江、盛朝讯、韩祺：《大国崛起和科技创新——英国、德国、美国和日本的经验与启示》，《全球化》2015 年第 9 期。

② 梁启东：《透视“李约瑟难题”：呼唤创新文化》，光明网，2017 年 7 月 25 日。

③ 梁启东：《透视“李约瑟难题”：呼唤创新文化》，光明网，2017 年 7 月 25 日。

了全国科学大会，科技发展迎来了“科学的春天”，象征着一个科技新时代的开始。改革开放以来，中国科技体制改革的脚步从未停歇，一直努力探索解放和发展科技生产力的最优道路。无论是在宏观层面，还是在微观层面，科技体制改革都在不断深入和完善。“坚决破除制约使市场在资源配置中起决定性作用、更好发挥政府作用的机制体制弊端”，这既是中国经济当前迫切需要深入推进改革开放的特定领域，也是今后实施创新驱动发展战略，建设现代化经济体系和增强经济质量优势的总指导原则。

回顾科技体制改革40年的历程，可以看到，改革初期走了一段艰难和曲折的探索之路，其中有思想认识、物质条件、外部环境和发展阶段等方面的限制。自1995年科教兴国战略提出之后，国家相关部门加大了对科学支持的力度，科研经费大幅增加，我国科技体制改革和科技事业取得了迅速发展。2006年《国家中长期科学和技术发展规划纲要（2006—2020年）》实施，我国科学技术的发展沿着“自主创新，重点跨越，支撑发展，引领未来”的方针，十几年来取得了巨大的进步，研发经费持续上升，科技产出大幅增加。特别是近五年来，“创新驱动发展成果丰硕。全社会研发投入年均增长11%，规模跃居世界第二位。科技进步贡献率由52.2%提高到57.5%。载人航天、深海探测、量子通信、大飞机等重大创新成果不断涌现。高铁网络、电子商务、移动支付、共享经济等引领世界潮流。”尽管我国科技发展取得令人瞩目的成就，但我们必须清醒地认识到，我国科学技术与发达国家还有很大的差距，还需要长期不懈的努力。展望未来，我国的科学技术发展面临着极大的挑战。从国内来看，我国经济发展正在处于转变发展方式、优化经济结构、转变增长动力的关键时期，科学技术要为国家发展提供更强大的支撑。从国际来看，伴随着人工智能、生物技术、区块链等一批新兴科学技术为代表的新一轮科技革命和产业变革正在孕育兴起，国际竞争日益激烈，掌握核心技术和关键技术的重要意义凸显出来。[①] 尤其是作为国之重器的关键核心技术，对推动我国经济高质量发展、保障国家安全都具有十分重要的意义。而中美贸易摩擦的出现，更让我们坚定了自主创新的道路，必须把科技发展的主动权牢牢掌握在自己手里，真正

① 樊春良：《改革开放40年来我国科技体制改革的历程和发展》，《中国科学报》2018年7月23日。

抓住新一轮科技革命和产业变革机遇的战略问题，大力提升我国关键核心技术的创新能力。

但中国的创新，最缺乏的是创新的制度和文化。创新创业是未来的事业，其本质是乐观经济学的映射。在这方面，彼得·蒂尔的《从0到1：开启商业与未来的秘密》就据此构造成一个两维对两维的矩阵（明确/不明确，乐观/悲观），得出了四个象限：明确乐观，不明确乐观，明确悲观，不明确悲观。然后他把“各国看待未来的方式”，装进了这个认知矩阵。虽然不够严谨，但从创新的角度看，又颇有道理。其中，作者把“现在的中国”列为“明确悲观”之代表——但问题是，明确乐观的未来观，才是一切经济、科技革命行为者的精神前提。对此，经济学家周其仁曾经有一个观点：创新创业的最优主体既不是超大组织里的所有人，也不是单枪匹马的先知先觉。最优创新组织是不大不小的“群”——同气相求容易达成共识，互相欣赏、互相切磋、互相鼓舞，组织成本不高但很容易就形成一致行动。群与群交互作用，行动得出正果，就可以感染更多人群。这像生命一样，能够无中生有，是起于“一锅原生浓汤”，活跃分子凑到一起，闷在一块儿，高频互动，直到长出一个新结构。从这点看，革命、改革、建设，在发生学上是一样的。因此，敢想敢做极有意义，相信未来更好，是敢想敢干的前提；而创新创业人群要主动对冲弥漫周遭的各种焦虑——增长焦虑、转型焦虑、教育文化焦虑，还有讲不明白的焦虑，但仅凭焦虑杀不出重围。要让务实的明确乐观在中国抬头，要先从创新创业的人群里开始。① 同时，进入这个科技创新主导发展的时代，科技创新的方式也要从原来注重单项突破的线性模式，转向更为注重多学科交叉融合的非线性模式；创新组织从以往相对独立的组织形态，转向多机构协同的创新体系；创新活动与人文伦理价值观的联系日益密切。要推进创新文化与创新制度的双重变迁，让创新思维模式更具发散性和兼容性，让创新组织模式更具开放性和激励性，让科技创新管理更具多元化和互动性。只有把创新文化的价值追求融入我们民族的基本价值追求之中，正如《重新定义公司：谷歌是如何运营的》中所说的，创新始于教育。其不仅是指从幼儿园到中学再到大学的教育模式，

① 周其仁：《一个经济学人眼里的未来——在2016联想之星WILL大会上的演讲》，齐鲁壹点，2016年7月13日。

更重要的是应该鼓励破坏性创新，而不是执着于现状，要赋予人们创新的自由。法规是为了防止问题出现而制定的，但如果建立的体制对一切都做了规定，人们哪里还有空间创新？或许，今天，在世界的某个角落，某个地方的某个车库、宿舍、实验室或会议室中，一位未来的商业领导者已经建好了一支由孜孜不倦的创意精英组成的小团队，或许，这位领导者的手中就拿着《重新定义公司：谷歌是如何运营的》这本书，正在借鉴书中的理念来建立一家最终会将谷歌逐下舞台的公司。但问题是，中国有没有这样的一个角落，这样的一些车库、宿舍、实验室或会议室。

3. 国家创新体系建设与“双创”升级版

国家创新体系（national innovation system，NIS）的研究最早可以追溯到20世纪80年代。1985年，丹麦学者Lun dvall Bent Ake融合了德国经济学家李斯特的国民经济体系和熊彼特的创新思想，首次提出了“国家创新体系”的概念，但没有给出定义。弗里曼（Freeman）于1987年正式提出了国家创新体系的含义。① 他在研究日本经济发展时发现，技术领先是技术创新的结果，更是制度、组织创新的结果，从而是一个国家创新系统演变的结果，即在一国的经济发展和追赶、跨越中，仅靠自由竞争的市场经济是不够的，需要政府提供一些公共商品，需要从一个长远的、动态的视野出发，寻求资源的最优配置，以推动产业和企业的技术创新。弗里曼认为政府对技术创新有着举足轻重的作用，他把政府作为技术创新中的内在因素。②

国家创新体系概念被正式提出后，成为许多国际经济组织和国家进行政策实践的理论基础，主要的国际经济组织和经济大国（美国、中国等）均将建设和完善国家创新体系作为促进科技和经济发展的主要手段。③ 实际上，20世纪80年代之前，国家创新体系早已存在于发达国家中。美国是较早建立国家创新体系的国家之一，1870～1913年美国花了43年的实践成功追上英国，成为世界创新的领先者。其他国家如瑞典、瑞士、芬兰、日本等，在创新型国家建设过程中，都十分重视国家创新体系的建设并各具特色。“一个政府，如果

① 杨东德、滕兴华：《美国国家创新体系及创新战略研究》，《北京行政学院学报》2012年第6期。

② 陈琦：《大国国家创新体系的基本要素及框架》，《湖南商学院学报》2011年第1期。

③ 薛晓光、宋旭超：《国家创新体系文献评述》，《产业经济评论》2016年第4期。

不能慷慨而又明智地支持并鼓励大学、工业界和政府实验室的科技工作，就没有履行自己的职责。”“没有一个国家可以在当今世界上维持领袖的地位，除非它充分开发它的科学技术资源；没有一个政府可以充分地承担起各种责任，除非它极力支持大学、工业界和政府自己的实验室工作。”这是美国杜鲁门总统的至理名言。

提高自主创新能力，建设创新型国家，是国家发展战略的核心，是提高综合国力的关键。在此背景下，2006 年，《国家中长期科学和技术发展规划纲要（2006～2020 年）》（以下简称《规划纲要》）颁布实施，提出到 2020 年进入创新型国家行列，为在 21 世纪中叶成为世界科技强国奠定基础的总体目标。《规划纲要》首次将建设国家创新体系作为科技发展的重点任务，明确提出，深化科技体制改革的目标是推进和完善国家创新体系建设，要以服务国家目标和调动广大科技人员的积极性和创造性为出发点，以促进全社会科技资源高效配置和综合集成为重点，以建立企业为主体、产学研结合的技术创新体系为突破口，全面推进我国的国家创新体系建设，大幅提高国家自主创新能力。

针对我国自主创新能力还不够强，科技体制机制与经济社会发展和国际竞争的要求不相适应，迫切需要进一步深化科技体制改革，加快国家创新体系建设，抓住机遇大幅提升自主创新能力，激发全社会创造活力，真正实现创新驱动发展的问题，2012 年 7 月 6～7 日，中共中央、国务院隆重召开全国科技创新大会，印发了《关于深化科技体制改革加快国家创新体系建设的意见》（中发〔2012〕6 号，以下简称“中央 6 号文件”），这是指导当前和今后一个时期我国科技改革发展和创新型国家建设的纲领性文件。中央 6 号文件共包括 8 个部分 21 条，从强化企业技术创新主体地位、加强宏观统筹和协同创新、改革科技管理体制、营造创新环境等方面对新时期改革发展、建设国家创新体系进行了全面部署。

此后，在加快实施创新驱动发展战略方面，国家出台了《中共中央 国务院关于深化体制机制改革加快实施创新驱动发展战略的若干意见》；在深化科技体制改革方面，中共中央办公厅、国务院办公厅发布了《深化科技体制改革实施方案》；在强化企业技术创新主体地位方面，国务院办公厅发布了《关于强化企业技术创新主体地位全面提升企业创新能力的意见》；在科技管理改革方面，出台了《关于深化中央财政科技计划（专项、基金等）管理改革的方案》《关于改进加强中央财政科研项目和资金管理的若干意见》《关于国家重大科研基础设施和大型科研仪器向社会开放的意见》等；在创新创业生态营造方面，出台了《关于发展众创空间推进大众创新创业的指导意见》。

2017 年，国家创新指数排名升至世界第 17 位。科技创新能力正在从量的积累向质的飞跃、从点的突破向系统能力提升转变，“三跑并存”中领跑、并跑的比例越来越大，内容越来越丰富，在若干重要领域开始打造“先发优势”，向引领型发展新目标迈进。基础研究和前沿技术领域实现多点突破、群体性跃升，一批重大原创成果比肩世界先进水平，世界最大单口径（500 米）球面射电望远镜（FAST）等一大批国际领先的大科学装置建成使用。在载人航天、探月工程、北斗导航、量子通信、深海探测、资源勘探、高速铁路、超级计算、移动通信、大飞机、新能源等领域取得一批在世界上叫得响、数得着的重大成果，极大地振奋了国威，增强了民族自豪感。① 而这 40 年的实践也表明，真正贯彻落实创新驱动发展战略，必须深化科技体制改革，要以政府为主导，充分发挥市场配置资源的决定性作用，支撑支柱创新能力建设，消除制约科技创新的制度障碍，释放创新的活力，打造“大众创业、万众创新”升级版，把握数字化、网络化、智能化融合发展契机，把科技创新摆到更加重要的位置，踢好“临门一脚”，让科技创新在实施创新驱动发展战略、加快新旧动能转换中发挥重大作用。

特别值得一提的是，在高大上的国家创新体系之外，还有非常重要的一个战略支点，这就是“双创”，以及由此产生的许多新业态，这也是倒逼政府职能改革的一个推进器。另外，作为“双创”孵化的载体，我国的众创平台近几年呈现爆发式增长态势。但是，同世界先进水平和实现高质量发展的迫切需要相比，面对同质化竞争和单一的盈利模式，我国众创平台“虚胖”，部分中小平台更是陷入难以为继的境地。为此，要加快构建“双创”生态体系，加快形成要素集聚、载体多元、服务专业、活动持续、资源共享的“大众创业、万众创新”的生态体系，同时，推动建设一批人工智能小镇，发展人工智能产业和应用，打造集产业链、投资链、创新链、人才链、服务链于一体的人工智能创新创业生态系统。最后，更重要的是，在整个社会形成一种包容创新的

① 王志刚：《以改革驱动创新，以创新驱动发展》，《中国科学院院刊》2018 年第 4 期。

文化和环境，尤其是让大学生能够创新的环境和条件，这是衡量“双创”最重要的一个指标。毕竟，创新是最具风险性的挑战，一将功成万骨枯。即使在美国，每年成立的新公司中，只有不到1%能得到风险资本，而且所有的风险投资只占国内生产总值的不到0.2%。对于大学生，尤其是在校大学生，什么力量才能真的促使其放下学业去创业创新？《从0到1：开启商业与未来的秘密》的作者彼得·蒂尔就创办了一家旨在鼓励高中学生和在校大学生休学创业的“20 under 20”项目。其基本理念，就是马克·吐温的一句话：我从来没有让上学这件事干扰我的教育（I have never let my schooling interfere with my education）。该项目每年选出20～25位20岁以下的青年天才，两年之内给他们10万美元去做他们自己最想做的创业项目。在美国这个崇尚自由的国家，彼得·蒂尔的这个项目还是引发了巨大的争议。但正如该项目的官网的这句话：有些创意实在不能坐等（Some ideas can't wait）。确实，就像真格基金创始合伙人徐小平说的，假如比尔·盖茨或马克·扎克伯格等到从哈佛毕业再创业的话，人类就不会有微软和Facebook，或微软和Facebook就不是比尔和马克的了。

4. 华为事件背后的大国之争与终极战略

2019年5月16日，美国宣布将华为列入“实体清单”，以一个国家力量打压围杀中国民营企业，将自中美贸易摩擦以来的极限施压推到极端。5月21日，作为华为创始人的任正非接受国内媒体集体采访，正面回应各界关切。人们在佩服任正非的清醒与睿智的同时，更看到作为一家民营企业，对创新的那种坚持和执着。可以说，自主创新是华为能够坚挺的脊柱，亦是华为能够柔韧的软骨，坚持核心技术自主创新，不仅是华为冲出围杀困境的必由之路，亦是大国之争的终极战略。同时，通过华为对创新的理解，人们也更加认识到自主创新的内涵，开放性、超前性、社会性应该成为自主创新的基因，通过建立开放性互信合作关系、布局超前性战略规划，形成社会性生态链圈，将自主创新必由路转变成自主创新必赢路。

科学技术是世界性的、时代性的，发展科学技术必须具有全球视野。尽管贸易保护主义、单边主义抬头，经济全球化进程遭遇严峻挑战，但自主创新绝不能闭门造车，也不能单打独斗，更不能把自己封闭于世界之外。所以，我们国家这些年一直强调“自主创新，绝不是关起门来搞创新”，而是“要更加积极地开展国际科技交流合作，用好国际国内两种科技资源”。中国的科技创新与西方国家依然存在较大差距，西方发达国家仍有很多值得中国学习借鉴的地方，只有基于世界范围寻找自身坐标，才能更明确自身定位，寻找机遇，实现突破。基于开放性的自主创新需要以合作共赢为依托，用好国际国内两种科技资源，需要打破国界、打通业界，合作共赢是最优选择。当前世界经济正处于高度全球化进程中，经济全球化潮流不可阻挡。

《超级版图》作者康纳指出，世界正由自然地理、政治地理向功能地理演化。美国国家情报委员会亦曾发布《全球趋势 2030》报告提出，未来世界非常可能成为一个“非国家化的世界”。经济全球化是社会生产力发展的客观要求和科技进步的必然结果，设置边界并非防治风险或破除不确定性的解药，只有更加连通、加强合作才是。当然，基于开放性的自主创新也需要以关键突破为目标。经济全球化的前提是技术的全球扩散，只有掌握核心技术才能将本国命运牢牢掌握在自己手中。以关键共性技术、前沿引领技术、现代工程技术、颠覆性技术创新为突破口，敢于走前人没走过的路，努力实现关键核心技术自主可控，把创新主动权、发展主动权牢牢掌握在自己手中。

“这是最坏的时代，也是最好的时代。”十多年前华为就曾预测终将会与美国发生遭遇战，为一个不希望到来、可能不会来、不知道何时来的未来某一天，预设极限生存场景，超前规划布局。国内的创新型企业应以华为为借鉴。自主创新是极限施压下的终极战略，超前性自主创新是战略先导。如今华为被众人称赞的超前性自主创新投入、前瞻性布局和战略性决策，在当初要下定决心时却并不容易。最终华为仍然决定选择风险比较高的技术，甚至从工程角度都不是非常成熟的一个技术，并为此投入极大的时间、人力和资金，承受巨大的风险和压力。以超前性自主创新为战略先导，以不计回报的投入和始终如一的坚持，从 2009 年开始研究 5G 到如今成为 5G 领域的引领者，华为可谓是“十年磨一剑”，才能在面对美国政府极端不公平待遇时有底气、够硬气地“亮剑”。核心科技可以诞生新的需求，发明创造可以改变市场格局，提供更多的高质量科技供给，是改变中国在原始创新上“老是差口气”的根本所在。

西方发达国家的发展是一个“串联式”发展过程，工业化、城镇化、农业现代化、信息化顺序发展，发展到目前水平用了 200 多年的时间。中国要实现从跟跑到并跑甚至赶超，必须经过一个“并联式”发展过程，工业化、信息化、城镇化、农业现代化叠加发展，才能把“失去的200年”找回来。这个找回来的关键，就是教育。在这次华为事件中，最触动国人神经的就是中国在基础教育、基础研究方面的不足和无力。拥有社会性基因的自主创新，应该促使基础教育和基础科研成为一种社会风尚，成为一种社会自觉，正如华为身体力行的那样，让基础研究成为一种时尚。自主创新的社会性基因更加强调自觉性。自主创新从来都不该只是特定人群的分内之事，而是每个中国人的事情。面对当前国内外的复杂环境，每个人都要深思自己在这个风云变幻的时代大背景下能扮演什么角色。面对国家发展、民族振兴，没有谁是旁观者、局外人，都是不可或缺的一分子，要发挥应有的作用。自主创新的社会性基因更加强调去功利性。如任正非所说，“如果自主创新是一种精神，我支持；如果只是一种行动，那我反对。”自主创新绝不是机械地完成一个动作或是一项指标、一份任务。一家企业、一个国家、一个民族，不能只为自主创新而自主创新，而是要更多地强调战略性和使命感，将其内化为自驱力，外化为行动力，像血液一样融入企业文化之中、融入国家意志之中、融入民族灵魂之中。因此，创新之道，唯在得人。自主创新终极战略的实现，归根到底要靠人才实力汇聚成不竭动力。全部科技史都证明，谁拥有了一流创新人才、拥有了一流科学家，谁就能在科技创新中占据优势。

就基础研究而言，近年来在多个场合不断被提及的美国《拜杜法案》就是优秀案例。《拜杜法案》的核心是科研成果归属与分享机制，并强调科技应是长链生态。山东理工大学教授毕玉遂及其团队获科研成果转化收益的80%即4亿元，是中国在相关方面的重大突破和关键一步。而就基础教育而言，必将是影响甚至决定中国未来竞争力的关键所在。教育手段的商品是另外一件事情，最主要的还是要看重教师，因为教师得到尊重后，优秀的人才会想做教师，优秀的人培养优秀的人，中国的未来就会有希望。得人之要，应广其途以储之，亦应厚植沃土以育之。而这一方沃土就是在基础教育、在基础研究。但投入基础领域，意味着整个过程将是长周期性的、非即时性的，意味着投入的成本可能是机会成本，也有可能变成沉没成本。而评价基础领域，更应置身于更长时间轴之上，不能计较所有产出都必须具有现实性意义，必须要有时间的积累，渐渐形成专利、技术、人才、能力等各方面优势，才能形成真正终极战略的突破。

第二节　数字经济的先导性重构

数字经济的发展对现代经济社会的影响是全方位的，为21世纪带来了全新的生存原则，即协作、开放、共享、相互依存和诚信。如果将传统的经济发展称为“资本主义经济”，那么可将数字经济开启的时代称为“资本主义2.0”时代，这个时代是一种社会化经济，“社会化”正在渗透人类经济和社会的每一个层面：社交媒体、社交网络、社会化商业、社会化政府、社会化娱乐。不同于传统的按等级组织的财富最大化生产方式，互联网时代采取的是新的生产方式，人类创新、生产、服务以及创造公共价值的组织方式也都随之改变。同时，社会化商业正在彻底改变着工业时代的企业理念和企业架构，平台化商业模式变得流行起来。数字时代极大地降低了企业的交易和合作成本，在新的商业环境中企业倾向于无形化，企业可以利用互联网驾驭外部的知识、资源和生产能力。数字时代，政府开发和提供公共服务的方式也将面临变革，政府会从垂直化的工业时代官僚体制变成网络型结构，正如《开放式政府》一书提出的“政府平台”概念，政府应当成为鼓励社会创新和创造公共价值的平台。

1. 数字经济对比较优势型赶超理论的颠覆

大数据已成为驱动经济增长的核心生产要素，是“未来的新石油”，是“陆权、海权、空权之外的另一种国家核心资产”，也是迄今为止唯一由人造的新资源。数字经济既是经济提质增效的新变量，也是经济转型增长的新蓝海，已成为带动新兴产业发展、传统产业转型，促进就业和经济增长的主导力量，也是研发投入最集中、创新最活跃、应用最广泛、辐射带动作用最大的新领域。有关研究表明，数字化对经济增长作用明显，且数字化密度越大的国家从数字化中获得的收益越大。数字化程度每提高10%，人均GDP增长0.5%～0.62%。尤其是在全球经济增长乏力的当下，数字经济更是被视为撬动经济的新杠杆。目前，中国数字经济正在引发新一轮产业变革，数字化、虚拟化、智能化技术将贯穿产品的全生命周期，柔性化、网络化、个性化生产将成为新趋势，全球化、服务化、平台化将成为产业组织的新方式。特别是“数字转型”正在掀起新的浪潮，很多地方将其作为战略转型的重点方向，正在加快战略布局，如贵州在全国率先推出数字经济发展规划，河北、山西、河南等地也开始正式布局数字经济，以新产品、新产业、新业态为代表的数字经济供给体系加快形成。这也是后发优势如何转化为比较优势的突出例证。[①]

比较优势是指一个地区（国家）与另一个地区（国家）在经济上相比较而存在的优势，是一种状态优势，具有层次性的特点。而比较优势理论，即两个地区（国家）贸易分工专业化生产，处于绝对优势的地区应集中力量生产优势较大的商品，处于绝对劣势的地区应集中力量生产劣势较小的商品，则两个地区（国家）都能从商品贸易中得到利益。[②] 按照比较优势理论，多数欠发达地区是以当地资源为依托，主要借助于比较优势战略来发展经济，这可能是多数欠发达地区经济发展缓慢的一个重要原因。但为什么恰恰是像贵州这样的经济最落后地区反而出现了大数据快速发展、弯道超车的现象？“越是欠发达地区，越需要实施创新驱动发展战略。”科技创新是提升欠发达地区地位和影响力的有力武器，能极大地缩小落后地区与发达地区的差距。数据显示，从2013年到2018年，短短五年时间，贵阳大数据产业快速崛起，已引进大数据产业项目近300个，如戴尔、谷歌、阿里巴巴、京东、华为、甲骨文等国内外知名大型企业均已落户贵阳。2014年软件及信息服务业收入仅为180亿元，随后大数据产业呈直线上升趋势，2017年全市大数据企业主营业务收入达817亿元。

以互联网为核心的新一代信息技术，使得工业文明时代的竞争优势迅速弱化，网络信息数据等新兴战略资源成为决定未来的关键，沿海与内陆的差别正在迅速转变。物理距离在网上被消除，传统产业发达的城市优势在下降，新兴产业发达、生态环境良好的城市在迅速崛起。通俗地说，只要一台电脑、一根网线，无论是在东部还是在西部，无论是在发达城市还是在落后地区，都可以连通世界、走向世界，我们和世界的距离是相等的。这既为新兴城市赶超发达城市提供了重大历史机遇，也给致力于后发赶超的新兴城市带来了巨大的压力，一旦错过，就很容易一步红灯，步步红灯，甚至再也没有赶上的机会。数字经济实际上是普惠经济，提供了后发赶超的先天条件。数字经济是包容性增

① 腾讯研究院工信部电子科学技术情报研究所：《数字经济崛起：未来全球发展的新主线》，腾讯研究院官网，2019年3月29日。

② 吕跃：《比较优势理论与贵州后发赶超——访贵州省社科院对外经济研究所所长、研究员苟以勇》，《当代贵州》2018年第17期。

长，有助于经济全球化。对欠发达地区来说，适应经济发展新常态，实现经济转型升级发展，根本出路在于科技创新。在这方面，贵阳和绵阳这“两阳”就是经济后发地区通过科技创新实现后发赶超最具代表性的城市。绵阳科技城建设有十余年之久，拥有数量众多的专业技术人才及研究机构，在实施创新驱动发展战略中走在全国前列，对区域经济发展起到了很大的辐射带动作用。贵阳于2013年与大数据结缘，几年的时间，大数据已成为贵州响当当的名片。三大运营商数据中心落户贵安新区，阿里巴巴、微软、京东、浪潮、华为、百度等行业巨头纷纷入驻，苹果、高通、腾讯等龙头企业也已达成合作意向，公安部、民政部、国家旅游局、国家质检总局等国家部门相关数据已明确存储到贵州。随着国务院《促进大数据发展行动纲要》的印发，贵州大数据进入国家战略层面。“十三五”期间，贵州省政府及贵阳市领导将继续乘着大数据良好的发展势头，不遗余力地狠抓创新型中心城市建设。在不远的将来，贵阳将成为大数据创新重镇、名副其实的“数谷”。

数字经济没有规模增长的现象，反而有一个拉平的效应，是整个中国相对落后省份进行赶超的契机。如果说传统经济是养殖场的话，数字经济就是溜冰场。随着中国数字经济本身的拉平效应，越来越多的人才会有对流式的流动，一些人才往北上广浙流动，一些人才往中西部流动，这些人才会造成中国经济的再平衡，也是数字经济发展的动力之一。中国应着眼于为发展数字经济和缩小数字鸿沟创造更有利的条件，包括更多更好和负担得起的网络准入、促进经济增长及信任和安全的信息流动，同时确保尊重隐私和个人数据保护、促进信息通信技术领域投资、支持创业和数字化转型、加强电子商务合作、提高数字包容性和支持中小微企业数字化发展。① 下大力气培育一批具有重大引领带动作用的人工智能企业和产业，构建数据驱动、人机协同、跨界融合、共创分享的智能经济形态。

2. 中国“新四大发明”的改革意义

“如果没有互联网，美国也许还是今天的美国，但是中国肯定不是今天的中国。”得益于40年改革开放带给中国的躁动、活力和创富的独特创新生态，

① 王春晖：《发展数字经济缩小“数字鸿沟”》，人民网，http：//finance.people.com.cn/n1/2017/1205/c1004－29687302.html，2017年12月5日。

中国有幸搭上了最早一班互联网经济的列车——如果美国是这列火车的车头，那么中国毫无疑问是挂在后面的第二节车厢。中国成为互联网时代受益最大的国家，尤其是从2003年中美互联网出现历史性的大分流开始，在后来的两年多时间里，中国本土公司在门户搜索、电子商务、邮箱服务、网络游戏以及即时通信等几乎所有领域里“完胜”全部世界互联网巨头，一个截然不同的、中国式的互联网世界破茧而出，显露出自己的轮廓。

2017年5月，来自“一带一路”沿线的20国青年评选出了中国的“新四大发明”：高铁、网购、支付宝、共享单车，成为这些在华外国人心目中的中国“新四大发明”。古老中国创造的指南针、造纸、火药、印刷术四大发明曾经改写世界历史。如今的“新四大发明”正改变着中国人的生活，也为解决人类问题贡献了中国智慧、提供了中国方案。“新四大发明”中，高铁与网购并非始于中国，但中国人用自己的智慧与创造，矗立起“新发明”的世界高峰，并将其打造成闪亮的“中国名片”。截至2016年底，中国累计投入运行的高铁动车组达到2595组，超过全球总量的60%，通车高铁里程长达2万多公里。预计到2030年将超过4.5万公里。截至2017年7月31日，移动支付活跃账户和日均支付交易笔数均超过6亿。支付宝已覆盖70多个国家和地区的数十万商家，微信也已在19个国家和地区落地。2016年中国分享经济交易额约为34520亿元，比上年增长103%。未来几年，中国共享经济仍将保持年均40%左右的高速增长。① 科技创新正加快融入经济社会发展全局。《华尔街日报》评论到，中国曾经以廉价劳动力闻名于世，现在它有了其他东西来贡献给世界——创新。中国“智造”的结晶，犹如一张张名片，让中国重新找到了全球发展中的坐标，也让世界重新定位了经济版图中的崭新中国。②

在舆论场，中国的任何一点成就，都会无可避免地拿来和美国对比。中国在互联网时代的竞逐，尤为引人注目。从技术角度看，美国是互联网时代的开创者，也是全新的引领者。中国则凭借巨大的市场在支付宝、微信、共享单车等应用层面开始反超。然而，互联网也好，“互联网+”也罢，之于中国的意

① 《“新四大发明”：标注中国，启示世界》，新华社，2017年8月11日。

② 《“新四大发明”：标注中国，启示世界》，新华社，2017年8月11日。

义并不止于经济层面。这项革命性技术，将对社会运转模式、文明基因造成极为深远的影响。互联网为这个国家带来了意料之外的商业进步和社会空间开放，与“新四大发明”本身相比，“新四大发明”带来的科技体制改革及其他领域的改革启示意义更为重大。①

将技术洞见作为产品的基础，就是谷歌一直秉承的一条重要原则。而当“互联网＋”被当作中国经济转型的利器的时候，我们更要强调的是，“互联网＋”应该成为推动改革的利器。交易成本极低、社会广泛参与、参与者相对平等的互联网平台，具有强大的生命力，它具有一种自下而上的推动社会进步的力量，它能够达到过去长期以来自上而下或者是社会精英阶层探讨的改革所达不到的效果。“互联网＋”是一场战争，它会将反对改革的利益集团逐个击破，最后形成全面改革的动力。最终，这场改革与自上而下的改革相呼应，在这一轮改革中将发挥不可低估的作用。②

3. 推动互联网、大数据等与实体经济深度融合

互联网、大数据、人工智能等是新一代信息技术的典型特征。互联网是基础，是平台。互联网通过实现“人与人”“人与物”“物与物”之间的高速连接，促进信息的自由流动，提高了交易效率和生产效率，催生了新模式新业态，是价值的创新过程。同时，互联网赋予企业配置全球范围内研发资源和劳动力资源的能力，使基于网络的协作式分工成为可能，推动生产关系产生变革。大数据是引擎，是动力。互联网时代，数据的驱动作用日益增强，正在以数据为核心不断催化和重构生产要素，将促进以物质生产、物质服务为主的经济发展模式向以信息生产、信息服务为主的经济发展模式加速转变，从而大幅提升全要素生产率。人工智能是主导，是趋势。通过状态感知、实时分析、科学决策、精准执行，实现了对生产、交换、消费中隐性数据的显性化和技术、技能、经验等隐性知识的显性化，推动形成了“数据－信息－知识－决策”的数据智能流动闭环，代表着智慧社会的发展方向。③

① 吴晓波：《腾讯传》，浙江大学出版社，2017。

② 李稻葵：《互联网＋的最大发力点应该是推进改革》，《21 世纪经济报道》2015 年 7 月 31 日。

③ 史惠康：《深化互联网、大数据、人工智能与实体经济融合扩大和升级信息消费》，《中国电子报》2018 年 7 月 10 日。

在互联网的发展中，从信息互联网到价值互联网再到秩序互联网是互联网从低级到高级、从简单到复杂演进的基本规律，秩序互联网是互联网发展的高级形态；在大数据的发展中，数权和数权制度成为大数据的核心价值，数权法开启并催生了新的数字文明；在区块链的发展中，主权区块链创新现代治理模式，正在成为区块链技术应用的制高点。连接是互联网的起点，是互联网发展的基本逻辑。在终端连接的基础上实现全网信息连接，如今的互联网得以形成。当互联网遇上区块链，信息互联网向价值互联网的演进成为可能。但互联网面临的发展失衡、规则缺失、秩序混乱等诸多问题依然难以彻底解决。互联网的发展必须在技术之治的基础上，进一步完善法律之治，规则重构将成为秩序互联网时代真正到来的重要标志。对互联网的认识和把握，需要更加社会化的视角。互联网可以看作“互 + 联 + 网”：互是复杂的互动，主体是人的互动；联是开放的联系，核心是流量；网是系统的网络，目的是消除鸿沟。信息互联网阶段人人交换信息，形成信息流，消除信息鸿沟。价值互联网阶段人人交换价值，形成数据流，消除数据鸿沟。秩序互联网阶段人人共享秩序，形成价值流，消除信任鸿沟。因此，互联网是人在虚拟空间中的一种复杂互动和开放联系，它的本质特征是“三个无”。第一是无界，互联网没有边界，是无限的。第二是无价，互联网有价值，但没有价格——就像空气一样，有价值，但没有使用价值，所以不能体现为价格。互联网企业最核心的一个概念是“主需免费，附加增值”，这也是互联网无价的特点。第三是无序，互联网是没有秩序的，是混沌的。互联网就像一匹野马一样快速地奔跑在没有疆界的原野，如果再没有缰绳，后果不堪设想。野马变良驹，要更加强调有序，强调用规则解决互联网的联系、运行和转化等问题。这种规则的建立既需要技术的支撑，更需要制度的保障，规则将使连接无限扩大的互联网变得更有序、更安全、更稳定。这是区块链成为一个快速升温的热点技术和焦点话题的原因。

人类社会正在发生一场数字化大迁徙，在互联网这条连接通畅的高速公路上，川流不息的海量数据实现了快速传送、接收、存储、挖掘和分析，大数据成为人类未来发展的新能源、新技术和新的组织方式，引领人类社会发展的历史潮流。在过去很长一段时间，一个国家或地区的经济增长主要取决于资本和劳动力两个因素。20 世纪 80 年代中期，有学者提出新增长理论，将劳动力的定义扩展为人力资本。此后又把经济增长建立在技术进步的基础之上。影响人类社会发展的关键因素正在发生变化，特别是随着互联网、物联网、大数据、云计算、人工智能等新一代信息技术的快速发展，海量数据的积累与交换、分析与运用能力快速提高，在网络世界、虚拟空间里形成了一个数字世界，大数据为互联网带来了新的增长和创新空间。

区块链产生于比特币，但区块链并不等同于比特币，在比特币之后，区块链技术持续发展创新，并不断探索新的应用领域。区块链与互联网的结合，将在技术上把可拷贝变成不可拷贝，或者说是有条件的可拷贝，这个条件就是从无界、无价、无序走向有界、有价、有序，这就必须解决规则问题。在现实发展中，无论线上交易还是线下交易，其主体都是人（包括法人、自然人），其财富或价值的管理不应该也不可能被完全割裂，必须连接和融合。这就要求区块链的应用，不仅要研究和解决网络世界的问题，还要研究和解决网络世界和现实社会的融合问题。这将使人们面临更多的挑战和风险，这也是提出主权区块链的初衷与价值所在。主权区块链的基础是区块链，是法律规制下的技术之治，重点要解决国家、组织、个人的数据权归属问题，它给人们在互联网这条高速公路上实现海量数据的挖掘分析提供了技术规则、制度方案和无限遐想。区别于区块链单纯的以数据为中心的特点，主权区块链同时强调人（包括法人、自然人）的主体性。主权区块链是在国家主权和国家法律的监管下，以规则与共识为核心的安全分布式账本为技术解决方案，这不仅是一系列新技术的运用，更是制度与规则层面的创新，是一套由技术规则和法律规则共同组成的监管和治理“组合拳”，在区块链可记录、可追溯、可确权、可定价、可交易的基础上，实现可监管。而主权区块链的提出，最重要的价值在于着眼于数权问题的解决。随着新一代信息技术与经济社会各领域、各行业的深度融合和跨界发展，人类必将走向数字文明，数字文明必然强调数权。数权的本质是共享权。数权与物权不一样，它不是独立的支配权，往往表现为“一数多权”，不具有排他性。更重要的是，数权既包括私权，也包括公权。破解互联网秩序难题需要明确数据主权。数据主权伴随着云计算、大数据及区块链等技术进入国家治理的范畴。网络空间中的数据主权博弈愈演愈烈，我们必须围绕国际数据主权博弈、数据跨境流动、大国数据霸权和数据处理的自身特征等强化国家数据主权和国家数据尊严。主权是数权的核心，也是数权的制高点。正如智慧的古老谚语所言，风向转变的时候，有人筑高墙，有人造风车，区别在于眼光和胸襟。置身于互联网、大数据和区块链的世界之中，只有顺应规律、主动变革、引领潮流，才能站在新时代的制高点上。或许，未来区块链有可能会被更先进、更完备、更领先的技术所替代，但区块链的历史价值不可磨灭。对于区块链的认识，的确是一段意义非凡的新旅程的开始。这个开始，超越了对于区块链技术本身的探寻和解析，意味着对于未来发展模式的新诠释。

互联网、大数据、区块链、人工智能、纳米技术等，正在加速和实体经济融合，这是创新最主要的趋势，也是中国最核心的未来和关切。中国是个大国，必须发展实体经济，不断推进工业现代化、提高制造业水平。制造业是实体经济的主体，振兴实体经济重在做大做强制造业。但制造业的未来在于互联网、在于人工智能，在于基于大数据的先导性重构。人工智能是新一轮科技革命和产业变革的重要驱动力量，加快发展新一代人工智能是事关中国能否抓住新一轮科技革命和产业变革机遇的战略问题。人工智能作为新一轮科技革命和产业变革的战略性技术，具有溢出带动性很强的“头雁”效应。在移动互联网、大数据、超级计算、传感网、脑科学等新理论新技术的驱动下，人工智能加速发展，呈现深度学习、跨界融合、人机协同、群智开放、自主操控等新特征，正在对经济发展、社会进步、国际政治经济格局等方面产生重大而深远的影响。加快发展新一代人工智能是我们赢得全球科技竞争主动权的重要战略抓手，是推动中国科技跨越发展、产业优化升级、生产力整体跃升的重要战略资源。①

互联网、大数据、区块链、人工智能等和实体经济的深度融合，将给人们的生产方式和生活方式带来革命性变化。这种深度融合，落实到制造业领域，就是要结合近 20 年来人工智能领域关键技术的发展状况，包括机器学习、知识图谱、自然语言处理、计算机视觉、人机交互、生物特征识别、虚拟现实/增强现实等关键技术，加快构建数据驱动、人机协同、跨界融合、共创分享的智能经济形态。按照工业和信息化部、国家标准化管理委员会已经印发的《国家智能制造标准体系建设指南（2018）》，其中明确提出到 2018 年，累计制修订 150 项以上智能制造标准，基本覆盖基础共性标准和关键技术标准。到

① 习近平：《推动我国新一代人工智能健康发展》，新华网，2018 年 10 月 31 日。

2019年，累计制修订300项以上智能制造标准，全面覆盖基础共性标准和关键技术标准，逐步建立起较为完善的智能制造标准体系。重点是围绕促进人工智能同一、二、三产业深度融合，发挥人工智能在产业升级、产品开发、服务创新等方面的技术优势，将人工智能贯穿于设计、生产、管理、服务等制造活动的各个环节，形成具有自感知、自学习、自决策、自执行、自适应等功能的新型生产方式，以人工智能技术推动各产业变革，在中高端消费、创新引领、绿色低碳、共享经济、现代供应链、人力资本服务等领域培育新增长点、形成新动能。另外，智能制造标准体系结构明确了智能制造的标准化需求，与智能制造系统架构具有映射关系。以大规模个性化定制模块化设计规范为例，它属于智能制造标准体系结构中B关键技术－BC智能服务中的大规模个性化定制标准。通过这种个性化定制、智能化生产、网络化协同、服务型制造等新模式、新业态，推行智能制造、绿色制造，促进制造业发展模式加速变革，推动构建现代化经济体系。①

第三节 创新型国家与全球创新治理

科学技术从来没有像今天这样深刻影响着国家前途命运，而进入大数据时代，全世界更是在这场重大的变革中重新锚定方向。此次爆发的中美贸易摩擦充分说明了，全球各国都在为抢占创新制高点和标准框架制定进行竞争，进而稳住自己原来在世界市场的势力范围，避免以后沦为他国企业和设备的打工者。对于中国而言，尽管已经发展成为稳居世界第二大的经济体，但产业竞争力不强、发展质量不高、科技创新能力不足等问题始终困扰着前进的脚步，中国需要涌现出像微软、英特尔、Facebook这样有竞争力的伟大的企业。

过去40年，由于经济发展模式、经济体制、产业政策、法律制度以及文化环境等多方面原因，中国企业（国有企业、民营企业）主要是从事周期短、难度低、见效快的“短平快”创新活动，基础理论研究投入不够，创新能力偏弱。中国依然严重缺乏真正引领世界和人类未来的原创性思想和科学发明。

① 工业和信息化部科技司：《国家智能制造标准体系建设指南（2018）》，2018年10月17日。

从长远看，原创性科学思想是最重要的竞争力，产业升级转型势在必行。作为目前国内规模最大的企业创新能力排行榜，中国人民大学发布的《中国企业创新能力百千万排行榜（2017）》从创新前端投入、创新成果呈现、创新价值扩散、创新网络宣传以及创新市场收益等方面，首次对中国8万多家高新技术企业的创新能力进行全覆盖、全方位的评价。从评价结果来看，除了华为、腾讯等极少数企业的创新能力评分较高之外，绝大部分企业的创新能力评分偏低，创新能力较弱。科睿唯安发布的《2017年全球百强创新机构》报告中，中国仅有华为技术有限公司一家继2014年、2016年上榜之后，此次第三次登榜。随着中兴事件大结局的明朗化，很多中国人终于对中国企业在核心技术方面的短板有了切肤之痛般的感受。如果把工业4.0比作智能化，中国企业对工业4.0的认识还基本停留在个性化定制、无人工厂等表面化的阶段，热衷于进口智能设备和机械，对智能设备的控制系统及其互操作性等核心问题还没有进行充分的关注和研究。① 新时代的创新型国家建设站在了新的历史起点上。顺利实现迈入前沿的战略转型，彻底破解“李约瑟之谜”，是我国建设创新型国家的核心命题。与此同时，“科学技术是世界性、时代性的，发展科学技术必须具有全球视野、把握时代脉搏。”在创新全球化的条件下，任何国家也不可能单纯依靠自身的力量来推进创新，尤其是形成创新驱动发展的新局面。对于中国来说，亟须在全球创新治理中定好位，以全球视野来谋划创新，推动我国更深地融入全球创新网络中。② 要通过科技创新和体制机制创新，实施优化产业结构、建立全国碳排放交易市场等一系列政策措施。但同时也要认识到，由于新一轮工业革命的性质，技术不仅不能均等地渗透到所有国家、地区、产业和经营主体，其导致的经济增长也不会自然而然以涓流的方式惠及社会所有群体。所以，中国社会科学院副院长蔡昉就提出，并不存在所谓涓流效应，涓流经济学或者渗透经济学都只是神话而已。只有与时俱进的在政府职能与市场机制之间做到最适合的平衡，才能把新技术革命和新一轮全球化转化为经济增长动能，同时实现包容性发展。同时，涓流经济学和渗透经济学，归根结底是基

① 洪诗鸿：《贸易战：中国应该坚守什么?》，《金融时报》2018年7月25日。

② 陈敬全、庞鹏沙、谷敏：《立足新时代大力推进融通创新加快建设创新型国家的思考》，《北京交通大学学报》（社会科学版）2018年第2期。

于存在涓流效应这同一个假设的两种表现，解决问题的思路也不无共通之处，核心是处理好政府与市场作用之间的平衡取舍。然而，面对收入分配问题和技术渗透问题，分别具有特定的针对性；在不同的体制环境下，在不同的发展阶段上，主要矛盾和矛盾的主要方面也不尽相同，因而解决问题的着重点也应有所差别。

1. 科技体制改革与技术创新体系

国家科技管理体制是一个国家科技领域宏观管理的机构设置、权限划分、运行机制等方面的体系和制度的总称，是实现国家科技总目标的组织保证。① 我国的科技管理体制成型于20世纪50年代，经历了数个阶段的演变，逐渐形成了一系列符合中国国情的科技管理组织结构和科技管理体制。新中国成立初期，苏联的科技管理体制对中国科技管理体制的形成有较大影响，而后随着时间的推移，"文化大革命"、改革开放等时期都对中国的科技管理体制，特别是对科技管理的组织结构产生了重要影响。为了更好地统筹规划和管理科技计划，中国的科技管理体制在1998年和2008年进行了改革。2014年，中国新一轮的科技体制改革开始，在科技资源配置、科技计划管理等方面均有所调整，"十三五"科技计划对原有的973、863等计划和项目进行了整合，形成了国家自然科学基金、国家科技重大专项、国家重点研发计划、技术创新引导专项（基金）以及基地和人才专项五类科技计划，这就对科技管理部门的职能定位提出更高的要求。② 2018年，国务院办公厅下发关于成立国家科技领导小组的通知，明确自7月28日起，将国家科技教育领导小组调整为国家科技领导小组，并由国务院总理李克强担任小组组长，副总理刘鹤任副组长。这一重要举措，对全面落实创新驱动发展战略和建设世界科技强国具有十重要的现实意义。

虽然近20年中国的科技和创新取得很大进展，不断有重大成果问世，但科技管理领域分散、封闭、交叉、重复、孤岛现象长期存在，科技与经济分离、产学研分离、资源分散、科技力量分散、科技体制分割。其中，封闭、分

① 张义芳：《创新型国家科技管理体制的特点及演进趋势》，《全球科技经济瞭望》2017年第5期。

② 吴卫红、陈高翔、杨婷、陈冬生、方勇：《中国科技管理组织结构发展研究》，《中国科技论坛》2017年第7期。

散、孤岛现象既是指高校、研究院所、企业之间，研发与产业之间，又指政府部门的科技管理。分散封闭、交叉重复导致知识创新的能力不强，而知识创新是技术创新的基础，是新技术、新发明的源泉，缺乏核心关键技术，导致高新技术产业化和战略性新兴产业趋同化、低端化。相对于美国等发达国家，我国原创的技术成果和高端发明创造偏少。我国科技管理存在的一大问题就是单纯以技术来决定产业项目的科技评审。一方面是我们的产业化项目评审重技术、轻市场，难以发现和选拔出好项目；另一方面是我们的管理中又过多强调产业化项目，忽视知识创新，忽视前沿科学和核心关键技术。以政府有关部门的产业化项目评审为例，专家仅就技术的“高新”来判断，无法判断其成熟度，更无法判断产品产业形成的非技术的，如市场、商业模式、团队、供应链等因素。这使得许多“高新技术”由于缺乏其他支撑而难以成功，也使有前景的项目难以得到支持。科技管理的另一个问题是急功近利。许多地方过于强调产业化，甚至基础研究、自然科学研究也把对当地经济发展的作用、对产业的影响作为最重要的指标。有些大城市的基础研究、自然科学研究过分强调地方应用，甚至没有鼓励科学探索的指标，上千万元资助的重点基础研究没有前沿科学研究内容。

科技管理工作的改革势在必行。改革的重点是处理好市场和政府在创新驱动中的关系。发挥政府的引导、支持、倒逼、组织、监管作用；发挥市场在创新资源配置中的决定性作用，即发挥市场的定价机制、交易机制、发现和选拔机制、投资机制、债权机制、信托机制、规范机制、风险共担机制、社会监督机制、退出机制、企业家培育机制的作用。政府一方面要搭建一个更加开放、促进合作的市场环境，另一方面也要组织构建企业竞争前的研发大平台等。科技成果、创新成果的产业化，不取决于政府官员的愿望，靠的是市场的检验和决定。科技管理体制改革的要点是从政府管理为主向政府与市场结合、以市场机制为主转变；从支持各主体向建设国家或区域创新体系、形成创新生态系统转变；科技部门从项目管理为主向综合管理、平台建设和环境建设转变；从各部门各自为政向分工合作、闭环管理转变。① 据调查，目前我国科技成果转化率不到10%，部分重点大学、科研院所科技成果产业化率不到5%；而发达国

① 李禾：《科技管理体制改革新思考》，《科技日报》2014年12月18日。

家科技成果转化率高达40% ~50%。针对这些问题，应建立重大科技计划、高等院校、重要科研机构等的技术转移报告制度，建立技术转移调查制度。要大力支持高校、科研机构的技术转移机构建设。鼓励企业与高等院校、科研机构以产学研结合等形式，共建国家工程（技术）研究中心、国家工程实验室等产业技术开发体系。支持高校、科研机构与企业的合作研究。要完善知识产权许可、技术入股等法律法规，促进高校、科研机构科研成果产业化向技术许可、技术转移为主的方式转变。①

2. 区域化全球创新中心影响力

近年来，多个地方政府提出要建立创新中心。国家层面提出，要将北京建设成为全国的科技创新中心；将上海建设成为全球具有影响力的创新中心。作为中关村国家自主创新示范区和张江国家自主创新示范区所在地，两地人力资本和研发机构的集聚水平、创新投入强度、知识创造的规模、技术成果扩散效应、对其他地区的辐射能力均遥遥领先。此外，北京和上海还成为向国外输出技术增长较快的地区。监测指标显示，北京的技术国际收入达到88.9亿美元，增长了21%，上海的技术国际收入达到140.9亿美元，增长了84.4%，显示出迈向国际科技创新中心的强劲势头。② 作为改革开放“试验田”的深圳，近年来将创新作为城市发展战略，通过营造市场创新环境，优化制度环境，大力发展高新技术产业，在“十三五”开局之年，率先实现动力转换，在全国树立了创新的榜样。除此之外，还有多个城市打出了“科技创新牌”。天津北方现代制造中心的地位优势明显，加上京津冀协同发展、京津冀世界级城市群等国家重大战略，“十三五”期间建设全国产业创新中心和国际创新城市的目标将更进一步。杭州以建设具有全球影响力的“互联网+”创新创业中心为目标，在电子商务、物联网、互联网等产业发展方面展现出一定的优势。合肥将科技创新作为发展的主动力，在发展智能语音、智慧新能源、机器人制造等方面成绩显著，有望成为新一轮科技革命的重要“起源地”。作为全国第二大智力密集区的武汉，以东湖新技术开发区为创新高地，在营造创新环

① 盛朝迅：《“十三五”时期加快培育创新动力的思考与建议》，《全球化》2016年第6期。

② 《我国已形成各具特色的区域科技创新格局创新能力显著提升》，新华网，http://www.xinhuanet.com/fortune/2017-08/30/c_1121570335.htm。

境、聚集全球创新要素、释放蓬勃创新活力等多方面进行了积极探索。在日前国务院办公厅发布的《关于建设大众创业万众创新示范基地的实施意见》中，武汉东湖新技术开发区作为 17 个区域示范基地之一入选。西安拥有数量众多的国家级研究所、211 大学和 985 高校，科技创新实力强，在贯彻国家创新驱动发展战略方面，政府提出了要举全市之力推进全面创新改革试验和自主创新示范区建设的目标。重庆在经济转型升级、技术创新、科技成果转化等方面成效显著，建设西部创新中心的地位将在“十三五”期间得到加强。贵阳依托大数据打造创新型中心城市，在大数据创新发展方面，已经创造了多个第一。

科技创新中心既要有硬实力，更要有软实力，要在全球知识体系、产业体系、创新创业体系和城市体系中扮演重要节点和枢纽角色。鸟瞰各地创新中心建设，这些将科技创新作为发展引擎的城市当中，既有经济实力较强的北京、上海等一线城市，也有智力较为密集、科研实力较为雄厚的中西部城市，还有经济发展水平处于省会城市第三梯队的贵阳等。总体上看，各地创新能力显著增强，区域创新格局进一步优化，中国已形成各具特色的区域科技创新总体格局。

科技创新将成为城市最重要的标识性功能。城市的功能是指该城市在一定地域内的经济、社会发展中所发挥的作用和承担的分工，是城市对自身以外的区域在经济、政治、文化等方面所起的作用。城市作为一个地区的经济、政治、文化、社会活动中心，具有多个功能，不同功能的强度和影响范围各不相同，当其中一种功能占据主导时，该种功能就代表了城市的个性、特点和发展方向。在经济发展新常态的大背景下，科技作为城市或区域发展的引擎和动力，城市的功能正在发生根本性改变，科技创新将日益成为城市的主导功能。科技创新催生科技创新型城市。知识经济时代，科技创新向产业转化的速度不断加快，高新技术产业迅猛发展。随着产业规模的不断扩大，其将会催生出一种新的城市类型，即科技创新城市。这类城市表现出来的最重要特征就是科技实力较为雄厚，创新能力较强，科技产业优势明显，通过大力发展科技生产力，协调推进城市经济、社会、文化、生态发展的同时，为社会提供大量的高新技术和高科技产品，成为推动科技进步的动力源。

一个城市未必需要拥有完备的科技基础设施，关键是要打破行政壁垒，消除创新要素流动的障碍，并且建立开放创新体系，有效利用国内外的创新资源。在区域创新体系建设中，要处理好政府与市场的关系。政府要在科技基础设施建设、教育和人才政策、体制机制改革方面发挥作用。对于中国国家创新体系来讲，应该成为更加柔性、更加富有包容性、更加稳健的一个创新体系。它必须依赖于多元主体参与、政府职能的有序转变、政府和市场的积极互动和响应，并且在全球化中和全世界各个国家、地区一起来推动整个决策的科学化。一个国家如何接入全球创新网络，在开放中集成全球智慧，配置全球研发资源，与全球共赢等都值得关注，特别是政府公共政策和创新政策的制定，要摆脱过去传统上依靠研发领域专家的单一决策，更多转移到对于快速变化的市场特别是企业创新需求的快速响应。[①]

3. 突破性技术竞赛与全球创新治理

随着全球新一轮技术创新和产业变革的到来，全球科技创新已经进入革命性颠覆式创新阶段，并且呈现交叉融合创新和群体跃进的发展态势。颠覆性技术是一种“创造性”的破坏，它将摧毁旧产业，引发现有投资、人才、技术、产业、规则“归零”。工业革命以来，蒸汽机、电力、电话、汽车、飞机、晶体管、计算机、互联网……每一项颠覆性技术的出现都造成了利润空间转移和产业结构调整，导致传统企业被新兴企业取代。以“数码相机颠覆胶片相机”为例，20 世纪 90 年代，日本的佳能、富士、尼康、索尼等多家公司凭借数码技术，在短短不到 20 年的时间里，就取代了超过一个世纪的时间里占据摄影产业主导地位的柯达胶片相机，柯达公司也因此于 2012 年 1 月申请破产保护。而从 2002 年在手机当中添加拍摄功能的那一天开始，让柯达胶卷成为过去的数码相机就承受着强大的压力。如果应对不当，功能越来越强大的智能手机也会让数码相机迅速成为明日黄花。再如，2016 年 6 月，美国《连线》月刊发文称，“机器学习”终结计算机编程，工程师不用再通过编程，写下明确的指令让计算机执行，他们训练计算机。不久的将来，机器学习将会接管程序员的大部分工作。2016 年，美国趣味科学网站刊发《新型“人造突触”能让超级计算机模仿人脑》的报道指出，能够模仿人类能力解决问题的大型仿人脑计

---

① 《浦江创新论坛——2017 科技创新智库国际研讨会专家观点集萃》，《智库理论与实践》2017 年第 3 期。

算机有望成为现实，因为科学家发明了一种微小的装置，能够比前代产品更好地模仿人脑神经元之间的突触结构。

无疑，颠覆性技术已成为引领全球制造业变革的重要力量，也是制造强国新一轮博弈的制高点。日本“ImPACT”计划对创新管理体系做出根本性变革，希望以创新推动社会转型升级。英国发布的《技术与创新未来：英国2030年的增长机会》对材料与纳米技术、能源和低碳技术、生物和制造技术、数字和网络技术四大领域的53项技术进行了分析，选出有望支撑英国2030年发展的关键技术。美国国防高级研究计划局（DARPA）专门从事颠覆性技术的收集和研发。美国已先后实现了互联网、隐身技术、全球卫星定位系统、激光、高超声速飞行器、无人机等重大颠覆性技术的突破，确保了美国在上述领域技术创新与产业升级方面长期领先的地位。[①]

研究颠覆性技术时不我待，敏锐地识别、捕获和培育那些对经济社会发展、国防和军队建设具有战略影响的颠覆性技术，有利于抢占新科技变革的战略主动权，奠定国家在世界竞争格局中的优势地位。[②] 当今世界正处在大变革大调整之中，以绿色、智能、可持续为特征的新一轮科技革命和产业变革蓄势待发，颠覆性技术不断涌现，正在重塑全球经济和产业格局。在建设世界科技强国的道路上，面对众多可能引起现有投资、人才、技术、产业、规则“归零”的颠覆性技术，如若采取积极行动，聚焦科技前沿，将科技与产业结合，让科技融入实体经济的发展当中，不断催生出新产业、新业态、新经济，那么就可以实现颠覆性技术的“反归零”。首先，聚焦科技前沿，加强颠覆性技术储备。现在的时代，科技进步太快，不确定性越来越多，如果不坚持创新，迟早会被颠覆。特别是对于大国而言，技术上的跟跑、并跑不是长久之计，唯有加强科技前沿性领域的探索，勇于攻入科技“无人区”，才有可能取得爆炸性成果，实现领跑和超越。此外，重大创新需要有一定的理论和技术突破，并且有大量的技术积累，如果忽视了技术储备，而一味追求断代式、跨越式创新发展，技术创新难免会陷入无源之水、无本之木的窘境。其次，将技术应用于实

① 邵立国、陈亚琦等：《颠覆性技术已成为引领全球制造业变革的重要力量》，《赛迪智库专报》2017年第59期。

② 中国科协创新战略研究院：《颠覆性技术的内涵与培育：应重视基础科学研究》，《创新研究报告》2017年第13期。

体世界，重视技术与产业融合的程度与深度。作为“第一生产力”，科技创新理应服务国民经济主战场。同时，产业发展是科技进步的基础，“皮之不存，毛将焉附”，唯有将科技变成产业，才能发挥科技服务民生、改进管理的作用，并为科技进一步发展提供动力。此外，还应减少企业负担，增加企业盈利，使得企业有创新的内生动力。同时，加强人才培养，保护知识产权，改进科研成果的评价与激励机制。

第十二章 向现代化经济体系转型

中国2010年经济总量首次超过日本，成为世界第二大经济体。在国际标准分类的22个大行业中，中国的产值居于前列。但是，中国速度并没有同步带来中国质量。中国产业体系虽然完整，但产品质量位居世界第一的不多，原创型产品不多，产业之间关联互动能力不强，产业链关键环节仍然掌握在外国跨国公司的手里。中国产业须通过创新向价值链高端提升。现代化经济体系是建成社会主义现代化强国的基本任务，与构成现代化强国的其他要素（如现代化社会体系、现代化生态系统、现代化法治体系等）对应，是今后一个时期统领整个经济工作的总纲领和总抓手。要以科技驱动代替要素驱动，切实增强创新对经济增长的驱动力，推动中国经济向现代化经济体系转型。而高质量发展，科技创新是动力源，实体经济是着力点，要促进虚拟经济与实体经济的良性互动。

第一节　“微笑曲线”与产业转型升级

20世纪90年代，台湾重要科技业者宏碁集团的创始人施正荣根据波特的理论以及IT产业的丰富经验提出了“微笑曲线”（smiling curve）理论。该理论指出：价值链包括三个主要环节，即研发设计、加工制造和市场营销，其中，处于价值链两头的研发设计和市场营销的附加值较高，处于中间环节的加工制造的附加值较低，这样便形成了一条两头高、中间低的“微笑曲线”。在“微笑曲线”上，以加工制造环节为分界点，产业价值链可以包括产品研发、加工制造以及流通三个环节。从过程产品到最终产品再到最终产品的销售，产业链上各个环节所创造的价值会随着要素密集度的变化而变化。在价值链的上游和下游，即产品研发、流通环节的附加值高，利润空间大，获利占整个产品利润的90% ~95%；而处于中游的加工制造环节的附加值低，利润空间小，只有5% ~10%，甚至1% ~2%。[①]

“微笑曲线”是在传统大规模生产方式下产生的理论。随着移动互联网、大数据、物联网为代表的新的生产方式的出现，微笑曲线理论被赋予了新的内涵，并处在不断发展之中。例如，有学者提出了大数据智能制造时代，应采用穹顶弧线思维框架来替代微笑曲线。穹顶弧线的左端底部是制造，右端是市场（消费者、用户），穹顶是设计。在穹顶弧线中，设计把制造和市场连接在一起。[②] 还有人指出，随着新一代信息技术的广泛应用，原有供需模式发生改变，新的商业模式逐渐兴起，在这一进程中，全球价值链呈现“微笑曲线”与“彩虹曲线”并存的“双曲线”特征。在彩虹曲线中，消费方与制造商处于价值链的两端，消费者从整个链条的末端提前至起始位置，参与到原材料采购、产品研发设计、生产制造、物流配送甚至售后服务等产品全生命周期过程。附加价值高的环节集中在位于中间“云端”的智能服务、共享服务提供商和“高端”的技术研发环节。[③] 微笑曲线理论提供了产业向研发设计和品牌服务两端转型升级的思路。但还有一些学者的研究发现，除了设计和服务以外，产业升级还有其他途径选择。例如，大数据时代可以智能化、柔性化制造来提高消费者响应速度，获得更好的市场回报，也可以通过提升制造能力、降低投入和消耗来提升企业价值。

实际上，现实世界已经给我们提供了产业转型升级的样板，并具有一定的借鉴意义。德国是一个高端制造大国，德国制造在全球高端制造领域具有不可撼动的地位，但它的制造业一直以产品为中心，只有生产功能价值缺乏服务功能价值，因此需要通过互联和智能生产，把产品功能扩展到服务方面；而美国抢占了研发设计等高端环节，美国的软件制造和互联网通信业非常发达，因此

① 樊慧玲：《中国制造业集群质量升级的路径选择——基于“微笑曲线”的分析》，《吉林工商学院学报》2018 年第 1 期。

② 魏志强：《从微笑曲线到穹顶弧线》，《东方烟草报》2015 年 2 月 10 日。

③ 肖新艳：《全球价值链呈现“双曲线”特征——“微笑曲线”和“彩虹曲线”》，《国际贸易》2015 年第 8 期。

与德国强调“硬”制造不同，美国更侧重于通过“软”服务，用互联网激活传统工业，保持制造业的长期竞争力。对于中国企业而言，停留在“微笑曲线”的底部，并非中国制造业的长久之计，若要提高附加值，走出“微笑曲线”的低端，必须要坚持高新技术发展。在国际市场，中国制造还面临着欧美发达国家和发展中国家的双重夹击，已经陷入“高端失守，低端混战”局面。此外，高端制造有向发达国家回流之势，低端制造业也逐渐开始向比中国制造成本更低的发展中国家转移。这使中国“世界工厂”的地位受到威胁。①一方面，要发展高新技术提高智能化、数字化制造水平，同时，加强基础创新研究，打破核心技术受制于人的局面；另一方面，要通过互联网提供更好的品牌服务，提升产品附加值。

1. 传统产业转型与优化升级

改革开放以来，中国制造业的发展主要是以“来料加工、来样加工、来件装配和补偿贸易”的劳动密集型传统加工制造业和实体经济起步的。家用电器、纺织服装、建筑材料等传统产业造就了中国经济快速增长的奇迹。直到今天，优势传统产业在经济发展中仍占较大比重。产业同产品、技术一样，有明显的生命周期，任何新兴产业都会经历萌芽兴起、快速成长、逐渐成熟、慢慢衰落而演变为传统产业的过程。经过技术、设备、生产流程和运营模式等方面的改造提升，传统产业再次被赋予新的活力，不是简单延长其衰退时期，而是形成一个新的生命周期，甚至形成新的新兴产业。所谓产业转型升级就是从低附加值产业向高附加值产业升级，从高污染高能耗产业向低污染低能耗产业升级，从粗放型产业向集约型产业升级。

中国制造高质量发展战略列举了十大重点领域，其中七个是传统产业改造提升和衍生而成长为先进制造业的。在产业转型升级的过程中，关键是技术进步。科技探索永无止境，创新创造永不止步。在科技发展势如破竹的今天，第四次工业革命将数字技术、物理技术、生物技术有机融合，触及经济社会的方方面面，可植入技术、数字化身份、物联网、3D 打印、无人驾驶、人工智能、机器人、大数据、智慧城市等将对社会产生深刻影响，重塑全球生产、消费、运输与交付体系。就目前来看，旧的产业、发展模式被新兴技术替代和冲击的

① 魏志强：《从微笑曲线到穹顶弧线》，《东方烟草报》2015 年 2 月 10 日。

命运正在不断上演和重复，例如，虚拟现实冲击传统娱乐业，大数据分析冲击一般的咨询、商业分析和广告业，基因工程个性化制药代替传统制药业……在建设世界科技强国的道路上，谁能抓住新一轮重大新技术革命的浪潮，谁就可以后来居上、脱颖而出。无论是国有企业还是民营企业，在科技创新的大潮中都应采取积极行动，聚焦科技前沿，将科技与产业结合，让科技融入实体经济的发展当中，不断催生出新产业、新业态、新经济、新模式，带动新一轮产业结构调整和产业升级，不断释放出经济高质量发展的新动能。

对于中国而言，技术上的跟跑、并跑不是长久之计，唯有加强科技前沿性领域的探索，勇于攻入科技“无人区”，才有可能取得爆炸性成果，实现领跑和超越。此外，重大创新需要有一定的理论和技术突破，并且有大量的技术积累，如果忽视了技术储备，而一味追求断代式、跨越式创新发展，技术创新难免会陷入无源之水、无本之木的窘境。将技术应用于实体世界，重视技术与产业融合的程度与深度。作为“第一生产力”，科技创新理应服务国民经济主战场。同时，产业发展是科技进步的基础，“皮之不存，毛将焉附”，唯有将科技变成产业，才能发挥科技服务民生、改进管理的作用，并为科技进一步发展提供动力。此外，还应减少企业负担，增加企业盈利，使得企业有创新的内生动力。同时，加强人才培养，保护知识产权，改进科研成果的评价与激励机制。建设现代化经济体系要闯过转变发展方式、优化经济结构、转换增长动力“三关”，以实体经济为核心建设协同发展的现代产业体系。产业体系建设要超越传统以一二三产业划分产业体系的做法，从实体经济和要素投入关系的角度赋予产业体系新的内涵，把产业体系建设的重点拓展为实体经济、科技创新、现代金融、人力资源“四个协同”。更加强调科技创新、现代金融、人力资本等高端要素的重点投入，更加注重要素优化配置以达到有效组合和协同发力，共同推动经济增长。[①] 这是解决近年来我国经济“脱实向虚”、实体经济与金融和房地产发展失衡、科技和经济两张皮等突出问题的关键。其中，产业协同发展要打通“三个一公里”。把资金、人才、科技等要素组合起来，以质的适应性、量的均衡性、时间的有序性、空间的聚合性和配合的协调性投入实体经济中去，促进现代化产业体系建设，推动建设现代化经济体系，

① 黄汉权：《建设支撑高质量发展的现代产业体系》，《经济日报》2018 年 5 月 10 日。

加快经济创新发展和转型升级。目前，科技、人才、金融等要素还没有形成有效组合、向实体经济聚力发力的协调发展格局。因此，建设协同发展的现代产业体系要着力打通“三个一公里”——强化科技创新的引领作用，打通产业协同发展“最先一公里”；引导金融“活水”流向实体经济，打通产业协同发展“最后一公里”；健全充满活力的人才支撑体系，打通产业协同发展“最难一公里”。

产业转型升级是产业从价值链的中低端向中高端的上升过程，是产业竞争力全面提升和经济迈上新台阶的关键。大力推进产业结构优化升级，要着眼于全球产业发展和变革大趋势，瞄准世界产业发展制高点，以提高技术含量、延长产业价值链、增加附加值、增强竞争力为重点，推动工业化和信息化深度融合，尽快形成结构优化、功能完善、附加值高、竞争力强的现代产业体系。[①]要以培育具有核心竞争力的主导产业为主攻方向，围绕产业链部署创新链，发展科技含量高、市场竞争力强、带动作用大、经济效益好的战略性新兴产业，把科技创新真正落到产业发展上。构建产业新体系的重点是统筹谋划产业链与创新链的定位、布局、衔接、互动和优化，着力围绕产业链部署创新链、围绕创新链完善资金链，建立产业和创新要素优化配置、上下游和有机联动的机制。以企业和投资者为主体，提高全要素生产率，而政府要做的是营造创造性破坏的环境。

全产业链：聚集主导产业，做强特色产业，培育未来产业。推进产业链垂直整合、横向集聚，引领性、主导性和特色性有机统一。引领性，就是产业定位要引领最新技术和高端产业发展，能带动和形成产业链与要素体系，助推城市建设、打响城市品牌；主导性，就是各区域都要培育主导产业、优势产业，坚持有所为、有所不为；特色性，就是各区域要重点发展特色产业、特色经济，实现错位发展，防止同质竞争。把好项目准入关，宁缺毋滥，防止被动“二次开发”。把好产业布局关，加强区域统筹、协同定位、整体推进。以开发区为主战场，通过创新并联审批、职能部门责任、项目化管理、协调调度、监督考核以及三级联动六大机制，着力推动项目投资和建设。进一步提高对外开放和引进外资质量，建设新时代高能级开放平台，积极探索建设高质量外资集聚先行区和境外并购回

① 中共中央文献研究室：《习近平关于科技创新论述摘编》，中央文献出版社，2016。

归产业园。重点盯引综合实力突出的“旗舰型”企业、竞争力强劲的行业“领头羊”、细分领域“隐形冠军”、高科技“独角兽”。

全价值链：提升参与全球价值链的广度和深度。加快从“中国制造”到“中国智造”的转变，不断提升制造环节的附加值，实现与生产环节上下游的积极联动。弥补技术短板、人才短板、品牌短板、标准短板、体制机制短板，追求技术、产品、标准乃至组织方式的创新，实现向“微笑曲线”的两端升级。

全创新链：强化企业创新主体地位。发挥创新型领军企业的引领作用，面向产业链上下游中小企业，构建线上线下融合的创新支撑服务体系。加快培育科技型中小企业，构建全链条孵化服务体系。消除科技创新“孤岛”，推动更多创新成果更快转化为现实生产力。抢搭开放式科技创新平台，打造创新链走廊，形成协同创新合力，以全新产业功能区塑造区域发展未来新形态。

2. 现代服务业体系的健全和发展

现代服务业是用现代化的新技术、新业态和新服务方式改造传统服务业，创造需求，引导消费，向社会提供高附加值、高层次、知识型的生产服务和生活服务的服务业，既包括新兴服务业，也包括对传统服务业的技术改造和升级，其本质是实现服务业的现代化。根据英国经济学家克拉克和美国经济学家库兹涅茨的研究成果，产业结构的演变大致可以分为三个阶段：第一阶段是生产活动以单一的农业为主的阶段，农业劳动力在就业总数中占绝对优势；第二阶段是工业化阶段，其标志是第二产业大规模发展，工业实现的收入在整个国民经济中的比重不断上升，劳动力逐步从第一产业向第二产业和第三产业转移；第三阶段是后工业化阶段，其标志是工业特别是制造业在国民经济中的地位由快速上升逐步转为下降，第三产业则经历上升、徘徊、再上升的发展过程，最终将成为国民经济中最大的产业。

对比工业化阶段规律，服务业结构演变同样具有规律性。一般来讲，在初级产品生产阶段，以发展住宿、餐饮等个人和家庭服务等传统生活性服务业为主。在工业化社会，与商品生产有关的生产性服务迅速发展，其中在工业化初期，以发展商业、交通运输、通信业为主，在工业化中期，金融、保险和流通服务业得到发展，在工业化后期，服务业内部结构调整加快，新型业态开始出现，广告和咨询等中介服务业、房地产、旅游、娱乐等服务业发展较快，生产和生活服务业互动发展。在后工业化社会，金融、保险、商务服务业等进一步发展，科研、信息、教育等现代知识型服务业崛起为主流业态，而且发展前景广润、潜力巨大。按照服务对象的不同，现代服务业一般可以划分为四大类：一是基础服务类，包括通信服务和信息服务；二是生产和市场服务类，包括金融、物流、电子商务、农业支撑服务以及中介和咨询等专业服务；三是个人消费服务类，包括教育、医疗保健、住宿、餐饮文化娱乐、旅游、房地产、商品零售等；四是公共服务类，包括政府的公共管理服务、基础教育、公共卫生、医疗以及公益性信息服务等。①

按照国际经验：一个国家人均 GDP 步入 4000 ~ 9000 美元时，服务业的发展将进入加速阶段，服务业的经济地位将显著提高。2017 年，中国人均 GDP 达到 9481.881 美元，服务消费占个人支出的比重超过 40%，已进入消费升级周期，与之相伴的是现代服务产业景气度将迎来加速向上的大周期。同时，服务贸易开始成为推动全球自由贸易进程的重点。2015 年服务贸易占全球贸易额的比重达到 23%。服务贸易增长成为全球贸易增长的重要引擎。2005 ~ 2015 年，全球服务贸易年均增速快于同期货物贸易增速 1.5 个百分点，而且有 30% 的货物贸易是由服务贸易带动的。2010 ~ 2015 年，我国服务进出口总额年均增长速度超过 15%。保守估计，到 2020 年，中国的服务贸易总额至少将达到 1 万亿美元以上，占全球服务贸易的比重将达到 10% 左右；到 2030 年，中国将成为全球最大的服务进口国。由此，大力发展服务贸易构成了我国在开放当中抓住机遇、争取主动推动国内市场化改革一个重大的课题。②

同时，现代服务业是推动经济转型升级的重要引擎，加快构建现代服务体系是深化供给侧结构性改革的重要内容、培育发展新动能的关键领域、推进产业转型升级的有力支撑。①瞄准高端，加快聚集。立足抢占现代服务业竞争制高点，通过深化对内对外开放，依托国家级新区、中心城市主城区和重点服务业发展园区，积极引进国内外现代服务业领军企业、前沿创新机构和高端专业人才，大力推广先进的管理理念和发展模式，实现现代服务业发展水平的跨越式快速提升。②科技引领，优化提升。通过推广应用新一代信息技术、人工智

① 段沛佑、李萌、姜晓婧：《基于供应链管理的现代服务业体系创新研究》，《中国市场》2012 年第 6 期。

② 迟福林：《抓住全球服务贸易快速发展机遇》，《人民日报》2017 年 6 月 15 日。

能技术，对传统服务业的管理、产品、业态和发展模式进行全方位改造提升，再造重组服务流程，深化细化服务业分工，调整优化服务业结构，优化资源要素配置，大力培育新兴服务业和高技术服务业，发展新业态，提供新产品，激发新需求。③跨界融合，拓展领域。适应产业发展融合化和生活需要多样化趋势，按照产业链上下游各环节发展的内在关联要求，加快服务业与农业、服务业与制造业、服务业各领域之间的融合发展，推进相关服务业态和环节整合重组，拓展服务业领域，实现现代服务业聚变式发展，培育打造新的经济增长点。④深化改革，做强主体。通过优化营商环境，降低市场准入门槛，激发社会资本积极参与现代服务业发展，创办现代服务业企业；鼓励高端制造业企业通过加快转型升级努力向服务业环节延伸，加快组建现代服务业企业，提供优质高效的专业化服务。①

3. 脱实向虚中的“虚”“实”辩证法

近年来，中国经济的“虚实之争”一直持续上演。互联网的崛起带来经济的诸多变化，制造业企业利润的摊薄导致企业转向房地产、金融，引发了学界、企业界关于虚拟经济和实体经济的诸多争论。多数人理解的虚拟经济是以钱生钱的经济，主要包括金融业、金融化的房地产业、博彩业等。实体经济则可简单理解为国民经济中除虚拟经济之外的其他经济，主要包括制造业、商业、交通业、建筑业和文化产业等。而线上虚拟经济由于与线下实体经济之间存在着复杂的竞合关系，因此有些人也将信息化的网络经济归为广义的虚拟经济。实际上，“实体经济”是一个相对于“虚拟经济”的概念，不是仅仅包含制造业，而是涵盖着一二三产业。“网店是‘新经济’，但直接带动了实体工厂的销售；快递业作为‘新经济’的代表，同样既拉动了消费也促进了生产。这些典型的新经济行业，实际上都是‘生产性服务业’，都是在为实体经济服务，也是实体经济的一部分。”②

虚拟经济不是“恶魔”，实体经济也不是“天使”。目前，社会上对虚拟经济有两种模糊认识：一种是过分夸大虚拟经济的重要性，提倡不遗余力地发

① 石家庄市人民政府：《石家庄市人民政府关于加快推进现代服务业创新发展扩大开放的实施意见》，石家庄市政府网，2018 年 9 月 28 日。

② 《定调“虚实之争”：网店和快递都是实体经济一部分》，中国网，2017 年 1 月 9 日。

展虚拟经济；另一种是把虚拟经济等同于投机和“泡沫”，视其为实体经济发展困难的“首恶”，对发展虚拟经济持怀疑甚至反对态度。这两种观点都有片面性。应当看到，实体经济和虚拟经济不是相互对立、相互排斥的，而是相互依存、共生共荣的。一方面，虚拟经济的有序发展对实体经济具有促进作用；没有虚拟经济，实体经济的发展就会受到很大影响；另一方面，没有实体经济，虚拟经济便是“空中楼阁”，难以健康发展，甚至会出现因“虚火”过旺而危害整体经济发展的情形。也就是说，虚拟经济不能脱离实体经济而独立存在。振兴实体经济并不意味着排斥虚拟经济，而是要把握好“虚”与“实”的辩证关系，促进实体经济和虚拟经济协调发展，形成“虚”“实”良性互动的国民经济运行机制。①

当前，造成实体经济发展困难的原因是多方面的，既有长期因素，也有短期因素；既有外部原因（例如对外贸易），也有内功不足的原因（比如税赋高、政出多头行政管理部门过多、国企对资源配置的垄断），不能完全归罪于虚拟经济。应坚持“以实为本、虚实并举”的原则，既大力振兴实体经济、为虚拟经济发展提供坚实基础，又按照实体经济的发展需要稳步推进虚拟经济有序发展，通过虚拟经济对资源的有效配置促进资源的合理流动，降低企业成本，推动技术创新，实现产业的转型升级，从而促进实体经济的发展。同时，凝聚“向民资适度让利是社会福利最大化的结果，并不等同于国资流失”这一共识，明确国有低效资产价值评估和银行不良债务处置原则。进一步激发民间投资活力，尤其是乡村振兴中的民间投资。鼓励民间资本投资建设各类研发机构、技术转移和科技成果对接平台及物理空间。客观面对“去杠杆用力过猛”的批评，警惕过度紧缩型的去杠杆可能造成的企业倒闭、金融坏账、经济崩盘等局面。

第二节　现代金融体系与实体经济的良性互动

“金融与实体到底是什么关系”，一直是宏观经济的核心议题。就本质而言，金融与实体经济良性互动，不仅是国家金融稳定和金融安全的基础，也是实现整个国民经济乃至全球经济可持续发展的根本。然而，20 世纪八九十年

① 费洪平：《促进实体经济与虚拟经济协调发展》，《人民日报》2017 年 2 月 16 日。

代以来，金融衍生品等组成的虚拟经济与实体增长的背离却成为全球最显著、最普遍的特征之一，也成为2008年全球金融危机的主要推手。

与实体经济紧密结合的、适度的金融发展和金融创新对一国经济和金融的长期发展既是必要的，也是有利的；但如果金融发展和金融创新过度脱离实体经济，甚至引发了实体经济的萎缩和倒退，那么，金融体系的膨胀必然占据过多的社会资源，从而削弱实体经济发展的产业基础。特别是，当产业投资的机会成本变得要由金融交易来确定时，金融资本将脱离实体经济，投机逻辑将压倒生产逻辑，而金融资本驱逐产业资本追求自我扩张和“自我实现”的过程，同时也是系统性风险加速积累的过程。事实上，在现代经济金融体系下，金融和实体经济之间的关系早已密不可分，脱离任何一方面孤立地设置发展目标都将损伤一国长期经济增长的有效性。只有将金融目标和经济目标同时纳入政策视野并加强“顶层设计”，才能从战略上平衡金融发展水平和实体经济发展阶段的协调问题，确保金融发展始终服务于实体经济而不是脱离实体经济“自我循环”和“自我扩张”。[①]

正如很多发展中国家和新兴市场国家一样，中国在经济和金融体系快速发展的过程中，也出现了不同程度的金融脱离实体经济运行的迹象。近年来，房地产市场、艺术品市场、传统的农产品领域都出现了不同程度的价格暴涨。金融与实体经济的背离（即所谓的“脱实向虚”），及其对实体经济的“挤出效应”在中国表现得更为突出。其直接表现就是货币金融投放大量增加，但资金利用效率却大大降低。金融市场将金融资源大量配置到产出效率较低的基础设施，以及房地产领域。[②] 金融资金并没有流向实体部门，而是又回流至金融体系内，直接或间接地将资源流至金融体系内。不仅导致金融空转虚耗、资金“脱实向虚”，金融支持实体经济的效率下降，也增加了信用风险和流动性风险，增加了整个金融体系的系统性风险。[③] 在资产市场火爆和资金持续涌入的同时，实体经济特别是中小微企业的发展却面临融资来源不足和融资成本过高等方面的巨大压力。据调查，最近两三年来，不少中小微企业的实际融资成本

① 陈雨露、马勇：《大金融论纲》，中国人民大学出版社，2013。

② 张茉楠：《中国货币流动性的“悖论”》，《证券时报》2013年11月29日。

③ 张茉楠：《回归实体经济，金融如何“脱虚向实”》，《华夏时报》2017年8月13日。

在20%以上，一些企业在正规融资渠道欲求无门的情况下，不得不求助于高利贷融资。在中小微企业面临资金不足的同时，实体部门却出现了资金流向资产市场和金融领域的苗头。近年来，大量的事实倾向于表明，中国的金融和产业资本都存在一定程度的“脱实向虚”倾向。

从本质上看，金融与实体发展互为因果，只要实体经济基础不牢，且金融利润远远超过实体利润，金融资本就会对产业资本产生挤出效应，导致实体经济的进一步萎缩，“金融膨胀、实体萎缩”情况就会愈发严重。[①] 因此，未来宏观政策侧重点应是“做强实体，做实金融”。通过提高实体经济生产力和竞争力，提高投资效率与资源配置效率，降低宏观税负，让实体经济获得较高的资本回报率，如此，错配的资金、背离的金融才可能回归实体经济，真正从“脱实向虚”走向“脱虚向实”。[②]

实体经济是现代化经济体系的“底座”和“根基”，经济体系的现代化首先就是实体经济的现代化。无论是防范金融风险、避免“脱实向虚”，还是创造财富与就业、改善民生，都需要夯实实体经济，尤其是新型制造业这个根本，加快建设制造强国、发展先进制造业。“建设现代化经济体系，必须把发展经济的着力点放在实体经济上。”金融是实体经济的血脉，为实体经济服务是金融的天职，是金融的宗旨，也是防范金融风险的根本举措。不管是资金“脱实向虚”“以钱炒钱”，还是边际效率下降、配置不合理，都显示出金融服务实体经济的效率有待提升。

1. 资本市场改革的先导性

资本市场本身就是改革开放的产物，没有改革开放就不会有资本市场的产生。自1990年底上交所正式运营以来，有着29岁年轻生命的中国资本市场在改革中逐渐成长和壮大，成为促进实体经济增长的一个重要着力点，在服务国民经济中扮演着越来越重要的角色。[③] 从股权分置改革到证券公司综合治理和规范发展，从推出中小板、创业板到新三板扩容，以及将区域性股权市场纳入多层次资本市场体系，从推出股指期货、国债期货到2018年正式推出原油期

① 张茉楠：《做强实体做实金融》，《证券时报》2017年8月18日。

② 张茉楠：《回归实体经济，金融如何“脱虚向实”》，《证券时报》2017年8月13日。

③ 曾珠：《多层次资本市场构建及其改革思考》，《当代经济管理》2018年第3期。

货，从 QDII、QFII 到推出沪港通、深港通及 A 股纳入明晟指数，无一不是改革开放的结果。可以说，资本市场的发展史就是一部改革开放史。

资本市场是现代金融体系的重要构成，是市场化配置资源的主战场。资本市场的发展，为国企混改、并购重组、国有资产证券化、建立现代企业制度提供了一个不可或缺的平台。2015 年国务院正式发布的《关于国有企业发展混合所有制经济的意见》中，有 8 条直接涉及资本市场和股市，这充分说明了资本市场在国企混改中的重要作用。另外，国企改革所释放出的巨大的改革红利和制度红利，也会给资本市场的改革注入新的活力，进一步推动我国资本市场的稳定健康发展。中国资本市场的坚定改革正在重塑市场生态和市场逻辑。从规范再融资、并购重组，到督促上市公司分红；从减持新规打击“野蛮减持”，到重塑发审制度；从 IPO 常态化发行，到稳步推进股票发行制度改革……众多改革举措都在全方位夯实资本市场稳定运行的基础。但同时也面临一些深层次问题，例如，创业板大幅下跌，新三板遭到重创，新发股份企业质量虽有提高，但也有不少属于相对过剩行业，民间资金在资本市场的使用效率还有待进一步提升。

完善发达的资本市场是支持国家科技创新和企业创新发展的重要平台。从科技产业化发展史看，美国资本市场的孵化功能是其强大科技创新能力的重要组成部分。在“大众创业、万众创新”的背景下，国家以空前的力度打造资本市场，为双创企业提供融资平台。我国 8000 多万中小微民营企业承载着全国 92% 以上的就业人口，是社会功能和市场经济力量的体现，是“大众创业、万众创新”、“一带一路”建设、全面深化改革的中坚力量。“双创”离不开金融业的支持，尤其是多层次资本市场的“力挺”。多层次资本市场在拓宽投融资渠道、激发微观主体创新创业活力、助推经济增长动能转换等方面具有独特的优势。推动我国经济由高速增长转向高质量发展，助力攻克发展方式转变、经济结构优化、增长动力转换这三大关口，需要更好地发挥多层次资本市场的作用，奋力开创资本市场改革发展新时代。[①] 正是在这个背景下，中国决定在上海证券交易所设立科创板并试点注册制，这意味着，国内优秀创新企业将可以不再依赖海外资本市场。而科创板的直接“空降”，并不是一个简单的宣布

① 《奋力开创资本市场改革发展新时代——学习宣传贯彻党的十九大精神系列评论之九》，《金融时报》2017 年 11 月 7 日。

一项政策的问题，而是中国资本市场要突破的一个关口。其核心是补齐资本市场服务科技创新的短板，推动资本市场的增量改革。目前，中国GDP规模已经达到美国的60%，但股票市值还不到美国的六分之一。更严重的问题是，中国股票的市值里面，有60%是国企，如果剔除国有企业市值，剩下的所有民营类上市公司总市值，还不到2.5万亿美元，仅相当于两个苹果的市值。[①]因此，中国需要彻底改变现有股市运作逻辑，尤其是在民营企业无法公平运用间接融资工具的时下，就必须从股市这个可以直接融资的地方找到突破口。另外，中国一直把上市公司看作一种重要的由政府审批提供的稀缺资源，而没有看成是一种市场竞争产品，用审核制的方式，牢牢地控制着供给，但控制供给的结果，便是滋生了各种衍生问题，以及整个市场定价的失衡。[②]审批制人为制造了诸多企业寻求直接融资的障碍，迫使更多高科技企业出走中国香港和美国等地，而科创板设立后，对科创企业的要求有可能在盈利状况、股权结构等方面参考新兴企业上市标准，并做出更为妥善的差异化安排。此前的2018年3月，证监会发布《关于开展创新企业境内发行股票或存托凭证试点若干意见》明确了CDR试点企业的基础门槛和试点范畴，应属于互联网、大数据、云计算、人工智能、软件和集成电路、高端装备制造、生物医药等高新技术产业和战略性新兴产业，且达到相当规模等。总之，设立上交所科创板并试点注册制的意义，远不止于一个股市板块，是能给中国资本市场带来重生的最基础制度的尝试，肩负着开放改革必须要做出的选择任务。

完善退市制度，为创新型企业上市创造条件。上市公司退市制度是资本市场的重要基础性制度，对于优化资源配置、促进优胜劣汰、提升上市公司质量、保护投资者合法权益发挥着重要作用。我国退市制度始于证监会于2001年发布的《亏损公司暂停上市和终止上市实施办法》。此办法公布后的16年中仅有95家公司退市（如果除掉因吸收合并等资本运作而退市的公司，实际退市公司不足60家），年均退市率不足0.35%。即使2014年证监会出台了《关于改革完善并严格实施上市公司退市制度的若干意见》（所谓的“史上最严退市新规”），至今三年中仅有5家公司在A股退市。然而，在一个成熟的

① 肖磊：《注册制空降上海科创板震动市场谁拍的板？》，金融界网站，2018年11月7日。

② 肖磊：《注册制空降上海科创板震动市场谁拍的板？》，金融界网站，2018年11月7日。

资本市场中，退市企业数量与上市企业数量应该是大致相当的。可见，与西方成熟的资本市场相比，我国的退市制度形同虚设。目前，沪深证券交易所已经发布《上市公司重大违法强制退市实施办法》，并修订完善《股票上市规则》《退市公司重新上市实施办法》，主要从上市公司信息披露、风险警示制度设计、相关主体权利限制、责任主体纪律处分等方面做出具体安排。按照这一办法，*ST长生作为涉及“五大安全”的退市第一股或已没有悬念，这也正是让市场在资源配置中起决定性作用在金融领域的贯彻和体现。对提高上市公司的整体质量、增强资本市场优化资源配置的功能，建立一个有进有出、动态平衡、健康发展的资本市场至关重要，有助于在真正意义上实现股市作为投资市（而不仅仅是融资市）的功能。

2. 互联网金融的颠覆与创新

《财富》杂志“2018 年财富全球 500 强”榜单中，金融行业进入榜单的公司超过 75 家，占比约七分之一。与这一趋势相一致，上榜的中国银行有 10 家，分别是中国工商银行、中国建设银行、中国农业银行、中国银行、交通银行、招商银行、浦发银行、兴业银行、民生银行、光大集团，数量上超过了上榜的 8 家美国银行。其中，中国 10 家银行平均利润高达 179 亿美元，远远高于全部入榜中国公司的利润水平（31 亿美元），而这十家银行的总利润更是占了 111 家中国上榜公司总利润的 50.7%。可见，金融业未来的发展前景，不可小觑。

伴随着移动互联网等技术的发展，中国互联网金融发展势头迅猛，并走在了世界前列。起步于支付宝的蚂蚁金服（蚂蚁金融服务集团）是世界上最大的互联网金融公司，而且仍以每年超过 50% 的速度在增长。作为一个移动和在线支付平台，支付宝拥有 8.7 亿活跃用户，在中国有 6 亿，在世界其他地区有 2.7 亿。这些用户数量证明了中国消费者在使用互联网金融方面，速度远远超越了其他国家。作为全球最大的电子钱包，支付宝目前在线下已经覆盖到除中国以外的 36 个国家和地区。然而，除了阿里巴巴和蚂蚁金服，中国还有很多类似的互联网金融正在发展，比如百度金融、腾讯金融、京东金融、小米金融。互联网金融不仅是在金融体系尚未完全发育成熟的中国，而且在国际范围内对发达国家的金融体系都具有颠覆性。金融业格局正在被重塑：新兴的金融技术服务企业不断涌现，传统银行需要转型为互联网银行，互联网企业与银行也在跨界合作。

互联网金融惊人的快速发展给传统的金融模式带来了前所未有的冲击，也为中小企业开拓了新的融资途径。过去一段时间，中小企业融资难问题一直阻碍企业更进一步发展。由于中小企业规模小，缺乏可抵押资产以及外部信息不对称，传统的融资途径已经很难适应中小企业的发展需求，而互联网金融的迅速发展在一定程度上弥补了传统融资方式的不足之处，有效降低了融资成本，缓解了担保不足问题，减少了信息不对称现象，为中小企业融资提供了新的渠道。[①] 互联网金融客观上已经成为中小微企业获得融资的重要途径和有益补充。网贷公司利用云计算、大数据、移动互联等新兴技术开展普惠金融服务，有利于打破银行信贷等传统金融服务关系中“你予我求”的强弱关系，将互联网平等、共享的精神带进金融服务领域，让信息和资金分配更加平等化，加速破解中小企业融资难题。

互联网金融能够通过互联网创新，有效解决传统金融与实体经济因信息不对称、知识不对称、服务不对称造成的中小微企业融资难、融资贵等问题，实现资源的优化配置，让资金流向最需要的企业。因此，更好地利用互联网金融工具，有助于驱动实体经济创新发展。对于实体经济而言，大量的企业“资金沉睡”，通过互联网金融，在金融服务模式上进行更多的探索与创新，深掘企业理财市场，通过定制化的理财产品，既满足企业用户的多元化理财需求，激活市场，又盘活企业闲置资金，让以往沉睡的资金流向最有资金需求的企业，帮助其解决企业发展过程中遇到的资金难题，实现助力实体经济的目的。[②]

3. 系统性、区域性金融风险防控

金融稳则实体经济稳。我国金融风险可控，但当前和今后一个时期我国尚处在风险易发高发期。从 2018 年地方政府工作报告披露的情况看，广东省非法集资等金融风险仍较突出；河北省违法违规金融活动时有发生；浙江省部分地区金融风险还需下大力解决。地方债务问题是金融风险的潜在因素之一。根据各地 2018 年政府工作报告，河北省部分地区政府债务风险偏高；辽宁省养老保险基金收支缺口较大，政府和企业债务风险不可小视；广东省部分国企和市县政府债务风险较高；湖南省政府性债务规模偏大，安全生产、防灾减灾仍

① 袁佳瑜：《互联网金融对中小企业融资的影响分析》，《商场现代化》2016 年第 27 期。

② 许泽玮：《互联网金融应为实体经济的发展“补位”》，《中关村》2017 年第 8 期。

存在薄弱环节；内蒙古在化解政府债务方面需要进一步加大力度……地方政府隐性债务已成为防范化解系统性金融风险的“灰犀牛”。为此，要坚持以市场规律为准绳和约束，以地方政府债务管理规范为突破，重点发挥市场在资源配置中的决定性作用，逐步隔断银行体系和地方政府相互依存进而低估风险的内在机制，进一步完善地方政府债券发行机制，建立健全国有企业和地方政府负债的市场化定价机制。打破刚性兑付，有效发挥信用利差的作用，让市场而非主管部门或上一级政府承担国有企业或地方政府的潜在违约风险。

此外，随着科技的迅猛发展和金融创新的快速变化，影子银行、互联网金融、区块链金融等在服务实体经济发展中发挥着独特、不可替代的积极作用，同时，金融创新的背后也隐藏着金融风险。以互联网金融为例，互联网金融的发展为我国中小企业融资提供了便利，但其以互联网为载体的特点使中小企业面临着新的问题。近些年来，监管力度不足、网络违约成本较低以及风险不确定性造成网络资金安全问题层出不穷。首先，法律法规不健全。我国互联网金融与其他强国相比发展较迟，近几年却得到迅速发展，但是由于互联网企业数量庞大且变化迅速，国内相关的法律法规没有跟上互联网金融发展的脚步。①因为互联网法规不健全和监管力度不足，造成商务平台中合法与非法之间的界限模糊，部分平台出现圈钱行为导致很多投资者破产和中小企业歇业停顿、挤兑甚至倒闭。目前，互联网金融还未全部进入中国人民银行的征信系统，信息共享机制不完善，与具有风险控制机制的传统银行相比，风险有所增加。其次，信用风险大。目前，互联网金融违约金成本较低，门槛低，监管力度不足，容易发生网上诈骗、非法集资和携款逃跑的问题。2018 年年中，“P2P 平台爆雷”再次席卷了整个互联网金融行业，从 2018 年 6 月至 11 月，统计可查询的爆雷平台共 216 家，受损的待收本金为 979 亿元。按照黄奇帆所认为的，P2P 实际是在偏离了“金融基本原则和规律”的情况下，在做与银行等金融机构差不多的借贷业务。对于其后果，黄奇帆毫不客气，“让它像蝗虫一样增长是对老百姓极度的不负责”。这就要求监管理念和监管方式进一步跟进，守住不发生系统性风险的底线。而整治的关键在于纠偏矫正，督促平台回归信息中介的本源，建立完备的风险管控和内部管理体系。网贷平台只有发挥强大的技术优势，

① 袁佳瑜：《互联网金融对中小企业融资的影响分析》，《商场现代化》2016 年第 27 期。

做好信息中介的本分，才能真正在服务小微企业、拓宽居民投资渠道方面发挥作用。另有数据显示，我国居民部门的杠杆率已达 49%，表明居民部门负债率居高不下，而居民部门负债中 70% 的债务来自房贷，其加剧房地产市场矛盾积累，也表明房贷或者居民部门的债务对消费有挤出效应。因此，在房价持续上涨与家庭债务压力不断加大的背景下，还须警惕消费增速过快下滑的风险。

第三节　新一轮技术长周期的启动

按照前述长周期理论，技术创新引起繁荣，重大的技术革命引起大繁荣。从工业革命以来的 200 多年历史中，总共有五次技术革命。第一次技术革命发生在工业革命开始时，大约在 18 世纪六七十年代，标志性的事件就是出现了斯密顿水车，解决了持续动力的问题。第二次技术革命发生在 18 世纪末到 19 世纪 30 年代的英国，标志性的事件为瓦特蒸汽机的广泛应用以及 1829 年从利物浦到曼彻斯特的铁路实验线路开通，人类由此进入了蒸汽和铁路时代，形成了新的经济范式。第三次技术革命其实是第二次产业革命的爆发，以 19 世纪 70 年代的美国和德国为代表，主要体现在钢铁、电力和重型机械的广泛应用，人类进入了钢铁和电气化时代。第四次的技术革命发生在 20 世纪初的美国和德国，以石油化学和汽车制造为代表，开启了石油与汽车时代。第五次技术革命出现在 20 世纪六七十年代的美国，标志性事件就是英特尔发布首款微处理器，宣告了信息时代的到来。在 2008 年前后，与金融危机爆发相契合，出现了新一轮的信息技术变革，这就是移动互联网、互联网、云计算、大数据以及人工智能等。

根据熊彼特的观点，每一次重大的技术革命往往会伴随 50 ~ 60 年的经济长周期。在熊彼特之前，苏联经济学家康帝拉季耶夫利用英国、法国、美国的统计资料，提出了一个跨度在 48 ~ 60 年的长周期概念。熊彼特为什么会认为有这样的周期存在？这是因为重大的技术革命对原有的技术产生了颠覆性的破坏，摧毁了原有的系统，社会需要经过一段时间的接受和适应，一旦跨越临界点就会引发大规模的投资需求，全社会要素资源向新技术领域大量集聚，生活消费方式也将发生重大变化并引发新需求，从而带来了上升的阶段，这就是熊彼特从技术革命的角度来解释技术与长周期之间的关系。熊彼特与康帝拉季耶夫的研究只截止到 20 世纪的二三十年代，后续的长周期仍然存在，但是跨度缩减到 40 年左右。从历史经验来看，当技术革命的标志性事件出现 10 ~ 20 年以后，将开启新一轮的经济长周期。如果将 2008 年前后作为大数据革命或者新一轮产业技术革命的一个标志性节点，那么可能未来 3 ~ 5 年，将启动新的经济长周期，当前的这些创业潮将可能是这一轮经济长周期的一个前奏。①

1. 全球创新版图重构及全球经济结构重塑

自古以来，科技实力和创新能力决定着世界经济力量对比的变化，也决定着各个国家、各个民族的前途和命运。从世界历史看，大国崛起呈现“科技强国—经济强国—政治强国”的历史规律。一个国家的强大不仅取决于经济总量、领土幅员和人口规模，更取决于它的创新能力。近代以来，世界经济中心几度转移，其中有一条清晰的脉络，就是科技中心一直是支撑经济中心地位转移的强大力量。如果单靠经济规模或疆土领地的扩张，而没有强大的科技创新作为支撑，一个国家就无法成为强国。比如，葡萄牙、西班牙和荷兰相继掌握先进航海技术，经由地理大发现开辟了美洲航线、南亚航线和非洲航线，大量征服殖民地，成为 16 ~ 17 世纪的世界强国，但由于未能依靠科技创新建立制造业主导的经济结构，继而被其他国家超越。不同历史时期的一些国家抓住科技革命的重大机遇，实现迅速崛起，改写了当时的经济版图和世界格局。英国在第一次科技革命后，依靠完整的科技体系和持续创新能力，成为世界上第一个工业国家；德国在以内燃机和电气化为代表第二次科技革命后崛起成为欧洲工业强国；美国抓住以电子信息等为代表的第三次科技革命机遇成为世界头号强国；日本、亚洲“四小龙”等依靠科技创新实现赶超成为发达经济体。近代以来，中国落后挨打的根源之一就是科技落后。发生第一次世界科技革命时，中国正处于“康乾盛世”，GDP 约占全世界的 1/2，但是统治者闭关锁国，不重视发展现代科技。第二次世界科技革命时，鸦片战争爆发，清政府被迫签订不平等条约，中国沦为半殖民地半封建国家。第三次世界科技革命，新中国刚成立不久，百废待兴，科教基础薄弱，通过集中力量实现重点突破，取得“两弹一星”、结晶牛胰岛素等重大科技成就。②

① 蔡跃洲：《大数据有望启动新一轮经济长周期》，http：//www. sohu. com/a/8552276_ 122592，2015 年 3 月 30 日。

② 万钢：《全球科技创新发展历程和竞争态势》，《行政管理改革》2016 年第 2 期。

21世纪以来，全球科技创新进入空前密集活跃的时期，物质结构、宇宙演化、生命起源、意识本质等一些重大科学问题的原创性突破正在开辟新前沿、新方向，信息网络、人工智能、生物技术、清洁能源、新材料、先进制造等领域呈现群体跃进态势，颠覆性技术不断涌现，催生新经济、新产业、新业态、新模式，对人类生产方式、生活方式乃至思维方式将产生前所未有的深刻影响。科技创新在应对人类共同挑战、实现可持续发展中发挥着日益重要的作用。全球创新创业进入高度密集活跃期，人才、知识、技术、资本等创新资源全球流动的速度、范围和规模达到空前水平。创新模式发生重大变化，创新活动的网络化、全球化特征更加突出。新一轮科技革命和产业变革正在重构全球创新版图、重塑全球经济结构。科技创新成为各国实现经济再平衡、打造国家竞争新优势的核心，正在深刻影响和改变国家力量对比，重塑世界经济结构和国际竞争格局。2008年全球金融危机发生之后，世界各国都在抢抓新工业革命的战略机遇。以美国为代表的发达国家实行的“再工业化”战略，就是以制造业回归为契机，加强工业生产技术创新，催生多样化的技术创新格局，推动国内经济持续发展。①

2. 历史性交汇期的创新选择

中国正进入“两个一百年”奋斗目标的历史交汇期，同时，这也是世界新一轮科技革命和产业变革同我国转变发展方式的历史性交汇期，这“两个历史交汇期”对于我国社会主义现代化进程有着特殊重要的意义。“有的历史性交汇期可能产生同频共振，有的历史性交汇期也可能擦肩而过。”当前我国经济发展进入新常态，正处于传统增长动能衰减和转向高质量发展的“双碰头”阶段，迫切需要通过新旧动能转换加快产业转型升级，助力经济高质量发展。传统产业发展下行压力较大，迫切需要发展新技术、新产业、新模式，为经济增长注入新动力。② 全球抢占创新和经济发展制高点的竞争更加激烈，我们要抓住历史机遇、努力弯道超车，加快创新发展，实现“从大向强”的转变，加快迈入世界创新中心。

国际上普遍认为美国、德国等20多个国家是创新型国家，其共同特征：一是创新综合指数明显高于其他国家，二是科技进步贡献率在70%以上，三

① 黄茂兴：《全面认识全球创新环境的新变化新特征》，《福建日报》2017年11月6日。

② 金辉：《产业新旧动能转换助推高质量发展》，《经济参考报》2018年6月27日。

是研发投入占 GDP 的比重一般为 2% 以上，四是对外技术依存度指标一般在 30% 以下，五是在世界专利强势国家和地区所获得的专利数位居全球前列。①近年来，“中国创新力量”快速崛起，中国科技创新正在深刻改变世界创新版图。经过不懈努力，中国科技出现由跟跑向并行乃至在一些领域领跑的重大转变，形成了完整的创新价值链和科技体系，取得了一大批有国际影响的重大成就。但是，与上述创新型国家相比，我国在相关指标方面存在明显差距，例如，多项综合创新能力排名世界第 20 位左右，科技进步贡献率为 55% 左右，对外技术依存度高于 40%，高技术产品出口方面自主品牌出口在 10% 左右。基于这样的现状，就需要在事关全面建成小康社会和现代化建设的重要领域，构建创新引领和支撑发展的技术和产业体系。强化创新主要依靠产权激励，产权激励是最好的激励方式。创新体制机制，将科研人员的脑力劳动投入和资金设备投入作为共同投入，科研人员分享形成的成果的产权。积极探索在研发活动开始前的分割确权，明确创新成果中科研人员的产权及实现产业化后的收益分享机制。创新需要不断试错，试错主要依靠企业和竞争。要正确把握竞争政策和产业政策、政府作用等的关系，围绕建立和完善公平竞争审查制度，在确立竞争政策的基础性地位的基础上，实现竞争政策从基础性到决定性地位的跃升，让落后企业退出，让优质企业成长，真正让市场“说了算”。②

3. 供给体系质量与三大变革

中国经济正由高速增长阶段转向高质量发展阶段。供给体系的数量和增速已经不再是制约我国经济中长期健康发展的主导因素。近五年来，我国经济保持中高速增长，在世界主要国家中名列前茅，国内生产总值从 54 万亿元增长到 80 万亿元，稳居世界第二，对世界经济增长贡献率超过 30%。当前，在纳入统计的 500 多种工业产品当中，我国有 220 多种产品的产量位于世界第一，很多行业现在产能不是不足而是过剩了。所以，我国描绘的 2020 年全面建成小康社会、2035 年基本实现社会主义现代化、本世纪中叶建成社会主义现代化强国这“三步走”的宏伟蓝图时，并没有提出具体的数量指标和增长指标，

---

① 科技联盟技术中心：《中国科技创新发展现状与趋势》“科技联盟技术中心”微信公众号，2018 年 4 月 10 日。

② 科技联盟技术中心：《中国科技创新发展现状与趋势》，“科技联盟技术中心”微信公众号，2018 年 4 月 10 日。

没有按照以往的惯例再提出一定阶段内 GDP 翻一番的目标。

从世界各国迈向现代化国家的历史经验和教训来看，通过不断提升企业和产业的国际竞争力，从而构建国家竞争优势，这是避免陷入“中等收入陷阱”的不二法门。[①] 也就是说，经济体系要通过提供适应市场的产品和服务，不断满足动态变化的有效需求。供给侧结构性改革的本质意义，即解决我国各种产品和服务的供应达不到消费者日益增长的产品品质要求的问题，需要促进质量上的转型升级，在标准上达到国际先进水平。另外，要通过供给更高质量的产品和服务创造新的需求。经济学中的萨伊定律认为，“一种产品经生产，从那时刻起，就给价值与它相等的其他产品开辟了销路”。工业革命和科技革命的历程中，每一次生产力水平的跃迁都创造了难以想象的方式改变着人类的生活。而当今时代，社会化大生产的突出特点，就是供给侧一旦实现了成功的颠覆性创新，市场就会以波澜壮阔的交易生成进行回应。

理解经济周期可以有三个维度，即周期事实、周期理论以及经济政策。同样，理解中国的改革周期也有三个基本刻度，即周期经济、周期政策和周期政治。随着中国经济进入新常态，以及政治层面包括宪法修订和更加体现制度优势的政治和政策安排，中国改革的周期性逐渐趋于平稳，内生性的特点更加明显，更加注重通过改革不再是过去那种疾风暴雨式的破立，而是内化于质量变革、效率变革、动力变革中，体现为国民经济各领域、各层面素质的提高，特别是传统动力减弱的背景下重新培植经济发展新动力新优势，将传统要素驱动力转变为创新驱动力。三者相互依托，是有机联系的整体，必须系统推进。[②] 但在这三大变革背后，核心是政府治理的变革，是改革的改革。逆改革或改革停滞的阻力仍在，改革空转甚至内卷化的趋势值得警惕。宏观经济政策需要因时而变、相机抉择。新时代中国发展目标更加多元，通过全面深化改革扩大开放和落实新发展理念以保持经济较快增长，通过内政与外交政策措施有效组合维护有利于中国和平发展的外部环境，是保证中国成功实现提前建成现代化目标的必要任务。

---

① 付文飙、赵陕雄：《关于质量提升与增强经济质量优势的思考》，《中国发展观察》2018 年第 7 期。

② 盛朝迅：《如何推动质量、效率、动力“三大变革”》，《经济研究参考》2017 年总第 63 期。

第五编
后发与挑战

改革开放40年，我国通过引进消化吸收再创新实现了技术进步和产业升级，这被称为后发优势。利用这一优势，我国以较低的成本和较小的风险实现技术进步和产业升级，取得比发达国家更快的经济增长。然而，我国的经济改革虽然取得了巨大成就，但在渐进双轨改革进程中存在的市场扭曲和不当干预，也导致了腐败滋生、收入差距拉大、产业结构不合理、经济增长质量过低、社会保障制度不完善等问题，这些都是继续深化经济改革要应对的挑战。

第十三章
中国反贫困战略中的改革问题

贫困问题当前仍然在全世界广泛存在，尤其是在发展中国家。国际经验表明，当一国贫困人口数占总人口的10%以下时，减贫就进入“最艰难阶段”。2012年，中国这一比例为10.2%。作为世界上最大的发展中国家，中国是全球最早实现千年发展目标中减贫目标的发展中国家。联合国秘书长古特雷斯更相信，中国在减贫方面的成就对全球产生了积极的“溢出效应”。但在这背后，由于中国幅员辽阔和各地的现实差异，反贫困仍然具有相当的复杂性。反贫困过程中存在着大量亟待解决的问题。这些问题有些是长期存在的，有些是不断新出现的。确保到2020年农村贫困人口实现脱贫，既是一个发展问题，更是一个改革问题。

第一节　收入、财富分配与贫困问题

贫困理论由最初的绝对收入贫困理论到相对收入理论，发展到20世纪七八十年代的能力贫困，再到90年代包括脆弱性、社会排斥等更为宽泛的权利贫困，贫困概念不断演化，经历了由收入贫困到多维贫困发展的过程。随着人们对贫困内涵、贫困的性质和原因的认识日益加深，反贫困战略也从片面强调经济增长向经济增长与公平分配并重的方向转变。换言之，反贫困战略日益重视效率与公平的统一。

1. 贫困的根源与社会公平正义

贫困，是一个带有社会性、历史性和地域性内涵的概念。对贫困概念的界定已经由过去狭义的经济视角转变为广义的经济、社会、政治、文化等多元视角。早期的贫困定义局限于物质生活，强调物质和收入的绝对数量；而广义的贫困定义则把个人能力和社会公平也纳入其中，更倾向于运用相对指标来度量贫困。1992年第47届联合国大会为引起国际社会对贫困问题的重视，动员各国采取具体扶贫行动，并将每年的10月17日确定为“国际消除贫困日”。尽管目前中外学者对贫困的定义还没有完全统一，但对于贫困根源的探寻从未停止。

贫困理论的不断发展演化，指导着政府的反贫困政策，对世界各国的扶贫起着重要的指导作用。贫困主体识别、贫困程度测量以及反贫困政策选择共同构成贫困问题研究的主要内容，其中贫困主体识别主要取决于贫困概念。以维持最低生活所必需的经济资源或收入水平来界定，到目前普遍采用多维贫困指数测量贫困，人们对贫困的认识经历了一个由静态到动态、客观到主观、确定到模糊、一维到多维的发展过程。[①] 贫困概念的不断演化，也反映出不同时期人们对于贫困的不同认识，以及基于当时环境对于贫困的一种认知。现代意义上的贫困概念不仅包括物质贫困，而且包含精神贫困，二者相互影响、相互补充。所以，贫困不仅指收入低下，也指对人类发展权利、拥有知识、较长寿命、尊严和体面生活标准等诸多方面的剥夺。[②]

经济发展能够消除贫困吗？放眼全球，美国是一个超级大国，是全球最富裕的国家，但贫困问题一直困扰美国历届政府。每年美国都有数量庞大的群体陷入贫困，美国人口普查局报告显示，2012年美国官方贫困率为15%，贫困人口达4650万人。[③] 贫困群体的构成具有多元化特征，且各群体内部的贫困分布状况也不均衡。美国的贫困是一种相对贫困，它与欧洲发达国家以及一些发展中国家的贫困有着本质的不同。欧洲的一些国家更为关注保持公民的普遍生活水准，发展中国家的贫困主要表现为物质的匮乏，而美国的贫困则是在国家经济富足的基础上，财富分配极度不均，相对于中产阶级的体面生活标准所产生的贫困。美国的贫困具有隐蔽性，国力富足在一定程度上掩盖了贫困人口的真实生活状况。在依靠经济实力可以解决穷人生活问题的情况下，美国贫困问题已由经济问题发展成为社会问题，贫困更多地表现为贫富不均和社会不平

① 张秀艳、潘云：《贫困理论与反贫困政策研究进展》，《经济问题》2017年第3期。

② UNDP. *Human Development Report*. Oxford：Oxford University Press，1997.

③ U. S. Census Bureau. *Income，Poerty，and Health Insurance Coverage in the United States*：2012. http：//www. census. gov/prod/2013pubs/060 – 245.

等，以及如何解决效率与公平、发展与共同富裕的问题。[①] 作为发展中国家的代表，中国目前的贫困问题是经济发展问题和收入分配问题的综合表现。[②] 改革开放以来，在中国居民收入水平不断提高、财富积累不断加速的同时，不少社会经济问题也随之出现，其中突出的问题就是收入与财富分配差距不断扩大。

经济增长会迅速减少贫困的主张虽然为人怀疑，但是，现在大多数经济学家认为，一方面，经济增长是缓解贫困的基础，如果没有经济持续稳定的增长，即使贫困在一定时期内可以通过大规模的再分配政策而减少，但整个经济终将因缺乏效率而停滞；另一方面，经济增长仅是贫困缓解的必要条件，缓解贫困不仅依赖于经济增长率，而且还与经济增长过程中的财富分配密切相关。在财富分配不平等程度高的国家，即使经济增长能产生“涓流效应”，其过程也是相当缓慢的，如果政府不采取有利于穷人的政策措施，往往需要相当长的时间才能在减少贫困上取得进展。这样的政策包括：直接向贫困人口提供现金救济，在教育、医疗卫生服务上向穷人提供补贴，向穷人提供贴息或无息贷款、土地改革等。在某些人看来，这些政策会伤害工作激励，阻碍经济增长，从而加剧贫困。[③]

从中国漫长的历史发展过程来看，有新中国成立之前封建奴隶制度、官僚买办、半封建半殖民地社会下的私有制经济所导致的广大普通民众的贫困；有新中国成立初期，生产力落后、经济基础薄弱、社会满目疮痍所产生的社会物质贫困；有改革开放之后，经济市场化的加深导致社会分配制度的不平等、不公平而产生的部分人口的贫困；而与此同时，当一部分人通过官商勾结、贪污腐败等不合理的、非法的手段获取超额收入后，其他人的收入、资源或是机会就会相对减少。在中国这样一个人口多、人均资源少、劳动密集型产业居多的社会主义国家中，仅仅用西方资本主义国家的反贫困方法来解决贫困问题是不行的。在中国，即使对贫困人口提高财政补贴，加大慈善事业的发展投入也并不能从根本上解决贫困问题。提高收入、增加补贴、加大保障力度也不能弥补家庭主要消费领域成本的快速上升。在关乎民生的教育、医疗、住房、社保等重大消费支出领

① 甫玉龙、刘杰、鲁文静：《马克斯·韦伯社会分层理论视角下的美国贫困原因剖析》，《中国行政管理》2015 年第 4 期。

② 黄世贤：《从收入分配角度看中国的贫困问题》，《中央社会主义学院学报》2005 年第 1 期。

③ 曹芳萍、沈小波：《经济增长、财富分配与缓解贫困》，《现代经济探讨》2011 年第 4 期。

域，价格的超常增长加重了居民的生活负担。简单数字的收入提高掩盖了家庭实际消费支出的增加，其生活质量并未提高反而变得更加贫穷。①

历史学家罗格·布雷格曼（Rutger Bregman）2017年在TED演讲上指出贫穷真正的根源，不是个性缺失，而是缺钱，这里的钱指的是起步的基础资金。为什么各种扶贫措施没有效果？因为长久以来为贫困人群提供的是我们认为他们需要的东西，不是他们真正需要的。知名法国经济学家托马斯·皮凯蒂在《财富再分配》一书中写道，财富再分配是人类社会继续前进的必要条件。近年来，继内生增长理论、激励理论和不完善的金融市场理论之后，社会不平等的加剧掀起了新一波理论浪潮。很多研究者都曾特别指出不平等的初始结构和暂时分配失衡是如何在长期影响到收入和财富分配的。这可以简单地解释为是贫困陷阱导致的（一旦经济活动参与者的经济水平低于一个"门槛"，由于信用市场的不完善，经济活动参与者无法获取足够的资源使自己跨过这个"门槛"，因此也就不得不长期处在最初的贫困状态中）。或者换一种更复杂和有争议的说法，这是由低流动性的不平等陷阱造成的，对财富的某种分配会在均衡各生产要素的过程中产生价格（工资和利率），这些价格决定了不同水平的财富之间过渡的可能性，财富在流通过程中才能源源不断地为社会进行再生产。举个典型的例子，如果初次分配使得大量的生产要素只能被廉价出售，那么这种财富分配势必会导致较低的工资水平，这将降低生产要素的流动性加快的概率，使这些生产要素又陷入同样的分配模式中。

2. 贫困人口的定量分析

解决贫困问题，首先需要准确地测量贫困。随着贫困概念的不断演化，贫困测量方法也在不断改进和完善，主要包括公理化和非公理化的两大类测量方法（见表13-1）。② 基于公理化的多维贫困测量方法使得贫困测量更加简便、有效，为贫困测量、反贫困政策的制定等提供了科学可靠的依据。同时在构建贫困指数的过程中减少了主观随意性，使得研究分析更加具有客观真实性。但是所有基于公理化标准的指数，或多或少都违背了部分公理。

---

① 王今朝、蔡星：《中国贫困根源的结构性分析与治理对策》，《学术探索》2016年第9期。

② 李佳路：《农户多维度贫困测量——以S省30个国家扶贫开发工作重点县为例》，《财贸经济》2010年第10期。

表 13-1　贫困的测量方法及其特点

类别	测量指数	特点
基于公理化标准的贫困测量方法	传统的贫困指数	传统的贫困指数包括贫困率 H 指数和贫困人口平均贫困差距率 I 指数。H 指数是人类最早使用的测量贫困的指数，它指贫困人口(q)占总人口(n)的比例。该指数值越大，表示贫困人口比例越大，贫困越严重。由于其计算简单方便，目前依然被很多国家使用。但是该指数包含的信息量较少，无法反映贫困的深度和强度，导致在反贫困政策上具有误导性。Sen 等人对贫困率 H 指数提出了批评。为了完善该指数，使其具有一定的地区对比性，Sen 对其进行了标准化处理，得到了 I 指数。不同于 H 指数，I 指数主要度量贫困人口平均的相对收入短缺
	S 指数(Sen Index)	基于传统贫困指数的不完整性，为了满足相关性、单调性和弱转移性等公理的要求，Sen(1976)将贫困人口收入排序的序号($q+1-i$)作为权重，运用在贫困人口收入差距的计算中，从而构建了 S 指数。利用收入排序权重系统，S 指数在贫困指数中体现了相对丢失的概念，对扶贫政策诸多影响因素做出恰当的分析。但是 S 指数缺乏对贫困线以上的人口收入分布的考虑，缺乏具体的可操作性，所以它更多用于学术研究，很少应用在实践中
	Watts 多维贫困指数	Watts(1968)在公理体系标准下，推导出 Watts 贫困指数(Watts Poverty Index)。该指数虽然较为简单、直观，而且满足公理标准，但其测度面较窄，实际运用受到很大制约。随着多维贫困理论的发展，Chakravarty 等基于 Watts 单维贫困指数，完善测度方法，进一步构建了 Watts 多维贫困指数。完善后的 Watts 指数具有人口子群可分解、贫困维度可分解等优点
	Tsui 多维贫困指数	在满足绝大部分多维贫困公理的基础下，Tsui(2002)构建了 Tsui 贫困综合指数，虽然该指数满足多数公理标准，但在目前的多维贫困研究中，运用这一指数的文献仍然很少。其理论分析与实际运用有待进一步完善
基于非公理化标准的贫困指数	人类贫困指数(Human Poverty Index,HPI)	人类贫困指数由 UNDP(1997)发布，该指数描述了不同国家或地区的贫困状况。人类贫困指数由读写能力、预期寿命以及生活质量 3 个维度构成。基于基本能力视角，对不同国家或地区的人口是否处于贫困状况，HPI 指数能够给以体现，为人们研究贫困提供了多维视角。通过准确识别贫困人口，为政府制定针对性的反贫困政策提供了科学的理论指导。但是该指数主要体现宏观数据，无法衡量微观人群的贫困被剥夺程度。同时其权重设定带有任意性，而且它所涉及的 3 个指标都是长期性的，所以它无法较好地衡量出减贫政策的短期效应

续表

类别	测量指数	特点
基于非公理化标准的贫困指数	人类发展指数（Human Development Index, HDI）	在HPI被提出之后，UNDP提出了人类发展指数，后由Alkire和Santos（2010）进行完善，使其成为衡量人类福利水平的多维贫困指数。HDI包含预期寿命、受教育年限、生活水平3个维度。与基尼系数、平均绝对差指数、收入范围指数、库兹涅茨系数等指数一起，共同作为反映收入不均等的衡量指标。人类发展指数利用人类整体发展程度来衡量一个国家的福利水平，体现一个社会的进步程度和发展水平。其计算方法简单容易，通过稍微调整，可以反映不同群体间的收入分配、性别等方面的差异。但只通过预期寿命、成人识字率和实际人均GDP这3个指标来衡量一国的经济发展，显得较为乏力，不能从整体上反映一国的人文发展状况，在实际应用中缺乏全面性
	多维贫困指数（Multidimensional Poverty Index, MPI）	由于HDI和HPI都有缺点，UNDP和英国牛津贫困与人类发展中心（OPHI, 2010）共同开发了多维贫困指数（MPI）。利用3个维度共10个指标反映贫困个体或家庭在不同维度上的贫困程度，其中健康维度包括营养状况和儿童死亡率两个指标，教育维度包括儿童入学率和受教育程度两个指标，生活水平维度包括饮用水、电、生活燃料、室内空间面积、环境卫生和耐用消费品6个指标。MPI通过多指标从微观角度全方位反映个体贫困程度，更好地反映贫困人口的真实状况，其测量方法更加符合现代社会发展需求。在多维贫困研究中，我国学者主要是根据国际上已完善的贫困公理和指数，运用国内官方公布的数据，主要包括中国健康与营养调查和中国农村贫困监测报告，或者是选取省、市或县的局部地区或个别年份数据，设置3～5个维度，采取8～11个指标，测量城镇、农村的多维贫困程度。利用MPI进行贫困测量，部分学者应用模糊集方法和Watts方法来研究多维贫困，借助主成分分析法进行非等权重赋值，考察中国多维贫困的动态变化

资料来源：张秀艳、潘云，《贫困理论与反贫困政策研究进展》，《经济问题》2017年第3期。

联合国开发计划署于2017年3月21日在瑞典首都斯德哥尔摩发布2016年人类发展报告，指出在全球发展优先事项中，世界上最边缘化群体仍被遗漏。这份题为《人类发展为人人》的报告说，过去25年，人类发展取得许多世人瞩目的成就，但仍有许多人被落下，也有许多无法衡量的系统性障碍有待消除。为确保可持续的人类发展惠及每一个人，迫切需要更加重视受排斥群体，并积极采取行动消除这些障碍。报告说，几乎在每一个国家都有一些群体身处弱势，这些弱势群体面临的挑战往往会相互叠加，加剧弱势情况、拉大代际差距，并让他们越来越难以跟上世界发展的脚步。其中，发达国家也需要解决贫困和社会排斥所带来的挑战。超过3亿相对贫困人口生活在发达国家，其中逾1/3为儿童。报告还指出，按照人类发展指数衡量，全球所有地区的平均人类发展水平在1990～2015年都取得显著进步，但仍有1/3的人口生活在低人类发展水平。[①] 2017年5月22日，联合国经社理事会在纽约总部发布的2017年《发展融资：进展与展望》报告显示，如果不加强国际合作和国家层面的行动，到2030年，全球仍将有约6.5%的人口面临极度贫困的威胁。

根据国家统计局2018年2月1日发布的2017年全国农村贫困人口及农村居民收入相关情况数据，据对全国31个省（自治区、直辖市）16万户居民家庭的抽样调查，按现行国家农村贫困标准测算，2017年末，全国农村贫困人口3046万人，比上年末减少1289万人；贫困发生率3.1%，比上年末下降1.4个百分点。分三大区域看，2017年东、中、西部地区农村贫困人口全面减少。东部地区农村贫困人口300万人，比上年减少190万人；中部地区农村贫困人口1112万人，比上年减少482万人；西部地区农村贫困人口1634万人，比上年减少617万人。分省份看，2017年各省份农村贫困发生率普遍下降至10%以下。其中，农村贫困发生率降至3%及以下的省份有17个，包括北京、天津、河北、内蒙古、辽宁、吉林、黑龙江、上海、江苏、浙江、安徽、福建、江西、山东、湖北、广东、重庆。2012年以来，中国农村贫困人口累计减少6853万人。截至2017年末，全国农村贫困人口从2012年末的9899万人减少至3046万人，累计减少6853万人；贫困发生率从2012年末的10.2%下降至3.1%，累计下降7.1个百分点。[②]

3. 农村剩余劳动力转移与“刘易斯拐点”

随着中国农业现代化水平的提高以及城镇化进程的加快，越来越多的农村劳动力开始从农业劳动中脱离出来，从事第二产业、第三产业的工作。改革开放以来，中国的城镇化得到飞速发展，城镇人口占全部人口的比重20年来不断提高，从1996年的刚刚超过30%增加到2017年的为58.52%，城市人口占

---

① 《联合国发布2016年人类发展报告：超3亿贫困人口生活在发达国家》，新华网，2017年3月22日。

② 《2017年末全国农村贫困人口3046万人 同比减少1289万人》，国家统计局网站，2018年2月1日。

比年年攀升。可以说，中国作为世界最大的发展中国家，在实现劳动力转移及城市化方面取得了让世界瞩目的辉煌成就。但是，与西方国家相比仍有较大差距，中国仍存在着大量的农村剩余劳动力需要转移，在经济下行的背景下，有效的转移利用这部分剩余劳动力是推进城镇化建设、促进经济增长的重要途径。

“民工潮”的出现，是农村剩余劳动力转移的表现形式之一，而农村剩余劳动力转移既是经济和社会发展的必然规律，又是中国实现工业化和现代化的必然趋势。长期以来，农民外出务工大概主要表现为两种形态：“摆钟式”流动，即农民外出务工以年为周期在城乡和地区之间往来；“兼业式”流动，即农村劳动力利用农闲时间季节性地外出打工。

随着21世纪以来两次“民工荒”的出现和其后进一步的发展，关于其实质——中国经济发展“刘易斯拐点”是否到来的问题，引起了学术界的热烈讨论。有学者认为，对刘易斯模型理解上的偏差是造成这类分歧的主要原因。[①] 1954年，著名发展经济学家阿瑟·刘易斯发表了《劳动无限供给条件下的经济发展》这一著名文献，开创了对这一问题的研究。他认为，发展中国家的劳动力市场是二元性的，即劳动生产率在传统部门和现代部门间具有不对称性。这样，传统部门的剩余劳动力会不断地转移到现代部门，并且这种转移将持续进行到现代部门把传统部门中的剩余劳动力全部吸纳完毕，直到最终产生出一个城乡一体化的劳动力市场时为止。按这一模型的假设，“刘易斯拐点”就是从劳动力剩余的二元经济走向成熟的一体化经济的分界点。持否定意见的观点，多是从这一模型出发，认为中国农业部门的劳动力依然庞大，城镇又面临着新增劳动力供给的压力和失业问题，因此“民工荒”只是一个假象，中国并没有出现“刘易斯拐点”。事实上，在上述模型的基础上，1961年美国经济学家古斯塔夫·拉尼斯和费景汉对这一理论进行了改进，将传统农业部门的发展引入分析，认为农业部门向现代部门除提供劳动力外，还能提供农业剩余，从而将刘易斯模型由一个拐点发展为两个拐点。不难理解，在这样改进后的模型中经济发展将分为三个阶段：在初始阶段时，农业部门的劳动边际

① 汤希、任志江：《“民工荒”与我国“刘易斯拐点”问题》，《西北农林科技大学学报》（社会科学版）2018年第2期。

生产率为零或很低，农业剩余劳动力向现代部门的转移具有无限弹性。随着大量农业剩余劳动力的流入和现代部门的不断发展，国民经济发展进入新的阶段，即农业劳动的边际生产率开始上升，在这种情况下减少农业劳动力供给会导致农业生产下降，从而引发粮价和整个物价与成本的上涨。经过工业化、现代化的反哺和改造，当农业部门的劳动生产率提高到能满足现代部门的各种需求时，各部门间的均衡发展将会迎来经济一体化这一全新的经济发展阶段。显而易见，上述过程存在两个拐点：一方面是“刘易斯第一拐点”，即从第一阶段向第二阶段的转换，拉尼斯将其称为“短缺点”，也就是劳动力供给从无限供给转向有限剩余的阶段。此时虽然边际生产率为零的剩余劳动力已从农业部门转移完毕，但还存在着大量边际生产率低于平均生产率的剩余劳动力。所以，在第二阶段中农业部门还存在着众多隐性失业人员或非充分就业者。随着这些劳动力的继续转移，其边际生产率也会不断上升，从而其工资水平也会逐渐上涨。另一方面是“刘易斯第二拐点”，即从第二阶段向第三阶段的转换，拉尼斯将其称为“商业化点”，也就是有限剩余的劳动力被完全吸收。此时，农业部门和现代部门的劳动边际生产率已经趋同，工资水平大体一致，二元经济终结。实际上，近年来关于中国是否进入“刘易斯拐点”的争论，其实主要就集中在中国经济发展是否已越过第一个拐点，即农村劳动力是否从无限供给变为有限剩余。不难理解，如果有学者将这一争论的焦点从“刘易斯第一拐点”混淆理解为“刘易斯第二拐点”，那就不可避免地会产生分歧。根据上述改进拓展后的模型，出现“刘易斯拐点”主要有两个标志：一是农村剩余劳动力持续下降，二是农业工资水平显著上升。近年来的经验数据充分表明，中国确已进入“刘易斯第一拐点”。①

对刘易斯模型理解上的偏差，是造成21世纪以来因两次“民工荒”所引发学术界关于中国“刘易斯拐点”是否出现的众多争议的主要原因。如上文所言，中国确已进入这一拐点，这对中国经济发展既是挑战，更是机遇，越过“刘易斯第一拐点”，不仅意味着中国已从“第一次人口红利”阶段向“第二次人口红利”阶段转型升级，同时也由此为我们带来诸多重要的结论和启示。

① 汤希、任志江：《“民工荒”与我国“刘易斯拐点”问题》，《西北农林科技大学学报》（社会科学版）2018年第2期。

"民工荒"与"就业难"并存，主要是由中国劳动力供需结构不对称造成的。[①]

"用工荒"是劳动力市场为"刘易斯拐点"拉响的警号。"刘易斯拐点"的到来，预示着剩余劳动力无限供给时代即将结束，"人口红利"正在逐渐消失。人口发展规律告诉我们，"人口红利"不可能无限期延续。因此，必须考虑与"人口红利"相伴相随的"人口诅咒"——当过分依赖廉价劳动力优势时，久而久之便会失去创新的能力，以致在"人口红利"枯竭时，处于不可持续发展的境地。这个意义上，"刘易斯拐点"不仅仅为一种"倒逼"，也是形成一个健康的劳动力市场制度的良好契机。"民工荒"实际上是"民工权利荒"，民工短缺实际上是权利和制度的短缺。政府应将"用工荒"作为完善劳动力市场的契机和动力，改革税收制度、户籍管理制度和社会保障制度，提供农民工子女就学、职业技能教育等公共产品；而不是通过修改法律等手段将政府责任转嫁给企业。[②] 在中国农村剩余劳动力从无限供给转向有限剩余的新阶段，应通过大力加强各类教育培训来努力挖潜释放"第二次人口红利"；要努力消除限制劳动力转移与流动的各种障碍，尽快营造出城乡统一的劳动力市场；应在新时代条件下更加全面科学系统地规划、部署和推进"大众创业、万众创新"的各项工作，为中国成功跨越"刘易斯第二拐点"引航助力。

第二节　中国的反贫困战略

联合国开发计划署（UNDP）发布的《中国人类发展报告 2016》指出，衡量一个国家的发展水平不应只注重经济发展，而要以人为本，以实现人的全面发展为最终目标。消除贫困，是实现人的全面发展的首要前提。"社会主义要消灭贫穷。贫穷不是社会主义，更不是共产主义。""社会主义要消灭贫穷"是邓小平同志在 1984 年 6 月 30 日会见第二次中日民间人士会议日方委员会代表团时谈到的重要观点。

按照现行农村贫困标准测算，从 1978 年到 2016 年，中国农村贫困人口减

① 汤希、任志江：《"民工荒"与我国"刘易斯拐点"问题》，《西北农林科技大学学报》（社会科学版）2018 第 2 期。

② 伊歌：《用工荒背后实际是民工权利荒》，《羊城晚报》2010 年 2 月 22 日。

少7.3亿，贫困发生率从1978年的97.5%下降至2016年的4.5%，为全球减贫做出了巨大贡献。联合国开发计划署2015年发布的《联合国千年发展目标报告》明确指出，“中国在全球减贫中发挥了核心作用”。中国精准扶贫的新理论、新实践也为全球减少贫困提供了中国范例。

1. 传统农业的转型和改造

消除贫困，实现共同富裕，是社会主义的本质要求。中国是一个农业大国，农民占绝大多数，农民的贫困问题是中国的根本问题。①

农业是国民经济的基础。世界大部分国家，历来都把发展农业放在重要的位置。美国学者舒尔茨认为，“完全以农民世代使用的各种生产要素为基础的农业可称为传统农业”。② 换言之，所谓传统农业就是在自然经济条件下，以农户为基本单位，以满足农户自己需要为生产目的，以人工加上畜力的手工劳动方式进行生产，生产工具较简单，生产技术和耕作方法靠世代间直接经验传承的农业。生产技术和生产工具长期不变，对自然人为干预少，低能耗、低污染是传统农业的主要特征。传统农业是自给自足的自然经济模式，其局限性也是显而易见的，主要表现在：以手工和畜力为主要的劳动手段，劳动生产率低；由于缺乏竞争机制，生产技术建立在直观经验基础上，生产技术和生产要素的发展极为缓慢，土地产出率不高；农业部门结构较单一，以家庭为单位，生产规模小而分散；生产目的是满足自己所需而不是交换，需求和供给处于长期均衡状态，劳动者没有动力多产出，生产的产品小而全，社会分工程度低、市场化程度低、经营管理落后；由于缺乏现代工业的支撑，传统农业生产受到自然条件的严重约束，靠天吃饭，抵御自然灾害的能力差。③

所谓现代农业，指的是人类以精进技术为手段，以节省生产成本、创造剩余价值、减少农业用人为目标，以大规模、集体化且排斥小规模独门独户的生产单位为形式，进行的机械化、化肥化、信息化及标准化的经济生产活动。④ 与传统农业相对应，现代农业依赖于以石油消耗为基础的现代化工业装备和产

---

① 王亚玲：《农村反贫困：接力奋斗 未来可期》，《光明日报》2016年12月24日。

② 西奥多·W·舒尔茨：《改造传统农业》，梁小民译，商务印书馆，2003。

③ 赵宇：《传统农业对现代农业发展的启示》，《云南民族大学学报》（哲学社会科学版）2015年第4期。

④ 叶敬忠、王为径：《规训农业：反思现代农业技术》，《现代农业观察》2014年第2期。

品以及技术革新，农产品由市场分配，商品化、社会化的程度很高。

工业社会的到来，开启了现代农业发展的新时代，生产力水平的提高，突破了传统农业很多方面的局限。但是，在长期使用大马力机械，投入大量化肥和农药，提高产能的同时，也给自然环境和人体健康带来了日趋明显和严重的危害。于是，人们对农业发展中出现的污染等问题，不断提出质疑，并对生产方式转变寄予新的期望。生态农业因此而萌生，成为西方工业发达国家的优先选项。①

作为一个历史悠久的农业大国，中国农民历来注重精耕细作，集约利用土地，使用农家肥作为有机肥料，实行作物间混套作、轮作、免耕少耕以及农牧林结合等，饱含着科学的人与自然和谐共生的生态观和资源永续利用的可持续发展观。在发展现代农业的过程中，出现了一系列严重的问题，而其中不少问题的解决可以从中国传统农业中得到启示。把传统农业的生态观与现代科技力量紧密结合的现代生态农业模式，是未来农业发展的方向。走现代生态农业路子是实现农业高效、优质、安全、低消耗、资源节约、环境友好的可持续发展目标的有效途径。②

实施乡村振兴战略，是农业农村优先发展的具体体现，全面开启了新时代农业农村现代化的新征程。学界普遍认为，农业现代化主要由科学技术体系、农业产业体系、微观经营体系和政策法规体系四轮驱动。但目前，这些体系已经或正在发生新的变化，科学技术体系已经从以前重视机械化、电气化、水利技术和化学技术，转变为更加注重生物技术、温室技术、电子技术和信息技术等；农业产业体系已经从以前重视产量和产出效率，转变为更加注重质量安全、资源节约、环境友好以及综合生产能力和农民收入水平；微观经营体系已经从以前重视集体经营和个人经营的选择，转变为更加注重适度规模经营和集体与个体经营融合；政策法规体系已经从以前重视政策的灵活性，转变为更加注重法律的严密性。③ 这些变化对农业现代化提出了新要求，也意味着推进农

---

① 王巨禄：《打造现代农业升级版》，《中国政协》2017 年第 13 期。

② 赵宇：《传统农业对现代农业发展的启示》，《云南民族大学学报》（哲学社会科学版）2015 年第 4 期。

③ 黄祖辉、徐旭初、蒋文华：《中国“三农”问题：分析框架、现实研判和解决思路》，《中国农村经济》2009 年第 7 期。

业现代化的优势和挑战发生了改变。[①] 特别是在实施乡村振兴战略的背景下，推进农业现代化，首要任务是提升农业发展质量，培育农业发展新动能，推动农业发展从以拼资源消耗、拼农业生产投入、拼生态环境的粗放型发展方式，向绿色发展、提质增效、科技创新的集约型经营模式转变。[②]

2. 市场经济下的脱贫攻坚

阿基米德曾说过："给我一个支点，我就能撬起整个地球。"对于大多数贫困户而言，正是缺少这样一个"支点"，才饱受贫困之苦。真正能源源不断增加农户收入的"支点"，就是合适的产业和稳定的职业。产业扶贫是精准扶贫工作的有效途径之一，是全面打赢脱贫攻坚战的重要举措。实践证明，以市场为导向、以经济效益为中心、以产业发展为杠杆进行扶贫开发，对于促进贫困地区发展、增加贫困农户收入具有明显的正向作用。换句话说，就是要运用市场思维，充分运用市场经济规律，在需求和供给两端同时发力，促进脱贫攻坚与斩断致贫根源、发展特色产业、构建产业体系相结合，帮助贫困户融入产业链，将"输血"和"造血"有机结合起来，补足需求短板、提升供给能力、形成致富链条，增加脱贫致富的潜力和可持续性，铺就脱贫高速路，为贫困群众与全国同步全面建成小康社会注入强劲的动力。

产业扶贫，关键着力点是培育贫困户自我发展能力，让贫困群众心热起来，身动起来，靠自己双手摆脱贫困。要打破一些群众"靠着墙根晒太阳，等着别人送小康"的懒汉心态，首先要发动种养大户、产业能人、新型主体，通过示范培训掌握技术，做给农民看，带着农民干。贫困户要增强产业发展信心，除了有能人带动，还要创新利益联结方式。近年来，各地结合实际资源条件，探索出股份合作、订单帮扶、产业园区带动等多元化利益联结模式，让贫困户分享更多发展成果，为产业扶贫增添了无限活力。数据显示，2016 年，贫困地区农村居民人均可支配收入增速达到 10.4%，高于全国农村平均水平 2.2 个百分点。这充分说明，围绕特色产业扶贫，对于全面释放发展动能成效显著。

---

① 潘家恩、温铁军：《三个"百年"：中国乡村建设的脉络与展开》，《开放时代》2016 年第 4 期。

② 程晖、陈勋洪、赵隽劼：《乡村振兴战略背景下现代农业转型升级新路径——基于江西的分析》，《农林经济管理学报》2018 年第 2 期。

3. 反贫困政策选择与变迁

贫困问题当前仍然在全世界广泛存在，尤其是在发展中国家。中国为了攻克这一难题做出了巨大努力。改革开放以来，中国扶贫取得了巨大成就，已经有七亿多人成功实现脱贫。回顾改革开放以来中国农村反贫困政策，根据不同时期反贫困政策的实施特征，可分为制度变革反贫困阶段（1978～1985年）、针对性区域扶贫开发阶段（1986～1993年）、扶贫攻坚阶段（1994～2000年）、全面综合开发的反贫困阶段（2001～2010年）和精准扶贫开发阶段（2011年至今）。中国农村反贫困政策实施以来，坚持扶贫开发方针，形成了以政府为主导的农村反贫困范式，通过促进农村贫困地区与贫困人口发展能力提高，大力解放和发展农村生产力，以达到缓解和消除贫困、消灭贫富差距、实现共同富裕的目的。①

中国目前采取的反贫困政策正是基于多维贫困理论，通过不同的维度测量，瞄准贫困人口，对于实施既定的反贫困政策具有重要的作用。扶贫政策不仅重视收入的增加，同时更注重的是贫困地区、贫困户的自身发展，通过政府的帮扶，实现自身积极脱贫以及人的全面发展。不管是对多个地区还是对某一地区进行多维贫困测量，这些研究都表明目前中国城镇农村都存在多个维度的贫困，不仅包括收入方面，还包括健康、教育、基础设施、居住条件等多方面的贫困，只是地区不同，贫困的程度各有侧重。② 尤其是城乡之间教育的鸿沟所造成的贫困的代际传递，已经成为彻底解决贫困问题的一个总开关。这也就不难理解，2018年底一篇《这块屏幕可能改变命运》何以刷爆了朋友圈。这篇文章主要讲述的是通过技术问题解决了教育发展不公的问题，贫困山区的孩子们通过学校的网络直播，享受到了名校的教育资源，学习成绩有了巨大的提升。但山区孩子的命运真的仅仅靠一块屏幕就能改变？这未免太过天真。只要应试教育没有变，高考制度没有变，中考制度没有变，再好的技术，都不过是提分工具的异化而已。教育平权依旧路途漫漫，综合素质教育改革依旧道阻且艰。而在日益严重的中小学生减负问题上，政府部门

---

① 马骥：《改革开放以来中国农村反贫困政策的演进特征与启示》，《邵阳学院学报》（社会科学版）2015年第2期。

② 张秀艳、潘云：《贫困理论与反贫困政策研究进展》，《经济问题》2017年第3期。

很用心，但大多是利用行政力量简单的“一禁了之”却禁而不止。殊不知，减负最核心的措施，应是促进教育本质的回归，同时，推进政府放权，包括配置教育资源的权利、主导考试招生的权利。只有以改革精神推进义务教育均衡和中高考制度改革，才能有效治理减负难题，把学生从升学竞争、应试压力中解放出来。

为了使更多贫困人口顺利脱贫、使现有贫困地区摘掉贫困的帽子，打赢脱贫攻坚战，中国在“十三五”期间实施精准脱贫，决胜全面小康。《中国农村扶贫开发纲要（2011—2020 年）》的印发，以及精准扶贫政策的提出，标志着中国农村扶贫工作进入新阶段。“脱贫攻坚战一定能够打好打赢。”习近平于 2018 年 2 月 12 日在成都主持召开打好精准脱贫攻坚战座谈会时如此强调。既要“打赢”，又要“打好”，而且“打好”在前，意味深长。相比“打赢”而言，“打好”不仅意味着要全面完成脱贫攻坚任务，而且脱贫必须符合质量、经得起时间和历史检验，更重要的是 2020 年以后还要继续做好减少相对贫困的工作。2017 年实施了乡村振兴战略的重大部署，标志着中国的农业农村工作进入一个新阶段，对脱贫攻坚工作也提出了新的要求。2018 年 7 月，习近平对毕节试验区工作作出重要指示，明确提出，在确保按时打赢脱贫攻坚战的同时，着眼长远、提前谋划，做好同 2020 年后乡村振兴战略的衔接，以乡村振兴引领脱贫攻坚，以脱贫攻坚助推乡村振兴，推动形成脱贫攻坚与乡村振兴相辅相成、相互促进的生动局面。

可以说，培育内生动力是打好后扶贫时代巩固提升战的根本。把发展作为解决贫困的根本途径，把脱贫攻坚同实施乡村振兴战略有机结合起来，把扶贫和扶志、扶智结合起来，形成勤劳致富、脱贫光荣的良好导向，充分发挥主体作用，切实增强扶贫对象的“造血”功能，彻底走出“扶贫、脱贫、再返贫”的恶性循环。

21 世纪初，城市贫困已成为中国社会的突出现象和严重问题，城市贫困问题成为当代城市的一大危机。有研究表明，农村流入城镇人口的贫困发生率在 3% 以上，这说明城镇化在某种程度上增加了城镇相对贫困人口数量。过去，中国的贫困人口主要集中在农村地区。国家扶贫重点也集中在农村地区，城市贫困问题并不突出，但随着近年来城镇化进程加速和城市保障体系滞后，城市贫困问题日益复杂化。在新型城镇化背景下，如何差异化统筹中国城市反贫困成为影响中国社会发展和城市经济提升的重大战略问题。①

第三节　跳出中等收入陷阱

近年来，因经济增速放缓、人口红利消退、内外经济失衡和制造业转型乏力等原因，主流研究论点认为中国经济陷入“中等收入陷阱”的风险正不断加强。所谓“中等收入陷阱”（middle income trap）概念，最初源于世界银行《东亚复兴报告 2007》，基本含义是：鲜有中等收入的经济体成功跻身为高收入国家，这些国家往往陷入了经济增长的停滞期，既无法在工资方面与低收入国家竞争，又无法在尖端技术研制方面与富裕国家竞争。

“中等收入陷阱”作为一种经济表象，其背后的根本原因是“社会福利陷阱”。“中等收入陷阱”的主要表现是原有支撑经济发展的有利因素耗尽而形成的经济停滞，而“社会福利陷阱”的主要表现则是政府在促进社会福利最大化方面难以有所作为。具体表现在两个层面：既无法打破造成贫富差距日益扩大的现有不合理分配体制和利益格局；同时又没能适时增加社会福利和民生投入，从而扩大内需、培育人力资本、促进产业升级。② 中国作为“后发外生型”转型国家，要突破“社会福利陷阱”，政府必须转变角色、职能和治理模式，承担起应有的社会福利责任。中国走出“社会福利陷阱”的过程就是走向法治国家和福利社会的过程。这既是经济、社会和政治改革三阶段的第二阶段，也是国家治理模式的重大转型。③

1. 人口红利与人才红利

早在 2011 年 5 月 30 日，中国社会科学院副院长蔡昉就发表了《影响中国经济增长的人口因素》一文。作为最早注意到中国人口红利消失的学者，蔡

---

① 李珊珊、孙久文：《中国城市贫困空间分异与反贫困政策体系研究》，《现代经济探讨》2015 年第 1 期。

② 黎安：《“中等收入陷阱”还是“社会福利陷阱”——基于“后发外生型”转型国家的视角》，《学术研究》2015 年第 6 期。

③ 黎安：《“中等收入陷阱”还是“社会福利陷阱”——基于“后发外生型”转型国家的视角》，《学术研究》2015 年第 6 期。

昉在文中旗帜鲜明地指出，“中等收入陷阱与人口红利消失密切相关”（见图13－1）。蔡昉认为，“我们现在的趋势是未富先老。先老是说我们的人口结构变了，劳动力变得短缺，我们在劳动密集型产业方面的比较优势开始丧失。这在短期内还不会立刻显现，但趋势是清晰的。未富是指我们人均 GDP 只有4000 多美元，在资本密集型、技术密集型产业方面不具有比较优势。未富先老意味着，我们旧的比较优势在丧失，而新的比较优势还没有形成。因此，我们很容易陷入中等收入陷阱。”

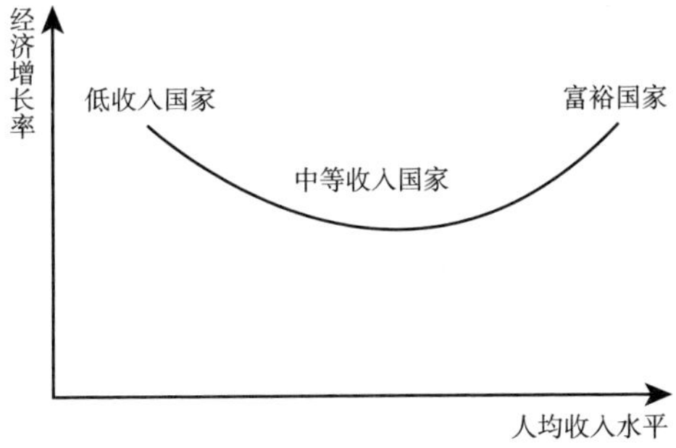

图 13－1　中等收入陷阱是如何形成的

资料来源：蔡昉，《影响中国经济增长的人口因素》，《21 世纪经济报道》2011 年 5 月 30 日。

改革开放以来中国持续高速的经济增长有赖于人口红利[①]，但近年来人口快速老龄化，2010～2015 年老年人口抚养比从 11.9% 增长到 14.3%，劳动年龄人口数在 2013 年达到峰值，此后不断下降[②]。一般认为，中国人口红利自1990 年开始出现；随着抚养比由降转升，人口红利到 2010 年出现拐点；2030年左右中国将失去人口红利。2012 年以来，中国经济增速出现下滑，引发众多学者对人口红利式微下中国经济能否平稳增长的担心。[③]

2015 年，中国国内生产总值增长 6.9%，人均 GDP 突破 8000 美元。正处

① 董香书、肖翔：《人口红利演变如何影响中国工业化》，《中国人口·资源与环境》2016 年第 9 期。

② 国家统计局：《中国统计年鉴（2016）》，http：//www.stats.gov.cn/tjsj/ndsj/2016/indexce.htm，2017 年 3 月 20 日。

③ 杨艳琳、曹成：《中国人口红利的国际比较与测算》，《江淮论坛》2016 年第 5 期。

于跨越“中等收入陷阱”的关键时期。日本、韩国、中国台湾地区跨越“中等收入陷阱”的经验是，重视教育事业发展，将科技创新作为推动经济发展的重要动能。依据联合国 2015 年《人类发展报告》，中国人类发展指数（HDI）为 0.726，达到高等人文发展国家水平。然而，与超高人文发展国家相比，中国成人平均受教育年限为 7.55 年（联合国算法），大幅低于日本的 11.7 年、韩国的 11.95 年。[①] 伴随中国人口红利比较优势逐步式微，获取开放发展新红利必须依托人才再创开放型经济发展竞争新优势，即实现从人口红利向人才红利的顺利转变。

从培育人才红利的客观需求来看，各级政府应进一步加大教育投入，为培育人才红利提供财政保障。长期以来，中国财政性教育经费支出占 GDP 的比例偏低。2014 年，国家财政性教育投入占 GDP 的比例为 4.15%，低于韩国 4.8%、美国 5.3% 的水平。“十三五”期间，国家财政性教育经费支出占 GDP 比重应争取达到 5% 以上。各级地方政府的财政性教育经费支出应同步提高。同时，进一步提高教育投入产出效率。教育投入增长将大幅改善全国特别是落后地区的教育设施、办学条件、教育质量，为教育水平提升提供重要保障。与此同时，提升教育质量，普及高中阶段教育，发展继续教育是培育人才红利的有效途径。2014 年，中国高中阶段教育毛入学率达到 86.5%，高等教育毛入学率达到 40%，与发达国家还存在着一定的差距。2011～2014 年中国进入劳动力队伍的大专以上人数为 2500 万左右，产生的教育红利（通过劳动力素质及劳动生产率来体现）实际上超过了人口红利减少的负面影响。[②] 在未来，教育红利将对经济发展发挥长期性、基础性的作用。因此，需要不断地提升教育质量，积极发展继续教育。

放大人才红利，更为重要的是推动技术创新，释放制度红利，提高全要素生产率。全要素生产率指在资本、劳动力和其他生产要素不变的情况下，通过科学技术创新、组织管理进步、体制机制优化来实现生产效率的提高。与鼓励出生人口、增加廉价劳动力投入，通过人口红利来获得经济增长的发展方式相

① United Nations Development Programme. *Human Development Report 2015*. New York: PBM Graphics, 2015.

② 胡鞍钢、王洪川、鄢一龙：《教育现代化目标与指标——兼谈“十三五”教育发展基本思路》，《清华大学教育研究》2015 年第 3 期。

比较，大幅提升全要素生产率以弥补人口红利缺口的发展方式对于中国未来的经济增长显得更加重要。第一，大力推动科技创新，通过提高技术性全要素生产率来替代人口红利。通过落实中国制造业高质量发展计划，全面提高制造业创新能力，推进信息化与工业化深度融合，实现到2025年迈入制造业强国行列的目标。与此同时，要落实“互联网+”行动计划，推动移动互联网、云计算、大数据、物联网等与现代制造业和现代服务业的结合，将新兴产业培育成主导产业，促进电子商务、工业互联网、智能制造的发展，进一步提高技术性全要素生产率，从而有效地替代人口红利。第二，全面深化改革、释放制度红利，通过提高制度性全要素生产率来替代人口红利。当前，中国经济体制改革进入深水区，改革的核心问题仍然是解决市场和政府之间的关系问题。习近平明确提出“要使市场在资源配置中起决定性作用”并“更好地发挥政府作用”[①]。2016年，国务院提出要深入推进“新型城镇化”建设。新型城镇化是以人为核心的城镇化，通过对户籍制度、社会保障制度、公共服务均等化的改革，清除体制机制障碍，将使得1亿农村户籍人口在城市落户。[②] 此举将大幅提高城镇化质量和就业质量，促进服务业与城镇化的互动发展，提高资源重新配置效率，提升潜在增长率。总之，“十三五”时期是中国跨越“中等收入陷阱”的关键阶段，人才红利关乎中国未来经济社会的可持续发展。面对“新常态”下的种种挑战，必须有效实施“全面两孩”政策、维持较高的劳动参与率以延长人口红利窗口，为经济转型升级留下充足的时间和空间。[③]

随着300万~500万人口的特大型城市落户限制的取消，户籍制度的放开乃至最终彻底的废除仅仅是个时间问题，各城市间的“抢人大战”愈演愈烈。“任天下之智力，以道御之，无所不可。”这个“道”显然不只是物质刺激那么简单，更是一种持续的制度保障和良性的人才生态。在抢夺人才之后，真正为人才的发展提供良好的制度和文化土壤，才能让人才产生“吾心安处是吾乡”的归属感，并由此释放出源源不断的人才红利。[④]

① 《习近平：关于〈中共中央关于全面深化改革若干重大问题的决定〉的说明》，《求是》2013年第22期。

② 方建国、陈廉洁：《中国新型城镇化应“新”在哪里》，《江淮论坛》2015年第1期。

③ 杨艳琳、曹成：《中国人口红利的国际比较与测算》，《江淮论坛》2016年第5期。

④ 盛玉雷：《吸引人才不能止于短期刺激》，《人民日报》2017年8月10日。

2. 农村改革的关键

在中国现代化进程中形成的“三农问题”是农村问题、农业问题和农民问题的统称。在20世纪90年代初有学者把“三农问题”形象地概括为“农村真穷，农民真苦，农业真危险”①。在有关“三农问题”的学术研究中，农业和农村问题是绝大多数学术论文的主题，有关农民发展问题的研究尚不多。学界普遍认为，“三农问题”的核心是农村土地问题，“三农问题”不过是附在土地问题上的三种不同的表现形式。抓住了土地问题，就把握了解决“三农问题”的金钥匙。事实上，农村土地问题的实质是农民发展问题。所谓农民发展就是农民不断实现土地权利从而获得政治、经济和社会发展的过程。农民发展的基础和核心是农民的土地财产权。通过考察1982～2016年的中央“一号文件”发现：农民土地财产权的演进遵循“权属清晰、权能完善、管理规范、保障充分”脉络舒展，朝“市场化、资本化、物权化、法制化”方向发展。尊重农民主体地位、赋予农民更多的财产性权利已成为未来农民发展的基本方向。②

近年来，城乡市场的行政分割、政策分割，阻碍了生产要素在城乡之间双向自由流动，农村要素处在半市场化和没有市场化的状态，这是城乡差距拉大的重要原因。城镇化中暴露出来的农村土地问题，与法律尚未赋予农地使用权完整的物权性质直接相关。③ 一个普遍的共识是，无论是实现全面建成小康社会目标，还是推动经济转型、促进宏观经济可持续增长，都必须加快农村土地制度改革，从法律层面破除土地的身份歧视和城乡壁垒，同时引入竞争中性原则，对城市国有土地和农村集体土地的地位、权能等给予同等对待。对所有权的行使以及占有、使用、收益、处分等权能，赋予平等的法律地位，产权交易也应该逐步规范化、制度化。这事关经济转型的成败：第一，农村土地改革问题不破题，要实现人口城镇化转型很困难。如果在农村土地、户籍、基本公共制度三大制度创新上实现突破，到2020年，就有条件使中国户籍人口城镇化

① 李昌平：《我向总理说实话》，光明日报出版社，2002，第20页。

② 蒋永甫、王宁泊：《农民发展：农民土地财产权的演进——以中央“一号文件”为考察线索》，《广西师范大学学报》（哲学社会科学版）2017年第4期。

③ 夏锋、曾瑶：《赋予农民长期而有保障的土地财产权——中改院专家座谈会观点综述》，《经济参考报》2016年10月10日。

率达到50%以上。第二，无论是促进工业转型升级，还是推动服务业发展，关键在于加快推进土地制度尤其农村土地制度改革进程，使土地规划、土地资源配置、土地价格更能适应产业结构转型升级的趋势和需求。第三，实现城乡一体化关键在于打破城乡二元的土地制度，让农民获得更多财产性收入。[①] 但政策层面的这一明确要求，包括保障农户宅基地用益物权、改革万山农村宅基地制度等举措在实践中还没有很好落地，难以满足农民期待，农民土地权利的贫困急需救济。

土地对初级农业生产者具有溢出效应，同时对高层次的农业生产者有需求，“人”与“地”之间自古至今这种循环流动的博弈影响着农业技术和农业生产组织的发展，这一过程就是农地制度变迁的过程。从中国改革40多年的实践看，农村改革始终在探索一条如何赋予农民长期而有保障的土地财产权的制度体系。赋予农民长期而有保障的土地财产权，既是重大理论创新和农村改革实践的重大突破，也是深化农村土地制度改革目标。所以，我们不必杞人忧天，但却应该时刻保持一种“杞人忧地”的警醒，并探索从土地问题上取得新一轮全面深化改革的新突破。中国社会科学院农村发展研究所研究员党国英认为，真正落实农民长久不变的土地财产权，一是明确区分“集体经济成员权”与“农村社区成员权”两种“成员权”，将“壮大集体经济”概念调整为“逐步完善农村社区公共服务”概念，向广大农村干部群众传递“土地承包权即为农民土地财产权”的政策理念；二是尽可能保障确权颁证形成“起点公平”的格局，确权颁证意味着“最后一次调整土地”，今后绝不会调整土地，绝不会再搞平均承包；三是通过配套改革，解决某些难题。例如，建议中央政府下决心解决村庄基本公务开支保障的问题，全国大约需要1000亿元；建议国务院用农业保护区政策替代基本农田保护政策，以形成土地流转价格的合理预期；农村土地股份社发展政策应适度放宽，并允许更多地采用“确股不确地”的办法实现产权改革。农村土地改革的目标落实到位的核心是集体建设用地如何进入市场。一是集体建设用地入市，取决于区位和需求，人为划分经营性不具备操作性；二是存量入市的目的是集体土地按规划

① 夏锋、曾瑶：《赋予农民长期而有保障的土地财产权——中改院专家座谈会观点综述》，《经济参考报》2016年10月10日。

和用途平等入市；三是规划的形成与法定，不应以政府主导，将农村土地变成城市国有土地的规划体制，而应在城乡统一的情况下，以这个区域本身的功能和农民参与规划来重新形成规划；四是两权平等的前提首先是农民能参与，以产权的形成为基础来决定两权平等的含义，同时保留农民对集体所有权的拥有权；五是应以集体土地进入市场以后增值的部分重新规定增值收益分配方式。①

3. 包容性发展的实现

“包容性发展”是发展经济学概念。包容性是指人与人、人与社会、人与自然的和谐；包容性发展是指以人为中心的，人与人、人与社会、人与自然的和谐发展。任何真正的发展都是包容性发展，包容性发展实际上就是发展。“包容性发展”概念突出发展的包容性这一本质特征，从而把“发展”和“增长”明确区别开来，避免打着“发展”旗号的“增长”，为经济与社会可持续发展提供科学的理论指导和顶层设计。②

在“包容性发展”这一概念提出以前出现过“包容性增长”。包容性增长是在人们对贫困的认识不断深化的基础上提出的。古典经济学家认为，经济增长通过“涓滴效应”最终让贫困人口受益，经济增长是减贫的主要因素。然而，实证研究表明，并不是所有的经济增长都能减贫，只有经济增长是持续的，广大劳动者都能从中受益，劳动收入在经济增长中占较高份额时，才能实现广泛的减贫。Bourguignon（2003）提出了“贫困—经济增长—收入分配”三角图，认为除增长效应外，收入分配效应也是影响经济增长减贫效果的因素，如图 13 - 2 中由增长效应、分配效应对贫困减少形成的三角图。Ravallion（2004）以及 Kakwani 和 Hyun（2004）等提出了“利贫式增长”，即通过收入再分配让贫困人口受益。阿玛蒂亚·森（2001）从福利经济学视角分析贫困，认为权利贫困是限制人们获取各种自由的根源，要摆脱贫困，首先全体居民要取得平等的权利，获取自由，自由是发展的首要目的，也是促进发展的手段。因此，贫困不单纯是一种供给不足，还是权利不足，尤其是在繁荣时期。大量

① 夏锋、曾瑶：《赋予农民长期而有保障的土地财产权——中改院专家座谈会观点综述》，《经济参考报》2016 年 10 月 10 日。

② 陈世清：《什么是包容性发展》，大公网，2016 年 9 月 14 日。

事实证明，资本、市场的繁荣发展并不必然带来社会整体富裕，相反，如果不有效地调整公民与国家的权利关系，繁荣发展必然造成巨大的社会分裂或阶层断裂，一直“使社会衰败并毁坏”。为此，就要积极提倡通过赋予人们经济自由，完善社会保障，以提高能力。受这种权利贫困观点的启发，亚洲开发银行认识到机会不平等是带来收入不平等的重要原因，2007 年修订了长期战略框架，制定了包容性增长发展战略。①

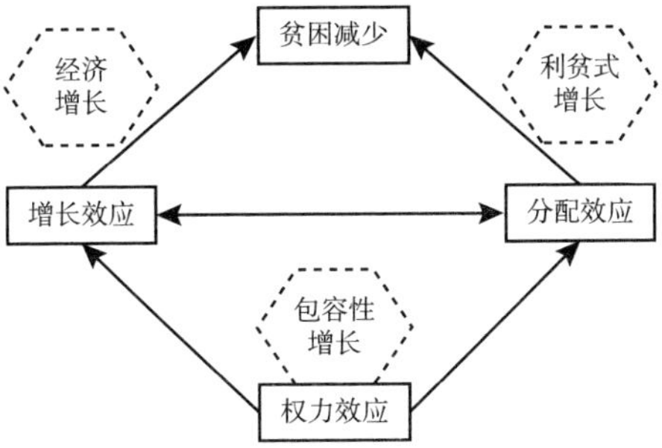

图 13－2　减贫效应与减贫战略

资料来源：于敏、王小林，《中国经济的包容性增长：测量与评价》，《经济评论》2012 年第 3 期。

经济发展的本意是居民享受更高的生活质量、幸福感和安全感。这在很大程度上固然可以用人均收入水平衡量，但是，由于人们的幸福感和安全感有赖于政府提供的各种公共服务，表现为社会发展水平的提高和均等程度，也常常因存在包容性不强和分配不均等问题，与整体收入水平的提高相分离。根据世界上大量国家（地区）有关经济增长与收入分配之间关系的经验，早期发展经济学家曾经概括出两种模式。第一是“先增长、后分配”模式，即在经济发展的早期阶段容忍收入差距的扩大，直到总体收入达到一定水平（如库兹涅茨转折点）时，政府才出面解决收入差距过大的问题。第二是“边增长、边分配”模式，即在经济增长的同时，就强调通过政策设计和制度建设，保持较低的收入差距。一般来说，学者们都十分推崇并建议采取后一种模式。后来的学者和政策制定者还把社会保护的内容纳入这种模式，并且用收入水平及

① 于敏、王小林：《中国经济的包容性增长：测量与评价》，《经济评论》2012 年第 3 期。

其均等程度、幸福感和安全感等指标进行衡量，形成所谓包容式发展模式或分享型发展模式。按照人均 GDP 计算，中国已经进入中等偏上收入国家的行列。一方面，从经济发展阶段来看，社会发展与经济发展之间的不相适应将越来越突出；另一方面，未来的经济增长会对社会凝聚力提出越来越高的要求。分享程度是蛋糕不断做大的目的和结果，也是蛋糕得以继续做大的社会条件和制度保障。对经济发展必要转折点的跨越，并不必然导致健康、快速经济增长的终结，但是，却意味着传统增长模式走到了尽头。保持长期可持续增长，不仅要从人力资本和全要素生产率等角度挖掘新的增长源泉，还要形成更具包容性的增长模式。这个要求并非仅仅依靠基于再分配的公共政策就能做到，更重要的是要推动经济增长方式的转变，即把经济增长建立在一个能够最大限度地为劳动参与提供均等机会、促进城乡经济社会发展一体化、提升产业之间协调性的基础上。①

2017 年 1 月在瑞士达沃斯举行的第 47 届世界经济论坛年会，提出了一个很有创新意义的建议：以包容性发展指数（IDI）取代国内生产总值（GDP）来衡量国家的经济成就。中国是包容性发展这一主张的积极推动者和支持者。中国全面建成小康社会的努力就是包容性发展的一个重要组成部分。中国还在理论和实践上把包容性发展的概念推广到全球治理之中，在各种场合大力提倡合作双赢、共赢，反对零和游戏，反对以邻为壑。在这方面，正在全面展开的“一带一路”建设是其生动体现和实践。

4. 福利制度与普惠改革

讨论“中等收入陷阱”命题的先决条件是理解何为中等收入阶段。中等收入阶段是一国国民经济发展从贫困转向富裕的必经之路。中国当前正处于国民经济结构性调整和增速放缓的特殊时期，学界充斥着对中国经济已经掉入“中等收入陷阱”的种种预判和警示，也有“中等收入陷阱”假说是否不适用于中国的争论。较之于“中等收入陷阱”命题在中国经济增长事实的适用性问题而言，深入挖掘并分析“中等收入陷阱”命题背后的深层次发展风险问题，才是当前中国直接面临增长与转型困境的关键。只有彻底厘清“中等收入陷阱”与中国当前经济增长困境之间的相互关联性，

① 蔡昉：《破解中国经济发展之谜》，中国社会科学出版社，2014，第 158 页。

才能借助相应理论为中国加速跨越刘易斯转折点，破解内外经济双重失衡困境提供政策指导。①

中国经济高速增长的弱点常常被忽视。在中下阶层的福利投入方面，计划经济时代的户籍制度和低工资被长期保留，农民工被当成“人口红利”。计划经济时代企业承担的各种福利，被当成企业包袱抛弃，但同时国家却没有适时承担这些福利责任。计划经济时代的全民就业被当成企业低效率的重要原因，而同时国家没有建立完善的再就业保障制度，造成大量失业。社保方面，由于国家和地方财政投入严重不足，社保费率高于德美日韩，但享受的福利却相距甚远，造成个人和企业都不堪重负。工薪阶层消费水平低下。政府并未改变在计划体制下福利分配的等级制，市场经济体制下甚至变本加厉，机关事业单位员工少缴费高福利，企业职工多缴费却低福利，农村和农民工基本无福利，造成杀贫济富“逆福利化”的严重局面。正因为上述诸多原因，计划经济时代就已经存在的城乡差距、行业收入差距不仅没有缩小，反而逐年拉大。在改革和转型过程中形成的既得利益格局阻止进一步变革的过程，要求维持现状，希望将某些具有过渡性特征的体制因素定型化，形成最有利于其利益最大化的“混合型体制”，并由此导致经济社会发展的畸形化和经济社会问题的不断积累。②

“中等收入陷阱”的本质是“社会福利陷阱”。要走出“中等收入陷阱”，政府必须转变角色、职能和治理模式，承担起应有的社会福利责任，具体表现在三个层面：首先，作为“后发外生型”的转型国家，从洋务运动开始，政府就是经济的启动者和统领者。但时过境迁，到了今天，政府应该积极转变角色和职能，成为公共服务的提供者，把市场让渡给社会，让市场发挥优化资源配置的作用。其次，建设法治国家，成为法治和公共秩序的维护者，打击腐败和权贵，保护公民权利，创建更加公平公正的自由市场竞争秩序，遏制负外部性经济行为。这是亚洲“四小龙”跨越“中等收入陷阱”的成功经验，这四个地区既有民主也有非民主，但无一例外均建立了良好的法治环境。最后，政

① 段龙龙、叶子荣：《“中等收入陷阱”的中国命题：争论与反思》，《浙江工商大学学报》2015 年第 8 期。

② 孙立平：《“中等收入陷阱”还是“转型陷阱”?》，《开放时代》2012 年第 3 期。

府成为社会福利的积极提供者，提供全方位、多元化和积极的社会福利，提升人民福祉，降低贫富差距，培育中产阶层。这也是西方发达国家当年转型的成功经验。①

5. 走出“似是而非”的短期满足与误区

早在2008年，时任中央财经领导小组办公室副主任刘鹤写下了流传甚广的《没有画上句号的增长奇迹》一文。他在分析了中国“增长的奇迹和六个成功因子”后认为，总的来看，中国出现的增长奇迹是适应外部环境变化、凝聚社会共识、调整激励结构、发挥生产要素价格相对比较优势和文化潜在力量的结果，其道理直白而深奥。在这部分，不应忽视和需要深入分析的三个问题：过去30年全球化过程中出现的大国经济失衡现象和相对比较优势变化的描述、中国经济非均衡的特点和广义上的价格扭曲对增长的正面和负面影响、几次经济周期变化中不同发展阶段的改革特点。中国的增长奇迹没有画上历史的句号。已经取得的成绩让人振奋，但它毕竟是阶段性的历史成果，作为向全面小康社会迈进和向中高收入水平跃升的国家，中国经济发展面临巨大的机会。但是中国发展也存在诸多不确定性，发展前景甚至存在两种可能性。站在这历史十字路口，发展中国家走势分化的历史教训需要深刻汲取，对中国未来新的挑战需要准确界定。

经济发展的历史往往有惊人的相似之处，但未来中国的变化不可能是以往任何国家和自身历史的重复与再现。和早期发达国家不同，中国面临的挑战是复合型而不是线性的，随着时间推移，挑战不会简单化而是更加复杂，但机会将伴随挑战同时出现。在诸多反复讨论过的课题中，刘鹤特别提到三个长期问题：一是国际经济格局的变化和中国经济的定位；二是城市化模式和生产力空间布局；三是提高中等收入者比重和加强教育。他在文中这样写道，“美国次贷危机发生后，我一直密切关注国际经济环境的变化，当我看到美联储不断降息和对金融体系注入大量资金之后，我感到了真正的危机，因为挽救的对象是本应受到惩罚的不道德行为。在全球化曲折发展的形势下，中国的确要建立起一道安全的防火墙，这就是真正扩大内需，稳步提高中等收入者比重，不断加

① 黎安：《“中等收入陷阱”还是“社会福利陷阱”——基于“后发外生型”转型国家的视角》，《学术研究》2015年第6期。

强教育，推动城市化的有序发展，使中国成为市场规模巨大的创新型国家。这不是门罗主义或孤立主义，而是在开放前提下应对全球化挑战的理性选择。"①

统筹发展与共同富裕、全面建成小康社会是一篇文章中的三个题目，本质在共同富裕，目标在小康，途径在统筹，通过"统筹"达到三题一解。因此，"统筹"是破解这篇文章的着力点。"统筹"本身的含义就是体制性问题，解决收入分配问题涉及市场经济体制和政府对社会财富的分配体制两大类。资源配置、激励机制、优胜劣汰等问题都在不同程度上可以由市场自身来解决。自然垄断、信息不完全形成的分配不公平等问题往往正是市场本身不完善的结果，因此，"解铃还须系铃人"，随着市场发育的不断完善，许多市场问题将会迎刃而解。②

① 吴敬琏：《中国经济 50 人看三十年》，中国经济出版社，2008。

② 黄世贤：《从收入分配角度看中国的贫困问题》，《中央社会主义学院学报》2005 年第 1 期。

第十四章
城市化与户籍制度改革

城市化的演进过程就是农村人口向城市转移的过程。纵观世界城市发展历程，全球的城市化进程主要经历了三次大的浪潮。第一次是欧洲的城市化，始于1750年的英国，历时近200年的时间，完成了英国和欧洲大多数国家的城市化；第二次是美国的城市化，由于世界工业中心的转移和欧洲移民的进入，美国城市化速度比英国高出1倍，仅用100年左右的时间；第三次是拉美、中国等发展中国家的城市化。① 前世界银行首席经济学家、诺贝尔经济学奖获得者斯蒂格利茨认为，“21世纪影响世界进程和改善世界面貌的有两件事：一是美国高科技产业的发展，二是中国的城市化进程。”

目前，中国正经历着世界上规模最大、也许是速度最快的城镇化进程，中国城镇化进展的成就令人瞩目，发展过程中遇到的问题也极具挑战性，诸如自然资源短缺、能源需求增长、空气污染与交通拥堵严重、生态环境恶化、人居环境脆弱、形象工程盛行、公共安全危机、社会阶层分化（城市化进程中农民利益未得到根本保障）、公共财政不足、城市政策失衡、“土地城市化”大于“人口城市化”等。②

未来，中国不仅要继续提高城市化的水平，而且要不断提高城市化的质量。

第一节　中国城市化的“拯救与逍遥”

“人总得有条出路呀！”这是陀思妥耶夫斯基面对荒诞世界的求助呼救，

① 樊纲、郭万达等：《中国城市化和特大城市问题再思考》，中国经济出版社，2017。

② 靳玉言：《国外城镇化比较研究与经验启示》，国家行政学院出版社，2013。

也是《拯救与逍遥》一书的作者刘小枫发自内心的吁请。生存和发展，是人类永恒不变的需求。发展与代价是一对关联紧密的哲学范畴，发展和代价是辩证的、互动的关系，一方面发展必然会付出代价，但代价又可以通过人类积极有效的实践活动进行控制，另一方面代价的表现形式和具体内涵也会随实践的发展而发展。[①] 在中国的城市化进程中，理清发展与代价的关系尤为重要。

1. 城市化与城镇化

马克思指出，现代历史是乡村的城市化。按照《中华人民共和国国家标准城市规划术语》的定义，城市化是人类生产与生活方式由农村型向城市型转化的历史过程，主要表现为农村人口转化为城市人口及城市不断发展完善的过程。对于城市化的内涵，狭义的理解认为城市化是在整个国家或地区的人口总数中，居住于城市社区的居民数目比重不断增加的过程；广义的理解认为城市化是社会经济变化的过程，既有人口和非农业活动向城市的转型及城市数量的增加，又包括城市进入乡村，城市文化、生活方式、价值观念向乡村地域扩散的过程。[②] 按照国家统计局 2018 年 1 月发布的数据，2017 年我国城镇人口占总人口比重（城镇化率）为 58.52%，比上年末提高 1.17 个百分点。[③] 新型城镇化主要指标如表 14－1 所示。

表 14－1 新型城镇化主要指标

指标	2012 年	2020 年
城镇化水平		
常住人口城镇化率(%)	52.6	60 左右
户籍人口城镇化率(%)	35.3	45 左右
基本公共服务		
农民工随迁子女接受义务教育比例(%)		≥99
城镇失业人员、农民工、新成长劳动力免费接受基本职业技能培训覆盖率(%)		≥95
城镇常住人口基本养老保险覆盖率(%)	66.9	≥90

① 陆昱：《发展的代价与代价的发展——发展与代价的关系辨析》，《湖北社会科学》2009 年第 1 期。

② 张宇、卢荻：《当代中国经济》，中国人民大学出版社，2007。

③ 《2017 年中国人口总量及人口结构分析》，中国产业信息网，2018 年 1 月 19 日。

续表

指标	2012 年	2020 年
城镇常住人口基本医疗保险覆盖率(%)	95	98
城镇常住人口保障性住房覆盖率(%)	12.5	≥23
基础设施		
百万以上人口城市公共交通占机动化出行比例(%)	45*	60
城镇公共供水普及率(%)	81.7	90
城市污水处理率(%)	87.3	95
城市生活垃圾无害处理率(%)	84.8	95
城市家庭宽带接入能力(Mbps)	4	≥50
城市社区综合服务设施覆盖率(%)	72.5	100
资源环境		
人均城市建设用地(平方米)		≤100
城镇可再生能源消费比重(%)	8.7	13
城镇绿色建筑占新建建筑比重(%)	2	50
城市建成区绿地率(%)	35.7	38.9
地级以上城市空气质量达到国家标准的比例(%)	40.9	60

注：①带 * 为 2011 年数据。

②城镇常住人口基本养老保险覆盖率指标中，常住人口不含 16 周岁以下人员和在校学生。

③城镇保障性住房：包括公租房（含廉租房）、政策性商品住房和棚户区改造安置住房等。

④人均城市建设用地：国家《城市用地分类与规划建设用地标准》规定，人均城市建设用地标准为 65.0～115.0 平方米，新建城市为 85.1～105.0 平方米。

⑤城市空气质量国家标准：在 1996 年标准基础上，增设了 $PM_{2.5}$ 浓度限值和臭氧 8 小时平均浓度限值，调整了 PM_{10}、二氧化氮、铅等浓度限值。

资料来源：《国家新型城镇化规划（2014—2020 年）》。

中国的城市化走过了一段曲折的道路。1949 年以后，为了在短时间内建立起较为完备的工业部门，中国建立了二元体制，以计划和行政手段人为抑制城市化进程。改革开放后，市场机制的基本建立和工业化的加速，有力推动了中国城市化进程。但是，城市化的发展依然面临重重体制阻力。首先，二元体制依然存在，地方政府通过行政手段人为抑制城市化进程，使 2.2 亿农民工不能顺利成为城市居民。其次，中国城乡的行政区划体制和地方财政资源分配机制过于僵硬，不能适应迅速变化的城乡经济形势。最后，中国城市特别是大中型城市的管理水平也明显落后于城市化进程，城市的发展往往重建设、轻管理，使得城市化的进程并没有完全能够提高居民的生活质量。中国当前阶段城市化进程中出现种种问题，其中一个主要原因是片面强调土地的城镇化，而忽视了人的城镇化。[①] 随着时间的推移，“土地财政”的弊端日益凸显。地方政府高负债，企业高负债，一二线城市高房价，三四线城市房地产高库存。

2018 年 1 月 15 日，时任国土资源部部长姜大明在新闻发布会上表示，将探索宅基地所有权、资格权、使用权“三权分置”，但城里人到农村买宅基地口子不开，严禁下乡利用宅基地建别墅大院、私人会馆。政府将不再是居住用地唯一提供者。“住房供地，政府将不再垄断。”这是涉及加快农村土地制度改革、推动城乡要素平等交换、让房地产市场回归居住属性的重大创新。政府不再垄断住房供地等创新，有助于从根本上矫正过去存在的弊端。一方面，政府不再垄断住房供地，让非房地产企业依法取得使用权的土地加入土地供应中来，有利于在控制土地征收范围的同时，增加土地供应和租赁住房开发，提高租赁住房在多层次住房体系中的权重，稳定新市民的未来预期，平抑刚需对商品房价的推动作用，让房地产从“炒作”的金融属性向“住人”的商品属性回归，逐步改善房地产市场的运行机制。另一方面，在权属不变、“三权分置”等前提下，让乡镇企业用地、招商引资用地等转为租赁住房，适度放活宅基地使用权，有利于提高农村土地使用效率，为农村集体经营性建设用地入市，为宅基地的自愿有偿退出、转让增加了新的入市路径和交易对象，扩大了土地有偿使用范围，这也是完善农村土地交易规则、让农村土地权能得到合理估价的必要环节。

长远来看，从政府不再是居住用地唯一提供者，到探索宅基地所有权、资格权、使用权“三权分置”，实际上是为城乡一体化发展、城乡要素平等交换寻找可行路径。中央农村工作会议强调，重塑城乡关系，走城乡融合发展之路。共同发展、共享发展是新时代的必答题，不让新市民、农民在发展中掉队，农村土地要素就必须与城市资本能够平等交换，如此，城乡融合发展才不会成为一句空话。[②]

2. 龙港撤镇改市与城市发展新思路

在英语里，small town 就是小城镇。当我们 20 世纪 90 年代初进行国际合

---

① 《从土地的城市化到人的城市化》，《北京青年报》2017 年 1 月 22 日。

② 徐立凡：《让房地产回归“住人”的商品属性》，《人民日报》2018 年 1 月 17 日。

作和交流提出中国的小城镇问题时，国际专家十分诧异。笔者曾经陪着他们去沿海地区的大镇调查，那个时候所谓中国的小城镇，在沿海地区镇区基本上都是十几万人口，只是行政等级最低。所以在外国专家看来，规模如此巨大的“小城镇”，在他们那里就是城市。

在国外，人口规模一般达到几千人的城市就可以申请设立城市。当然国外的城市管理体制与中国有很大的差别。至少万人规模的城镇大多都是纳入城市的范畴。而在中国，镇区人口超过10万的特大镇有321个，超过20万人口的特大镇有54个，这样的镇，在国外相当于中等城市。意大利总人口6000多万，却有10000多个城市，中国14亿人口，才670个城市。所以，从城市数量上讲和城市化进程上讲，我们8亿多城镇人口，仅仅有670个设市城市，城市数量与城镇化的人口也是严重不匹配的。例如在美国，有3000人口就可以成立一个城市，我们现在镇区人口有十万人都成立不了城市。出于体制和政策的原因，中国城镇化的速度远远超出了设市审批的速度。从1997年开始停止新设市以来，几乎20年没有再设市，最近虽然进程加快，也只是增加了十几个县级城市。

2019年8月16日，号称“中国第一座农民城”浙江苍南县龙港镇，撤镇设市，正式设立县级龙港市。回顾这些年龙港的经验，首先从小镇做起，最终实现城市化。因为龙港作为一个镇，在中国的五级行政区划中处于最后一级，所以在各种发展指标分配中也是最低的。围绕龙港的改革，先后提出强镇扩权、设立镇级市等设想，都是希望能在五级行政体系下，来解决“镇”这个特殊的城市进一步发展的问题。但是，此次国务院直接批复龙港成为县级市，则是更为大胆也更为有效的解决方式。与镇级市不同，新成立的龙港市直接有了县级市的身份，不仅行政级别提高了，而且也意味着发展空间变大了，可以说这才是治本之策。

全国范围内，龙港何以脱颖而出率先升格？龙港改革是新型城镇化建设的整体突破。20世纪90年代开始，农民自带口粮进镇落户，围绕推进小城镇管理制度改革，1995年龙港被列为全国57个小城镇综合改革试点镇之一。2014年国家新型城镇化规划颁布以后，龙港成为首批国家新型城镇化综合试点中唯一一个特大镇试点。这次国务院批准龙港撤镇设市也体现了中央对新型城镇化建设的要求，加快中小城市发展，特别是加快特大镇设市的进程，龙港撤镇设市是非常重要的一个突破。按照中国城市和小城镇改革发展中心首席经济学家李铁的观点，龙港的突破不只局限在某一个镇改市，而是作为国家新型城镇化改革的一个试验点，是一次整体上的突破，是全国经济发达地区都市圈的一个普遍趋势，是通过几十年的积累才完成的，龙港只是一个典型。不仅如此，龙港市的建立，更大层面上意味着小镇从小做起、实现规模化的城市化路径被认可，但是就深远意义而言，就是在龙港建市的四天前，8 月 26 日，中央财经委员会的第五次会议明确指出，我国经济发展的空间结构正在发生根本性变化，中心城市和城市群正在成为承载发展要素的主要空间形式。会议提出要增强中心城市和城市群等经济发展优势区域的经济和人口承载力，要形成全国统一开放有序的商品和要素市场，还要充分发挥超大规模的市场优势。可以说这是高屋建瓴地总结了中国区域经济发展方向，更是从宏观政治经济层面上把产业发展、市场发展，以及劳动力成长纳入一个实际的空间载体之中，那就是中心城市和城市群。而要实现这样一个目标，既要看上海、深圳，更要看龙港、虎门。前者是中心城市的经济聚集，后者则体现了城市群的经济聚集，前者体现了宏观的城市发展方向，后者则体现了微观层面的城市发展结果。大小虽然不同，但是都实现了流动和积聚。

按照《2019 年新型城镇化建设重点任务》，我国将推动城市群和都市圈健康发展，构建大中小城市和小城镇协调发展的城镇化空间格局。以龙港撤镇设市为标志，中国正在进入后城镇化时代。中国城市化战略开始转型，即由城市群向都市圈发展，由原有鼓励中小城市发展、抑制大城市规模的“平均主义”，到重视现代城市经济的规模与集聚效应的转变，从而打开中心城市和城市群发展的新窗口期。事实上，虽然中国在 20 世纪 80 年代提出过“控制大城市，适度发展中等城市和积极发展小城市和小城镇”的路径，但实际上中国城市的发展道路并没有按照这个政策设定的路径发展下去，而走的完全是相反的道路。另外，在 20 世纪 80 年代后期的一段时间里，出于城市体制束缚的原因，民营企业和市场迅速通过乡镇企业的模式，在县以下的小城镇和村庄发端，县以下经济在经济发达省份一度占据了七分江山。但此后，随着城市改革步伐加快，高等级城市的行政能力强化，20 世纪 90 年代中期，在行政强制手段的作用下，要素和资源都向高等级的中心城市集中。因此，现在提出中心城市建设和城市群的发展，就是要摈弃各种新区的盲目发展，重点是如何运用市场的机制，引导要素更多地向城市群集中和中心城市集中，而不是行政的指令性配置。而此次中央财经委会上提出的增强中心城市承载能力，事实上就是要求这些城市的管理者，不要再以承载能力不足为借口，延缓户籍管理制度改革。相反，要通过中心城市和城市群的资源聚集效应，加快地区之间的生产要素比如劳动力、资本和土地，向回报率高的地区高效流动。近年来，“国家中心城市”“推进城市群发展”“培育发展现代化都市圈”“收缩型城市要瘦体强身”先后进入规划，毫无疑问，都表明我国城镇化战略开始了前所未有的“大城市化模式”的转向。

3. 新一线城市的崛起

与发达国家相比，中国的城镇化程度显然还有差距，未来城镇化进程加速，更多综合实力较强的城市陆续跻身一线城市是必然趋势。在北京、上海、广州、深圳这四大一线城市因为交通拥堵等“大城市病”而不断产生挤出效应之后，有经济学家提出，如果想防止一线城市出现房地产泡沫，中国需要更多的一线城市。

截至2017年底，中国迈入GDP“万亿俱乐部”的共有上海、北京、广州、深圳、天津、苏州、重庆、武汉、成都、杭州、南京、青岛、无锡、长沙14个城市。一个城市的影响力与辐射力，不仅看经济总量，而且要看城市人口规模、人才集聚、产业结构、国际影响力、科技创新能力、交通通达程度等方面的情况。2013年，“新一线”城市的概念由《第一财经周刊》首次提出。“行政级别和GDP并不能恰当地反映城市商业魅力和经济增长潜力”，当时的报道如是说。第一财经·新一线城市研究所尝试利用日益丰富的城市数据，按照商业资源集聚度、城市枢纽性、城市人活跃度、生活方式多样性和未来可塑性5个维度，为城市建立一套评估体系。在这个评选体系下，北京、上海、广州、深圳4个一线城市的地位不可动摇，2013年评选出的15个新一线城市分别为成都、杭州、南京、武汉、天津、西安、重庆、青岛、沈阳、长沙、大连、厦门、无锡、福州、济南。2018年，4个一线城市在各自的两个梯次中调换了位置——由“北上广深”变为“上北深广”，分别为上海（188.55）、北京（186.62）、深圳（119.97）、广州（119.67）。而15个“新一线”城市排名前三位的分别为成都（100）、杭州（87.30）、重庆（84.67）。值得一提的是，在历次评选中，成都始终以最高得分领衔15个“新一线”城市。

尽管“新一线”还不是一个完全意义上的官方概念，但是发展功能齐全、设施完善的新一线城市有助于疏解现有一线城市北上广深的压力。有学者认为，根据齐普夫定律，打造一批新一线城市，可以提高中国城镇化的上限，推动新型城镇化进程。[①] 不仅如此，打造新一线城市，还有助于打破现有一线城市的人才、资源垄断格局，通过辐射效应，以点带面，促进区域均衡发展。新的一线城市形成后，将成为区域增长极，打破现有四个一线城市的竞争优势，符合“四大经济板块 + 三大支撑带”的区域协调发展的总体战略。

4. 新型城乡关系的重构

恩格斯曾撰文深刻地论述社会发展需要并产生代价的历史必然性。他特别指出，“文明每前进一步，不平等也同时前进一步”。新中国成立 70 年以来，城乡关系经历了深刻变迁，从流动互惠到封闭割裂，又从互动融合到高位分散再到城乡统筹的演进过程，正在逐步形成城乡一体化发展的新格局。[②]

城乡二元结构是制约城乡一体化发展的主要障碍，必须健全机制体制，形成以工促农、以城带乡、工农互惠、城乡一体的新型城乡关系，让广大农民平等参与现代化进程，共同分享现代化成果，完善城镇化健康发展体制。国务院总理李克强强调，推进城镇化，核心是人的城镇化，关键是提高城镇化质量，目的是造福百姓和富裕农民，不能人为“造城”，要实现产业发展和城镇建设融合，让农民工逐渐融入城镇。[③]

重构新型城乡关系，首先要看清差距。2002 年以来，城乡收入比一直在 3 倍以上，2007 年扩大到 3.33∶1，为改革开放以来的最高水平。近几年，这个差距有所缩小，但绝对值依然较大，2016 年为 2.72∶1，比 2012 年下降了 0.16，2017 年继续缩小，但仅下降了 0.01。还应看到，这只是一个综合指标

① 姚余栋、管清友：《中国城市新格局，谁最可能成为新一线?》，搜狐网，http://www.sohu.com/a/209593687_740132，2017 年 12 月 7 日。

② 许传红、朱哲：《五大发展理念视角下的中国新型城乡关系构建》，《武汉理工大学学报》（社会科学版）2017 年第 2 期。

③ 仵军智：《城乡二元结构的运行分析与新型城乡关系的构建探索》，《宝鸡文理学院学报》（社会科学版）2016 年第 4 期。

的比较，若分项来看，教育、医疗、文化、交通基础设施等公共服务水平方面的差距就更大。

当前，中国经济发展已经进入了新常态。在新常态下中国城乡一体化格局呈现了新的特点和趋势，并面临新的机遇与挑战。可以说，目前中国城乡一体化已经进入适应新常态的全面推进新阶段。在这一新的发展阶段，推进城乡一体化需要有新思路、新机制和新举措。特别是，如何充分发挥市场调节与政府引导相结合的双重调控作用，全面激发各市场主体的内在活力和创新动力，有效促进城乡要素自由流动、平等交换和均衡配置，构建适应新常态的新型城乡关系和可持续的城乡一体化长效机制，从而推动形成以城带乡、城乡一体、良性互动、共同繁荣的发展新格局，使农村居民与城市居民共享现代化成果，实现权利同等、生活同质、利益同享、生态同建、环境同治、城乡同荣的一体化目标，将是新时期推进城乡一体化的重点和难点所在。①

乡村振兴战略是从国家现代化全局高度来谋划的大战略，新时代需要塑造新型城乡关系、工农关系。城和乡不仅要同步发展，而且要融合发展，应当统筹好二者之间各种要素的双向顺畅流动。“创新、协调、绿色、开放、共享”发展理念的提出，对正确认识和处理城乡关系意义重大，在中国新型城乡关系构建过程中，充分发挥五大发展理念的先导作用，能确保新型城乡关系沿着健康正确方向发展。中国要在崇尚创新、注重协调、倡导绿色、厚置开放、推进共享中，加快推进城乡发展一体化，着力形成以工促农、以城带乡、工农互惠、城乡一体的新型城乡关系。

探寻新型城乡关系的构建路径，必须对当前农民生存与生活困境予以清醒认识和高度重视，立足农村实际与农民需求，深刻认识到城镇化并不是农民进城，农村户口转换成城镇户口这么简单的事情，而要从农村存在规律与农民生存与生活内容等深层次角度开展工作，这才是真正立足问题和解决问题的态度与方法。城乡一体化发展的前提是尊重农民主体地位，尊重农民主体地位首先要还农民一个明确身份。不是城市应该帮助农村发展，而是城市在发展过程中对农村索取过多，扶持、帮助农村的发展是城市建设的责任。同

① 魏后凯：《新常态下中国城乡一体化格局及推进战略》，《中国农村经济》2016 年第 1 期。

时，要健全“失地农民”或“新市民”生存、生活内容的保障机制。在对传统乡村进行解构的同时，还必须重构新乡村，尤其是乡村民众日常生活内容的重构。

第二节　城市转型与社会转型

城市的功能和环境，决定着集聚要素的能力，影响着经济社会发展的水平。没有城市的转型，就不可能有经济和社会的转型。实现高质量、均衡性发展，把城市建设和发展作为牵一发而动全身的“牛鼻子”，紧紧抓住“城市化”和“创新”两个关键词，加快推进城区改造重建、城市功能重组、产业腾空重塑等，以城市转型带动经济转型、社会转型。并通过这些转型，为社会打开机会窗口，实现社会的普遍和广泛的纵向流动，在时间向度和空间向度方面提升国人实现梦想、实现跃升的信心。

1. 新型城市治理方式和管理机制

城市汇聚了大量的资源，蕴藏着庞大的财富，也吸引了密集的人口居住，但各种复杂问题、社会矛盾以及蛰伏待发的危机也在城市中存在着。当前，中国经济由高速增长阶段转向高质量发展阶段，城市发展作为经济发展的重要组成部分，也进入高质量发展阶段。① 完善城市治理、着力推动城市转型发展，是摆在各级政府面前的重要课题。

中国改革开放40年，城市快速发展是最集中的成就体现。1978年至今，我国城市体量不断壮大，城镇化率由1978年的17.9%提高到2017年的58.5%，城市的不断壮大在推动经济发展、社会进步等方面发挥了重要的作用。中国正在进行人类历史上最大规模的城市化建设，城市化的发展格局发生了重大的变化，这是人类发展过程中一项波澜壮阔的系统工程。1978～2017年，城镇常住人口从1.7亿人增加到8.1亿人，京津冀、长三角、珠三角三大城市群成为带动国家经济快速发展的增长极，成为中国参与国外经济合作和竞争的主要平台。中国城镇化还有很大的发展空间，也面临着不少新的问题。如

① 何如：《论国家转型期中的创新型城市治理》，《湖北经济学院学报》（人文社会科学版）2016年第3期。

何走好我国的城市发展道路？怎样转变城市发展方式、完善城市治理体系、提高城市治理能力？①

新能级：围绕核心竞争优势打造硬实力。中国经济正经历从追求“量”向追求“质”的转变，城市发展也进入了以质量提升为主的深度城市化阶段。从国际经验来看，追求高质量的GDP，是国际化大都市必须要走的一条道路。立足于城市能级提升，不仅要做强经济实力，更要经济结构更优、创新能力更强、市场效率更高、社会保障更可靠。兑现这些目标，迫切要求加快产业转型升级、提高科技创新能力、促进新旧动能充分释放，最终夯实并升级城市经济的硬实力，实现更高质量、更高水平的发展。

新治理：精细化造就城市高品质。城市治理体系和治理能力现代化，是国家治理体系和治理能力现代化的重要基础。推进高质量发展，创造高品质生活，要以精细化贯穿城市系统治理、依法治理、源头治理、综合治理全过程，以高品质成就高质量。

新形态：科技赋能迈向智慧未来新城市。1978年，作家叶永烈的《小灵通漫游未来》出版，这部算得上新中国科幻小说“鼻祖”的中篇里勾画了一个“未来市”。时至今日，一些城市的发展已然接近甚至超越了这个“未来市”，遍布人工智能的踪影。变化的表征背后，更值得关注的是变化发生的场景——“未来市”，也就是今天的城市。互联网使全球城市联结由间接变为直接，大数据、云计算、区块链等技术使城市联系由慢速变为瞬时，人工智能使城市演进更加多样化、智能化。身处全球科技大爆发浪潮中，科技必将是城市发展的重要原动力。

中国的城市发展将由高速增长阶段进入高质量发展阶段。要加快转变城市发展方式，完善城市治理体系，提升城市能级和核心竞争力，打造新能级、新治理、新形态“三位一体”城市发展升级版。健康且充满活力的社会组织是实现社会转型的重要推动力量。为此，要提供推动公民社会发展的政治机制和宽松的制度环境，并“建立积极、主动而精致的分类治理体系”。同时，建立政府与社会合作互动的制度平台，尤其要建立群体性事件预防处理机制和社会矛盾纠纷解决的互动平台，从而发挥制度的保障作用。将自下而上的社会自治

① 《崛起与变迁：改革开放40年间的中国城市角色》，《凤凰品城市》2018年7月刊。

以及自上而下的政府治理结合起来，通过“双强”模式缓解国家（政府）与社会之间的张力，进而实现二者良性互动与合作共赢，最终建构强有力的现代化国家。①

市民参与城市治理是由城市“单一控制式”管理向城市“共治共管式”治理转型的创新方式。尽管在英国政治理论家鲍勃·杰索普（Bob Jessop）提出的“元治理”（metagovernance）理论中，政府是相对于企业、公民和社会组织的强势主体，但是市民的参与有助于政府在城市发展政策议程中更好地感知和把握城市发展细节，提升城市管理精细化水平。现实中，市民在城市治理中有序参与和政府有效回应相得益彰。② 在这方面，北京市开展的“街乡吹哨部门报到”改革，就是城市治理体制机制的一个创新。它找准了城市管理体制改革的“牛鼻子”，抓住了处理好条块关系这一核心，整体推动了北京市的“疏解整治促提升”。③

中国社会治理社会化，作为一种思想，是伴随着长期以来中国政治、经济、社会等领域内的各项改革实践而逐步形成和发展的。从“城市中国”到“新型城镇化中国”，从熟人社会向陌生人社区的转型，从封闭的单位制向开放的社区制，中国社区治理的发展不仅促进了治理体系的变革，而且提升了人们的社区生活体验。立足当下，着眼未来，创新城市治理，重点是构建一个由“理念—体系—机制—能力”构成的整体性理论与政策框架。法治是社会治理现代化的根本，自治是社会治理现代化的基石，共治是社会治理现代化的路径。必须注重社会治理机制现代化和功能现代化的耦合

① 祖密密：《“公民社会”思潮及其理论和实践误区》，《探索》2018 年第 2 期。

② 刘红波、王郅强：《城市治理转型中的市民参与和政府回应——基于广州市 150 个政府热线沟通案例的文本分析》，《新视野》2018 年第 2 期。

③ 作为社会治理基本单元的城乡社区，是城市发展的载体。城市发展过程中日益突出的公共问题、权力冲突和权力博弈，在很大程度上都已下沉到了社区。城市发展的成功转型，基于社区治理的不断创新。首先，社区空间是多元行政权力、资本和社会力量集中汇聚和整合的场所，社区空间的形塑和运行呈现明显的多元化和地方化色彩，社区治理创新是推动国家治理体系现代化，提升国家治理能力的基本环节。其次，社区治理是城市治理的基础环节，大量公共服务资源以社区为单位进行配置，共商社区公共事务成为居民实现公共参与的基本途径，可以说社区是“以人为本”的落脚点，也是增强居民获得感和幸福感的基本空间尺度。参见王佃利、孙悦《供给侧改革视域下城市社区治理转型与服务供给创新》，《南京邮电大学学报》（社会科学版）2018 年第 2 期。

关系，联动推进高效能社会治理体系建设改革，探索建立城市重大风险评估指数、政务服务环境评估指数、营商环境评估指数体系，科学评判发展软环境、城市软实力。

2. 智能城市与未来城市新趋势

美国著名城市理论家、社会哲学家刘易斯·芒福德把人类城市发展分成三个阶段：古埃及、古希腊－古罗马城市，中世纪基督教、巴洛克和商业城市，近代和现代工业城市。进入21世纪，人们都在关注和思考城市化的新趋势，全球城市在经历初始文明、商业文明和工业文明之后，是否会出现新的文明形态？未来城市是什么样的？

种种迹象表明，数字城市、智慧城市已成为信息时代城市文明发展的大趋势，也是未来城市发展的大方向。数字经济只是数字文明的开篇。数字化不仅关乎经济，也将社会各方面都带来重大变化；不仅是另一次工业革命，更是文明的再度升级，是全球发展的新篇章。城市文明新趋势就是数字文明，数字城市的意义已超越其现实利益和经济价值，彰显出其独特的文化软实力和品牌竞争力，并逐步内化成为一种精神和品牌力量，不断丰富城市文化的内涵，成为数字城市创新发展的不竭动力。

“同步规划建设数字城市，努力打造智能新区。”设立河北雄安新区是千年大计，雄安也是一座未来之城。毛泽东同志当年说过，“一张白纸，没有负担，好写最新最美的文字，好画最新最美图画。”横空出世的雄安新区是一张崭新的白纸，没有其他城市的既有包袱，是最好的改革创新试验田。也正因为如此，肩负重要使命的雄安新区规划，代表着智慧城市的最新思维。未来的雄安，将是一座高度智慧化的互联网城市。它的建设被誉为“千年大计”，承载的是借助大数据、人工智能、物联网等科技新动能实现智慧化的重任。坚持数字城市与现实城市同步规划、同步建设，适度超前布局智能基础设施，推动全域智能化应用服务实时可控，建立健全大数据资产管理体系，是“雄安质量”最鲜明的特色。数字城市与现实城市同步规划、同步建设，两个城市将开展互动，打造数字孪生城市和智能城市。利用“数字孪生城市”系统，将来一些决策付诸实施前，可先在虚拟城市模拟运行，根据模拟结果付诸实施或者修正，发挥辅助决策作用。按照规划，新区感知设施系统与城市基础设施同步建设，构建城市物联网统一开放平台。利用云计算等技术，管理者可利用智能城市信息管理中枢，对城市全局实时分析，实现公共资源管理智能化。[①] 雄安新区规划纲要提出了一个超前的智能城市方案，全面进行了网络、云、标识、信息管理中枢的建设，还考虑了市政管理走廊、地下空间管理多个方面。这是目前全世界最超前的智慧城市管理体系，也代表了智慧城市的最新思维。雄安新区的设立，不仅是为了集中疏解北京非首都功能、调整优化京津冀城市布局和空间结构，更旨在为我国城市化的变革提供一个以创新技术驱动的未来城市样本。通过统筹建设，雄安新区的建设方案可以成为世界智慧城市范本。

科技赋能城市发展，打造城市的“高级形态”。不久前故去的世界著名建筑大师贝聿铭曾说道：对于一个城市来说，最重要的不是建筑，而是规划。在城镇化加速发展的今日，城市发展难题日渐突出，城市管理者逐渐意识到建设智慧城市迫在眉睫，在这其中，先进的科技应用成为城市“智慧”的最大源泉。智慧是城市的灵魂，是城市的精气神。随着5G商用的提前到来，5G技术在智能制造、智慧交通、远程医疗等领域广泛使用，未来城市也离我们越来越近。但正如黄奇帆在2018（第四届）中国智慧城市国际博览会上表示的，推动智慧城市建设，必须善用现代技术、现代理念、现代思维，夯实城市数字基底——中枢神经和智慧大脑，让城市学会思考，如果沿用工业时代的思维方式来搞智慧城市，只能照猫画虎、低水平重复。对于人工智能——或者一切新兴的科技而言，城市既是一个最重要的容器，也不只是一个容器。城市中繁复的日常生产与生活，为技术提供了至关重要的应用场景，与此同时，技术对城市本身的运转又提供了重要的赋能，从而使得城市自身不断追赶时代、超越自我。当前，作为人工智能底层架构的大数据，已经被用到城市运行管理的大量领域，并成为至为重要的城市资源。但这种加持，并不只是简单的技术叠加，不只是做“加法”。未来，要通过技术赋能，将城市带到一个更高级的形态：其决策、运行、管理、服务能够更为敏捷、高效而精；它不仅可以回溯分析，更可以前瞻预测；其间的各个环节能够高度协同，且具有韧性、兼容性……这是技术的事，但更是技术之外的事。未来的城市必须依托科技力量，在发展演进中不断迎接挑战，为绿色、持续、健康发展贡献更多力量。用技术的革新，

① 《雄安新区：建造虚实结合“孪生城市”》，《河北日报》2018年5月31日。

去优化传统治理体系的运转逻辑，从而实现“赋能”的意义。[①]

3. 马尔萨斯陷阱与“大分流”

在过去的百年里，人类社会变化最大的领域之一是人口。一方面，今天的人们寿命更长——在过去200年中，发达国家人均寿命从40岁增加到80岁，并且还在不断延长；另一方面，近50年来出现了另一个剧烈变化，那就是家庭规模急剧变小，生育率持续下滑。世界平均总和生育率，已经从20世纪50年代的4.9，下降到21世纪最初10年的2.5左右。[②] 尽管许多发展中国家的生育率水平仍然高于更替水平，但普遍也都处在迅速下降的过程中。只有少数贫穷的国家才会出现生育率居高不下的情况。所以，尽管人类的寿命比以前延长了不少，但世界人口的增长率已经从1960～1965年的1.92%大幅下降到2010～2015年的1.18%。总体而言，世界人口将迅速老龄化，许多国家将经历人口负增长。这是全世界都正在面临的一个全新挑战。

人口增长趋势的如此逆转，出乎很多人的意料。200年前，托马斯·罗伯特·马尔萨斯发表了一篇关于人口和经济学的文章，其观点曾经广为流传。马尔萨斯的《人口原理》一书，是世界人口学发展史上的一座里程碑。该书自1880年传入中国以来，百多年间其思想对中国学术界产生了重要影响。马尔萨斯人口论在中国的发展大致经历了三个阶段：清朝末期至民国时期褒贬参半，1949年后的30年受到批判，当下新时代得到客观辩证看待。[③]

根据马尔萨斯的理论，生产力的提高必然会导致人口出现指数级别的增长，因为当人们拥有更多食物的时候，他们将会养育更多的孩子。随之而来的是过多的人口会全部消耗掉社会的生产力，导致饥荒、战争和其他各种各样的灾难。因此，生产力提高的最终结果，只能是导致人口增长，而不能提升人均收入。这套理论始终不缺乏忠实信徒，1972年，罗马俱乐部一份标题为《增长的极限》的报告做出预测：在随后的几十年里，人口爆炸将会导致能源耗尽和资源枯竭。事实证明，这些预测都是错误的。[④] 在过去200年里，人类生

① 朱珉迕：《赋能：期待城市的“高级形态”》，《解放日报》2018年9月17日。

② 梁建章、黄文政：《人口是提升创新力的重要因素》，《人民日报》2018年7月10日。

③ 陈功、张吴皤：《争鸣中前行：马尔萨斯人口论在中国的传播与发展》，《人口与发展》2016年第4期。

④ 梁建章、黄文政：《人口是提升创新力的重要因素》，《人民日报》2018年7月10日。

产力和人口数量都有所增加。然而，由于替代资源和新能源的开发，自然资源并没有消耗殆尽。更出人意料的是，人类社会遇到了与马尔萨斯主义经济学家们的预测完全相反的情况。[①] 近几十年来，随着城市化和工业化的发展，人们已经开始少生孩子了。这种新的人口趋势，导致一系列新的社会问题，例如劳动力短缺、老龄化和经济活力下降等。

这种前所未有的人口发展态势将如何影响经济和社会呢？马克思曾深刻指出："主要的困难不是答案，而是问题。""问题就是时代的口号，是它表现自己精神状态的最实际的呼声。"2016 年 5 月 17 日，习近平在哲学社会科学工作座谈会上的讲话中提及马尔萨斯及其《人口原理》一书，肯定了其历史地位，指出它是思考和研究当时当地社会突出矛盾和问题的结果。关于人口减少和老龄化所产生的影响的研究非常有限，毕竟这是人类历史上的新现象。时至今日，梳理马尔萨斯人口论在中国的传播与发展，客观辩证地看待马尔萨斯人口思想的同时，更应该从中得到启发，充分发挥人类的主观能动性，重视如何实现人口与资源、环境等其他社会经济条件的协调发展。

诺贝尔经济学奖得主、美国经济学家诺斯在《西方世界的兴起》一书中就认为，18 世纪 60 年代到 19 世纪 60 年代的 100 年，西方世界通过两次工业革命，跨越"马尔萨斯陷阱"，实现普罗米修斯式增长，既得益于科技创新，更得益于制度创新。当我们审视当今各国经济数据时，最直观的印象莫过于世界经济发展的极端不平衡。经济史研究表明，这种差异形成的根源可以追溯到 16～18 世纪的人类文明"大分流"（great diver gence）。关于"大分流"成因的争论，已经成为社会科学当中最热门和经久不衰的话题之一，形成了包括气候、土壤和动植物等地理因素，宗教信仰等文化因素，矿藏位置和黑死病等偶然因素，以及政治经济制度差异等制度因素在内的多种解释。深入剖析上述解释，可以发现不同理论视角的最主要差异集中在回答"大分流的产生是偶然还是必然"这一问题上的不同。这种差异实质上代表了社会科学研究中长期存在的"欧洲（西方）中心主义"及对其的批判两种根本取向：前者将大分流视作某种欧洲特质产生的必然结果，而后者则强调偶然历史因素在塑造不同地区发展中的角色。关于该问题的争论反映了两种研究范式和学术取向上的根

---

① 梁建章、黄文政：《人口创新力——大国崛起的机会与陷阱》，机械工业出版社，2018。

本性差异。而近年来在大分流阐释中占据主流地位的制度决定论，则代表了一种对二者进行整合的尝试。但从深层来看，以制度为中心的解释视角依旧没有脱离欧洲中心主义范式的窠臼。这表明在经济史研究中存在固有的文化偏见，需要研究者予以检视和反思。①

4. 老龄化与人口政策“改正朔”

根据1956年联合国《人口老龄化及其社会经济后果》确定的划分标准，当一个国家或地区65岁及以上老年人口数量占总人口比例超过7%时，则意味着这个国家或地区进入老龄化。1982年维也纳老龄问题世界大会，确定60岁及以上老年人口占总人口比例超过10%，意味着这个国家或地区进入严重老龄化。② 20世纪80年代特别是90年代以来，人口快速老龄化不再单纯是西方发达国家，而且也是部分发展中国家如中国所面临的严峻现实问题。数据统计显示：2016年中国0～14岁人口为24438万人，2015年中国15～64岁人口为113833万人，2005～2010年中国0～14岁人口逐年下降，2010年0～14岁人口达到近十年最低值，为22259万人。2016年中国65岁及以上人口为15003万人，近十年65岁及以上人口逐年增加，人口红利逐渐消失，这意味着人口老龄化的高峰即将到来和创造价值的劳动力减少，医疗成本上升，给社会带来多方面的挑战。

中国的城镇化与老龄化呈现了“双快”与“叠加”特征。但城镇化发展和经济增长却遭遇了“未备先老”和“未富先老”的老龄化困境。辜胜阻在几年前就认为，“中国经济社会发展呈现出高速的城镇化和过快的老龄化两大特征，机遇与挑战并存，需要引起高度重视。”其中，城镇化带来的人口流动加大、人口结构变迁、人口规模上升、城市土地空间紧张等后果，将为中国城乡地区应对更加严峻的“未富先老”“未备先老”的老龄化问题，增添许多复杂的困难因素。实施新型城镇化战略必须为日益严峻的城乡养老问题开展制度创新，并加快推动中国养老方式的转型，建立多层次、多维度、多主体的新型

① 李芮：《经济史研究中的文化偏见——对“大分流”之争的评述与反思》，《浙江社会科学》2015年第9期。

② 《全球老龄化状况及其应对措施》，新华网，2015年10月1日。

居民养老模式及体系。[①]

基于老年人的需求学说，国际人口学界于20世纪90年代提出了应对人口老龄化问题的健康老龄化理论。2002年，基于老年人的社会权利学说又提出了积极老龄化理论。该理论不仅拥有丰富的理论内容、政策框架和行动计划，具有远比健康老龄化理论更丰富的内涵，而且实现了从以需要为基础转变为以权利为基础的根本性跨越，是人口老龄化理论发展史上的一个重要里程碑。[②] 积极老龄化理论认为，"当健康、劳动力市场、就业、教育和生活政策支持老龄化时"，积极老龄化的政策和计划就会在如下三个方面发挥积极的作用：第一，积极老龄化的政策和计划，"具有应对个体和群体老龄化挑战的能力"。第二，积极老龄化政策和计划，能够"鼓励和平衡个人责任（自我照料）、代际友好与团结"。第三，积极老龄化的政策和计划，"有助于缓解养老金、收入保障计划以及医疗和社会照料支出不断增加的压力"。积极老龄化政策是应对人口老龄化这种全球性问题的社会政策，它"需要国际、国家、地区和地方共同采取行动。在一个联系日益密切的世界中，世界任何一个部分在处理人口问题上的失策，都会对所有地方产生不良的社会经济和政治后果"。而"一个应对人口老龄化和老年人问题的共同行动，将会决定我们的子孙后代如何度过自己的晚年生活"。为此，积极老龄化"政策框架要求在'健康、参与和保障'三个基本方面采取行动"[③]。世界卫生组织认为，积极老龄化理论"把一个战略计划，从'以需要为基础'转变为'以权利为基础'，承认人们在增龄过程中，他们在生活的各个方面，都享有机会平等的权利"。

在高度关注老龄化问题的同时，有效提升生育率的问题也必须得到高度重视。中国需要改革整个经济、社会、文化、教育模式和城市规划，才能有效提升生育率。在人口红利不断消失的今天，有效提升生育率才能奠定今后几十年

① 胡小武：《城镇化与老龄化叠加时期的中国养老模式转型》，《新疆师范大学学报》（哲学社会科学版）2016年第5期。

② 宋全成：《人口高速老龄化的理论应对——从健康老龄化到积极老龄化》，《山东社会科学》2013年第2期。

③ 世界卫生组织：《积极老年化政策框架》，华龄出版社，2003。

和上百年经济繁荣、社会稳定、国力上升的人口学基础。[①] 习近平认为人口是创造奇迹的“巨大力量”，认识到“主要经济体先后进入老龄化社会，人口增长率下降，给各国经济社会带来压力”，而“我国是世界上人口老龄化程度比较高的国家之一，老年人口数量最多，老龄化速度最快，应对人口老龄化任务最重”。“要立足当前、着眼长远，加强顶层设计，完善生育、就业、养老等重大政策和制度，做到及时应对、科学应对、综合应对。”

2017 年是全面二孩的补偿性出生高峰年，但是国家卫计委、国家统计局公布 2017 年不但没有如预期那样比上年多出生 343 万人，反而分别显示少出生了 86 万人、63 万人。由于补偿性出生高峰的消退，今后的生育率将继续下降，也将拖着经济不断下行。单独二孩政策、全面二孩政策的效果评估显示，政策遇冷，当前的人口政策需要做出调整。中国需要一个人口再生产的历史性转折，从而开辟“尊重生命、保障权利、视人口为财富”的崭新时代。[②] 但矫枉不能过正，更不能以所谓设立生育基金制度的荒唐掩盖政策的缺失。目前，一些发达国家为了鼓励生育，甚至给生育孩子的家庭送房子。比如，新加坡对于登记结婚的家庭给予组屋（相当于中国的经济适用房），同时给生育孩子和子女教育的家庭减免税收，这对中国未来提高生育率颇有借鉴意义。对于中国来说，现在需要尽快采取鼓励生育的政策，给予税费减免，同时给夫妻双方以产假，尽快出台生育友好的政策。[③]

第三节　城市的温度

城市是政治、经济、文化发展的中心。城市的诞生是人类文明形成的重要标志，一部城市发展史也是人类文明史。正如美国著名城市学家乔尔·科特金在其《全球城市史》的前言中写道：“人类最伟大的成就始终是她所缔造的城市。城市代表了我们作为一个物种具有想象力的恢宏巨作，证实我们具有能够以最深远而持久的方式重塑自然的能力。”

---

① 易富贤：《中国人口政策需“改正朔、易服色”》，《中国经济报告》2018 年第 2 期。

② 易富贤：《中国人口政策需“改正朔、易服色”》，《中国经济报告》2018 年第 2 期。

③ 《统计局解释出生人口下降原因》，《21 世纪经济报道》2019 年 1 月 24 日。

在自然界，温度有高低之分，可用感官感知和仪器测量。城市是人的城市，对于一座城市而言，其温度由住在这里的人们判断。工业革命前的城市只不过是少数人的聚集之所，当今时代，城市已逐步成为多数人生活的地方。城市的发展过去是，将来仍然是人类文明进步的方向和动力。一个真正意义上的“有温度的城市”，逻辑上包含了“自然温度”、“社会温度”和“人文温度”的内涵。同时，这三种“城市温度”又必定是彼此协调和相互融洽的。联合国助理秘书长沃特·恩道曾论述：“城市化极有可能是无可比拟的未来光明前景之所在，也可能是前所未有的灾难之凶兆。所以，未来会怎样就取决于我们当今的所作所为。”究竟城市能否让生活变得更美好，也取决于我们今天的所作所为。

1. 计划经济最后的堡垒——户籍制度的终结

1952 年，中央劳动就业委员会提出要“克服农民盲目地流向城市”，“盲流”概念正式产生。1956 年，全国首次户口工作会议明确了户口管理的三大基本功能：证明公民身份、统计人口数字、发现和防止反革命和各种犯罪分子活动。1958 年 1 月 9 日，《中华人民共和国户口登记条例》颁布施行。自此，中国户籍制有了农村户口和城市户口的“二元结构”。①

可以说，户籍制度从诞生之初，就带有浓重的命令经济色彩，也被称为“计划经济活化石”。在中华人民共和国成立初期，以户籍制度为核心的人口管理措施曾对巩固政权、维持社会治安和保证计划经济顺利实施起了重要作用。但是，中国的户籍制度在形成和发展过程中逐渐具有了一些特定的功能。一个是“附庸功能”，具体包括与户口相关的各种额外社会福利和补贴；另一个是“限制功能”，主要是指政府对农村到城市的流动人口的限制。伴随着户籍制度的发展，各种利益不断被附加到户口上，居民户口逐渐从最初的信息收集工具变成了利益分配的工具。特别是在城乡二元户籍制度框架下，农业转移人口进城创造了大量财富，富了城市和国家，做出了巨大贡献，解决了一定时期的矛盾，但他们在城市没有得到应有的权利和回报，有失社会公平。长此以往，将成为社会不稳定因素。虽然近年来推进城乡二元户籍制度改革取得了明

---

① 民生周刊新媒体中心：《新中国户籍制度简史》，《人民日报》（海外版）2016 年 10 月 10 日。

显进展，但大多数城市仅把户籍制度改革停顿在“投资移民”“技术移民”上，阻碍农业转移人口转化为稳定的城市产业工人和市民。一些地区虽然取消了农业户口和非农业户口的名称，但并未改变附加在户口上的不平等制度。有专家因此指出：“中国走上了一条给未来积累巨大社会风险的城市化道路。”①可以说，户籍制度改革势在必行（见表14－2）。

表14－2　新中国户籍制度简史

阶段	时间	相关举措
第一阶段：“盲流”的诞生	1952～1980年	1952年，中央劳动就业委员会提出要“克服农民盲目地流向城市”，“盲流”概念正式产生
		1956年，全国首次户口工作会议明确了户口管理的三大基本功能：证明公民身份、统计人口数字、发现和防止反革命和各种犯罪分子活动
		1958年1月9日，《中华人民共和国户口登记条例》颁布施行。自此，中国户籍制有了农村户口和城市户口的“二元结构”
第二阶段：“打工仔”进城	1981～1989年	1984年，国务院《关于农民进入集镇落户问题的通知》规定，农民只要能自力更生就可自带口粮落户城市
		1984年4月6日，国务院发布《中华人民共和国身份证试行条例》，中国开始实行居民身份证制度。人不分城乡，均发身份证验证身份，方便人口流动自由择业。这一改革标志身份管理的新方向是流动，很多内地农村人口变成沿海城市的“打工仔”
		1989年10月，国务院发出《关于严格控制“农转非”过快增长的通知》，要求整顿“农转非”问题。在1989～1991年治理整顿时期，在城里的农民工因打上“农业户口”的烙印被赶回农村
第三阶段：“下海”去闯荡	1990～1999年	1994年，国家取消了户口按照商品粮为标准划分农业户口和非农业户口的“二元结构”，以居住地和职业划分农业和非农业人口，建立以常住户口、暂住户口、寄住户口三种登记制度
		20世纪90年代中后期，上海、深圳、广州等改革开放的前沿城市开始施行“蓝印户口”政策。蓝印户口相当于国内的“投资移民”或“技术移民”。很多人开始“下海”，或创业，或去待遇更高的私企、外企打工

① 周天勇：《中国城市化道路给未来积累了巨大社会风险》，《新京报》2010年8月2日。

续表

阶段	时间	相关举措
新的阶段："值钱"的农村户口	2000 年以后	2000 年 6 月，中共中央、国务院发布的《关于促进小城镇健康发展的若干意见》提出，凡在县级市市区、县级人民政府驻地镇及县以下小城镇有合法固定住所、稳定职业或生活来源的农民，均可转为城镇户口
		2008 年，上述政策又放宽到中小城市。随着城市户口特权减少，农村户口显得越来越"值钱"了
		2016 年 9 月 19 日，《北京市人民政府关于进一步推进户籍制度改革的实施意见》正式出台。据不完全统计，截至目前，已经有 30 个省（区、市）出台户籍制度改革方案，各地普遍提出取消农业户口与非农业户口性质区分

资料来源：民生周刊新媒体中心，《新中国户籍制度简史》，《人民日报》（海外版）2016 年 10 月 10 日，第 5 版。

人口流动和迁移，可以增加人力资本，优化配置劳动力资源，提高其劳动生产率，缩小劳动力因地区和领域封闭留滞而形成的城乡和地区间居民收入差距，形成经济增长的强劲推动力。当前，促进人口流动，需要深化和加速户籍制度的改革，形成市民化的进入机制，缓解和消除农民人口中青年出村进城、老年出城回村的逆城市化。有关学者为户籍改革算了笔账，2017 年人口迁移和劳动力要素不能正常流动和配置造成的 GDP 损失超过 5 万亿元。具体说来，由于人口迁移滞后，新进城镇人口面临教育、医疗等公共服务上的歧视，宅基地体制使农民不能顺利从农村和农业退出等，劳动力在农业和非农业中发生了错配，农业中"淤积"的劳动力过多。2017 年，全国总人口为 139008 万人，就业劳动力为 77640 万人。城镇常住居民为 81347 万人，人均可支配收入为 36396 元，城镇居民总收入 296100 亿元，城镇就业劳动力为 42462 万人，城镇劳均工资、创业、投资等可支配收入 69726 元；农村居民可支配收入为 13432 元，农村常住居民 57661 万人，可支配总收入为 77450 亿元，农村就业劳动力为 35187 万人，劳均农业（包括兼业）领域工资和创业等居民可支配收入为 22011 元。总劳动力 77640（人）×错配 15%×（城镇劳均居民收入 69726 元－农村劳均收入 22011 元）＝农村居民应有而没有的收入 55569 亿元。也就是说，2017 年人口迁移和劳动力要素不能正常流动和配置造成的 GDP 损失为

55569亿元，为当年GDP的6.37%。[①] 由此可见，中国需要深化和加速户籍制度的改革，促进农民工市民化，实现城镇公共服务均等化。

推进户籍制度改革，考验着平衡公平和效率的治理艺术。促进农民工市民化的过程，其实质是城镇公共服务均等化的过程。在该过程中，户籍的转换是形式，服务的无差别分享是实质。最首要的是尽快改革和放开户籍，实行城乡无差别的户籍管理体制（直至最终取消）。积极推进户籍管理制度的改革，放开中等城市、地级市及其他建制镇的户口迁移政策，完善大城市现行的户口迁移制度。加强医疗、养老、失业和低收入人群生活等社会保障，实行城镇新进人口与原住居民公共服务均等化的制度。另外，从教育、医疗、住房、社保等方面实行城镇公共服务均等化的政策。要严防一些地方政府，特别是地方政府的部门，加上各种积分落户的条件。这种落户的条件越多，进入城市越高比例的人口越是长期不能市民化，可能使中央政府本意为加快推进市民化的城市化进程的系列措施，变成一纸空文。与此同时，尊重劳动力和人口由市场调节决定迁移和流动方向的原则，鼓励一部分进城农民，根据其能力在特大和大中城市创业、就业和置业。这些城市的政府应在一系列公共服务、医疗和住宅保障方面，向他们提供均等的待遇，以及一定的帮助，使他们成为新市民。[②]

2019年4月8日，国家发展改革委印发《2019年新型城镇化建设重点任务》，提出要继续加大户籍制度改革力度，并在很大程度上突破了2014年《国家新型城镇化规划（2014—2020年）》中所提出的“严格控制城区人口500万以上的特大城市人口规模”的限制，在此前城区常住人口100万以下的中小城市和小城镇已陆续取消落户限制的基础上，首次正式明确：城区常住人口100万~300万的Ⅱ型大城市要全面取消落户限制；城区常住人口300万~500万的Ⅰ型大城市要全面放开放宽落户条件，并全面取消重点群体落户限制。超大特大城市要调整完善积分落户政策，大幅增加落户规模、精简积分项目，确保社保缴纳年限和居住年限分数占主要比例。这样的政策文本相较于此前可谓是重大转折。

2. 刘易斯拐点与农业转移人口市民化

中国是否进入了“刘易斯拐点”是近年来学界关注的热点之一。近些年，

① 周天勇：《限制流动损失5万亿 为户籍改革算笔账》，财新网，2018年11月21日。

② 周天勇：《限制流动损失5万亿 为户籍改革算笔账》，财新网，2018年11月21日。

沿海以及部分内陆地区出现了“民工荒”现象，相关研究者对于是否出现了剩余劳动力已经完全转移的“刘易斯拐点”命题进行了广泛争论，得出了截然相反的研究结论。

支持“刘易斯拐点”已经到来的观点是基于农村剩余劳动力数量不断减少以及工资率上升的判断。蔡昉（2010）认为根据2005年统计数据可推断我国40岁以下的农村劳动力仅有5800万人，无限供给假设已经被打破，能为未来经济发展提供的剩余劳动力已很有限。大壕启二郎（2006）等根据多个行业实际平均工资不断上涨的现象，认为制造业实际工资的变化表明中国已经跨越了“刘易斯拐点”。而樊纲等（2013）认为中国依然存在2.5亿~3亿农民，农业就业比重远远高于其GDP占比，目前出现的“民工荒”仅是短期的劳动力供给结构性失衡现象，中国仍将长期处于劳动力过剩阶段，劳动力无限供给会持续很长时间，而且城乡劳动者收入上升是二元经济结构形成伊始持续发生的，同样不能作为判定拐点出现的依据。由于拐点识别的标准以及劳动力、工资水平统计口径不一致，将剩余劳动力数量和劳动工资率上涨作为“刘易斯拐点”出现的判断标准解释力不足。李文溥等（2015）认为在考虑产品市场的基础上，实际工资保持不变无法实现，从理论上论证了刘易斯模型收入不变的假设是伪命题。李勇（2016）引入资本非农化倾向，利用资本非农化倾向与二元经济差距的正反向关系判断“刘易斯拐点”。薛继亮（2016）从资本劳动配比的视角，通过分析产业转移与劳动力之间的协调性，认为“刘易斯拐点”在区域间并非同时出现。屈满学（2016）利用东西部地区分别代表工农业部门分析要素边际生产力的差距，认为中国在2000~2010年已经到达拐点，其研究方法简单明了但是理论支持不足。这些研究为分析城乡二元经济转型提供了不同的视角和方向，一些研究遵循Ranis等（1961）对刘易斯模型的扩展，认为“刘易斯拐点”的实现还要考虑农业部门发展的视角值得借鉴。由于现代部门与传统部门要素收益率存在差距，跨越“刘易斯拐点”的因素为工农部门要素收益率差距的拉力与传统农业升级发展释放劳动力的推力所共同决定。①

① 郭磊磊、郭剑雄：《基于农业要素收益率视角的“刘易斯拐点”判断》，《经济经纬》2018年第3期。

刘易斯拐点与农业转移人口市民化存在紧密联系。农业转移人口是我国工业城镇化发展过程中出现的一个极其特殊的群体，随着我国经济社会的进步，出现了很多主体人群一致，但内涵却不尽相同的称谓，其中“农民工”被使用的次数最多。“农业转移人口”这个称谓摒弃了“农民工”等称谓本身所具有的歧视性，更容易被大众接受，该称谓最早是在2009年12月召开的中央经济工作会议中提出和使用的。随后，农业转移人口以及与之相关的概念在很多官方文件与正式会议讲话中频繁出现。2014年，《中共中央关于全面深化改革若干重大问题的决定》和国务院《政府工作报告》中，多次论述“农业转移人口城市化”问题。《国家新型城镇化规划（2014—2020年）》将“有序推进农业转移人口市民化”作为一个单独的篇章，从推进符合条件农业转移人口落户城镇、推进农业转移人口享有城镇基本公共服务、建立健全农业转移人口市民化推进机制等三大任务十项举措给予了论述，在高度重视农村转移人口落户城镇问题的同时，更加关注农村转移人口在城镇的基本公共服务充分、公平、有效保障与包容、可持续分享等问题，更富紧迫性。“农业转移人口市民化”是中国城镇化的重要内容和路径。

所谓农业转移人口市民化，简单地说，就是农业转移人口逐步成为真正的城镇居民，即其户籍所在地由农村迁到城镇。但是，仅仅以户籍所在地的变更来界定农业转移人口市民化的内涵，是很不全面的。农业转移人口市民化，是指有条件、有意愿的农业转移人口可以取得城镇户籍，在政治权利、劳动就业、社会保障、公共服务等方面逐步享受城镇居民同等待遇，并在思想观念、社会认同、生活方式等方面逐步融入城市的过程。[①]

结合中国的户籍管理制度，农业转移人口可分为两种，一种是户籍仍为农村户籍，可是已在城市内生活工作或在城乡间往返流动的农业人口；另一种是户籍已为城市户籍，可是没完全适应角色转变的原农业人口。学术界对农业转移人口市民化的内涵主要有三类观点，部分研究者将市民化界定为一个过程，他们认为市民化是在已取得户籍基础之上，从主观各个方面、客观各个方面逐步融入城镇或城市的过程。部分研究者将市民化界定为一个结果，他们认为市民化是指逐步脱离原来劳作的地域，进入城镇并进行职业选择，平等参与政治

① 国家发展和改革委员会：《国家新型城镇化报告2015》，中国计划出版社，2016。

经济、文化社会生活，并能得到城市大众的接纳。还有研究者认为市民化既是一个过程又是一个结果。他们认为市民化是指摆脱在城市生活过程中所呈现出来的边缘化状态，并在伴随着思想意识、生活方式和行为的变化的同时，逐渐融入整个城市社会的过程和状态。①

目前，中国的城镇化发展存在大量“半城市化”人口。根据统计数据，2011 年中国的城镇化率已经达到 51.27%。然而统计数据中的城镇人口为常住人口，如果按照完全享受城市公共服务的户籍人口计算，中国目前城镇化率不到 40%。超过 10% 的人口属于农业转移人口，这部分人口没有享受到和普通市民同样的城市公共服务，只能是“半城市化”人口。

正反两方面的例子告诉我们，要实现城乡一体化，必须纠正传统的偏重城市发展的政策倾向，在城镇发展与农村发展之间形成一种良性的互动关系。把统筹城乡区域协调发展与推进城镇化结合起来，大力拓展发展空间。有数据显示，中国城镇化水平每提高一个百分点，就有 1000 多万农民转化为城里人。城市流动人口和农民工问题，是目前中国城市发展与社会建设中面临的一个重大问题。目前，每年 2 亿多进城务工农民，世界上最大的“钟摆式移民”（两栖人口），形成独特的“春运潮”，造成国家和社会资源的巨大消耗与浪费。“钟摆式移民”不能长远融入城市成为市民，是城镇化质量不高的主要原因。②

中国新型城镇化的过程，也是消除二元经济结构的过程，是构建城乡一体化发展格局，推进农业转移人口市民化的过程。要在保障农业转移人口经济生活等基本权利的基础上，进一步保障其政治权利。同时，巴西的经验教训提醒我们，城镇化的健康发展，与农村的土地制度关系很大。保持农民土地承包经营权的稳定，即可以按户而不仅仅是按人将承包地确定下来，从而使农民在城市站稳脚跟之前，在城乡之间能够“双向”流动，对城镇化的健康发展至关重要。让农民既进得了城，又回得了乡，就不会既失业又失地，变成没有回旋余地的社会问题。

统计数据显示，2016 年中国农业转移人口总量达到 2.82 亿，且呈现迁移

① 马红梅、王鹏程：《农业转移人口市民化研究：一个文献综述》，《农业经济》2018 年第 4 期。

② 刘强：《国外城镇的建设对我国城镇建设的启示》，辽宁工程技术大学硕士学位论文，2011。

较平稳、学历构成较优、年轻态、对权益保障和公平诉求逐渐提升等新特征。近年来，农业转移人口总量增速持续放缓。中国社会科学院副院长蔡昉表示，中国外出农业转移人口增长速度今后可能还会降，甚至很快进入负增长，且会对经济增长产生削弱作用。因此，农业转移人口的市民化将会面临新的挑战。现有研究普遍认为，我国市民化的总体程度较低，在大多数的经济发达国家，市民化通常没有什么限制。但在中国，市民化的过程就要面临户籍管理制度、社会歧视等各方面的非制度性因素的限制，农业转移人口和城镇居民间的交流被彻底地隔离。①

农业转移人口市民化是一项庞大且相当综合复杂的系统工程，其庞大性、复杂性在于市民化不仅受到政府宏观经济政策的影响，同时也是农业转移人口自身对现状改善突破的需求，但是实现这一过程还需要突破诸多阻碍与制约因素，具体包括制度障碍因素、成本障碍因素、个人素质障碍因素等。农业转移人口具有唯一性和特殊性，绝不能机械照搬发达国家的人口迁移原则和模式，而是要探寻一条我国的新型市民化路径。既要依据城乡二元经济体制转型与社会现代化的建设全局进行谋划，又要因地制宜地提出较为具体的对策，深化农业转移人口户籍制度改革，打破公共服务的差异化，实现公共服务均等化，建立市民化成本测算及分摊机制，增强农业转移人口个人素质。② 应当看到，“刘易斯拐点”在缩小收入分配差距、改善社会结构方面的有益作用应该受到肯定与推动，而不应该以人口红利会消失等理由而加以阻止。“刘易斯拐点”是众多农村进城务工人员增收脱贫的希望所在，也是城乡社会融合的重要路径，是值得期待和推动的事情。③ 刘易斯拐点会加剧人口红利消失、引起劳动力成本增加，从而影响经济增长，但这不应该成为阻止其发生的理由。④ 相反，政府有必要采用政府采购等方式来降低农民人力资本投资的成本，为未来农业产业升级提供必要的动力支撑；促进农业生产过程中土地、资本、技术、

① 马红梅、王鹏程：《农业转移人口市民化研究：一个文献综述》，《农业经济》2018 年第 4 期。

② 马红梅、王鹏程：《农业转移人口市民化研究：一个文献综述》，《农业经济》2018 年第 4 期。

③ 贺蕊莉：《财政政策工具特性分析》，《东北财经大学学报》2001 年第 6 期。

④ 贺蕊莉：《收入分配、社会结构与刘易斯拐点验证》，《东北财经大学学报》2018 年第 1 期。

劳动力等要素自由流动，为农业由“索洛均衡”向可持续发展转变做好准备；促进要素收益率在非农业与农业之间收敛，提高全要素收益率的有利空间，为跨越“刘易斯拐点”提供动力，实现城乡二元经济结构的转型发展。①

正确认识城市增长动力是我国在市场机制下继续推进城镇化与优化城镇体系的基础。虽然集聚效应被认为是塑造人口分布与城镇体系的基础力量，其存在性也得到广泛验证，但是现有研究对于具有不同微观基础的集聚效应对人口流动和城市增长的实际影响依然缺乏充分检验。一般来说，城市的集聚效应发挥作用仍有赖于市场环境的建设，特别是完善有利于人口流动、资本流动与区际自由贸易的制度。首先，城市增长与城镇体系演变应是基本经济力量作用的结果，任何非市场力量带来的城市结构变动都可能引起资源错配，降低经济效益。其次，完善城市基础设施以缓解拥挤效应是发挥集聚效应促进城市增长作用的内在要求。货币外部性对城市增长具有更加持续的作用，而技术外部性的作用则受限于集聚过程中的拥挤效应。同等规模下，拥挤效应越大，技术外部性抑制城市增长的作用就越突出。最后，工资、失业率等传统因素的显著作用说明，创造就业、降低失业率以提高收入预期仍是促进城市增长的重要途径。② 为此，大城市要提高精细化管理水平，增强要素集聚、高端服务和科技创新能力，发挥规模效应和辐射带动作用。而对于中小城市来说，则要分类施策，都市圈内和潜力型中小城市要提高产业支撑能力、公共服务品质，促进人口就地就近城镇化；收缩型中小城市要瘦身强体，转变惯性的增量规划思维，严控增量、盘活存量，引导人口和公共资源向城区集中。③

从治理变革的角度看，集聚是城市的天然属性和内在要求。没有集聚就不可能有城市，尤其是当城市发展到一定阶段，城市作为一个日益明确的利益主体之后。不仅这种天然的集聚属性继续自发地发挥作用，而且从上到城市政府、城市的特权阶层，下到城市的市场主体——企业都在主观上进行着集聚行为。中心城市在城市体系和经济区域中的具体运动形式是多种多样、纷繁复杂的，有物质的，有精神的；有生产的，有流通的；有有形的，有无形的；等

① 郭磊磊、郭剑雄：《基于农业要素收益率视角的“刘易斯拐点”判断》，《经济经纬》2018年第3期。

② 杜旻、刘长全：《集聚效应、人口流动与城市增长》，《人口与经济》2014年第6期。

③ 国家发展改革委：《2019年新型城镇化建设重点任务》，发改委网站，2019年4月8日。

等。很难概括它们有多少种运动形式，但基本运动形式却只有两种：集聚和扩散，其他运动形式都是集聚和扩散的具体表现形式。著名学者赫希曼（A. O. Hirsehman）的不平衡增长理论，以及哈格斯特朗（T. Hagerstrand）的扩散理论，都把城市与区域间各种“力”的消长概括为两种力的作用——“集聚力”和“扩散力”。美国著名城市理论家刘易斯·芒福德和英国的埃比尼泽·霍华德进一步用“磁力”理论来阐释城市的集聚与扩散功能。刘易斯·芒福德指出，城市作为一个封闭型容器的本质功能，是将各种社会成分集中起来，并为它们提供一个封闭的场所，使之能最大限度地相互作用。但是城市又不仅仅是一个容器，它的“形状和容量”并不是完全预定好的，必须首先吸引人群和各种组织，否则它就无生命可言。对于这一现象，埃比尼泽·霍华德称之为“磁力”。一座城市就是一个巨大的“磁场”，它通过“磁力线”向外放射出强烈的磁力，吸引着周围众多的人、财、物。这些人、财、物一旦被吸引到城市里来，便会被“磁化”，从而与城市里原来的人、财、物一起放射出更强烈的磁力。通过城市“磁场”磁化了的这些“磁化物”——物质产品和精神产品，即使离开了城市，被抛到偏僻遥远的山乡，依然带着这个城市明显的“烙印”，成为传播城市文明的重要媒介物。磁力理论亦把中心城市的各种“力”高度抽象为两种磁力——集聚力和扩散力。中心城市的集聚主要源于中心城市的规模效益、市场效益、信息效益、人才效益、设施效益等，正是这些效益的吸引，使得区域中的第二、第三产业，人口、人才、原料、资金和科学技术向中心城市集聚。① 在这种集聚的过程中，重点是要以提升城市产业竞争力和人口吸引力为导向，健全有利于区域间制造业协同发展的体制机制，引导城市政府科学确定产业定位和城际经济合作模式，避免同质化竞争。同时，引导大城市产业高端化发展，发挥在产业选择和人才引进上的优势，提升经济密度、强化创新驱动、做优产业集群，形成以高端制造业、生产性服务业为主的产业结构。对于大城市周边的中小城市来说，也要夯实制造业基础，发挥要素成本低的优势，增强承接产业转移能力，推动制造业特色化差异化发展，防止被“虹吸”和产业空心化。

在国家区域经济发展和空间结构深刻变化的进程中，中心城市和城市群已

① 施冬健、张黎：《城市的集聚与扩散效应》，《商业研究》2006年第5期。

经成为承载发展要素的主要空间形式。在这一过程中，集聚与扩散是共存的，并且经济集聚产业点向集聚产业区、集聚产业核心区的发展演变，但这其中涉及一系列的制度变迁，真正的落实并非“一帆风顺”（不经济存在）的。既有内在的动力和要求（规模经济、集聚体升级演化等），又受客观条件（区位环境等）的影响，因此无论从理论还是实践的角度，都需要寻求一种协调手段，调控集聚与扩散以及集聚体的发展。[①] 城市发展规律的核心是先集聚后分散再集中，从区域空间结构演变看，是一个由增长极发展、点轴发展到网络发展的动态过程。中心城市有机疏散，区域范围重新集中，在区域范围内形成多元、多心、多轴、多层的城市发展格局和功能完善、结构优化、体系完整、规模等级有序的城市网络体系；总体上，经济全球化和全球网络化、区域城市化和城市区域化、要素市场化和市场一体化，已成为当今城市发展的时代特征：集聚—扩散—集聚—扩散。在城市的发展过程中，这一对矛盾永远交织在一起，它们互相促进、互相制约，城市竞争力就是在这对矛盾的运动中消长。

3. *以人为原点的城市学理论*

纵观数十年的中国城市化进程，“两个极端”的教训十分深刻：一个极端是严格控制城市规模，另一个极端是城市盲目扩张。城市理论滞后和缺失是造成中国城市“出问题”的重要诱因，这就需要我们尽快走出“非自觉”的城市化模式，加强城市理论研究，构建具有改革特征的“城市学”。

以人为本，是城市发展和改革的核心。2015 年 12 月 21 日，与中央经济工作会议“套开”的中央城市工作会议闭会，这是 37 年来中央首次就城市工作专题开会，足见会议之重要。2015 年中央城市工作会议分析了城市发展面临的形势，明确了做好城市工作的指导思想、总体思路和重点任务。会议指出，要按照加快提高户籍人口城镇化率和深化住房制度改革的要求，通过加快农民工市民化，扩大有效需求，打通供需通道，消化库存，稳定房地产市场。要落实户籍制度改革方案，允许农业转移人口等非户籍人口在就业地落户，尤其是要加快建立进城落户农民“三权”维护和自愿有偿退出机制。推进我国新型城镇化进程使农民变市民，必须以人为本。以人为本，就是以人为基础，以人为根本，以人为核心。就是要把满足城乡居民的物质文化需要和有利于城乡居

① 施冬健、张黎：《城市的集聚与扩散效应》，《商业研究》2006 年第 5 期。

民的自由全面发展作为推动城乡经济社会发展的根本出发点和最终归宿。不得强行要求进城落户农民转让其在农村的土地承包权、宅基地使用权、集体收益分配权，或将其作为进城落户条件。同时，加大对农业转移人口市民化的财政支持力度并建立动态调整机制，将进城落户农民完全纳入城镇住房保障体系。落实进城落户农民参加城镇基本医疗保险、城镇养老保险等政策。在城乡经济社会发展中，推进城镇化进程，有序推进农业转移人口市民化，加快推进以工业化为前提、以农业现代化为基础、以农村城镇化为依托的综合性的经济社会变迁，实现农村社会的城镇化、现代化和人的自由全面发展。

什么样的城市才是最好的城市呢？最好的城市应当具有以下五个条件，即宜居、宜业、宜学、宜商和宜游。宜居包括人居环境、置业成本、公共服务；宜业包括收入水平、就业机会、社会保障；宜学包括人口素质、成长环境、文化设施；宜商包括市场潜力、投资环境、商业名牌；宜游包括旅游资源、服务能力、地理标志。最好的城市一定是最适宜居住、适宜就业、适宜成长、适宜投资和适宜旅游等诸种价值高度融合的高品质的价值空间。品牌的塑造要依赖于城市发展的品质，而城市发展的品质的核心是老百姓的生活品质。有什么样的市民，就有什么样的城市。真正有竞争力的城市，最关键的因素并不是资源，也不完全是资本，而是人。一个城市的价值，不仅要看其能否创造更强大的经济实力，更重要的是要看这个城市能不能真正以人为本，能不能最大化地满足居住者多层次、多样化、个性化的物质和精神需求。城市生活质量的高低是衡量城市价值是否最大化的重要标志。

城市价值链理论认为，一个城市的价值链包括其价值活动和价值流。价值活动是城市价值创造过程中实现其价值增值的每一个环节，包括城市实力系统、城市能力系统、城市活力系统、城市潜力系统和城市魅力系统。价值流是指一个城市以相应的平台和条件，吸引区外物资、资本、技术、人力、信息、服务等资源要素向区内集聚，通过各资源要素的重组、整合来促进和带动相关产业升级和扩充，在资源要素高效、规范、快速、有序的流动中实现价值，再在循环往复中不断扩大规模和持续增长，从而提升城市竞争力。

亚里士多德曾言：“人们为了活着而聚集到城市，为了生活得更美好而居留于城市。”因此在城市进程中，应从人的需求出发，把解决人的问题放在城市发展的首位，以城市化建设的实效来满足人对幸福生活的追求，做到一张蓝图绘到底，使城市规划更科学、人民群众更满意、宜居城市更美好。

要实现城市价值最大化，必须防止公共权力的私有化和公权机构成为特殊利益集团或特殊利益集团的工具，并注重完善以下几个方面：一是要优化政府治理结构。改变政府单独治理的强势治理模式，建立一个政府、社会、企业共同治理的模式。要实现这一点，政府制度必须创新，通过创新逐步建立一个满足公民需求的政府，一个开放和透明的政府，一个高效和法治的政府。二是要注重培育参与城市治理的社会力量。必须构建一种政府与公民合作管理公共生活的机制，在公共治理中听到公民的声音、看到公民的力量，从制度上保障营利性组织、社区组织、行业中介组织、社会公众等成为城市公共治理的合法、有效主体。三是要重视非政府组织在城市治理中的作用。非政府组织是市场经济和社会分工发展到一定程度的产物和标志。它的成熟程度也是近代社会民主程度的衡量标准之一。必须加大政府支持和政策引导力度，放宽非政府组织的准入门槛，在政策、资源和资金上支持积极培育、扶持和完善非政府组织的发展，建立政府与社会组织的伙伴关系。

第十五章 生态文明与永续发展

马克思认为，自然界是人类生存与发展的基础，人是自然界的一部分，“人靠自然界生活”。在中国城镇化建设进程中，生态和环境问题是曾经被忽视的一环。当前，中国经济发展进入新常态，推进产业结构转型升级、实现绿色发展已成为大势所趋。我们经历了从“战胜自然”“人定胜天”到“尊重自然”“人与自然和谐相处”的不断探索和深化的过程。[①]“永续发展的千年大计”是对工业文明造成的可持续生存危机的必然应对，也是对农耕文明和工业文明时代“发展”的继承和超越。调整发展理念，转变发展方式，推进生态文明建设，既是解当下所需、实现地区借力借势发展，也是谋未来之路、前瞻性把握发展大势、实现永续发展的科学考量。做一件事情不难，难的是将一件事持续地做下去；改善一个地方的生态环境不难，难的是由点及面推动区域生态环境得到改善。从“发展”到“永续发展”，要实现整体环境质量改善，需要久久为功、绵绵用力，持续积蓄动能和潜力。

第一节 新“国富论”

200 多年前，亚当·斯密发表了著名的《国富论》。“国富论”的全名是“国民财富的性质和原因的研究”，全书的理论重点包括两个方面：其一是国民财富的“性质”，即什么是国民财富；其二是国民财富的“原因”，即如何

① 中共十九大报告明确提出“建设生态文明是中华民族永续发展的千年大计”“建设美丽中国，为人民创造良好生产生活环境，为全球生态安全做出贡献”。

增加国民财富。“看不见的手”为《国富论》前四篇所体现的核心思想，具体地说就是：自由平等的经济主体，为了个人利益而参与社会分工，在平等竞争的市场规律下，个人利益最大化的决策最终实现社会利益最大化。第五篇，亚当·斯密将这一核心思想由私人领域推广到公共领域，指出政府实际也处于“看不见的手”的支配下，政府的收入和支出政策应该符合这一规律，才有可能实现公共利益的最大化。[①]

具体地说，亚当·斯密的《国富论》在今日之意义主要表现在以下两点：首先，承认人在经济生活中的利己性是研究市场经济的前提。其次，他在《国富论》中提出的依靠“看不见的手”管理经济、尽量减少政府干预的思想对每个国家的经济改革有重要的指导意义。亚当·斯密曾经指出：如果一个社会的经济发展成果不能真正分流到大众手中，那么，它在道义上将是不得人心的，并且是有风险的，因为它注定会威胁到社会的稳定。然而，他的思想中的“物”的部分被片面地继承和发扬光大了。[②]

马克思曾从历史哲学的高度将人类社会分为三大形态：人的依赖关系社会、物的依赖关系社会和人的全面发展社会。其中，“以物的依赖性为基础的人的独立性”的社会形态，意指社会各个层面都锁定在货币化网络之中，都渗透着买卖双方的交换属性，追逐货币报酬充斥其间，人的精神中最内在的领域极易被货币所物化。[③] 这是一种以货币为网络而勾连起来的货币化的生活世界，是一种全新的市场化社会。这种物的依赖性形塑了货币化生活世界的物本财富观。所谓物本财富观，就是突出强调以物质财富的增长为中心，包括自然界和人在内的一切资源都按照理性的最大效率原则进行配置，将物质财富的增加作为人类追求的终极目标。客观来说，这种以物质为轴心的财富观在资本主义乃至人类社会的发展过程中发挥了非常重要的促进作用，使人类摆脱了长期以来物资匮乏的困扰。但是，财富的增长不仅没有实现人类平等与正义，反而加剧了社会不平等现象。皮凯蒂认为：“在财富分配最平等的社会（如 20 世

---

① 李扬：《浅析〈国富论〉的逻辑结构与核心思想》，《中外企业家》2014 年第 10 期。

② 〔瑞典〕邓达德、克里斯托弗·德穆斯：《新国富论：撬动隐秘的国家公共财富》，叶毓蔚、郑玺译，上海世纪出版股份有限公司远东出版社，2016。

③ 中国社会科学院哲学研究所：《中国哲学年鉴 2012》，哲学研究杂志社，2012，第 48～49 页。

纪七八十年代的斯堪的纳维亚国家），最富裕的10%人群占有国民财富的约50%。如果人们准确申报巨额财富的话，甚至达到50%～60%。当下，2010年以来，在大多数欧洲国家，尤其是在法国、德国、英国和意大利，最富裕的10%人群占有国民财富的约60%。”[①] 出现这种不平等现象的主要原因在于，“资本导致的不平等总比劳动导致的不平等更严重，资本所有权（及资本收入）的分配比劳动收入的分配更为集中。”[②] 资本回报率总是倾向于高于经济增长率，所以贫富差距是资本主义固有现象。他由此预测，发达国家贫富差距将会继续恶化下去。[③] 马克思对这种见物不见人的财富观作了全面而深刻的批判，并提出了新的以人为本的财富观。所谓人本财富观，就是在物质财富增长的基础上，突出人作为财富创造、分配和消费主体的地位和价值，明确财富为人存在的客体和工具地位，将人的全面发展视作人类社会的终极目标。最大特点是人的主体存在和全面发展。在人本财富观中，财富不再被视为社会发展的终极目标，只有人的发展才是财富增长的目的，才是财富价值的根本体现。它对劳动的重视，使得资本不再是奴役劳动的强制力量，而真正成为劳动的对象，确认了人在财富创造、分配和消费等过程中的主体地位。[④]

具体来说，所谓新国富论，就是重视人的劳动在财富创造过程中的重要作用，在国家财富增加的同时，也注重人民在财富分配和消费过程中的主体地位，既要国强，又要民富，实现藏富于民，共同富裕，共同繁荣。[⑤] 随着经济实力日益增强，中国的经济社会发展逐步从“先富”转向“共富”、从“农业支持工业”转向“工业反哺农业”、从“效率优先”转向“注重公平”。把生态环境与经济发展两者真正统一起来，一方面要防止经济发展对生态环境造成新的破坏，另一方面又要将环境资源转化为发展的资源。生态文明要求我们尊重自然，自觉主动地与自然界相适应。这是否定之否定基础上主动适应自然的文明形态，它是在农耕文明、工商文明基础上的“适应自然”，是更高形态的

① 〔法〕托马斯·皮凯蒂：《21世纪资本论》，巴曙松等译，中信出版社，2014，第261、248页。
② 〔法〕托马斯·皮凯蒂：《21世纪资本论》，巴曙松等译，中信出版社，2014，第261、248页。
③ 严静峰：《论以人民为轴心的社会主义新国富论》，《科学·经济·社会》2015年第1期。
④ 严静峰：《论以人民为轴心的社会主义新国富论》，《科学·经济·社会》2015年第1期。
⑤ 严静峰：《论以人民为轴心的社会主义新国富论》，《科学·经济·社会》2015年第1期。

人类生存和发展的文明形态。生态文明建设的关键，在于真正形成整个人类的生产生活建立在低能耗、低排放、可循环、再利用、可持续基础上的一种发展方式，其要害是能不能形成再生资源和生态优良的环境，来支撑整个人类生产生活系统。用哲学语言来讲，就是人类要做到合规律性、合必然性与合人类目的性的统一，这是解决人类全球生态环境困境的根本出路。人、自然和社会这样一个大系统要尽可能地和谐统一起来。①

1. 打破增长的极限

20 世纪中期，西方工业化国家先后发生了严重的环境污染事件，人们开始反思工业化弊端。从 1962 年蕾切尔·卡逊（Rachel Carson）《寂静的春天》的出版，到 1972 年罗马俱乐部《增长的极限》研究报告的发表和瑞典斯德哥尔摩“人类环境会议”的召开，再到 1992 年联合国“环境与发展大会”和 2002 年联合国“可持续发展世界首脑会议”的召开……寻找一条有别于传统工业化的模式，走上经济发展、社会发展与环境保护相协调的可持续发展道路成为全球共识。②

《增长的极限》对人类发展空间可能遇到的挑战做出预警，这是西方学人在目睹了人类无节制开发所带来的种种弊端后得出的结论。在《增长的极限》一书中，梅多斯等人运用系统动力学的方法描述人口、投资、粮食、资源、污染这五个影响增长的因素之间的相互关系，并借助电子计算机的演算和模拟，建立了著名的“世界模型”（MIT 模型）。所谓经济增长极限，就是自然资源系统允许的最大的经济规模，增长在一定的时间内和一定的条件下将达到极限，现行的增长模式以灾难性的崩溃而告终。既然会遇到增长的极限，就要寻求相应的解决方案。梅多斯等人认为，避免灾难的最佳方案，是实现全球均衡增长。全球均衡状态的学理界定是，人口和资本基本稳定，而能够影响它们的力量也处于相应的平衡状态。达到全球均衡状态，意味着生态和经济条件的稳定，人完全满足于既有的物质基础，以及每个人都有平等的机会。指数增长是一种无止境的疯狂增长，必须采取一切措施使增长降为零。《增长的极限》一

---

① 王永昌：《践行“两山”理论 实现生态富民》，《浙江在线》2017 年 3 月 27 日。

② 陈洪波、潘家华：《我国生态文明建设理论与实践进展》，《中国地质大学学报》（社会科学版）2012 年第 5 期。

书提出这种模式并不是笼统抑制增长，或者是盲目地反对增长，而是抑制消耗资源、严重污染环境的增长。①

《增长的极限》问世的那一年（1972 年），第一次国际环保大会首次提出了“可持续发展”的概念。那时，中国经济还在封闭时代，工业化进程远未到来。40 余年过去，中国已成长为世界第二大经济体，经济发展与生态环境之间的重要关系日益突出。

转变经济发展方式是突破增长极限的理性选择。经济增长与经济发展是两个既相互联系又有很大区别的概念。经济增长主要是指一个国家或地区在一定时期内生产的物质产品和劳务在数量上的增加，可以用社会总产出的增加来表示，也可以用按人口平均计算的人均总产出的增加来表示。经济增长方式，是指推动经济增长的各种生产要素投入及其组合的方式，其实质是主要依赖什么要素，或者什么因素组合，借助什么手段，怎样实现经济增长。经济发展不仅是财富和经济机体的量的增加与扩张，还包括社会财富的质的提升。“经济发展方式是实现经济发展的方法、手段和模式。”转变经济发展方式，必须在需求结构、产业结构、要素投入结构、城乡结构、区域结构、分配结构等方面进行经济结构调整。最终的目标便是使经济发展方式从粗放型转变为集约型、从数量型转变为质量型、从非结构优化型转变为结构优化型、从政府主导型转变为市场主导型、从要素驱动型转变为创新驱动型、从不可持续型转变为可持续型。②

为了突破增长极限的瓶颈，推动中国可持续发展，中国科学院可持续发展研究课题组于 1999 年发表《中国可持续发展战略报告》。这份报告是突破中国发展瓶颈的一个解决方案。该报告提出，可持续发展最终必须归纳为三个“零增长”，实际上是希望在三个方面达到均衡状态。具体目标是：中国在 2030 年实现人口的零增长，基本达致人口新陈代谢的均衡；中国在 2040 年实现物质与能源的零增长，基本达致产出与消耗的均衡状态；中国在 2050 年实现生态环境退化速度的零增长，基本达致生态破坏与生态补偿的均衡状态。最终目标是实现人与自然，以及人与社会关系的有机统一，保障中国的国家经济

---

① 王瑜：《增长的极限与转变经济发展方式》，《辽宁教育行政学院学报》2016 年第 4 期。

② 王瑜：《增长的极限与转变经济发展方式》，《辽宁教育行政学院学报》2016 年第 4 期。

安全和生态环境安全，实现中华民族的永续发展。

《增长的极限》提醒我们，在最深的层面，人类的终极目标是幸福，而非增长。经济增长只是增加人类消费和福祉的一种工具，人口增长是人类成功提高物质生活水平的一个结果。如果这两种增长的延续不再增加人类福祉，那么合乎逻辑的措施便是放弃物理增长，转而追求幸福。①

2. 自然资本的价值最大化

自然资源，简言之就是“（主要）以自然形态存在的资财的来源”，或者是指“人类可以利用的、自然生成的物质与能量”。同时，也可以视为“在一定时间、地点、条件下能够产生经济价值，以提高人类当前和将来福利的自然环境因素和条件”。

长期以来，自然资产一直被人类看成是社会公共资源而不是生产性资产，视为上天的一种“赠送”而排除在经济核算体系之外供人类无偿使用。人类对自然提供的各类资源肆意开采、无计划地开发，给生态环境造成极大损害。② 由于人类对其价值认识的缺失，自然资源被过度利用，而且大多并未得到合理有效的利用，导致了自然资源存量下降，使得自然资本流失严重，影响了人类的生存和发展。

按照功能价值论的观点，环境由于为人类的生产和生活活动提供资源投入、接纳废弃物和生态服务功能而具有价值，其价值的高低与其功能大小成正比。一旦环境的功能发生改变，质量下降，则会导致环境的价值损失，而这种损失从经济学的成本角度来看，即表现为人类经济活动的一种消耗，因而是一种成本——环境成本。从这个意义上看，环境成本是指被经济过程所利用消耗的环境资源价值。③

人口、资源、环境和经济发展之间有着紧密的关系，在可持续发展概念提出之后，为了突出和强调自然在支持经济发展与人类福祉方面所起的作用，自然资本（natural capital）的概念被提出。自然资本同生产资本、人力资本和社会资本一样，是国家财富储备的一部分，是人类生存的基础，可以为人类提供

---

① 〔挪威〕乔根·兰德斯：《是时候放弃对增长的全球迷恋了——〈增长的极限〉40 年后的再思考》，王小钢译，《探索与争鸣》2016 年第 10 期。

② 汤健、姚小娴：《基于生态文明建设的自然资产会计研究》，《会计之友》2016 年第 2 期。

③ 孙丽欣：《绿色 GDP 核算中的环境成本及其构成分析》，《煤炭经济研究》2009 年第 6 期。

食物、干净的水和空气及其他基本的资源，而且能够支持并支撑其他形式的资本，如为生产资本提供原材料等。自然资本不仅包含可在市场价格中反映价值的产品，如矿产资源、木材、食物等，还包含某些无法在市场中得到其直接价值的生态系统服务，这些产品和服务均具有价值，惠益人类。[①] 按自然资源资产的作用大小，可分为战略性资源资产和非战略性资源资产。前者关系国计民生，是资源资产中最活跃、位置最关键、在非常态下难以从国际市场获得的资源资产；后者的作用则非基础性、关键性、战略性的。[②]

3. 生态与经济增长的再平衡

《增长的极限》一书所引起的世界性的争论，使人们认识到生态的承载力是有限的，资源的数量也是有限的，无限增长只存在于幻想之中。从 20 世纪 70 年代至今的经济增长与全球环境日益恶化的态势表明，增长的极限是存在的，但是，如果可持续发展战略能够得到响应和推行，增长的极限同样是可变的。生态系统具有自我调节的功能，它会趋向于保持稳定。但外部干扰如果过于强烈，破坏了系统的自我调节功能，就会导致系统的失衡。《增长的极限》一书在表明经济活动对环境的影响和环境对经济活动的制约方面提出了一个令人信服的论点。转变经济发展方式具有重大的现实意义，它是顺应世界发展新潮流的战略选择，是适应新阶段发展新要求的必然选择。[③]

生态文明建设是为了改变人类社会发展所带来的资源枯竭、环境污染破坏、生态失衡等状态，缓解人口与资源环境之间的矛盾，而采取的符合生态规律的系列办法和措施。[④] 生态文明是在原始文明、农业文明和工业文明继承与超越基础上的一种新型文明形态[⑤]，是在现实性、理论性及政治性的三维逻辑作用下生成的，是一把解构人和自然矛盾、社会矛盾的钥匙。[⑥] 科技进步是一

---

① 刘高慧、胡理乐、高晓奇、杜乐山、李俊生、肖能文：《自然资本的内涵及其核算研究》，《生态经济》2018 年第 4 期。

② 谷树忠、谢美娥：《论自然资源资产的内涵、属性与分类》，《中国经济时报》2015 年 7 月 31 日。

③ 王瑜：《增长的极限与转变经济发展方式》，《辽宁教育行政学院学报》2016 年第 4 期。

④ 彭文英、刘念北：《我国首都圈生态文明建设障碍及应对措施》，《经济研究参考》2013 年总第 70 期。

⑤ 王如松：《生态整合与文明发展》，《生态学报》2013 年第 1 期。

⑥ 彭文、陈润羊、斯姝华：《我国生态文明研究格局及理论体系框架》，《学习与探索》2017 年第 9 期。

把双刃剑，在给人类带来便利的同时，也带来了一系列问题。事实上这些问题之所以存在，很大程度上是由于科技理性全面侵入社会中，侵入价值理性的领地，使得人们处于一个市场社会中，出现了哈贝马斯所说的生活世界的殖民化。科技理性从某种意义上说是一种方法、程序，是人们在探究自然科学时掌握的规律。在当下，科技理性却不可避免地侵入社会的诸多层面。正是由于秉持科技理性，因而人们总是希望能找出像自然科学一样的规律，用来指导社会科学。经济学在这方面做得最为成功，不过一个不争的事实是经济学对于当前的一些重大问题，比如环境污染等问题的解决所做的贡献却越来越小。[①] 增长极限论改变了人类的思维方向。人们不再单纯地把经济增长等同于社会发展和社会进步，开始思考“净化的增长”“质量增长”“适度增长”和其他可供选择的增长，并开始把增长概念和发展概念加以区别。

城市是个复杂的生态经济整体，它由自然生态系统、经济系统和社会系统组成。自然生态系统是基础、前提，后两者是在它的基础上构筑起来的，并对前者具有反作用和一定条件下的决定作用。城市自然生态系统是整个城市生态经济系统的基础系统。城市自然生态系统，包括人、太阳能、空气、土地、水体、植物，景观、生物等要素在时空分布上和在数量、质量的分配上是否科学合理，决定着城市生态经济平衡的质地。因此，其平衡是构成城市生态经济平衡的基本因素之一。[②] 生态经济平衡是生态经济系统发展运动过程中的平衡，是生态平衡与经济平衡的协调统一。生态平衡是经济平衡的基础，经济平衡反过来影响生态平衡的实现。没有生态平衡，就不可能有经济的持久平衡和可持续增长。但是经济平衡并非被动和消极地去适应生态平衡，而是人类可以主动地运用科学技术和经济的宏观调控来保护、改善和重建生态平衡。同时，生态平衡和经济平衡是存在矛盾的，主要表现为经济增长对资源需求的无限性与生态系统供给能力的有限性之间的矛盾。如果不妥善解决供给和需求的矛盾，必然导致生态经济平衡的破坏。[③] 城市生态经济平衡是指城市生态经济系统构成要素耦合合理、功能正常、整体呈现有序渐进的状态。实现

① 程敬华、朱贵林、高丹：《市场经济下的生态问题及其破解》，《理论观察》2018 年第 4 期。

② 王松霈：《生态经济建设大辞典》，江西科学技术出版社，2013。

③ 李梦媛：《举例三大产业与生态经济平衡》，《投资与合作》（学术版）2011 年第 4 期。

生态安全与经济发展的高水平平衡，是实现生态文明与永续发展的题中应有之义。

4. 自然资源资产管理体制的改革

自然资源资产产权制度是加强生态保护、促进生态文明建设的重要基础性制度。作为国民经济稳定发展的重要物质要素，对国家自然资源资产实施合理、高效的管理，不仅是保障经济发展的客观要求，也是维护国家未来利益的必然要求。[①] 中国已经保持了30多年持续高速的经济增长势头，但这种高增长付出了自然资源和生态环境的“透支”的高昂代价。对自然资源的不可再生性、有限性和再生产过程等问题的忽略，导致资源的粗放式、掠夺式经营，无价或廉价使用，浪费和破坏严重。同时，自然资源资产底数不清、所有者不到位、权责不明晰、权益不落实、监管保护制度不健全等问题，导致产权纠纷多发、资源保护乏力、开发利用粗放、生态退化严重。根据世界银行的相关数据，中国的矿产资源、森林资源损耗等都在世界上位居前列。现行自然资源资产管理体制所面临的困境，主要表现在产权主体虚置、产权管理不到位、资产化管理与资源化管理边界模糊、收入性质定义不明晰和收益分配格局失衡等方面。[②] 从某种程度上讲，中国现阶段持续出现的资源短缺、管理不力等问题，一定程度上与体制不健全有关，主要原因是政府长期忽视对自然资源资产的管理及现行管理体制的不匹配。

自然资源资产管理，简要说来就是以自然资源的客观规律和经济运行规律为前提，按照自然资源的实际生产能力，对自然资源的开发利用、自然资源的生产和再生产以及投入与产出进行管理。并对自然资源开发利用和使用实行有偿制度，且逐步将其开发利用权推向市场，使之市场化并将其收益再投入资源事业上来；同时，建立起自然资源的规划制度、核算系统、补偿机制和监督体系，最后达到自然资源产业的良性循环，同时为社会带来良好的生态环境和可观的经济效益。自然资源资产化管理的特征主要有以下几个方面：一是自然资源所有者的权益得到保障；二是有利于自然资源的积累和价值实现；三是自然

① 李松森、夏慧琳：《自然资源资产管理体制：理论引申与路径实现》，《东北财经大学学报》2017年第4期。

② 李松森、夏慧琳：《自然资源资产管理体制：理论引申与路径实现》，《东北财经大学学报》2017年第4期。

资源产权的可流转性。[①] 为此，建立健全国家自然资源资产管理体制，统一行使全民所有自然资源资产所有者职责，推动资源化资产管理体制的进一步完善，既是对国民经济传统发展模式的深刻反省，也是对未来经济高效发展框架的全面探索。

自然资本核算需要对资源环境等要素进行统计，并采用一定的方法核算其价值。自然资本核算是自然资源资产负债表编制的基础，自然资源资产负债表编制工作是近年来中国生态文明建设工作的重要内容。2012 年我国政府提出要大力推进生态文明建设，并将生态文明纳入"五位一体"的总体布局中。2013 年出台的《中共中央关于全面深化改革若干重大问题的决定》提出"探索编制自然资源资产负债表，对领导干部实行自然资源资产离任审计"。2015 年选定内蒙古自治区呼伦贝尔市等 5 个试点，先行开展自然资源资产负债表编制工作……将资源和环境核算纳入国民经济核算体系，反映了人们对自然资源和环境保护的重视，随着大气和水污染、土地沙化和水土流失、旱灾水灾等环境问题的突出和自然资源的不断损耗，人们已经意识到在追求经济增长的同时必须要保护环境和自然资源，走可持续发展道路，这为自然资本核算和自然资源资产负债表的编制工作奠定了很好的基础。

编制自然资源资产负债表，就是以资产核算账户的形式，对全国或一个地区主要自然资源资产的存量及增减变化进行分类核算。编制自然资源资产负债表，可以客观地评估当期自然资源资产实物量和价值量的变化，摸清某一时点上自然资源资产的"家底"，准确把握经济主体对自然资源资产的占有、使用、消耗、恢复和增值活动情况，全面反映经济发展的资源消耗、环境代价和生态效益，从而为环境与发展综合决策、政府生态环境绩效评估考核、生态环境补偿等提供重要依据。同时，这也是对领导干部实行自然资源资产离任审计的重要依据，有利于形成生态文明建设的倒逼机制，改变唯 GDP 的发展模式。[②]

当今世界，人们越来越认识到生态系统服务功能对地球生命系统和人类生存发展的重要支撑作用，国内外都开展了生态系统服务功能研究。为评价各类

---

① 郑晓曦、高霞：《我国自然资源资产管理改革探索》，《管理现代化》2013 年第 1 期。

② 江泽慧：《加快研究编制自然资源资产负债表》，《人民日报》2015 年 5 月 19 日。

生态系统对人类福祉的贡献，联合国启动了“千年生态系统评估”计划，旨在通过在全球范围开展生态系统服务功能评价，将生态保护的目标整合到经济社会决策之中。2012 年 2 月，联合国统计委员会批准了“环境经济核算体系核心框架”，期望世界各国将来如同采纳国民经济核算体系一样执行“环境经济核算体系核心框架”。2013 年，联合国统计委员会进一步采纳了“环境经济核算体系试验性生态系统核算”。很多国家也在积极寻求超越 GDP 的核算体系，探索生态系统核算的方法与应用机制，一些国家开展了自然资本核算的试点。这些研究探索初步建立了生态资源核算的理论框架，提出了不同生态系统、不同服务功能类型评估方法。中国在自然资源资产核算方面的研究虽然起步较晚，但进展非常快。特别是在森林资源资产核实和生态服务价值评估方面，已经达到世界领先水平。① 但是，编制准确、连续、可用的自然资源资产负债表还面临诸多挑战，如自然资源资产核算相关制度安排不足、支撑自然资源资产负债表编制的统计数据体系尚不完备等。深化自然资源资产管理体制改革，应从生态资源资产核算入手，开展森林资源资产负债表编制试点，为全面推进自然资源资产负债表编制提供借鉴、探索路径、积累经验。在此基础上，全面开展生态资源资产核算，编制生态资源资产负债表，开展生态系统生产总值核算试点。要适应自然资源多种属性以及国民经济和社会发展需求，与国土空间规划和用途管制相衔接，推动自然资源资产所有权与使用权分离，加快构建分类科学的自然资源资产产权体系，着力解决权利交叉、缺位等问题。处理好自然资源资产所有权与使用权的关系，创新自然资源资产全民所有权和集体所有权的实现形式。落实承包土地所有权、承包权、经营权“三权分置”，开展经营权入股、抵押，探索宅基地所有权、资格权、使用权“三权分置”。加快推进建设用地地上、地表和地下分别设立使用权，促进空间合理开发利用。②

在市场经济条件下深化资源资产管理体制改革，建立国务院自然资源主管部门，行使全民所有自然资源资产所有权的资源清单和管理体制，形成真正意

① 江泽慧：《加快研究编制自然资源资产负债表》，《人民日报》2015 年 5 月 19 日。

② 中共中央办公厅、国务院办公厅：《关于统筹推进自然资源资产产权制度改革的指导意见》，新华社，2019 年 4 月 14 日。

义上"统一所有，分级代表"的国家自然资源资产管理体制，实现终极所有者归位。要以完善自然资源资产产权体系为重点，以落实产权主体为关键，以调查监测和确权登记为基础，探索资产化管理与资源化管理有机分离，使自然资源的使用、发展和保护进入良性循环轨道，同步实现资源性资产行业的经济效益、社会效益以及生态效益。尤其是要强化自然资源资产损害赔偿责任，优化资源资产收益分配，划定合理的中央政府和地方政府资源资产收益分配比例，努力将资源型财富向公共产品形态或者公共服务形态转化，构建以产业生态化和生态产业化为主体的生态经济体系，以实现自然资源资产的代际公平。

加快建立健全能够充分反映市场供求和资源稀缺程度、体现生态价值和环境损害成本的资源环境价格机制，完善有利于绿色发展的价格政策，将生态环境成本纳入经济运行成本，有助于撬动更多社会资本进入生态环境保护领域，促进资源节约、生态环境保护和污染防治，推动形成绿色发展空间格局、产业结构、生产方式和生活方式。这是推进资源生态环境价格改革的基本方向。

5. 农村土地"三权分置"改革

农村土地问题是"三农"问题的核心和农村改革的关键。改革开放以来，农村土地承包经营权改革极大地释放了农村生产力。随着城镇化不断推进，农村人口大量涌入城市。这一新形势要求对农村土地权利配置进行新一轮改革。实行农村土地所有权、承包权、经营权"三权分置"改革，就是在总结中国农村土地承包经营权改革实践经验基础上，根据农村现实需要和未来发展做出的顶层设计，目的是进一步解放农村生产力。

20 世纪 70 年代末，包产到户实现了农村土地所有权和承包经营权的"两权分置"，解放了农村生产力。当前工业化、城镇化快速发展，大量人口和劳动力离开农村，原来家家户户都种地的农民出现了分化，在大多数农村地区，承包权与经营权分置的条件已经基本成熟。《中共中央关于全面深化改革若干重大问题的决定》首次提出：赋予农民对承包地占有、使用、收益、流转及承包经营权抵押、担保权能，允许农民以承包经营权入股发展农业产业化经营。2014 年《关于全面深化农村改革加快推进农业现代化的若干意见》指出从完善农村土地承包政策、引导和规范农村集体经营性建设用地入市、完善农村宅基地管理制度、加快推进征地制度改革四方面，进一步深化农村土地制度改革。2014 年 11 月《关于引导农村土地经营权有序流转发展农业适度规模经营的意见》明确提出了“三权分置”；12 月，中央全面深化改革领导小组第七次会议又审议了《关于农村土地征收、集体经营性建设用地入市、宅基地制度改革试点工作的意见》。两个《意见》关注农村最重要的“四块地”，这也意味着，中国新一轮农村土地制度改革试点大幕正徐徐开启。

宅基地是中国特有的土地制度。其特征可概括为“集体所有、成员使用；一户一宅、限制面积；免费申请、长期占有；房地分开、差别赋权”。这保障了农民居住权，无论穷富都有一块宅基地用于自建住房。但伴随发展也存在一些问题，免费申请和占有宅基地，导致一户多宅、建新不拆旧等“公地悲剧”普遍发生；随着农村人口外流增多，农房空置现象加剧；农民住房财产权和宅基地使用权权能不充分，农民财产权利受到约束；宅基地抵押、超范围流转、建造“小产权房”等法外现象大量存在。针对农户宅基地取得困难、利用粗放、退出不畅等问题，健全依法公平取得、节约集约使用、自愿有偿退出的宅基地制度成为改革目标。

2017 年 7 月 21 日，中国社会科学院农发所发布的《中国农村发展报告（2017）》指出，中国农村居民点闲置用地大致面积为 3000 万亩。报告指出，新世纪第一个 10 年，农村人口减少 1.33 亿人，农村居民点用地反而增加了 3045 万亩。每年因农村人口转移，新增农村闲置住房 5.94 亿平方米，折合市场价值约 4000 亿元。2018 年中央一号文件提出推进宅基地“三权分置”改革，目标之一就是盘活农村闲置用地这笔财富。这也意味着几十年来形成的集体所有、无偿分给农户占有使用的宅基地权利，由两权细化成了三权。集体所有权不变，但农户的占有使用权，分解为资格权和使用权。在依法授权的试点地区，农户可以将使用权转让、抵押。今后，宅基地不仅承担农民的住房保障功能，也将具有资产要素功能。

“三权分置”的重要意义，是可以化解农村土地承包经营权的社会保障属性与财产权属性之间的矛盾。宅基地的“三权分置”不同于承包地“三权分置”。对承包地“三权分置”，政策是鼓励适度集中的，而对宅基地就不存在鼓励集中到少数人手里的问题。适度放活宅基地使用权，不是让城里人到农村买房置业，而是吸引资金、技术、人才等城市要素流向农村，使闲置农房成为乡村振兴的产业载体、农民增收的鲜活资源。改革的目的是进一步盘活宅基地，发展农村新产业新业态，拓宽农民增收渠道，出发点是让农民更多分享产业链和土地增值收益。下一步，与“三权分置”相关的农村户籍制度、社会保障制度等也需进一步改革完善，以使“三权分置”改革真正落实，让农村土地释放更多红利。

第二节　绿色发展的实现

绿色是生命的象征、大自然的底色。今天，绿色更代表了美好生活的希望、人民群众的期盼。绿色发展理念以人与自然和谐为价值取向，以绿色低碳循环为主要原则，以生态文明建设为基本抓手。绿色发展理念的提出，体现了对经济社会发展阶段性特征的科学把握。走绿色低碳循环发展之路，是突破资源环境瓶颈制约、消除人民“心头之患”的必然要求，是调整经济结构、转变发展方式、实现可持续发展的必然选择。

1．“六度理论”与绿色 GDP

地球是人类赖以生存的共同家园。这个小小星球承载了 70 亿人口的生命和生活。但现在，她似乎已经不堪重负。人类的影响已经超出了大自然的多个承受底线。无论是气候变化还是生物多样性，都已经到了极限值，但更糟糕的是，土地使用以及从氮到磷的人为代谢已冲破了地球的容纳能力。人类的重大经济变化直接影响地球生态系统的变化。1950 年以来，交通运输的距离、能源和水的消耗大幅增加——与之相应，大气污染、海洋酸化加重，原始的多姿多彩的地形风貌也逐渐减少。在生态环境问题上，没有谁可以成为“不受累及者”，也没有谁可以生活在真空之中。如果不以“利他”为出发点，毁坏了环境，那么自身终将受到惩罚。

“像保护眼睛一样保护生态环境，像对待生命一样对待生态环境。”以纬度、高度、温度、湿度、浓度、风度来重新认识生态环境，将其视为一个整体进行保护，“六度理论”为观察全球生态文明提供了一把新标尺。2015 年 6 月，由北京国际城市发展研究院、贵州大学贵阳创新驱动发展战略研究院联合研究出版的《六度理论》，紧扣影响和关乎人类永续生存与发展的主题，用纬度、高度、温度、湿度、浓度、风度“六度”加以客观阐述，形成了一个严密而完整的生态理论研究体系，为生态问题的研究提供了一个全新的视角。

六度理论是一个参照理论。全球性生态危机已经来临。其原因是人类社会从生态系统中不断掠取生存资源，并向其排放废弃物，超越了生态系统的制衡机制和承受能力。面对生态失衡，人类已经不可能再以“亡羊补牢”的方式去修补、调整和改善自然界的平衡支点。六度理论树立的是一种更加长远的思维视点，探寻一种人与自然、人与人、人与社会和谐共生、良性循环、全面发展的价值形态，把生态文明建设融入经济、政治、文化、社会各方面，推进绿色发展、循环发展、低碳发展，弘扬生态文化，倡导绿色生活，进而探索建设生态文明的有效思路和发展模式。六度理论认为，每个人都是自然的一部分。毁坏大自然就是毁灭我们自己。要克服人类正在面临的这场生态危机，就需要生存意识的集体觉醒，需要生态观念的代际传承，反映到每一个人身上就是要树立一种新的生活观。六度理论所倡导的新生活观，是平衡的、有限的、适度的。当自然、人、心灵实现了整体的平衡与和谐，生态化、绿色化的生活也就离我们不再遥远了。

绿色梦想，不只是国家的、政府的，更是每个人的。六度理论揭示了人与自然的互动关系，是一种规律。一方水土养一方人，生命从未超脱于自然，而是自然生态与人文生态叠加的一种呈现。从“天定胜人”到“人定胜天”，是共生、共赢、共荣，也是征服、改造、索取，人与自然的关系是一个现实命题。六度理论树立的是一种更加长远的思维视点，以贵阳生态文明建设为实践基础，探寻一种人与自然、人与人、人与社会和谐共生、良性循环、全面发展的价值形态，进而探索建设生态文明的有效思路和发展模式。

联合国统计署（UNSO）在“环境与经济综合核算体系”（SEEA）中，提出了生态国民产出（environment domestic production，EDP）的概念，用以衡量各国扣除了自然资产损耗，包括环境损失之后的真实国民财富。EDP 是将经济活动或其他活动造成的资源耗减成本、环境降级成本以及为管理其活动对环境造成的影响而支出的防治成本总和作为环境成本从 GDP 中加以扣除后得到经环境调整后的国内产出总量，因而被有些学者称为绿色 GDP。当前，中国的生态文明建设已经有了顶层设计和总体部署，构筑了社会主义建设总体布局中的“绿色谱系”；经济社会发展的资源环境瓶颈正待突破，人民群众对良好生态环境的需求与日俱增，成为转型升级的“绿色动力”；生态共识进一步凝聚，“生态价值观”在全社会的树立已经形成了转型升级最深厚的“绿色土壤”。

2. 生态文明与现代化的"绿色属性"

生态文明和绿色发展的理念成为一种新的文明形态，不是缘于人类对自然界的怜悯，而是出于对人类自身生存的自省。人类绝非对自然天然地拥有绝对主体地位，这种价值判断必须由精英阶层向大众认知普及，唯其如此，生态难题的破解才有可能从"治表"走向"治里"，从"治病"走向"救人"。①

生态文明建设的提出，是发展理念和方式的深刻转变，更是国家治理体系和方式的深刻变革。② 绿色发展是构建高质量现代化经济体系的必然要求。我国生态文明理论的逻辑起点是自然—人类—社会以及其相互关系，研究对象是人与自然、人与社会的协调发展问题，强调人与自然的和谐统一、人类社会的公平发展；理论主体是生态文化，即人类在认识自然、改造自然、利用自然过程中所形成的精神财富总和，是对自然生态、人类生态本质的科学认识，以及如何利用生态科学的基本知识去对待和解决社会问题，包括生态科学、生态教育，以及生态保护意识、生态制度等方面；理论服务主体是人类社会可持续发展，是指导社会经济发展各个方面和全部过程的重要理论。生态文明建设既要遵循生态系统发展规律，又要符合经济建设、政治建设、文化建设和社会建设实情，是一项复杂的系统工程。马克思主义唯物史观、实践观和科学发展观是生态文明理论思想的基石，生态学、人类学、马克思主义、辩证法、哲学等是重要的基础理论；理论内涵体现为人与自然和谐、人与社会协调、社会公平，以及生态安全、生态文明制度等思想与理论；系统论、整体论方法是最基本的方法，生态足迹、生态绩效计量及生态文明评价与考核方法等是主要应用研究方法。生态文明理论实践涵盖了生态伦理树立、生态文化营造、生态行为调控、生态环境建设、生态政治构建、生态科技进步，贯穿于人类社会发展全方面和整个过程。③

中国经济已由高速增长阶段转向高质量发展阶段，必须推动经济发展质量

---

① 寇东亮：《发展伦理学与科学发展观的伦理意蕴》，河南人民出版社，2009。

② 中共十九大报告对生态文明建设着墨很多，"生态文明"被提及多达 12 次，"美丽" 8 次，"绿色" 15 次，更首次提出建设富强、民主、文明、和谐、美丽的社会主义现代化强国的目标，提出现代化是人与自然和谐共生的现代化。这是报告首次就现代化的"绿色属性"所给予的更加符合生态文明核心要义的界定，是重大的理论创新和科学论断。

③ 彭文英、陈润羊、斯姝华：《我国生态文明研究格局及理论体系框架》，《学习与探索》2017 年第 9 期。

变革、效率变革、动力变革。质量变革的一个重要方面就是要实现整个国民经济体系的绿色化，提供更多优质生态产品，以满足人民日益增长的优美生态环境需要。这就要进一步健全市场机制，让市场价格信号引导资源绿色配置。效率变革就要降低制度成本、交易成本和减少投资浪费，包括深化能源领域改革、完善排污权交易市场等。不论是电力改革还是油气改革、煤炭总量控制，都事关蓝天保卫战的成败和千千万万市场主体的利益，必须从我国实际出发，深入分析比照国际经验，用市场手段解决制约绿色发展的深层次矛盾和问题。动力变革就要努力实现创新驱动，包括增强绿色发展的技术创新、制度创新能力。这就要营造鼓励创新创业的市场环境、政策环境，完善产权保护制度，促进要素市场化配置。

生态环境问题归根到底是发展问题，是由发展道路和发展方式导致的，必须走绿色、低碳、循环的发展道路。形成绿色发展方式和生活方式，必须推进绿色发展革命，建立健全绿色发展体制机制，以绿色引领资源配置、技术创新和国际合作，协调推进新型工业化、信息化、城镇化、农业现代化和绿色化，努力走出人与自然和谐共生的绿色发展道路，实现中华民族永续发展，并为全球绿色发展贡献中国智慧、中国力量。

3. 生态价值观与核心价值体系

生态问题的严重使人们重新考量人类中心主义生态价值观的合理性，以及人类合乎自然的存在方式怎样才能实现。人类要合乎自然地存在，就要树立正确的生态价值观，增强生态责任感，养成良好的生态行为习惯，实现从观念到行为的切实转化，这是实现人与自然和谐统一的有效途径。

在传统经济学理论中，对价值的认识是从个人利益的角度出发的，只注重那些能够给个人带来收益的资源和价值。人类对自然环境的影响乃至破坏的规模和程度日益扩大，逐步导致了空前严重的生态环境危机，如生态恶化、环境污染和资源枯竭等，人们开始认识到生态资源的价值，出现了生态经济学的研究范畴，也形成了生态价值理论，将地球生物圈作为生命保障系统或人类生存系统的价值定义为生态价值。根据生态价值理论，生态价值是通过生态服务功能体现出来的对人类直接或间接的作用。这些作用对人类来说是必不可少的。而所谓生态服务功能是指生态系统所提供的支撑和保护人类活动或影响人类福利水平的功能或服务，例如生物生产功能、维持大气组成、稳定和改善气候、控制洪水减轻洪涝和干旱灾害、环境净化、维持物质和基因库等。[①]

从生态价值观出发，生态环境不但具有价值，本身就是财富的载体和表现形式，更重要的是，生态环境还能够给人们带来新价值，换言之，生态价值能够资本化。[②] 生态价值观与生态资本观是正确认识经济发展与生态环境保护的联系生态文明建设理念与实践的逻辑要点[③]，是打破生态文明建设理念与实践之间“两张皮”的重要抓手。习近平提出的“绿水青山就是金山银山”“保护生态环境就是保护生产力，改善生态环境就是发展生产力”的理念，就是生态价值观和生态资本观的生动表述。绿色发展人人有责、人人共享，要求我们在价值取向、思维方式、生活方式上实现全面刷新和深刻变革，在身体力行中走向生态文明新时代。

价值取向决定价值标准和价值选择，是理念的重要组成部分。我们曾经存在两种错误观念，一是认为发展必然导致环境的破坏，这构成了唯 GDP 论的思想基础；二是认为注重保护就要以牺牲甚至放弃发展为代价，成为懒政惰政的借口。“既要绿水青山，也要金山银山。宁要绿水青山，不要金山银山，而且绿水青山就是金山银山”的三段论，系统说明了什么是绿色价值取向。“绿水青山就是金山银山”，强调优美的生态环境就是生产力、就是社会财富，凸显了生态环境在经济社会发展中的重要价值。“既要金山银山，又要绿水青山”，强调生态环境和经济社会发展相辅相成、不可偏废，要把生态优美和经济增长“双赢”作为科学发展的重要价值标准。“宁要绿水青山，不要金山银山”，强调绿水青山是比金山银山更基础、更宝贵的财富；当生态环境保护与经济社会发展产生冲突时，必须把保护生态环境作为优先选择。坚持绿色发展，需要形成绿色价值取向，正确处理经济发展同生态环境保护的关系，牢固树立保护生态环境就是保护生产力、改善生态环境就是发展生产力的理念，更加自觉地推动绿色发展、低碳发展、循环发展，绝不以牺牲生态环境为代价换

---

① 张勇：《实施生态修复与提升生态资本——发展低碳经济的另一维度》，《石家庄经济学院学报》2011 年第 1 期。

② 张勇：《生态价值观与生态资本观：全面小康的生态文明建设观》，《中国井冈山干部学院学报》2017 年第 1 期。

③ 张勇：《生态价值观与生态资本观：全面小康的生态文明建设观》，《中国井冈山干部学院学报》2017 年第 1 期。

取一时的经济增长。[1]

正如恩格斯所说："我们不要过分陶醉于我们对自然界的胜利。对于每一次这样的胜利，自然界都报复了我们。每一次胜利，起初确实取得了我们预期的结果。但是往后和再往后却发生完全不同的、出乎预料的影响，常常把最初的结果又消除了。"[2] 因此，人类改造自然的目的不仅要创造满足人类需求的物质产品，更要创造出优美和谐的自然环境。在这样一个创造性的过程中，人不断雕琢自己，将善的理念、善的信仰融入善的劳动中，在日复一日养成习惯的具体劳动中创造出人与自然的和谐。生态文明是人类对文明的本真追求，只有实现生态文明，人类才能够可持续发展。因此，我们要逐步提升生态价值理念，塑造生态行为。从增强生态认知、加强行为认同、引导行为自觉到养成行为习惯逐步推进，构建和谐统一的生态文明范式。[3]

4. 构建人类生命共同体

自然是人类生存之本、发展之基。自然界先于人类而存在，反映了自然界不依赖于人类而具有内在创造力，它创造了地球上适合于生命生存的环境和条件，创造了各种生物物种以及整个生态系统。古希腊悲剧大师埃斯库罗斯说："非但不能强制自然，还要顺从自然。"中国古代的道家学派也持与此相近的观点，荀子却独树一帜，自信地宣布："人定胜天。"到了近代，西方哲学家黑格尔说："当人类欢呼对自然的胜利之时，也就是自然对人类惩罚的开始。"人与自然是生命共同体，人类必须尊重自然、顺应自然、保护自然。我们要建设的现代化是人与自然和谐共生的现代化。

人与自然生命共同体思想是一切生命共同体思想的理论基石。"生命共同体"强调了人与自然彼此之间相互依赖、相互影响的互动关系。人离不开自然，自然界为人类的生存提供了基本栖息地，为人类的物质生产活动提供了基本场所，为人类的发展提供了广阔的空间。同时，自然界离不开人的存在，自然是人的无机身体。人是自然界的一部分，人的实践活动使自在自然

① 任理轩：《"五大发展理念"解读：坚持绿色发展》，《人民日报》2015年12月22日。

② 中共中央马克思恩格斯列宁斯大林著作编译局：《马克思恩格斯选集（第4卷）》，人民出版社，1995。

③ 刘跃：《从观念到行为：生态价值观、生态责任感、生态行为习惯探析》，《文教资料》2017年第21期。

向自为自然转变，成为一种带有人类实践烙印的“人化自然”，成为一种具有实践性、历史性和社会性的自然。自然是人类活动的前提、要素和结果。① 人因自然而生，人与自然是一种共生关系。生态是统一的自然系统，是各种自然要素相互依存而实现循环的自然链条。良好的生态环境是人类生存与健康的基础。

人类必须尊重自然、顺应自然、保护自然。“天人合一”“道法自然”等质朴睿智的自然观，至今仍给人们以深刻的警示和启迪。这些深刻的论述指明了人类对待自然的基本态度。自然规律是自然界及其发展过程中的本质普遍联系，我们虽然能够探索、认识和利用自然规律，改变其发生作用的形式，却不能违背、消除自然规律。天育物有时，地生财有限，而人之欲无极。生态环境没有替代品，用之不觉，失之难存。② “人类只有遵循自然规律才能有效防止在开发利用自然上走弯路，人类对大自然的伤害最终会伤及人类自身，这是无法抗拒的规律。”

人与自然是生命共同体，推动人与自然的和谐共生是国家富强、民族复兴、人民幸福、人类永续发展的前提。2018 年 5 月召开的全国生态环境保护大会第一次在思想层面明确了以“人与自然和谐共生”为根本指导，将人类的生产、生活和生态进行了统一；在破解环保与发展辩证关系上明确了“绿水青山就是金山银山”；在目标方面将环保绩效作为评价政绩、民生福祉的标准；客观判断出当前我国生态环境工作处于关键期、攻坚期和窗口期，将环保提升为国家发展质量的重要抓手。但本次大会的意义，绝不仅仅是再次拔高环保的重要性，其最大价值是不再将环保问题“现象化”理解，即不再将其仅仅看成一种污染现象或专业问题，而是系统化地将环保工作对象、问题、成因、思路、绩效、解决途径等放在政治、经济、法治、生态等“网络化”关系中理解，打破了“点穴式”的治污模式，系统化面对环境问题将成为未来环保工作，特别是政策设计和执行工作的核心视角。会议还明确提出了推进生态文明建设的六项重要原则。“坚持人与自然和谐共生”“绿水青山就是金山银山”“良好生态环境是最普惠的民生福祉”“山水林田湖草是生命共同体”

① 王青、崔晓丹：《人与自然是共生共荣的生命共同体》，《学习时报》2018 年 5 月 16 日。
② 王青、崔晓丹：《人与自然是共生共荣的生命共同体》，《学习时报》2018 年 5 月 16 日。

“用最严格制度最严密法治保护生态环境”“共谋全球生态文明建设”……以及加快构建生态文明体系的“五个体系”，即生态文化体系、生态经济体系、目标责任体系、生态文明制度体系、生态安全体系。“五个体系”首次系统界定生态文明体系的基本框架，其中生态经济体系提供物质基础；生态文明制度体系提供制度保障；生态文化体系提供思想保证、精神动力和智力支持；目标责任体系和生态安全体系是生态文明建设的责任和动力，是底线和红线。“五个体系”是对贯彻“六项原则”的具体部署，也是从根本上解决生态问题的对策体系。为今后一个时期坚定不移走生产发展、生活富裕、生态良好的文明发展道路指明了方向，画出了“路线图”。[①]

绿色发展理念是追求经济系统“绿色增长”、社会系统“绿色公平”，以及生态系统“绿色永续”协调推进的新型发展理念。中国的绿色发展既要建成“美丽中国”，还要为“美丽世界”贡献中国智慧和中国方案。近年来，中国生态文明建设取得了丰硕成果，在建成“美丽中国”的目标上向前迈进了一大步。除了颁布“史上最严”的新环保法，《大气污染防治行动计划》《水污染防治行动计划》《土壤污染防治行动计划》也陆续出台。中央环保督察实现了31个省（区、市）全覆盖。近五年，中国治理沙化土地1.26亿亩，劣V类水体比例下降到8.6%，年均新增造林面积超过9000万亩，“绿水青山”的面貌日益显现。在探索建设“美丽中国”的同时，在国际上，中国也积极参与全球气候和环境治理，主动承担国际责任，努力为“美丽世界”贡献中国智慧和中国方案。中国已批准加入了30多项与生态环境有关的多边公约和议定书。在推动全球气候谈判以及促进《巴黎气候协定》的通过、生效和落实上发挥着积极的建设性作用。中国正在积极筹建气候变化南南合作基金，帮助发展中国家提高应对气候变化的适应和减缓能力、管理能力和融资能力。“一带一路”倡议秉持“共商、共建、共享”理念，为沿线国家创造了10亿多美元税收和16万多个就业岗位。中国积极推广在清洁能源投融资、技术转让和能力建设方面的经验，正在对沿线国家的绿色发展做出良好示范。

十多年前，让一国做出减排承诺还非常困难，但现在，多数国家都在全力推进这一进程。“我们没有备选计划，人类必须协同合作，共同面对。”

① 《习近平生态文明思想引领“美丽中国”建设》，新华网，2018年5月22日。

第三节 乡村振兴战略与美丽中国

2018 年中央一号文件《中共中央 国务院关于实施乡村振兴战略的意见》明确实施乡村振兴战略的目标任务是：到 2020 年，乡村振兴取得重要进展，制度框架和政策体系基本形成。到 2035 年，乡村振兴取得决定性进展，农业农村现代化基本实现。到 2050 年，乡村全面振兴，农业强、农村美、农民富全面实现。“产业兴旺、生态宜居、乡风文明、治理有效、生活富裕”的总要求是新时代“五位一体”战略在农业农村工作的具体部署，内在要求是统筹推进农村经济建设、政治建设、文化建设、社会建设、生态文明建设，建立健全城乡融合发展的体制机制和政策体系，加快推进农业农村现代化。乡村振兴不仅是经济的振兴，也是生态的振兴、文化的振兴、教育的振兴、科技的振兴、社会的振兴。乡村振兴必须把“美丽中国”中的生态意蕴放在突出地位，中国要美，农村必须美，美丽中国需要无数个美丽乡村来构筑，要以创新、协调、绿色、开放、共享的发展新理念来指导农村建设。历史和现实告诉我们，农民既是国家富强、民族振兴、人民幸福“中国梦”的重要参与者，也是美丽中国梦的共享者。没有农民的参与，中国梦就不会美丽，没有农业保障，中国梦就不会长久，没有乡村振兴，中国梦就不会全面。乡村振兴战略的提出和实施是实现美丽中国梦的重要途径。

1. 城乡“三变”改革与融合发展

长期以来，城乡二元结构制约城乡融合发展，贫富分化明显、城乡差距拉大、基层组织弱化、资源闲散等问题亟待解决，探索城乡“三变”改革成为城乡融合发展的一条重要路径。“三变”改革即“资源变资产、资金变股金、农民变股东”，其核心要义是通过盘活农村“三资”（资源、资产、资金），激活农民“三权”（土地承包经营权、住房财产权、集体收益分配权），进而增加农民财产性收入，推进农业增效、农民增收和农村集体经济增值。“三变”改革激活了城乡存量资产、自然资源、人力资本，促进了农业生产增效、农民生活增收、农村生态增值，对于农村生产经营体制有重要突破意义。[①]

① 《深化改革 促资源型城市转型——访全国人大代表、贵州省六盘水市市委书记李再勇》，《人民日报》2016 年 3 月 11 日。

乡村振兴是全面的振兴，农村“三变”改革在引导现代理念、现代管理、现代人才、现代金融等元素注入农业与农村方面，可发挥杠杆的撬动作用。首先，乡村振兴离不开人，无“人”不兴。通过农村“三变”改革，强化政策支持、资金配套，打造新乡贤经济、“归雁”经济，可以把优秀的外流青年人才重新吸引回农村，把尚未外流的优秀青年人才和新型经营主体留在农村创业发展。其次，乡村振兴离不开钱，无“钱”不活。通过农村“三变”改革，强化产业发展、项目牵引，可以把工商资本、城市资本引入农业农村，搭建起城市支持农村、工业反哺农业的操作平台，也可以整合财政涉农及扶贫项目资金，把财政资金转化为村集体的股金，激活和放大资金使用效益。再次，乡村振兴离不开产业，无“业”不旺。通过农村“三变”改革，以股权为纽带，以产业为平台，可以深入调整农业产业结构，实行土地适度规模经营，切实推进一二三产业深度融合发展。最后，乡村振兴离不开有效治理，无“治”不稳。通过农村“三变”改革，可增加农村居民的财产性收入，增强农村居民参与农村基层治理的动力；强化要素集聚，壮大集体经济，可形成集体经济组织、各类社会经济组织与农村居民衔接互动的社会治理体系。①

伴随中国经济社会转型，农村“三变”改革在各地不断深化，城乡“三变”改革已为时势所趋。城乡“三变”改革，需要把握好“变亦不变”“以不变应万变”的辩证理解。《道德经》有言：“道生一，一生二，二生三，三生万物。”一定意义上讲，“三变”亦是“万变”，“万变”亦不离其“宗”，这是城乡“三变”改革的出发点和落脚点。改革要回到“人”这个原点，回到人本身，真正促进人尤其是农民本身的发展。“人”不是抽象的，对于中国这样一个由传统农业社会转型到现代社会的国家来说，回到人本身绝不是抽象的，而是要在一系列抉择中坚持人的价值的衡量标尺。以此为出发点推动城乡“三变”改革，要围绕“三变”积极打造城乡利益联结共同体，联股联业、联股联责、联股联心，渐进实现共商共建共治共享，切实缩小贫富差距，构建共同享有美好生活的命运共同体，形成人人参与、人人尽力、人人都有成就感的生动局面。

---

① 崔宝玉：《以“三变”改革推动乡村振兴》，《安徽日报》2018 年 3 月 28 日。

2. “美丽”是新发展理念的价值最大化

“美丽中国”是我国政府在2012年提出的概念，强调把生态文明建设放在突出地位，融入经济建设、政治建设、文化建设、社会建设各方面和全过程。目前，“美丽中国”被纳入“十三五”规划。围绕加快生态文明体制改革，建设美丽中国，中国以前所未有的决心和勇气向污染宣战，以前所未有的改革力度和政策密度推动绿色转型，将生态文明建设纳入“五位一体”总体布局和“四个全面”战略布局，并首次把“美丽中国”作为生态文明建设的宏伟目标。“环境就是民生，青山就是美丽，蓝天也是幸福。”向着天蓝、地绿、水净的奋斗目标，“美丽中国”建设迈出了重要步伐。一大批生态领域的沉疴顽疾得到清除，一系列困扰百姓生活的环境难题得以破解，生态文明建设按下“快进键”，绿色发展道路越走越宽广。

2016年5月，联合国环境规划署发布报告，向全世界介绍中国生态文明建设的做法和经验。2017年12月5日，河北塞罕坝林场建设者荣获联合国环保最高奖项“地球卫士奖”，在“地球卫士奖”全部6个奖项中，来自中国的机构与个人获得了3个奖项。这是联合国和世界对中国绿色发展理念、中国生态文明建设和塞罕坝精神的高度肯定。来自全球各国的专家学者纷纷表示：“中国展现了环保领域的全球领导力。”像塞罕坝林场建设者一样，中国正在持之以恒把自身建设得更加美丽，中国已经成为全球生态文明建设的重要参与者、贡献者、引领者。中国为全球生态文明建设贡献智慧与方案，“美丽中国”赢得世界更多热烈的掌声。

“生态兴则文明兴，生态衰则文明衰。”建设美丽乡村，是建设美丽中国的重要基础。中国要强，农业必须强；中国要美，农村必须美；中国要富，农民必须富。没有美丽乡村就没有美丽中国，美丽乡村是美丽中国的农村版。创新、协调、绿色、开放、共享是指导中国“十三五”时期发展的五大新理念，以五大发展理念为视角，创新发展是美丽乡村建设的根本动力、协调发展是美丽乡村建设的内在要求、绿色发展是美丽乡村建设的根本途径、开放发展是美丽乡村建设的外部条件、共享发展是美丽乡村建设的根本目的。[①] 五大发展理念是中国建设美丽乡村的根本指导思想，加快美丽乡村建设必须坚持并践行创

① 黄娟：《五大发展理念：美丽乡村建设的根本指导思想》，《求实》2016年第12期。

新发展、协调发展、绿色发展、开放发展、共享发展，同时打好创新发展、协调发展、绿色发展、开放发展、共享发展“组合拳”。只有坚持五大发展理念，并将其作为整体贯彻落实到美丽乡村建设中，才能建成农村生态美丽、农业生产美化、农民生活美好的美丽乡村，“让农业成为有奔头的产业，让农民成为体面的职业，让农村成为安居乐业的美丽家园”。

3. 重新认识和发现乡村价值

很长一段时间，人们习惯从工业文明的视角，也就是以工业化、城市化标准看待和衡量乡村，最常见的评价指标是规模效益。在这样的视角下，乡村的生产和消费似乎都变得不“经济”，也无法成为人们获取经济利益的场域。因此，在一些人看来，乡村只能依附于城市。然而，当我们换个评价体系，以生态文明视角看待乡村时，就会发现它在现代社会的独特价值。事实上，乡村文明以尊重自然、敬畏自然为基础，无论是生产方式、生活方式，还是信仰与习俗，都维系着人与环境、人与自然的和谐。跳出依附视角就能发现，乡村完全可以发展可循环利用的智慧农业，而不是依靠化肥、农药、除草剂伤害环境或“有水快流”的掠夺性农业。乡村生活，也可以相对超脱“时间就是金钱”的经济属性，寻求与大自然更合拍的生活节奏，缔造有利于生态、生存和生命健康的生活状态。更重要的是，乡村具有传统文化的保存功能，可以成为刻板都市生活的精神后花园。①

重新认识和发现乡村价值，首先需要调整一个认识，在推进中国城镇化过程中，农村的价值要科学评估，而不能低估。目前中国经济社会发展的三种力量正在推动乡村价值升值。一是正在兴起的绿色消费和文化消费，使乡村特有的青山绿水、有机生态食品、乡土文化的价值，越来越被城市的中等收入群体消费者青睐。② 在这种新消费的带动下，以农家乐为新业态的乡村旅游方兴未艾，潜力巨大。二是正在兴起的互联网，缩小了城市与农村在信息上的鸿沟。乡村电商使以前难以进入市场的乡村土特产品、乡村手工艺产品进入城市消费市场，为乡村产业发展带来新希望。三是随着乡村价值逐渐上升，一批回乡的新乡贤，正在成为乡村文化复兴的中坚力量，在他们的带领下，乡村文化价值

① 朱启臻：《以生态文明视角 发现乡村的价值》，《人民日报》2015 年 8 月 7 日。
② 张孝德：《“乡村升值”有助城乡统筹发展》，《人民日报》2016 年 7 月 21 日。

正在创造性复活，乡村价值自我认同感也出现了回升。当中国经济进入新常态时，需要顺应时势，以二元协同的思维方式，从城乡双向流动来认识我国的新型城镇化之路。需要把中国城镇化发展的着力点，从关注农村到城市单一通道的疏通，转向城市与农村双向流动通道的疏通上来。需要认识到，不放弃农村户口的两栖式城镇化，在很长一段时间也许是一个常态。农民的选择，是农民自身收益最大化的选择，也是对我国城乡二元共生、双向流动城镇化的贡献。这不仅可以使中国五千年文明之根在乡村得以延续，也符合城乡统筹的城镇化要求，有利于多元文化的发展，也将为中国人提供多元化的生活方式。①

如果说，工业文明理念让人们更注重生产结果，更追求财富，生态文明理念则给予生产和生活过程同等重视。乡村有自身的发展规律，以生态文明的理念去理解，乡村像是一座尘封的宝库，又像是一块精雕细琢的工艺品。1992年，1575名科学家曾发表了一份《世界科学家对人类的警告》，开头就说："人类和自然正走上一条相互抵触的道路"，这正是与工业时代的过度索取有关。乡村的自然、自足、自养、自乐，是乡村生活的最大魅力；顺应自然、有限利用资源、可持续发展以及智慧产业，则是乡村的最大财富。② 实施乡村振兴战略，要在前些年新农村建设的基础上，在尊重乡村固有价值基础上使传统乡村获得勃勃生机。新型的城乡关系，一定是尊重城乡差异基础上的互补。而美丽乡村建设，也是要把乡村建设得更像乡村，而不是用城市替代乡村，或在乡村复制城市。

---

① 张孝德：《"乡村升值"有助城乡统筹发展》，《人民日报》2016年7月21日。

② 朱启臻：《以生态文明视角 发现乡村的价值》，《农村·农业·农民》（A版）2015年第9期。

写在最后
新改革，需要一部改革法

法律是政府一切行为的根本准则和行动指南。

改革是社会发展的强大动力，是国家和政府乃至社会以改变旧秩序、塑造新秩序为根本目标的变法或革新。改革具有很强的破坏性和颠覆性，集中表现为对现有秩序（包括法律秩序和规定）的突破，因而它本质上就是一种“违法”。但同时，改革也需要有法可依，需要法律的强制性规定、约束和保障，这也是改革得以深入推进的根本所在。从历史上的诸多实践看，改革都需要有改革法案作为支撑，以此确保其合法性。改革法主要是对改革的主体、客体及其权利关系进行清晰界定。防止改革行为的无序、改革对合法利益的侵害以及改革权力的滥用，特别是市场对资源配置的决定性作用的法律保障等，是改革法制定的根本出发点。

中国的改革从2013年11月开始进入一个新时代。为此，新华社还推出一组“中国新改革”（new reform in China）的集中报道。2018年是中国改革开放40周年。过去40年市场取向的改革深刻改变了中国，也深刻影响了世界。进入新改革时代，改革不能再是一种“摸着石头过河”的试错，而是要在法制的基础上的理性行为。改革需要更大的决心、更大的力度、更实的举措。其中重点是构建市场机制有效、微观主体有活力、宏观调控有度的经济体制。关键一招是按照市场在资源配置中起决定性作用的要求来推进政府职能深刻转变，深化行政管理体制改革，最大限度地减少政府对市场活动的直接干预。包括全面实施市场准入负面清单制度，加强知识产权保护和市场秩序治理，废除妨碍统一市场和公平竞争的各种规定和做法，打造具有国际竞争力的营商环境等。这些“最小一揽子”改革，需要在法律的框架下进行，这个法律框架就不仅仅是单向的部门法律，更需要一个宏观层面改革法的总体支撑。

为改革本身立法，不同于改革过程中对改革项目和内容的立法。改革法是改革的根本法，是以改革为对象，规范改革行为本身的法律和制度。改革法的确立，是特定国家机关依照一定程序，制定或者认可，反映改革意志，并以国家强制力保证实施的行为规范的活动。

为改革立法的必要性，就是要确定改革的权利主体并明确指向利益关系的调整。不能把所有的常规性政策或行政行为都看作改革，必须是利益关系的调整和利益关系的重构才能用改革的法律关系来加以明确和约束。同时，要通过改革法的制定，深化法治建设，也就是说，把权力关进制度的笼子。因此法治的运作刚好与国家相反，国家是构建权力，而法治是约束权力，改革恰好处在构建权力和约束权力的中介和枢纽位置，从而有助于实现一个强大的国家和法治之间的再平衡。

改革越是全面深化，依法治国越是全面推进，就越需要加强、改进和创新立法工作。对改革本身的立法，才是真正的改革顶层设计，或者说最顶层设计。改革法的制定不能仅仅是对实践的被动回应、事后总结和局部反映，而是要对经济社会发展和改革进程进行主动谋划、前瞻规范和全面推进，也就是要积极发挥立法对改革的引领和推动作用。改革因时代而生，时代又被改革创造。传统的法制范式强调法律执行一定是自洽的，一定是依靠管理和执法部门、法院形成自洽的体系。而以法治思维和法治方式推进改革，也需要依靠管理和执法部门、法院形成自洽的体系，这对全面深化改革具有重要意义。

我们说，改革永远在路上，改革只有进行时而没有完成时。但同时，改革又没有一部明确的法律作为保障，处于一种“无法”的状态，这无论如何是不可思议的。此前，国内已有法律界人士提出通过制定改革法来解决改革的合法性问题。但也有人担心这是用改革之法来限制改革。由于改革的本意就是要冲破既有制度的束缚，而这种冲破有时也许就是对改革法本身的冲破。所以，这似乎很容易陷入“以子之矛攻子之盾”的境地。但这丝毫也不等于说，改革本身就不需要得到法律层面的权利关系的界定。相反，实现政治与法治相统一、改革决策与立法决策相结合，始终是人们关注的问题，而真正把改革决策全盘纳入法治化轨道，也需要改革法本身进展的加快。

一　变与定，讲好改革的辩证法

西方法学史上一直有自然法和实在法的区分。如果说我们的改革在开始的几十年中，以“摸着石头过河”为主要特征的改革可以被比喻为一种自然法的状态的话，那么，在“全面深化”改革的新阶段，就应该从自然法状态转向实在法状态了。这种以实在法为基础的“依法治国”符合全面深化改革的基本规律。因此，与其说我们需要通过立法对改革进行引领和推动，不如说我们更需要的是改革法本身对改革的引领和推动。一方面，通过改革法把稳定的、成熟的改革关系上升为法，把改革关系用法的形式固定下来，确保不走样，确保稳定性，其特点是“定”。改革行为本身又需要不断对诸多原有的不适应经济社会发展的制度、做法进行改变，其特点是“变”。改革就是在这种法的定与行的变中维护经济社会的进，用“定”的法律适应“变”的要求，从而确保改革定中有变，变中有定。但也正是这种特点，决定了两者之间存在一定的冲突和矛盾，具有内在的对立性。难度较大，必须妥善处理好两者之间的冲突。

改革的过程，实际上就是“变法”的过程。法的东西要成为法律，不仅首先必须获得它的普遍性的形式，而且必须获得它的真实的规定性。为改革立法，不宜只看到一个环节，即把某物表达为对一切人有效的行为规则，而且要看到比这更重要的、内在而本质的环节，即认识它的被规定了的普遍性中的内容。事实上，从历史上的“变法”来看，这种“被规定了的普遍性中的内容”就是改革本身的法制化，即通过立法与改革紧密结合、相互促进，通过变旧法、立新法来促进改革。从战国时期的商鞅变法到宋代的王安石变法，从明代的张居正变法到晚清的戊戌变法，莫不如此。从国外来看，立法与改革并行的例子也比比皆是。

维护社会公正是法律的基本出发点。增进整个社会的福利、确保改革的公正性是改革法立法的基本要求，也是急需。改革法的制定是确保在法治框架内推进改革的根本要求。要通过对市场在资源配置中的决定性作用进行法律的确定，保障以市场经济为核心的改革的法律主体、法律客体和法律关系的明确，解决改革发展中带有根本性、全局性和长期性的问题，真正把顶层设计同先行先试、探索创新有机结合起来，保障改革顺利进行。在此过程中，可以分别对不同情况进行相应的制度安排，如对于实践证明比较成熟的改革经验和行之有效的改革举措，要尽快将其上升为法律，为改革提供支持和保障；对于改革决策与现行法律规定不一致的情况，应当抓紧修改法律使其适应改革需要；对于实践条件还不成熟、需要先行先试的改革决策，应当按照法定程序做出授权，既不允许随意突破法律底线，也不允许简单以现行法律没有依据为由阻碍改革。

无论是改革法，还是其他，首先面临着对其基本法理的清晰阐释。康德认为，一切立法，都涉及两个因素，第一是法则，第二是动机。法则主要讲客观必然性，形成义务；而义务经由法则的关系又决定了动机。不论是哪种立法，最终指向的都是权利。包括天赋的权利和获得的权利，以及自然的权利和实在法规定的权利等。但康德又说，问一位法学家“什么是权利”就像问一位逻辑学家“什么是真理”一样使他感到为难。同样，问一位法学家“什么是改革”也许更让人感到为难。改革体现为一种公意。卢梭认为，“公意永远是正确的”，但我们如何确保改革也永远是正确的？法律也许就是这个问题的解决方案。因此，为改革立法，虽然面临很多不确定性的问题，但现在我们把这个问题提出来了，也许比答案本身更值得引起人们思考。

作为人民意志的普遍联合意志，传统的国家的三种权力学说中立法权、执行权和司法权得到了广泛的认可，被视作政治的“三合体”中的人格化。但不同观点如汉斯·凯尔森在《法与国家的一般理论》中认为，司法权和所谓“执行”权是不能用只有“行政”权机关才“执行”规范的事实来加以划分的。就这方面而论，这两种职能其实是一样的。一般法律由行政权和司法权共同执行；区别仅仅在于：在一种情况下，一般规范的执行托付给法院，而在另一种场合下，则托付给所谓“执行”或行政机关。由此可见，普通的三分法归根结底是一个二分法，即立法和立法的执行（legis executio）的基本区分。后一职能再被分为司法职能和行政职能。行政权往往再分为两个分立的职能，即所谓政治职能和所谓行政职能。很长一段时间以来，由于没有独立的改革立法，我们往往把改革作为一种政治职能或行政职能简单归于政府的行政权力之下，但因为政府本身也是改革的客体，因此就造成了政府既当“裁判员”又当“运动员”的现象。

个人的“自然权利”是法治社会的基石。但我们总是要在保护不可剥夺的个人权利的同时，更进一步探索在一种主权性的集体“公意”（general will）的至高无上性中探寻社会生活的终极规范。这里要强调的是，为改革立法，并不是简单地迎合改革的要求，而是要通过整个立法程序使改革决策更加完善、更加科学。在立法过程中，应广泛征求各方面意见，注重突出立法的前瞻性，为改革预留空间。对于一些属于探索的领域，改革的方向确定了，但具体怎么改、制度怎么设计，一时看不清，这时立法就要有一定的前瞻性，为将来的改革发展预留空间。

二　主观与客观，利益关系的调整最重要

正如E.博登海默在《法理学》中所认为的，“任何值得被称为法律制度的制度，必须关注某些超越一定社会结构和经济结构相对性的基本价值。在这些价值中，较为重要的有自由、安全和平等”，当然，还有改革。改革是我们这个时代的价值。这个价值的着眼点，就是使改革建立在法律基础之上，而不是建立在无限权力基础之上。因此，“尽管社会秩序会因社会制度和经济制度的特定性质不同而呈现不同的表现形式，我却依然相信，一种完全无视或根本忽视上述基本价值中任何一个价值或多个价值的社会秩序，不能被认为是一种真正的法律秩序。”

任何的改革，本质上都是利益关系的调整，涉及广泛的法律保障和权利救济。与一般的立法相比，改革法毕竟是比较特殊的法律，而这种特殊法律的产生，也有很多特异性。从黑格尔的法哲学的角度看，“正是通过特异性的体系，法才对保护特殊性成为外部必要的东西。虽然这种结果是从概念而来，但毕竟因为法对人的需要来说是有用的，所以它才变成实存。为了具有法的思想，必须学会思维而不再停留在单纯感性的东西中。必须予对象以普遍性的形式，同样，也必须按照某种普遍物来指导意志。只有在人们发现了许多需要，并且所得到的这些需要跟满足交织在一起之后，他们才能为自身制定法律。”从一定意义上说，法的特异性使其本身更具有客观实在性，一方面对意识而存在，总之是被知道的；另一方面具有现实性所拥有的力量，并具有效力，从而也是被知道为普遍有效的东西。

任何的改革，总是要自在地被设定在它的客观实在中。反过来说，只有自在地是法的东西才能更实在于客观。它由思想加以明确规定，并作为实定的和有效的东西予以公布。同时，改革也是一次利益格局的深刻调整，如何实现对既得利益集团的有效抑制？如何保护弱势群体而不是加重对他们的剥夺？如何真正确保公众对改革的有效参与？改革的激励和容错机制的确定等，这些都需要通过改革法的客观实在来划定底线。

从广义政府理论出发，在法哲学的原理中，我们可以找到国家这个主体，它作为一种伦理理念的现实而存在。但同时它又必须作为一种强力意志而运行。这种情况下，对经由改革所赋予的各个主体行为的不断变化的约束就必须有基于权属、体现为权利义务关系等的合理规范。在这方面，已经有人提出“市场的法律秩序”的概念，即对市场的理解应从自然存在的场所降为人为制造的场所，把市场从能够脱离法律自我管理的场所降低为由法律建构和管制的场所。这个观点的背后，就是通过改革立法，降低改革的合法性门槛，启动合法承认改革的程序化。

历朝历代，国家的法律映射着私法自治的维度，即决定着私人持有财产，签订合同，从事经济、工业或商事活动的可能性。这种自由，与其他任何自由相同，由法律来决定其边界——并非“天然的”自由，而是一种“法定的”自由。[①] 同样，为改革立法，就是要持续彰显这种自由，维护这种自由的法治生态，将“利维坦”关进笼子。

中国的改革已经有40年的历史。接下来，按照巴里·诺顿的观点，中国下一轮改革将面临可信性的问题。中国40年的改革产生了强有力的新的利益集团。这些利益集团反对竞争和透明。虽然他们的行动不易被发现，而且也不容易知道他们究竟有多大权势，但是人们普遍认为，利益集团阻碍了中国推行成功的经济改革。因此，下一轮改革最重要的就是要做出可信的改革承诺。既然中国的最终目标是建立一个基于法治的有效运行的市场经济体制，政策制定者就必须做出一个与这个抽象的最终目标紧密相关的可信承诺。而这个承诺的可信性的根源，就是诉诸法律，用改革法来保障改革的可信，维护政府的公

① 《法律与私法自治——意大利国家科学院资深院士 Natalino Irti 在“法治与改革国际高端论坛（2016）”上的讲话》，110 法律资讯网，2016 年 11 月 13 日。

信，包括其可观察性和目标一致性。

黑格尔说，否认一个文明民族和它的法学界具有编纂法典的能力，这是对这一民族和它的法学界莫大的侮辱，因为这里的问题并不是要建立一个其内容是新的法律体系，而是认识即思维地理解现行法律内容的被规定了的普遍性，然后把它适用于特殊事物。

从改革的角度看，市场和政府的关系是改革法所主要规范的内容。市场要对资源配置起决定性作用，而政府的存在就是确保这种决定性作用发挥得更好。对于市场来说，政府就是市场有机体的附属，而对于政府来说，市场的所有的对外的关系也都是对内的趋向。就像文治武功在黑格尔法哲学层面的解释那样：内部的国家本身是文治，对外则是武功，但是这种武功是国家本身中的一个特定的方面……或像在罗马皇帝和护卫军时代那样，文治完全消灭，而只依赖武功，或像现代那样，所有公民都有服兵役的义务，此时的武功仅仅是文治的产物。

当然，为改革立法，面临诸多边缘、交叉和跨界的问题。就像对数权的保护一样，从一定意义上看，欧盟 GDPR 的实施不仅仅是文本的意义，更具有宣誓意义，标志着以欧盟规制为蓝本的全球数据治理规则体系已经先行一步，欧盟正成为全球数字经济乃至社会秩序的重要的规则制定者和引领者。而在我国的立法体系中，在平衡个人数据权和数据自由流动价值的基础上，加强数据主体权利的保护及对数据控制者、处理者义务的法律界定，是数权立法面临的首要和迫切问题。这种迫切，不仅仅表现为如何面对和规制日新月异的新技术、新业态和新模式，而且也面临着如何在进行个人数据保护的同时推动而不是阻碍技术创新和社会发展。正是由于欧盟 GDPR 的出台，由于数据安全、网络空间治理等方面的挑战的日益逼近，对数据权属、权利的本源、边界和属性等根本问题即“数权”的法理基础的清晰表述和共同认定就具有十分重要的改革意义。因此，欧盟 GDPR 文本从本质上说就也是一个改革的法案。因此，从总体上把握改革的机遇，从根本上推进改革的依法进行，就是把握机遇，推进国家治理体系和治理能力现代化的题中应有之义。

黑格尔认为，哲学的出现总是在时代潮流、世界变化已经结束之后，因此总是迟到，就像“密纳发的猫头鹰要等到黄昏到来，才会起飞”。毫无疑问，法律也是以这样的面貌出现的，也必须要等世界变化已经经过很长时间以后，才能对某些变化进行规范，这符合法律本身内在要求的严谨性、权威性和稳定性。但与此同时，真正的或先进的法学理论更需要有预见、指导、推动、改造客观现实的一面，我们应当看到，法律作为一切行为方式规范的总结，其所反映出的正是事物发展的规律，也正是依靠这些规律，法律为改造世界铺平道路。

三　破与立，模式的创新很重要

在既往的改革中，最为纠结的就是经济政策和体制改革的关系。这两者之间是密切关联的：任何经济政策必须与一定的经济体制相协调，不违背体制的内在逻辑结构。但是，经济政策是外生于经济体制的一个变量，体制改革触动的往往是最根本的经济关系，调整的是微观利益，而国家的政策往往是宏观的。在某些时候，常会发生将两者相混淆的情况，即以政策取代改革。这里，政策有一个缺点：它短期多变，这会给当事人带来对游戏规则发生变化的理性预期。如果政策的目标与体制改革的效应发生矛盾，新的游戏规则往往被抛弃。这种替代关系和不稳定的游戏规则的存在，使人很难辨清中央计划经济下的一些问题，究竟是体制还是政策的影响。如充分就业是中央计划体制的特征，由持续的均衡、经济过热与软预算约束造成，是体制的问题，但这似乎也是政府追求充分就业政策所致。因为在政策制定者眼中，充分就业政策是有优先权的。保守派大多是强调政策优先于改革，而激进派大多主张改革体制优先于政策调整。① 还有一句口号，“改革着眼于发展，立足于稳定”。这样改革变为一种手段，发展成为目的，稳定成为约束，又在某种程度上消解了这种优先权。因此，从改革法的角度来说，既不能以政策取代改革，亦不能以改革空置法律。经验表明，在经济失衡程度相对轻微，经济体制内部一致时，一定的政策调整是相宜的；但是，超过一定的“阈”值后，体制改革便成为必要，而改革法律的先行更为重要。这也正是我们提出改革法问题的迫切性所在。

---

① 张军、王小青：《改革经济学与西方经济学：我们知道什么?》，《世界经济文汇》1996 年第 1 期。

改革是现实的，改革法是实践的。对国家治理能力而言，改革的立法能力是最重要组成部分，它要求立法主体根据改革面临的问题、提出的新要求、需要解决的突出问题以及社会的立法需求，提供以改革为对象和内容的立法产品，及时满足全面深化改革对立法越来越迫切的需要。

从改革法的角度看，私法自治的空间虽然越来越小，对公法强制的约束将更加严格和明确。改革法的核心是将改革权利及义务以法律形式予以规范保障，代表了国家对法治社会公共行为及市场化改革的庄严承诺。改革法不仅仅有其规范私权利主体关系、保护私权利主体利益的私法面向，亦有着国家的公权力管制的公法面向。

同时，作为公法的改革法的边界的进一步清晰，也在很大程度上体现了对平等的私权之法的根本属性的尊重，确保了私法自治的有效实现，即来自非强制性规定的法律、行政法规与概念模糊、易被扩大适用的如“社会公共利益”等不得再成为影响民事法律行为效力的因素，限缩了公法管制进入民法以及对私人自治构成直接强制的管制方式的渠道和范围，减少了对公法－私法二元区分的法体系基本结构的冲击，在很大程度上有效缓解现代政治国家公法管制对公民社会传统自治领域的侵入而产生的矛盾。

“改革和法治如鸟之两翼、车之两轮。”中国的整个改革，都非常重视运用法治思维和法治方式，发挥法治的引领和推动作用。尤其是进入全面深化改革的新改革周期以后，更加突出地把法治贯穿于改革全过程，包括全国人大及其常委会，都把坚持立法和改革决策相统一、相衔接作为根本行为准则，在法治下推进改革、在改革中完善法治，保证了改革和法治相辅相成、相互促进。

财富的平等只有靠理智来建立。同理，改革的深化必须有法治的护航。但是，正如人们说，像经济学家是一个最不容易形成共识的职业群体一样，法律学界要达成共识可能就更是难上加难，尤其是在面对类似改革法这样跨界、边缘性问题的时候。中国的法学在现代法制建设的要求或驱动过程中不仅要面对历史性的困惑，更要面对很多未来的困境。如果我们把包括改革法在内的思考引申到法律哲学思考的层面，就更加发现，透过改革折射出来的政府、社会、企业、个人在法律架构下的关系，人或法律人与法律在知识上的关系以及法律权威的正当性等问题更是纷繁复杂，绝非人们一般想象那么简单。而且从表面看来，现有法律体系的外部框架的确已经非常辉煌，从《查士丁尼国法大全》《拿破仑法典》到《德国民法典》等立法创制，法律制度在芸芸众生眼里已相当完备，似乎已完备到可以满足人类对有秩序有组织生活的需要，满足人类重复令其满意的经验或安排的欲望以及对某些情形做出调适性反应的冲动。[①] 然而，面对基于18世纪背景的法律和21世纪的现实的矛盾，在涉及政府和市场关系的诸多领域，立法工作基本上是一个在三岔口磨来磨去的一个状态，等天空大亮的时候可能才第一次看得清楚，相关的成果可能才更加扎实。

马克思说："政治情绪是国家的主观实体，政治制度是国家的客观实体。"中国的改革已经跨越了两个世纪，而且还处在进行时，创造了前所未有的长达40年经济中高速增长的世界奇迹。从这个意义上说，我们需要把改革这个国家的实体用法律确立下来。中国的经济改革正在走向世界，而迈出最具标志性一步的，也许就应该是关于改革的法律。换句话说，中国的法律要走向世界，最有可能的就是改革之法律。

① 〔美〕E. 博登海默：《法理学：法律哲学与法律方法》，邓正来译，中国政法大学出版社，2017。

跋
改革经济何以成学

市场经济被认为是现代社会的一种主要制度设置，是人类智慧的结晶。但在以往经济学的研究中，有着形式主义和实质主义之分，前者即传统的西方经济学，而后者则更强调在形式主义的夹缝中存在的经济学的特殊现象，因而对市场的认知，也存在以嵌入性观点来解构自发性观点。在这一背景下，关于中国经济改革的模式一直争议颇多，其原因就在于用传统西方的经济发展理论来看，中国的很多变化都是无法解释的，有些甚至是与传统理论相背离的。虽然现有的一些学者从实质主义出发，将其作为个案和特例进行研究，但是中国改革背后的规律又往往是作为新的“形式主义”而存在的。

中国的改革开放已经进行了40年，这是迄今为止人类关于经济体制的前所未有的最大改革“实验室”，但这场改革实验又“没有先验的目标，没有预设的蓝图，没有理想的模式，没有预定的时间”。可以说中国自改革之初，把“摸着石头过河”作为基本的改革方式以后，就已经试图突破西方的经济模式，来探索自己独特的经济发展之路了。但在西方的市场经济理论体系之外，传统社会主义政治经济学又处于失灵状态，失去了对现实经济的解释力与预测力，因而必须重新构建一门研究中国经济制度、经济运行和经济发展及其规律的中国经济学，或说中国的改革经济学，这已经成为学界的共识和呼唤。无论是攀登经济学的高地，还是开拓经济学范式变革的创新蓝海，都是中国经济学发展需要努力的方向。而对于经济学的经世济民使命而言，后一个努力方向恐怕更具现实紧迫性和更可能做出重大学术贡献，而按照这样的一条学术发展路线，形成经济学的“中国学派”又是这个时代最强烈的呼声。

从2013年第一版《新改革经济学》的出版到2018年改革开放40年已经

是第五个年头。在中国，五年是一个非常有意义的年份节点，以“五年计划”为代表的中国经济规划，促进着中国经济的不断进步、发展甚至是腾飞，而这五年多来，我们一直没有停止对中国改革经济学的研究，与第一版《新改革经济学》相比，这次《新改革经济学（修订版）》又有了新的认识，提出了很多具有参考价值的改革经济学观点。

比如，对改革经济学的概念进行了进一步的厘清。就像人类社会中，所谓自生自发的市场经济从未存在过，现代意义上的市场经济必然是国家和政府积极推动的产物；同样，所谓集中的计划经济也并非社会主义的天经地义，无论是计划的方式还是市场的方式都必须“嵌入在法律、政治制度、道德之中”。毫无疑问，改革经济正在成为一种独立的经济形态，它是既不同于传统的计划经济，又有别于西方市场经济的一种新的经济形态。在改革经济体中，国家和市场是相互定义的，正是国家的力量，保障了市场经济的有效性。同时，由于改革经济在国家与市场之间寻找到了一个新的增长点，它最终使经济理性服从于人类本性，使市场经济有效嵌入社会中。

比如，提出了超理性政府假说：政府的角色不以单纯获取利润为目标，因而，政府在市场中往往表现出超理性的一种状态。正是因为这种超理性，政府可以做那些对社会有价值但难以用市场价格和利润指标衡量的改革，因而政府与市场的关系、国家与经济的关系就不是分析上的互不相关的领域，而是相互建构的活动领域。当然，超理性的政府也有普遍的理性的“基因”，因而政府总是有不断扩大预算规模和活动范围而不受约束甚至不断设租和寻租的内在冲动，这就需要来自社会的约束政府官员的力量，特别是市场为政府赋能的机制的建立。

最大的一个变化是提出了改革经济学基本理论模型，即改革效用理论模型。强调通过改革这一动力机制，实现政府与市场的协同，保障市场对资源配置的决定性作用的发挥，这是改革经济最内在的要求。由于这种协同，市场为政府“赋能”，而政府对市场“皈依”；政府真正成为市场中的政府，而市场不再是政府管制下的市场；市场从“嵌入”到“溢出”。

另外，本书还就数字政府与数字“无”政府进行了理论假设：通过大数据和人工智能技术推动实体政府虚拟化、人员虚拟化、组织虚拟化、服务虚拟化，减少实体政府在一些环节的存在，在更大范围和更深层次上实现数字部门、数字办公与数字公务员以及组织架构虚拟化、网上服务与移动服务等新的场景应用。同时，以块数据城市建设为引领，构建跨地域、跨部门、跨层级的信息共享和联动模式，以数据流驱动业务流、服务流，从而优化和再造政务服务及相关业务流程，以大数据的块上集聚全面固化、自流程化的政府权力运行过程，切实改变传统运行模式，形成统筹利用、统一接入的政府数据资源共享平台和共享体系。数字政府是落实国家网络强国、数字中国、智慧社会等战略行动新的着力点。

新版《新改革经济学》在研究范式方面也有所创新。首先，突出智库特色，注重前瞻性、导向性、应用性、包容性、可读性，同时注重文章的规范性、理论性及其政策转化的实际效果。其次，从学术研究的角度来看，坚持学术中立的原则。以客观、中立的态度进行观察和分析，确保研究的客观性和科学性，强调数据资料背景完整性。而从写作团队来看，除了作为主创人员的连玉明、武建忠、朱颖慧、张涛、石龙学外，我们的作者团队还增加了冯炯、张同江、郭琬秋、叶安萍、张国华、孙清香、丁玉丰、付元凤、吴玉荣等多位同志，更体现了一种社会科学的社会化研究的特点。最后，在新版《新改革经济学》的写作过程中，不论是对中国的传统文化、经济模式、改革历程还是对西方经济发展经验、改革经验等，我们注重了多方位的了解和比较分析，致力于结合中国40年改革历程和目前的国家形势从市场与政府的角度对我国的经济状况进行横向的分析和研究。

五年的时间，中国的经济保持了中高速的增长，对全球经济增长的贡献率居第一位。五年的时间，中国的经济结构不断调整优化，创新对经济发展的引领进一步增强。五年的时间，中国就业和脱贫两大关乎民生福祉的指标尤为亮眼。五年的时间，中国对外开放的大门越开越大。五年的时间，我们也在不遗余力地探索中国改革经济的内在逻辑，这些都是《新改革经济学》对中国经济奇迹的一次见证。

术语索引

R

S

T

W

X

有关新改革经济学的更多延伸内容和持续更新的研究成果，以及更多的互动交流，请关注我们的微信公众号和小程序。

参考文献

〔瑞典〕博·罗斯坦：《政府质量：执政能力与腐败、社会信任和不平等》，蒋小虎译，新华出版社，2012。

〔美〕布莱恩·阿瑟：《复杂经济学》，贾拥民译，浙江人民出版社，2018。

陈世清：《超越中国主流经济学家》，中国国际广播出版社，2013。

陈云贤：《中国特色社会主义市场经济：有为政府+有效市场》，《经济研究》2019年第1期。

蔡昉：《破解中国经济发展之谜》，中国社会科学出版社，2014。

陈世清：《什么是包容性发展》，大公网，2016年9月14日。

蒂莫西·贝斯利、托尔斯腾·佩尔松：《中国面临的挑战：通过制度改革提升政府能力》，《比较》2014年第5期。

大数据战略重点实验室：《块数据3.0：秩序互联网与主权区块链》，中信出版社，2017。

大数据战略重点实验室：《数权法1.0：数权的理论基础》，社会科学文献出版社，2018。

〔美〕E. 博登海默：《法理学：法律哲学与法律方法》，中国政法大学出版社，2017。

樊纲、许永发主编《新经济与旧体制》，中国经济出版社，2018。

范恒山：《关于政府与市场的关系的若干思考》，《企业家日报》2014年9月7日。

顾奎相、陈涴：《二十年来中国改革史研究述评》，《史学月刊》2003年第12期。

黄范章：《探索、建设社会主义市场经济体制的30年——兼论创立中国特色的转轨经济学和社会主义市场经济学》，《经济学动态》2008年第8期。

黄有光：《经济学何去何从？——兼与金碚商榷》，《管理世界》2019年第4期。

龚刚：《推动中国对外经济战略转型》，《中国社会科学报》2016年2月3日。

管清友：《中国改革的新经济学范式》，《上海证券报》2013年5月16日。

华生：《现代化加共同富裕的实践探索》，《21世纪经济报道》2008年12月13日。

胡舒立：《有危机意识才能避免危机》，《财新周刊》2013年第17期。

何正斌：《经济学300年》，湖南科技出版社，2000。

何帆：《全球愤怒：金融危机的政治后遗症》，《国际经济评论》2012年第1期。

黄群慧：《推动我国制造业高质量发展》，《人民日报》2018年8月17日。

霍建国：《布局高水平开放》，《瞭望》2018年5月23日。

韩阳：《健康政商关系的基本内涵、实践经验与建构路径》，《重庆社会主义学院学报》2016年第1期。

黄泰岩：《以现代市场体系保障高质量发展》，《人民日报》2018年7月19日。

何正斌：《经济学三百年》，湖南科学技术出版社，2015。

姜瑶：《我国宏观调控对平滑周期波动的有效性研究》，四川大学硕士学位论文，2007。

季卫东等：《中国的司法改革》，法律出版社，2016。

季卫东：《通往法治的道路》，法律出版社，2014。

贾康：《新供给：经济学理论中的中国创新》，中国经济出版社，2013。

〔德〕康德：《法的形而上学原理》，沈叔平译，商务印书馆，1991。

〔美〕科斯：《企业、市场与法律》，盛洪、陈郁译校，格致出版社、上海三联书店、上海人民出版社，2009。

柯建飞、于立新：《经济全球化背景下的贸易战：理论分析与中国应对策略》，《全球化》2017年第6期。

〔瑞典〕邓达德、克里斯托弗·德穆斯：《新国富论：撬动隐秘的国家财富》，叶毓蔚、郑玺译，上海世纪出版股份有限公司远东出版社，2016。

〔英〕琳达·岳：《中国的增长》，鲁冬旭译，中信出版社，2015。

李义平：《中国经济学的时代使命》，《人民日报》2014 年 3 月 14 日。

林毅夫：《中国经济专题》，北京大学出版社，2012。

刘树成、张平、张晓晶：《中国经济周期波动问题研究》，《首届中国经济论坛论文集》，2005。

刘树成、张晓晶、张平：《实现经济周期波动在适度高位的平滑化》，《经济研究》2015 年第 11 期。

刘伟：《习近平新时代中国特色社会主义经济思想的内在逻辑》，《经济研究》2018 年第 5 期。

刘鹤：《两次全球大危机的比较研究》，中国经济出版社，2013。

李拯：《中国的改革哲学》，中信出版社，2018。

刘丹、候茜：《中国市场准入制度的现状及完善》，《商业研究》2005 年第 12 期。

刘世锦：《中国需要建设高标准市场经济》，《中国经济时报》2019 年 3 月 13 日。

厉以宁、孟晓苏、李源潮、李克强：《走向繁荣的战略选择》，经济日报出版社，2015。

刘小枫：《拯救与逍遥》，上海三联书店，2001。

厉以宁：《超越市场与超越政府——论道德力量在经济中的作用》，外语教学与研究出版社，2015。

厉以宁：《大变局与新动力：中国经济下一程》，中信出版社，2017。

罗兰：《转型与经济学》，北京大学出版社，2002。

李征坤：《互联网 + 政务服务：开启智慧政府新时代》，中国铁道出版社，2017。

李小宁：《经济收敛的逻辑》，北京航空航天大学出版社，2006。

刘尚希：《改革要考虑到“不确定性原理”》，《北京日报》2016 年 8 月 22 日。

梁启东：《透视“李约瑟难题”：呼唤创新文化》，光明网，2017 年 7 月 25 日。

连玉明：《六度理论：重塑我们的生态观和生活观》，中信出版社，2015。

刘世锦：《建设高标准市场经济》，中信出版集团，2019。

马野青：《当今世界经济新格局与中国开放型经济发展的环境》，《南京大学学报》2016 年第 4 期。

马涛：《全球价值链背景下我国经贸强国战略研究》，《国际贸易》2016 年第 1 期。

孟捷：《经济学范式的革命》，《中国社会科学报》2016 年 11 月 16 日。

马国川：《大碰撞：中国改革纪事》，新华出版社，2006。

秋石：《论正确处理政府和市场关系》，《求是》2018 年第 2 期。

〔荷〕乔安妮·凯勒曼、雅各布·德汗、费姆克·德弗里斯编著《21 世纪金融监管》，张晓朴译，中信出版社，2016。

钱颖一：《现代经济学与中国经济》，中信出版社，2017。

秦晖：《同的底线》，江苏文艺出版社，2013。

〔挪威〕乔根·兰德斯：《是时候放弃对增长的全球迷恋了——<增长的极限>40 年后的再思考》，王小钢译，《探索与争鸣》2016 年第 10 期。

《人民日报》评论部：《习近平用典（第二辑）》，人民出版社，2018。

孙剑：《凝聚改革共识难在哪里》，《求是》2013 年第 2 期。

〔挪威〕斯坦因·U. 拉尔森：《政治学理论与方法》，任晓译，上海人民出版社，2006。

田国强：《中国改革的未来之路及其突破口》，《比较》2013 年第 1 期。

〔法〕托马斯·皮凯蒂：《21 世纪资本论》，巴曙松等译，中信出版社，2014。

吴珺、吴刚：《欧洲经济努力走出危机阴影》，《人民日报》2018 年 7 月 13 日。

吴敬琏：《市场失灵与政府失灵》，《经济研究信息》2009 年第 3 期。

王跃生：《不同改革方式下的改革成本与收益的再讨论》，《经济研究》1997 年第 3 期。

吴敬琏：《中国经济改革进程》，中国大百科全书出版社，2018。

〔美〕维托·坦茨：《政府与市场——变革中的政府职能》，王宇等译，商务印书馆，2014。

吴敬琏：《当代中国经济改革教程》，上海远东出版社，2010。

吴敬琏：《中国经济面临的挑战与选择》，《中共浙江省委党校学报》2016年第1期。

吴敬琏：《改革大道行思录》，商务印书馆，2017。

吴敬琏：《寻租膨胀无以复加　改革需要顶顶层设计》，《中国改革》2011年12月1日。

吴晓波：《腾讯传》，浙江大学出版社，2017。

吴敬琏：《中国经济50人看三十年》，中国经济出版社，2008。

吴敬琏、马国仁：《重启改革议程》，生活·读书·新知三联书店，2013。

许国林：《浅析美国“柯立芝繁荣”的原因》，《许昌师专学报》（社会科学版）1988年第2期。

向朝霞：《吴敬琏与郎咸平法治思想之比较》，《武汉理工大学学报》（社会科学版）2011年第1版。

萧惑之：《吴敬琏由“吴市场”到“吴法治”的思想升华》，《中关村》2014年第9期。

熊培云：《中国新革命》，香港中和出版有限公司，2011。

夏敏仁：《美国经济动能之变》，《中信建投证券》2017年8月7日。

夏胤磊：《中美贸易摩擦及对策研究——来自日美贸易战的启示》，《国际商务财会》2018年第4期。

谢亚轩、刘亚：《从贸易结构视角看中美贸易战》，《债券杂志》2018年5月2日。

夏先良：《当前深化负面清单制度改革的重大意义》，《人民论坛·学术前沿》2018年第14期。

谢海军：《改革开放以来中国利益结构变迁的轨迹和模式》，《云南社会科学》2009年第2期。

尹应凯、邵宇：《次贷危机十年来发生了什么》，《解放日报》2017年2月8日。

姚树洁、汪锋：《西方贸易保护主义思潮为什么愈演愈烈》，《人民论坛》2018年第6期。

袁宏：《中美贸易战原因及其启示》，《思想政治课教学》2018年第6期。

杨小凯：《经济学——新兴古典与新古典框架》，社会科学文献出版社，2003。

余英时：《历史与思想》，联经出版社，2015。

〔英〕亚当·斯密：《国富论》，郭大力、王亚南译，商务印书馆，2015。

中国民生银行研究院课题组：《我国改革开放40年辉煌成就的经济学原理分析及启示》，《企业家日报》2018年6月11日。

张维迎：《理性思考中国改革》，《新金融》2013年第8期。

周文：《时代呼唤中国经济学话语体系》，《经济研究》2016年第3期。

张晓晶：《经济新常态下宏观调控的创新与演进》，《学习时报》2015年6月29日，第4版。

赵铨、张林：《制度约束与经济周期——改革后中国经济周期波动的一种解说》，《经济问题探索》1998年第2期。

郑永年：《中国目前改革面临的结构性挑战》，《联合早报》2018年7月3日。

赵穗生等：《从"错位的共识"到竞争对手：美国对华政策40年》，《人民论坛·学术前沿》2018年第23期。

中华人民共和国国务院新闻办公室：《中国与世界贸易组织》白皮书，2018。

郑永年：《如何掌握中美博弈的主动权》，《特区经济》2018年第9期。

张维迎、盛洪：《从电信业看中国的反垄断问题》，《经济研究参考》2001年第48期。

朱大旗、李蕊：《经济法治视阈下政府与市场的协同联动》，《江西社会科学》2015年第7期。

〔美〕詹姆斯·M. 布坎南：《自由、市场与国家——80年代的政治经济学》，平新乔、莫扶民译，上海三联书店，1989。

赵汀阳：《惠此中国：作为一个神性概念的中国》，中信出版社，2016。

张文魁：《解放国企：民营化的逻辑与改革路径》，中信出版社，2014。

中共中央文献研究室：《习近平关于全面深化改革论述摘编》，中央文献出版社，2014。

周其仁：《改革的逻辑》，中信出版社，2013。

张世英：《天人之际》，人民出版社，1994。

郑永年：《中国改革三步走》，东方出版社，2012。

中共中央马克思恩格斯列宁斯大林著作编译局：《马克思恩格斯选集（第4卷）》，人民出版社，1995。

张军、王小青：《改革经济学与西方经济学：我们知道什么?》，《世界经济文汇》1996年第1期。

张五常：《经济解释》，中信出版社，2015。

《奥媒看中国改革开放40周年：人类发展史上最激动人心的奇迹》，《参考消息》2018年1月2日。

《邓小平文选（第3卷）》，人民出版社，1993。

《上海自贸区突围“负面清单”》，《21世纪经济报道》2015年1月1日。

《韩正：探索政府与市场关系这一根本改革》，《解放日报》2014年9月29日。

UNDP. *Human Development Report*, Oxford: Oxford University Press, 1997.

United Nations Development Programme. *Human Development Report 2015*, NewYork: PBM Graphics, 2015.

图书在版编目(CIP)数据

新改革经济学 / 连玉明，武建忠著. -- 修订本. -- 北京：社会科学文献出版社，2020.4
ISBN 978 - 7 - 5201 - 5787 - 2

Ⅰ.①新… Ⅱ.①连… ②武… Ⅲ.①中国经济 - 经济体制改革 - 研究 Ⅳ.①F121

中国版本图书馆 CIP 数据核字（2019）第 243261 号

新改革经济学（修订版）

著　　者 / 连玉明　武建忠

出 版 人 / 谢寿光
组稿编辑 / 邓泳红　吴　敏
责任编辑 / 张　媛

出　　版 / 社会科学文献出版社 · 皮书出版分社（010）59367127
地址：北京市北三环中路甲 29 号院华龙大厦　邮编：100029
网址：www. ssap. com. cn
发　　行 / 市场营销中心（010）59367081　59367083
印　　装 / 三河市东方印刷有限公司

规　　格 / 开　本：787mm × 1092mm　1/16
印　张：30.75　字　数：509 千字
版　　次 / 2020 年 4 月第 1 版　2020 年 4 月第 1 次印刷
书　　号 / ISBN 978 - 7 - 5201 - 5787 - 2
定　　价 / 158.00 元

本书如有印装质量问题，请与读者服务中心（010 - 59367028）联系